# PROVENCE
# CÔTE D'AZUR

2e édition

Benoît Éthier
Hans Jörg Mettler
Howard Rombough

# ÉDITIONS
# ULYSSE

*Le plaisir... de mieux voyager*

| | | |
|---|---|---|
| *Direction de collection*<br>Claude Morneau | *Collaboration*<br>Éric Gourrier<br>Lorette Pierson<br>Marc Rigole | *Direction artistique*<br>Patrick Farei<br>Atoll Direction |
| *Direction de projet*<br>Pascale Couture | | *Photographies*<br>*Page couverture*<br>Anthony Edwards |
| *Recherche et rédaction*<br>Benoît Éthier<br>Hans Jörg Mettler<br>Howard Rombough | *Mise en pages*<br>Christian Roy<br>Isabelle Lalonde | Image Bank<br>*Intérieures*<br>Tibor Bognar<br>Nicole Pons |
| *Correction*<br>Pierre Daveluy | *Cartographie et infographie*<br>André Duchesne<br>*Assistant*<br>Patrick Thivierge | Picture Perfect/Réflexion<br>*En-têtes*<br>Jennifer McMorran |
| *Traduction (Provence)*<br>Pierre Corbeil | *Illustrations*<br>Marie-Annick Viatour | |

Remerciements : Un grand merci à tous nos amis et amies de la région pour leur précieux aiguillonnage, et plus particulièrement à Danielle Bérard sans laquelle la création du lexique provençal-français aurait été beaucoup plus ardue; Bertrand Pierson; les Éditions Ulysse remercient la SODEC (Gouvernement du Québec) ainsi que le ministère du Patrimoine (Gouvernement du Canada) pour leur soutien financier.

*Distribution*

**Canada** : Distribution Ulysse, 4176, St-Denis, Montréal (Québec) H2W 2M5 ☎ (514) 843-9882 poste 2232, ☎ (800) 748-9171, fax : (514) 843-9448; www.ulysse.ca; guiduly@ulysse.ca

**États-Unis** : Distribooks, 820 N. Ridgeway, Skokie, IL 60076-2911,
☎ (847) 676-1596, fax : (847) 676-1195

**Belgique-Luxembourg** : Vander, 321, avenue des Volontaires, B-1150 Bruxelles, ☎ (02) 762 98 04
fax : (02) 762 06 62

**France** : Vilo, 25, rue Ginoux, 75737 Paris, cedex 15, ☎ 01 45 77 08 05, fax : 01 45 79 97 15

**Espagne** : Altaïr, Balmes 69, E-08007 Barcelona, ☎ (3) 323-3062, fax : (3) 451-2559

**Italie** : Centro cartografico Del Riccio, Via di Soffiano 164/A, 50143 Firenze,
☎ (055) 71 33 33, fax : (055) 71 63 50

**Suisse** : Diffusion Payot SA, p.a. OLF S.A., Case postale 1061, CH-1701 Fribourg,
☎ (26) 467 51 11, fax : (26) 467 54 66

**Pour tout autre pays, contactez Distribution Ulysse (Montréal).**

Données de catalogage avant publication (Canada).

Mettler, Hans Jörg, 1948-
      Provence, Côte d'Azur
      (Guide de voyage Ulysse)
      Comprend un index.
ISBN  2-89464-092-7

1. Provence (France) - Guides.   2. Côte d'Azur (France) - Guides.   I. Éthier, Benoit, 1958-
II. Rombough, Howard, 1962 -   .   III. Titre.   IV. Collection

«*Pour aller au village, en descendant de mon moulin, on passe devant un mas bâti près de la route au fond d'une grande cour plantée de micocouliers. C'est la vraie maison du ménager de Provence, avec ses tuiles rouges, sa large façade brune irrégulièrement percée, puis tout en haut la girouette du grenier, la poulie pour hisser les meules, et quelques touffes de foin brun qui dépassent.*»

Alphonse Daudet (1840-1897)

*L'Arlésienne*
*Lettres de mon Moulin*

# SOMMAIRE

**Merci de contribuer à l'amélioration des guides de voyage Ulysse!**

Tous les moyens possibles ont été pris pour que les renseignements contenus dans ce guide soient exacts au moment de mettre sous presse. Toutefois, des erreurs peuvent toujours se glisser, des omissions sont toujours possibles, des adresses peuvent disparaître, etc.; la responsabilité de l'éditeur ou des auteurs ne pourrait s'engager en cas de perte ou de dommage qui serait causé par une erreur ou une omission.

Nous apprécions au plus haut point vos commentaires, précisions et suggestions, qui permettent l'amélioration constante de nos publications. Il nous fera plaisir d'offrir un de nos guides aux auteurs des meilleures contributions. Écrivez-nous à l'adresse qui suit, et indiquez le titre qu'il vous plairait de recevoir (voir la liste à la fin du présent ouvrage).

**Éditions Ulysse**
**4176, rue Saint-Denis**
**Montréal (Québec)**
**H2W 2M5**
**http://www.ulysse.ca**
**guiduly@ulysse.ca**

# TABLEAU DES SYMBOLES

| | |
|---|---|
| ≡ | Air conditionné |
| asc | Ascenceur |
| ⊛ | Baignoire à remous |
| ⊙ | Centre de conditionnement physique |
| 🏖 | Coup de cœur Ulysse, nos adresses préférées |
| ℂ | Cuisinette |
| ½ p | Demi-pension (nuitée, dîner et petit déjeuner) |
| pc | Pension complète |
| pdj | Petit déjeuner inclus dans le prix de la chambre |
| ≈ | Piscine |
| ℝ | Réfrigérateur |
| ℜ | Restaurant |
| dp | Salle de bain avec douche |
| bc/dc | Salle de bain commune |
| bp | Salle de bain privée (installations sanitaires complètes dans la chambre) |
| ⌂ | Sauna |
| ⇆ | Télécopieur |
| ☎ | Téléphone |
| tv | Téléviseur |
| tlj | Tous les jours |
| ⊗ | Ventilateur |

## CLASSIFICATION ET TARIFICATION DES ATTRAITS

| | |
|---|---|
| ★ | Intéressant |
| ★★ | Vaut le détour |
| ★★★ | À ne pas manquer |

Les tarifs mentionnés dans ce guide équivalent au droit d'entrée pour un adulte.

## CLASSIFICATION DES HÔTELS

Les tarifs mentionnés dans ce guide s'appliquent, sauf indication contraire, à une chambre standard pour deux personnes en haute saison.

## CLASSIFICATION DES RESTAURANTS

Les tarifs mentionnés dans ce guide s'appliquent, sauf indication contraire, à un dîner pour une personne, incluant le service et les taxes.

| | |
|---|---|
| $ | moins de 75F |
| $$ | de 75F à 150F |
| $$$ | plus de 150F |

## LISTE DES CARTES

## Tableau des symboles

| | | | |
|---|---|---|---|
| ? | Information touristique | ☂ | Parc ornithologique |
| 🚆 | Gare ferroviaire | ▲ | Montagne |
| 🚌 | Gare routière | ⁘ | Ruines |
| ✈ | Aéroport | ♜ | Fortifications |
| P | Stationnement | ☀ | Point de vue |
| ⊘ | Plage | ⛪ | Église |

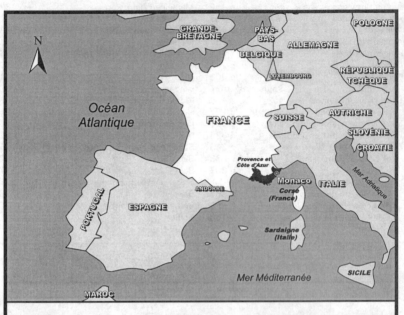

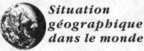

**Situation géographique dans le monde**

| FRANCE | Provence-Alpes-Côte d'Azur |
|---|---|
| Capitale : Paris<br>Langue : français<br>Population : 58 333 000 hab.<br>Superficie : 547 026 km² | Population : 4 257 000 hab.<br>Superficie : 31 400 km² |

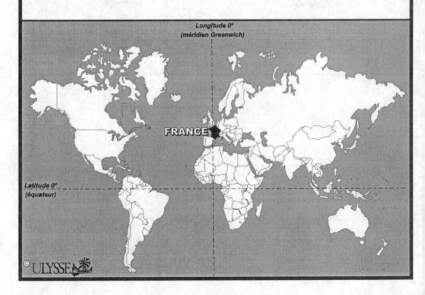

© ULYSSE

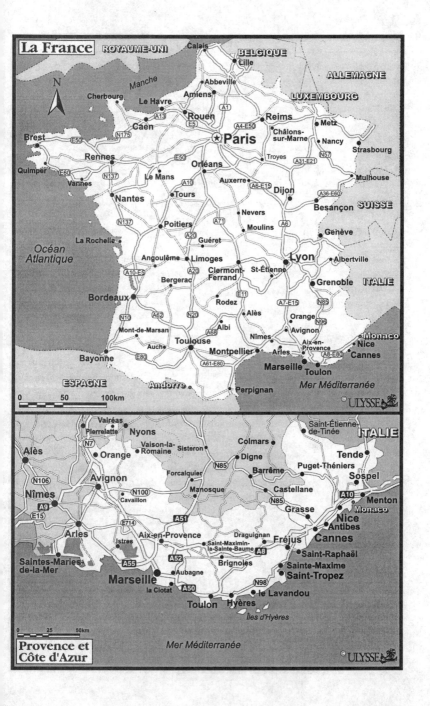

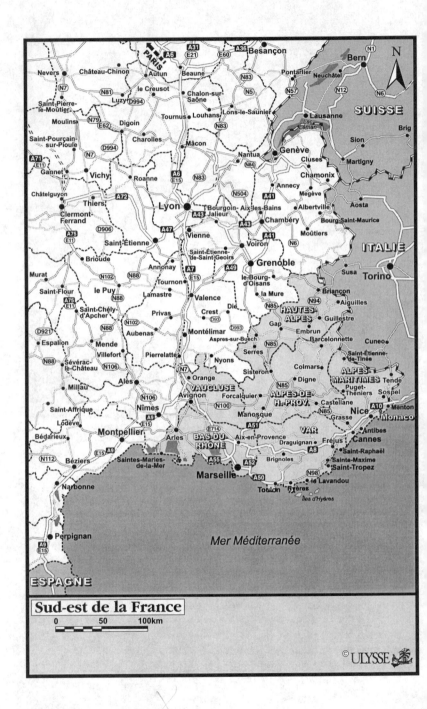

Sud-est de la France

0 50 100km

© ULYSSE

# PORTRAIT

L a Provence-Côte d'Azur est un endroit qui en fait rêver plusieurs. Le climat ensoleillé et le mode de vie méditerranéen réservent d'agréables surprises à tout un chacun, que ce soit dans les plaines marécageuses de la Camargue ou sur les collines ondulantes du Luberon.

Les centres métropolitains diffèrent brutalement des villages traditionnels, des sentiers cachés et des superbes paysages de l'intérieur des terres. La Provence et la Côte d'Azur recèlent une variété infinie de trésors qui ne demandent qu'à se laisser découvrir. À chaque détour de la route, semblent se dresser un monument romain, un champ enivrant de lavande, un sentier à explorer ou un restaurant local servant une exquise bouillabaisse ou une non moins étonnante ratatouille.

## HISTOIRE

Raconter l'histoire de la région Provence-Alpes-Côte d'Azur (PACA), c'est se plonger dans une mosaïque de territoires aujourd'hui regroupés administrativement mais qui connurent au cours de leur évolution nombre de fractures et de soubresauts.

### La préhistoire

La présence humaine dans la région est attestée dès le paléolithique (période qui s'étend de 3 millions d'années à 10 000 ans av. J.C.) par la découverte d'outils de pierre taillée retrouvés près de Roquebrune-Cap-Martin et datés de 950 000 ans. On a également découvert près de Nice, dans la grotte du Lazaret, les restes d'un homme qui aurait vécu là, il y a plus de 200 000 ans.

Mais c'est au néolithique (période qui débute au $V^e$ millénaire av. J.-C.) que l'on retrouve les premières traces du style de vie de l'homme préhistorique. Outre la chasse et la cueillette, déjà pratiquées au paléolithique, ce sont l'agriculture, centrée autour de la culture du blé et de l'orge, ainsi que l'élevage qui se développent alors. Avec la sédentarisation et l'arrivée de l'âge de fer, apparaissent les premiers villages constitués de huttes en pierre et protégés des agressions extérieures par des remparts.

Mais c'est au fond de la Méditerranée que se trouvent encore nombre de vestiges du paléolithique. En effet, le niveau de la mer était à cette époque de 100 m à 120 m plus bas qu'il ne l'est aujourd'hui, de sorte que tous les vestiges de cette époque ont été engloutis sous les eaux. La découverte récente de la grotte Cosquer (du nom de son découvreur) dans une calanque, près de Cassis, avec ses parois tapissées de peintures datant de 15 000 ans, a fait renaître l'espoir de trouver encore dans la région des trésors de la préhistoire.

## Les Grecs et les Romains

L'arrivée des Grecs vers 600 av. J.-C et la fondation de Massalia (aujourd'hui Marseille), qui devient rapidement une escale commerciale importante, entraînent des troubles avec les tribus celto-ligures qui occupent la région. Outre Marseille, pôle principal de développement, l'implantation des Grecs s'étend à d'autres colonies côtières, en particulier Nikaia (Nice), Antipolis (Antibes), Athenopolis (Saint-Tropez), Kitharista (La Ciotat) et Olbia (Hyères). Les guerres sont nombreuses entre les Celto-Ligures et les Grecs.

Lorsque Marseille en vient à être menacée en 125 av. J.-C. par les tribus celto-ligures, les Romains débarquent en force et en profitent pour rester, conscients de la position stratégique de Marseille entre l'Italie et l'Espagne. Parallèlement, les relations entre Marseille et Rome se développent assez vite, à tel point que Cicéron (106-43 av. J.-C.) considère les Marseillais comme de «fidèles alliés». La guerre dure de 125 à 121 av. J.-C., et, une fois les peuples celto-ligures vaincus, les Romains peuvent désormais disposer d'une voie de communication terrestre sûre entre les Alpes et les Pyrénées.

Les Romains conquièrent rapidement tout le sud de la Gaule, sous l'impulsion du conseiller Sextus Calvinus, qui s'installe près des sources thermales de l'actuelle Aix-en-Provence.

Cette région prend rapidement le nom de «Provincia» (d'où le nom actuel de «Provence»), avec pour capitale Narbonne, fondée en 118 av. J.-C. (d'où son autre nom de «Narbonnaise»).

C'est le début de la période de la Pax Romana, qui dure près de quatre siècles et qui permet à la région de se développer et de s'équiper d'un réseau routier exceptionnel et complexe, dont font partie la Via Agrippa (l'actuelle nationale 7) et la Via Domitia, traversant le pays jusqu'aux Pyrénées puis l'Espagne. Les voies romaines suivent généralement le tracé des anciennes routes liguriennes, si bien qu'on peut encore reconnaître de nombreux villages datant de

cette époque en se fiant à la terminaison de leurs noms en «asque», «osque» et «esque», tels Vénasque, Manosque et Bresque. Les thermes romains, les théâtres (ceux entre autres d'Orange, d'Arles ou de Vaison-La-Romaine), les arènes (Arles, Fréjus, Cimiez, Nîmes), les arcs de triomphe (Orange), les aqueducs (pont du Gard) et les monuments se multiplient également un peu partout, et la plupart des plus grands ouvrages existent encore de nos jours.

Arles se porte à merveille, surtout depuis que César en a fait la nouvelle capitale de la province en 49 av. J.-C., après avoir conquis Marseille, jusque-là indépendante. La Narbonnaise est cependant exploitée par l'Empire romain, et la population locale subit des taxes élevées, de très forts droits de douane et de péage, tout en étant sous la coupe de politiciens et d'administrateurs corrompus.

Le déclin de la région s'amorce en 250 ap. J.-C., avec la première d'une série d'invasions barbares. Le territoire est divisé, et c'est Arles qui tient bon le plus longtemps, sans toutefois pouvoir résister à l'invasion des Wisigoths en 476 (à l'époque même de la chute de l'Empire romain). La chrétienté, qui n'a progressé qu'à petits pas sous la domination romaine, en vient à jouer un rôle de plus en plus important dans la politique et dans la vie quotidienne. Les monastères de Saint-Victor (413), à Marseille, et des îles de Lérins, en face de Cannes, coulent alors des jours fastes. Les innombrables invasions barbares n'en continuent pas moins pour autant, et, après les Wisogoths, les Burgondes et les Ostrogoths, la Provence est finalement rattachée au royaume franc en 536, bien qu'elle conserve une certaine indépendance.

## Le Moyen Âge

Après avoir été unifiée pendant six siècles dans le giron de l'Empire romain, la Provence est maintenant entourée au nord par le puissant Empire germanique, désireux de s'étendre jusqu'à la Méditerranée pour atteindre l'Italie puis l'Orient, et au sud par les puissances arabes, qui commencent à se déployer en force au VIIe siècle.

Les sarrasins, envahisseurs musulmans du nord de l'Afrique et de l'Espagne, menacent la région de 830 à l'an 1000 par la mer. Avant la fin du IX<sup>e</sup> siècle, ils s'implantent à Fraxinetum, près de Saint-Tropez, et pillent les voyageurs et les pèlerins de passage.

La communauté chrétienne se défend vigoureusement au cours des années 970 et 980, et ses troupes détruisent même Fraxinetum en 973. Bien que le rétablissement de la paix dans l'arrière-pays suit peu de temps après, la côte demeure vulnérable aux raids sarrasins tout au long des 200 prochains ans (plus particulièrement le monastère de Lérins, situé sur une île au large de Cannes, ainsi que Toulon, les îles d'Hyères et la Camargue). Dans l'ensemble, les actes de piraterie sarrasins contre Nice, Antibes, Toulon et Marseille causent plus de dommages que les incursions dans l'hinterland, où les musulmans représentent certes une nuisance sérieuse, mais sans pour autant constituer une menace constante.

Durant cette période, la région passe officiellement aux mains de plusieurs monarques. Ainsi, Charles le Gros, ou Charles III (839-888), se déclare momentanément roi de Provence en 884.

En fait, le pouvoir local appartient cependant aux comtes d'Arles et d'Avignon. Ainsi, c'est à William, comte d'Avignon, dit le Libérateur, qu'on doit la chute définitive de la forteresse sarrasine de Fraxinetum (973), et c'est précisément ce genre d'autorité et d'indépendance qui permet à la Provence de se doter d'un système féodal à l'économie fondée sur l'agriculture. Sa population connaît alors une croissance constante, la chrétienté prend de l'ampleur, et l'on assiste même, avec le renouvellement du commerce, à la naissance d'une noblesse et d'une bourgeoisie locales.

## Les comtes de Provence

La Provence fut sous la domination de plusieurs comtes de Barcelone (Catalogne) à partir de 1112. Cette union survient au moment où l'héritière de la Provence, Douce, épouse Raymond Bérenger III, alors comte de Barcelone.

La Catalogne et la Provence étaient déjà de grands partenaires au chapitre du commerce maritime, et cette nouvelle alliance administrative leur est profitable. Leur union donne en fait naissance à l'une des plus grandes puissances maritimes de la Méditerranée, et la prospérité économique qui en découle permet à certaines villes de devenir des municipalités indépendantes, ou consulats : Arles (1130), Avignon (1136), Nice (1144), Tarascon (1150) et Marseille (1178).

Le plus célèbre de tous les comtes catalans est Raymond Bérenger V (1209-1245), réputé pour ses entreprises législatives et son raffinement culturel. Son plus grand legs est toutefois la réorganisation de la région, de manière à en permettre un contrôle plus complet, ce qu'il fit en morcelant la Provence en régions administratives distinctes (vers 1235). Son pouvoir s'étend ainsi à l'ensemble du territoire. Une fois de plus, la Provence se retrouve à la tête des civilisations européennes, son influence se faisant sentir dans le reste de la France mais aussi en Italie et en Espagne.

En 1388, un nouveau chapitre commence avec le rattachement de Nice au comté de Savoie. Ainsi, les Alpes-Maritimes marquent une rupture radicale : de provençales, elles deviennent savoyardes.

## Rapports avec le royaume de France

La région est grandement affectée pendant la première moitié du XVI<sup>e</sup> siècle par les jeux de pouvoir que se livrent alors François I<sup>er</sup>, roi de France, et Charles Quint, à la tête de l'Empire germanique. Les armées suisse et allemande de François I<sup>er</sup> introduisent également à cette époque le luthéranisme protestant en Provence, source de nouveaux troubles dans la seconde moitié du XVI<sup>e</sup> siècle, dominée par les guerres de Religion.

Le XVII<sup>e</sup> siècle est beaucoup plus calme dans la région de Nice qu'en Provence, laquelle appartient à la France. La Provence se livre en effet à des batailles incessantes pour retrouver son indépendance. Cependant, vers la fin du siècle, la région de Nice fut une fois de plus le champ de bataille entre la Savoie et la France, et c'est la France qui l'emporte, occupant désormais toute la région. En 1720, la peste fait rage, faisant plus de 100 000 victimes (Marseille est particulièrement touchée).

L'économie locale bénéficie à cette époque d'une diversité remarquable, la production agricole (olives et raisins essentiellement) côtoyant une vigoureuse industrie manufacturière (cuir, papier, savon et tissus). Ce sont les côtes de la Provence qui en profitent le plus grâce à leur position commerciale stratégique entre l'intérieur du pays et ses voisins méditerranéens. Marseille devient le plus grand port commercial de France.

## La Révolution

La France semble bien se porter lorsque Louis XVI accède au trône en 1774. Son économie prospère, ses villes se développent rapidement, et sa culture domine toute l'Europe.

Mais dans les années 1780, le pays sombre dans une crise économique : la noblesse corrompue tente de conserver ses privilèges, le peuple se voit taxé à outrance, et les finances de la nation sont dilapidées dans des combats à l'étranger. La notion de «monarchie de droit divin» est donc sérieusement compromise, alors que les habitants de la Provence, appuyés par les autres provinces françaises, manifestent en vue d'obtenir l'égalité et d'avoir leur mot à dire dans la direction du pays.

Le 14 juillet 1789, la bourgeoisie et le peuple de Paris se rebellent et prennent d'assaut la prison de la Bastille. En août, les privilèges de la noblesse lui sont retirés, et, le 26 du même mois, a lieu le vote de la Déclaration des droits de l'homme, prônant la liberté, l'égalité et la fraternité. Vers la fin de décembre, on divise la France en 83 départements (eux-mêmes subdivisés en districts, en cantons et en communes), une structure qui sera modifiée en 1800, pour porter finalement le nombre des départements à 98.

La Provence est alors divisée en trois départements (les Bouches-du-Rhône, le Var et les Basses-Alpes) en 1791. Puis en 1793, c'est le comté de Nice (incluant Monaco) qui est annexé à la France.

Après l'exécution de Louis XVI en 1793, la Provence continue d'osciller entre les causes révolutionnaire et contre-révolutionnaire, alors qu'émerge une nouvelle figure politique : Napoléon Bonaparte. La première victoire militaire de ce jeune et ambitieux lieutenant corse a lieu dans la région : la reprise de Toulon aux Anglais en 1793.

En 1804, Bonaparte fait de la France un empire et se couronne lui-même empereur sous le titre de Napoléon I$^{er}$. Après une série de victoires héroïques à travers l'Europe (y compris le siège de l'Autriche et de la Prusse), il mésestime la vigueur de la résistance nationaliste en Espagne (1808), en Russie (1812) et en Allemagne (1813). Devenu trop ambitieux, l'empereur ne sait plus s'arrêter et, à la suite d'écrasantes défaites politiques et militaires, abdique le 6 avril 1814. Et Nice revient au royaume de Piémont-Sardaigne en 1814.

Mais de sa terre d'exil, sur l'île d'Elbe, Napoléon prépare un retour au pouvoir. Débarquant à Golfe-Juan en mars 1815, il est repoussé d'Antibes par des troupes royalistes et prend la direction de Grasse. Il entreprend alors de traverser les Alpes à pied par une route enneigée et redoutable en passant par Séranon et Castellane, après avoir franchi la Durance à Sisteron. C'est ainsi que, depuis ce jour, la fameuse «route Napoléon» traverse le territoire. Son périple vers Paris est surnommé le «vol de l'aigle». Napoléon gouverne alors durant 100 jours, les Bourbons se réfugiant temporairement en Belgique. Sa désastreuse défaite à la bataille de Waterloo, le 8 juin 1815, met fin toutefois définitivement à son retour, et son second exil a lieu cette fois sur l'île de Sainte-Hélène.

À la suite du second épisode napoléonien, la Restauration ramène une stabilité longuement convoitée en Provence; la bourgeoisie mène ses affaires sans entraves, et l'autorité de l'Église catholique faiblit à vue d'œil. L'industrie connaît par ailleurs une croissance rapide à la suite de l'invention du moteur à vapeur, qu'il s'agisse de l'usine de savon de Marseille, des mines de charbon de la région d'Aix, des fileries de Manosque, des tanneries de Barjols, des parfumeries de Grasse ou des papeteries du Vaucluse. L'industrialisation n'affecte cependant pas l'intérieur de la Provence, dont les habitants demeurent principalement des fermiers.

Le duc d'Orléans, Louis-Philippe, membre de la branche libérale de la famille royale, forme un nouveau gouvernement en 1830. Il abaisse l'âge légal du droit de vote et accroît considérablement les pouvoirs des classes moyennes. La noblesse et le clergé perdent de plus en plus leur influence. La France, qui s'industrialise rapidement à cette époque, voit émerger une nouvelle classe politique, celle des socialistes, dont l'objet est de défendre les intérêts du peuple. Le mouvement ouvrier se fait dès lors de plus en plus visible dans les municipalités provençales, tout spécialement à Toulon.

Un peu après 1850, Frédéric Mistral (1830-1914), lauréat du prix Nobel de littérature, fonde le Félibrige, un mouvement visant à établir l'usage de la langue d'oc et à redonner vie à la littérature provençale, menacée de disparition. Bien que les pressions économiques, sociales et démographiques en présence soient trop grandes pour pouvoir faire aboutir son projet, Mistral parvient néanmoins à faire préserver les célébrations traditionnelles de la région.

Napoléon III s'allie avec le Piémont et rejoint la région de Nice en 1860 par le traité de Turin. Un réseau de transport étudié voit alors le jour en Provence, des lignes ferroviaires reliant Marseille et Avignon à l'ouest, ainsi que Cannes et Nice à l'est. Le canal de Suez, inauguré en 1869, ouvre de nouveaux marchés aux négociants de Marseille. Nice devient la ville touristique par excellence de la Provence, un titre autrefois détenu par Cannes et Hyères dans les années 1830. Une foule cosmopolite (notamment d'Anglais et de Russes fortunés) envahit alors la nouvelle promenade des Anglais, avide de soleil hivernal et de somptueuses fêtes nocturnes.

## Une région en crise

Avant qu'éclate la Première Guerre mondiale, la France connaît une croissance économique importante avec, entre autres succès, la colonisation de l'Afrique (au nord et à l'ouest) et de l'Indochine. Cependant, même si les affaires se portent bien grâce au commerce de la France avec ses colonies africaines, et que nombre de navires de passagers quittent Marseille en direction de l'Afrique et de l'Asie, la région entame son déclin et Marseille cesse d'être le plus important port européen, supplantée par Anvers, Hambourg et Rotterdam. Le nord de l'Europe profite d'une industrialisation plus rapide et plus efficace, ce qui lui permet d'offrir de meilleures conditions de transport des marchandises.

Le déclin ultime survient en 1914 avec la Première Guerre mondiale, qui provoque une misère dont la Provence ne parviendra pas à s'extirper avant la fin de la Deuxième Guerre mondiale. Les petites industries de l'intérieur du pays s'affaiblissent, la main-d'œuvre est décimée par la conscription, et les touristes russes cessent d'affluer au lendemain de la révolution d'Octobre (1917). Des touristes américains les remplacent sur la Côte d'Azur au cours des années vingt, mais l'effondrement de la Bourse de Wall Street, en 1929, les force à rester chez eux.

Au cours de la Deuxième Guerre mondiale, la Provence bénéficie officiellement du statut de territoire non occupé jusqu'en 1942 seulement, quoiqu'elle soit constamment envahie par les Allemands et les Italiens. En août 1944, alors qu'elle est occupée par l'armée allemande, la Provence est libérée par les troupes alliées, débarquées sur les côtes des Maures et de l'Estérel.

La vie politique de la Provence se modèle par la suite sur le XIXe siècle. De puissantes factions de droite comme de gauche émergent, et Marseille continue de projeter une forte image d'indépendance contre le gouvernement central de Paris. L'extrême-gauche fait surtout des adeptes à l'intérieur des terres provençales.

Sa population, ses entreprises et ses institutions politiques sont grandement influencées par le retour au pouvoir des nationalistes français en 1962, à la suite de la guerre d'Algérie. Les Provençaux ont l'habitude d'élire des députés socialistes pour les représenter à l'Assemblée nationale, mais ils n'en firent pas moins un virage à droite aux élections des années quatre-vingt et au début des années quatre-vingt-dix. C'est ainsi que le parti national d'extrême-droite de Jean-Marie Le Pen, prônant une politique anti-immigration, voit grandir ses forces depuis la fin des années quatre-vingt.

Aujourd'hui, la région profite de ses atouts climatiques et de sa position géographique, au cœur d'un des axes majeurs de communication du sud de l'Europe, pour attirer des entreprises de pointe. Elle mise sur la matière grise et le développement du tourisme pour oublier les crises qu'elle a connues avec le déclin de l'activité portuaire et des industries lourdes dont seules subsistent les raffineries de la région de Marseille.

On retiendra néanmoins de cette histoire riche et très longue, de tout ce patrimoine architectural et artistique, de ces luttes incessantes pour garder son autonomie, la fierté d'un peuple, défenseur acharné d'une région qui, aujourd'hui encore, grâce à son climat, à la diversité de ses paysages et à la qualité de vie qu'on peut encore y trouver, est l'explication vivante des convoitises dont la région a été l'objet par le passé.

## PORTRAIT POLITIQUE ET ADMINISTRATIF

La **Provence** et la **Côte d'Azur** sont des appellations couramment utilisée dans le monde du tourisme. Toutefois, elles ne correspondent à aucune réalité politico-administrative.

En 1790, un an après la Révolution française, la France a été divisée en 95 départements, regroupant environ 36 000 communes (villes, villages, etc.). En 1960, le président Charles de Gaulle a divisé le territoire en 22 régions administratives pour faciliter la gestion du pays. La région administrative **Provence-Alpes-Côte d'Azur (PACA)**, telle qu'elle existe aujourd'hui, a été définitivement établie en 1972, alors que le président Pompidou était au pouvoir. Elle comprend six départements : Alpes-de-Haute-Provence (04), Hautes-Alpes (05), Alpes-Maritimes (06), Bouches-du-Rhône (13), Var (83) et Vaucluse (84).

En 1982, le président socialiste Mitterrand (élu en 1981, réélu en 1988 pour un autre septennat et décédé en 1996) a renforcé le statut de collectivité territoriale de chacune des régions en introduisant la loi sur la décentralisation. Actuellement, le pouvoir régional est partagé entre trois instances politiques :

- les **préfets** (proposés par le premier ministre, mais nommés par le président de la République), représentants du gouvernement national et responsables de l'application de ses lois; les **conseillers généraux** (élus par suffrage pour une période de six ans), membres du conseil régional et représentants des départements;

- les **maires** et les **conseillers municipaux** (élus par suffrage pour une période de six ans), responsables de l'administration communale (perception des impôts fonciers e des taxes d'habitation, aménagemen du territoire, etc.);

- le **président du Conseil régional**, élu par l'Assemblée régionale pour une période de six ans, voit aux intérêt et au bien-être de sa région; le **conseillers régionaux** le soutienne dans ses fonctions.

Malgré cette structure, les véritable instances politiques sont les départements e les communes. Le maire représent généralement la majorité politique de l commune. Les instances régionales n perçoivent qu'une quote-part des taxe foncières, des taxes d'habitation, des taxe professionnelles et des taxes provenant d l'immatriculation des voitures. Leur budge sert surtout aux dépenses d'investissement de la région. Les régions ont donc certain pouvoirs, mais n'ont pas l'«autonomi politique» que connaissent les cantons e Suisse. La France, malgré ses efforts d décentralisation vers les régions, n'est pa devenue un pays fédéraliste.

Il existe un phénomène intéressant en Franc qui montre assez bien l'importance de communes : les maires des grandes ville peuvent être des hommes et des femme politiques qui «débarquent» tout droit d Paris. Les électeurs des villes élisen souvent ces maires dans l'espoir que leur vill obtiendra des budgets d'opération un pe hors du commun, selon l'importance de ce personnalités politiques au niveau national.

La PACA est une région essentiellemen dirigée par les conservateurs (parti RPR - Rassemblement pour la république) et le libéraux (parti UDF - l'Union de la démocrati française, mais surtout sa composante PR - Parti républicain). Seul le département de Bouches-du-Rhône, dont surtou l'agglomération de Marseille, connaît des fief socialistes importants et une certain allégeance au communisme défunt.

Dans les années quatre-vingt, l'extrême-droit a constamment accru sa popularité, e particulier dans les régions de Marseille Toulon et Nice, répondant à l'appel d citoyens qui considéraient que leur régio était trop fortement envahie par les étranger arabes. Ainsi depuis la fin des années quatre vingt-dix, quatre communes de la région son gérées par le Front national.

Le Parti vert, qui n'obtient que 8 % des votes sur le plan national, concentre ses efforts dans la région à la surveillance du développement du tronçon Lyon-Nice du TGV. Ses représentants veulent surtout assurer la protection des beaux paysages qu'on retrouve entre Avignon et Aix-en-Provence, paysages qui ont d'ailleurs été immortalisés par le peintre Paul Cézanne.

Lors des plus récentes élections présidentielles en 1995, Jacques Chirac, le candidat du RPR, a remporté la victoire sur le candidat socialiste Lionel Jospin. Fort d'un appui parlementaire largement dominé par les partis traditionnels de centre et de droite, Chirac a nommé Alain Juppé au poste de premier ministre. Événement prometteur et bien vu par une large majorité des Français puisque, à l'époque, Juppé jouissait d'une excellente réputation aussi bien en France qu'à l'étranger. Mais le nouveau premier ministre n'a pas eu la vie facile. Il a dû composer avec une économie stagnante, une augmentation du chômage, ainsi qu'avec une grève nationale dont l'ampleur fut considérable. Résultat : une image ternie et une énorme perte de confiance de la part de la population. Ainsi, Chirac a décidé de déclencher des élections en mai 1997, avant l'échéance. La gauche a repris le pouvoir parlementaire, et Chirac, président de droite, a dû nommer Lionel Jospin comme premier ministre. La France connaît donc depuis lors une «cohabitation» entre la droite et la gauche. D'ailleurs Mitterrand, un président de gauche, avait vécu cette situation avec la droite à deux reprises : entre 1986 et 1988, puis entre 1993 et 1995.

Le paysage parlementaire a beaucoup changé depuis l'avènement de la gauche au pouvoir. En effet, le gouvernement est formé d'une majorité de ministres socialistes, mais on y trouve également quelques ministres communistes et même un écologiste.

## PORTRAIT DÉMOGRAPHIQUE ET ETHNIQUE

La Provence-Alpes-Côte d'Azur a une population d'environ 4,5 millions d'habitants. Après l'Île-de-France (la région parisienne), cette région est la plus urbanisée de France. Presque 90 % de ses habitants, soit environ quatre millions, vivent dans les grandes villes et leur agglomération. Les Alpes-Maritimes comptent pour près du quart de la population

globale de la PACA. Le Var, quant à lui, en détient environ 20 %.

Avant 1840, la population était répartie assez uniformément dans les six départements qui composent la région. À partir de 1936, l'industrialisation, le développement important du tourisme et l'installation massive de retraités dans certaines parties au climat plus favorable ont bouleversé cette répartition. C'est pourquoi, de nos jours, les densités de population les plus fortes se retrouvent dans les communes longeant la Méditerranée : les gens ont quitté l'arrière-pays pour profiter des conditions plus favorables qu'offrent ces communes.

À l'inverse, certaines grandes villes du littoral ont connu un exode de leur population vers la banlieue. Ainsi, depuis 1975, une ville comme Marseille a perdu plus de 100 000 habitants. L'amélioration du réseau routier, une meilleure qualité de l'environnement et surtout les prix plus abordables des maisons et des terrains en sont les causes.

Le phénomène des résidences secondaires a aussi un impact démographique. Leur nombre a plus que quadruplé depuis 1962, passant de 97 000 à 400 000 en 1994. Le Lubéron, région de la Provence, est un site privilégié par les Parisiens en quête d'une résidence secondaire. Les prix pour l'habitation y sont donc plus élevés. La même situation se reproduit en certains endroits des Alpes-Maritimes. Ainsi, le coût de l'habitation à Cannes et dans les villages avoisinants est très élevé. Mais c'est à Monaco que les prix de l'immobilier culminent, en raison du peu d'espace et du paradis fiscal que celle-ci procure.

La région Provence-Alpes-Côte d'Azur a été pendant longtemps le territoire le plus attrayant de France. Aujourd'hui, elle est deuxième derrière le Languedoc-Roussillon, à cause surtout des prix pour l'habitation. En 1962, lorsque l'Algérie a obtenu son indépendance de la France, la PACA a connu une augmentation importante de sa population : des centaines de milliers de «pieds-noirs» (ressortissants français en Algérie) sont rentrés et se sont installés dans la région. De plus, dans les années soixante et soixante-dix, années de forte croissance économique, des dizaines de milliers d'ouvriers nord-africains (Algériens, Marocains et Tunisiens) y ont trouvé des emplois dans les industries et dans le secteur de la construction. Actuellement, à cause de la forte vague intégriste que connaissent ces pays, la pression pour immigrer s'est accentuée, malgré qu'il soit de plus en plus difficile de le faire à cause de la politique plus stricte que la France applique depuis quelques années.

Cette région accueille aussi des immigrants d'autres peuples méridionaux : Italiens, Espagnols et Portugais. On y retrouve aussi, en plus petit nombre, des gens à l'aise financièrement, venus des pays de l'Europe du Nord. Actuellement, on compte environ 375 000 étrangers qui résident dans la région, soit 8,7 % de sa population totale (proportion comparable à la moyenne française). Ils se sont surtout établis dans les départements des Bouches-du-Rhône et des Alpes-Maritimes.

## PORTRAIT ÉCONOMIQUE ET SOCIAL

Le territoire Provence-Alpes-Côte d'Azur est la région touristique qui occupe le premier rang en France, surtout à cause de l'axe littoral Cannes-Nice-Monaco-Menton des Alpes-Maritimes. Son territoire est aussi très fertile : la culture agricole et florale y est très importante. Enfin, la région démontre aussi un potentiel considérable dans le domaine de l'industrie, du commerce et de la recherche technologique, même si le secteur industriel y est moins développé en comparaison à la moyenne nationale.

La région représente un carrefour et un pôle de développement économique ouvert sur le monde grâce au port de Marseille, premier port de la Méditerranée, et grâce à ses deux aéroports, à Marseille et à Nice. Au cours des siècles, la région a développé d'importantes relations avec les pays du Moyen-Orient, de l'Afrique et de l'Asie : 20 % de ses importations proviennent de ces pays et presque 10 % de ses exportations y sont destinées. En outre, elle maintient des rapports solides avec les pays de l'Union européenne, surtout l'Italie, avec laquelle elle effectue le plus grand nombre de transactions commerciales : 20 % des exportations et 17 % des importations.

## Portrait agricole

Avec un peu plus de 660 000 ha, la PACA détient 2,3 % de la surface agricole nationale. Les paysages agricoles sont très diversifiés car la région connaît des climats et des types de sols variés. Le long de la mer, les surfaces agricoles sont réduites, mais très fertiles pour la culture des légumes et des fruits. On y trouve aussi un grand nombre de serres qui font la culture des fleurs. L'excellente irrigation qui caractérise le département des Bouches-du-Rhône favorise la culture maraîchère et fruitière. La culture du riz est particulièrement remarquable dans la Camargue.

Les viticultures et arboricultures (oliviers, cerisiers et abricotiers) forment une vaste ceinture qui part du nord des Bouches-du-Rhône et qui se répand jusqu'à l'est du département du Var. Au cœur de la région, on trouve un vaste territoire où l'on cultive les céréales, les espèces fourragères et les espèces végétales qui produisent de l'huile. Près des Alpes du Sud, dans le delta du Rhône et dans l'Estérel, le territoire n'est pas approprié pour la culture agricole. Par contre, il est idéal pour la culture des herbes et des plantes aromatiques, qui ont donné à la Provence une renommée mondiale. Cette culture occupe 1 500 entreprises sur un territoire de près de 12 000 ha. Les champs de lavande et de lavandin sont caractéristiques de cette région.

La région détient la première place sur le plan national pour la culture des fleurs. Elle est exploitée par 1 200 entreprises et occupe un territoire de 1 800 ha couvrant surtout les plaines littorales du Var et les Alpes-Maritimes.

Le nombre d'agriculteurs a chuté des deux tiers au cours des 40 dernières années. Au début des années quatre-vingt-dix, il en restait un peu plus de 60 000. La région se caractérise par des entreprises de plus petite taille que pour la moyenne nationale : l'entreprise moyenne exploite 15 ha contre 29 ha au niveau national. Cela est d'autant plus évident dans les Alpes-Maritimes, avec une moyenne de 11,2 ha, et encore plus dans le Var, avec uniquement 7,7 ha. Par contre, ces entreprises bénéficient généralement de revenus élevés, surtout celles exploitant la culture des fleurs, des fruits et des légumes.

Tout le territoire de la PACA bénéficie de larges surfaces irrigables, sauf les Alpes-Maritimes et le Var.

## La viticulture

Depuis plus de deux millénaires, les vignes et les oliviers marquent les paysages agraires de la Provence. Les vignes occupent plus de 100 000 ha en Provence, soit 16 % de l'espace agricole, et constituent 11 % du vignoble français. Les 20 000 viticulteurs de la région exploitent un vignoble dont la taille moyenne est de 6 ha, contre une moyenne nationale de 5,5 ha. La plupart des viticulteurs sont membres d'une des 174 caves coopératives de la région.

Malgré la réduction constante des surfaces globales occupées par les vignes, le nombre de vignobles d'appellation a augmenté. La viticulture provençale est très dynamique et cherche à se spécialiser toujours plus afin de produire des vignobles d'une qualité croissante. Au cours des 25 dernières années, les appellations d'origine contrôlée et les vins de table ont inversé leurs positions : les appellations contrôlées représentent maintenant environ les deux tiers de la production vinicole régionale. Il existe actuellement 16 appellations de tailles variables qui assurent la renommée des vins de Provence. Ces appellations se caractérisent par la variété des cépages autorisés. D'ailleurs, la plupart des vins provençaux sont produits en combinant plusieurs cépages.

La production viticole revêt une très grande importance dans le Var grâce aux vins de Bandol, des Côtes-de-Provence et des côteaux varois. Dans les Alpes-Maritimes, il n'y a que quelques petites exploitations viticoles dont certaines ont une bonne réputation, en particulier les vins de Bellet.

## L'élevage

Les vastes surfaces d'herbe qu'on retrouve dans les départements alpins et les vastes pacages salés de la Camargue sont essentiellement destinés à l'élevage. L'élevage du mouton constitue l'un des éléments d'une trilogie agraire (olives, vins et moutons) qui existe en Méditerranée depuis plus de deux millénaires. Dans cette région, 3 600 entreprises se partagent l'élevage de 60 000 brebis mères.

L'élevage bovin se fait en grande majorité dans les montagnes des Hautes-Alpes. L'élevage des porcs se concentre dans les Bouches-du-Rhône. Cette industrie se trouve actuellement en net recul à cause de la surproduction européenne qui a fait dégringoler les prix. L'élevage de la volaille est généralement effectué par des entreprises de grande taille qui produisent surtout des poules pondeuses et des poulets pour la chair.

## La pêche

La pêche n'est pas très importante dans la région, malgré ce que l'on pourrait penser. Dans une année, les 1 500 pêcheurs entre Marseille et Menton ne prennent en moyenne qu'environ 20 000 tonnes de poissons, dont environ 90 % proviennent du département des Bouches-du-Rhône. Les sardines constituent la moitié de ces prises ; le reste se partage entre les bars (loups), les mulets, les rascasses et les poulpes, dont plus de la moitié provient des Bouches-du-Rhône, et le reste, surtout du Var et des Alpes-Maritimes. Ce sont d'ailleurs généralement les espèces de poissons que vous trouverez au menu des restaurants de la région ; les autres espèces sont importées de l'Atlantique, où la pêche est beaucoup plus variée.

Les pêcheurs critiquent souvent la politique européenne en matière de pêche, car elle impose des quotas afin de protéger les stocks de poissons.

## Le secteur industriel

Au cours des années, le secteur industriel s'est développé autour de deux pôles différents. Le premier forme un secteur puissant et moderne avec de grandes sociétés françaises et étrangères, comme Exxon, BP, Arco, IBM et Texas Instruments, ces deux dernières étant établies dans les Alpes-Maritimes.

Ces sociétés œuvrent dans les secteurs touchant le pétrole, la construction navale, l'aéronautique, la sidérurgie et l'électronique. Le second pôle comprend une multitude de petites et moyennes entreprises qui produisent essentiellement de l'artisanat et des biens de consommation tels que des produits agro-alimentaires, des vêtements, des peaux et des cuirs, de l'ameublement et des bâtiments.

Ce développement est le fruit d'une expansion industrielle importante qu'a connue la région entre 1950 et 1974, surtout dans le secteur portuaire : chantiers navals, raffinage du pétrole, pétrochimie et aménagement industriel des ports comme Marseille et Toulon, qui est la préfecture du Var. Depuis lors, ce secteur est en baisse à cause du vieillissement des installations et du retard pris dans la recherche. De nouveaux pays se sont industrialisés et ont saisi une part du marché dans les secteurs du raffinage, de la pétrochimie, de la construction navale et de l'aéronautique. Le secteur secondaire a ainsi perdu 100 000 emplois depuis 1975.

Dans les années quatre-vingt, plusieurs chantiers navals ont fermé leurs portes. Les gouvernements en ont fait des zones industrielles. Malgré leur multiplication, le nombre d'emplois a diminué. Aujourd'hui, la région compte une centaine de zones industrielles, dont 40 % se situent dans les Bouches-du-Rhône.

La PACA a subi des pertes importantes d'emplois industriels entre 1975 et 1990. Le Var, quant à lui, a été particulièrement touché avec une perte d'environ 20 %. Depuis, avec la récession du début des années quatre-vingt-dix, la situation s'est encore aggravée.

## Le bâtiment

La construction de bâtiments a longtemps tenu une place importante dans la région. En 1974, elle occupait 166 000 employés. À partir de 1990, ce nombre est baissé à 124 000, soit 8,4 % du total des travailleurs de la région et 38 % des emplois du secteur secondaire. Aujourd'hui, le secteur s'est atrophié encore plus et a subi des pertes considérables au niveau du chiffre d'affaires et du nombre d'emplois : résultat de la crise économique de 1991-1993 et de la saturation qui s'est créée dans le domaine de la construction au sein des communes du littoral. En effet, dans les années quatre-vingt, le secteur de la construction avait connu une énorme poussée sur le littoral, créant une forte spéculation. On construisait partout! Cela a évidemment créé des sites trop construits, d'un esthétisme déficient, et surtout surpeuplés. En somme, de nombreux sites y ont aussi perdu une grande partie de leur charme.

## Le secteur énergétique

Le secteur énergétique occupe 19 000 employés, dont plus de la moitié travaillent dans les Bouches-du-Rhône. Ces employés œuvrent dans les secteurs de l'exploitation des mines de charbon (dans les houillères de Provence, l'exploitation du charbon alimente une centrale thermique produisant 2,5 milliards de kilowattheures), du raffinage du pétrole et du gaz naturel (près du tiers de la production nationale annuelle, soit 27 mégatonnes, provient en grande partie des raffineries situées sur les rivages du Fos et de l'étang de Berre) ou du secteur hydraulique (concentré dans l'arrière-pays alpin, où les nombreuses centrales produisent près de 7 milliards de kilowattheures).

## La route des hautes technologies

La route des hautes technologies forme un réseau puissant de pôles technologiques touchant à des activités souvent complémentaires. Ces pôles établissent la structure du développement économique de la région et en sont le moteur.

Six pôles technologiques ponctuent le territoire. Ils sont, d'ouest en est :

- «l'Agroparc» Avignon-Montfavet, site de l'Institut national de la recherche agronomique (INRA), qui s'occupe des questions agro-alimentaires;

- le pôle Manosque-Cadarache, qui se spécialise dans le secteur nucléaire;

- «l'Europôle» d'Aix-en-Provence, qui occupe 8 000 ha sur le plateau de l'Arbois et qui se spécialise dans l'électronique;

- le pôle polyvalent Marseille-Provence;

- le pôle Toulon-Var, qui se spécialise dans l'instrumentation et l'armement;

- le pôle polyvalent Nice-Sophia-Antipolis, sorte de «Silicon Valley californienne» à la française.

Rel° de
(= Milan)

Les pôles technologiques ont un but commun de recherche et d'innovation. Ils participent à la valorisation du potentiel technologique de la région et cherchent à équilibrer les bassins d'emplois. Par ailleurs, ils tentent d'attirer les grandes sociétés afin de renforcer la dynamique de «l'arc méditerranéen», qui s'étend de Valence, à l'ouest, jusqu'à la Lombardie en Italie, à l'est. On envisage même d'élargir cet arc en établissant une coopération avec les pôles technologiques de Gênes en Italie et de Barcelone en Espagne.

La région occupe le deuxième rang sur le plan national au niveau de la recherche. On y trouve environ 9 000 chercheurs, soit 10 % de tous les chercheurs français.

Grâce au développement croissant du parc technologique de Sophia-Antipolis – en 20 ans, ce parc est devenu le plus grand technopôle d'Europe avec plus de 700 raisons sociales –, les Alpes-Maritimes bénéficient désormais d'une réputation enviable dans le secteur de l'électronique.

## PORTRAIT CULTUREL

Parler de la culture de cette région, c'est parler de son très riche patrimoine, de sa langue, de ses traditions, de ses coutumes et de son folklore. C'est aussi parler de ses grands artistes, dont le plus illustre est sûrement le peintre Cézanne, le précurseur du cubisme.

Mais déjà au XVe siècle, dans le comté de Nice, une école de peinture inspirée par la Renaissance italienne faisait son apparition. C'est ainsi que Louis Bréa acquît une certaine renommée. On l'identifiait parfois comme le Fra Angeliu provençal. Bien sûr, il n'avait certes pas la grandeur de l'autre, mais on y reconnaît dans ses tableaux une sobriété et une humanité assez similaires. Ses œuvres peuvent êtres admirées dans plusieurs chapelles et petites églises de la région.

Toutefois, c'est surtout au XXe siècle que les arts plastiques ont pris un essor considérable dans la région : plusieurs grands peintres, dont Matisse, Picasso, Chagall et Léger, s'y sont installés pour bénéficier de la lumière, des paysages et du climat doux.

Elle est aussi le berceau d'un courant artistique qu'on a dénommé «l'école de Nice»,

avec des artistes comme Klein, Arman et César. Cette école en est maintenant à sa troisième génération.

Aujourd'hui, Nice et ses environs demeurent au premier plan dans la création artistique. Cette floraison artistique explique le grand nombre de musées, petits et grands, qui sillonnent sa région.

La PACA s'est cependant créé une renommée internationale grâce à ses nombreux festivals, comme celui du théâtre et de la danse à Avignon, ou celui de l'opéra à Aix-en-Provence, pour n'en citer que quelques-uns. Vous trouverez d'ailleurs une liste des principaux festivals à la toute fin du chapitre «Renseignements généraux».

Mais qui dit festival, dit Cannes et son festival du film, qui existe depuis plus de 50 ans. Voilà sans contredit «le festival international» le plus célèbre. Quel cinéphile n'a pas rêvé d'y aller un jour! Chaque année, en mai, le cœur de Cannes ne bat que pour l'industrie cinématographique : producteurs, acteurs, actrices et réalisateurs connus ou moins connus, sans oublier les «fameuses» starlettes, animent son bord de mer et sa célèbre Croisette.

En somme, la culture est fortement ancrée dans la région et bénéficie actuellement d'une importance inégalée dans l'histoire de cette contrée, et ce, même si la crise économique du début des années quatre-vingt-dix a causé des coupures budgétaires importantes au sein de certaines activités artistiques.

## Le patrimoine

La région Provence-Alpes-Côte d'Azur possède un patrimoine monumental, et son histoire est extrêmement riche. L'architecture, en particulier, est assez exceptionnelle. On y retrouve des sites architecturaux qui remontent aux temps préhistoriques. Les amateurs d'histoire de l'art peuvent donc y faire un voyage dans le temps. Ils peuvent retourner aux temps préhistoriques et remonter le temps jusqu'à aujourd'hui, en traversant l'Antiquité, le Moyen Âge et la Renaissance.

Heureusement, depuis le début du XXe siècle, la France déploie de plus en plus d'efforts pour protéger son patrimoine, qui a été endommagé par les nombreuses guerres et les négligences millénaires. On a d'abord adopté une loi en 1913, suivie d'un décret en 1924. Ainsi, 30 000 sites et éléments sont maintenant protégés en France. La PACA en comporte 1 500.

De nos jours, les efforts continuent. En 1983, on a adopté un code d'urbanisme pour assurer une plus grande protection des sites classés. Il faut maintenant obtenir des autorisations spéciales avant de pouvoir construire autour des périmètres protégés afin d'en préserver le caractère esthétique ou historique. Il est un peu dommage que cette loi n'ait pas été adoptée plus tôt, car de nombreuses constructions ont malheureusement hypothéqué certaines beautés naturelles du territoire de la PACA.

Voici une liste des principaux attraits architecturaux de la région. Vous en trouverez des descriptions plus détaillées dans les chapitres couvrant les régions géographiques :

- Les «sites préhistoriques et antiques» se trouvent dans le Haut-Pays niçois (mont Bego, Fontanalba, vallée des Merveilles) et sur la côte (Terra Amata, grotte du Lazaret à Nice). Sans oublier les sites mégalithiques du Haut-Var, de l'Estérel, de Grasse et de Vence.

- Il existe beaucoup de vestiges de l'«époque romaine» : le trophée de la Turbie, les thermes de Cimiez (Nice), les nombreux monuments de Fréjus (arènes, théâtre, aqueduc et Porte dorée).

- L'«héritage médiéval» se retrouve partout : dans les nombreux villages médiévaux tels que Antibes, Èze, Villefranche, Menton, Vence, Saint-Paul, le Castellet et autres; dans les monuments tels que Saint-Honorat dans les îles de Lérins, La Verne à Collobrières; sans oublier l'abbaye cistercienne à Thoronet. Enfin, les innombrables églises et cathédrales (Saorge, Moustiers-Sainte-Marie, Digne) ainsi que le château-forteresse de Brignoles témoignent aussi de cette architecture du Moyen Âge.

- La «Renaissance» a laissé de nombreux joyaux d'architecture : les hôtels particuliers; les châteaux Gordes, Entraigues et autres; les bastides du pays de Toulon et La Ciotat; les immeubles d'habitation du centre-ville de Toulon et de Nice; les architectures militaires telles que le Fort Carré, à Antibes, et l'Arsenal à Toulon. Enfin, les nombreuses églises à l'«architecture baroque» d'influence génoise qu'on retrouve dans le pays niçois, à Menton, à Sospel, dans la Turbie, etc.

- Pendant la seconde moitié du XIXᵉ siècle, le style «Belle Époque» s'est imposé et a laissé de somptueuses villas partout sur la Côte : à Hyères, à Cannes, à Nice, à Menton et sur la côte des Maures. Villas arborant des styles différents aux influences orientales (néo-mauresque) anglaises (néo-gothique) ou italiennes (néo-baroque).

- Au «XXᵉ siècle», quelques réalisations architecturales modernes aux qualités esthétiques inégales ont vu le jour : le palais des Festivals à Cannes, le Musée Chagall et le théâtre de l'Acropolis à Nice.

## L'art médiéval

Le Moyen Âge a connu deux grands courants architecturaux : l'**art roman** et l'**art gothique**.

L'**art roman** dans la région a subi deux influences : la première venait d'Arles, centre ecclésiastique de l'époque, berceau de l'«art provençal» (ou art rhodanien); la deuxième venait de la Lombardie en Italie et a donné naissance à l'«art alpin».
Au XIIᵉ siècle, Arles a connu une renaissance économique, juridique et culturelle. Les artistes se sont alors inspirés de l'art romain. On reconnaît surtout l'«art roman provençal» à ses églises au plan cruciforme simple : le plus souvent à une seule nef, avec des voûtes en berceaux brisés, coupées par de grands arcs doubleaux reposant sur des piliers. Les fenêtres y sont rares et se terminent en demi-cercle dans leur partie supérieure.

L'«art roman alpin» s'est surtout répandu dans les régions bordant l'Italie et s'est développé à partir de l'ancienne province ecclésiastique d'Embrun, qui en demeure

PORTRAIT

## Lexique provençal-français

Quelques termes de cuisine :

| | |
|---|---|
| *pomme d'amour* | tomate |
| *aigua saou* | eau et sel |
| *fricot (fricoter)* | petit ragoût (faire une casserole avec ce que l'on trouve dans le frigo) |
| *rabasse* | truffe |
| *aïoli (aïl + öli)* | ail et huile |
| *tapène* | câpre |
| *nade* | olive |
| *tapenade* | mélange de câpres et d'olives |
| *paquetoun* | lapin désossé présenté en un petit paquet |
| *poupetoun* | agneau désossé présenté en un petit paquet |

Quelques autres mots :

| | |
|---|---|
| *pitchoune, pitchounette* | petite, petite fille |
| *baou* | rocher |
| *bagna, pan bagna* | mouillé, sandwich niçois arrosé d'huile d'olive |
| *pantailler* | rêver |
| *fada* | fou |
| *castagne* | bagarre |

Quelques expressions :

| | |
|---|---|
| *il douro d'èr* (donner de l'air) | ressembler à quelqu'un |
| *se touca il cinq sardine* (se toucher les cinq sardines) | se toucher les cinq doigts |
| *garda li cabro (nistral)* (faire garder les chèvres) | tenir la dragée haute |
| *agué leu blanc dóu porr* (avoir le blanc du poireau) | avoir la bonne part |
| *faire uno pèu de rire* (faire une peau de rire) | rire de bon cœur |
| *une bégueule* | femme d'une pudeur excessive |
| *peta dóu rire* (péter de rire) | rire sans retenue |
| *parla pounchu* | parler pointu |

exemple le plus achevé. Cependant, cet art e dilue et est combiné à l'art roman rovençal, à mesure qu'on se dirige vers ouest. Ainsi, à Fréjus, à Grasse et à Vence, n a construit des cathédrales à plan basilical trois nefs avec arcatures lombardes. Enfin, Haute-Provence constitue une zone 'interférence entre ces deux types d'art : art rhodanien prédomine, mais se mêle à une rofusion de traits autochtones.

'art **gothique** n'est pas fortement représenté cause de l'étendue et de la forte nplantation de l'architecture romane dans la région. Elle a été introduite beaucoup plus tard dans la région : d'abord par la dynastie française des Angevins et ensuite par les papes d'Avignon. De plus, elle n'est apparue que dans une forme simplifiée : le gothique méridional, caractérisé par des églises à une seule nef, large et peu élevée, au chœur sans déambulatoire et aux murs appuyés sur des contreforts. Le plus bel exemple de ce type d'architecture se retrouve à la basilique dominicaine de Saint-Maximin (en Provence).

## La langue et ses dialectes

Depuis toujours, la langue historique de cette région est la «langue d'oc». C'est une langue de dialectes qui présentent des modulations régionales parfois importantes. La langue d'oc est au carrefour des langues néo-latines. Elle est beaucoup plus loin du français que du catalan (avec laquelle elle se confondait avant le XVe siècle), de l'italien, de l'espagnol et même du portugais. La répartition géographique des dialectes n'a jamais coïncidé avec le territoire politico-administratif. Il existe plutôt deux grands pôles : le sud-occitan ou rhodano-méditerranéen et le nord-occitan ou rhodano-alpin.

De nos jours, seules les personnes âgées l'utilisent encore. Par contre, il n'est pas rare de voir les noms des villages ou même des rues être écrits en français et en provençal, surtout dans l'arrière-pays. Au cours de son histoire, cette langue a toujours été menacée. Déjà en 1539, François Ier a imposé le français comme langue officielle. Ensuite, en 1561, l'italien est devenu la langue officielle du comté de Nice. Au milieu du XVIe siècle, on a commencé à utiliser l'orthographe française pour la langue d'oc. Tout cela a contribué à en faire une langue de patois, de moins en moins utilisée par les gens au XXe siècle. Cependant, depuis quelques années, il semble y avoir un certain regain d'intérêt pour cette langue. Certaines régions revendiquent son utilisation dans la vie courante : à la radio, à la télévision ou dans les noms de rues ou de localités.

La «littérature occitane» a connu deux périodes de gloire au cours de son histoire : au temps des troubadours (entre les XIe et XIIIe siècles) et au XIXe siècle. L'œuvre des troubadours était marquée d'influences chrétiennes, juives, arabes et orientales. Son contenu était imprégné soit d'érotisme, soit de religion. Au XIXe siècle, la langue occitane a connu une renaissance avec la publication d'un dictionnaire provençal-français, mais surtout grâce à l'œuvre poétique de Frédéric Mistral, qui s'est fait le chantre de la cause provençale. Toutefois, outre ses écrits passés à la postérité, l'apport de ce dernier est important puisqu'il a dirigé le félibrige, un mouvement régionaliste fondé pour promouvoir la culture et la langue provençale. Par la suite, plusieurs autres poètes ont suivi ses traces, mais il demeure la figure marquante du genre littéraire provençal.

# RENSEIGNEMENTS GÉNÉRAUX

**L**e présent chapitre se veut un carnet de référence où l'on trouvera toutes les coordonnées utiles à la préparation d'un séjour en Provence et sur la Côte d'Azur.

## FORMALITÉS D'ENTRÉE

Pour entrer en France, les voyageurs nord-américains doivent avoir en leur possession un passeport valide. Cette obligation ne s'applique pas aux résidants de l'Union européenne et de la Suisse, qui peuvent y venir munis seulement de leur carte nationale d'identité.

Avec leur passeport, les ressortissants québécois, canadiens et américains sont admis sans visa pour des séjours de moins de trois mois.

Par ailleurs, tous les voyageurs, sauf les résidants des pays membres de l'Union européenne et de la Suisse, doivent détenir un billet de retour ou de continuation de voyage.

Comme ces formalités pourraient changer lors de circonstances spéciales, nous vous recommandons de les vérifier auprès de l'ambassade ou du consulat de la France le plus près de chez vous avant votre départ.

## Douane

Les voyageurs canadiens de plus de 18 ans sont autorisés à apporter en France un litre de spiritueux contenant plus de 22 % d'alcool, 2 l de vin et 200 cigarettes (ou 100 cigarillos ou 50 cigares ou 250 g de tabac).

Les visiteurs en provenance de pays membres de l'Union européenne ou de la Suisse peuvent, quant à eux, apporter en France 1,5 l d'alcool, 4 l de vin et 300 cigarettes (ou 150 cigarillos ou 75 cigares ou 400 g de tabac).

## Le téléphone

Actuellement, dans toute la France, les numéros de téléphone sont composés de 10 chiffres, les deux premiers représentant une des cinq «régions téléphoniques», à savoir :

01 pour Paris et l'Île de France
02 pour le nord-ouest
03 pour le nord-est
04 pour le sud-est
05 pour le sud-ouest

Lorsque vous téléphonez de l'étranger, le préfixe 0 ne s'applique pas et vous devez alors composer un numéro à neuf chiffres seulement.

## AMBASSADES ET CONSULATS

Les ambassades se trouvent à Paris, mais la Belgique et la Suisse ont un consulat sur la Côte d'Azur.

### Canada

Ambassade
35, av. Montaigne
75008 Paris
Métro Franklin-Roosevelt
☎01.44.43.29.00
≈01.44.43.29.99

### Belgique

Ambassade
9, rue de Tilsitt
75017 Paris
☎01.44.09.39.39
≈01.47.54.07.64

Consulat
5, rue Gabriel Fauré
06000 Nice
☎04.93.87.79.56
≈04.93.87.41.96

### Suisse

Ambassade
142, rue de Grenelle
75007 Paris
☎01.49.55.67.00

Consulat
13, rue Alphonse Karr
06000 Nice
☎04.93.88.85.09
≈04.93.88.52.47

## AMBASSADES DE LA FRANCE À L'ÉTRANGER

### Canada

42 Sussex Drive
Ottawa, Ont.
K1M 2C9
☎(613) 789-1795
≈(613) 562-3704

### Belgique

65 rue du Cale
1000 Bruxelles
☎(02) 548 87 11
≈(02) 512 37 13

### Suisse

46 Schosshaldenstrasse
C.P. 3000
3006 Berne
☎(031) 359 21 11
≈(031) 359 21 91

### Italie

Piazza Farnese 67 000
00186 Rome
☎(06) 68.60.11
≈(06) 68.60.13.60

## OFFICES DE TOURISME DE LA FRANCE À L'ÉTRANGER

### Canada

**Maison de la France**
1981, avenue McGill College
Bureau 490
Montréal (Québec)
H3A 2W9
☎(514) 288-4264

---

### Belgique

---

**Maison de la France**
1, avenue de la Toison-d'Or
060 Bruxelles
☎(02) 513.07.62
(02) 502.04.10

---

### Suisse

---

**Maison de la France**
, rue Thalberg
201 Genève
☎(022) 731.58.78

**Maison de la France**
Bahnofstrasse 16, Postfach 4979
CH 8022 Zurich
☎(01) 211.30.85
(01) 212.16.44

---

### RENSEIGNEMENTS ET EXCURSIONS TOURISTIQUES

---

Au cours de votre visite, il vous sera facile de recueillir de l'information touristique additionnelle. La grande majorité des endroits disposent d'un syndicat d'initiative, dont l'un des rôles consiste à accueillir et à renseigner les visiteurs. Nous vous indiquerons leurs coordonnées, tout au long de cet ouvrage, dans les sections «Renseignements pratiques».

### Organisateurs d'excursions

---

Certaines firmes se spécialisent dans l'organisation de visites guidées dans la région, en plus de proposer des excursions en bateau. Les syndicats d'initiative se feront un plaisir de vous aider.

### VOS DÉPLACEMENTS

---

### En avion

---

La majorité des visiteurs d'outre-mer arrivent à Paris et poursuivent leur voyage vers le sud en prenant le train à grande vitesse (TGV), à moins qu'ils ne prennent l'avion directement pour Marseille ou Nice.

Les vols internationaux arrivent généralement à l'aéroport de Roissy-Charles-de-Gaulle de Paris, quelques vols nolisés se rendant parfois à l'aéroport Orly de la capitale française. Certaines compagnies aériennes de nolisement desservent également l'aéroport Satolas de Lyon, et leurs passagers peuvent ensuite prendre le TGV jusqu'en Avignon ou Marseille à partir de la gare SNCF reliée à l'aérogare de cette ville.

---

### Aéroports

---

**Aéroport de Roissy-Charles de Gaulle**
Renseignements : ☎01.48.62.22.80
⇄01.48.62.63.89

**Aéroport d'Orly**
Renseignements : ☎01.49.75.15.15

Pour atteindre le centre de Paris de l'aéroport Charles-de-Gaulle ou de l'aéroport d'Orly, plusieurs options s'offrent à vous :

1) La location d'une voiture;

2) Le taxi (180F-250F de Charles-de-Gaulle, 140F-180F d'Orly; durée du trajet : 40 min à 1 heure 15 min selon la circulation);

3) Le RER (transports en commun rapide) jusqu'au centre-ville, puis vous pourrez poursuivre en Métro (exploité par la RATP) ou en taxi. Les billets de RER coûtent entre 40F et 50 F, le trajet est d'environ 45 min, et les départs ont lieu toutes les 15 min environ, tout au long de la journée.

La RATP propose également un service direct de bus (Roissybus) entre l'aéroport Charles-de-Gaulle et la place de l'Opéra (environ 40F), de même qu'un service similaire entre Orly (Orlybus) et la station de Métro Denfert-Rochereau (environ 30 F). Départs toutes les 15 min, toute la journée.

4) Le service de cars d'Air France, qui dessert directement la place de l'Étoile (Arc de Triomphe) de l'aéroport Charles-de-Gaulle (45F) ou les Invalides et Montparnasse de l'aéroport d'Orly (35F).

**RENSEIGNEMENTS GÉNÉRAUX**

Les vols de Paris vers la Provence et la Côte d'Azur partent de l'aéroport d'Orly, situé au sud de la capitale, ce qui cause bien des maux de tête aux voyageurs d'outre-mer descendant à l'aéroport de Roissy-Charles-de-Gaulle, situé au nord de la ville. Soyez prêt à faire un long trajet en RER, puis en Métro jusqu'à l'autre bout de la ville, ou à débourser une somme considérable pour effectuer ce déplacement en taxi. Nombre de visiteurs préfèrent carrément passer une journée ou plus à Paris même.

Les compagnies aériennes françaises Air France, Air Inter, AOM et TAT proposent des vols réguliers sur Avignon et Marseille à toute heure du jour. Ces vols durent en moyenne 1 heure 10 min. Pour de plus amples renseignements, adressez-vous à votre agent de voyages ou directement à la compagnie aérienne de votre choix.

### Aéroport d'Avignon-Caumont
Renseignements : ☎04.90.81.51.51

### Aéroport de Marseille-Marignane
Renseignements : ☎04.42.14.14.14
☞04.42.14.27.24

Une fois à Avignon ou à Marseille, vous aurez le choix entre plusieurs agences de location de voitures disposant de divers types de véhicules et proposant différents forfaits. Les prix varient considérablement, et il importe de savoir que certaines des meilleures aubaines ne sont disponibles que de l'étranger, lorsque vous réservez à l'avance pour une location d'une semaine ou plus. Néanmoins, certaines agences locales sont à même de battre les prix des multinationales, de sorte que vous auriez tout intérêt à étudier les possibilités qu'elles vous proposent. Vous trouverez une liste complète des agences de location d'Avignon et de Marseille dans les chapitres qui leur sont consacrés (voir p 56 et p 179).

### Aéroport Nice-Côte d'Azur
☎04.93.21.30.30 (standard) ou
☎08.36.69.55.55 (information sur les vols)
☞04.93.21.30.29
Plusieurs entreprises de **location de voitures** sont présentes à l'aéroport, parmi lesquels Avis, Hertz, Budget et Europcar.

Mais attention, les prix pratiqués à l'aéroport sont normalement plus élevés que ceux de la gare SNCF, au centre de Nice.

Cependant, les meilleurs prix que l'on puiss trouver pour la location d'une voitu s'obtiennent auprès d'une agence de locatic située à Cagnes-sur-Mer, AD (☎04.93.14.31.44). Cette agence vous livre la voiture à l'aéroport.

Vous y trouverez également quelques bureau de change, dont la B.P.C.A., ouverte tous le jours de 8h30 à 19h (été jusqu'à 20h45).

Certaines compagnies aérienne internationales proposent quelques vols pa semaine, avec correspondance pour Nice, e partance du Canada ou des États-Unis. Parr celles-ci, on retrouve British Airways, KLM Lufthansa. De plus, plusieurs compagnie américaines assurent des liaisons directes e partance des grandes villes américaines.

Il est toujours possible pour les Nor Américains d'entrer en France par Paris ensuite de prendre l'un des nombreux vo quotidiens vers Nice assurés par le compagnies françaises Air France, Air Inte AOM ou TAT.

Bien sûr, les voyageurs européens n'auro aucune difficulté à s'y rendre puisque le compagnies aériennes européennes assure des vols réguliers vers Nice.

On peut aussi se rendre en Corse au départ d Nice. Plusieurs vols quotidiens assurent liaison avec les villes importantes. D'ailleur on peut aussi accéder à la Corse en bateau a départ du port de Nice.

À partir de l'aéroport, le voyageur trouvera d nombreuses liaisons de bus vers la destinatio de son choix, y compris la gare SNCF de Nic Il existe également un service d'hélicoptèr vers Monaco.

Outre l'aéroport de Nice, il existe un autr aéroport qui dessert la partie occidentale de Côte :

### Aéroport de Toulon-Hyères
☎04.94.22.81.60

Cependant, cet aéroport ne sert que pour le vols domestiques. Il se trouve à 18 km à l'e de Toulon. On peut se rendre à Toulon en bu ou en train.

## En train

a région possède un excellent réseau
erroviaire. Plusieurs liaisons quotidiennes
ont assurées par le TGV au départ de Paris
enseignements : ☎01.45.82.50.50), Lyon ou
Marseille. Cependant, si vous devez arriver à
Nice en passant par l'Italie, vous devrez vous
rmer de patience : les trains sont presque
oujours en retard et s'arrêtent très souvent
même les trains express). Heureusement, le
aysage compense...

## En voiture

existe un réseau important d'autoroutes qui
elie Nice avec Paris, l'Italie et l'Espagne. Il
aut cependant compter débourser beaucoup
'argent pour emprunter ces autoroutes. De
lus, le prix de l'essence est cher par rapport
l'Amérique du Nord : le litre d'essence coûte
rès de 6F, ce qui équivaut à un peu plus du
ouble du prix canadien et du triple du prix
méricain. Pour les Européens cependant, il
'agit là de prix tout à fait raisonnables.

## LA SANTÉ

ucun vaccin n'est exigé pour entrer en
rance.

es services de santé y sont excellents.

## Les risques de maladie

n rapporte de nombreux cas de sida
leuxième région la plus affectée en France
près Paris). Bien sûr, comme partout ailleurs,
existe aussi des cas de maladies vénérien-
es. Il est donc sage d'être prudent à cet
gard.

## Le soleil

e soleil, malgré ses bienfaits, entraîne de
ombreux petits ennuis. Apportez toujours
e crème solaire qui protège des rayons
ocifs du soleil. Une trop longue période
exposition pourrait causer une insolation

(étourdissement, vomissement, fièvre...). Les premières journées surtout, il est nécessaire de bien se protéger et de ne pas prolonger les périodes d'exposition, car on doit d'abord s'habituer au soleil. Par la suite, il faut éviter les abus. Le port d'un chapeau et de verres fumés peut aider à contrer les effets néfastes du soleil. Souvenez-vous finalement que, pour une plus grande efficacité, il est recommandé d'appliquer la crème solaire de 20 min à 30 min avant de vous exposer au soleil.

## La trousse de santé

Une petite trousse de santé permet d'éviter bien des désagréments. Il est bon de la préparer avec soin avant de quitter la maison. Veillez à apporter une quantité suffisante de tous les médicaments que vous prenez habituellement ainsi qu'une prescription valide pour le cas où vous les perdriez. Quant au reste, vous pourrez acheter tout ce qu'il vous faut sur place dans l'une des très nombreuses pharmacies que l'on retrouve souvent même dans le plus petit village reculé.

## LES ASSURANCES

### Annulation

Cette assurance est normalement offerte par l'agent de voyages au moment de l'achat du billet d'avion ou du forfait. Elle permet le remboursement du billet ou forfait dans le cas où le voyage devrait être annulé en raison d'une maladie grave ou d'un décès. Les gens n'ayant pas de problèmes de santé ont peu de chance d'avoir à recourir à une telle protection. Elle demeure par conséquent d'une utilité relative.

### Vol

Les visiteurs européens doivent vérifier que leur police protège leurs biens à l'étranger, car ce n'est pas automatiquement le cas. La plupart des assurances-habitation au Canada, pour leur part, protègent une partie des biens contre le vol, même si celui-ci a lieu à l'étranger. Pour réclamer, il faut avoir un rapport de police. Comme tout dépend des montants couverts par votre police d'assurance-habitation, il n'est pas toujours utile de prendre une assurance supplémentaire.

## Vie

Plusieurs compagnies aériennes offrent une assurance-vie incluse dans le prix du billet d'avion. D'autre part, beaucoup de voyageurs disposent déjà d'une telle assurance; il n'est donc pas nécessaire de s'en procurer une supplémentaire.

## Maladie

Sans doute la plus utile pour les étrangers, l'assurance-maladie s'achète avant de partir en voyage. La couverture de cette police d'assurance doit être la plus complète possible, car, à l'étranger, le coût des soins peut s'élever rapidement. Au moment de l'achat de la police, il faudrait veiller à ce qu'elle couvre bien les frais médicaux de tout ordre, comme l'hospitalisation, les services infirmiers et les honoraires des médecins (jusqu'à concurrence d'un montant assez élevé, car ils sont chers). Une clause de rapatriement, pour le cas où les soins requis ne peuvent être administrés sur place, est précieuse. En outre, il peut arriver que vous ayez à débourser le coût des soins en quittant la clinique. Il faut donc vérifier ce que prévoit la police dans ce cas. Durant votre séjour, vous devriez toujours garder sur vous la preuve que vous avez contracté une assurance-maladie, ce qui vous évitera bien des ennuis si par malheur vous en avez besoin.

## LE CLIMAT

## Provence

La Provence bénéficie d'un climat méditerranéen, caractérisé par un été sec et chaud, des précipitations peu abondantes (moins de 60 jours de pluie par année) et donc beaucoup de soleil.

Le mercure peut atteindre 35 °C en été, bien qu'il gravite plutôt autour de 30 °C. En hiver, le climat s'avère doux sur la Côte, et le mercure descend rarement au-dessous d 10 °C. Cependant, les villages de l'arrière pays sont souvent plus frais en hiver, surtou ceux qui se trouvent en région exposée a vent autour du Vaucluse et des collines d Luberon. Avril et octobre sont les mois le plus humides, et ils connaissent de forte ondées ainsi que des averses pouvant dure quelques jours.

Les conditions sont à leur meilleur de la f mai à la fin juin, lorsque les température oscillent autour de 26 °C et que le sole abonde. Les plantes, les fleurs et les arbre fruitiers s'épanouissent pleinement, et le routes sont généralement libres de vacancier Septembre se veut agréable et bénéfic également d'un climat favorable; la mer e d'ailleurs encore assez chaude pour ceux q désirent prendre des vacances sur la Côte. P contraste, juillet et août correspondent à haute saison touristique en Provence. Le Européens sont en vacances à cette époq de l'année, et il devient nécessaire de réserv longtemps à l'avance en ce qui a trait l'hébergement. Certaines des localités les pl populaires sont prises d'assaut, et il faut pl de temps et de patience pour se déplacer voiture.

Le mistral, ce vent bien connu, frappe Provence tout au long de l'année. Il s'ag d'un vent violent qui peut atteindre 100 km et souffler toute une journée ou mêm plusieurs jours de suite.

## Côte d'Azur

La Côte d'Azur est marquée par le clim méditerranéen provençal, caractérisé par u période de sécheresse estivale, un faib nombre de jours de pluie dans l'année (moi de 120) et donc un excellent ensoleillemer Mais la présence de vigoureux reliefs cond à une lente dégradation climatique, manifes au niveau des températures (gel) et d précipitations (quantités et régimes de pluie au fur et à mesure que l'on s'éloigne littoral en direction de la haute montagn siège d'un climat montagnard à nuanc méditerranéennes.

Le climat de la Côte diffère déjà sensibleme de celui de l'arrière-pays proche. Il pe souvent faire soleil sur la côte alors qu'u dizaine de kilomètres plus loin, on vit sous nuages, le brouillard ou la pluie.

Les températures dépassent rarement 30 °C en été. En hiver, le climat est doux sur le littoral, et la température chute rarement en-dessous de 10 °C. Par contre, dans les villages de l'arrière-pays, la température peut descendre plus bas à cause de l'altitude. Sans oublier qu'on peut faire du ski, à une heure à peine du littoral, sur des montagnes qui atteignent jusqu'à 3 000 m.

En avril et en octobre, la région est souvent marquée par de fortes pluies qui peuvent durer plusieurs jours.

Le mistral, ce vent célébré de la Provence, touche généralement la partie de la Côte qui se trouve à l'ouest de Fréjus. Ce vent peut atteindre jusqu'à 100 km à l'heure. Cannes, qui s'étend à l'est de Fréjus, en subit les derniers effets, avec une trentaine de journées de vents soutenus chaque année.

En été, la chaleur n'est jamais excessive sur la Côte, puisque des brises régulières provenant de la mer viennent tempérer le climat. De plus, en hiver, certains endroits, tel Monaco, bénéficient d'une protection grâce aux rochers qui les entourent.

La Côte est très visitée en juillet et en août, moment où les Européens sont en vacances. Cependant, les mois de juin et de septembre sont encore plus agréables : les températures sont moins élevées, et il y a moins de monde. Pour les amateurs de la baignade, le mois de septembre s'impose car la température de la mer est encore chaude.

## Quoi mettre dans ses valises?

Tout dépend du genre de voyage que vous projetez et de la saison à laquelle vous y irez. Dans l'arrière-pays, les températures sont beaucoup plus fraîches, surtout en hiver. Alors, il faut penser à apporter des chandails de laine et un coupe-vent imperméable. En été, les vêtements de coton, légers et amples, s'avéreront confortables. Prévoyez en outre des vêtements plus chics pour les soirées au casino, surtout si vous projetez d'aller à Monaco. Il faut se rappeler que les shorts et les jeans ne permettent généralement pas l'accès aux salles de jeux du casino.

En été, lunettes de soleil, crème solaire et chapeau devraient aussi trouver place dans vos bagages.

## LA SÉCURITÉ

Si vous allez à la plage, ne laissez pas vos effets personnels importants sans surveillance. Il vaut mieux les laisser dans un coffret à l'hôtel.

Il est bon d'inclure dans ses valises une photocopie de son passeport et une liste des numéros de ses chèques de voyage. Dans l'éventualité où ces papiers seraient volés, le fait d'en avoir les numéros de référence facilite l'obtention de nouveaux documents.

Bien que la Provence et la Côte d'Azur ne soient pas des régions dangereuses, les petits voleurs demeurent présents, surtout dans les stations balnéaires très touristiques. Une ceinture de voyage vous permettra de dissimuler une partie de votre argent, vos chèques de voyage et votre passeport. N'oubliez pas que moins vous attirez l'attention, moins vous courez le risque de vous faire voler. Dans les petits villages près du littoral, il faut exercer une certaine vigilance à l'égard des groupes de jeunes, qui peuvent être de petits voyous, souvent par désœuvrement.

### Vol dans les voitures

Il est difficile pour un Nord-Américain d'imaginer à quel point le risque de se faire voler des objets dans sa voiture est grand dans le sud de l'Europe. La Provence et la Côte d'Azur ne font malheureusement pas exception, et le voyageur fera bien de prendre les précautions que nous recommandons.

- Ne laissez jamais votre voiture sans surveillance avec vos bagages à l'intérieur. Les voleurs peuvent opérer en cinq minutes, sans laisser aucune trace. Les serrures de voitures n'ont pour eux aucun secret et ne vous procurent absolument aucune protection contre ces malfaiteurs professionnels.

- Surtout, ne laissez rien à la vue qui puisse laisser supposer une valeur quelconque : sacs, vestes, manteaux. On pourrait forcer la serrure en espérant qu'une veste contient un portefeuille.

- Si vous devez circuler avec des bagages dans la voiture, méfiez-vous des arrêts aux stations-service ou aux casse-croûte; essayez de placer la voiture de façon à la voir constamment. Si vous devez garer en ville, utilisez un stationnement payant et placez votre voiture à la vue du gardien.

- Laissez toujours la boîte à gants ouverte; ainsi, on n'imaginera pas que votre caméra s'y trouve.

D'une manière générale, laissez vos bagages à l'hôtel pour faire vos balades, même si vous avez quitté votre chambre. On acceptera toujours de les garder pour vous à la réception. Enfin, dites-vous que, malgré toutes vos précautions, on pourrait encore vous voler, et évitez autant que possible de transporter des objets de valeur.

---

### POSTE ET TÉLÉCOMMUNICATIONS

---

On peut se procurer des timbres dans les bureaux de poste, bien sûr, mais aussi dans les grands hôtels. La levée du courrier se fait partout sur une base quotidienne.

Pour téléphoner, on trouve partout des cabines fonctionnant le plus souvent avec des télécartes disponibles dans les tabacs. Elles se détaillent à 40F pour 50 unités.

Pour téléphoner en Provence ou sur la Côte d'Azur depuis le Québec, il faut composer le 011 33 puis le numéro de votre correspondant. Depuis la Belgique ou la Suisse, il faut composer le 00 33 puis le numéro de votre correspondant.

En appelant durant certaines périodes précises, vous pouvez bénéficier de rabais substantiels. Ainsi, depuis le Canada, la période la plus économique s'étend entre 18h et 9h. En Suisse et en Belgique, choisissez un moment entre 20h et 8h, ou faites votre appel le dimanche (toute la journée).

Pour joindre le Canada depuis la Provence ou la Côte, il faut composer le 00 1, l'indicatif régional et finalement le numéro de votre correspondant. Pour téléphoner en Belgique, composez le 00 32 puis le numéro de votre correspondant. Pour appeler en Suisse, composez le 00 41 et le numéro de votre correspondant.

Pour rejoindre les autres régions de France depuis la Côte, voir p 25.

Par ailleurs, la plupart des hôtels disposent de télécopieurs et de télex.

---

### LES TRANSPORTS

---

### Le réseau routier

---

Outre les autoroutes, il existe un tissu important de routes nationales, départementales et locales, qui vous mèneront jusqu'aux plus petits villages perdus dans l'arrière-pays. Mais attention, même les routes nationales ne sont pas nécessairement des routes à voies larges. Les routes sont plutôt étroites, et les haltes routières, une denrée rare. De toute façon, elles sont généralement peu accueillantes. Il est donc difficile de dénicher un bel endroit où pique-niquer, mais cela se trouve!

Dans les villages de l'arrière-pays, les routes sont fort sinueuses et souvent très étroites, ce qui peut surprendre les visiteurs, d'autant plus que les résidents, habitués à ces conditions, roulent souvent à vive allure.

Ainsi, il vaudrait mieux laisser sa voiture dans les stationnements publics qui se trouvent à l'entrée des villages.

De plus, à l'approche des villages et à l'intérieur de ceux-ci, il faut se méfier des nombreux «dos d'âne», ces espèces de bosses disséminées çà et là sur la chaussée. Bien sûr, leur raison d'être est louable: ralentir la circulation pour protéger les piétons. Mais, si l'on n'y prend garde – on ne remarque souvent les panneaux les signalant qu'après les avoir percutés –, votre voiture pourra subir un choc violent. Au mieux a-t-on tout juste le temps de ralentir à la dernière seconde au moyen d'un freinage brusque.

Il faudrait aussi préciser que sur la Côte, les conducteurs ne sont pas très courtois : ils sont même plutôt impétueux, ont le claxon facile, ne cèdent que rarement le passage et même n'hésitent pas dépasser dans les courbes. Par ailleurs, il faut faire particulièrement attention aux conducteurs de motos car ils se faufilent sournoisement de tous côtés.

## Tableau des distances (km)
### Par le chemin le plus court

Exemple : La distance entre Paris et Lyon est de 396 km.

© ULYSSE

|  |  |  |  |  |  |  |  |  |  | |
|---|---|---|---|---|---|---|---|---|---|---|
|  |  |  |  |  |  |  |  |  | **Avignon** | **Avignon** |
|  |  |  |  |  |  |  |  | **Bordeaux** | 559 | **Bordeaux** |
|  |  |  |  |  |  |  | **Brest** | 496 | 1135 | **Brest** |
|  |  |  |  |  |  | **Dijon** | 722 | 519 | 411 | **Dijon** |
|  |  |  |  |  | **Lyon** | 180 | 770 | 442 | 219 | **Lyon** |
|  |  |  |  | **Marseille** | 274 | 451 | 955 | 512 | 117 | **Marseille** |
|  |  |  | **Nice** | 163 | 300 | 444 | 1054 | 648 | 269 | **Nice** |
|  |  | **Paris** | 690 | 661 | 396 | 261 | 506 | 500 | 631 | **Paris** |
|  | **Strasbourg** | 391 | 538 | 607 | 376 | 235 | 896 | 753 | 687 | **Strasbourg** |
| **Toulouse** | 726 | 586 | 476 | 323 | 359 | 501 | 703 | 213 | 317 | **Toulouse** |

## Quelques conseils

**Permis de conduire** : votre permis de conduire national est valide en France.

**Le code de la route** : les Nord-Américains doivent savoir qu'aux intersections la priorité est donnée aux voitures qui viennent de la droite, peu importe quelle voiture est arrivée en premier. Souvent, il n'y a ni feux ni panneaux stop : il faut donc être prudent. Les intersections des routes importantes sont souvent marquées par des ronds-points, et les voitures qui y sont engagées ont toujours priorité. Il faut donc attendre que la voie soit complètement libre avant de s'y engager. De plus, dans certains cas, une route est prioritaire (marquée par un losange jaune) : la priorité à droite ne compte alors plus.

Le port de la ceinture de sécurité est obligatoire en France.

Notez que la vitesse maximale permise sur les autoroutes est de 130 km à l'heure. Malheureusement, comme partout ailleurs, elle est peu respectée!

**Les postes d'essence** : ceux qui se trouvent sur les autoroutes sont ouverts 24 heures par jour, les autres étant généralement fermés la nuit. Par contre, l'essence y est plus chère. L'essence la moins chère se trouve généralement dans les stations-service situées dans les stationnements des centres commerciaux. Les cartes de crédit sont acceptées dans presque toutes les stations-service et aux péages d'autoroute.

Pour faciliter vos déplacements et le repérage des sites vers lesquels vous désirez vous diriger, nous vous conseillons de vous munir d'une bonne carte routière. Il existe des cartes détaillées, avec basse échelle, publiées par Michelin ou par l'Institut géographique national (IGN), qui identifient même les plus petites routes. Ces cartes vous seront d'une grande utilité dans l'arrière-pays.

## La location d'une voiture

Toutes les agences internationales offrent leurs services dans la région. La plupart sont d'ailleurs représentées dans les aéroports et autour des gares principales. De plus, tout au long de ce guide, nous nous efforcerons de vous communiquer les coordonnées des bureaux régionaux de location de voitures dans les sections «Pour s'y retrouver sans mal» de chacun des chapitres.

Plusieurs agences proposent, outre les différentes catégories habituelles d'automobiles «classiques», des véhicules décapotables. Il peut être fort agréable de se balader sur les routes du littoral, les cheveux au vent et la peau caressée par les rayons du soleil...

Le permis de conduire de votre pays d'origine suffit pour louer une voiture. Vous devez cependant être âgé de 21 ans et plus.

Si vous louez sur place, il faut compter environ 250F par jour (kilométrage illimité) pour la location d'une petite voiture, à moins que vous puissiez bénéficier d'un forfait spécial. Quoi qu'il en soit, si vous désirez louer une voiture pour une période de trois jours ou plus, informez-vous des tarifs auprès de votre agent de voyages ou du centre de réservation internationale des grandes agences de location avant votre départ. Vous pourriez profiter de rabais substantiels.

## La location d'une moto ou d'un scooter

L'idée de sillonner les routes sur une motocyclette ou un scooter en séduira plus d'un. À noter que le port du casque de sécurité est obligatoire. Quelques agences se spécialisent dans la location de ces véhicules. Référez-vous aux sections «Renseignements pratiques» des chapitres pour les adresses d'agences de location.

## Les transports en commun

Les villes et les villages de la région sont dotés d'un réseau de plus en plus important de bus qui les relient.

## L'auto-stop

L'auto-stop est un «moyen de transport» utilisé surtout par les jeunes.

Admettons-le, il s'agit là d'une bien agréable façon pour se déplacer tout en rencontrant des gens. Bien sûr, les mêmes précautions de base que n'importe où ailleurs dans le monde s'imposent pour assurer votre sécurité si vous optez pour cette solution. Toutefois, il s'avère de moins en moins fructueux, et même franchement difficile.

## Les taxis

Les taxis privés constituent une solution intermédiaire aux autres moyens de transport,

surtout pour de courts trajets. Ils deviennent toutefois plutôt coûteux si l'on désire se déplacer d'un endroit à l'autre. Il faut compter environ 13F par kilomètre, en sus du tarif de base. De plus, on doit débourser une petite somme supplémentaire pour chaque bagage placé dans le coffre.

On en trouvera sans problème à l'aéroport et aux abords des gares et des grands hôtels, sans oublier les stations de taxis disséminées un peu partout dans les villes plus importantes.

## Le transport maritime

Plusieurs transporteurs privés assurent la navette avec les îles qui se trouvent au large du littoral. Parfois, vous pourrez vous étonner du prix demandé pour couvrir une si courte distance...

Il est également possible de se rendre en Corse au départ de Nice. Vous trouverez les renseignements pertinents dans le chapitre sur Nice (voir p 205).

Les amateurs de navigation de plaisance trouveront en différents endroits – mais surtout dans les grands centres balnéaires d'innombrables possibilités de location d'embarcations, depuis le petit bateau jusqu'au grand yacht avec skipper.

## L'ARGENT

La devise locale est le franc français (F) divisible en 100 centimes. Des pièces de 5, 10 et 20 centimes, ainsi que de ½, 1, 2, 5, 10 et 20 F, circulent sur le marché, en plus des billets de 20, 50, 100, 200 et 500 F.

**Afin de faciliter l'utilisation de ce guide une fois sur place, tous les prix indiqués le sont en francs français.**

## Les banques

C'est dans les banques que l'on obtient généralement les meilleurs taux, lorsqu'il s'agit de convertir des devises étrangères en francs. Les heures d'ouverture de la majorité des institutions bancaires se lisent comme

| TAUX DE CHANGE | | | | | |
|---|---|---|---|---|---|
| 1 FF | = | 0,24 $CAN | 1 $CAN | = | 4,12 FF |
| 1 FF | = | 0,25 FS | 1 FS | = | 4,04 FF |
| 1 FF | = | 6,16 FB | 10 FB | = | 1,62 FF |
| 1 FF | = | 30,58 PTA | 100 PTA | = | 3,27 FF |
| 1 FF | = | 293,84 LIT | 1000 LIT | = | 3,40 FF |
| 1 FF | = | 0,17 $US | 1 $US | = | 5,97 FF |

uit : du lundi au vendredi de 8h30 à 12h et
e 14h à 16h30.

## Les bureaux de change

)utre les banques traditionnelles, on peut
aire appel aux bureaux de change. Certains
e ces bureaux sont ouverts 24 heures par
our. Néanmoins, les taux qu'ils offrent ne
ont pas les plus favorables. Sans compter les
rais qu'ils exigent parfois...

n dehors des heures d'ouverture des
anques et des bureaux de change, il est
oujours possible de changer de l'argent dans
es plus grands hôtels, mais à des taux bien
noins avantageux.

ne solution, qui s'avère souvent la plus
vantageuse, consiste à retirer des fonds de
on compte de banque avec la carte de
uichet automatique ou à obtenir une avance
e fonds sur sa carte de crédit (s'assurer que
elle-ci comporte un code permettant son
tilisation aux guichets automatiques). On
vite, de cette façon, les pertes de temps
eliées aux attentes à la banque. Une faible
ommission est perçue (8F), mais le taux
tilisé est, en général, meilleur que celui
ffiché au comptoir.

## Les cartes de crédit et
les chèques de voyage

es cartes Visa et MasterCard (ou EuroCard)
ont les plus acceptées. Dans les grandes
ones très touristiques (Nice, Cannes ou
Monaco), on accepte aussi les cartes
American Express. Cependant, les
tablissements plus modestes n'acceptent pas
oujours les cartes de crédit. Il convient alors
e ne rien prendre pour acquis et de
'informer.

L'utilisation des chèques de voyage ne pose
généralement aucun problème, sauf peut-être
dans les très petits villages.

## ATTRAITS TOURISTIQUES

Les attraits sont classés selon un système
d'étoiles pour vous permettre de faire un
choix si le temps vous y oblige.

| ★ | Intéressant |
|---|---|
| ★★ | Vaut le détour |
| ★★★ | À ne pas manquer |

Le nom de chaque attrait est suivi d'une
parenthèse qui vous donne ses coordonnées.
Le prix qu'on y retrouve est le droit d'entrée
pour un adulte. Informez-vous car plusieurs
endroits offrent des réductions pour les
enfants, les étudiants, les aînés et les
familles. Plusieurs de ces attraits sont
accessibles seulement pendant la saison
touristique, tel qu'indiqué dans cette même
parenthèse. Cependant, même hors saison,
certains de ces endroits vous accueillent sur
demande, surtout si vous êtes en groupe.

## HÉBERGEMENT

L'infrastructure hôtelière de la région est
importante et très variée. Du village de
vacances au gîte rural en passant par l'hôtel
de luxe et le meublé de tourisme, les options
sont nombreuses et fort diversifiées.

Dans cet ouvrage, nous avons cherché à
sélectionner les sites nous apparaissant
comme les meilleurs de chacune des
catégories. Les prix indiqués étaient ceux
pratiqués au moment de mettre sous presse
et sont, bien sûr, susceptibles d'être modifiés
en tout temps. Tous les prix, sauf indication
contraire, s'entendent pour deux personnes.

Nous avons de plus indiqué les coordonnées complètes des établissements sélectionnés (adresse postale, téléphone, télécopieur) afin de faciliter les réservations depuis votre lieu de résidence.

## La grande hôtellerie

La région compte plusieurs hôtels de luxe – appartenant le plus souvent à des intérêts privés –, principalement regroupés dans les grands centres balnéaires, comme Nice, Cannes, Monaco et Saint-Tropez. Dans ces hôtels trois ou quatre étoiles, on retrouvera les normes internationales en matière de confort et de service.

## La petite et moyenne hôtellerie

On trouve un peu partout de multiples petits et moyens établissements qui appartiennent à des particuliers. Ces endroits constituent le plus souvent une garantie de bon accueil et de service personnalisé. Souvent tout aussi bien situés que les hôtels de luxe (près des plages, belle vue, etc.), ils présentent la plupart du temps un meilleur rapport qualité/prix.

## Les meublés de tourisme et les résidences hôtelières

Ces deux formules sont en fait très similaires. Dans les deux cas, les invités sont logés dans des studios ou appartements tout équipés, avec cuisinette, réfrigérateur, vaisselle, etc.

Les résidences hôtelières, tout en présentant quelques caractéristiques propres aux hôtels traditionnels (chambres avec salle de bain privée complète, téléviseur et téléphone), se distinguent par le fait qu'on y dispense les services quotidiens habituels.

Il faut toutefois se renseigner quant aux modalités de réservation, car ce genre de résidence n'est souvent proposé qu'à la semaine.

## Les Gîtes de France

Les Gîtes de France regroupent une multitud de gîtes et de chambres d'hôte. Cette formu est plus fréquente dans les petits villages plutôt inexistante dans les grands centre touristiques. Elle permet de faire plus amp connaissance avec les habitants.

Le gîte est un logement indépendant, attenant à celui du propriétaire, meublé équipé. On peut, si on le désire, le louer à semaine. La chambre d'hôte est située dans maison même du propriétaire et e généralement louée à la nuitée, petit déjeun inclus.

Tous ces lieux d'hébergement doive répondre à des critères de qualité précis ava de se voir proclamer «Gîtes de France». Po avoir accès à une liste complète, vous pouv vous procurer dans les librairies de voyage répertoire annuel des *Gîtes Ruraux de Franc* ou celui des *Chambres et Tables d'Hôte France*.

## Pierre et Vacances

Dans la région de la Côte d'Azur, cet organisation regroupe une quinzain d'établissements qui proposent un éventail services et d'activités qui s'étendent de simple hôtellerie (Les Résidences) au sty plus complet qu'on retrouve dans les endroi de type *resort* (Les Villages). Ils sont to admirablement situés à des endroits qui tire plein avantage de la beauté des environs.

Ils proposent des appartements équipés cuisine qui vont du petit studio (pour deux trois personnes) au trois-pièces (pour se personnes). Ce genre d'établissement e idéal pour les familles qui voyagent avec d enfants. Certains sites proposent même d activités spéciales pour les enfants.

Les locations se font sur une ba hebdomadaire seulement. Vous pouv obtenir de plus amples renseignements contactant

Espace Pierre et vacances
94, bd du Montparnasse
75014 Paris
☎01.41.26.22.22.

## Le camping

y a beaucoup de terrains de camping dans la égion qui satisferont les amateurs les plus xigeants. On y trouve une très grande iversité de sites ayant chacun leurs mérites. éanmoins, le camping sauvage est prohibé. 'ous obtiendrez tous les détails dans la ection «Camping» des chapitres.

## RESTAURANTS ET GASTRONOMIE

a Provence-Côte d'Azur regorgent de bonnes ables. On peut y faire d'excellents repas. Il 'agit là, à n'en point douter, d'une des randes qualités de cette région. La rencontre n ces lieux des traditions culinaires rançaises et italiennes permet, en effet, de roposer une restauration variée, aux saveurs ans pareilles et où la Provence transparaît oujours. Diverses cuisines internationales ont également représentées (orientale, ccidentale, africaine, etc.), complétant ainsi e tableau gastronomique de la région.

n règle générale, les heures de service dans es restaurants s'étendent de midi à 15h et de 9h à 22h. Dans les grands centres, on ourra trouver à se restaurer même plus tard, urtout pendant la haute saison. Quelques tablissements ne servent que le dîner, à artir de 19h, et, hors-saison, la plupart erment leurs portes une journée par semaine.

est fortement conseillé de réserver votre able à l'avance, surtout en saison touristique e pointe. Vous en profiterez alors pour érifier si les cartes de crédit sont acceptées ans l'établissement qui a retenu votre ttention, car ce n'est pas toujours le cas.

ans cet ouvrage, nous avons tenté de onner la meilleure sélection possible de estaurants pouvant convenir à tous les udgets. Chaque fois, vous retrouverez le uméro de téléphone, ce qui facilitera vos émarches de réservation. Les prix entionnés constituent une indication du coût 'un repas pour deux personnes, avant les oissons, mais incluant taxes et service. 'ailleurs, tous les prix affichés sur les menus ont des prix nets, c'est-à-dire qu'ils incluent es taxes et le service.

## La cuisine niçoise et provençale

Pendant votre séjour sur la Côte, vous en profiterez pour vous familiariser avec la gastronomie locale, une cuisine variée et tout à fait délectable. Quelques bonnes tables se spécialisent dans la **cuisine provençale traditionnelle**, un mélange d'influences provenant des terroirs italiens et français, où l'olive et les herbes règnent. L'essence de cette cuisine tient dans l'utilisation de produits toujours frais qui proviennent du terroir régional. Note : il y a très peu d'espèces de poissons locaux, malgré le fait que la bouillabaisse ait donné ses lettres de noblesse à la cuisine locale. Les rares espèces locales de poissons, le loup et la rascasse, entrent d'ailleurs dans la composition de la bouillabaisse. Puisqu'il y a des restrictions de pêche sur ces poissons, le prix de la bouillabaisse est conséquent. Ainsi, on trouvera de nombreux produits de la mer, en particulier les crustacés et les mollusques, qui proviennent de l'Atlantique, au menu des restaurants.

## Tarification dans les cafés

Les cafés et brasseries, et parfois aussi les restaurants, appliquent des tarifs différents selon que vous consommez debout au bar, assis à une table ou assis à la terrasse. Ce qui semble naturel aux Méditerranéens s'avère tout à fait surprenant pour les Européens du Nord et encore plus pour les Nord-Américains. Si vous désirez prendre un petit café pour vous réveiller rapidement, prenez-le donc debout au bar. Vous participerez d'ailleurs ainsi à une tradition bien latine. Le café vous coûtera alors un peu plus de 5F. Si vous le prenez assis à une table, il vous coûtera un peu plus de 10F, alors que, sur la terrasse, il pourra facilement coûter 15F. Ne commettez surtout pas l'erreur de commander votre café au bar pour aller le boire assis à la terrasse!

## Les boissons

Le **pastis** est l'apéro méridional le plus répandu. Les deux marques les plus connues sont le Pernod et le Ricard – de là, l'expression souvent entendue dans les bars : «Donnez-moi un Pernod!»

RENSEIGNEMENTS GÉNÉRAUX

## Lexique gastronomique

| | |
|---|---|
| Aïoli | Mayonnaise à l'ail, plutôt épaisse et parfumée, à l'huile d'olive. |
| Anchoïade | Purée d'anchois à laquelle on ajoute de l'huile d'olive et des câpres. |
| Le bœuf en daube | Bœuf cuit avec huile d'olives, lard, oignons, ail et herbes. Accompagné d'une sauce au vin rouge. |
| Gnocchis | Pâtes faites à base de pommes de terre. Remarquez que leur origine est niçoise et non italienne. |
| La *porchetta* niçoise | Cochon de lait farci avec de l'ail, des oignons et des herbes. Se fait aussi avec du lapin. |
| Le lapin à la provençale | Cuit à feu doux dans du vin blanc avec ail, moutarde, herbes et tomates. |
| Le loup au fenouil | Le loup est un poisson qu'on appelle aussi «bar», et qui est très souvent au menu des restaurants. |
| Le pan bagnat | Gros sandwich niçois fait d'anchois, de tomates et de câpres, arrosé d'huile d'olive. |
| La pissaladière | Tarte (quiche) à l'oignon avec anchois et olives. À n'en pas douter, une spécialité niçoise. |
| La soupe au pistou | Soupe aux légumes assaisonnée de pistou (mélange de basilic, d'ail et d'huile d'olive), appelé *pesto* en Italie. |
| La ratatouille niçoise | Courgettes, aubergines et tomates rehaussées d'herbes de Provence, d'ail, d'oignons et d'huile d'olive. Se mange chaud ou froid. |
| Les raviolis | Autre spécialité niçoise. Pâtes farcies avec de la viande ou des légumes. De préférence, il faut goûter ceux de fabrication maison. |
| La rouille | Accompagne la soupe de poisson et la bouillabaisse. Concoctée avec des piments rouges écrasés, de l'ail, de l'huile d'olive, de la mie de pain et d'un peu de bouillon de la soupe. |
| La salade niçoise | Laitue garnie de poivrons verts, de tomates, de filets d'anchois, de radis et d'œufs. Mais il semble qu'il existe plusieurs variations, car parfois on y ajoute des haricots verts et même des betteraves. Et arrosée, il va sans dire, d'huile d'olive. |
| La tapenade | Purée d'olives noires ou vertes à laquelle on ajoute des câpres, de l'huile d'olive et un peu d'anchois. |

Autre apéro très populaire, le **kir** est composé de vin blanc arrosé d'un peu de liqueur de cassis ou de framboise. Le kir royal substitue le champagne au vin blanc.

Il n'existe aucune **bière** de fabrication régionale. Les trois marques de bière les plus répandues sont la Heineken, la Carlsberg et la Kronenbourg. Elles sont souvent servies e pression. Pour changer, essayez un **panaché** mélange de bière et d'eau gazeuse citronnée.

Le **vin** est privilégié dans la région, e particulier les Côtes-de-Provence et les vin de Bandol. Ces derniers sont dotés d'un A.O.C. (appellation d'origine contrôlée) e prennent toute leur ampleur lorsqu'ils sont vieillis. De plus, on trouve presque partout des cuvées locales de qualité acceptable, sinon étonnante.

La région produit une quantité appréciable de vin rosé. Il est bu frais et souvent à l'apéro.

Dans les restaurants, il est toujours plus avantageux de commander les vins du pays en pichet. Ils sont généralement plutôt légers et frais et garantissent un bon rapport qualité/prix. Outre les vins régionaux, la plupart des restaurants maintiennent une bonne sélection de vins français, mais le plus souvent aux prix retentissants...

## SORTIES

On trouve de tout dans cette région. Les gens qui aiment sortir le soir peuvent choisir parmi une foule d'activités et d'endroits, en particulier dans les grands centres : casinos, théâtres, concerts, nombreuses boîtes de nuit, discothèques, etc. Par contre, les gens qui préfèrent le calme seront comblés par le silence des petits villages de l'arrière-pays.

Il existe deux publications hebdomadaires qui vous informent de tout ce qu'il y a à faire dans la région : *L'Officiel des Loisirs* et *La Semaine des Spectacles*, toutes deux vendues 3F dans les kiosques à journaux. Ces publications procurent également des renseignements sur les expositions, les musées, les restaurants et le cinéma.

## MAGASINAGE

Les amateurs de magasinage et de belles boutiques seront comblés à Cannes et à Monaco, où l'on retrouve à peu près tous les grands noms européens (parfums, cristal, haute couture, montres, articles en cuir, etc.). De plus, Les Galeries Lafayette ont une succursale à Nice.

Mais puisque ces centres sont très touristiques, il faut peut-être se méfier des prix. Bien sûr, comme partout ailleurs, il y a toujours possibilité de conclure de bonnes affaires.

Les heures d'ouverture des magasins sont généralement de 9h à 13h et de 15h à 19h du lundi au vendredi, et de 9h à 17h le samedi. Outre les grandes rues commerçantes, les grandes villes comptent plusieurs centres commerciaux en banlieue.

Les grands magasins offrent généralement la possibilité de se faire rembourser les taxes – ce qu'on appelle la «détaxe» –, lorsqu'on achète pour une somme qui dépasse 2 000F. Il faut se renseigner aux comptoirs d'information. Cette détaxe ne s'applique qu'à ceux qui résident hors de la Communauté économique européenne. On doit présenter les factures et les marchandises à la douane française en quittant le pays. Un chèque de remboursement est ensuite envoyé par la poste. De plus, plusieurs établissements qui vendent des parfums pratiquent des prix qu'on dit «*duty free*».

Parmi les objets plus typiques à la région pouvant constituer d'agréables souvenirs qui prolongent le voyage (ou du moins, qui en donnent l'impression...), mentionnons les savons, les herbes de Provence, les produits de l'olive, les santons de Provence (petites figurines qui relatent la vie quotidienne provençale), les poteries et, bien sûr, le vin.

Les amateurs de brocante et d'antiquités doivent se rendre sur le cours Saleya, à Nice, où se tient un grand «marché aux puces» tous les lundis. De plus, Nice compte un grand nombre de magasins d'antiquités regroupés principalement autour de l'Acropolis et de l'hôtel Negresco. Enfin, il y a deux importants salons d'antiquités qui ont lieu dans la région : début janvier à Cannes et autour de Pâques à Antibes. *La Semaine des Spectacles*, ce petit magazine hebdomadaire, donne généralement quelques détails.

Il ne faut pas oublier tous les produits artisanaux qu'on peut acquérir dans les petits centres et villages de l'arrière-pays, comme Tourrettes-sur-Loup, Gourdon ou Moustiers-Sainte-Marie.

## CALENDRIER

### Les jours fériés

| | |
|---|---|
| 1er janvier | Jour de l'An |
| Variable | Lundi gras (Nice) |
| Variable | Mardi gras (Nice) |

| Variable | Vendredi saint |
| --- | --- |
| Variable | Pâques |
| 1er mai | Fête du Travail |
| 8 mai | Armistice 1945 |
| Variable | Ascension |
| Variable | Pentecôte |
| 14 juillet | Fête nationale |
| 15 août | Assomption |
| 1er novembre | Toussaint |
| 25 décembre | Noël |

## DIVERS

## Décalage horaire

Il y a six heures de décalage avec le Québec et l'Est américain. Quand il est midi à Montréal, il est 18h à Nice. Plus on s'éloigne vers l'ouest, plus le décalage augmente. Ainsi, les côtes ouest, canadienne et américaine, connaissent un décalage de neuf heures. Le changement d'heure ne se faisant pas au même moment en Europe et en Amérique, pendant quelques semaines en avril, le décalage est de 7 heures, alors qu'il est de 5 heures pendant quelques semaines en octobre.

## Électricité

Les prises électriques fonctionnent à une tension de 220 volts (50 cycles). C'est donc dire que les voyageurs nord-américains doivent se munir d'un adaptateur et d'un convertisseur pour utiliser leurs appareils électriques.

## Femme seule

Une femme voyageant seule ne devrait pas rencontrer de problèmes. En général, les hommes sont respectueux des femmes, et le harcèlement est relativement peu fréquent. Bien sûr, un minimum de prudence s'impose; par exemple, évitez de vous promener seule, dans des endroits mal éclairés, tard la nuit...

## Les gays

En France, la perception publique de la communauté gay est moins libérale que sur le continent américain. Et ce, de façon plus évidente, dans le sud du pays, à cause de la présence de la culture méditerranéene dont les valeurs se fondent sur une idée traditionnelle de la famille où le machisme fait encore souvent foi. De plus, puisqu'on relève une forte présence de l'extrême-droite dans la région de la Provence-Côte d'Azur, ce mouvement y sème la haine non seulement contre les étrangers, mais également envers la communauté homosexuelle. Dans ce contexte, il existe dans les grandes villes des associations gays appelées «SOS Homophobie». Elles dénoncent les actes violents faits contre la communauté et viennent en aide aux victimes de ces actes. Par ailleurs, d'autres associations gays luttent contre le sida et aident les victimes. Sinon, la vie gay des grands centres connaît un certain épanouissement et possède ses lieux de rencontres tels que bars, discothèques, salles de sport et parfois même saunas, même s'ils sont plutôt cachés. Vous trouverez quelques adresses dans les sections «Sorties».

## Poids et mesures

Le système métrique est en vigueur en France.

## Tabacs

On vend cigarettes, timbres-poste et cartes d'appels téléphoniques dans les tabacs ou bars-tabacs. On repère facilement ces établissements par leur affiche lumineuse en forme de deux cônes rouges, l'un contre l'autre, généralement accompagnés du mot «Tabac».

## Événements et manifestations

**Janvier**
Célébration de la fête de sainte Dévote à Monaco
Festival du cirque de Monte-Carlo (janvier-février)
Exposition de santons et de crèches (chaque village présente une exposition)
Messe des Truffes (Richerenches; dimanche suivant le 17 janvier; célébrant la récolte des truffes)

**Février**
Carnaval de Nice (deuxième quinzaine)
Fête du citron (deuxième quinzaine)
Corsos du mimosa et corsos fleuris à Sainte-Maxime, à Bormes-les-Mimosas et à Saint-Raphaël (se continue jusqu'en mai)
Carnaval (Aix-en-Provence, Marseille)
La Chandeleur (Marseille; procession de La Chandeleur partant de l'abbaye Saint-Victor)

**Mars-avril**
Fête pascale (Arles; fin de semaine de Pâques; parades)
Festival de musique à Saint-Victor (Marseille; concert de musique à l'abbaye Saint-Victor)
Exposition florale internationale à Cagnes-sur-Mer (début avril)
Foire des vins à Brignoles
Festival du printemps des Arts de Monte-Carlo (avril-mai)

**Mai**
Festival international du film à Cannes
Floralies à Sanary-sur-Mer
Festival des arts et de la poésie à La Seyne-sur-Mer
Grand Prix automobile de Monaco
Fête des Gardiens (Arles; 1er mai; jeux, parades en costumes traditionnels)
Pèlerinage des Gitans (Saintes-Maries-de-la-Mer; 24-25 mai; fête du folklore gitan)
Foire aux agneaux et aux asperges (Gillon)
Pèlerinage de la Saint-Gens/Fête provençale (Monteux; autour du 15 mai)
Fête de la Transhumance (Saint-Rémy; Pentecôte; procession de moutons à travers la ville)

**Juin**
Triathlon de Nice
Fêtes médiévales à Coaraze
Festival de musique de Toulon (juin-juillet)
Fête des fleurs à Bormes-les-Mimosas
Exposition du Prix international d'art contemporain
Fête de la Tarasque (Tarascon; dernière fin de semaine de juin; parade)
Fête de la Saint-Jean (Vaison-la-Romaine, Beaumes-de-Venise, Pernes-les-Fontaines, Sault, Maubec, Allauch, Monteux; 24 juin)
Foire des potiers (Malaucène, Cadenet)
Fête du melon (Monteux, plaine du Comtat Venaissin)
Festival de Quatuor (Fontaine-de-Vaucluse, Roussillon, Goult, La Roque-d'Anthéron; juin à sept)

| | |
|---|---|
| **Juillet** | Festival international de jazz à Antibes-Juan-les-Pins |
| | Festival d'art lyrique «Musiques au cœur d'Antibes» (juillet-août) |
| | Festival de jazz à Cannes |
| | Festival international des feux d'artifice de Monte-Carlo (juillet-août) |
| | Festival international d'art lyrique et de musique (Aix-en-Provence) |
| | Rencontres internationales de la photographie (Arles; exposition, conférences et ateliers) |
| | Festival d'Avignon (festival de théâtre et de danse; jusqu'au début d'août) |
| | Festival Marseille Méditerranée (Marseille; danse, théâtre et musique) |
| | Fêtes d'Arles - La Pégoulado (Arles; fête folklorique, danse, musique) |
| | Nuits théâtrales et musicales de l'Enclave (Grillon, Richerenches, Valréas, Visan; théâtre et musique durant tout l'été, région de l'Enclave des Papes) |
| | Festival Passion (Carpentras; festival de musique et de théâtre; juil-août) |
| | Festival de la Sorgue (L'Isle-sur-la-Sorgue; festival de musique) |
| | Les Vendredis Folkloriques, les Samedis Taurins, Les Kiosques à Musique (Cavaillon; concerts; juil-août) |
| | Festival du Sud-Luberon (La Tour-d'Aigues; théâtre, musique, art; juil-août) |
| **Août** | Festival de musique à Menton |
| | Foire vinicole et artisanale à Vidauban |
| | Foire du cuir à Barjols |
| | Festival de jazz au Fort Napoléon de La Seyne-sur-Mer |
| | Festival national de pétanque aux Arcs-sur-Argens |
| | Festival de folklore mondial à Le Beausset |
| | Fête de la Véraison (Châteauneuf-du-Pape; foire médiévale; début août) |
| | Grande Cavalcade Provençale (Aubagne; fin août) |
| | Festival provençal (Séguret; comprenant un festival du vin; fin août) |
| | Musique d'été et Rencontres méditerranéennes Albert Camus (Lourmarin) |
| **Septembre** | Salon des antiquaires, brocanteurs et métiers d'art à Cagnes |
| | Foire aux potiers à Fayence |
| | Fête des vins (Cassis; dégustations, danses provençales; début sept) |
| | Les Prémices du Riz (Arles; fête de la récolte du riz vieille de 800 ans) |
| | Fête des olives vertes (Mouriès; festival de la récolte des olives, brocante) |
| | Fête des vendanges (Entrechaux; fête des vendanges de Ventoux) |
| **Octobre** | Pèlerinage (Saintes-Maries-de-la-Mer; dim le plus près du 22 oct) |
| | La Fiesta des Suds (Marseille; quartier des quais, folklore méridional) |
| | Festival international des marionnettes à Cannes |
| | Floralies fleurs séchées à Entrecasteaux |
| | Festival de la bande dessinée à Hyères |
| | Coupe du monde de triathlon à Monaco |
| | Foire internationale de Monaco (FICOMIAS) |
| **Novembre** | Festival international de danse à Cannes |
| | Festival international de jazz d'hiver à Cannes |
| | Festival MANCA (musiques actuelles) à Nice |
| | Traditions de Noël (à travers toute la Provence; Foire des santons, représentation théâtrale de la Nativité ou Pastorale) |
| | Baptême du Côtes-du-Rhône Primeur (Avignon; dégustation du nouveau Côtes-du-Rhône) |
| **Décembre** | Foires aux santons à Fréjus, à Aups, à Draguignan, à Bormes-les-Mimosas et à La Garde-Freinet (novembre-décembre) |
| | Fête du millésime des vins de Bandol (5 décembre) |
| | Messe de Noël (traditionnelle messe de Noël provençale, dans toute la région; messe au cours de laquelle on fait revivre des scènes de la Nativité, Les Baux-de-Provence, Allauch, près de Marseille, Séguret, Villedieu) |

# PLEIN AIR

**L**e climat exceptionnel et le relief varié permettent à la Provence-Côte d'Azur d'offrir aux tempéraments actifs une foule d'activités de plein air. Le Provence et la Côte d'Azur épousent en effet le contour des côtes de l'immense mer Méditerranée, puis s'élèvent jusqu'à des altitudes atteignant 1 900 m au sommet du mont Ventoux; l'extraordinaire diversité géographique rend ainsi possibles toutes sortes d'activités, de la baignade au ski alpin et de la planche à voile au deltaplane.

Nous dressons dans le présent chapitre une liste des activités les plus prisées afin de brosser un tableau d'ensemble des sports de plein air. Dans les chapitres ultérieurs, tous consacrés à une région définie, la section «Activités de plein air» fournira des adresses détaillées, nous permettant ainsi d'aller encore plus loin dans la précision des renseignements mis à la disposition du lecteur.

 PARCS

Provence

Vous trouverez en Provence le **parc naturel régional du Luberon** (120 000 ha), qui chevauche les départements du Vaucluse et des Alpes-de-Haute-Provence, de même que le **parc naturel régional de la Camargue** (72 000 ha), dans les Bouches-du-Rhône. Les organismes responsables de la gestion de ces deux parcs doivent veiller à préserver l'environnement tout en en faisant la promotion. Ils organisent en outre diverses activités, allant des randonnées guidées aux festivals environnementaux en passant par les visites de musées.

**Centre de Ginès**
**Centre d'information du parc naturel**
Pont de Gau
13460 Saintes-Maries-de-la-Mer
☎04.90.97.86.32
(information seulement)

**Mas du Pont de Rousty**
Pont de Rousty
13200 Arles
☎04.90.97.10.40
(Musée du parc de la Camargue et sentier balisé, à 12 km au sud-ouest d'Arles sur la D570) (voir p 137)

**Maison du parc du Luberon**
1, place Jean Jaurès
84400 Apt
☎04.90.74.08.55
(information, musée et boutique)

---

### Côte d'Azur

---

Ensemble de hautes montagnes parsemé de nombreux petits lacs et de vallons, la **vallée des Merveilles** offre un paysage grandiose. Le site est unique grâce surtout aux gravures préhistoriques qu'on peut y voir.

C'est l'endroit idéal pour les amateurs d'excursions pédestres. Cependant, il vaut mieux prévoir de bonnes chaussures de marche et un lainage à cause des intempéries possibles, compte tenu de la hauteur. Une description détaillée se trouve dans le chapitre «De Nice à Tende» (voir p 302).

Renseignements :
23, rue d'Italie
06 Nice
☎04.93.87.86.10

 LOISIRS D'ÉTÉ

 Baignade

#### Provence

La Provence n'est pas qu'une succession de villages perchés à flanc de falaise et de pistes de randonnées exceptionnelles. On y trouve également des cours d'eau, des rivières et des étangs cristallins qui invitent volontiers à la baignade par temps chaud. On dénombre plus de 20 sites officiellement désignés «lieux de baignade» dans le Vaucluse, et tous sont annuellement évalués en ce qui a trait à la qualité de l'eau («A» pour bonne, «B» pour moyenne et «C» pour les eaux pouvant être polluées à l'occasion). Téléphonez au service de la santé de la DDASS (Direction départementale des Affaires sanitaires et sociales) pour un rapport à jour sur la qualité de l'eau des différents sites au ☎04.90.27.70.00. Il n'y a pas de surveillants de plage à tous les endroits; il appartient donc à chaque baigneur de veiller à sa propre sécurité.

Dans les Bouches-du-Rhône, les plages de sable et de galets de la Camargue, à proximité de la Méditerranée, y compris celles de la région de Saintes-Maries-de-la-Mer, offrent un large éventail de choix. À Marseille, la municipalité a diligemment reconquis les sol marins au cours des années quatre-vingt, s bien qu'aujourd'hui les plages du Prado com ptent parmi les destinations estivales les plu populaires, aussi bien pour les habitants de l ville que pour les visiteurs. Une gamm complète d'activités nautiques son proposées, quoique la baignade et le bronzag demeurent les occupations favorites des va canciers (voir p 189).

On trouve des plages naturistes à Martigue (plage de Bonnieu), à Salin-de-Giraud e Camargue (plage de Piemanson, aussi connu comme la plage d'Arles), et à la calanqu Sugiton, près de Marseille (à une heure d marche de l'aire de stationnement de Luminy

#### Côte d'Azur

Des plages, il y en a partout! Souvent petite et rocheuses, à l'exception des grande stations balnéaires, comme Saint-Tropez Cannes ou Antibes–Juan-les-Pins, elle revêtent différents aspects. Les plages d Nice et de Menton sont reconnues pour leu galets, ces petites pierres plates. Certain endroits sont un peu plus «sauvages» à caus des rochers : Saint-Jean-Cap-Ferrat, Ca Martin, les îles de Lérins et les îles d'Hyères.

La plage «classique» de sable se retrouve Antibes, à Golfe-Juan et à Cannes, mais le plus belles se trouvent sûrement dans le environs de Saint-Tropez, sur sa presqu'îl Elles sont larges et s'y succèdent su plusieurs kilomètres. Mais ne vous attende pas à être seul, surtout en juillet et en août. C'est pourquoi elles sont forcément moin propres que celles, plus calmes et donc plu agréables, que l'on trouve entre le Lavando et Hyères.

Outre la mer, il y a peu d'endroits propice aux sports nautiques, à part le lac de Sain Cassien et le très grand lac de Sainte-Croi lac artificiel à la belle couleur émeraude.

La couleur de l'eau varie d'un endroit l'autre. Elle va du bleu profond au ble turquoise, caractéristique des eaux de Caraïbes. D'ailleurs, quand on débarque su l'île de Porquerolles, on a l'impression d'êt arrivé dans une île des Caraïbes. L'eau, Nice, revêt toute la gamme des couleurs.

La mer est généralement calme ou peu agitée lorsqu'il y a des orages. Par conséquent, il n'y a pas vraiment de vagues.

La qualité de l'eau est normalement bonne. Les eaux les plus propres se trouvent sur la presqu'île de Saint-Tropez et sur les îles. Enfin, certains endroits n'invitent guère à la baignade à cause de la présence d'algues et de toutes sortes de saletés.

La température de l'eau permet la baignade entre juin et début octobre. Pendant le mois de juin, l'eau passe de 16 °C à 21 °C. Elle peut atteindre jusqu'à 25 °C en juillet et en août. En septembre, elle est normalement agréable.

Il y a deux choses auxquelles les baigneurs devraient faire attention : les oursins, sorte de boules épineuses qui se fixent aux rochers, et les méduses, qui collent à la peau et brûlent.

La seule plage naturiste «officielle» se trouve sur l'île du Levant. D'ailleurs, la petite partie (10 %) qui n'est pas occupée par la Marine française, Héliopolis, est un domaine réservé entièrement aux amateurs de naturisme. Sinon, les endroits moins accessibles sont souvent des lieux où le naturisme se pratique, en particulier l'île Sainte-Marguerite (au large de Cannes) et le côté ouest de Saint-Jean-Cap-Ferrat. Toutefois, il est courant pour les dames de se dénuder les seins.

**Les insolations**

La majorité des plages publiques n'offrent aucune possibilité de se réfugier à l'ombre. Les risques d'insolation sont donc importants. Crampes, chair de poule, nausées et manque d'équilibre constituent les premiers symptômes d'une insolation. Dans une telle situation, la personne souffrante devrait être rapidement mise à l'ombre, réhydratée et ventilée.

Afin d'éviter ces embarras, veillez à toujours porter un chapeau et munissez-vous d'une bonne crème solaire. De plus, il est fortement conseillé d'aller à la plage vers la fin de l'après-midi. À cette heure-là, les rayons ultraviolets du soleil sont beaucoup moins forts. Sinon, optez pour l'une des nombreuses plages privées qui disposent de parasols.

 Navigation de plaisance

**Provence**

Vous trouverez dans la région toutes sortes de possibilités de prendre le large, y compris des excursions en mer et la location de tout type d'embarcations. Naturellement établies sur la côte méditerranéenne, dans les principaux ports que sont Marseille, Cassis et La Ciotat, plusieurs entreprises proposent aux amateurs de voile tout un éventail d'activités. Informez-vous auprès des Offices de tourisme locaux pour connaître les détails des événements présentés, y compris les courses et les régates. Sinon, adressez-vous au :

**Comité départemental de voile**
Base de Tholon
18, boulevard de Vallier
13500 Martigues
☎04.42.80.12.94

  Canoë-kayak

**Provence**

Bien que la majorité des cours d'eau de Provence ne se prêtent guère à ce genre d'activité sportive, il existe une exception : la panoramique rivière Sorgue du Vaucluse, courue par tous les amateurs.

Pour une excursion avec guide accompagnateur et commentaire dynamique sur la Sorgue, entre Fontaine-de-Vaucluse et L'Isle-sur-la-Sorgue, adressez-vous à :

**Michel Melani, Kayak Vert**
84800 Fontaine-de-Vaucluse
☎04.90.20.35.44

Pour prendre des cours individuels ou en groupe, adressez-vous au :

**Club de Canoë-Kayak Islois**
La Cigalette
84000 L'Isle-sur-la-Sorgue
☎04.90.38.33.22 ou 04.90.20.64.70

PLEIN AIR

Pour tout autre renseignement, adressez-vous au :

**Comité départemental de canoë-kayak**
Jean-Pierre Claveyrolle
HLM Les Contamines 3, n° 106 EGI
Route d'Avignon
84300 Cavaillon
☎04.90.71.32.53

 Sports nautiques

**Côte d'Azur**

Le long du littoral, on peut pratiquer tous les sports nautiques, en passant par la plongée sous-marine (l'île des Embiez s'y spécialise), la planche à voile et la voile, le ski nautique, etc. Puisque ces activités sportives nécessitent la location d'équipement, elles sont généralement pratiquées sur les plages des plus grands centres. Vous trouverez plus de détails dans la section «Activités de plein air» des différents chapitres.

De plus, plusieurs formules sont proposées aux visiteurs en ce qui a trait à des excursions organisées en mer ou à la location d'embarcations de toutes sortes.

Les loueurs de bateaux et les clubs de nautisme offrent toute une panoplie de possibilités aux marins en herbe.

 Plongée sous-marine

**Provence**

Les gorges cachées du Vaucluse, particulièrement le long de la rivière Albion (qui relie les sites terrestres de la Fontaine de Vaucluse, du canyon de la Nesque et du plateau d'Albion), recèlent des sites de plongée tout à fait uniques quoique dangereux. Seuls les plongeurs certifiés y ont d'ailleurs accès. Adressez-vous au :

**Comité départemental de spéléologie de Vaucluse**
Musée Requien
67, rue Joseph-Vernet
84000 Avignon

Les bassins calcaires de la côte méditerranéenne, riches d'une faune et d'une flore colorées, attirent les plongeurs expérimentés du monde entier. La portion de la côte qui s'étend entre Marseille et Cassis présente d'ailleurs certaines des meilleures conditions de plongée de toute l'Europe. On a même découvert des grottes sous-marines préhistoriques, notamment la grotte Cosquer en juillet 1991. Là, par 37 m de fond, Henri Cosquer découvrait alors une grotte aux parois peintes au charbon ou à l'oxyde de magnésium, il y a de cela 10 000 ou 20 000 ans. Les plongeurs qui désirent s'y aventurer doivent être certifiés et chevronnés; d'ailleurs, on propose en plusieurs endroits de la région de Marseille des cours d'une journée ou d'une demi-journée (incluant une première sortie en mer). Pour plus de détails, adressez-vous au :

**Comité départemental des sports sous-marins**
24, quai de Rive Neuve
13007 Marseille
☎04.91.09.36.31

 Pêche

**Provence**

Les rivières et les étangs de la région sont le rendez-vous favoris des amateurs de pêche. Parmi les espèces les plus communes évoluant dans ces eaux, mentionnons la truite, le saumon et l'anguille. La pêche en haute mer se pratique le long de la côte méditerranéenne à partir des ports de Cassis, de La Ciotat et de Marseille, pour ne nommer que ceux-là (les offices de tourisme vous donneront plus de détails). Vous devez respecter les règlements locaux, de sorte que nous vous suggérons de vous mettre en contact avec les associations de la région avant de jeter votre ligne à l'eau.

On pratique par ailleurs en Provence un autre type de pêche, dite «pêche à pied», sur les rivières sablonneuses de la région marécageuse qu'est la Camargue; il s'agit alors de ramasser à la main de petits mollusques connus sous le nom de «tellines» semblables aux moules mais beaucoup plus petits. Apprêtées avec de l'ail et du persil, ces savoureuses créatures sont servies comme hors-d'œuvre dans la région.

Dans le Vaucluse, adressez-vous à la :

**Fédération départementale de pêche**
5, boulevard Champfleury
84000 Avignon
☎04.90.86.62.68

Dans les Bouches-du-Rhône,
adressez-vous à la :

**Fédération départementale de pêche**
Espace La Beauvallée - Hall B
Rue M. Gandhi
13084 Aix-en-Provence
☎04.42.26.59.15

 Delta

**Provence**

Voler suspendu à une voile portante à une altitude de 2 500 m constitue certes une approche stimulante par rapport aux sports plus terre-à-terre. Dans le Vaucluse, les organismes voués à cette activité se retrouvent essentiellement autour du mont Ventoux et dans le Luberon. Dans les Bouches-du-Rhône, la montagne Sainte-Victoire et le massif de Sainte-Baume comptent parmi les sites les plus populaires.

Pour de plus amples renseignements sur les sites, les conditions de vol, les cours proposés et les écoles de deltaplane de la région, adressez-vous aux organismes suivants :

**Ligue de Vol Libre de Provence**
À l'attention de A. Keller
2, rue Émile Guigues
03200 Embrun
☎/⇀ 04.92.43.53.71

**Association Vaucluse Parapente**
Maison IV de Chiffre
26, rue des Teinturiers
84000 Avignon
☎04.90.85.67.82

 Randonnée pédestre

**Provence**

La région se prête merveilleusement bien à toutes les formes de randonnée, des promenades paisibles le long des sentiers ruraux aux expéditions en terrain escarpé. Quelle que soit votre condition physique, une chose est certaine : le paysage est toujours remarquable, et vos chances d'apercevoir des espèces végétales et animales peu communes sont bonnes.

Les randonneurs professionnels comme les promeneurs du dimanche seront gâtés dans le Vaucluse et les Bouches-du-Rhône. Le Vaucluse, par exemple, dispose de plusieurs sentiers balisés aux amateurs de différents calibres. Des randonnées faciles vous attendent dans les plaines de l'Enclave des Papes autour de Valréas, dans les environs du centre vinicole de Châteauneuf-du-Pape, à travers les champs de faible altitude et le long des petits cours d'eau du Comtat venaissin. À peine plus ardus, des sentiers bien balisés parcourent les glorieuses collines des Dentelles de Montmirail. Comme dans la plupart des régions, vous trouverez ici des offices de tourisme, entre autres dans les charmants villages de Séguret, de Gigondas et de Sablet, qui proposent des cartes spécialement préparées à l'intention des visiteurs désireux de découvrir leurs alentours à pied. Par ailleurs, l'Office de tourisme de Vaison-la-Romaine est particulièrement bien équipé pour répondre à vos questions et vous fournir les cartes dont vous pourriez avoir besoin.

Pour nombre de visiteurs, la Provence est synonyme de villages à flanc de falaise et de champs de lavande tels qu'on en trouve dans le Luberon. D'innombrables sentiers, chemins secondaires et pistes aménagées par des spécialistes sillonnent cette région bénie. Une grande partie du Luberon est d'ailleurs constituée en parc naturel régional et soigneusement gérée par des spécialistes qui ont publié plusieurs ouvrages sur ses sentiers de randonnée, sa faune et sa flore.

Quant au département des Bouches-du-Rhône, il bénéficie d'une situation en bordure de la mer. Les explorateurs du dimanche sont invités à y découvrir la région de la Camargue, dans le delta du fleuve qu'est le Rhône. Les amants de la nature ne sont pas laissés pour compte, puisque la plus grande partie de la Camargue forme également un parc naturel régional où vivent en liberté des représentants peu habituels de la faune terrestre, entre autres les fameux flamants roses. Le long de la côte à l'est de Marseille, les criques, entourées de roches qu'on désigne ici du nom de Calanques, offrent aux randonneurs

**PLEIN AIR**

chevronnés quelques sentiers justifiant une excursion d'une journée complète.

À l'intérieur des terres, vous avez le choix entre les jolies Alpilles, autour des centres touristiques de Saint-Rémy et des Baux (sentiers relativement faciles, bien qu'accidentés, permettant d'admirer la campagne inondée de soleil, les jours clairs), et mieux encore entre l'incroyable variété de sentiers qui parcourent en tous sens la région bien-aimée de Cézanne : la montagne Sainte-Victoire et le massif de la Sainte-Baume, au sud-est d'Aix-en-Provence.

En raison des risques d'incendies de forêt, certains sentiers sont systématiquement fermés en été; informez-vous donc auprès de l'Office de tourisme de la région qui vous intéresse avant de vous y rendre.

Le gouvernement régional du Vaucluse publie une excellente brochure renfermant une carte et tous les détails concernant les sentiers de randonnée de la région. Il s'agit du *Mémento de la randonnée pédestre en Vaucluse*, que vous pouvez vous procurer en écrivant à la Chambre départementale de tourisme du Vaucluse.

Vous pouvez obtenir des renseignements spécifiques sur la randonnée dans le Vaucluse en vous adressant au :

**Comité départemental de
la randonnée pédestre**
63, rue César Frank
84000 Avignon

Dans les Bouches-du-Rhône, adressez-vous au :

**Comité départemental de
la randonnée pédestre**
La Batarelle Haute - Bâtiment D1
1, impasse des Agaces
13013 Marseille

### Côte d'Azur

Voilà probablement l'activité de plein air la mieux organisée et pour laquelle le plus d'efforts de développement sont déployés dans l'arrière-pays. Il faut dire qu'il s'agit là d'une façon privilégiée de faire connaître quelques-unes des plus grandes richesses naturelles de la région.

Ainsi, la région est traversée par un réseau très important de sentiers pédestres balisés et entretenus. D'ailleurs, il existe un réseau de sentiers, dits de «Grande randonnée» (les GR), qui peuvent vous conduire jusqu'au nord de l'Europe.

Des cartes détaillées vous permettront du reste de mieux préparer encore vos excursions. Nous suggérons à cet effet celles de l'Institut géographique national (IGN) de la série bleue (1 : 25 000), disponibles dans les librairies de voyage.

Plusieurs randonnées sont décrites brièvement dans chacun des chapitres, à l'intérieur des sections «Activités de plein air». De plus, partout dans la région, vous trouverez aisément des guides et des livres qui en feront une description plus détaillée.

En règle générale, on peut toutefois dire que la majorité des circuits sont accessibles à tous. Cela dit, le randonneur sera toujours exposé à certains «dangers» : risque d'insolation, changement de température brusque et risques de brume dans les hauteurs.

### Les serpents

Il n'y a qu'un seul animal qui puisse paraître dangereux dans cette région. En effet, dans les collines de l'arrière-pays, on peut rencontrer des vipères; mais les seules qui peuvent être dangereuses sont celles qu'on retrouve dans la région des Bouches-du-Rhône; ailleurs, elles sont inoffensives. Néanmoins, il est avisé de voir un médecin s'il advenait qu'une de ces vipères vous morde.

Cependant, le moindre bruit les fait généralement fuir. Il est donc peu probable que vous en rencontriez.

### La pluie

Les pluies sont plus fréquentes au printemps et à l'automne. Alors, si vous prévoyez faire une balade en montagne, il serait plus sage de s'enquérir des prévisions météorologiques avant de partir.

**L'habillement**

Pour les sentiers en montagne, apportez un chandail à manches longues. Si vous longez le littoral, n'oubliez pas votre maillot de bain et un chapeau pour vous protéger des rayons du soleil.

En hiver, prévoyez des vêtements chauds car, une fois le soleil couché, les températures sont beaucoup plus fraîches, et ce d'autant plus dans les villages en haute altitude.

**Quoi emporter?**

Pour toute randonnée, votre sac à dos devrait contenir les objets suivants : une gourde, un canif, un antiseptique, des pansements, du sparadrap, des ciseaux, de l'aspirine, de la crème solaire, un insectifuge et la nourriture nécessaire à la durée de l'expédition.

  Camping et caravaning

**Côte d'Azur**

L'infrastructure d'accueil à l'intention des campeurs est très développée dans cette région. Partout, on trouve des campings bien aménagés. Par contre, il faut noter que le camping sauvage est généralement interdit.

Les prix varient beaucoup selon le genre de services offerts.

D'autre part, des loueurs de caravanes ou d'équipement de camping offrent leurs services en plusieurs endroits. Nous mentionnons leurs coordonnées tout au long du présent ouvrage dans les sections «Hébergement».

 Vélo

**Provence**

Le vélo constitue un excellent moyen pour explorer les villages et la campagne environnante. Ce moyen de transport, qu'il s'agisse du cyclotourisme ou de la simple randonnée à vélo, permet au visiteur de prendre le temps d'apprécier l'histoire, les paysages et les parfums de la Provence, tout en lui laissant le loisir de tracer ses propres circuits en fonction de ses goûts personnels. Les hôtels, les auberges et les *bed and breakfasts* mettent souvent des bicyclettes à la disposition de leurs clients; n'hésitez pas à en faire la demande. Pour les randonnées plus sérieuses, surtout en terrain difficile, nous vous recommandons toutefois de vous munir d'un vélo de montagne.

Des cyclistes professionnels du monde entier participent chaque année au Tour de France en juillet, et vous pourrez assister à cet événement passionnant si vous vous rendez en Provence à cette époque de l'année, car le tracé de la course, qui fait le tour du pays, passe dans la région. Les Offices de tourisme et la presse locale vous indiqueront à quel endroit et à quel moment les cyclistes sont attendus.

Pour obtenir un calendrier des événements cyclistes et une liste des regroupements locaux, adressez-vous à la :

**Ligue de Provence de cyclotourisme**
Jacques Maillet
15, La Trévaresse
13540 Puyricard
☎04.42.92.13.41

Dans le Vaucluse, adressez-vous au :

**Comité départemental du Vaucluse de cyclotourisme**
Roland Gabert
4, chemin des Passadoires
84220 Piolnec
☎04.60.29.62.10

Dans les Bouches-du-Rhône, adressez-vous au :

**Comité départemental des Bouches-du-Rhône de cyclotourisme**
Pierre Flecher
Les Pervenches B 12
36, avenue de Saint-Barnabé
13012 Marseille
☎04.91.34.89.92

### Vélo tout-terrain (VTT)

Quel meilleur moyen de découvrir les trésors cachés de la Provence que de partir à l'aventure sur un vélo de montagne (aussi appelé VTT ou vélo tout-terrain)? La chaleur des jours d'été et les nombreuses collines à gravir dans les régions du Vaucluse, du

PLEIN AIR

Luberon, des Alpilles et de la montagne
Sainte-Victoire ont toutefois tendance à en
décourager certains. Sachez simplement que
vous devez être en bonne condition physique
pour apprécier ce sport dans ces régions.

Le gouvernement régional du Vaucluse publie
une excellente brochure renfermant une carte
détaillée et indiquant les niveaux de difficulté
de tous les tracés du département. Certains
segments de route sont parfaitement accessibles aussi bien aux simples cyclistes
qu'aux amateurs de vélo de montagne.
Procurez-vous à l'avance cette brochure
intitulée *Mémento de la promenade et
randonnée cyclotouriste/VTT en Vaucluse*,
auprès de la Chambre départementale de
tourisme du Vaucluse.

Pour tout autre renseignement concernant le
vélo de montagne sur l'ensemble du territoire
provençal, adressez-vous au :

**Comité départemental de VTT**
Stanis Kowalczyk
5, rue de Bretagne
13117 Lavéra
☎04.42.81.59.05

### Côte d'Azur

Les nombreuses routes sinueuses aux
paysages magnifiques, que ce soit en bordure
de mer ou dans les collines de l'arrière-pays,
feront le bonheur des cyclistes. Cependant,
pendant la haute saison, puisque les cyclistes
doivent les partager avec les voitures, ça peut
devenir pénible. De plus, la chaleur, la
pollution causée par les voitures et les
multiples côtes à gravir rendront les choses
plus difficiles pour certains. Enfin, une bonne
condition physique est nécessaire pour
pratiquer cette activité dans l'arrière-pays à
cause des nombreux cols, vallées et routes en
lacets.

#### Vélo tout-terrain (VTT)

Plusieurs endroits font la location de ces
véhicules. Il faut dire que la topographie est
idéale pour la pratique de ce sport.

# Escalade

**Provence**

Avec autant de falaises et de surfaces
rocheuses abruptes, la Provence se prête
merveilleusement bien à ce sport. Il présente
toutefois des dangers et ne s'adresse par
conséquent qu'aux personnes expérimentées.
Quoi qu'il en soit, ne vous y risquez pas sans
équipement approprié et sans avoir reçu de
formation adéquate.

Dans le Vaucluse, les principaux sites se
trouvent à Buoux, aux Dentelles de Montmirail
et à la colline Saint-Jacques (Cavaillon).
Adressez-vous au :

**Comité départemental de la montagne
et escalade**
7, rue Saint-Michel
84400 Avignon
☎04.90.25.40.48

Dans les Bouches-du-Rhône, le nombre de
sites de difficultés variables est tout
simplement ahurissant. Les plus courus sont
Sainte-Victoire, les Calanques (une escalade
vertigineuse au-dessus des eaux turquoises de
la mer), Sainte-Baume et les Alpilles.
Adressez-vous au très efficace Daniel
Gorgeon du :

**Comité départemental
Mont-Alp-Escalade**
5, impasse du Figuier
13114 Puylobier
☎04.42.66.35.05

# Équitation

**Provence**

On trouve plusieurs centres équestres dans
les différents coins de la Provence, soit une
cinquantaine au total, qui louent des chevaux
avec ou sans guide. Il arrive souvent que des
cavaliers partent quelques jours à la découverte des collines et des plaines de Provence
mais notez que seuls ceux qui ont
l'expérience des hautes altitudes, des terres
isolées et des conditions climatiques variables
(orages, brouillard, chaleur et froid) peuvent
songer à se lancer dans une telle aventure.

Le gouvernement régional du Vaucluse publie une excellente brochure à l'intention des amateurs d'équitation, contenant une carte, des suggestions de pistes, des adresses d'écuries et d'autres renseignements utiles. Pour recevoir ce *Mémento de la randonnée équestre en Vaucluse*, écrivez à la Chambre départementale de tourisme du Vaucluse, dont l'adresse apparaît plus haut.

Également dans le Vaucluse :

**Comité départemental d'équitation**
René François
Chemin Saint-Julien
30133 Les Angles
☎04.90.25.38.91

Dans les Bouches-du-Rhône,
adressez-vous au :

**Comité départemental des sports équestres**
M. Girard - Les Décanis
Chemin de Collaver
13760 Saint-Collaver
☎04.42.57.35.42

L'équitation constitue l'un des moyens les plus populaires pour découvrir la faune et la flore de la Camargue sans les perturber. Adressez-vous à l'**Association camarguaise de tourisme équestre**, au Centre de Ginès (Pont de Gau), dont l'adresse apparaît plus haut.

**Côte d'Azur**

L'équitation se pratique dans toute la région. Néanmoins, on trouve plus de centres hyppiques dans l'arrière-pays (même proche), où le paysage est moins urbanisé.

  Golf

**Provence**

Pourquoi ne pas entrecouper vos visites touristiques de quelques parties de golf? On trouve en Provence plusieurs parcours de 18 trous, de même que des 9 trous et des terrains d'entraînement. Le Comité départemental du tourisme des Bouches-du-Rhône publie un excellent guide en couleurs des 11 golfs du département (gratuit, adresse au début du chapitre).

**Côte d'Azur**

La région compte plusieurs terrains de golf, en particulier dans le Var. De plus, le Club Med, à Opio, près de Grasse, privilégie le golf. Les adresses les plus intéressantes sont fournies dans les sections «Activités de plein air» des différents chapitres.

  Tennis

Certains grands hôtels, de type *resort* mettent des courts de tennis à la disposition de leur clientèle. Plusieurs sont dotés d'un système d'éclairage permettant de jouer durant la soirée. L'équipement est souvent fourni sur place, mais le plus souvent offert en location.

  LOISIR D'HIVER

  Ski alpin

Bien qu'il ne se compare pas exactement aux Alpes, le mont Ventoux met deux stations de ski alpin à la disposition des amateurs pendant la saison froide. Appelez au préalable pour connaître les conditions de ski. Cours et location d'équipement disponibles sur place.

**Mont Serein** (sept pistes d'une longueur totale de 7 km, restaurant) : ☎04.90.63.42.02.

**Chalet Reynard** (deux pistes d'une longueur totale de 3 km) : ☎04.90.63.16.54 (Comité départemental de ski).

PLEIN AIR

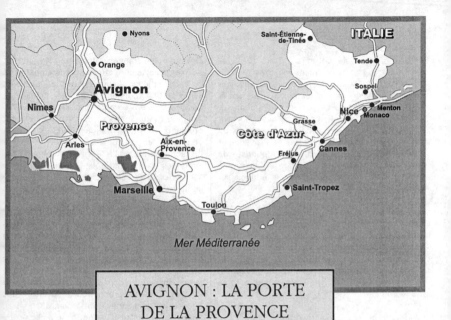

# AVIGNON : LA PORTE DE LA PROVENCE

**L**a ville historique d'Avignon constitue le point de départ classique vers la découverte des richesses de la Provence. Désormais célèbre pour son imposant palais des Papes, son festival annuel d'arts dramatiques (en été) et ses superbes musées, Avignon subsiste de façon indélébile dans l'esprit de tous les enfants qui ont entonné le refrain de *Sur le Pont d'Avignon*, en référence à un ouvrage du XIIᵉ siècle officiellement connu sous le nom de *Pont Saint-Bénezet*.

Avignon a été habitée depuis l'ère néolithique. Au IVᵉ siècle av. J.-C., la tribu liguro-celtique des Cavares y formait déjà une communauté et, dès le IIᵉ siècle av. J.-C., elle était devenue un comptoir commercial pour les Massaliotes, originaires de la région. Pendant l'occupation romaine de la Provence (qui dura quatre siècles à partir de 123 av. J.-C.), le bourg s'appelait «Avenio» et faisait l'objet de grandes convoitises du fait de sa position stratégique sur la rive gauche du Rhône. Le rocher des Doms, un plateau de 35 m d'élévation, qui permet une vue avantageuse sur le fleuve, sur l'île de la Barthelasse et sur la campagne avoisinante, devait être le point central du développement d'Avignon.

Après la chute du Saint Empire romain en 476 ap. J.-C., et jusqu'à la fin du Xᵉ siècle, la ville fut habitée par de nombreux peuples et devint le théâtre de luttes de pouvoir et de batailles sanglantes. Entre autres, des troupes barbares, dont les Goths et les Francs, se disputaient chaudement la région. Puis, Charles, plus tard connu sous le nom de «Charlemagne», absorba Avignon avec le reste de la Provence, qui fit brièvement partie de l'Empire carolingien.

Les XIᵉ et le XIIᵉ siècles furent gages de meilleurs jours, alors qu'Avignon jouissait d'une indépendance pour ainsi dire incontestée du reste de la Provence. Au XIIᵉ siècle, cette dernière fut en effet scindée en deux parties, respectivement gouvernées par le comte de Toulouse et le comte catalan de Barcelone; Avignon sut toutefois demeurer impartiale face à ce déchirement, et ce, à compter de 1136, car elle avait alors son propre consulat et sa propre force militaire à l'exemple de plusieurs villes-États italiennes de l'époque.

Au cours d'un conflit d'ordre religieux survenu au début du XIIIᵉ siècle, soit la croisade des Albigeois contre le roi catholique de France (Louis VIII), les Avignonnais, ainsi qu'on dénomme la population locale, soutinrent le comte de Toulouse, Raymond VI. Contraint par le pape Honorius III, Louis VIII assiégea et prit Avignon le 12 septembre 1226, avec l'aide du comte de Barcelone, Raymond Bérenger V (désormais comte de Provence) et une armée de 50 000 hommes. Louis détruisit plusieurs bâtiments de même que les remparts de la ville.

Après la mort de Bérenger V en 1246, la Provence passa aux mains de son gendre, Charles I<sup>er</sup> d'Anjou. Fait notoire, le pouvoir allait ainsi des comtes catalans à la famille d'Anjou. Entêtée et toujours indépendante, Avignon résista et fit un pacte avec Arles et Marseille en 1247 pour contrer les efforts de la maison d'Anjou. Les comtes de Provence et de Toulouse, Charles I<sup>er</sup> et Alphonse de Poitiers, assiégèrent alors la ville, le 7 mai 1251, et se partagèrent le pouvoir sur celle-ci.

La même année, afin d'étendre son pouvoir personnel, Charles remplaça le consulat d'Avignon par une viguerie, soit un conseil qui se rapportait directement à lui et au comte de Poitiers, si bien qu'en 1290 la ville fut entièrement cédée au comte de Provence, Charles II, qui l'intégra rapidement au reste de la région.

Avignon connut sa plus grande période de gloire entre 1309 et 1417, lorsqu'elle devint la cité des Papes, une appellation qu'elle a conservé jusqu'à ce jour. Fuyant les querelles de Rome, le pape Clément V décida qu'Avignon deviendrait le centre du monde chrétien. Il s'agissait d'un choix naturel, puisque les dirigeants de la papauté avaient déjà désigné une grande partie de la Provence «territoire papal», en 1274, sous le nom de Comtat venaissin. De plus, à l'arrivée de Clément V, Avignon se trouvait géographiquement plus près que Rome du vrai cœur de la chrétienté. Au total, sept papes vécurent à Avignon. La ville prospéra de façon remarquable pendant plus de 100 ans, alors que rois, princes, intellectuels, artistes, administrateurs de la papauté et familles de cardinaux y élisaient domicile.

En 1481, à la mort de Charles III, le neveu et unique héritier du bon roi René d'Anjou (décédé un an plus tôt), Louis IX de France, devint comte de Provence. Il annexa celle-ci une fois pour toutes au royaume de France en 1486, la monarchie absolue qui trônait à Paris n'ayant que faire d'un partenaire méridional à l'esprit indépendant.

Ainsi, pendant un siècle et demi, les institutions locales disparurent, et, avec elles, le droit de la Provence à l'autodétermination. Rome continuait toutefois d'administrer Avignon, de sorte que la ville prospère demeura une parcelle de terre étrangère au sein du royaume français, et ce, jusqu'à la Révolution.

La monarchie française convoitait Avignon et ne ménagea aucun effort pour s'emparer de ce précieux joyau. Louis XIV occupa la ville de 1663 à 1667, puis en 1689-1690, tandis que Louis XV s'en empara de 1768 à 1774. Avignon finit par se soumettre et fut proclamée territoire français (avec le Comtat venaissin) en vertu d'un décret voté par l'Assemblée nationale le 14 septembre 1791. Dans les faits, toutefois, ce n'est que le 19 février 1797 que le pape Pie VI consentit à se départir d'Avignon (traité de Tolentino).

La ville continua à prospérer au cours du XIX<sup>e</sup> siècle grâce à son importance en tant que centre agricole et artistique. Elle devint même le chef de file dans la fabrication de la céramique et dans le tissage de la soie et des étoffes. Les fameux imprimés provençaux, largement commercialisés de nos jours, se veulent des reproductions locales des admirables «indiennes» importées d'Orient au cours de cette période. L'architecture d'inspiration religieuse, administrative et privée qui prévalait aux XVII<sup>e</sup> et XVIII<sup>e</sup> siècles se perpétua, quoique à un rythme plus lent. Plusieurs hôtels particuliers de conception remarquable de cette époque présentent d'ailleurs un intérêt indéniable.

Bien que la population d'Avignon soit aujourd'hui de 87 000 habitants, son agglomération en regroupant quelque 170 000. Outre son rôle d'important centre touristique, l'industrie (surtout dans les banlieues nord) a remplacé le textile au chapitre des principales sources de revenus. Les deux tiers de la population active œuvrent par ailleurs dans le secteur tertiaire, et l'agriculture participe également à l'économie (Avignon possède l'un des plus grands dépôts de fruits et légumes de toute la région). Comme partout ailleurs, surveillez vos objets de valeur, et garez votre voiture dans un endroit sûr.

 **POUR S'Y RETROUVER SANS MAL**

### En avion

Avignon est desservie par l'aéroport d'Avignon-Caumont, qui reçoit quotidiennement des vols de tout le pays. Pour de plus amples renseignements, adressez-vous à Air Inter. Certains vols internationaux arrivent

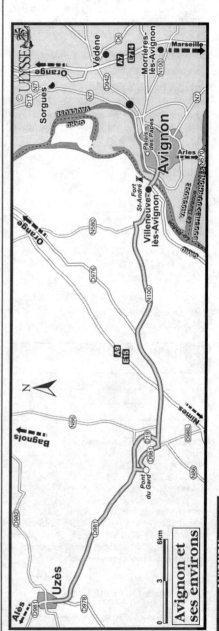

à Nice ou à Marseille, bien que la plupart se rendent à l'aéroport de Roissy-Charles-de-Gaulle (Paris).

### En train

Le TGV (train à grande vitesse) relie Paris à Avignon en quatre heures et demie seulement. Une nouvelle station de TGV inaugurée à la fin de 1994, à l'aéroport de Roissy-Charles-de-Gaulle, permet désormais aux voyageurs d'outre-mer de se rendre directement en Provence sans avoir à pénétrer dans la capitale française. Il va sans dire vous devrez coordonner l'heure d'arrivée de votre avion avec celle du départ du train de manière à faire le trajet la même journée.

D'autres préféreront sans doute prendre un peu de repos et en profiter pour visiter certains attraits de Paris avant de prendre la direction du sud. Des TGV quittent la capitale deux fois par jour, sept jours par semaine, que ce soit de la gare de Lyon ou de la gare Charles-de-Gaulle. Il n'est pas nécessaire de réserver hors saison, bien que des rabais (tarifs Joker) soient offerts à ceux qui réservent de deux semaines à un mois avant leur départ. Les réservations permettant de bénéficier des tarifs Joker ne peuvent être faites que sur le territoire français, et, une fois le billet acheté, vous devez rigoureusement vous en tenir à l'heure de départ et au jour indiqués sur ce dernier. Les horaires sont disponibles dans n'importe quelle gare ou boutique de la SNCF, de même que chez les agents de voyages.

### En voiture

Il faut compter au moins huit heures de route pour se rendre de Paris à Avignon (722 km) par l'autoroute du Soleil A7-E15. Notez toutefois que la circulation est très dense en période de vacances (les fins de semaine de juillet et d'août, et la semaine de relâche scolaire en février, par exemple), si bien que vous pouvez alors facilement ajouter quelques heures de route. En arrivant du nord par la A7-E15, continuez sur la A7 après Orange (la E15 va vers Nîmes), et suivez les indications pour Avignon, lesquelles vous entraîneront sur la D225 ou la N100, qui mènent toutes deux au centre de la ville. De la Côte d'Azur et du Sud-Ouest, la N7 se rend directement à

Avignon. De Marseille, prenez la A7 Nord, puis la N7 Nord jusqu'à Avignon. Assurez-vous d'avoir en votre possession des devises françaises pour les péages des autoroutes. Les routes françaises sont en excellent état, mais vous devez payer pour les emprunter!

**La location d'une voiture**

Les principales agences de location se trouvent près de la gare principale de la SNCF, sur votre droite après la sortie.

Avis
34, bd Saint-Roch
☎04.90.82.26.33

Budget
2A, av. Monclar
☎04.90.87.03.00

Europcar
2A, av. Monclar
☎04.90.82.49.85

Hertz
4, bd Saint-Michel
☎04.90.82.37.67

 **RENSEIGNEMENTS PRATIQUES**

## Offices de tourisme

**Office de tourisme d'Avignon**
41, cours Jean Jaurès
84000 Avignon
☎04.90.82.65.11
⇆04.90.82.95.03

Vous obtiendrez ici des plans gratuits, de l'information et des détails sur les événements spéciaux, y compris le festival d'arts dramatiques. Certains membres du personnel se montrent parfois prétentieux.

Heures d'ouverture :
Lun-ven : 9h à 13h et 14h à 18h
Sam : 9h à 13h et 14h à 17h
Dim (du 1er avr au 30 sept seulement) : 9h à 13h et 14h à 17h

Durant le festival d'arts dramatiques :
Lun-ven : 10h à 19h
Sam, dim et fêtes : 10h à 17h

Il y a une succursale de l'Office de tourisme près du pont d'Avignon.
Du 1er oct au 31 mars : mar-sam 9h à 17h
Du 1er avr au 30 sept : tlj 9h à 18h30.

**Office de tourisme de Villeneuve-les-Avignon**
4, rue des Récollets (près de la place Charle David)
30400 Villeneuve-les-Avignon
☎04.90.25.61.33
⇆04.90.25.91.55

## Le festival d'arts dramatiques

Si vous désirez vous familiariser avec les derniers développements de la danse, de la musique et du théâtre dans le monde, le festival d'Avignon est pour vous. Créé en 1947 par Jean Vilar, ce festival attire chaque année environ 120 000 personnes entre le début de juillet et le début d'août. L'avant-programme est disponible dès la mi-mars, alors que le programme définitif n'est offert qu'à la mi-mai. Adressez-vous au siège du festival *(8bis rue de Mons, ☎04.90.82.67.08)* pour obtenir des renseignements, ou composez le ☎04.90.86.24.43 pour réserver des billets (à partir de la mi-juin). Depuis les années soixante, un événement parallèle connu sous le nom de «Festival Off», se déroule en même temps que le festival officiel et réunit surtout de jeunes troupes de théâtre françaises se produisant dans les rues. Pour obtenir le programme de cet événement parallèle (disponible à la mi-mai), envoyez 16 à Avignon Public Off, B.P. 5, 75521 Paris cédex 11; ☎01.48.05.20.97.

## Le stationnement

Avignon est une ville ancienne avec plusieurs rues sinueuses, nombre d'entre elles étant étroites ou exclusivement piétonnières, de sorte que le stationnement peut poser des problèmes à l'intérieur des murs. Des stationnements souterrains payants allègent toutefois quelque peu le problème, le plus pratique étant celui qui se trouve à proximité du palais des Papes *(900 places; ouvert 24 heures par jour; on y accède en suivant les indications depuis la rue de la République et la place de l'Horloge)*. Sinon, il vaut mieux stationner immédiatement à l'extérieur des remparts, à la périphérie du centre, ou sur la errain prévu à cet effet sur l'avenue Monclar, entre la gare SNCF et la gare routière.

## Les banques

outes les grandes banques françaises sont résentes dans le centre-ville, la plupart 'entre elles se trouvant sur la rue de la épublique. Elles sont ouvertes du lundi au endredi entre 8h30 et 12h, de même u'entre 14h et 16h. La plupart disposent 'un comptoir de change qui offre énéralement de meilleurs taux que les ureaux indépendants. Informez-vous au réalable du taux de change et des frais de ommission.

## Le bureau de poste

ours Kennedy
04.90.86.78.00
un-ven : 8h à 19h
amedi : 8h à 12h

 ATTRAITS TOURISTIQUES

## Avignon ★★

e palais des Papes ★★ *(27F; tlj sauf 25 déc t 1ᵉʳ jan; 2 jan au 31 mars et 2 nov au 31 éc 9h à 13h45 et 14h à 18h; 1ᵉʳ avr au 20 oût et 1ᵉʳ oct au 1ᵉʳ nov 9h à 19h; 20 août u 30 sept 9h à 20h; les derniers billets sont endus 45 min avant la fermeture; visite uidée sur demande, moyennant un supplé- ent; place du Palais).* La résidence de sept apes et de deux antipapes au cours du XIVᵉ ècle domine Avignon par sa façade et ses ours majestueuses. Le vieux palais fut bâti ar l'architecte local Pierre Poisson pour le ompte du pape Benoît XII (1334-1342) et fiche une certaine sobriété cistercienne. lément VI (1342-1352) y ajouta iscrètement son nouveau palais dans un tyle gothique semblable, quoique plus uxueux (architecte : Jean de Louvres). De nos urs, en suivant le plan, les visiteurs en écouvrent les cloîtres, les chapelles, les alles de réception publiques, les appar- ements privés, les cuisines et même les ellules des prisonniers. Assurez-vous de voir les remarquables fresques de Matteo Giovanetti dans la chapelle du consistoire, illustrant la vie de saint Jean-Baptiste et de saint Jean l'évangéliste.

Le palais s'est dégradé après le départ des papes pour Rome, et il a servi de caserne aux armées de Napoléon; il aurait été démoli, n'eût été l'intervention du Service des monuments historiques de l'État français. Une partie du palais est utilisée comme centre de congrès, et, depuis 1947, la cour principale accueille le festival d'arts dramatiques qui se tient chaque été en Avignon. Les intérieurs du palais se révèlent assez dépouillés et présentent surtout un intérêt pour les gens que fascine le règne des papes en France. Sinon, contemplez ce monument historique de la **place du Palais ★**, créée en 1404, ou du **rocher des Doms**, d'où le **panorama ★** est remarquable.

La **cathédrale Notre-Dame-des-Doms ★★** *(place du Palais, rocher des Doms, ☎04.90.86.81.01)* se présente comme une sympathique église romane du XIIᵉ siècle, où les papes avaient l'habitude de célébrer la messe. Originellement construite entre 1140 et 1160, avec quelques ajouts subséquents (surtout aux XIVᵉ et XVᵉ siècles), la cathédrale renferme la tombe de Jean XXII et ce qu'on croit être celle de Benoît XII. Remarquez l'autel de pierre du XIIIᵉ siècle et le chœur, avec son trône de pontife du XIIᵉ siècle et sa superbe coupole peinte.

Le **Musée du Petit-Palais** *(tlj sauf mar 9h30 à 11h50 et 14h à 18h; place du Palais, ☎04.90.86.44.58)* renferme une impres- sionnante collection de peintures italiennes du Moyen Âge à la Renaissance, provenant surtout de la collection privée de la marquise Campana di Cavelli Gian Pietro (XIXᵉ siècle), de même que des tableaux de l'école d'Avignon (XVᵉ siècle) et quelques sculptures romanes et gothiques. Pour amateurs d'art des XIVᵉ et XVᵉ siècles seulement. L'édifice superbement rénové était le palais d'un cardinal au XIVᵉ siècle.

Les **remparts**. Le mur de pierres de 4,3 km qui encercle la ville a été terminé en 1370 et conçu pour protéger Avignon des envahisseurs à l'époque des papes. Douze portails à tours donnent accès à la ville, dont la porte de la République, qui mène au cours Jean Jaurès, à la rue de la République, à la place de l'Horloge et au palais des Papes.

AVIGNON

## Les papes à Avignon

Si Avignon est le centre artistique qu'elle est aujourd'hui, c'est grâce à l'extraordinaire développement culturel qu'elle a connu sous le règne des papes au XIVe siècle. Au début de ce siècle, l'Italie se voyait déchirée par des rivalités familiales, chaque clan cherchant à s'emparer du pouvoir. Le pape Clément V, ancien archevêque de Bordeaux, voulut fuir cette époque turbulente en s'installant en Provence en 1309. Son successeur de 1316 à 1334, Jean XXII (ancien évêque d'Avignon), confirma pour de bon le rôle de la ville en tant que centre du monde chrétien. Il contribua également à la réputation vinicole de la région, puisque le château (désormais abandonné) du fameux village de Châteauneuf-du-Pape lui servait de résidence d'été.

C'est toutefois sous le règne de l'ancien moine cistercien qu'était le pape Benoît XII (1334-1342) et de son cultivé successeur Clément VI (1342-1352) qu'Avignon se développa réellement. Ce qu'on appelle maintenant le «vieux palais» fut construit sous Benoît XII sur le site de l'ancienne résidence des évêques. Le «nouveau palais» fut construit par la suite et reflète davantage les goûts plus raffinés de Clément VI. Ce dernier ne regardait apparemment pas à la dépense, puisque les meilleurs artisans d'Italie et du reste de l'Europe furent dépêchés sur les lieux pour achever son palais.

Aujourd'hui, la sobriété recherchée du palais nous fait davantage songer à une forteresse qu'à une résidence officielle, et non sans raison. Les maisons et les rues étroites se pressaient contre le monument, et le pillage était chose courante dans la région à cette époque. Ce n'est que le 1er février 1404 (sous Benoît XIII) que l'espace frontal du palais fut complètement arasé, dégageant l'impressionnant square piétonnier que nous pouvons admirer aujourd'hui.

Sous le règne de Clément VI, la population d'Avignon atteignait 100 000 personnes. Des pèlerins de toute la chrétienté se rendaient alors en Avignon, et la ville devint un centre intellectuel, attirant poètes, écrivains et artistes dans la région, et jeunes gens à son université. Les meilleurs artisans, ébénistes, tailleurs et orfèvres y installèrent leurs boutiques, et, avec l'envolée de l'économie locale, Avignon devint également un centre financier et commercial. Des architectes de toute l'Europe construisirent d'élégantes demeures gothiques pour les cardinaux, et les nobles se firent ériger de magnifiques hôtels particuliers. En 1348, la comtesse régnante, la reine Jeanne, vendit Avignon à Clément VI pour 80 000 florins d'or. On dit que Jeanne renonça à la ville afin d'être absoute par le pape de l'accusation qui pesait sur elle d'avoir assassiné son premier mari. Urbain V (1352-1370) succéda à Clément VI, et c'est à cette époque que furent reconstruits les imposants remparts qui ceinturent aujourd'hui la ville. Mais la gloire d'Avignon ne dura pas éternellement. Les querelles se calmant en Italie, le pape Grégoire XI décida de retourner à Rome le 13 décembre 1376 et d'en refaire le lieu de résidence officiel du pape dès l'année suivante. Il mourut en 1378, époque à laquelle éclata le Grand Schisme. Cédant aux pressions du public, le Vatican élut alors Urbain VI au trône pontifical, en faisant le premier pape italien en plus d'un siècle. Nombre de cardinaux se révoltèrent contre cette décision et s'enfuirent en Avignon. Ils nommèrent, pour leur part, Clément VII (1378-1394) pour les diriger, suivi de Benoît XIII (1394-1408). La population était alors passée de 100 000 à 5 000 habitants. Appuyés par la France, l'Espagne et Naples, les deux dissidents allaient devenir connus sous le nom d'«antipapes», après quoi Avignon fut gouvernée par des administrateurs de la papauté jusqu'à la Révolution (1790).

**Le pont Saint-Bénezet** ★★ *(1er oct au 31 mars mar-dim 9h à 17h; 1er avr au 30 sept tlj 9h à 18h30; fermé 25 déc, 1er jan et 1er mai)*, le fameux pont d'Avignon, fut d'abord bâti en bois de 1177 à 1185, puis reconstruit en pierre en 1226. La légende veut qu'en 1177 un jeune berger du nom de Bénezet se soit vu ordonner par un ange d'ériger un pont sur le Rhône. L'évêque d'Avignon aurait accepté d débourser les fonds nécessaires à conditio que le garçon se montre capable de soulev une pierre que 30 hommes n'auraient pu fai bouger. Bénezet aurait miraculeusement réus à transporter la pierre en question jusqu'au berges du Rhône, à l'emplacement même la première arche. Inutile de dire qu'à la suit

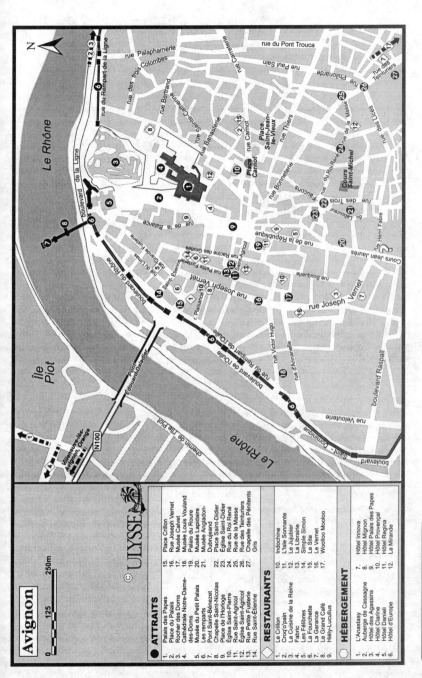

# Avignon

0   125   250m

© ULYSSE

## ● ATTRAITS

1. Palais des Papes
2. Place du Palais
3. Rocher des Doms
4. Cathédrale Notre-Dame-des-Doms
5. Musée du Petit Palais
6. Les remparts
7. Pont Saint-Bénézet
8. Chapelle Saint-Nicolas
9. Place de l'Horloge
10. Église Saint-Pierre
11. Rue Saint-Agricol
12. Église Saint-Agricol
13. Rue Petite Fusterie
14. Rue Saint-Étienne
15. Place Crillon
16. Rue Joseph Vernet
17. Musée Calvet
18. Musée Louis Vouland
19. Palais du Roure
20. Musée Lapidaire
21. Musée Angladon-Dubrujeaud
22. Place Saint-Didier
23. Église Saint-Didier
24. Rue du Roi René
25. Rue de la Masse
26. Rue des Teinturiers
27. Chapelle des Pénitents Gris

## ◇ RESTAURANTS

1. Le Crillon
2. Croq'o'pain
3. La Cuisine de la Reine
4. Fabric
5. Les Félibres
6. La Fourchette
7. La Garance
8. Le Grand Café
9. Hiély-Lucullus
10. Indochine
11. L'Isle Sonnante
12. Le Jujubier
13. La Librairie
14. Simple Simon
15. Le Site
16. Le Vernet
17. Woolloo Mooloo

## ⬡ HÉBERGEMENT

1. L'Anastasy
2. Auberge de Cassagne
3. Hôtel des Agassins
4. Hôtel Clarine
5. Hôtel Danieli
6. Hôtel d'Europe
7. Hôtel Innova
8. Hôtel Mignon
9. Hôtel Palais des Papes
10. Hôtel Provençal
11. Hôtel Regina
12. La Mirande

AVIGNON

**Pont Saint-Bénezet**

de cette démonstration, la communauté appuya l'ambitieux projet de Bénezet en lui fournissant argent et main-d'œuvre. Le pont enjambait le fleuve jusqu'à l'île de la Barthelasse, mais il ne subsiste aujourd'hui que 4 des 22 arches originales, et le pont s'arrête au beau milieu du fleuve. On peut aussi visiter la petite **chapelle Saint-Nicolas** *(9h à 12h et 14h à 18h en été, 14h à 17h30 en hiver)*, une construction de deux étages dédiée au saint patron des bateliers. Le niveau inférieur est de style gothique du XIIIe siècle, tandis que le supérieur, ajouté en 1513, est de style roman.

La **place de l'Horloge**, tout au bout de la rue de la République en direction du palais des Papes, est touristique et très fréquentée par les musiciens de rue et les mendiants. À l'ombre de grands platanes, vous trouverez une rangée de restaurants médiocres proposant leur menu dans une pléthore de langues sur de simples ardoises. De jeunes serveurs et serveuses gravitent en bordure des terrasses en s'efforçant d'attirer les passants. C'est ici que se trouvent l'hôtel de ville et le théâtre municipal, deux robustes exemples d'architecture du milieu du XIXe siècle et, bien entendu, la tour de l'horloge du XIVe siècle.

Les rues les plus intéressantes sillonnent la vieille ville de part et d'autre de la rue de la République et de la place de l'Horloge (procurez-vous un plan gratuit à l'Office de tourisme). Une grande partie de ce labyrinthe est piétonnier, et nombre de merveilles architecturales pointent ici et là à travers la cohue des commerces.

L'**église Saint-Pierre** ★ *(sam 10h à 12h et dim 8h30 à 12h; place Saint-Pierre* ☎04.90.82.25.02) date des XIVe et XVe siècles. Ses portes fabuleuses (XVIe siècle) en bois sculpté représentent la Vierge Marie, l'ange de l'Annonciation, saint Michel et saint Jérôme. À l'intérieur, on peut admirer des tableaux et des scènes florales incrustée dans des panneaux de bois dorés typiques du XVIIe siècle, une chaire en pierre sculptée du XVe siècle et un retable en pierre serti dans une petite chapelle de l'aile sud qui date du début des années 1500.

Vous pouvez également faire une autre promenade d'intérêt à l'ouest de la place de l'Horloge. Descendez la **rue Saint-Agricol** *(la rue Collège du Roure et le palais du Roure se trouvent à votre gauche)*, passé l'église Saint-Agricol *(fermé dim après-midi)*, fondée au XIIe siècle par le saint patron d'Avignon et restaurée au XIVe siècle. Vous pourrez alors explorer la **rue Petite-Fusterie**, la **rue Saint-**

Étienne et la **place Crillon**, où se dresse l'Hôtel d'Europe (quatre étoiles) avec sa jolie cour et sa fontaine, et la **rue Joseph Vernet** ★ *(trois rues bordées d'élégants hôtels particuliers du XVIIIᵉ siècle aujourd'hui transformés en boutiques chics, en restaurants et en magasins d'antiquités).*

Le **Musée Calvet** ★★ *(30F; fermé jours fériés, mer-lun 10h à 13h et 14h à 18h; 65 rue Joseph Vernet, ☎04.90.86.33.84)* a rouvert ses portes en 1996 après d'importants travaux de rénovation. Il s'agit d'un des plus beaux musées de France. Il porte sur la préhistoire et l'antiquité grecque et romaine, mais présente aussi des tableaux, des sculptures et divers objets d'art, de la Renaissance au XXᵉ siècle. On y met surtout l'accent sur l'art français, et plus particulièrement sur les peintres avignonnais. Découvrez-y également une importante collection de fers forgés datant du Moyen Âge. Il occupe le joli Hôtel de Villeneuve-Martignan (XVIIIᵉ siècle).

Le **Musée Louis Vouland** *(juin à sept 10h à midi et 14h à 18h, oct à mai mar-sam 14h à 18h; 17 rue Victor Hugo, ☎04.90.86.03.79, ⌐04.90.85.12.04)*. Musée d'arts décoratifs des XVIIᵉ et XVIIIᵉ siècles aménagé dans un somptueux hôtel particulier.

Le **palais du Roure** *(visite du musée sur demande ou visite guidée gratuite tous les mardis à 15h; 3 rue Collège du Roure, ☎04.90.80.80.88)* offre un regard intéressant sur la vie bourgeoise provençale à travers la résidence privée de la dernière propriétaire, Jeanne de Flandreysy-Espérandieu, qui vécut ici de 1909 à 1944 (beaux meubles et tissus, tableaux d'artistes locaux). Le bâtiment, l'Hôtel de Baroncelli-Javon, construit en 1469, est l'ancien manoir d'un banquier florentin prospère. Aujourd'hui, il abrite également ment une bibliothèque consacrée à l'histoire et la littérature de la Provence. La cour intérieure, avec sa porte gothique, ses figuiers, sa curieuse collection de cloches en fer suspendues aux murs et quatre authentiques pots d'Anduze (merveilleuses poteries émaillées fabriquées dans la région pendant plus d'un siècle), est un véritable havre de paix en plein centre d'Avignon. Une plaque commémorative nous apprend que Jeanne de Flandreysy-Espérandieu sauva l'édifice, «lui donna une âme et accueillit plusieurs hôtes illustres».

Le simple fait de déambuler le long des rues étroites des quartiers historiques d'Avignon est l'un des plus grands plaisirs que la ville ait à offrir. Le cours Jean Jaurès et la rue de la République, qui existe depuis les années 1850, en définissent l'axe nord-sud. Il s'agit malheureusement là de rues commerciales affairées présentant peu d'attraits. Néanmoins, l'étonnante façade baroque du **Musée Lapidaire** *(entrée libre nov à avr inclusivement; mar-sam 10h à 12h et 14h à 18h; 27 rue de la République, ☎04.90.85.75.38)* mérite qu'on s'y attarde. Une chapelle jésuite du XVIIᵉ siècle abrite aujourd'hui une importante collection de pierres précieuses et d'objets archéologiques.

Le **Musée Angladon-Dubrujeaud** ★★ *(30F; nov à avr mer-dim 13h à 18h, mai à oct 13h à 19h; 5 rue Laboureur, ☎04.90.82.29.03, ⌐04.90.85.78.07)*. Établi dans un magnifique manoir restauré et ouvert depuis 1996, ce musée d'art procure un double plaisir : le rez-de-chaussée met en valeur des peintures de Manet, Degas, Picasso, Modigliani, Cézanne et Van Gogh, tandis que les salons chinois de l'étage renferment des trésors d'Extrême-Orient.

En partant de la paisible **place Saint-Didier**, jetez un coup d'œil à l'**église Saint-Didier** ★ *(à l'heure des messes seulement)*, une église toute simple de style gothique provençal construite dans les années 1350. Une large nef, des fresques du XIVᵉ siècle et un charmant autel en pierre illustrent le chemin de la Croix. On la désigne couramment sous le nom de «Notre-Dame du Spasme»; vous comprendrez pourquoi en voyant l'expression douloureuse des personnages représentés.

En prenant ensuite vers l'est par la **rue du Roi René** ★, notez la présence d'un superbe trio d'hôtels particuliers des XVIIᵉ et XVIIIᵉ siècles. L'austère Hôtel d'Honnorate de Jonquerettes, au numéro 12, date du XVIIIᵉ siècle et fait face au coquet Hôtel de Fortia de Montréal, construit un siècle plus tôt. Un chef-d'œuvre vous attend ensuite au coin de la rue, au numéro 7 : le faste Hôtel de Berton de Crillon (1649), qui abrite aujourd'hui des bureaux.

En poursuivant vers l'est, la rue du Roi René débouche sur une rue sinueuse et plus étroite, la **rue de la Messe**, et sur une paire de magnifiques hôtels particuliers. Prenez à droite sur la **rue des Teinturiers** ★★, pour vous retrouver dans le quartier naguère occupé par les producteurs des fameux imprimés provençaux, connus sous le nom d'«indiennes» au XVIIIᵉ siècle. La rue est

**AVIGNON**

bordée de platanes et longe la tortueuse rivière Sorgue; quelques vieilles roues à aubes utilisées par les teinturiers y subsistent encore, quoique abandonnées depuis longtemps. Ce secteur tranquille possède quelques bars et cafés, deux boutiques et une petite imprimerie, et il est surtout fréquenté par des résidants quelque peu bohèmes. L'endroit est très joli le soir et peu animé. Au numéro huit, vous découvrirez l'adorable **chapelle des Pénitents Gris** *(8h à 12h et 14h30 à 18h, fermé dim après-midi, mar et jours fériés)*, datant du XVIe siècle.

## Villeneuve-les-Avignon

Sous le règne des papes en Avignon au XIVe siècle, Villeneuve accueillit les demeures somptueuses de nombreux cardinaux. Sa prospérité dura jusqu'à la Révolution, et l'on peut encore admirer ses larges boulevards et ses remarquables hôtels particuliers du XVIIe siècle. Campée bien haut sur la rive droite du Rhône, Villeneuve vaut qu'on passe quelques jours à explorer ses sites historiques (le fort médiéval Saint-André, la chartreuse du Val-de-Bénédiction, qui date du XIVe siècle et renferme de jolis cloîtres, la tour Philippe le Bel...). L'Office de tourisme propose un «Passeport pour l'Art» au coût de 45F, qui permet d'obtenir des rabais en certains endroits, y compris l'accès gratuit à cinq sites, dont ceux que nous avons déjà mentionnés, l'église Notre-Dame et le musée municipal Pierre-de-Luxembourg (où se trouve une toile célèbre d'Enguerrand Quarton représentant le couronnement de la Vierge, réalisée en 1453-1454).

D'impressionnants **panoramas** ★★ d'Avignon, du mont Ventoux, du Luberon et des Alpilles vous attendent aussi bien au fort Saint-André qu'à la tour Philippe le Bel. Un marché aux puces s'y tient les samedis, dans le stationnement jouxtant la place Charles David et l'avenue Charles de Gaulle. D'Avignon, traversez le pont Daladier, suivez les indications pour Villeneuve, et tournez à droite sur l'avenue Gabriel Peri pour atteindre le centre.

## Le pont du Gard ★★★

*Faites 20 km à l'ouest d'Avignon sur la N100, puis empruntez la D19 ou la D981 sur 2 km, qui décrivent toutes deux une boucle vers le pont.*

Ne manquez pas l'occasion d'admirer ce pont vieux de 2 000 ans, le plus haut pont aqueduc jamais construit par les Romains. Érigé en 19 av. J.-C., il était utilisé pour acheminer l'eau des rivières et des vallées voisines jusqu'à Nîmes! Il a servi jusqu'au Moyen Âge et fut restauré sous Napoléon I (1843-1846). Fait d'une magnifique pierre ocre, l'aqueduc est haut de 49,75 m (lorsque l'eau est basse) et composé de trois niveaux d'arches : 6 à la base, 11 au milieu et 35 au sommet. Aujourd'hui, on peut le traverser en voiture, pique-niquer tout près, se baigner à sa base et même louer un canot ou un kayak pour explorer les environs. Plus de deux millions de personnes le visitent chaque année, et l'endroit devient plutôt affairé au cours des mois d'été, quoiqu'on ait suspendu le projet d'y aménager un centre d'information ultramoderne, ce qui lui conserve un certain charme naturel.

## Uzès ★

*D'Avignon, prenez la N100 jusqu'au pont du Gard et la D19 jusqu'à Uzès.*

Seize kilomètres plus loin, vous découvrirez ce joyau de village médiéval qui, comme le pont du Gard, ne fait plus partie de la Provence mais plutôt du département du Gard. Peu importe, cependant, car vous pouvez facilement passer un après-midi à explorer les rues pittoresques d'Uzès, qui a fait l'objet de travaux de réfection considérables. Partez de la place aux Herbes, avec sa fontaine et ses jolis bâtiments à colonnades, puis engagez-vous sur les rues secondaires. De la place du Duché, vous pourrez admirer la mairie et visiter le palais du Duché *(droit d'entrée)* avec son curieux mélange de styles architecturaux et une vue incomparable sur la campagne avoisinante. Vous pourrez également contempler celle-ci de l'idyllique promenade Jean Racine (ainsi nommée en l'honneur du dramaturge, qui passa ici un an de sa vie), en bordure de la cathédrale Saint-Théodorit, un monument du XVIIe siècle, l'intérieur duquel se trouve encore l'orgue original en bois doré.

Consultez les sections qui suivent pour d'autres suggestions d'excursions au départ d'Avignon :

range (voir p 74);
es collines et villages du Luberon (voir p 98);
a Camargue (voir p 135);
aison-la-Romaine (voir p 77);
rles (voir p 129);
aint-Rémy-de-Provence (voir p 123).

 ## ACTIVITÉS DE PLEIN AIR

 ### Vélo de montagne et randonnée pédestre

'Office du tourisme du département de aucluse, situé en retrait du centre, fournit es cartes et divers renseignements oncernant les visites à pied et à vélo. (L'Office de tourisme 'Avignon est également en mesure de vous enseigner à ce sujet.)

omité départemental de Tourisme
a Balance, place Campana
.P. 147
4008 Avignon cédex
04.90.86.43.42

ranshumance
.P. 9
4004 Avignon
04.90.95.57.81
tue ce soit à vélo de montagne (VTT, ou vélo out-terrain) ou à pied, ce groupe organise iverses excursions dans la région d'Avignon. ont disponibles des excursions d'initiation, es excursions d'une journée et des excurions de plusieurs jours (autour des Dentelles e Montmirail, des montagnes du Vaucluse ou u parc du Luberon). Équipement proposé en cation sur place.

élomania
, rue de l'Amelier
04.90.82.06.98

ain Blache
1, av. Monclar
04.90.85.56.63

es deux dernières firmes louent des cyclettes à l'heure ou à la journée.

 ## Équitation

Centre Équestion et Poney Club d'Avignon
Île de la Barthelasse
Chemin du Mont Blanc
☎04.90.85.83.48

### Autres activités sportives

Pour plus de détails sur le golf, les piscines publiques, le tennis, le squash ou même le patin à glace, composez le numéro du Service municipal des sports (☎04.90.85.22.58).

## HÉBERGEMENT

### Avignon

**Hôtel Innova** *(160F-260F, pdj 25 F; bp, dp, ☎, tv; 100 rue Joseph Vernet, ☎04.90.82.54.10, ≈04.90.82.52.39).* Bon marché, simple et à proximité de tout. À ce prix, on ferme volontiers les yeux sur le papier peint et le mobilier défraîchis de cet hôtel une étoile. Son accueil chaleureux est d'ailleurs fort apprécié.

**Hôtel Mignon** *(200F-250F, pdj 25F; dp, tv, ☎; 17 rue Joseph Vernet, ☎04.90.82.17.30, ≈04.90.85.78.46).* Un charmant petit hôtel qui a beaucoup de caractère. Les chambres se révèlent rudimentaires, mais, compte tenu de sa situation centrale, cet établissement offre un bon rapport qualité/prix. Petit déjeuner en salle.

**Hôtel Provençal** *(230F, pdj 25F; dp; 13 rue Joseph Vernet, ☎04.90.85.25.24, ≈04.90.82.75.81).* Chambres propres mais simples (certaines auraient besoin d'être rafraîchies) avec de petites salles de bain. Pas d'ascenseur. Bien situé.

**Hôtel Régina** *(270F-320F, pdj 30F; bp, dp, ☎, tv; 6 rue de la République, ☎04.90.86.49.45, ≈04.90.86.49.78).* Établi au-dessus d'un café situé à l'angle sur l'une des rues les plus passantes d'Avignon, le Régina possède trois atouts de taille : il est peu coûteux, bien placé, et à proximité de la gare ferroviaire SNCF. Ses 30 chambres disposent de toutes les installations de base, mais leur décor est démodé, et certaines d'entre elles auraient besoin d'être rafraîchies. La réception sert également de salle de petit déjeuner.

**Hôtel Palais des Papes** *(280F-580 F, pdj 40F; 1er mars au 31 déc; bp, tvc, ☎, ℜ; 1 rue Gérard Philippe, ☎04.90.86.04.13, ⌐04.90.27.91.17).* Un hôtel confortable d'intérieur gothique, davantage recommandé pour sa proximité immédiate du palais des Papes que pour son accueil, quelque peu froid.

**Hôtel Clarine** *(320F-450F, pdj 45F; ≈, bp, ☎, tv; 26 place de l'Horloge, ☎04.90.82.21.45, ⌐04.90.82.90.92).* Une bonne valeur en plein cœur d'Avignon, à quelques pas seulement du palais des Papes. Les 33 chambres manquent sans doute de charme, mais elles sont propres, tendues de couleurs fraîches et parfaitement convenables pour une nuitée ou deux. De plus, bien qu'elles donnent sur la place de l'Horloge, elles sont insonorisées.

**Hôtel Danieli** *(390F-490F, pdj 40F; fermé Noël et Nouvel An; bp, tvc; 17 rue de la République, ☎04.90.86.46.82, ⌐04.90.27.09.24).* Des chambres invitantes, quoique dépourvues de tout charme local, et un accueil amical vous attendent dans cet hôtel central établi sur la trépidante artère commerciale de la ville. Une salle réservée aux petits déjeuners et un bar s'ajoutent aux installations, sans oublier le stationnement dans un parc municipal souterrain à 200 m de l'hôtel.

**Hôtel d'Europe** *(620F-1 700F, pdj 90F; ≈, bp, tvc, ☎, ℜ; 12 place Crillon, ☎04.90.14.76.76, ⌐04.90.85.43.66).* Magnifique hôtel particulier du XVIIe siècle ayant appartenu à la noblesse provençale avant d'être transformé en établissement commercial au XVIIIe siècle. De grands personnages ont séjourné en ses murs, de Napoléon à Charles Dickens. Cinquante chambres de bonnes dimensions vous sont proposées, et le service s'avère courtois. Le restaurant de l'hôtel, La Vieille Fontaine, s'est récemment vu décerner une étoile par Michelin.

**La Mirande** *(1 700F-2 100F, pdj 95F; ≈, bp, tvc, ℜ; 4 place de l'Amirande, ☎04.90.85.93.93, ⌐04.90.86.26.85).* Cet ancien palais de cardinal tout à fait éblouissant a été converti en manoir au XVIIIe siècle par le célèbre architecte Mignard, puis récemment rénové par l'architecte Gilles Grégoire et le décorateur-ensemblier Françoi Joseph Graf. Tenu pour l'un des plus beau hôtels de France, cet établissement possè 19 chambres et un appartement, restaurant, une salle réservée aux peti déjeuners, un bar, une cour intérieu couverte et une terrasse, tous de conceptio irréprochable et habillés d'une symphonie couleurs, de tissus et d'antiquités dans l'esp d'un hôtel particulier de l'époque. L propriétaires, la famille Stein, sont considér comme des mécènes par les Avignonnais po leur formidable entreprise de restauratio Situé au pied du palais des Papes, cet hô témoigne d'un luxe feutré dans s expression la plus pure. Mérite une visite, serait-ce que pour y prendre le thé en aprè midi. On organise des ateliers de cuisi (d'une demi-journée à une semaine) dans l caves voûtées entièrement rénovées l'hôtel.

## Île de la Barthelasse

Sur l'île de la Barthelasse, à 5 km nord de la ville par le premier virage à droite la sortie du pont Daladier, vous trouver **L'Anastasy** *(300F-350F, pdj , aucune carte crédit acceptée; ☎, ≈; ☎04.90.85.55.9 ⌐04.90.82.94.49).* Un accueil chaleure vous attend dans cet attrayant *bed a breakfast* tenu par une personnalité loca Olga Biquet, ancienne propriétaire et ch d'un café d'Avignon, et son épou M. Manguin, petit-fils de l'influent fauvis Henri Manguin. Un copieux petit déjeur vous sera servi dans un patio ombra entouré d'un magnifique jardin par tem chaud, dans une paisible atmosphè champêtre (bien que vous ne vous trouvi qu'à 15 min de route du centre d'Avigno Quatre chambres toutes simples so proposées, dont deux avec salle de b privée. Sur demande, Olga vous préparera repas du soir *(100F par personne);* elle p pose en outre des cours de cuisine provenç d'une semaine plusieurs fois l' (hébergement compris; appelez ou écri pour de plus amples renseignements). On trouve pas toujours facilement établissement; une fois sur le chemin c Poiriers, il est situé sur votre gauche, 50 passé la Distillerie Manguin.

## Villeneuve-les-Avignon

**Foyer International YCJG - YMCA** *(80F-120F pdj; fermé du 25 déc au 2 jan; 7bis chemin de la Justice, ☎04.90.25.46.20).* Deux cents lits répartis entre un dortoir, des chambres partagées et d'autres individuelles. Pension complète et demi-pension disponibles.

## Le Pontet

**Hôtel des Agassins** *(450F-950F, pdj 75F; fermé jan; ≡, bp, tvc, ☎, ≈, ℜ; lieu-dit «Le Pigeonnier»).* Il s'agit d'un hôtel moderne de style hacienda doté de toutes les installations pour les clients d'affaires ou les simples touristes. Bien que situé en bordure d'une artère passante, il est abrité par des conifères, et ses 25 chambres donnent sur une cour intérieure agrémentée d'un jardin et d'une piscine. L'endroit se veut confortable, mais manque de charme provençal authentique.

**Auberge de Cassagne** *(490F-1 080F, pdj 70F; ≡, bp, tvc, ≈, ℜ; 450 allée de Cassagne, ☎04.90.31.04.18, ⊷04.90.32.25.09).* Jean-Michel Gallon et son personnel qualifié vous assurent ici de tout le confort moderne. Les chambres sont de style bungalow, avec de petites terrasses et des salles de bain complètes. L'excellent restaurant sert des mets provençaux élaborés par le chef Philippe Boucher *(menus à 210F et à 240F),* sans oublier une longue carte des vins à commencer par le Côtes-du-Rhône Sablet Domaine de Piaugier 1990!) Bien que l'hôtel et son jardin soient tout à fait coquets, Le Pontet demeure un quartier industriel sans visage à quelques kilomètres de la vieille ville d'Avignon.

 **RESTAURANTS**

## Avignon

**Croq'o'pain Sandwicherie** *(\$; 23 rue Carnot, pas de téléphone).* Un endroit populaire auprès de la foule estudiantine, attirée à n'en point douter par son design contemporain (tables de café en métal et chaises en bois verni) et ses bas prix. Essayez le menu Croq'o, composé d'une salade ou d'un sandwich, d'une boisson et d'un café, pour 32F.

**La Librairie** *(\$; fermé dim sauf durant le Festival, 19 rue Saint-Agricol, ☎04.90.86.32.32).* Nouveau salon de thé doublé d'un restaurant à saveur proprement suédoise. Les tapis orientaux étendus sur les planchers de bois clair et les étagères de livres placées contre les murs y créent une atmosphère de bibliothèque. Le menu du midi comprend du hareng, des raviolis, des salades et un filet de saumon. Quant aux thés, ils sont de Mariage Frères.

**Le Crillon** *(\$; 15 place Crillon, ☎04.90.82.75.42).* Un café français typique où la nourriture est bonne sans être exceptionnelle, et où personne ne bouscule les clients qui s'attardent devant un express. Plats de pâtes à 45F, omelettes à 30F et dix salades au choix entre 40F et 45F. Un trio de menus à prix fixe, désignés du nom de Formules Bières, vous donne droit à un plat principal, à un dessert et à une bière pour 60F, 75F ou 80F. Par temps chaud, on place une douzaine de tables sur la terrasse aménagée à même la charmante place Crillon.

**Le Jujubier** *(\$; aucune carte de crédit acceptée; lun-ven déjeuner seulement, dîner pendant le festival théâtral, en juil; 1 rue Pétramale et 14 rue du Roi René, ☎04.90.86.64.08).* «La cuisine de Provence comme jadis», annonce-t-il, et c'est bien vrai! Marylin et Marie-Christine ont passé six mois à étudier les anciennes recettes provençales, qu'elles recréent maintenant dans les moindres détails dans leur agréable restaurant, situé sur une rue paisible à proximité du centre affairé. Soupe froide aux courgettes et au basilic, cailles aux fines herbes et une sublime glace au miel parfumée à la lavande ne sont que quelques-unes des merveilles que vous y découvrirez. Excellent rapport qualité/prix et accueil chaleureux.

**Le Site** *(\$; lun-ven midi à minuit, sam 16h à 1h; 23 rue Carnot, ☎04.90.27.12.00).* Aménagé dans une cave en pierre voûtée et bien éclairée, ce «restaurant Internet» propose des sandwichs et des plats chauds, auxquels s'ajoute un menu à prix fixe de trois services à 79F. Un certain nombre de tables sont pourvues d'ordinateurs pour vous permettre de surfer tandis que vous mangez.

AVIGNON

**Les Félibres** *($; lun-sam 11h à 18h30, fermé en août; 14-16 rue du Limas,* ☎*04.90.27.39.05).* Il s'agit d'une chouette librairie spécialisée dans les ouvrages sur la Provence, la décoration intérieure, le jardinage et la cuisine; mais il s'agit aussi, ce qui est peut-être encore plus important pour les visiteurs aux pieds fatigués, d'un salon de thé. Les habitants de la ville vous jureront qu'il n'y a pas meilleur endroit dans les environs pour déguster une pâtisserie, que ce soit un riche gâteau au chocolat *(45F)* ou un gratin de fruits mélangés recouvert d'une crème anglaise *(35F)*. Les Félibres sert en outre des repas légers en plus de vendre du vin, du thé et des «cadeaux» pour la table et la maison en général. Remarquez au passage la plaque posée sur le mur d'en face, rue du Limas, marquant l'incroyable niveau de la crue du Rhône survenue le 4 novembre 1840.

**Simple Simon** *($; 11h45 à 19h, fermé dim-lun; 26 rue Petite Fusterie,* ☎*04.90.86.62.70).* Une authentique saveur britannique en plein cœur de la Provence, ce qui n'est pas une mauvaise idée lorsque tartes, salades et autres délices anglais tels que scones, tarte à la crème de citron et diplomate (en été seulement), se révèlent aussi délicieux. Intérieur douillet, petite terrasse et serveuses souriantes.

**Woolloo Mooloo** *($; fermé dim-lun; 16 rue des Teinturiers,* ☎*04.90.85.28.44).* Ce café long et étroit renfermant de vieilles tables disposées entre des murs de béton nu attire une clientèle d'artistes. Au menu, un curieux mélange de cuisines antillaise et américaine (truite agrémentée de légumes au curry et de riz blanc, croustade aux pommes).

🦐 **Le Grand Café** *($-$$; fermé dim midi et lun; 4 rue Escaliers Sainte-Anne,* ☎*04.90.86.86.77).* Une formidable atmosphère (tables en bois, cinq immenses miroirs baroques, hauts plafonds et sol en pierre), une clientèle artistique et une cuisine appréciable font du Grand Café un favori le midi comme le soir. Parmi les plats récemment proposés, mentionnons le lapin au romarin, le tajine au poisson citronné et le risotto aux légumes verts. Menus à 95F, 110F et 140F; excellents desserts. La très bonne carte des vins retient un certain nombre de crus au verre *(15F à 19F)*. Directement derrière le palais des Papes, à côté du cinéma de La Manutention.

**Indochine** *($$; 3bis rue Petite Calade* ☎*04.90.86.20.74).* Un aquarium où s'ébattent des poissons exotiques tout à côté du bar, un décor oriental coloré et de serveurs en veste blanche donnent le ton à ce restaurant. Quant à son menu, inspiré de cuisines du Laos, du Cambodge et du Tonkin il offre variété et valeur *(49F à 69F le midi 89F le soir)*. Service feutré et un tant soit peu formel.

**La Cuisine de la Reine** *($$; fermé dim; Le Cloître des Arts, 83 rue Joseph Vernet* ☎*04.90.85.99.04).* Le Cloître des Arts est un manoir rénové du XIXe siècle qui abrite un salon de thé, un bar, une boutique et un restaurant, La Cuisine de la Reine. Ce dernier est élégamment pourvu de planchers de bois foncé, de murs moutarde et de fauteuils en velours prune, rose et or. Son menu contemporain comprend un bon choix de viandes, de poissons et de pâtes, et les desserts sont maison. Le menu du déjeuner est à 95F; celui du dîner, à 150F. Brunch tous les dimanches de 11h30 à 14h30.

**La Fourchette** *($$; fermé sam-dim; 17 rue Racine,* ☎*04.90.85.20.93).* Des fourchettes au mur et au plafond campent le décor de ce chic restaurant aux allures d'auberge champêtre, d'ailleurs fort apprécié des gens du coin. Menu à 145F *(110F sans entrée)* accordant une place de choix au poisson. Le bœuf en daube avec macaroni gratiné et le saumon grillé à l'oseille et garni de pommes de terre en purée sont excellents.

**La Garance** *($$; 17 rue des Teinturiers,* ☎*04.90.14.68.63).* Ce charmant restaurant à l'atmosphère détendue s'enorgueillit d'une longue et étroite salle aux murs ocre auxquels s'harmonisent des nappes ocre et bleu. Le menu provençal favorise les ingrédients locaux et affiche des prix relativement raisonnables : entrées à 30F, plats principaux à partir de 40F et menu de trois services 85F.

**Le Vernet** *($$; Pâques à oct; 58 rue Joseph Vernet,* ☎*04.90.86.64.53).* On ne saurait imaginer plus bel endroit où dîner sous les étoiles que la terrasse du Vernet, ombragée par un vieux platane au charme indéniable. Parmi les plats servis, retenons un poulet apprêté à la perfection et agrémenté d'escargots de même qu'une délicieuse fricassée de flétan. Le menu à prix fixe de 125F comprend trois services et une demi-bouteille de Côtes-du-Rhône. Il est essentiel de réserver à l'avance pour obtenir une table sur la terrasse (l'intérieur est quelque peu sombre).

**L'Isle Sonnante** *($$; menu déjeuner à 130F, dîner à 185F seulement; fermé dim-lun; 7 rue Racine, ☎04.90.82.56.01).* Salle à manger au décor frais rehaussé de jolies porcelaines et d'un bar en chêne aux garnitures de laiton. Il s'agit d'un des meilleurs restaurants d'Avignon, ce que confirme son menu : terrine de rouget arrosée d'un coulis de tomate, filet de lapin truffé de purée d'olives de Nyons, feuilleté de dorade entouré de févettes à la menthe... Excellents fromages et desserts. Hautement recommandé.

**Hiély-Lucullus** *($$-$$$; fermé lun, une semaine fin juin et deux semaines en jan; 5 rue de la République, ☎04.90.86.17.07).* Ce restaurant très couru d'Avignon, situé à l'étage d'un bâtiment voisin de la place de l'Horloge, témoigne d'une élégance discrète. Les grands classiques de la cuisine française y sont apprêtés avec beaucoup d'égards et proposés selon trois formules de menu à prix fixe *(150F à 320F).* À titre d'exemple, le foie de lapin rôti en feuilleté et la morue grillée parfumée au fenouil et servie avec une purée d'aubergines sont tout simplement délicieux. Notre seule déception après un repas à faire rêver fut un plateau de desserts pour le moins banal; l'endroit a vraiment besoin d'un bon chef pâtissier.

---

### Villeneuve-les-Avignon

---

**Fabrice** *($$; fermé dim soir et lun; 3 bd Pasteur, ☎04.90.25.52.79).* Mérite qu'on traverse le pont Daladier pour se rendre à Villeneuve *(suivez l'av. du Général Leclerc, et prenez à droite sur le bd Pasteur)* afin d'y déguster une cuisine provençale fraîche apprêtée au goût d'aujourd'hui. Le jeune chef Fabrice Guisset a fait son service militaire dans les cuisines d'Édouard Balladur, à l'époque ministre des Finances à Paris. Il réalise de pures merveilles avec les fruits et légumes de la région, comme cette délicieuse terrine de courgettes, d'aubergines et de tomates bien juteuses arrosée d'une vinaigrette à la tapenade, à moins que vous ne préfériez son potage au pistou et aux croûtons de chèvre, ou le thon fumé aux asperges et aux artichauts croquants. La salle à manger, au décor nautique enrichi de subtiles teintes

coralliennes, se trouve dans la maison autrefois habitée par son grand-père. Service attentif et courtois. Agréable patio. Menus à 130F et à 180F.

# SORTIES

---

### Avignon

---

**Bars et discothèques**

**L'Esclave Bar** *(tlj 22h à 5h; 12 rue du Limas, ☎04.90.85.14.91).* Discothèque gay.

**Le Bistrot d'Utopia** *(lun-sam 11h45 à minuit, dim 14h à 23h; 4 rue Escaliers Sainte-Anne, ☎04.90.27.04.96).* Un café-bar décontracté apprécié des jeunes et situé à côté du cinéma de La Manutention et du Grand Café. Bon choix de cafés, de thés, de chocolats chauds et de jus de fruit, ainsi que de tartines grillées (sandwichs grillés), d'assiettes de charcuterie et de gâteaux. Les bières se vendent entre 12F et 22F, et comprennent l'Adelscott, la Chimay Rouge et la Pietra. Terrasse par beau temps.

**Le Blues** *(25 rue Carnot, ☎04.90.85.79.71).* Musique sur scène et disques-jockeys y attirent une foule moins bruyante et légèrement plus âgée qu'au Red Zone, à la porte voisine.

**Le Crillon** *(15 place Crillon, ☎04.90.82.75.42).* Une atmosphère cordiale et un emplacement idyllique sur la place Crillon font de ce «café-bar» un endroit tout indiqué pour se rafraîchir devant une généreuse sélection de bières pression et de vins (que vous pourrez agrémenter d'une savoureuse assiette de charcuterie à 40F). Soirées d'ambiance musicale toute l'année durant, dès 21h. (Voir p 65).

**Le Liverpool** *(tlj; 23 rue de la République, ☎04.90.82.17.78).* Lieu de prédilection des jeunes amateurs de billard d'Avignon, cet établissement est tenu par un gars fort sympathique. Ouvert relativement tard tous les soirs.

**Le Red Zone** *(25 rue Carnot, ☎04.90.27.02.44).* Une atmosphère de pub, un certain nombre de bières pression et une clientèle jeune en font un bon endroit où apprécier les prestations de formations variées (musique latine, rock, blues, salsa) de même que les montages de disques-jockeys diffusant des airs hip-hop, *jungle* et house. Pour plus de détails, consultez les journaux locaux.

**Théâtre**

Avignon s'enorgueillit d'une vie théâtrale riche et variée, si bien qu'il faut prendre la peine de consulter les journaux locaux ou de s'informer du lieu et de l'heure des représentations auprès du personnel de votre hôtel. Songez tout particulièrement aux salles suivantes : **Théâtre du Balcon** *(38 rue Guillaume Puy,* ☎*04.90.85.00.80)*, **Théâtre du Bélier** *(53 rue Portail Magnanen,* ☎*04.90.82.51.83)*, **Théâtre du Cabestan** *(11 rue de la Croix,* ☎*04.90.86.11.74)*, **Théâtre des Carmes** *(6 place des Carmes,* ☎*04.90.82.20.47)*, **Théâtre du Chêne Noir** *(8bis rue Sainte-Catherine,* ☎*04.90.86.58.11)*.

**Théâtre du Chien Qui Fume** *(75 rue des Teinturiers,* ☎*04.90.85.25.87)*. Le théâtre du directeur artistique Gérard Vantaggioli présente toujours quelque chose d'intéressant, notamment une soirée d'amateurs et de semi-professionnels baptisée *Les Amoureux de la Scène* (le dernier vendredi de chaque mois), réunissant des acteurs, des comédiens, des poètes et des chanteurs rock ou d'opéra, ainsi qu'une soirée d'improvisation intitulée *Ce soir on improvise au Chien* (un vendredi par mois), mettant en vedette des humoristes.

**Cinémas**

**Le Capitale** *(3 rue de Pourquery de Boisserin, information et réservation* ☎*08.36.68.20.22)*. Les plus récents films sur quatre écrans.

**Pathé Palace** *(38 cours Jean Jaurès, information et réservation* ☎*08.36.68.20.22)*. Les plus récents films sur cinq écrans.

**Le Vox** *(place de l'Horloge, information et réservation* ☎*08.36.68.03.70)*. Les plus récents films sur deux écrans.

**La Manutention Utopia Cinema** *(4 rue Escaliers Sainte-Anne,* ☎*04.90.82.65.36)*. Le meilleur cinéma d'art de la région. Il présente des films du monde entier et abrite un excellent bar de même qu'un café.

## Île de la Barthelasse

**Bars et discothèques**

**Le Bistroquet** *(18h à 3h30;* ☎*04.90.82.25.83)*. Le rock, le reggae, le rhythm and blues... à vous le bonheur d'en goûter les nuances dans cette boîte de nuit établie de longue date à quelques minutes de route de l'autre côté du Rhône (par le pont d'Aladier). Pour plus de détails sur les formations de passage et sur l'horaire des spectacles, consultez les journaux locaux. Le stationnement ne pose aucun problème.

 MAGASINAGE

## Avignon

**Cafés au Brésil** *(10h à 12h et 14h à 19h, fermé dim; 24 rue des Fourbisseurs,* ☎*04.90.82.49.71)*. On y propose les meilleurs thés, cafés et petites gourmandises fines (dont les miels locaux).

**Droguerie - Vannerie** *(10h à 12h et 14h à 19h, fermé dim et lun matin; 33 rue de la Bonneterie,* ☎*04.90.86.13.66)*. Magasin à rabais proposant le savon de Marseille (pour le corps aussi bien que pour le linge) provenant du seul fabricant authentique qui subsiste aujourd'hui. Méfiez-vous donc des imposteurs qui tentent de vous vendre à gros prix des produits similaires dans d'autres établissements plus touristiques.

**FNAC** *(fermé dim; 19 rue de la République,* ☎*04.90.14.35.35 ou 04.90.14.35.43)*. Énorme choix de disques compacts et de livres (de la fiction aux arts, en passant par la technologie et les voyages).

**Fontaine de Bacchus** *(mar-dim 8h à 13h30; Les Halles, place Pie,* ☎*04.90.82.74.84)*. Nicole, une Québécoise joviale, et son époux français, Alain Bellec (d'anciens résidants de Montréal), proposent un bon choix de vins des Côtes-du-Rhône et vous indiqueront les meilleurs vignobles à visiter. Ce petit kiosque du marché mérite une halte, ne serait-ce que pour côtoyer ce jeune couple sympathique.

**Foto Éclair** *(fermé dim; 4 rue Saint-Agricol, ☎04.90.85.15.72)*. Développement en une heure : 2,80F par photo plus 18F pour un 24 poses.

**Galeries Lafayette** *(fermé dim; 22 rue de la République, ☎04.90.86.59.13)*. Pour tout trouver sous un même toit — des vêtements, des articles de sport, des produits de beauté, des articles ménagers, de petits appareils électriques... Doit bientôt être réaménagé sur le même emplacement pour s'intégrer à un complexe commercial.

**Hervé Baum** *(fermé dim-lun; 19 rue Petite Fusterie, ☎04.90.86.37.66, ⇌04.90.27.05.97)*. Cet antiquaire, établi de longue date en Avignon et réputé l'un des meilleurs de la région, vend divers objets, y compris des articles de jardin et des pièces décoratives. Le choix exceptionnel, résultant des efforts personnels de Baum, révèle un riche éventail aux prix variant entre quelques francs et plusieurs milliers. Le propriétaire expose également sa marchandise à L'Isle-sur-la-Sorgue les fins de semaine. Notez par ailleurs qu'on trouve d'autres boutiques d'antiquités sur la rue Petite Fusterie, parallèle à la rue Joseph Vernet (où se multiplient les boutiques de mode).

**La Mémoire du Monde** *(9h à 19h, fermé dim; 26 rue Carnot et 16 rue de la Bonneterie, ☎04.90.82.47.93)*. Librairie disposant d'un bon choix d'œuvres littéraires, d'ouvrages dramatiques et de guides de voyage.

**La Tropézienne** *(7h30 à 20h, fermé lun; 22 rue Saint-Agricol, ☎04.90.86.24.72)*. Bonne pâtisserie proposant des friandises typiquement locales, comme les cailloux, les calissons d'Aix et d'autres produits savoureux, tels ces crattelons fougasse. La spécialité de la maison est le gâteau Tropézienne (brioche fine garnie de crème mousseline).

**Les Halles** *(mar-dim 6h à 13h; place Pie)*. Marché couvert moderne où les producteurs de la région vendent fruits et légumes, viandes et poissons. Choix extraordinaire en saison : cerises, abricots, prunes et pêches fraîchement cueillis. L'endroit tout indiqué pour faire des achats en prévision d'un pique-nique, puisque viandes tranchées, pains, fromages, olives et vins sont également proposés.

**Monoprix** *(fermé dim; 24 rue de la République, ☎04.90.82.60.14)*. Tout ce que vous pouvez désirer auprès du pendant français de Woolworth.

**Mouret Chapalier** *(10h à 12h et 14h à 19h; fermé dim-lun en basse saison, ouvert lun après-midi de mi-juin à fin sept, et dim pendant le festival de théâtre; 20 rue des Marchands, ☎04.90.86.37.66, ⇌04.90.27.05.97)*. Reproductions de qualité d'anciennes poteries provençales dans de riches tons de bleu, de vert et de jaune. La charmante propriétaire, Martine Fouga, est d'un précieux conseil.

**Pharmacie Grégoire** *(fermé dim; 7 rue de la République, ☎04.90.80.79.79)*. Pharmacie pratique située à proximité de tout.

**Seret Sports** *(fermé dim; 29 rue Saint-Agricol, ☎04.90.82.57.73)*. Grand choix d'articles et de vêtements de sport.

**Sports Montagne** *(fermé dim; 50 rue Carnot, ☎04.90.85.61.45)*. Boutique de sport spécialisée renfermant tout ce dont vous pouvez avoir besoin pour prendre les montagnes d'assaut en toute saison, y compris l'équipement de randonnée, de ski et d'escalade.

**Véronique Pichon** *(fermé dim; 21 place Crillon, ☎04.90.85.89.00)*. De belles poteries aux couleurs riches fabriquées tout près, à Uzès, par la même famille depuis près de 200 ans.

# LE HAUT COMTAT VENAISSIN

L e Haut Comtat venaissin comprend Orange, Vaison-la-Romaine, les Dentelles de Montmirail, l'Enclave des Papes et Carpentras.

La région jadis connue sous le nom de Comtat venaissin (version provençale de l'appellation française du comté de Venasque) couvrait la plus grande partie du département actuel du Vaucluse. La partie septentrionale de cette région panoramique procure de nombreux plaisirs à plus d'un visiteur de la Provence, car elle recèle une riche histoire, un paysage varié et plusieurs petits bourgs qu'on peut explorer sans être gêné par les hordes de touristes qui déferlent à certaines périodes de l'année sur les villes plus importantes, comme Avignon, Marseille et Aix-en-Provence, ou sur les monts du Luberon.

Le comté fut créé en 1125 et gouverné par les comtes de Toulouse (Raymond VI et Raymond VII) à la suite du morcellement d'une région plus vaste connue sous le nom de «marquisat de Provence». En vertu du traité de Paris (1229), le Comtat venaissin devint territoire papal. Huit ans plus tard, la fille de Raymond VII, Jeanne, épousa Alphonse de Poitiers, et le Comtat tout entier fut confié au jeune époux en guise de dot. Après la mort d'Alphonse, le Comtat devint la propriété de son neveu Philippe III, alors roi de France. Trois ans plus tard, en 1274, celui-ci en fit don au pape Grégoire X, un Français d'origine et un ancien évêque d'Avignon, et le Comtat demeura sous tutelle papale jusqu'à la Révolution.

Le Comtat venaissin prit de l'ampleur au cours de l'installation des papes à Avignon entre 1305 et 1376 (de même que durant le règne des antipapes, ou Grand schisme d'Occident, de 1378 à 1417). Carpentras fut achetée en 1320 et désignée capitale du Comtat, un honneur détenu par Pernes-les-Fontaines depuis 968. Cette même Carpentras devint plus tard le siège administratif des états du Comtat, comparable aux états de Provence, un regroupement d'assemblées administratives.

Le pape Jean XXII s'appropria les droits sur la petite ville de Valréas et sur Richerenches en 1344, auxquelles s'ajoutèrent par la suite Visan (1344) et Grillon (1451). Cela explique qu'une petite portion du nord du Vaucluse, entouré de toutes parts par le département de la Drôme, revête aujourd'hui la forme d'une petite enclave. En 1348, le pape Clément VI acheta Avignon à la reine Jeanne, mais la ville demeura indépendante du Comtat venaissin. Ce n'est que beaucoup plus tard que Louis XIV (en 1662-1663 et en 1688-1689) et Louis XV (entre 1768 et 1774) occupèrent la région et tentèrent d'annexer le Comtat venaissin à la France. Celui-ci succomba finalement, avec Avignon, le 14 septembre 1791.

La région entourant la ville d'Orange possède sa propre histoire. Connue sous le nom d'«Arausio», cette ville devint une colonie militaire romaine après la conquête de la Provence par César en 50 av. J.-C. À compter de 35 av. J.-C., une ville typiquement romaine prit forme, avec voies de circulation, maisons, boutiques et monuments, et aujourd'hui encore, on s'émerveille devant le fameux théâtre, l'arc de triomphe et le temple d'Orange.

Au cours du XV$^e$ siècle, cette petite enclave du Comtat venaissin devint la principauté d'Orange, après être passée des mains de la maison de Baux à celles de Chalon, puis de William de Nassau et de Stathouder (Pays-Bas) en 1529. La principauté jouissait d'un certain nombre de privilèges. Elle possédait une importante université et, du fait de son esprit libéral, accueillit de nombreux protestants au cours des guerres de Religion. Durant la guerre contre la Hollande et son dirigeant d'alors, William de Nassau, Louis XIV occupa Orange (1662) et détruisit la citadelle, les fortifications et les remparts. Aujourd'hui, la famille royale néerlandaise conserve le nom historique d'Orange-Nassau.

 POUR S'Y RETROUVER SANS MAL

Le Haut Comtat venaissin est desservi par un bon réseau routier. De Paris au nord et d'Avignon ou Marseille au sud, l'autoroute N7 traverse **Orange**, tandis que l'autoroute du Soleil (A7-E15) passe tout près.

**Vaison-la-Romaine** se présente comme une ville de taille respectable comptant plusieurs lieux d'hébergement et restaurants, et constitue un bon point de départ pour l'exploration de toute la région (quoiqu'elle soit plutôt tranquille hors saison). De là, on peut facilement atteindre les Dentelles de Montmirail (y compris plusieurs villages, comme Séguret et Le Barroux) et les monts Ventoux. Vaison-la-Romaine se trouve au carrefour de la D975 et de la D977 (d'Orange) ou de la D938 (de Carpentras). La SNCF relie par voie de chemin de fer ces villes aux centres plus importants, mais vous trouverezsans doute plus pratique de louer une voiture en Avignon ou à Marseille, car vous pourrez ainsi visiter nombre de petites localités inaccessibles en train.

 RENSEIGNEMENTS PRATIQUES

### Offices de tourisme

Les offices de tourisme dont nous vous donnons ici les coordonnées vous fourniron une foule de plans et de renseignement précieux. Tous possèdent un personne compétent et avenant. Celui de Vaison-la-Romaine met en vente un large éventail de livres, des guides culinaires de la région et de l'artisanat local; on y trouve même un comptoir de dégustation de vin, avec possibilité d'achat.

**Orange**
5, cours Aristide-Briand
☎04.90.34.70.88
≈04.90.34.99.62
(une succursale de l'Office de tourisme es ouverte du 1$^{er}$ avril au 30 septembre sur la place des Frères-Mounet)

**Vaison-la-Romaine**
Place du Chanoine Sautel
☎04.90.36.02.11

**Carpentras**
170, allée Jean Jaurès
☎04.90.63.00.78
≈04.90.60.41.02

**Entrechaux**
Place du Marché
☎04.90.65.63.95

**Grignan**
☎75.46.56.75

**Valréas**
Place Aristide Briand
☎04.90.35.04.71

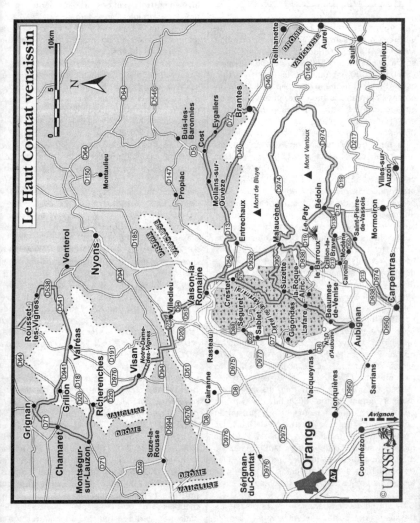

Le Haut Comtat venaissin

**ATTRAITS TOURISTIQUES**

## Orange ★★

La Provence offrant tant de sites et de villages intéressants à explorer, on néglige souvent Orange. D'aucuns prétendent qu'il suffit de passer une heure ou deux dans cette ville de 28 000 habitants, le temps de jeter un coup d'œil sur le théâtre romain et de faire un crochet par l'arc de triomphe, pour ensuite se consacrer à des attraits plus stimulants. Tout en reconnaissant qu'Orange n'a pas l'élégance d'Avignon ou d'Aix-en-Provence, le caractère de Marseille ou les splendeurs naturelles des monts du Luberon, il faut souligner que la ville regorge de plaisirs cachés et mérite sans contredit une visite prolongée. On peut parler de ses charmantes petites places, de ses cafés animés à l'ombre de hauts platanes, de son agréable vieille ville aux rues étroites et de son marché provençal coloré (tous les jeudis). On y présente en outre tout l'été des spectacles musicaux (opéra, récitals, concerts de jazz et de rock) et des films sur écran géant, le tout en plein air dans l'enceinte du théâtre antique : des événements à ne pas manquer.

Le **Théâtre romain (Théâtre antique)** ★★★ *(20F, tarif réduit 20F donne accès au Musée municipal; 1er avr au 4 oct tlj 9h à 18h30, 5 oct au 31 mars tlj 9h à 12h et 13h30 à 17h, fermé 25 déc et 1er jan)*, le plus célèbre des monuments d'Orange, est le seul théâtre romain d'Europe dont le mur de scène est demeuré intact. Il date du début du 1er siècle ap. J.-C., époque à laquelle on y présentait une grande variété de spectacles (le jour). De l'extérieur, le grand mur fait 103 m de longueur sur 37 m de hauteur. À l'intérieur, le mur d'enceinte s'étage sur cinq niveaux, les deux du haut servant d'appuis à la scène et les autres présentant divers ornements.

Si la statue de l'empereur Auguste placée au-dessus du portail royal vous semble reconstituée, c'est qu'elle l'est. Elle fut trouvée en pièces au cours de fouilles effectuées sur le site en 1931, et tous ses morceaux furent assemblés pour lui redonner forme, mais le produit fini ne paraît pas très équilibré. La scène, longue de 61,20 m et large de 13,20 m, était en bois, et un toit

décoratif la recouvrait. À l'époque des Romains, les membres de la classe privilégiée prenaient place sur des sièges amovibles de chaque côté de la scène dans un espace dit *parascenia*. Derrière eux, 9 000 spectateurs s'assoyaient sur des gradins en pierre (*cavea*) divisés en trois sections et reliés par des galeries souterraines aux larges entrées. Les ruines d'un temple et d'un des trois seuls gymnases romains du monde flanquent l'un des côtés du théâtre.

Aujourd'hui, si vous visitez Orange en été, essayez d'assister à l'un des spectacles présentés au théâtre en soirée, et appréciez la qualité acoustique remarquable de cette enceinte. Dieu merci, Louis XIV a eu la délicatesse de préserver le mur de scène, qu'il qualifiait de *«plus beau mur de mon royaume»*, lorsqu'il ordonna la destruction de la citadelle d'Orange et des remparts voisins au XVIIe siècle. Des films sont projetés tout au long de juillet et d'août *(pour plus de détails, adressez-vous à l'Office de tourisme, ☎04.90.34.70.88)*, un festival de classe internationale d'opéra et de musique classique, les Chorégies d'Orange (créées en 1869 par les comédiens Antony Réal et Félix Ripert), se tient en juillet *(adressez-vous aux Chorégies d'Orange, B.P. 205, ☎04.90.51.83.83, ≠04.90.34.87.67; réservations ☎04.90.34.24.24)*, et un festival international de musique, de danse et de théâtre, les Nuits d'Été, a lieu en août *(adressez-vous aux Nuits d'Été, ☎04.90.51.89.58 d'Orange ou ☎01.44.68.69.00 de Paris)*.

Le **Musée municipal (Musée d'Orange)** *(25F, tarif réduit 20F donne accès au Théâtre romain; 1er avr au 4 oct lun-sam 9h à 19h, dim 10h à 18h, 5 oct au 30 mars lun-sam 9h à 12h et 13h30 à 17h30, dim 9h à 12h et 14h à 17h30; rue Madeleine Roch, ☎04.90.51.18.24)*. Situé dans un ancien manoir du XVIIe siècle, ce musée explique les origines d'Orange et renferme des statues, des poteries, de vieux plans de la ville, des portraits peints de dignitaires locaux et des meubles du XVIIIe siècle. La salle des cadastres abrite le registre original des terres d'Orange, datant de 100 ap. J.-C., de même que des segments des frises exceptionnelles qui ornaient le Théâtre antique.

À l'étage, une salle baptisée «l'Art de Faire l'Indienne» fascinera tous ceux qu'intrigue l'histoire des étoffes provençales, celles-là mêmes qu'on vend sur les places de marché

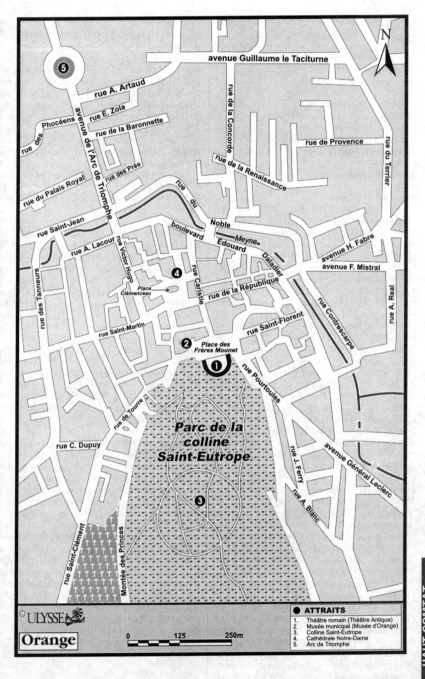

Orange

ULYSSE

0    125    250m

● ATTRAITS

1. Théâtre romain (Théâtre Antique)
2. Musée municipal (Musée d'Orange)
3. Colline Saint-Eutrope
4. Cathédrale Notre-Dame
5. Arc de Triomphe

HAUT COMTAT
VENAISSIN

et dont se parent plusieurs hôtels et chambres de *bed and breakfasts*. Les premières étoffes de coton imprimé, ou «indianisé», furent importées par la Compagnie des Indes au XVIIe siècle. Elles connurent aussitôt un grand succès, et les Européens commencèrent à les imiter. En 1686, l'importation d'imprimés indiens fut frappée d'interdiction, de manière à protéger les industries locales de la laine et de la soie, essentiellement établies autour de Lyon. L'interdiction fut levée en 1759, et les usines de la région, comme celle des frères Wetter d'Orange, devinrent d'importants fabricants d'«indiennes». Un grand tableau des frères Wetter, représentant l'un d'eux vêtu d'un impressionnant veston cramoisi rehaussé d'un motif à feuilles vertes, peut être admiré dans cette salle, ainsi que des photographies des méthodes de fabrication qu'ils employaient, certaines d'elles montrant des ouvriers en train d'appliquer de gros blocs d'impression sur des toiles vierges.

La **Vieille Ville**. Procurez-vous un plan gratuit des rues d'Orange à l'Office de tourisme afin de découvrir Orange à pied. Partez de n'importe laquelle des jolies places de la Vieille Ville derrière le théâtre et la place des Frères-Mounet, qu'il s'agisse de la place aux Herbes, de la place de Langues ou de la place de la République. De la place Saint-Martin, vous apercevrez plusieurs maisons coquettes des XVIIe et XVIIIe siècles, de même que les murs d'un couvent le long des rues Millet et Condorcet. La rue Victor Hugo, plus animée, dévoile quant à elle quelques façades et cours intérieures intéressantes, notamment aux numéros 43, 39 et 25. Depuis 1714, l'**Hôtel de Ville** occupe l'ancienne résidence de la riche et noble famille de Langes. Son beffroi caractéristique en fer forgé date de 1711, bien que la façade ait été reconstruite en 1880. Le Musée municipal d'Orange a reconstitué une tombe contenant le crâne et les ossements d'un corps découvert sur les lieux au XIIe siècle! La rue du Pont-Neuf (XIVe siècle) était jadis la principale artère d'Orange, mais elle a depuis cédé la place à la rue de la République, qui lui est parallèle.

La **colline Saint-Eutrope**. *(À pied : empruntez le passage Princes de Nassau, ou le plus difficile passage Philibert de Chalon, qui partent tous deux de l'extrémité sud du cours Aristide Briand, ou passez du côté est du théâtre en partant de la rue Pourtoules pour atteindre les marches du passage A. Lambert. En voiture : prenez la montée à sens unique des Princes de Nassau et stationnez près de l'entrée.)* Cette colline offre une belle **vue panoramique** sur la ville, et nous la recommandons aux photographes désireux de capturer sur la pellicule le Théâtre romain, la plaine de Comtat et même le mont Ventoux. Elle accueillit tout d'abord une colonie celtique puis un camp romain, et, au Moyen Âge, l'évêque Saint-Eutrope y érigea une église. Un château fort construit par la maison de Nassau y fut détruit par Louis XIV à l'époque des conflits qui l'opposaient aux Pays-Bas au XVIIe siècle. Aujourd'hui, il s'agit d'un parc paisible doté de sentiers, d'une plate-forme d'observation, d'une statue de la Vierge Marie et d'une piscine publique extérieure aménagée parmi les conifères *(Piscine des Cèdres, tlj 10h à 19h en été; casse-croûte avec terrasse ouvert aux non-baigneurs)*.

La **cathédrale Notre-Dame** *(messe à 10h30 en été seulement; rue Notre-Dame)*. Consacrée le 26 octobre 1208 et reconstruite à maintes reprises, elle fut détruite par les huguenots en 1561, restaurée au XVIIe siècle et de nouveau au XVIIIe siècle par le dernier évêque d'Orange, monseigneur du Tillet. Au XIXe siècle, la porte est, de style néo-classique, fut ajoutée, et des fresques ainsi que des vitraux furent commandés. La ravissante, quoique sobre, chapelle Saint-Joseph a récemment été remise en état dans le style provençal, ses murs montrant des fragments des murales qui y ont été peintes à différentes époques (XVIIe, XVIIIe et XIXe siècles). Un temple romain occupait l'emplacement de cette cathédrale à l'origine.

L'**Arc de triomphe ★★**. Tout comme le Théâtre antique, cette arche magnifique, construite entre 21 et 26 ap. J.-C., est classée monument historique par l'Unesco. Elle ne commémore en réalité aucune victoire militaire, mais elle marquait autrefois l'entrée de la ville romaine d'Arausio (aujourd'hui devenue Orange) et témoigne des hauts faits des soldats de la IIe Légion qui la fondèrent en 36 av. J.-C. La face nord du monument à trois ouvertures en arc est la mieux conservée; vous y verrez des trophées d'armes, des vestiges de batailles navales, des objets de culte et des inscriptions gravées. La masse rectangulaire de l'édifice est de 19,57 m sur 8,50 m sur 19,21 m, et l'arche centrale fait 8 m de hauteur. Sous la couverture voûtée, notez les motifs d'ornementation hexagonaux.

## Sérignan-du-Comtat

Ce charmant petit village renferme un joli hôtel particulier du XVIIe siècle tout à côté de l'**église Saint-Étienne** (XVIIIe siècle), avec son clocher à campanile en fer forgé qui abrite trois cloches datant d'époques différentes. Sérignan-du-Comtat se trouve à 8 km au nord d'Orange, au croisement de la D43 et de la D976.

## Châteauneuf-du-Pape ★

Tout le monde aime bien avoir une résidence d'été, y compris les papes. Durant son séjour en Avignon au XIVe siècle, le pape Jean XXII se fit construire un château dans cette localité, qui prit dès lors le nom de «Châteauneuf». Les papes qui lui succédèrent firent à leur tour planter des vignes sur les terres caillouteuses entourant leur domaine estival, et l'on en tira un vin parfaitement buvable qui, compte tenu des goûts raffinés des pontifes et de leurs prélats, ne tarda pas à devenir un grand cru. On en prit note pour la première fois à l'extérieur de la région au cours du XVIIIe siècle, et on le considère comme l'un des grands vins de ce monde depuis 1929, data à laquelle il reçut le titre d'appellation d'origine Châteauneuf-du-Pape, qui en soumet la culture et la production à des règles très strictes. De nos jours, environ sept millions de bouteilles, soit près de la moitié de la production totale, sont destinées à l'exportation. Il est également intéressant de souligner que le Châteauneuf-du-Pape est le seul vin français que les autorités vinicoles autorisent à faire entrer dans sa composition 13 cépages différents. *(pour de plus amples renseignements sur les vignobles, les visites et les dégustations de Châteauneuf-du-Pape, adressez-vous au Comité de Promotion des Vins de Châteauneuf-du-Pape, 12 avenue Louis Pasteur, 84230 Châteauneuf-du-Pape, ☎04.90.83.72.21, ⌨04.90.83.70.01.)*

Le village de Châteauneuf-du-Pape est sillonné de nombreuses artères minuscules ponctuées de fontaines (notamment la **fontaine de Souspiron**, qui date du XIVe siècle), arbore les vestiges d'anciens remparts et renferme de jolies demeures ainsi que deux chapelles (Saint-Pierre-de-Luxembourg, du XVIIIe siècle, et Saint-Théodoric, du XIe siècle). L'**église** romane provençale **Notre-Dame-de-l'Assomption** ne présente que peu d'ornements, mais sa simplicité lui confère une beauté candide. Il ne reste du château des papes qu'une tour de garde et une partie du mur d'enceinte des quartiers résidentiels; le reste fut incendié au cours des guerres de Religion, puis sérieusement endommagé en 1944. Néanmoins, on y a une vue splendide sur la vallée du Rhône, Avignon, les Dentelles de Montmirail et le Luberon. Enfin, le **Musée des outils de vignerons du père Anselme** *(entrée libre; tlj 9h à 12h et 14h à 18h; route d'Avignon, ☎04.90.83.70.07)* expose une collection d'instruments et d'accessoires datant du XVIe siècle, parmi lesquels un pressoir, des tonneaux et des tire-bouchons.

## Vaison-la-Romaine ★★

Les visiteurs de Vaison-la-Romaine obtiennent trois villes pour le prix d'une. Cette charmante localité du plus haut intérêt archéologique est scindée par l'Ouvèze. Sur la rive droite se trouve le site de l'ancienne colonie romaine de même que la Vaison moderne, tandis que sur la rive gauche, adossée contre un escarpement rocheux, s'étend la Haute Ville, dont les origines remontent au Moyen Âge.

La tribu celtique des Voconces habitait la région depuis l'âge de fer, et une colonie du nom de «Vasio» occupant l'emplacement de l'actuelle Vaison devint une importante capitale administrative et politique. Après l'occupation de la Provence par les Romains au Ier siècle av. J.-C., les Voconces devinrent leurs alliés à la suite des guerres locales (58-51 av. J.-C.) Au cours du Ier siècle ap. J.-C., Vaison se transforma en une ville romaine organisée, avec des commerces, un théâtre, des rues résidentielles et de l'eau acheminée par un aqueduc voisin.

Après la division de la Provence en 1125, Vaison appartenait à Raymond V, comte de Toulouse. Il construisit rapidement, sur la rive droite, un château à flanc de colline dominant l'Ouvèze. Au cours du XIIIe siècle, à la suite des guerres de Religion, la population délaissa la plaine pour s'installer dans la Haute Ville, au pied du château, pour mieux se protéger des envahisseurs. Avec le XVIIe siècle, survint une période relativement plus paisible, et les citoyens de Vaison retournèrent vers les plaines inférieures, de l'autre côté de l'Ouvèze. Bien que des documents d'archives

**HAUT COMTAT VENAISSIN**

fassent état de travaux de reconstruction remontant au XVe siècle à Vaison-la-Romaine, ce n'est qu'en 1848 que la Ville reçut des fonds de l'État pour effectuer des fouilles archéologiques sur le site. Les fouilles sérieuses débutèrent en 1907 (époque Puymin) puis se poursuivirent en 1934 (époque Villasse).

Le Pont romain fut rouvert en 1994 après avoir été fermé pour réfection à la suite du débordement désastreux de l'Ouvèze le 22 septembre 1992. Au cours d'un violent orage, la rivière emporta un terrain de caravaning, détruisit 150 maisons, causa des dommages s'élevant à 150 millions de francs et, tragiquement, provoqua 37 morts accidentelles. Des fonds privés et publics témoignant d'une grande générosité arrivèrent de toutes parts après le désastre, et Vaison-la-Romaine, dirigée par son maire Claude Haut, se remet admirablement bien. Dans le somptueux décor parfumé des Dentelles de Montmirail, les 5 700 Vaisonnais se révèlent toujours aussi chaleureux, et ils prennent le temps d'accueillir les visiteurs. Ne serait-ce que pour cette raison, il vaut la peine de s'arrêter ici un moment et de s'imprégner de l'histoire locale avant d'entreprendre des excursions vers les sites d'intérêt des environs.

Les **Cités romaines de Puymin ★★ et de Villasse ★** *(37F, enfant 12F, étudiant 20F, billet valable pour les deux sites de même que pour le Musée archéologique, la cathédrale et le cloître; juin à août, tlj 9h à 12h30 et 14h à 18h45; mars à mai et sept à oct, tlj 9h30 à 12h30 et 14h à 17h45; nov à fév, tlj sauf mar 10h à 12h et 14h à 16h30; fermé 25 déc et 1er jan).* Aussi étonnant que cela puisse être, ces deux sites archéologiques furent seulement découverts au cours de ce siècle, et ils nous fournissent un indice quant à la raison pour laquelle la bourgade romaine de Vasio était surnommée *urbs opulentissima,* ou «ville très opulente». Comme il s'agit de ruines, il importe de se procurer un plan descriptif à l'Office de tourisme avant d'entreprendre une exploration poussée des lieux. Puymin *(en face de l'Office de tourisme, entrée à l'angle des rues Burrhus et Bernard Noël)* se veut plus intéressante que Villasse, car les vestiges de constructions sont en meilleur état, de sorte que toute la complexité de la vie romaine s'expose à vos yeux.

En entrant dans Puymin, on aperçoit tout d'abord la villa de la riche famille Massii

(remarquez la cour intérieure, les salles de réception, la cuisine et les salles d'eau). Une grande partie de la maison repose encore sous la cité moderne; on croit en effet qu'elle couvrait quelque 2 000 m². Vient ensuite une promenade flanquée de colonnes (portique de Pompéi) qui mène à une série de maisons étroites offertes en location à l'époque. Derrière le secteur boisé se dresse le **Musée archéologique,** qui renferme plusieurs objets (bijoux, outils, céramiques...), des frises et, fait notoire, des marbres des empereurs Claude, Domitien et Hadrien, ainsi que de l'épouse de ce dernier, Sabine, tous découverts sur le site.

Derrière le musée, le long d'une voie montante, s'élève le **Théâtre romain** du Ier siècle ap. J.-C. Semblable par sa conception à celui d'Orange, celui-ci se révèle plus petit, et il a perdu son mur d'enceinte. Environ 7 000 spectateurs pouvaient y prendre place sur 32 rangées de gradins séparées par trois escaliers principaux. Il a fait l'objet d'importants travaux de reconstruction, et l'on y présente désormais des pièces de théâtre et des concerts les soirs d'été *(pour de plus amples renseignements sur la programmation des Nuits d'été, adressez-vous à l'Office de tourisme).*

Le **quartier de la Villasse** *(entrée du stationnement de la place Burrhus, près de l'Office du tourisme)* présente les ruines de deux grandes résidences (la **maison au Dauphin** et la **maison au Buste d'Argent)** séparées par la rue des Colonnes et la rue des Boutiques, et des bains publics alimentés par une source d'eau chaude.

La **cathédrale Notre-Dame-de-Nazareth et le cloître ★** *(mêmes heures d'ouverture que les ruines romaines, mais fermés entre 12h et 14h d'oct à avr).* Entièrement reconstruite aux XIIe et XIIIe siècles à l'emplacement d'une église du VIe siècle, la cathédrale de Vaison s'impose comme un exemple remarquable d'architecture romane provençale. De l'extérieur, lorsqu'on fait face à l'abside est, on constate que l'édifice repose en fait sur les vestiges (tambours de colonnes, fragments d'entablement) d'une basilique gallo-romaine. Pour une raison qui demeure obscure, le clocher carré se trouve décentré. À l'intérieur, six travées et allées sont soutenues par des piliers carrés. Le plafond voûté de forme cylindrique de la nef et la coupole dominant la dernière travée sont des ajouts datant du XIIe siècle. Notez au passage les autels en

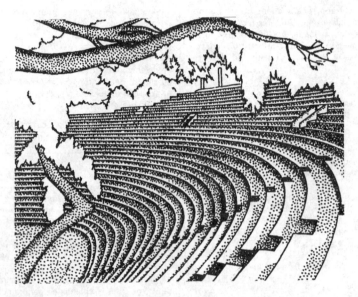

*Théâtre romain*

marbre; on croit que celui de l'abside nord date du VIᵉ siècle.

En empruntant l'entrée distincte du mur nord, vous pourrez visiter le joli cloître à voûte en berceau. Comme la cathédrale, il fut achevé entre 1150 et 1160, puis restauré vers la fin du XIVᵉ siècle. Les colonnes soutenant les arches tournées vers la cour intérieure sont admirablement sculptées, et sarcophages, statues et inscriptions dans la pierre bordent les galeries voisines. Ceux qui se passionnent pour l'architecture ecclésiastique devraient par ailleurs se donner la peine de visiter la **chapelle de Saint-Quenin** *(de l'avenue du Général de Gaulle, tournez à gauche sur l'avenue Saint-Quenin; la chapelle se trouve à 500 m sur la gauche; on ne visite que par arrangement préalable avec l'Office de tourisme).* Construite au cours de la seconde moitié du XIIᵉ siècle dans le style roman provençal, la nef fut refaite entre 1630 et 1636. Sa particularité tient de son abside triangulaire peu usitée et de ses ornements raffinés, notamment ses demi-colonnes fuselées à chapiteaux corinthiens et sa frise exubérante. Saint Quenin était évêque de Vaison au VIᵉ siècle.

Le **Pont romain** *(relie la Grande Rue à la Haute Ville).* Vieux de près de 2 000 ans, le modeste Pont romain n'est large que de 17 m et haut de 7 m à peine. Son parapet fut arraché par une crue éclair en 1616 et reconstruit par la suite. Ses remblais furent détruits par une bombe allemande en 1944, et son arche s'en trouva ébranlée. Puis, la crue de septembre 1992 emporta de nouveau le parapet. Après des travaux de réfection qui ont coûté 2,5 millions de francs, le pont est une fois de plus ouvert à la circulation. Les résidants remarquent que la structure est désormais plus étroite qu'avant, mais les architectes n'ont fait qu'en respecter le dessin original.

La **Haute Ville** ★★ *(tournez à droite après avoir franchi le Pont romain, et accédez à la Haute Ville par une rampe aménagée sur la gauche de la chaussée. En voiture, traversez l'Ouvèze sur le Pont-Neuf, et suivez les indications pour le stationnement du château).*

Au XIIIᵉ siècle, alors qu'ils étaient menacés par d'impitoyables envahisseurs, les Vaisonnais se déplacèrent de la rive droite de l'Ouvèze vers la Haute Ville, près du château. Une promenade à travers les étroites rues pavées de ce bourg, dont la plupart demeurent inaccessibles aux véhicules automobiles, est en quelque sorte un retour dans le temps. En venant du Pont romain, vous verrez la place des Poids. Les seuls véritables vestiges architecturaux du

XIVᵉ siècle sont des sections de remparts et deux portails en arc. Admirez les magnifiques façades des maisons, qui datent du XVIᵉ au XVIIIᵉ siècle, ainsi que le beffroi, dont le campanile en fer forgé remonte au XVIIᵉ siècle.

La coquette place du Vieux-Marché, avec son platane, sa fontaine et son petit café, fut le théâtre d'un marché hebdomadaire de la fin du XVᵉ siècle jusqu'au XIXᵉ siècle. Sur la rue de l'Évêché, vous découvrirez le Palais épiscopal, passablement détérioré, l'Hôtel de Taulignan, la chapelle des Pénitents-Blancs et l'Hôtel Fabre de Saint-Véran. Le temple qui se dresse au bout de la rue de l'Église, et dont l'intérieur demeure fermé au public, fut construit en 1464 (certains ajouts sont plus récents). Le square qui se trouve devant l'église, minuscule quoique attrayant, offre de beaux points de vue.

La Haute Ville est dominée par les ruines du château érigé par le comte de Toulouse, Raymond V, vers la fin du XIIᵉ siècle *(on n'y accède qu'à pied, et l'ascension est plutôt raide)*. Il devint une forteresse papale, lorsque le Comtat venaissin passa aux mains des papes en 1724. À partir du XVIᵉ siècle, il fut aménagé de manière à le rendre plus confortable, mais tomba néanmoins dans l'abandon durant la Révolution. Le principal attrait du château de nos jours réside dans l'excellente vue qu'il offre sur Vaison-la-Romaine et ses environs lorsqu'on se trouve au pied de ses ruines *(on ne visite pas)*.

## Les Dentelles de Montmirail ★★

Cette jolie chaîne montagneuse aux profondes vallées, au sud-est de Vaison-la-Romaine, présente certains des plus beaux paysages de toute la Provence, qui n'ont rien à envier au Luberon entre autres. Ses formations calcaires aux crêtes acérées en dents de scie justifient parfaitement son nom. Plusieurs villages charmants semblent s'accrocher comme par miracle aux flancs des falaises escarpées, et les routes étroites qui sillonnent le massif se voient embaumées du doux parfum du genêt jaune, des herbes aromatiques et des pins. La fin du printemps et l'été y sont particulièrement agréables, alors que les fleurs et les arbres fruitiers y éclatent de mille et une couleurs. On peut passer une journée entière, ou même davantage, à parcourir les routes secondaires en voiture et à s'arrêter ici et là

dans quelques-uns des nombreux villages pittoresques de la région. Sinon, les Dentelles de Montmirail constituent un véritable paradis pour les randonneurs *(l'Office de tourisme de Vaison-la-Romaine vous fournira renseignements et cartes)*. Le point culminant du massif est le mont Saint-Amand (734 m), et la majorité des sentiers, dont plusieurs sont balisés, ne sont pas trop éprouvants.

## Circuit recommandé

De Vaison-la-Romaine, prenez vers le sud sur la D938 (direction Carpentras) sur environ 5 km. Tournez ensuite à droite sur la D76 afin de visiter le charmant village de **Crestet ★**. Vous y verrez la belle **église Saint-Sauveur**, qui date du XIᵉ siècle (la fontaine qui agrémente sa façade, et qui fonctionne toujours, remonte quant à elle à 1787), un château privé ayant appartenu aux évêques de Vaison-la-Romaine jusqu'à la Révolution, de même que de splendides panoramas. Près de l'endroit où vous devez laisser votre voiture, il y a un vieux lavoir municipal couvert, ponctué de quelques marches en pierre, flanqué d'un petit caniveau et agrémenté de belles fleurs sauvages. Un peu plus haut, quelques rues piétonnières s'entrelacent, et l'entrée des maisons, dont certaines semblent abandonnées, donne directement sur la rue. Il n'y a ni boutiques, ni cafés, ni commerces d'aucune sorte. Un historien local, Charley Schmitt, a écrit un guide sur le village intitulé *Mieux connaître Crestet, village vauclusien*, disponible au coût de 45F dans les librairies du coin ou directement chez l'auteur, dont la maison est identifiée.

Pourquoi ne pas vous informer au préalable de la programmation du **Centre d'art de Crestet** *(indiqué depuis le village, chemin de la Verrière, Crestet,* *04.90.36.34.85,* ≈*04.90.36.36.20; les heures d'ouverture varient, de sorte qu'il vaut mieux appeler avant de s'y rendre)*? Administré de concert avec le ministère français de la Culture, ce centre d'art contemporain organise des expositions temporaires et des séminaires en plus de gérer un programme d'artiste à demeure. L'art et la nature sont ici à la clé, et l'on exploite pleinement l'emplacement du centre, situé en pleine forêt au sommet d'une colline. Vous y découvrirez, entre autres œuvres, des sculptures cachées parmi les chênes, les pins et les figuiers, comme les brillantes sphères massives de calcaire et de chêne de Dominique Bailly.

Reprenez la D938 et tournez à droite sur la D90 à **Malaucène** (10 km), dont l'artère principale, passablement affairée, est bordée de platanes. Le tronçon de la D90 qui relie Malaucène à Beaumes-de-Venise en passant par Suzette, de même que la très étroite D90A conduisant à La Roque Alric, comptent sans doute parmi les plus belles routes de Provence. De magnifiques vues des Dentelles et des vignobles environnants vous attendent à chaque détour de la route, sans oublier le parfum capiteux du thym sauvage, les genêts et les pins.

À **Suzette**, vous trouverez une église attrayante et aurez une très belle vue sur les collines ondulantes. Si vous avez osé braver la sinueuse D90A, vous pourrez également admirer la petite communauté de **La Roque Alric**, perchée à flanc de falaise et surmontée d'une croix en bois tout au sommet de la colline. De retour sur la D90, vous croiserez ensuite **Beaumes-de-Venise**; l'excellent vin doux de Muscat du même nom provient des raisins cultivés dans les vignobles des alentours, inondés de soleil.

Suivez maintenant la D81 jusqu'à la D8 Nord en direction de **Vacqueras**. Vous croiserez ici la chapelle **Notre-Dame d'Aubune**, qui date des IXe et Xe siècles. Passé Vacqueras, prenez à droite sur la D7 pour atteindre **Gigondas**. La région produit le célèbre cru rouge des Côtes-du-Rhône et le vin vieux de Gigondas, tenu pour le meilleur de ce coin de pays. De nombreuses propriétés vinicoles et une coopérative locale proposent des dégustations *(informez-vous auprès de l'Office de tourisme, place du Portail, 84190 Gigondas, ☎04.90.65.85.46).* La ville remonte au Moyen Âge, et l'on y découvre les ruines d'un château de même qu'une belle vue des impressionnants paysages avoisinants depuis le parvis de l'église. À l'intérieur de l'**église Sainte-Catherine** (XIe siècle) reposent trois intéressantes statues de bois recouvertes de feuilles d'or, celles des saints patrons de la paroisse, Cosme et Damien, et celle de Notre-Dame des Pallières.

En continuant vers le nord sur la D7, vous arriverez au village de **Sablet**, calme et serein, puis, en prenant sur la droite (D23), à la populaire ville de **Séguret** ★, un centre d'artistes et d'artisans aux jolies petites rues pavées où l'on retrouve une église du XIIe siècle, un beffroi du XIVe siècle et la fontaine des Mascarons, tous fort bien entretenus. Néanmoins, son appellation officielle de «plus joli village de France» (que partagent plusieurs autres localités) fait qu'il est envahi par la foule les fins de semaine et tout au long de l'été. Le nombre de boutiques de souvenirs et le stationnement spécialement aménagé pour les voitures et les cars de tourisme témoignent d'ailleurs de la popularité de Séguret auprès des visiteurs, et il vaut définitivement mieux s'y rendre en semaine si vous en avez la possibilité. De Séguret, empruntez la D88 Nord, puis la D977 pour retourner vers Vaison-la-Romaine.

---

## Le mont Ventoux ★★★

---

Une excursion en voiture jusqu'au sommet de cette montagne (la plus haute de Provence avec ses 1 912 m) saura combler les amateurs de paysages renversants. De Vaison-la-Romaine, prenez la D938 Sud (direction Carpentras) jusqu'à Malaucène. Une fois dans le village, tournez à gauche sur la route marquée «D974-mont Ventoux». La D974 se présente comme un route panoramique de 26 km bien entretenue, quoiqu'elle soit escarpée et sinueuse par endroits; elle mène directement au sommet par la face nord. De là-haut, vous aurez des **vues imprenables** jusqu'aux Alpes, au nord-est, et jusqu'à Marseille, au sud. Deux tables d'orientation expliquent les principaux sites géographiques, et une station météorologique, un observatoire, une monstrueuse antenne de télévision et une petite chapelle complètent le décor. Veuillez noter que le brouillard et les vapeurs de chaleur peuvent réduire la vue, et que des vents violents rafraîchissent parfois considérablement la température au sommet. Enfin, la partie supérieure de la D974 est fermée par mauvais temps (comme lorsqu'il y a trop de neige en hiver).

Du sommet, poursuivez votre route sur la D974. La route, alors bordée de pins, est ponctuée de quelques tables à pique-nique et d'une **station de ski** *(pour connaître les conditions de ski ou vous informer des prix et des possibilités de location d'équipement, téléphonez au Chalet d'accueil du mont Ventoux, ☎04.90.63.49.44).* En bas, plus près de la civilisation, vous trouverez restaurants, cafés et gîtes. **Bédoin** se présente, pour sa part, comme un joli petit village aux rues ombragées, avec une église jésuite du début du XVIIIe siècle.

De Bédoin, la D19 passe par une halte panoramique appelée «Le Paty» avant de rejoindre la D938, qui mène à Vaison-la-Romaine au nord ou à Carpentras au sud. Une autre route, qui mérite un détour, est la petite D138, que vous pouvez prendre en traversant le centre de Bédoin et en tournant à droite (vers l'ouest) en direction du village de montagne de **Crillon-le-Brave**. Ce village porte le nom d'un soldat ayant servi sous Henri IV qui naquit à Murs, vécut à Avignon et posséda ici un château. De nos jours, le bourg a repris du poil de la bête grâce à une auberge campagnarde quatre étoiles tenue par un groupe de Canadiens (voir p 88) et à un très bon restaurant sans prétention installé à sa base (voir p 91). Les seuls attraits des lieux, outre le panorama, sont toutefois des vestiges de remparts et l'**église Saint-Romain** (XIIe au XIVe siècle).

Une succession de routes vous ramènera à la D938 et au hameau de **Le Barroux**. Essayez de suivre la D138 Sud au départ de Crillon-le-Brave, et tournez à droite sur la D55 pour atteindre les bourgades de Saint-Pierre de Vassols, de Modène et de Caromb. La D55, la D21 et, mieux encore, la D13 Nord mènent à la D938. L'imposant **château de Le Barroux** *(20F, tarif réduit 10F; mai, juin et oct, tlj 14h30 à 19h; juil à sept, tlj 10h à 19h; ☎04.90.62.35.21)*, une véritable forteresse, domine le paysage. Construit au XIIe siècle et rebâti au XVIe siècle, le château tomba en ruine après la Révolution. Des travaux de réfection furent commencés en 1929, mais il fut incendié par l'armée allemande en 1944. La vue et la conception intéressante de la structure sont dignes d'intérêt, mais comme on a de nouveau entrepris de restaurer l'édifice, il n'y a guère de meubles ou d'objets à voir.

---

## Le mont Bluye ★

---

De Vaison-la-Romaine, nous vous recommandons également une seconde excursion, celle-là autour du panoramique mont Bluye et de la vallée de la rivière Toulourenc, une autre région d'une grande beauté naturelle. Peu touchée par l'homme, elle offre l'occasion de visiter d'autres villages charmants perchés à flanc de colline dans un décor escarpé. À 3 km au sud de Vaison sur

la D938 (direction Carpentras), prenez à gauche sur la D54 vers **Entrechaux**, avec sa chapelle **Notre-Dame-de-Nazareth** (Xe siècle), sa **chapelle Saint-André** (IXe siècle) et sa chapelle **Saint-Laurent** (XIe siècle).

Traversez Entrechaux sur la D13, qui, au moment de franchir la Toulourenc pour entrer dans le département de la Drôme, devient comme par magie la D5! Poursuivez jusqu'à Mollans-sur-Ouzève, faites encore 6 km sur la D5 en direction de Buis-les-Barronies, mais sans vous y rendre; vous tournerez en effet à droite sur la plus étroite D72 au minuscule hameau de **Cost**. Cette petite route panoramique défile vers l'est en croisant **Eygaliers** (réputée pour sa production de tilleuls), puis s'élève de façon abrupte en approchant de Brantes.

Perchée à 600 m d'altitude sur une falaise déchiquetée, **Brantes ★★** semble avoir été oubliée par le temps. Une hostellerie rudimentaire accueille les visiteurs, mais il n'y a aucun commerce. Quelques rues étroites conduisent à une petite **chapelle ★** *(on y accède à pied seulement)* qui fait face à la vallée. Tel un écrin caché, elle se pare d'arches en trompe-l'œil fraîchement peintes, de tableaux, de trois candélabres suspendus en cuivre et de statues. Tout près apparaît l'atelier de poterie de Jaap Wieman et de Martine Gilles; le couple produit ici d'adorables céramiques (motifs à fleurs et fruits dans les tons de rose, de jaune et de bleu clair, entre autres) depuis maintenant 20 ans et approvisionne désormais une boutique parisienne. Une petite salle d'exposition est ouverte au public *(téléphone à l'avance au ☎04.72.28.03.37 ☎04.75.28.18.61)*, où une simple assiette à dessert peut facilement vous coûter 160F!

Au départ de Brantes, suivez le parcours sinueux de la D136, puis tournez à droite sur la D40 (vers l'ouest). Cette **balade de 16 km dans la vallée ★**, le long des rives bordées d'arbres de la Toulourenc, est un véritable plaisir. Les gens du coin se baignent dans la rivière et y pêchent la truite; la quiétude de ces lieux en fait par ailleurs un endroit idéal pour les randonnées à bicyclette, à pied ou cheval. Après avoir ainsi complété une sorte de boucle, vous retrouverez la D5, que vous prendrez à gauche vers Entrechaux, et la D938, qui vous ramènera finalement à Vaison-la-Romaine ou à Carpentras.

## L'Enclave des Papes ★

ette petite parcelle de terre apparemment ncluse dans la Drôme, au nord de Vaison-la-Romaine, fait en réalité partie du Vaucluse. La ille principale de Valréas fut achetée du roi e France par le pape Jean XXII au IVe siècle, et cette région intégrée au omtat venaissin est demeurée sous tutelle apale jusqu'à la création des départements, n 1791, à la suite de la Révolution. Les uatre communautés de Valréas, de icherenches, de Visan et de Grillon cceptèrent de rester loyales à leurs origines rovençales et résolurent de se joindre au aucluse. Aujourd'hui, l'économie locale est outenue par l'industrie légère, l'élevage des noutons, l'agriculture (notamment la tomate, es melons et l'asperge), le très bon vin des ôtes-du-Rhône et, dans certains secteurs oisés, cette gâterie typiquement française u'est la truffe.

e Vaison-la-Romaine, prenez la D51 Nord, t, 2 km plus loin, tournez à droite sur la D94 our atteindre **Villedieu** (encore 4 km). Ce llage endormi de 550 habitants renferme ne place ombragée par de gros platanes, de nême qu'une fontaine (on sert également du afé et des boissons alcoolisées au Bar de entre). Franchissez à pied l'imposant portail e pierres du vieux mur de rempart, et narchez jusqu'à l'église du XIIe siècle. Son ntérieur sobre arbore, au-dessus de l'autel, un etit vitrail circulaire rehaussé d'une croix ouge lumineuse, ainsi que quelques tableaux, ont un du XVIIe siècle, qui représente un iable particulièrement menaçant.

es habitants de la région se rendent à illedieu le dimanche soir, lorsqu'il y a une Soirée Pizza» sur la place. Arrivez tôt (à artir de 19h) pour commander votre pointe e pizza au «camion-restaurant», et joignez-ous à la fête. La place s'anime aussi les amedis soirs d'été (du 1er juin au 15 août), lors que des groupes de résidants y servent n dîner à la provençale (brochettes et pistou) our environ 60F, vin de Villedieu compris.

Villedieu, prenez la D75 (qui devient la D51) usqu'à la D20, et suivez cette dernière usqu'à l'Enclave des Papes *(la route bifurque ur la gauche et, sur quelques centaines de iètres, devient la D94; prenez ensuite la remière à droite pour retrouver la D20)*. Tout iste avant Visan, tournez à droite sur un petit chemin signalé par un panneau, sur lequel on peut lire «Notre-Dame-des-Vignes». Cette chapelle remarquable, une véritable oasis de paix sacrée en pleine nature, repose cachée parmi les cèdres. Entièrement restaurée et classée monument historique par l'État français, la **chapelle de Notre-Dame-des-Vignes ★** *(tlj sauf lun, 10h à 11h30 et 15h à 18h, mer 15h à 17h30 et dim 15h à 18h; ferme à 17h en hiver)* date du XIIIe siècle. Les voûtes ont été refaites au XVIIe siècle avec des fleurettes en trompe-l'œil, et les panneaux boisés de l'autel rutilent de feuilles d'or. La chapelle a servi d'ermitage aux religieuses depuis 1490. On l'avait fermée plus tôt au cours du présent siècle, mais deux sœurs veillent désormais à son entretien. On y célèbre la messe tous les vendredis d'été à 18h, et une retraite populaire s'y tient le 8 septembre de chaque année.

Poursuivez votre route sur la D20 en passant par Visan jusqu'à ce que vous arriviez à **Richerenches** (10 km). Remarquez les vieux remparts de pierres qui entourent encore la vieille ville, et plus particulièrement le lourd portail clouté et l'intéressante tour de l'horloge carrée qui domine la place. Un important marché de truffes se tient ici tous les samedis matins de novembre à mars.

À la sortie du village, prenez à gauche sur la D18 (qui devient la D71B) en direction de **Montségur-sur-Lauzon**. Officiellement situé dans la Drôme, ce hameau de 800 âmes n'est mentionné ici que parce qu'au sommet de la colline qui s'élève dans le centre de Montségur-sur-Lauzon, à côté des ruines d'un château du XIIe siècle, se dresse une curieuse **chapelle** primitive datant de 958 *(ouverte à l'occasion d'expositions, de concerts et de visites organisées tout au long de l'année, généralement l'après-midi; informez-vous d'abord auprès de l'Office de tourisme de Grignan, ☎04.75.46.56.75)*. Un curieux élément, soit une petite coupole en pierre, surmonte en effet son clocher carré, et, à l'intérieur, vous remarquerez l'étrange structure en forme de réservoir qu'on a découvert dans le mur ouest de la nef originale du Xe siècle. Les historiens ne savent pas trop encore s'il s'agissait d'un autel druidique, d'un tombeau sacrificiel ou de fonts baptismaux primitifs. On a par ailleurs découvert des squelettes sous les lourdes dalles de pierre qui recouvrent le sol, un rappel du fait que jusqu'à la Révolution les paroissiens pouvaient se faire inhumer à l'intérieur de l'église s'ils le désiraient.

**HAUT COMTAT VENAISSIN**

Suivez la D71 Nord jusqu'à **Grignan**, passé Chamaret. Ici encore, nous nous trouvons officiellement dans la Drôme, mais vous ne devriez pas manquer de visiter l'un des plus beaux châteaux de Provence. Grignan se présente comme une petite ville dotée d'une banque, d'un bureau de poste, de cafés et de commerces disposés autour du haut château et de l'église du XVIe siècle (notez au passage le retable et l'orgue de l'église, tous deux du XVIIe siècle). Contrairement à tant de châteaux de la région, le **château de Grignan** *(25F, comprenant la visite guidée obligatoire; ouvert toute l'année, tlj 9h30 à 11h30 et 14h à 17h30, jusqu'à 18h juil et août; fermé mar du 1er nov au 31 mars, et 25 déc et 1er jan; ☎04.75.46.51.56)* a été magnifiquement restauré, et il renferme une belle collection de meubles d'époque, de tableaux et d'objets d'art.

Ce château Renaissance date du XIe siècle, mais il a été entièrement restauré au XVIIe siècle, alors qu'il appartenait au comte François de Grignan, le gendre de la célèbre femme de lettres qu'était la marquise de Sévigné. De sa résidence de l'hôtel Carnavalet, dans le quartier parisien du Marais, la marquise de Sévigné se rendit trois fois au château pour des séjours prolongés auprès de sa fille et y mourut d'ailleurs en 1696. Apparemment, elle jugeait la Provence trop froide et l'appelait «la terre des chèvres». Avec un peu de chance, vous parcourrez le château en compagnie de l'amusante et intéressante Isabelle Schuimer, qui s'y trouve en qualité de guide permanente et qui sait très bien tourner une histoire.

De Grignan, empruntez la D941 jusqu'à Grillon et Valréas. Ancienne capitale de l'Enclave des Papes, **Valréas** en est aujourd'hui la principale ville. Le **château de Simiane ★** *(entrée libre sept à juin avec visite guidée, lun-sam 15h à 17h; juil et août, 20F, comprenant une visite guidée de deux heures de la ville et de ses monuments, tlj sauf mar, 10h à 12h et 15h à 19h; place Aristide Briand, ☎04.90.35.00.45)*, aujourd'hui l'hôtel de ville, est l'ancienne résidence de la petite-fille de la marquise de Sévigné. Il fut restauré par son époux, Louis de Simiane, au début du XVIIIe siècle, et l'on peut en admirer les salles de réception, la bibliothèque, les archives, les tableaux et le mobilier.

L'église **Notre-Dame-de-Nazareth ★** *(tlj 10h à 12h et 14h à 18h)* semble avoir été construite sur une église du XIe siècle, puis transformée au XVe siècle. Le **Musée du cartonnage et de l'imprimerie** *(10F, avr à sept 10h à 12h et 15h à 18h, oct à mars 10h à 12h et 14h à 17h; 3 av. Maréchal Foch, ☎04.90.35.58.7...* est un endroit plutôt curieux. Au cours de votre visite de la ville, jetez également u... coup d'œil à la **chapelle des Pénitents Blanc** *(entrée libre; juil et en août seulement deu... jours par semaine, qui ne sont pas toujours le... mêmes, de sorte que vous devriez d'abo... vous informer auprès de l'Office de tourism... à côté de l'église)*, qui date du XVIe siècle arbore un plafond coloré et incrusté d... rosettes. Observez aussi les élégants manoi... des XVIIe et XVIIIe siècles qui se trouvent s... la Grande-Rue, la rue de l'Horloge et la rue d... l'Hôtel-de-Ville. Le 23 juin de chaque anné... on célèbre la **Nuit du Petit Saint-Jean** dans le... rues de Valréas par un défilé auquel prenne... part 350 personnages costumés et au cou... duquel on choisit un jeune garçon comm... protecteur de la ville. Spectacle son et lumiè... gratuit à compter de 22h.

Une visite de **Rousset-les-Vignes** *(route D53... à 6 km de Valréas)* s'impose égalemer... puisque le village tout entier est classé his... historique, sans compter qu'il offre une bel... vue sur l'ensemble de la plaine occupée p... l'Enclave des Papes.

---

## Carpentras

---

Carpentras se trouve dans la plaine fertile d... Comtat, à distance à peu près égale d... Vaison-la-Romaine (28 km), d'Orange (24 kr... et d'Avignon (23 km). Elle a toujours été un... ville de marché et subit au fil des siècles d... nombreuses invasions et plusieu... occupations. Les Grecs et les Phocéens... venaient déjà pour acheter divers produi... locaux, qu'il s'agisse de blé, de miel, d... moutons ou de chèvres, et la ville devin... colonie romaine sous Jules César (l'arch... commémorative qui se dresse à l'extrémi... sud de la ville est encore intacte). À l'époq... des grandes invasions, des remparts fure... érigés, et les évêques cherchèrent refuge s... les hautes terres de Venasque. Le... Bourguignons, les Ostrogoths et les Fran... occupèrent la cité à tour de rôle, et c... jusqu'au XIIe siècle, époque à laquelle l... région tomba sous la domination du comte d... Toulouse.

arpentras fut intégrée au nouveau territoire
apal du Comtat venaissin en 1229, et,
endant 100 ans, regroupements locaux et
vêques se disputèrent le contrôle de la ville.
le devint la capitale du Comtat en 1320, et
ne deuxième ligne de remparts fut érigée afin
e mieux résister aux pillards. Carpentras
onnut une ère de prospérité relative au cours
es XVII⁻ et XVIII⁻ siècles, pendant laquelle elle
staura plusieurs bâtiments et construisit
ombre d'hôtels particuliers. Un ghetto de
ille respectable, abritant des Juifs qui
taient venus se réfugier en territoire papal à
suite des persécutions menées contre eux
 France au XIV⁻ siècle, y subsista jusqu'au
IX⁻ siècle.

arpentras a considérablement grandi depuis
 Deuxième Guerre mondiale, passant de
0 000 à 30 000 habitants, et son économie
pose essentiellement sur l'industrie et le
ommerce, de même que sur l'agriculture
elons, cerises et raisins). Elle possède un
rtain nombre de monuments historiques
téressants et d'édifices importants, mais le
arme et le caractère de plusieurs autres
ommunautés provençales lui font sans doute
faut. Qu'à cela ne tienne, le marché coloré
ui se tient tous les vendredis matins dans
s rues bénéficie d'une réputation enviable
ans toute la région et mérite d'être vu, tout
omme d'ailleurs le marché aux truffes *(du*
*7 nov au début de mars, ven 9h à 12h;*
*ace Aristide Briand)*.

 **porte d'Orange ★**. Conscient de ce que les
eux remparts romains n'offraient pas de
otection suffisante à la ville, le pape
nocent VI fit ériger un nouvel ouvrage
fensif en pierre autour de Carpentras entre
357 et 1379. La plus grande partie en fut
truite au XIX⁻ siècle, mais cette lourde
rte tient encore debout.

 **cathédrale Saint-Siffrein ★** *(place du*
*énéral de Gaulle, ☎04.90.63.08.33)*,
nstruite sur le site d'une cathédrale romane
 XII⁻ siècle, révèle une grande diversité
nfluences architecturales, attribuable au fait
e sa construction a demandé plus de
00 ans (1405-1519). L'ensemble demeure
pendant essentiellement de style gothique
éridional. Une impressionnante *Gloire* en
is doré, réalisée par le célèbre sculpteur
cal Jacques Bernus (1650-1728), honore le
œur. Remarquez la délicate balustrade en
r forgé ponctuée de huit candélabres du
lcon de la nef, conduisant aux appar-
ments des évêques. L'entrée sud, aux

sculptures complexes de style gothique
flamboyant, est appelée «la porte des Juifs»,
car elle était empruntée par les Juifs convertis
au catholicisme.

L'**Arc romain** *(place d'Inguimbert)* fut
construite sous le règne d'Auguste, au
I⁻ᵉ siècle ap. J.-C., pour commémorer la
victoire des Romains sur les barbares. Sa face
est, du côté du Palais de justice, représente
deux prisonniers enchaînés, et il s'agit du seul
vestige romain de Carpentras.

L'**aqueduc de Carpentras** *(le long de la D974*
*en direction de Bédoin)*, entièrement construit
d'une remarquable pierre ocre, a été érigé au
XV⁻ siècle par Antoine d'Allemand et restauré
300 ans plus tard. Il compte 48 arches et fait
631,50 m de long sur 23 m de large.

Le **Musée Comtadin-Duplessis ★** *(30F, tarif*
*réduit 20F donne accès aux deux musées;*
*nov à mars 10h à 12h et 14h à 16h, avr à oct*
*10h à 12h et 14h à 18h, fermé mar; entrée*
*par la bibliothèque Inguimbertine, 234 bd*
*Albin Durand, ☎04.90.63.04.92)* présente
deux collections invitantes dans un agréable
hôtel particulier du XVIII⁻ siècle que jouxte un
jardin. **Musée Comtadin** (rez-de-chaussée) :
importante collection portant sur le folklore
local, comportant des meubles et des objets
inusités comme des appeaux, des cloches
pour le bétail et des santons. **Musée Duplessis**
(à l'étage) : tableaux du XIV⁻ au XVI⁻ siècle
représentant des personnages locaux, y
compris des canevas du peintre de Louis XIV,
Joseph Duplessis, originaire de Carpentras,
ainsi que quelques meubles d'époque.

Le **Musée Victor de Sobirat** *(mêmes heures*
*d'ouverture que le Musée Comtadin-Duplessis;*
*rue du Collège, ☎04.90.63.04.92)* possède
une intéressante collection d'arts décoratifs :
meubles, poteries et objets variés dans une
attrayante résidence du XVIII⁻ siècle.
Remarquez au passage le rare bidet en
céramique de Moustiers, datant des
années 1700.

Le **Musée Lapidaire** *(mêmes heures*
*d'ouverture que le Musée Comtadin-Duplessis;*
*rue des Saintes-Maries, ☎04.90.63.04.92)*
expose, quant à lui, une collection d'objets
préhistoriques et d'histoire naturelle portant
essentiellement sur les découvertes
archéologiques faites dans la région.

HAUT COMTAT
VENAISSIN

La **Synagogue** ★★ *(lun-jeu 10h à 12h et 15h à 17h, ven 10h à 12h et 15h à 16h, fermé les jours fériés; place de la Mairie, ☎04.90.63.39.97)*. Bien que la place de la Juiverie ait été presque entièrement détruite au XIXᵉ siècle, la synagogue a conservé la majorité de ses éléments d'origine. Située au centre de l'ancienne carrière, elle fut construite entre 1741 et 1743 par l'architecte Antoine d'Allemand. Si sa façade ne diffère pas de celles des maisons avoisinantes, c'est en raison d'une loi très stricte interdisant tout ornement extérieur de même que les constructions de dimensions excessives. La partie médiévale inférieure, où se trouvent la *mikva* et la boulangerie, révèle un escalier monumental conduisant à la salle du culte, qui lui-même occupe deux niveaux. Le premier abrite le hall des fidèles à proprement parler, avec son tabernacle, et l'autre, la galerie surélevée, avec sa *tebah*, ou galerie de l'officiant.

L'**Hôtel-Dieu** ★ *(10F; lun, mer et jeu 9h à 11h30; place Aristide Briand, ☎04.90.63.10.72)*. À l'intérieur de cet hôpital du XVIIIᵉ siècle, se cache une pharmacie datant de 1762 et encore parfaitement intacte. Remarquez les panneaux peints de Duplessis, la remarquable collection de vases en céramique (d'Italie, de Montpellier et de Moustiers) ainsi que quelques récipients en laiton et en verre. Jetez également un coup d'œil à la chapelle et au grand escalier. Espérons que ce sera là votre seule et unique visite à l'hôpital au cours de votre voyage en Provence.

 ACTIVITÉS DE PLEIN AIR

 La randonnée pédestre

La région du Haut Comtat venaissin se prête merveilleusement bien à la marche et à la randonnée pédestre. Les sentiers les plus remarquables se trouvent dans les magnifiques Dentelles de Montmirail. Les randonneurs chevronnés seront emballés par le sentier bien balisé qu'est le GR4, dont le ruban serpente à travers la région en passant par Crestet, Séguret et Gigondas. Nous vous suggérons de compter au moins trois jours pour compléter la totalité de ce circuit de 55 km. Pour obtenir un guide et plus de détails, adressez-vous à :

Cimes et Sentiers
Vaison-la-Romaine
☎04.90.36.02.11

L'Office de tourisme de Vaison-la-Romaine publie un excellent guide intitulé *Inventaire des chemins et drailles du massif des Dentelles de Montmirail*.

Plusieurs associations organisent en outre des randonnées guidées et seront en mesure de vous fournir des renseignements détaillés.

**Vaison-la-Romaine**
Rando-Ventoux
Centre régional de la randonnée
Buisson
☎04.90.28.95.61
Ce groupe organise des randonnées guidées à travers les collines des Dentelles de Montmirail de même que dans la région du mont Ventoux.

**Rasteau**
Le Centre laïque d'accueil et d'éducation populaire
☎04.90.46.15.48 (juin à sept seulement, jour seulement)
Ce centre établi près de Séguret publie un guide portant sur deux sentiers balisés intéressants qu'il a créés et qui permet de découvrir la flore, les champs et les vignes de la région. Il organise aussi des randonnées guidées instructives sur des thèmes précis tels que «Villages et panoramas», «La flore méditerranéenne et la vie des abeilles», «L'Ouvèze», etc.

Dans l'Enclave des Papes, il existe également des sentiers bien balisés variant entre 4 km et 12 km au départ de Richerenches, Valréas et Visan. Pour de plus amples renseignements, adressez-vous aux offices de tourisme de ces localités.

Enfin, un sentier balisé de 16 km fait le tour de Châteauneuf-du-Pape (l'Office de tourisme de la ville offre un dépliant explicatif).

 Équitation

**Orange**
École du 1ᵉʳ REC
Route du Parc
☎04.90.51.63.85

Cette école d'équitation propose des randonnées guidées à cheval dans la région.

**Vaison-la-Romaine**
Rando-Ventoux
Centre régional de la randonnée
Buisson
☎04.90.28.95.61
Ce groupe organise des randonnées guidées à cheval à travers les collines des Dentelles de Montmirail et dans la région du mont Ventoux.

**Le Crestet**
Centre équestre «Les Voconces»
☎04.90.36.24.46

**Carpentras**
Ranch de l'Étalon Blanc
Chemin de Sève
Entraigues
☎04.90.83.17.68
Équitation et ferme d'élevage de poneys.

 Vélo de montagne

**Orange**
Le Club de cyclotourisme
8, cours Aristide Briand
☎04.90.34.08.77
Cette association organise des randonnées à vélo dans la région tous les samedis après-midi.

**Gigondas**
Détroit Évasion Sportive
Éric Neuville
☎04.90.36.03.57
Cet organisme loue des vélos de montagne et organise sur demande des randonnées guidées dans les Dentelles de Montmirail.

 HÉBERGEMENT

Orange

**Hôtel Saint-Florent** *(160F-250F, pdj 25F; bp, ☎; 4 rue du Mazeau, ☎04.90.34.18.53, ⊷04.90.51.17.25)*. Plusieurs des 18 chambres décorées de tissus provençaux sont grandes et conviendront donc aux familles ou aux couples. Il s'agit d'hébergement assez simple, et certaines chambres auraient besoin d'être

rafraîchies. Situation centrale, près du Théâtre antique et de la place aux Herbes. Pas de stationnement.

**Hôtel Arcotel** *(170F sans douche, 220F avec douche, pdj 25F; bc, bp, ☎; 8 place aux Herbes, ☎04.90.34.09.23, ⊷04.90.51.61.12)*. Excellent emplacement sur une place charmante dominée par un grand platane. Les 19 chambres de ce vieux bâtiment sont modernes quoique élémentaires, et chacune d'elle s'avère propre et bien équipée. Stationnement dans la cour privée de l'hôtel.

**Hôtel Le Glacier** *(250F-260F, pdj 30F; bp, ≡, tv, ☎; 46 cours Aristide Briand, ☎04.90.34.02.01, ⊷04.90.51.13.80)*. Les 30 chambres de cet établissement sont de bonne taille, régulièrement rafraîchies et toutes dotées d'une salle de bain moderne. Bien que l'hôtel se trouve sur une rue bruyante, toutes les chambres sauf deux donnent sur l'arrière et surplombent les terrasses du voisinage. Le Glacier appartient à la famille Cunha depuis trois générations, et vous pouvez vous attendre à un accueil cordial et chaleureux.

**Hôtel Arène** *(310F avec douche, 410F avec baignoire, pdj 40F; bp, ≡, tv, ☎; place de Langes, ☎04.90.34.10.95, ⊷04.90.34.91.62)*. Dans cet établissement considéré par plusieurs comme le meilleur hôtel d'Orange, chacune des 30 chambres arbore un décor différent, et certaines disposent d'un petit balcon surplombant la jolie place de Langes (directement derrière l'hôtel de ville). La propriétaire, Danielle Coutel, d'ailleurs fort avenante, veille aux moindres détails, qu'il s'agisse des confitures maison au petit déjeuner ou des boîtes de fleurs suspendues aux fenêtres. Garage privé.

Sérignan-du-Comtat

**Hostellerie du Vieux Château** *(360F-800F, pdj 40F; bp, ☎, ℜ; route de Sainte-Cécile-les-Vignes, ☎04.90.70.05.58, ⊷04.90.70.05.62; fermé une semaine à la fin de décembre et une autre en février)*. Les chambres sont vastes et fraîches, décorées de façon individuelle et toutes pourvues d'une salle de bain moderne, mais s'avèrent plus chères que dans d'autres établissements de même catégorie. Madame Truchot se veut très gentille et veille à vos moindres besoins.

**HAUT COMTAT VENAISSIN**

## Châteauneuf-du-Pape

**La Garbure** *(330F, pdj 35F; bp, ≈, ☎, tv; 3 rue Joseph Ducos, ☎04.90.83.75.08)*. Ce charmant hôtel aux chambres accueillantes et situé à proximité de tout se dresse en face de l'hôtel de ville. Sa salle à manger propose une cuisine locale à bon prix (menus à 85F et à 110F).

## Vaison-la-Romaine

**Hôtel Burrhus** *(240F-320F, pdj 29F, garage 30F; fermé du 15 nov au 15 déc; bp, ☎, tv dans certaines chambres; 2 place Montfort, B.P. 93, ☎04.90.36.00.11, ⊷04.90.36.39.05)*. On trouve ici 24 chambres simples mais gaies (10 d'entre elles, à 250F, sont refaites à neuf), dont certaines donnent sur la place, qui peut s'avérer bruyante en été, quoique la vue sur la Haute Ville et sur le château soit magnifique. Lorsque la température le permet, on prend le petit déjeuner à la terrasse. Excellent rapport qualité/prix; hôtel recommandé pour l'accueil amical et le charme terre-à-terre de Jean-Baptiste et Laurence Gurly.

**Hôtel de Lis** *(350F-450F, pdj 29F, garage 30F; bp, ☎, tv; 2 place Montfort, B.P. 93, ☎04.90.36.00.11, ⊷04.90.36.39.05)*. Il s'agit de la grande sœur, plus élégante, du Burrhus (où vous devriez jeter un coup d'œil en premier lieu), avec 10 grandes chambres refaites à neuf et décorées avec une discrétion de bon ton. Petit déjeuner dans votre chambre ou au Burrhus.

**Le Logis du Château** *(360F-430F, pdj 40F; fermé de fin oct à fin mars; bp, tvc, ☎, ≈, ℜ; Les Hauts de Vaison, ☎04.90.36.09.98, ⊷04.90.36.10.95)*. La vue saisissante, le calme des lieux et le personnel amical constituent trois bonnes raisons de choisir cet établissement, bien que le décor date des années soixante-dix et que le petit déjeuner soit à éviter (jus d'orange insipide, café innommable...). On accueille surtout une clientèle plus âgée, mais aussi certains groupes. Stationnement couvert.

**L'Évêché** *(380F-420F pdj; aucune carte de crédit acceptée; bp, ☎, tv au salon; rue de l'Évêché, ☎04.90.36.13.46, ⊷04.90.36.32.43)*. Ce charmant gîte, qui occupe une maison restaurée du XVIᵉ siècle dans le cœur de la Haute Ville médiévale propose quatre chambres d'hôtes confortable aux sols carrelés de tuiles fraîches, aux murs blancs tendus d'étoffes provençales et avec quelques antiquités. Les salles de bain sont petites mais modernes. On prend le petit déjeuner sur une terrasse privée bien garnie de fleurs et de plantes, et offrant une vue sur la ville. Les propriétaires, Aude Verdier et son mari Jean-Loup, architecte de profession, vous réservent un accueil chaleureux et des attentions particulières, telles ces serviettes bien épaisses et ce savon parfumé de fabrication locale. L'endroit est populaire auprès des touristes étrangers, si bien qu'il serait prudent de réserver bien à l'avance.

## Crillon-le-Brave

**Clos Saint-Vincent** *(340F-430F, un cottage 700F pour deux personnes et à 800F pour quatre, pdj; aucune carte de crédit acceptée ≈, tv au salon; ☎04.90.65.93.36, ⊷04.90.12.81.46)*. Il s'agit d'un bed and breakfast très bien coté proposant cinq chambres aux poutres apparentes et décorées avec goût dans un style provençal frais. D'épais duvets sont fournis en hiver, alors qu'en été ce sont de confortables édredons en coton léger. La demeure de Françoise Vazquez embaume le romarin frais, et, pourvu qu'elle soit prévenue une journée d'avance, elle se fera un plaisir de vous servir le dîner (130F, vin et apéritif inclus). Quant au petit déjeuner, qui comprend des confitures et du pain maison, il est servi sur une longue table commune. Retenez qu'en haute saison les chambres sont souvent réservées plusieurs mois à l'avance.

**Hostellerie de Crillon-le-Brave** *(750F-1 150F, pdj 75F; ½p, ajoutez 260F par personne, fermé de jan à mars; bp, tv, ☎, ≈, ℜ; place de l'Église, ☎04.90.65.61.61, ⊷04.90.65.62.86)*. Cet hôtel âgé d'à peine cinq ans et tenu par des Canadiens est entièrement décoré d'imprimés provençaux (des tentures murales aux vestes des serveurs) et se distingue par d'agréables salles de lecture, un service professionnel et une attention discrète aux détails. La vue sur le mont Ventoux et sur les Dentelles de Montmirail y est remarquable. On dénombre 20 chambres, auxquelles s'ajoutent des appartements, le tout réparti dans quatre bâtiments. Le très bon restaurant, quoique un

eu cher, s'enorgueillit d'un âtre pour les mois
lus froids et d'une adorable terrasse
ménagée autour d'une fontaine pour l'été
rès populaire le dimanche midi auprès d'une
opulation qui aime bien se vêtir). Bref, le
harme incomparable d'une auberge de
ampagne anglaise. On trouve un restaurant
ous l'hôtel (voir p 91).

## Villedieu

hâteau de la Baude *(480F, pdj; aucune carte
e crédit acceptée; tvc, ☎, ≈, tennis, billard;
a  Baude,  ☎04.90.28.95.18,
04.90.28.91.05)*. Après avoir passé deux
ns à restaurer cette forteresse du XII<sup>e</sup> siècle,
hantal et Gérard Monin y ont ouvert un *bed
nd breakfast* de luxe en 1994. Ses trois
hambres et ses deux suites de deux
hambres à coucher *(680F pour quatre
ersonnes)* arborent un style provençal frais.
adre naturel paisible et accueil chaleureux.

## Brantes

**'Auberge** *(100F-125F, pdj 25F;
04.75.28.01.68)* propose un hébergement
es plus rudimentaires (lavabo seulement,
ouche et toilette dans le couloir). Nous
avons retenu pour son atmosphère conviviale
e coin perdu dans un charmant petit village
erché à flanc de corniche et surplombant à
00 m de hauteur la rivière Toulourenc.

## Carpentras

**ôtel du Fiacre** *(195F-370F, pdj 35F, garage
0F; bp, ☎, tv; rue Vigne, ☎04.90.63.03.15,
04.90.60.49.73)*. Un paisible hôtel
articulier du XVIII<sup>e</sup> siècle avec cour intérieure
ù l'on sert le petit déjeuner). Le personnel se
ontre avenant et souriant, et, malgré le
écor quelque peu vieillot des chambres, il
agit d'une bonne adresse dans cette ville
ont la plupart des établissements
commandables se trouvent sur des rues très
assantes.

## Crestet

🏨 **Ferme La Ribaude** *(805F-875F, pdj 70F;
début avr à fin oct; ≈, bp, tv, ☎;
☎04.90.36.36.11, ➾04.90.28.81.29)*. Un *bed
and breakfast* exceptionnel avec sept
immenses suites aux sols de pierre frais et
aux chambres à coucher élégantes,
rehaussées d'un décor minimaliste réalisé par
l'hôtesse elle-même, Renata Luhmann. La
présence d'une cuisinette dans chaque
chambre vous permettra au besoin de
préparer des casse-croûte et des repas légers.
Construite sur l'emplacement d'un ancien
domaine vinicole, La Ribaude vous promet la
solitude, le confort et des vues inégalées sur
des paysages qui s'étendent au-delà des
collines panoramiques des Dentelles de
Montmirail.

RESTAURANTS

## Orange

**La Roselière** *($; menus à 80F et à 130F;
fermé mer et jeu midi; 4 rue du Renoyer,
☎04.90.34.50.42)*. Ce restaurant rustique
agrémenté d'une petite terrasse ombragée
donnant sur une intersection tranquille se
trouve près de la cathédrale Notre-Dame et de
l'hôtel de ville. Tout y est frais du marché,
que ce soit les aubergines grillées, le filet de
morue ou le lapin rôti. Ambiance décontractée
et accueillante.

**L'Aïgo Boulido** *($-$$; menu déjeuner à 70F,
dîner à 95F et à 120F; 20 place Sylvain,
☎04.90.34.18.19)*. Un attrayant décor
provençal égaye ce restaurant spécialisé dans
les plats régionaux tels que poitrine de poulet
fourrée à la tapenade, petit demi-poulet servi
avec un chutney à l'oignon et au zeste
d'orange, et loup de mer rôti aux clous
macérés dans l'ail. Essayez de réserver une
table dans la salle frontale ou sur la terrasse
(si vous n'êtes pas gêné par le bruit des
voitures qui passent tout près).

**Le Parvis** *($$; quatre menus de 98F à 192F;
3 cours Pourtoules, ☎04.90.34.82.00)* fait
partie des restaurants les plus raffinés
d'Orange, son chef J.M. Berengier vous
proposant des versions au goût du jour des

grands classiques de la cuisine provençale. La plupart des plats sont de franches réussites, comme les escargots enrobés de pâte filo et arrosés d'un coulis de tomate, le rouget grillé et le nougat aux framboises fraîches, quoique les portions soient maigres et que les sauces n'aient rien d'enlevant. Quant au service, il se veut efficace mais discret. Bon rapport qualité/prix.

**Le Garden** *($$; menus à 140F et à 170F; 6 place de Langes, ☎04.90.34.64.47)* bénéficie d'un bel emplacement sur une place tranquille et propose une variété de plats régionaux : terrine de lapin, saumon sur lit de fenouil arrosé d'une sauce à l'aneth, filet de porc parfumé au romarin... Des amuse-gueule chauds ouvrent le repas, tandis que des tuiles maison (petits gâteaux aux amandes ultrafins en papillote) accompagnent certains desserts. Les jeunes serveuses font de leur mieux, mais manquent de professionnalisme.

**Au Goût du Jour** *($$; 9 place aux Herbes, ☎04.90.34.10.80)*. Situé près du Théâtre antique, en face de la ravissante place aux Herbes, ce petit restaurant (huit tables) à l'intérieur frais dans les tons de gris et d'abricot propose à sa clientèle un menu bien conçu. Le canard rôti servi dans son jus en longues et fines tranches avec du miel de Provence est tout simplement délicieux, et le pâté de lapin en croûte aux fines herbes, savoureux. Le «Menu Surprise» propose quatre services pour 99F, ce qui est plus que raisonnable.

### Sérignan-du-Comtat

L'excellent restaurant de l'**Hostellerie du Vieux Château** *(route de Sainte-Cécile-les-Vignes, ☎04.90.70.05.58, ⌐04.90.70.05.62)* est populaire le midi et le soir auprès des habitants de la ville. Voir la description des chambres p 87.

### Châteauneuf-du-Pape

**La Mule du Pape** *($$; 2 rue de la République, ☎04.90.83.55.09)*. Restaurant chaleureux servant des mets provençaux dans un décor agréable (sol carrelé en terre cuite, plafond aux poutres apparentes, nappes blanches). Repas légers sur demande (salades et omelettes, entre autres).

**Le Pistou** *($$; fermé dim soir et lun; 15 r[..] Joseph Ducos, ☎04.90.83.71.75)*. Bon[..] cuisine de Provence à laquelle s'ajoute u[..] carte des vins fortement axée sur les crus [..] la région (huit Châteauneuf-du-Pape varia[..] entre 150F et 250F). Décor de jaune [..] d'orangé rehaussé de gravures encadré[..] représentant les 13 cépages qui entrent da[..] la composition ô combien unique [..] Châteauneuf-du-Pape. Menus à 85F (tr[..] services), à 135F (quatre services) et, pour l[..] enfants, à 50F.

### Vaison-la-Romaine

**Du Vieux Vaison** *($; tlj 12h à 15h30 et 19h[..] minuit, fermé mer de sept à juin; rue [..] Château, Haute Ville, ☎04.90.36.19.45)* e[..] tout indiqué pour de délicieuses pizzas cuit[..] sur feu de bois et d'autres plats généraleme[..] proposés dans les pizzerias. Repas servis s[..] l'agréable terrasse ombragée ou dans u[..] salle offrant une vue panoramique sur la vil[..] Le service est cordial.

**Laure y est** *($; fermé dim sauf durant [..] Festival; 5 rue Buffaven, ☎04.90.28.81.1[..] Un restaurant hors du commun, tout simple[..] tout simplement délicieux. La dynamiq[..] Laure fait tout elle-même, aussi bien [..] copieuses tartines chaudes (sandwic[..] chauds servis avec une salade, à 45F) et [..] assiettes composées (regroupant une varié[..] de douceurs telles que terrine, tapenad[..] salade et un divin chutney à l'oignon, à 48[..] que les quiches et les desserts, qui fonde[..] dans la bouche. Ce petit établissement e[..] décoré dans les tons de jaune vif, de bleu [..] de vert foncé.

**Van Gogh** *($; tlj 7h à 19h, juil et août 7h[..] 1h, fermé du 30 sept au 1er avr; 5 rue P[..] Buffaven, pas de téléphone)*. Un casse-cro[..] et un salon de thé à la mode sans prétenti[..] aucune où l'on sert des quiches, des salad[..] tièdes au fromage de chèvre, des assiettes [..] charcuterie, des sandwichs sur pain baguet[..] et des boissons fraîches à emporter.

**Le Bateleur** *($-$$; menu à prix fixe à 13[..] seulement; fermé dim midi, lun et en o[..] 1 place Théodore Auban[..] ☎04.90.36.28.04)*. Bonne cuisine famili[..] avec spécialité de carrés d'agneau farcis a[..]

nandes. L'endroit a complètement été
nové après avoir fermé ses portes pendant
: mois à la suite de la tragique cru de
Juvèze voisine en 1992. Carte de vins à prix
sonnables.

**Auberge de la Bartavelle** *($$; fermé lun;*
*ace-sur-Auze,* *☎04.90.36.02.16).* Le menu
novateur du chef Richard Cayrol s'inspire du
d-ouest de la France. À titre d'exemple, le
enu comprenait récemment des raviolis
uce aux truffes, de la morue arrosée d'une
gère sauce à la crème parfumée au safran et
e terrine chaude au chocolat. Les fines
rbes sont employées sans réserve, et les
ats composent un véritable festin de
uleurs. Tout bien considéré, les menus à
35F, 170F et 220F représentent
excellentes valeurs.

**Brin d'Olivier** *($$; fermé mer et sam midi;*
*rue du Ventoux,* *☎04.90.28.74.79).* Très
nne nourriture provençale préparée avec
ût. Populaire auprès des gens du coin.
autant plus agréable au cours des mois
auds, alors qu'on peut dîner sur la terrasse
ntérieur du restaurant est plutôt banal).

## Séguret

**Mesclun** *($$; fermé lun hors saison, et oct*
*Pâques;* *rue* *des* *Poternes,*
04.90.46.93.43, ⌐04.90.46.93.48).* Il s'agit
un restaurant chaleureux situé sur une jolie
e dallée du village. On y propose de
licieux repas composés de produits frais de
région, tels ces linguinis aux fines herbes et
fromage de chèvre, cet agneau rôti aux
nandes et aux pruneaux ou, comme dessert,
gâteau au fromage accompagné de petits
iits rouges. La terrasse extérieure s'ouvre
r des panoramas renversants.

## Crillon-le-Brave

**Restaurant du Vieux Four** *($-$$, menus à*
*x fixe seulement : 60F le déjeuner en*
maine, 110F le dîner de même que le
jeuner du dimanche; aucune carte de crédit
ceptée; fermé lun, et du 2 jan au 15 fév;*
us l'Hostellerie de Crillon-le-Brave, voir
88, ☎04.90.12.81.39)* est un établissement
style campagnard qui a ouvert ses portes
1993 en prenant la place de la boulangerie
village. Parmi ses merveilleuses spécialités

provençales, mentionnons le filet de saumon
sauce au poireau et au basilic, l'agneau
parfumé au thym et les aubergines grillées
arrosées d'un coulis de tomate. Desserts frais.
Populaire auprès des gens du coin, amateurs
de bonne chère à prix raisonnable; prenez
donc la peine de réserver.

## Brantes

Le restaurant de **L'Auberge** *($;*
*☎75.28.01.68)* propose des déjeuners et des
dîners au prix imbattable de 55F, et le
déjeuner spécial du dimanche n'y coûte que
110F. Voir la description des chambres p 89.

## Carpentras

**Blue Alexandra** *($; ferme à 19h dim et lun*
*après-midi; sinon, ouvert tlj et tous les soirs,*
*sauf pendant le festival de Carpentras, les*
*deux dernières semaines de juillet; 20 rue*
*David Guillabert,* *☎04.90.60.50.40).* Un
«café-salon de thé» reposant où l'on peut
déguster de savoureux gâteaux maison
*(croustade aux poires et aux framboises 21F,*
*gâteau au fromage et au chocolat 21F)* ainsi
que des repas légers (salades, omelettes) avec
du vin, du cidre ou de la bière.

**Le Marijo** *($; 73 rue Raspail,*
*☎04.90.60.42.65)* est un endroit gai
accueillant aussi bien les habitants de la ville
que les étudiants ou les touristes en quête de
bons plats provençaux, qu'il s'agisse de soupe
de poisson, de «pieds et paquets» à la
Marseillaise (pieds de mouton et tripes farcies)
ou de steak accompagné de tapenade (pâte
d'olives), suivi de fromages ou d'un dessert,
le tout pour 80F. Menu gourmand à 110F.

**Le Vert Galant** *($$; menu déjeuner 95F, menu*
*dîner 170F; fermé sam midi et dim; 12 rue*
*Clapies,* *☎04.90.67.15.50)* présente un
agréable décor rustique (chandelles et fleurs
séchées sur les tables, toiles d'artistes locaux
sur les murs) et constitue l'un des meilleurs
restaurants de la ville. Parmi le vaste choix de
propositions au menu, retenons le filet de
canardeau grillé, le borécole farci aux
escargots, d'excellents fromages et une
succulente tarte aux agrumes.

**HAUT COMTAT VENAISSIN**

SORTIES

Malheureusement pour les oiseaux de nuit, le Haut Comtat venaissin est une région paisible, et l'on a beaucoup de mal à y trouver des lieux de divertissement nocturnes. Les jeunes fêtards en quête de boîtes de nuit et de bars cosmopolites présentant les musiques les plus récentes devront plutôt se tourner vers les centres plus importants, comme Avignon, Aix-en-Provence et Marseille (consultez les chapitres appropriés).

Ici, les soirées se passent dans les restaurants et les cafés locaux. De fait, dans la majorité des villes et villages, l'événement nocturne le plus animé prend la forme d'une prestation offerte par un musicien local dans un bar ou un café. Lorsque c'est le cas, de petites affiches disposées un peu partout vous renseigneront sur le lieu et l'heure du spectacle.

Font exception à la règle les nombreux **festivals de culture et de traditions** organisés chaque année, de préférence en été. Les plus connus se tiennent dans le spectaculaire Théâtre romain d'Orange, vieux de 2 000 ans; il s'agit des **Nuits d'été du Théâtre antique** ★ (août; opéra, ballet, musique classique et populaire; ☎04.90.51.89.58) et des **Chorégies d'Orange** ★ (juil et août; musique classique et opéra; ☎04.90.34.24.24).

Les amateurs de théâtre s'intéresseront sans doute de plus près au **Théâtre de la Haute Ville** (rue des Fours, Ville Haute, ☎04.90.28.71.85) de Vaison-la-Romaine. Le comédien et directeur Bernard Jancou y présente en effet une variété de pièces largement appréciées, et ce, tout au long de l'année. Pour plus de détails sur la programmation, consultez les journaux locaux ou le personnel de votre hôtel.

Les fervents du grand écran devraient jeter un coup d'œil sur les affiches du **Cinéma El Florian** (54 av. Jules Ferry, Vaison-la-Romaine, ☎04.36.68.69.22), qui présente sur deux écrans un bon assortiment de productions françaises récentes, de films américains en vogue et de créations artistiques.

Les amateurs de vin apprécieront par ailleurs les festivités hautes en couleur de Châteauneuf-du-Pape : **La Saint-Marc** (25 avr; les célébrations de la Saint-Marc, ai nommées en l'honneur du saint patron e viticulteurs, comprennent un défilé, e dégustations et un dîner), **La Fête de Véraison** ★ (première fin de semaine d'aoû ces festivités, qui durent toute la fin semaine et attirent des milliers de personn célèbrent le moment où le raisin parvient maturité; dégustations, artisanat loc divertissements en plein air, messe l'intérieur de la chapelle Saint-Théodoric) et **Ban des Vendanges** (sept; le jour du déb des vendanges est annoncé publiquemen l'occasion d'un grand dîner).

Parmi les autres festivals et événeme spéciaux, mentionnons le Festival de Sorgue, qui se tient à L'Isle-sur-la-Sorgue Lagnes et au Thor (juil et août; musique théâtre), le Fête d'été de Malaucène (aoû musique), les Estivales de Carpentras (j musique, danse, théâtre), la Fête votive Châteauneuf-du-Pape (première semaine juil; musique et danse folklorique, tournoi pétanque), le Grand Prix de la chans française et les Nuits de la Nesque de Pern les-Fontaines (août; musique et théâtre), Foire d'art et de poterie de Gigondas (juil août), la Foire artisanale et la Grande Fête c vins d'Acqueyras (juil), le Festival de music et la Foire artistique de Beaumes-de-Ven (août).

---

### Villedieu

---

**Bar du Centre** ($; juil et août, tlj 7h30 minuit, fermé lun le reste de l'ann ☎04.90.28.91.64). Un bar comme t d'autres où l'aimable Yvelise Clerand sert boissons fraîches en face de la pla municipale à l'ombre des hauts platanes.

 MAGASINAGE

---

### Orange

---

**Le César** (47 rue Caristie, ☎04.90.34.99.e est une boulangerie-pâtisserie recommand pour ses excellents sandwichs sur p baguette préparé à votre goût (jambon fur saucisson, thon...). L'endroit est tout indi pour faire des provisions en vue d'un piq nique, que vous pourrez faire sur les marcl

Théâtre antique voisin tout en admirant ce
e restauré.

---

Vaison-la-Romaine

---

nchier-Avias *(tlj sauf lun 7h30 à 20h; fermé
s saison entre 13h et 13h30; place
ntet, ☎04.90.36.09.25)* est une bonne
tisserie exploitée par la même famille depuis
is générations. Parmi ses spécialités,
tons le pavé (tartelette aux fruits, à la pâte
mandes et au miel de la région) et les
quantes (petit gâteau croustillant aux
andes). Toutes les pâtisseries sont faites
ec des fruits frais de la région tels que
ises, abricots et prunes. M. Avias se rend
Japon une fois l'an pour y enseigner son
.

J Canesteou *(fermé dim après-midi et lun;
rue Raspail, ☎04.90.36.31.30)* se présente
mme la plus fine fromagerie de Vaison. Elle
pose un bon choix de chèvres locaux, y
mpris le Banon (enveloppé de feuilles de
ène), le picadon et le cachat.

armacie Lecerf *(fermé dim-lun; 32 place
ntfort, ☎04.90.36.37.88)*. Pharmacie aux
ures d'ouverture prolongées.

**Photo Vidéo** *(av. du Général de Gaulle,
☎04.90.36.02.09)*. Développement de photos
en une heure.

---

Carpentras

---

**Jouvaud** *(rue de l'Évêché, ☎04.90.63.15.38,
≠04.90.63.21.62)* est une pâtisserie et une
boutique de «cadeaux» des plus chic. On a
même songé à disposer ici et là quelques
tables et chaises, au cas où vous
succomberiez sur place à la vue des
extraordinaires gâteaux, pâtisseries et
chocolats de la maison. Spécialité de nougat
au miel de lavande. Parmi les articles en
vente, mentionnons les arrangements de
fleurs glacées, les bouteilles thermos
enveloppées d'osier, les gravures, les fauteuils
de jardin et divers objets ménagers.

**R. Clavel** *(rue Porte d'Orange,
☎04.90.63.07.59)* est une confiserie-
chocolaterie qui existe depuis cinq
générations. Elle prétend détenir le record
mondial du plus gros berlingot (friandise)
jamais fabriqué.

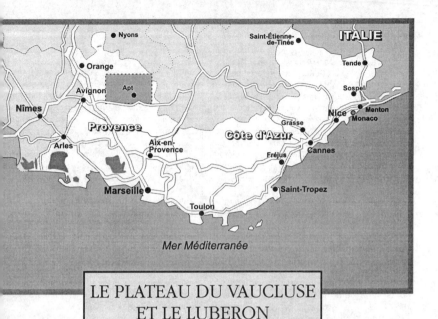

## LE PLATEAU DU VAUCLUSE ET LE LUBERON

**P**our nombre de ses visiteurs et de ses résidants, cette jolie région représente le cœur de la Provence. Vous la trouverez riche d'une beauté turelle variée et inégalée, rehaussée de uces collines ondulantes, d'impres-nnantes gorges et de plaines fertiles.

histoire du plateau du Vaucluse et du beron est étroitement liée, il va sans dire, à le de la Provence. Bien que cette région ale ait été quelque peu distante des luttes pouvoir qu'ont connues pendant des cles les centres plus importants, comme arseille, Avignon et Aix-en-Provence, les vil-es du plateau du Vaucluse et du Luberon en furent pas moins touchés par la situation litique environnante.

 région est habitée depuis le paléolithique 0000 av. J.-C.) à tout le moins. Les Celtes les Ligures occupèrent le territoire en leur mps, c'est-à-dire à compter du IVe siècle J.-C., ainsi qu'en témoignent des ruines *oppidas* (le nom donné à leurs mmunautés) mises au jour sur ces terres. était à l'époque où les druides, prêchant mortalité et la réincarnation, étaient des efs religieux respectés. Les Celtes, un uple superstitieux, croyaient que certains rgers possédaient des pouvoirs surnaturels, mme la capacité d'interpréter les signes et ntendre les «voix» de la terre et du ciel. ur entendement des phénomènes naturels *tégeait, disait-on, leurs troupeaux de

moutons et favorisait d'abondantes récoltes. Ils préparaient des potions magiques à base de plantes et d'herbes destinées à éloigner les maladies et à contrecarrer les forces du mal, et ils croyaient en l'existence de sorciers et de sorcières voués à la perte du monde. La tradition semble d'ailleurs se perpétuer puisque certains croient encore que ces êtres maléfiques continuent l'œuvre de Satan contre les bons bergers de la région.

Les Romains s'installèrent à leur tour par ici après la création de leur nouvelle colonie en 118 av. J.-C., mais on ne sait que peu de chose de leur séjour malgré l'existence de quelques ruines attestant leur présence. La région subit ensuite fortement l'influence d'une vague de ferveur chrétienne vers la fin du Moyen Âge, et ce jusqu'au Xe siècle.

La religion joua un rôle de premier plan pendant plusieurs siècles. On érigea alors des églises et des prieurés, de même que les trois grands chefs-d'œuvre d'architecture cistercienne que sont les abbayes de Sénanque, de Silvacane et de Thoronet, qui datent toutes du XIIe siècle. À la même épo-que, le mouvement religieux vaudois, qui serait de nos jours considéré comme une secte fondamentaliste, gagnait en popularité et divisait la population. Il fut créé à la fin du XIIe siècle par un riche marchand lyonnais, Pierre Vaud (ou Vald), qui dut quitter sa ville natale après que son mouvement eut été excommunié par le pape Lucius III en 1184. Les dirigeants de la secte étaient des prédicateurs laïques renonçant à toute possession matérielle et observant rigoureusement les Évangiles (traduits dans la langue locale d'oc). Ils s'opposaient à la religion organisée et se réunissaient en secret dans les demeures des membres du culte. La plupart d'entre eux n'étaient que de paisibles fermiers, quoique certains historiens rapportent que les vaudois allaient parfois jusqu'à raser des églises.

Au XVe siècle, de nombreux vaudois s'établirent dans un Luberon dévasté par la peste et les pillages. Les riches propriétaires terriens de la noblesse, de même que les prieurés et les abbayes, voyaient d'un bon œil ces nouveaux arrivants à même de repeupler la région et d'y reprendre la culture des sols. Les vaudois furent toutefois persécutés au cours de la Réforme, lorsque des inquisiteurs furent nommés à travers toute la France dans le but de capturer les «hérétiques», et plus particulièrement les disciples de Luther. C'est ainsi qu'en 1545 les troupes de François Ier furent dépêchées dans la région pour éliminer les vaudois. Appuyée par le baron d'Oppède, alors président du Parlement d'Aix, et dirigée par le capitaine Polin, l'armée quitta Pertuis le 16 avril de la même année et détruisit 11 villages en six jours, y compris Lacoste, Lourmarin, Ménerbes et Cadenet. Près de 3 000 personnes furent tuées, pendues ou brûlées dans le cadre de cette opération, et des milliers d'autres cherchèrent refuge dans les collines et dans les coins les plus reculés du plateau du Vaucluse, sans compter ceux qui partirent carrément pour l'Italie.

Les siècles qui suivirent se révélèrent passablement plus paisibles, mais n'en furent pas moins ponctués de violence. Les guerres de religion de la Réforme, opposant les catholiques entre eux, se poursuivirent en effet jusqu'au XVIe siècle. Les turbulences qui entourèrent la Révolution à Paris se répercutèrent par ailleurs avec autant de véhémence dans la région : la population surtaxée demandait un gouvernement à représentation populaire et la fin de la monarchie absolue. Comme partout ailleurs, le XIXe siècle en fut un de croissance économique. L'importance agricole de la région fut reconnue, et l'on vit émerger une infrastructure (ateliers d'artisans, petits commerces) destinée à satisfaire les besoins de la gent locale.

Aujourd'hui, cette région reste peu touché par l'industrialisation commune à toutes le régions où se trouvent des agglomération plus importantes. L'agriculture y demeure principale activité économique, et les noble métiers de fermier et de gardien de troupea continuent d'y régner. Les paysans so indépendants et exploitent rarement plus 30 ha chacun, la norme se situant plut autour de 15 ha ou 20 ha. En vous balada dans les environs, à pied ou en voiture, vo aurez tôt fait de découvrir la variété d cultures, essentiellement dominées par de types d'exploitation : les vignes des vallées les champs de lavande des hautes terres, pl sèches. Mais vous n'en trouverez pas moi partout des champs de blé, des verge (cerises, abricots, pêches...) et d amandiers, tandis qu'on fait pousser d melons, des asperges, des pommes de ter des tomates et d'autres produits maraîche dans les sols plus fertiles.

Les habitants de la région vivent de la ter Ils cultivent leurs propres fruits et légumes, élèvent des poules, des moutons et des porc Le lait des chèvres d'ici sert en outre à fabrication de fromages, parmi les meilleu en France. Et l'abondance des herb aromatiques (romarin, sauge, thym...) et d raisins vinicoles n'est plus à démontrer.

Certains villages semblent ne pas av changé depuis des siècles, plusieurs d'en eux étant perchés sur des falaises calcair comme Venasque, Gordes ou Bonnieux. L habitations et l'activité locale gravite aujourd'hui comme autrefois autour de l'égl et du château de chaque village. Le plate du Vaucluse et le Luberon ont toutefois bel bien changé depuis les années soixante-d époque à laquelle de riches Parisiens Européens de toutes provenances ont f l'acquisition de résidences secondaires dans région. Les demeures et les piscines d comédiens, des politiciens et des industri se cachent discrètement au bout de senti silencieux, derrière des écrans de cyprès des grilles pourvues de systèmes d'alarm Somme toute, cette invasion a eu un ef positif, car c'est grâce à elle que le p naturel régional du Luberon a vu le jour 1977. Ses 120 000 ha sont en effet deven un lieu de conservation où la moin construction se voit soumise à des règles t strictes afin de protéger son écostruct fragile et sa beauté naturelle.

Arles, souvent appelée la «Rome de la Gaule» en raison de ses nombreux monuments romains, fut également le lieu de domicile du peintre Vincent Van Gogh.
- *Tibor Bognar*

Vue sur les toits du Vieux-Nice, une cité qui e découvre à pied.
*Tibor Bognar*

Au bord du Rhône se dresse la jolie ville d'Avignon avec son fameux pont Saint-Bénezet, qui fut d'abord bâti en bois de 1177 à 1185, puis reconstruit en pierre en 1226. - *Tibor Bognar*

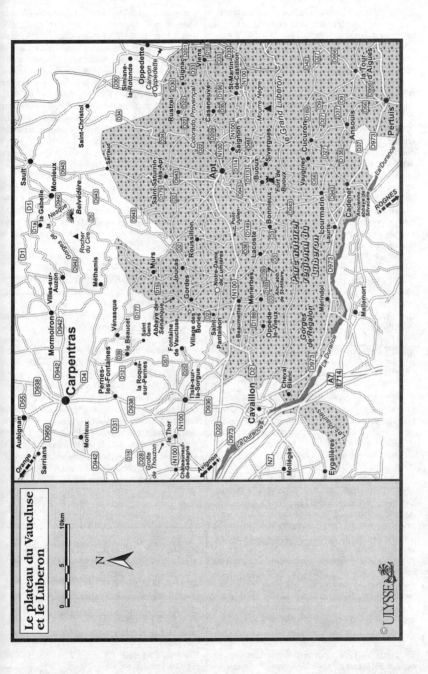

Le plateau du Vaucluse
et le Luberon

N

0    5    10km

© ULYSSE

Plusieurs nouveaux venus sont des écrivains, des artistes ou des artisans qui respectent la terre et souhaitent conserver la région dans son état actuel. Par ailleurs, le tourisme joue désormais un rôle important dans l'économie locale et constitue le seul moyen de subsistance de bon nombre de propriétaires d'hôtels, de restaurants et de boutiques. Au cours des chauds mois d'été, les villes les plus populaires, comme Gordes et Roussillon, attirent un nombre impressionnant de visiteurs avides de photos, de cartes postales et de sachets de lavande séchée. D'innombrables articles et reportages attirent l'attention des gens sur cette région précise de la Provence, depuis que les années quatre-vingt ont vu débarquer des cars bondés de touristes venus d'aussi loin que l'Australie ou le Japon. Si vous en avez la possibilité, nous vous suggérons donc de visiter ce coin de pays au début de l'automne ou, mieux encore, en mai ou en juin. Peut-être manquerez-vous alors le spectacle des champs de lavande en fleurs (juillet et août), mais vous serez tout de même récompensé par celui, tout aussi renversant, des arbres fruitiers en fleurs, sans compter que vous aurez beaucoup moins de mal à vous loger.

 POUR S'Y RETROUVER
SANS MAL

Étant donné que plusieurs petits villages intéressants se trouvent dans des coins relativement isolés, une automobile s'impose pour explorer cette région comme il se doit. (Vous trouverez un bon choix d'agences de location de voitures à Avignon et à Marseille.)

Le plateau du Vaucluse s'étend à 40 km à l'est d'Avignon et à 15 km à l'est de Carpentras. Empruntez la N100 (direction Apt) jusqu'à L'Isle-sur-la-Sorgue, puis pénétrez dans la région par le sud (prenez à gauche sur la D2 Nord pour atteindre Gordes, ou à gauche sur la D4 Nord pour aller à Roussillon). D'Avignon, vous pouvez également suivre la D942 jusqu'à Carpentras, puis continuer sur cette route (vers les gorges de la Nesque) ou prendre la D4 Sud (vers Venasque et une route panoramique, quoique indirecte, conduisant à Gordes et à Roussillon par le nord).

La partie la plus occidentale du Luberon se trouve à 40 km à l'est d'Avignon. Trois routes directes sont possibles selon votre destination finale. Pour atteindre les villages du nord du Luberon, y compris Oppède-le-Vieux, Ménerbes, Lacoste, Bonnieux et Apt, empruntez la D100 Est au départ d'Avignon (direction Apt) et suivez les indications de l'endroit où vous désirez vous rendre. Pour atteindre ces mêmes villages, vous pouvez également prendre la N7 Est en partant d'Avignon; après 11 km de route, là où la N7 bifurque radicalement vers Salon-de-Provence, continuez tout droit sur la D973 (direction Cavaillon). Quatre kilomètres plus loin, évitez le virage vers Cavaillon et continuez sur la D22 (direction Apt), qui rejoint la D100 18 km plus loin.

Une troisième option, qui conviendra à ceux qui désirent explorer le sud du Luberon, consiste à contourner Cavaillon par la D973, qui longe les berges de la Durance en direction de Lourmarin, de Curcuron et d'Ansouis.

 RENSEIGNEMENTS PRATIQUES

Les offices de tourisme de plusieurs villages proposent d'intéressantes visites guidées d'une ou deux heures, et certaines peuvent vous fournir des guides locaux sur demande. Par ailleurs, la région se prête particulièrement bien aux randonnées à pied et à vélo; si ces activités vous conviennent, adressez-vous à l'office de tourisme le plus près pour obtenir des cartes spéciales et toute l'information requise sur l'équipement nécessaire à de telles entreprises. (Le chapitre «Plein air» renferme les noms des principales associations de cyclisme et de randonnée pédestre, de même que des renseignements qui vous mettront sur la bonne piste.)

---

### Offices de tourisme

---

**Plateau du Vaucluse et nord du Luberon**

**Fontaine-de-Vaucluse**
Chemin de la Fontaine
84800 Fontaine-de-Vaucluse
☎04.90.20.32.22
≈04.90.20.21.37

**Gordes**
Place du Château
84220 Gordes
☎04.90.72.02.75
≈04.90.72.04.39

**L'Isle-sur-la-Sorgue**
Place de l'Église
84800 L'Isle-sur-la-Sorgue
☎04.90.38.04.78

**Pernes-les-Fontaines**
Place de la Nesque
84210 Pernes-les-Fontaines
☎04.90.61.31.04
≠04.90.61.33.23

**Le Thor**
Place du 11 Novembre
84250 Le Thor
☎04.90.33.92.31

**Venasque**
Place de la Mairie
84210 Venasque
☎04.90.66.11.66

**Cavaillon**
79, rue Saunerie
84300 Cavaillon
☎04.90.71.32.01
≠04.90.71.42.99

**Apt**
Place Bouquerie, B.P. 15
84400 Apt
☎04.90.74.03.18
≠04.90.04.64.30

**Bonnieux**
7, place Carnot, B.P. 11
84480 Bonnieux
☎04.90.75.91.90
≠04.90.75.92.94

**Roussillon**
Place de la Poste
84220 Roussillon
☎04.90.05.60.25

**Sud du Luberon**

**Lourmarin**
Avenue Philippe de Girard
84160 Lourmarin
☎04.90.68.10.77

**Curcuron**
Mairie, rue Léonce Brieugne
84160 Curcuron
☎04.90.77.28.37

 ATTRAITS TOURISTIQUES

**PLATEAU DU VAUCLUSE ET LUBERON**

## Plateau du Vaucluse ★★

Deux villages enchanteurs reposent au pied du plateau vauclusien dans la plaine du Comtat : L'Isle-sur-la-Sorgue et Pernes-les-Fontaines. Des canaux coulent paisiblement à travers les deux sites et en font d'agréables haltes avant de pénétrer dans la région montagneuse avoisinante.

### L'Isle-sur-la-Sorgue ★★

L'Isle-sur-la-Sorgue possède un système de canaux peu profonds alimenté par la Sorgue et a, de ce fait, été surnommée «la Venise du Comtat». Les premiers habitants de ce coin de pays étaient des pêcheurs, et ils n'ont jamais cessé de jouer un rôle dans l'histoire de la municipalité. Au début du XIIIᵉ siècle, Raymond Bérenger VII leur accordait déjà un droit de pêche exclusif sur la Sorgue, de sa source jusqu'au Rhône, et de nos jours on élit une fois l'an un roi de la Sorgue. Les noms des rues de la ville trahissent d'ailleurs visiblement son passé halieutique : rue de l'Anguille, rue de l'Écrevisse, rue de la Truite...

Vous remarquerez que plusieurs roues à aubes fonctionnent toujours, vestiges de l'époque où L'Isle-sur-la-Sorgue était une importante ville productrice de soie (XVIIᵉ siècle) puis de papier (XIXᵉ siècle). Sachez enfin que c'est à pied qu'on découvre le mieux la vieille ville, avec ses canaux, ses rues ombragées par des platanes et ses élégantes constructions.

**Notre-Dame des Anges ★** *(10h à 12h et 15h à 18h, sauf sam et dim; place de l'Église).* Une église collégiale arborant un riche intérieur baroque du XVIIᵉ siècle, y compris une grande gloire de bois doré représentant l'assomption et le couronnement de la Vierge Marie.

**Hôtel-Dieu** *(entrée libre; toute l'année 10h à 12h et 14h à 18h, mais vous devez d'abord voir le concierge;* ☎04.90.38.01.31*).* Tout comme l'hôpital de Carpentras, ce bâtiment du XVIIIᵉ siècle abrite une intéressante pharmacie au décor peint signé Duplessis et renfermant une belle collection de faïences de Moustiers.

L'Isle-sur-la-Sorgue devient également le paradis des amateurs d'antiquités tous les samedis et dimanches de l'année, alors que la ville tout entière se transforme en **marché aux puces et d'antiquités** ★. L'occasion est rêvée pour se procurer des faïences originales émaillées de jaune et de vert, au même prix que les reproductions en série vendues ailleurs. Plusieurs habitants de la région y viennent à la recherche de meubles et d'objets provençaux pour la maison ou le jardin. Mais que vous achetiez ou non, l'atmosphère festive des lieux n'a pas d'égal (voir p 118).

### Pernes-les-Fontaines ★

Cette localité est ainsi nommée en raison des 36 fontaines anciennes dont elle est parsemée. Jadis capitale du territoire papal qu'était le Comtat Venaissin (968-1320), Pernes gagna en importance après l'installation des représentants des comtes de Toulouse dans son château en 1125. Des remparts furent ensuite érigés aux XVe et XVIe siècles afin de protéger les villageois contre les pillards, les vaudois et les pestiférés.

Seuls les portails de ces remparts subsistent encore aujourd'hui (les murs ayant été détruits au XIXe siècle). Le plus frappant, datant du XVIe siècle, est la **porte Notre-Dame** ★ *(quai de Verdun, près de la Nesque)*; à cet endroit, admirez la **fontaine du Cormoran** (construite en 1761, elle porte le nom de l'oiseau qui la domine) et le **pont Notre-Dame**, flanqué d'une chapelle du XVIe siècle. De l'autre côté de la rivière se dresse le vieux **château des comtes de Toulouse**, ou du moins ce qu'il en reste (le donjon et le campanile en fer forgé). La sobre **église Notre-Dame-de-Nazareth** s'élève, quant à elle, en marge du square du même nom et date du XIe siècle.

On propose également des visites guidées de l'intéressante **tour Ferrande** *(15F, 20F pour la visite combinée de la tour de l'Horloge; rue des Barbes; vous devez cependant vous inscrire d'avance à l'office de tourisme)*, une construction crénelée du XIIIe siècle originellement rattachée à une grande demeure. À l'intérieur, vous pourrez contempler des fresques de la même époque et visiter le joli **Musée du Costume Comtadin**

*(entrée libre; juil à sept; angle rue de la République et rue Victor Hugo)*, ouvert en 1991 dans la boutique abandonnée d'un marchand de vêtements du XIXe siècle Augustin Benoît Marbaud. Y sont exposés des robes, des jupons, des bonnets de dentelle et des édredons de coton fabriqués dans les environs, le tout dans une atmosphère de boutique à l'ancienne. Même lorsqu'il est fermé, sa vitrine vaut le coup d'œil.

L'Office de tourisme de Pernes met gracieusement à votre disposition un plan d'emplacement des fontaines de la ville avec leur nom et leur date de construction. Prenez garde de ne pas boire l'eau de la **fontaine de la Lune** *(en face de la porte de Saint-Gilles qui date du XIVe siècle)*, dont la légende dit qu'elle rend lunatique ou fantasque!

### Le Thor

Le Thor *(à 5 km à l'ouest de L'Isle-sur-la-Sorgue par la N100)* est une petite bourgade fondée au VIIe siècle. Son principal attrait réside dans l'austère église Notre-Dame-du-Lac; bâtie au XIIIe siècle, elle ne possède qu'une seule nef, mais n'en constitue pas moins un exemple remarquable d'architecture ecclésiastique romane. Notez aussi la porte Notre-Dame, transformée en tour d'horloge doublée d'un clocher en 1847.

Non loin de Le Thor *(à 3 km par la D16)*, vous découvrirez une grotte souterraine naturelle remontant à la période géologique du crétacé, la **Grotte de Thouzon** *(32F, enfant 24F; mars et nov, dim 14h à 18h; 1er avr au 31 oct, tlj 10h à 12h et 14h à 18h; juil et août 9h30 à 19h; ☎04.90.33.93.65, ⌖04.90.33.74.90)* formée à même le flanc d'une colline calcaire et découverte en 1902. La visite guidée vous entraîne le long d'un étroit sentier, vous explique les étranges formations rocheuses de la grotte et vous donne l'occasion d'observer de près stalactites et stalagmites. Notez qu'il s'agit d'une exploitation privée; le commentaire, quoique intéressant, tombe parfois dans la banalité, et le «spectacle» son et lumière de 5 min n'ajoute pas grand-chose à l'expérience.

### Venasque ★★

Venasque occupe le sommet d'un rocher escarpé dominant la vallée de la Nesque et la plaine de Carpentras. Cette situation stratégique en faisait la seconde résidence révée des évêques de Carpentras, qui s'y réfugièrent d'ailleurs du VIᵉ au XIᵉ siècle pour échapper aux invasions barbares de Carpentras. Aujourd'hui, ce charmant village mérite une visite pour ses jolies rues, ses vues imprenables et son histoire peu banale.

Ne manquez pas le **Baptistère ★★** *(10F, gratuit pour les moins de 12 ans; visites guidées; toute l'année, tlj sauf mer, 10h à 12h et 15h à 19h; à côté de l'église Notre-Dame),* tenu pour le plus vieux bâtiment religieux de la région, voire de la France tout entière au dire de certains, ses origines n'étant pas clairement établies. La légende veut qu'une construction païenne ait occupé le site au temps des Romains et qu'un sanctuaire ait été érigé sur ses ruines au VIᵉ siècle, à l'ère mérovingienne, par saint Siffrein de Lérins, consacré évêque de Venasque avant 542 ap. J.-C. La construction de pierres fut rebâtie au XIIᵉ siècle et utilisée comme chapelle funéraire épiscopale. Sa conception correspond au modèle cruciforme grec : quatre absides voûtées de forme semicirculaire entourent un carré central où se trouve un bassin creux qui servait probablement de fonts baptismaux. L'abside nord est la plus ancienne, et ses colonnes élancées proviennent de temples romains.

L'**église Notre-Dame** *(toute l'année 9h à 19h; place de l'Église)* fut construite au XIIᵉ siècle (seule une abside semi-circulaire subsiste de cette époque), puis agrandie aux XIIIᵉ, XVIIᵉ et XVIIIᵉ siècles. La seconde chapelle, sur la gauche, abrite un tableau de l'école d'Avignon représentant la Crucifixion, commandé en 1498 par le seigneur Jean de Thézan à l'occasion de son mariage avec Siffreine de Venasque.

Autour de la ville, remarquez les vestiges des remparts qui entouraient jadis le village ainsi que la très jolie fontaine du XVIIIᵉ siècle *(place de la Fontaine).* Tout à côté se dressent trois tours, la plus haute faisant 18 m; elles furent érigées afin de défendre le village, mais elles se sont peu à peu détériorées au fil des années. Certaines de leurs pierres furent même employées dans la construction d'habitations et d'une école voisine.

La **chapelle Notre-Dame-de-Vie** repose au pied de Venasque sur la route D4. Ce petit temple du XVIIᵉ siècle renferme la pierre tombale de Boethius, évêque de Carpentras mort en 604. Elle doit son nom aux baptêmes rituels pratiqués sur des enfants mort-nés qui, dit-on, revenaient momentanément à la vie pour les besoins de la consécration, ce qui permettait à leur âme de monter au Ciel; cette cérémonie se déroulait dans une chapelle occupant le même site au VIᵉ siècle. Un couvent de carmélites occupe maintenant les lieux.

## Le Beaucet ★

Près de Venasque, sur la route D39 Sud (à voie unique), s'étend le pittoresque village du Beaucet, perché en bordure d'une falaise et dominé par les ruines d'un château du XIIᵉ siècle construit pour les évêques de Carpentras. Malheureusement, l'escalier de 80 marches qui relie le village au château est le plus souvent fermé par suite de chutes de pierres ou de glissements de terrain, ce qui ne vous empêchera pas pour autant d'apercevoir le donjon en ruine, les quatre murs de la chapelle, les réservoirs d'eau et le pont-levis.

Un pèlerinage populaire à la mémoire d'un ermite du XIIᵉ siècle, Gens Bournareau, sanctifié en raison de son aptitude à faire tomber des pluies miraculeuses sur la vallée desséchée, a lieu dans la région à minuit le 16 mai de chaque année depuis le XVᵉ siècle. Au cours du pèlerinage, on transporte la statue de l'ermite à partir de l'église de son village natal de Monteux (près de Carpentras) jusqu'à l'ermitage Saint-Gens, à 15 km du Beaucet. L'ermitage en question renferme des reliques de saint Gens, et la fontaine naturelle qu'il aurait découverte est identifiée le long d'un sentier.

On trouve également au Beaucet un important atelier proposant des stages de conservation et de techniques artisanales. Pour de plus amples renseignements, adressez-vous à monsieur H. Morel, Les Ateliers du Beaucet, Centre international de formation en métiers d'art, 84210 Le Beaucet, ☎04.90.66.10.61.

## Fontaine-de-Vaucluse ★★

Sur la D57 au sud de La Roque-sur-Pernes, à 7 km à peine de L'Isle-sur-la-Sorgue par la D25, repose le village de Fontaine-de-Vaucluse. En suivant à pied le chemin de la Fontaine le long d'un joli canal, vous croiserez l'Office de tourisme et plusieurs kiosques de souvenirs avant d'atteindre la fameuse source naturelle à l'origine de la Sorgue. Sertie dans une gorge luxuriante, cette fontaine est la plus puissante de France et la cinquième en importance au monde, avec un débit d'eau annuel moyen de 630 millions de mètres cubes. C'est en hiver et, surtout, au printemps que son flot devient le plus spectaculaire, alors que 90 m³ d'eau s'en échappent chaque seconde avant de se déverser dans le lit de la rivière. En été, lorsque le niveau de l'eau est à son plus bas, vous ne verrez qu'un bassin profond et paisible, mais vous pourrez aussi admirer la falaise abrupte, érodée et sculptée par les flots déchaînés. Des plongeurs y ont atteint une profondeur de 205 m (dont l'Allemand Hasenmeyer en 1983), et l'on y a introduit divers instruments de mesure, mais l'origine de la source demeure toujours un mystère. Des spéléologues ont, pour leur part, découvert un réseau complexe de galeries sous-marines creusées à même le calcaire de la falaise avec l'aide des pluies et des neiges fondantes qui descendent du mont Ventoux et du plateau du Vaucluse chaque printemps.

Mais il n'y a pas que la fontaine à voir ici. Au XIVᵉ siècle, le poète italien Pétrarque séjourna plusieurs fois à Fontaine-de-Vaucluse, où il avait une maison bâtie à flanc de falaise, en bordure de la rivière et de l'autre côté du vieux pont. On en a fait le **Musée Pétrarque** *(10F, gratuit pour les enfants; tlj sauf mar du 15 avr au 15 oct, sam et dim seulement le reste de l'année; rive gauche de la Sorgue, ☎04.90.20.37.20)*, consacré à son œuvre (des collections de ses écrits expliquent le mouvement pétrarquiste) et à ses séjours répétés dans le Vaucluse, sans compter une petite collection d'art moderne portant sur des thèmes humanistes (y compris des gravures de Braque, de Miró et de Picasso). Entre autres écrits, nous devons au poète les magnifiques sonnets de la Canzonière, composés après qu'il eut aperçu sa bien-aimée Laure Chiabau, épouse de Hugues de Sade, le 6 avril 1327 à l'église Sainte-Claire d'Avignon.

Posée sur le site d'un ancien temple païen, dans le village même, l'**église Sainte-Marie et Saint-Véran**, datant du XIᵉ siècle, constitue un bel exemple d'architecture romane provençale avec sa voûte en plein cintre et ses trois absides semi-circulaires. Dans la chapelle, vous remarquerez le cercueil de 2 m de long de saint Véran, un ermite du VIᵉ siècle qui introduisit le christianisme dans la région et devint plus tard évêque de Carpentras.

Entre le village et la fontaine, trois musées d'intérêt variable se succèdent. À côté d'une grande roue à aubes en bois, le **moulin Vallis Clausa** *(entrée libre; chemin de la Fontaine, ☎04.90.20.31.72)* se présente comme un musée vivant du papier. Un moulin à papier y fut exploité de 1686 à 1887, et le Vallis Clausa y remet aujourd'hui à l'honneur les méthodes de fabrication traditionnelle en vigueur du Moyen Âge à l'ère industrielle. Une boutique vous y propose toutes sortes d'articles en papier fabriqués sur place.

Le **Musée du Santon** *(20F, enfant 10F; toute l'année tlj 10h à 12h30 et 14h à 18h30, l'après-midi seulement du 15 nov à fév; à l'intérieur de la galerie du Vallis Clausa, à côté du moulin, ☎04.90.20.20.83)* renferme une incroyable collection de plus de 1 000 figurines en terre cuite, anciennes et nouvelles, de même que des crèches de Noël.

Le **Musée de la Résistance** *(10F, gratuit pour les enfants; tlj sauf mar 10h à 12h et 14h à 18h du 1ᵉʳ sept au 15 oct et du 15 avr au 30 juin, 10h à 20h du 1ᵉʳ juil au 31 août; sam et dim seulement 10h à 12h et 13h à 17h du 16 oct au 31 déc, 10h à 12h et 14h à 18h du 1ᵉʳ mars au 14 avr; fermé jan et fév; chemin du Gouffre, ☎04.90.20.24.00)* rend hommage à la vie quotidienne sous l'occupation allemande au cours de la Deuxième Guerre mondiale et explique le mouvement de la Résistance dans le Vaucluse d'une manière étonnamment intéressante et moderne. L'exposition a été conçue par Willy Hot, décorateur de plateau du film *Camille Claudel*.

Le **Musée Norbert Casteret**, voué au célèbre spéléologue, recrée tout un monde souterrain avec des stalactites et des stalagmites, des cascades et des peintures préhistoriques *(27F, gratuit pour les enfants; visite guidée tlj sauf lun et mar 10h à 12h et 14h à 17h de fév à avr et de sept à nov, tlj 10h à 12h et 14h à 18h de mai à août; fermé jan et fév; chemin de la Fontaine, ☎04.90.20.34.13)*.

Mise en garde : Fontaine-de-Vaucluse est littéralement envahie pendant la saison chaude, et les kiosques de souvenirs qui bordent le chemin de la Fontaine donnent malheureusement au village des allures de piège à touristes comparables à celles des chutes du Niagara, ce qui n'enlève rien à leur beauté, il va sans dire.

## Gorges de la Nesque ★★★

Les gorges de la Nesque forment un canyon spectaculaire d'une profondeur de 400 m, creusé à même le plateau du Vaucluse. Autrefois habitées par l'homme du paléolithique, les Celtes et les Ligures, puis par les Romains, les gorges offrent des vues saisissantes qu'aucune trace de modernité n'entrave. Une courte balade en voiture d'une demi-journée sur la route circulaire, quoique irrégulière, qui en fait le tour peut se faire au départ du village de Villes-sur-Auzon (à l'ouest) ou de la ville de Sault (à l'est).

**Villes-sur-Auzon** *(à 5 km à l'est de Mormoiron sur la D942)* est un charmant village ponctué de vestiges de remparts, de plusieurs fontaines et de coquettes demeures. Prenez la D1 en direction de Sault, et tournez sur la petite route secondaire D1A (plus panoramique) pour traverser le hameau de La Gabelle avant de rejoindre de nouveau la D1. À **Sault**, passez un moment dans le petit parc qui se trouve en bordure de l'avenue de la Promenade, d'où l'on a une vue splendide sur les collines de Sault et sur la vallée de la Nesque. On trouve ici les ruines d'un château, l'église de la Transfiguration (anciennement appelée «église Saint-Sauveur»), qui date du XII<sup>e</sup> siècle et s'enorgueillit d'une rare nef voûtée en plein cintre, de même que d'intéressantes maisons dont la construction remonte au Moyen Âge et qui sont entrecoupées de quelques beaux hôtels particuliers du XVIII<sup>e</sup> siècle. Un important festival de la lavande s'y tient en août *(informez-vous à l'Office de tourisme, av. de la Promenade, 84390 Sault, ☎04.90.64.01.21)*, de même qu'un attrayant marché en activité, depuis 1515 tous les mercredis. Sault est enfin réputée pour son miel (souvent de lavande) et son délicieux nougat (voir p 119).

Reprenez la D1 en sens inverse et, environ 2,5 km plus loin, engagez-vous sur la D942 en direction de **Monnieux**, dont l'église Saint-Pierre, de style roman avec des ajouts ultérieurs, et les ruines de la tour de garde du XII<sup>e</sup> siècle retiendront votre attention. Rebroussez ensuite chemin sur la D942 pour revenir à Villes-sur-Auzon (20 km). Ce tracé constitue la portion la plus impressionnante des gorges de la Nesque; le long de cette route sinueuse et escarpée, vous croiserez un belvédère surplombant le rocher du Cire (872 m) et passerez sous trois courts tunnels.

## Gordes et le Petit Luberon ★★

Le Petit Luberon, bien que de taille plus modeste, n'est pas moins spectaculaire que la chaîne montagneuse du Grand Luberon, plus à l'est, et bon nombre de villes typiques de Provence s'y accrochent à flanc de falaise, surtout au nord.

### Gordes ★

Gordes compte parmi les petites villes les mieux connues de la région. Ses maisons en pierre sèche de couleur ocre s'alignent précairement autour des arêtes du plateau du Vaucluse, en face des collines du Luberon. La meilleure vue à distance de Gordes et des collines du Luberon s'obtient du poste d'observation aménagé sur la D15 avant de pénétrer dans le village.

Gordes était autrefois habitée par des peuples primitifs d'avant les Romains regroupés sous le nom de «Vordeuses», d'où le nom du village (qui n'a rien à voir avec les gourdes!). Découvrez-en les jolies maisons en pierre sèche datant du XVI<sup>e</sup> au XVIII<sup>e</sup> siècle et les chemins pavés qui encerclent la place du Château ainsi que l'église Saint-Firmin (XVIII<sup>e</sup> siècle). Cette communauté a été gâtée par une affluence de gens fortunés s'étant fait bâtir des résidences secondaires dans la région, de même que par le tourisme, de sorte que ses restaurants et lieux d'hébergement sont en grande partie surévalués et plus chers qu'ailleurs.

Le massif **château de Gordes**, dont la construction date de la Renaissance (1525-1541), arbore de grandes tours circulaires et est situé sur le site d'une forteresse du XII<sup>e</sup> siècle. La longue salle à manger du rez-de-chaussée comporte un immense foyer de pierres, long de plus de 7 m et couronné d'une cheminée richement ornée. Aux étages supérieurs se trouve le **Musée Vasarely** *(25F; toute l'année 10h à 12h et 14h à 18h, fermé mar sauf en juil et août; ☎04.90.72.02.89)*, qui abrite les œuvres audacieusement géométriques de feu le peintre d'op art Victor Vasarely.

Classé lieu historique, le **Village des Bories ★** *(25F, gratuit pour les enfants; tlj 9h au crépuscule; empruntez la route marquée à cet effet à la jonction de la D15 et de la D2, au* sud de Gordes, ☎04.90.72.03.48) se présente comme un hameau aux abris de pierres sèches à toit pointu de forme plutôt inusitée. Bien que cette technique de construction s'inspire des structures du néolithique, la majorité des bories datent du XVIe au XIXe siècle, et elles étaient généralement utilisées par des bergers et des chasseurs; on en trouve d'ailleurs un peu partout dans la région. Et pourtant, ainsi que vous pourrez le constater ici, des communautés autonomes vivaient également dans ces abris. Cinq groupes d'habitations, comprenant des enclos à moutons, des fours à pain et deux étages de quartiers résidentiels remplis d'objets de tous les jours tels que cuves à vin et ustensiles de cuisine, s'offrent à la vue des visiteurs.

Nichée dans un val verdoyant en bordure d'un champ de lavande, l'**abbaye de Sénanque ★★★** *(14F; tlj 10h à 12h et 14h à 18h mars à oct, l'après-midi seulement le dim et les jours de fête liturgique, 14h à 17h nov à fév, 14h à 18h les fins de semaine et les jours de congé scolaire; messe tous les dim à 9h et les jours de semaine à 12h; à 4 km au nord de Gordes sur la D177, ☎04.90.72.05.72)* s'impose incontestablement comme l'un des plus remarquables monuments de Provence. Fondée en 1148, cette abbaye constitue un exemple exceptionnel d'architecture cistercienne, réputée austère, son plan reposant sur une combinaison de carrés et de cercles imbriqués. Bien que toujours active, l'abbaye cistercienne permet au public de visiter les bâtiments entièrement rénovés du XIIe siècle (le cloître, la salle capitulaire, l'église abbatiale, le dortoir et la salle des moines). On y trouve en outre une librairie et une boutique de souvenirs vendant du miel et de l'essence de lavande fabriqués sur place ainsi que de la liqueur de Sénancole, inventée par le moine Marie Maurice et aujourd'hui fabriquée à Marseille, alors qu'on la préparait jadis sur place à partir d'herbes aromatiques cueillies ici même. Vu l'importance de l'abbaye de Sénanque, il va sans dire, qu'on y afflue de toutes parts en haute saison.

### Saint-Pantaléon

Saint-Pantaléon est un paisible hameau situé au sud de Gordes et doté d'une gracieuse chapelle romane du XIIe siècle. Les amateurs d'huile d'olive ne voudront pas manquer le fascinant musée du **moulin des Bouillons**.

Installé dans un vieux mas, il renferme l'u des plus anciens pressoirs à olives (XV siècle), fait d'un tronc de chêne, et explique travers différentes vitrines le procédé d fabrication de l'huile et l'histoire du vaillar olivier. Tout à côté se dresse le **Musée d vitrail**, abritant surtout des œuvre contemporaines de Frédérique Duran e racontant brièvement l'histoire de sa fabrique *(Le moulin des Bouillons et le Musée d vitrail : billet combiné, 15F, gratuit pour le enfants; tlj sauf mar 10h à 12h et 14h à 18 fermé du 15 déc au 15 fév; route D148, 5 km au sud de Gordes, près du village d Saint-Pantaléon, ☎04.90.72.22.11.)*

### Roussillon ★★

Roussillon s'impose comme un magnifiqu village perché bien haut parmi le impressionnantes carrières d'ocre et les riche pinèdes verdoyantes de la vallée des Fées L'industrie de l'ocre, florissante au XIX siècle, atteignit son apogée au cours de années vingt, alors qu'on en extrayait du so 40 000 tonnes par an; la carrière n'es cependant plus en activité. On obtient l pigment ocre en séparant puis en broyar l'oxyde de fer contenu dans le sol jusqu'à c qu'il se transforme en poudre sèche; o l'utilise ensuite dans la peinture, dans le cosmétiques, dans les colorants alimentaire (il n'est pas toxique) et dans le plâtre. Comm vous pourrez le constater, les maisons d Roussillon font ample usage de cette rich terre ocre, dont les teintes varient du jaun clair au rouge flamboyant, tandis que l pourtour des portes et des fenêtres s'habill de couleurs contrastantes.

Quelques cafés donnent sur le squar ombragé du village, la place de la Mairie, qu jouxte le bâtiment municipal. Un agréabl sentier partant de cette place serpent jusqu'au pied d'un attrayant beffroi (jadi fortifié) surmonté d'un campanile en fer forg caractéristique de la région, puis jusqu' l'église romane de Saint-Michel, toute simpl avec sa façade du XVIIe siècle et son chœu du XVIIIe siècle. Suivez ensuite le sentier qu se dessine derrière l'église pour découvrir un vue panoramique sans pareille du mor Ventoux et des Alpes, plus au nord (une tabl d'orientation pointe en direction des différent sites de la région). D'autres points de vu vous attendent à chaque détour, entre autre au bout de la place Pignotte, sur le chemin d

Ronde et en face du bureau de poste et de l'Office de tourisme, sur la rue de la Poste.

À quelques kilomètres au nord de Roussillon reposent les petits villages de Joucas *(D102 vers la D102A)* et de Murs *(D102A vers la D4)*. **Joucas** possède de jolies rues sinueuses bordées d'attrayantes maisons, une église du XVIIIᵉ siècle et un point de vue intéressant sur les collines ocreuses qui s'élèvent plus au sud. Quant à **Murs**, c'est là qu'est né le célèbre soldat de Henri IV qu'était Crillon le Brave, dont la demeure *(aujourd'hui transformée en petit musée préhistorique; informez-vous d'abord au restaurant Crillon, ☎04.90.72.02.03)* flanque l'église romane. Ce village abrite un château restauré du XVᵉ siècle, de même que ce qui reste du mur de Peste, érigé en 1721 pour protéger la région de l'envahissante maladie.

## Cavaillon

Cette ville, réputée pour les délicieux melons qu'on cultive à sa périphérie dans la vallée de la Durance, s'étend aux limites de la plaine du Comtat à l'approche du Petit Luberon. Étant donné qu'elle se trouve à la croisée de routes majeures comme la D973 (en provenance d'Avignon et d'Aix-en-Provence), la D938 (en provenance de L'Isle-sur-la-Sorgue, de Pernes-les-Fontaines et de Carpentras) et la A7 (en provenance de Marseille), il y a fort à parier que vous circulerez dans ses environs à un point ou un autre de votre voyage. Il y a toutefois tellement de choses à voir dans la région que, si votre horaire est trop limité, vous n'avez pas vraiment besoin d'entrer dans Cavaillon même. Soit dit en passant, le véritable melon de Cavaillon n'est pas le cantaloup, auquel il ressemble pourtant, mais plutôt le charentais, plus petit, plus rond, plus sucré et enveloppé d'une pelure vert clair.

Cavaillon est une ville de marché de toute première importance, et certains monuments attestent le rôle qu'elle a pu jouer dans l'histoire ancienne de la Provence. Peuplée depuis le néolithique, elle est devenue colonie romaine en 42 av. J.-C., alors qu'elle portait le nom de «Cabellio». Sur la place François Tourel, à l'opposé de la place du Clos, gisent les restes d'un **arc de triomphe romain** datant du Iᵉʳ siècle, déplacé et reconstruit à cet endroit, il y a maintenant plus de 100 ans. Derrière lui, un sentier mène à la petite chapelle Saint-Jacques du XIIᵉ siècle (peut-être visitée l'après-midi en s'adressant à la gardienne), puis au sommet de la **colline Saint-Jacques**, offrant une vue somptueuse sur les montagnes environnantes (on peut également s'y rendre en voiture par le cours Carnot et la route d'Avignon, soit la D938).

La **cathédrale Saint-Véran** *(tlj; place Joseph d'Arbaud; entrée par la porte sud)* date originellement du XIIᵉ siècle, mais certains ajouts remontent au XIVᵉ siècle, et elle a été rénovée du XVIIᵉ au XIXᵉ siècle. Son cloître à voûte ornée et les lambris de bois doré de ses chapelles latérales méritent une visite.

La construction de l'élégante **Synagogue** de style Louis XV *(20F; tlj sauf mar 10h à 12h et 14h à 18h du 1ᵉʳ avr au 30 sept, 10h à 12h et 14h à 17h du 1ᵉʳ oct au 31 mars; rue Hébraïque, voisine de la rue Chabran, ☎04.90.76.00.34; le même billet permet également la visite du Musée archéologique, cours Gambetta; même horaire)* date du XVIIIᵉ siècle et nous rappelle que Cavaillon possédait autrefois une petite population juive, une des quatre seules communautés juives de Provence sous le règne des papes catholiques, les autres étant celles d'Avignon, de Carpentras et de L'Isle-sur-la-Sorgue. À l'intérieur de l'ancienne boulangerie de la synagogue, vous découvrirez un intéressant petit musée, le **Musée Judéo-Comtadin**, qui relate la vie des Juifs dans le Comtat Venaissin au cours de cette difficile période d'intolérance et de persécution. Des objets rituels et des documents historiques sont exposés à côté du bloc de marbre et du four utilisés pour la préparation du pain azyme.

## Petit Luberon Sud

Un chapelet de villages pittoresques du Petit Luberon, au sud de la N100, parviennent à conserver leur charme naturel et se voient moins fréquentés que les communes populaires s'étendant plus au nord, comme Gordes, Roussillon et L'Isle-sur-la-Sorgue.

### Oppède-le-Vieux ★★

Oppède-le-Vieux, une minuscule bourgade construite au sommet d'un éperon rocheux à 12 km à l'est de Cavaillon sur la D176, semble caché derrière une pinède et une végétation envahissante. On accède au vieux village par un sentier bien balisé qui conduit à l'église puis aux ruines d'un château du

Moyen Âge, d'où le panorama se laisse dévorer des yeux. Abandonné à une certaine époque, le hameau a lentement été restauré depuis les années cinquante. Les travaux ont essentiellement porté sur quelques grandes demeures des XVᵉ et XVIᵉ siècles, de même que, plus récemment, sur la belle église du XIIᵉ siècle. Il se passe bien peu de chose à Oppède, ce qui vous laisse tout le temps de vous imprégner de l'atmosphère de la paisible place du village et de ses rues pavées. L'endroit a souffert à un certain moment d'une mauvaise réputation car le château appartenait au baron Maynier, qui avait autorisé le massacre des vaudois en 1545 (voir p 96).

### Ménerbes ★★

En roulant sur la D188, vous croiserez Ménerbes à la jonction avec la D103. Bâtie au sommet d'une colline, elle fut, au XVIᵉ siècle, à l'époque des guerres de Religion en Provence, la capitale du mouvement protestant. Après la chute des autres communautés protestantes du Luberon, le mouvement résista ici aux troupes françaises pendant plus de cinq ans vers la fin des années 1580 avant de capituler. Aujourd'hui, on peut encore admirer l'église du XIVᵉ siècle, une imposante citadelle érigée entre les XIIᵉ et XVᵉ siècles (beau panorama), de même que de magnifiques demeures anciennes et de charmantes rues pavées. Ménerbes s'impose en outre comme la ville natale du poète républicain Clovis Huges, et l'artiste Nicholas de Staël vécut à son époque dans un des deux châteaux du village.

L'attrayant **Musée du Tire-Bouchon** (20F, gratuit pour les enfants; tlj 10h à 12h et 14h à 19h juil et août, 10h à 12h et 14h à 18h hors saison sauf sam après-midi et dim; ☎04.90.72.41.58), un musée privé entièrement voué aux tire-bouchons, se trouve sur la D103 Nord (en direction de Beaumettes), sur la propriété vinicole du Domaine de la Citadelle. Vous y trouverez plus de 1 000 spécimens en bois, en bronze, en or et en argent, recueillis en France, en Angleterre, en Allemagne, aux Pays-Bas et aux États-Unis, et vous apprendrez que cet outil a été inventé au XVIIᵉ siècle par un Français (naturellement!).

Suivez la D103 au sud de Ménerbes sur 2 km (en direction de Bonnieux), et, avant d'atteindre la D 3, remarquez sur votre gauche l'un des rares dolmens du Vaucluse qui est d'ailleurs aussi l'un des plus petits. Ce monument préhistorique composé d'une pierre couchée à l'horizontale sur deux pierres verticales porte le nom de **Dolmen de Pitchoun**, ou **Pitchouno**.

Aux abords de Lacoste, sur la D109, surgit l'ancienne **abbaye de Saint-Hilaire** *(bien qu'il s'agisse désormais d'une propriété privée, on peut encore visiter l'après-midi sur rendez-vous; ☎04.90.75.88.83)*, qui abrite une petite chapelle du XIIᵉ siècle et une autre voûtée celle-là du XIIIᵉ siècle. Le 15 août de chaque année, on y célèbre une grand-messe en l'honneur de saint Louis.

### Lacoste ★

Situé à 6 km à l'est de Ménerbes sur la D109, le village de Lacoste est réputé comme le lieu de résidence du célèbre auteur d'écrits érotiques (dont Les 120 Journées de Sodome et Justine) qu'était Donatien-Alphonse François, marquis de Sade. C'est en 1771 qu'il fuit Paris pour échapper à un scandale provoqué par ses habitudes libertines et se réfugier dans le château de son grand-père, ici même à Lacoste. Ses frasques ultérieures le firent emprisonner et condamner à mort, et c'est à l'asile de Charenton, près de Paris, qu'il rendit son dernier souffle. Le magnifique château familial du XIᵉ siècle appartient maintenant à un professeur qui le restaure depuis plus de 30 ans *(visite possible la fin de semaine en prenant contact avec le propriétaire, M. André Bouër, ☎04.90.75.80.39)*.

Lacoste possède encore bon nombre de rues dallées en plan incliné ainsi que de jolies maisons en calcaire ocre (quoique certaines soient passablement délabrées), rayonnant autour de la rue Basse, artère principale de la commune. Celle-ci s'avère moins fréquentée que d'autres localités de la région, et une vue saisissante sur Bonnieux, de l'autre côté de la vallée, s'offre au regard du côté est du village.

### Bonnieux ★

Bonnieux est un village coquet aux maisons coiffées de terre cuite, aménagées en paliers à flanc de falaise au-dessus de la vallée de la Calavon. Il occupait jadis une position stratégique sur la principale route reliant l'Espagne à l'Italie, à l'époque où les Romains occupaient la Provence. C'est au Moyen Âge qu'il se déplaça vers le sommet de la colline, à l'emplacement qui est aujourd'hui le sien. Afin de garder à distance les tribus de marauders, il se dota, aux XIII<sup>e</sup> et XIV<sup>e</sup> siècles, de remparts et de tours dont il ne subsiste aujourd'hui que quelques ruines. Les Bonnieulais catholiques entretenaient par ailleurs une certaine animosité à l'endroit de leurs voisins protestants de Lacoste. Quelques magnifiques résidences des XVI<sup>e</sup>, XVII<sup>e</sup> et XVIII<sup>e</sup> siècles nous rappellent enfin que Bonnieux fut une ville prospère à l'époque où le Comtat Venaissin appartenait aux papes. Plusieurs évêques choisirent en effet Bonnieux comme lieu de résidence entre le XIV<sup>e</sup> siècle et la Révolution, de sorte que la commune jouissait alors de privilèges particuliers. La mairie *(rue de la Mairie)* occupe l'ancien Hôtel de Rouville (XVIII<sup>e</sup> siècle).

Tandis que vous y êtes, pourquoi ne pas visiter le **Musée de la Boulangerie** *(10F, gratuit pour les enfants; tlj sauf mar 10h à 12h et 15h à 18h30 du 1<sup>er</sup> juin au 30 sept, fins de semaine et jours fériés seulement oct à mai; 12 rue de la République, ☎04.90.75.88.34)*? Vous y découvrirez les machines, les techniques et l'histoire du pain, sans parler d'une étonnante collection de miches présentée dans une ancienne boulangerie.

Une église romane du XII<sup>e</sup> siècle, simplement appelée **La vieille église**, est entourée de cèdres magnifiques et domine un tertre *(86 marches de pierres à gravir; adressez-vous à l'Office de tourisme pour visiter l'intérieur)*. Beau panorama vers le nord, en direction de Gordes et de Roussillon, du petit parc qui servait jadis de cimetière à l'église. La «nouvelle» église (datant des années 1870) se trouve au pied de Bonnieux et renferme quatre tableaux primitifs du XVI<sup>e</sup> siècle représentant la Passion et provenant de La vieille église.

Ne manquez pas non plus le petit pont romain qui enjambe la rivière Calavon *(à 6 km au nord de Bonnieux sur la D149, à proximité de la N100)*. Construit de pierres taillées ajustées sans mortier en l'an 3 av. J.-C., le **pont Julien** ★ est encore en bon état. Ses trois arches s'étendent sur 70 m.

Vous en avez assez des vieilles églises et de la ratatouille? Songez à la **Galerie de la Gare** *(tlj sauf mar 14h30 à 18h30 de Pâques au 15 oct; 84480 Bonnieux, entre Bonnieux et Goult sur une route secondaire partant de la D36 immédiatement au sud de la N100)*, une galerie d'art claire et aérée proposant des expositions temporaires d'œuvres de peintres et de sculpteurs contemporains toujours stimulantes. Tout à côté, le Restaurant de la Gare sert des boissons et des repas légers.

---

## Grand Luberon ★★

---

### Apt

Apt est un important centre de commerce desservant l'ensemble du Grand Luberon. Elle est, entre autres choses, connue pour son marché provençal du samedi matin *(place des Martyrs de la Résistance)*, où vous pourrez vous procurer un assortiment éblouissant de produits locaux, y compris des poteries artisanales. La ville et les communautés qui l'entourent sont aussi réputées pour les tuiles de céramique colorées qu'on y fabrique à la main (les fameux carreaux d'Apt), leurs gelées de fruits et leurs fruits confits. Outre ces plaisirs, cependant, Apt n'a pas grand-chose à offrir aux touristes, d'autant moins que de récentes constructions sont venues oblitérer le paysage.

La **vieille ville**, entourée de murs de pierres, recèle quelques fontaines, des chapelles et des habitations des XVI<sup>e</sup>, XVII<sup>e</sup> et XVIII<sup>e</sup> siècles, sans oublier, tout à côté de la cathédrale *(rue des Marchands)*, une splendide tour à horloge du XVI<sup>e</sup> siècle. En 1660, après une visite d'Anne d'Autriche, alors en pèlerinage dans la région, une chapelle fut ajoutée à la **cathédrale Sainte-Anne** *(tlj sauf dim après-midi et lun 9h à 11h et 16h30 à 18h30; place de la Cathédrale)*, qui date des XII<sup>e</sup> et XIV<sup>e</sup> siècles; remarquez aussi les cryptes des I<sup>er</sup> et XI<sup>e</sup> siècles, de même que le trésor.

Le grand **Musée archéologique** *(10F, gratuit pour les enfants; tlj sauf mar et dim 14h à 17h, sam 10h à 12h, oct à mai; tlj sauf mar 10h à 12h et 14h à 17h, dim 10h à 12h, juin à sept; 4 rue de l'Amphithéâtre, ☎04.90.04.74.65)* renferme une belle collection d'objets datant de la préhistoire et de l'ère gallo-romaine, les restes d'un théâtre romain et une collection remarquable de céramiques d'Apt et de Moustiers.

C'est également ici que se trouve la **Maison du parc régional du Luberon** ★ *(lun-sam 8h30* *à 12h et 14h à 18h, jusqu'à 19h en juil et août, fermé le sam après-midi d'oct à Pâques; 60 place Jean Jaurès,  ☎04.90.04.42.00).* L'endroit est tout indiqué pour obtenir de l'information sur les nombreux sentiers fascinants du parc ou pour s'inscrire à une excursion guidée à travers les collines du Luberon. On y présente en outre chaque année d'intéressantes expositions portant sur des thèmes régionaux, en plus d'une collection permanente sur l'évolution des fossiles aménagée dans un décor de grotte. Les amants de la nature trouveront enfin à la boutique de souvenirs un excellent choix d'ouvrages sur le Luberon, ses sentiers de randonnée, sa faune, sa flore et son histoire.

### Rustrel et le Colorado ★★

À 10 km au nord-est d'Apt s'étend le minuscule village de **Rustrel** *(sur la D22)*, au cœur même de la production d'ocre d'il y a 100 ans, et qui était un important centre de l'industrie du fer auparavant. Un château du XVIIᵉ siècle abrite sa mairie, mais son principal attrait est sans conteste le **Colorado provençal ★★** voisin. Au sud de la D22 entre Rustrel et le hameau de Gignac, en bordure de la rivière Dôa, de nombreux sentiers conduisent à une incroyable succession de rochers de couleur rouille aux configurations pour le moins étranges, de même qu'à des carrières d'ocre et à plusieurs postes d'observation; mieux que partout ailleurs, on comprend ici d'où vient l'expression «terres d'ocre, de sang et d'or». Le Colorado ne peut être rejoint qu'à pied, mais les sentiers d'accès sont clairement identifiés, et sa pièce maîtresse est la fameuse cheminée des Fées. *(L'Office de tourisme de Roussillon propose, au coût de 30F, une brochure détaillée écrite par un spécialiste local, François Morénas, et intitulée* Circuits de découverte du Colorado provençal*.)*

Un chapelet isolé de villages paisibles comptant chacun quelques centaines d'habitants seulement fait son apparition à l'est d'Apt. **Caseneuve** et **Saint-Martin-de-Castillon** se trouvent entre la D209 et la N100 sur l'étroite route secondaire qu'est la D35. Plus loin, à la jonction de la D209 et de la D33, surgit le village moyenâgeux de **Viens**, datant déjà d'un millénaire. Il s'agit d'un bon endroit où faire une halte, car Viens possède un bureau de poste, une boulangerie, une petite épicerie et un café-restaurant bordé d'une terrasse verdoyante, sans compter que

ses habitants se révèlent particulièrement accueillants. Vous pourrez également vous procurer à la Mairie *(place de l'Ormeau, 84750 Viens,   ☎04.90.75.20.02, ☎04.90.75.31.10)*, au coût de 10F, des photocopies d'une brochure exposant un intéressant circuit pédestre autour du village. Notez le portail du village et sa tour de l'horloge, la vue panoramique qui s'offre à vous à côté du château rénové du XVIᵉ siècle et, sur le chemin du Cimetière, l'église Saint-Hilaire (XVIᵉ et XVIIᵉ siècles), autel de style baroque flamboyant) avec sa chapelle romane Saint-Ferréol *(l'église n'est ouverte qu'à l'heure des offices, soit à 18h les premier, troisième et cinquième samedis du mois).* Jetez également un coup d'œil sur le four communal de la rue Notre-Dame, offert en 1357 par le seigneur de Viens, Augier de Forcalquier, aux habitants du village qui venaient y faire cuire leur pain après avoir d'abord préparé la pâte à la maison; il fut en usage jusqu'au XIXᵉ siècle.

Au nord de Viens, sur l'étroite et sinueuse D201, au-delà du joli **canyon d'Oppedette ★★**, émerge un village apparemment perché aux confins du monde. Connu sous le nom d'**Oppedette**, il fut jadis une communauté ligurienne, avant que les Romains occupent la Provence. Il n'y a pas grand-chose à voir ici, si ce n'est des maisons en pierre, un minuscule café et une petite église du XIIᵉ siècle (fermée). Les dangereuses gorges de la rivière Calavon qui encerclent le village abritèrent autrefois des protestants qui cherchaient à fuir les persécutions suscitées par les guerres de Religion.

Dans les collines du Grand Luberon, au sud d'Apt et de la N100, repose le charmant village de **Buoux ★**. Il renferme un château qui appartient désormais au parc régional du Luberon, de même qu'une église du XVIIIᵉ siècle.

Les environs accidentés regorgent de grottes et de falaises escarpées épousant les contours irréguliers de la rivière Aigue-Brun, un secteur très fréquenté par les alpinistes d'expérience. Parmi les gorges, s'élève le **fort de Buoux ★★** *(10F, enfants 5F; toute l'année de l'aube au crépuscule;  ☎04.90.74.25.75; suivez les indications sur la D113 au sud du village après la colonie de vacances, franchissez le pont, et vous apercevrez un stationnement à proximité du sentier pédestre qui conduit au fort; assurez-vous de porter des chaussures appropriées à ce genre d'excursion),* les ruines d'une forteresse des XIVe et XVe siècles perchée au sommet d'un plateau. Les vestiges d'un rempart, d'un ancien village, des murs de la forteresse et d'une chapelle romane sont encore visibles sur les lieux. Vous remarquerez également de curieux «silos» en pierre creusés à même le sol, un escalier en pierre caché et, le long du sentier, plusieurs tombeaux aménagés dans le roc de la falaise. Ce site a joué un rôle défensif naturel depuis la préhistoire, et il a servi de place forte aux protestants au XVIe siècle, mais il fut partiellement détruit peu après.

**Saignon** ★★ est un endroit serein dominant la vallée de la Calavon où l'on trouve une très belle église romane (Notre-Dame, en face de la Mairie), les ruines d'un château, un atelier de poterie et une fontaine au doux clapotis en marge d'un charmant petit «hôtel-restaurant», sur la place du village. En d'autres mots, l'endroit est idéal pour une ou deux nuits et des heures d'exploration des sites et des sentiers du Luberon (ne le dites pas trop fort, car peu de visiteurs connaissent encore Saignon). Les randonneurs s'en donneront à cœur joie avec l'ascension du **Mourre Nègre** ★★, le plus haut sommet du Grand Luberon (1 125 m), de magnifiques panoramas de l'ensemble du Vaucluse les attendant tout en haut *(petit stationnement à 4 km au sud de Saignon, accès par le sentier du marché GR92)*.

**Sivergues** se présente comme un hameau isolé à 9 km au sud de Saignon et ne peut être rejoint que par une petite route en lacets se détachant de la D232. Les splendides montagnes en dents de scie qui l'encerclent sont tantôt recouvertes de forêts, tantôt de bruyères, et l'élevage du mouton constitue la principale activité de la région. Bien qu'habitée depuis le Ve siècle, la communauté n'existe à proprement parler que depuis le XVIe siècle, époque à laquelle sept familles vaudoises s'établirent ici. Leur cimetière (désigné «Enclos de cimetière») se trouve en contrebas du hameau. Sivergues est dominé par un petit château, le Castellas, et l'on peut en explorer l'église (fin XVIe siècle) et les maisons, de même que les ruines de l'église Saint-Tropime (XIIe siècle).

Entre Bonnieux et Cadenet, la pittoresque **route D943** ★★ serpente à travers la vallée de l'Aigue-Brun, séparant le Petit Luberon du Grand Luberon. C'est là, parmi les vignes, les oliviers et les amandiers, que niche le village de **Lourmarin** ★, plus animé que ses voisins

avec ses cafés, ses bars et ses boutiques de spécialités régionales, sans oublier quelques bons restaurants. Ses habitants aiment bien souligner le fait qu'Albert Camus, Prix Nobel de littérature, a vécu et écrit ici; il est d'ailleurs enterré dans le cimetière de Lourmarin. Inutile de dire qu'avec autant d'activités dans un cadre aussi enchanteur, Lourmarin jouit d'une grande popularité auprès des touristes en haute saison.

Outre son église romane, son temple et ses jolies rues ponctuées de fontaines, le principal attrait de Lourmarin demeure son **château** ★ des XVe et XVIe siècles *(30F, gratuit pour les enfants; tlj 11h, 14h30, 15h30 et 16h30 oct à juin; fermé mar nov à juin; 11h, 11h30 et aux demi-heures de 15h à 18h juil à sept; ☎04.90.68.15.23)*. L'École des beaux-arts d'Aix-en-Provence en occupe une aile, mais les visiteurs n'en ont pas moins la possibilité de faire une visite guidée, d'ailleurs instructive, de la partie Renaissance du bâtiment, avec ses curieux escaliers, ses appartements magnifiquement meublés, sa salle de musique et ses deux énormes foyers en pierre.

Vient ensuite **Curcuron**, à 7 km à l'est de Lourmarin sur la D56, un petit village paisible pourvu d'une attrayante tour de l'horloge et d'un portail en pierre, vestige d'une mur de défense érigé au XVIe siècle, de même que de quelques belles maisons. Quant à l'**église Notre-Dame-de-Baulieu** ★ (XIIe, XIIIe et XIVe siècles), elle s'enorgueillit d'un magnifique retable du XVIIe siècle et d'une statue en bois peint grandeur nature du Christ ligoté et transpercé d'épines. Plus bas, près d'un café, de hauts platanes entourent richement un grand bassin rectangulaire appelé «l'Étang», dont les eaux sont toutefois plutôt troubles.

Plus à l'est, le village d'**Ansouis** ★★ *(renseignements touristiques à la Mairie, ☎04.90.09.96.12, ≈04.90.09.93.48)* abrite une splendide résidence privée du XIIe siècle méritant une visite pour sa collection de meubles des XVIIe et XVIIIe siècles, ses tapisseries de Flandre et sa jolie façade. Le **château d'Ansouis** ★ *(30F, gratuit pour les enfants; visite guidée tlj 14h30 à 18h, sauf mar de nov à mars, visite additionnelle à 11h du 14 juil au 30 août; ☎04.90.09.82.70)* a été habité par la famille de Sabran depuis sa construction, il y a maintenant 800 ans. À part le château, vous trouverez ici des rues coquettes, un beffroi couronné d'un campanile en fer forgé construit à même un bâtiment du XVIᵉ siècle ainsi que l'église Saint-Martin (XIIIᵉ siècle), attachée aux remparts du château.

L'impressionnant squelette du **château de La Tour-d'Aigues** *(25F, gratuit pour les enfants; tlj 10h à 13h et 15h30 à 18h30 juil et août; 9h30 à 11h30 et 14h à 17h oct à mars, fermé mar après-midi, sam et dim matins; 9h30 à 11h30 et 15h à 18h avr à juin et sept, fermé mar après-midi, sam et dim matins; ☎04.90.07.50.33)* est tout ce qu'il en reste, ce qui ne vous empêche pas de visiter les ruines. Il appartient au Conseil régional du Vaucluse et fait en ce moment l'objet d'une restauration. Les proportions élégantes de sa façade du XVIᵉ siècle offrent un contraste frappant avec celles des châteaux plus sobres de la région. Le Festival de théâtre, de musique et de danse du sud du Luberon a lieu chaque été dans la cour du château *(adressez-vous au château pour plus de détails)*.

## Vallée de la Durance

La Durance coule d'ouest en est, parallèle au Petit Luberon et au Grand Luberon, et plusieurs villages sont établis sur ses rives. De fréquentes crues printanières ont conduit à la construction d'un réseau de canaux qui fournissent désormais de l'électricité et irriguent la plaine, et la beauté naturelle des sommets voisins du Luberon fait défaut à plusieurs secteurs de cette région, le paysage étant surtout dominé par l'industrie et les centrales hydroélectriques. On y dénombre néanmoins plusieurs sites intéressants. En partant de l'ouest, près de Cavaillon, les amateurs de routes abruptes et vertigineuses se verront comblés par un tracé sinueux de 10 km à sens unique à travers des collines dénudées *(accès difficile; dirigez-vous vers le hameau de Vidauque immédiatement à l'est de la D31, et prenez à droite pour vous engager sur la pente raide de l'étroite D30. Vous dépasserez ainsi deux pics, la Tête des Buisses et le Trou-du-Rat, avant de surplomber la Durance et de redescendre à travers une série de lacets jusqu'à la D973).*

Pour les amateurs de randonnée pédestre, les **gorges de Régalon ★** *(indiquées sur la D973 entre Cheval-Blanc et Mérindol; garez votre voiture sur la droite et suivez le sentier balisé jusqu'au panneau d'interprétation décrivant l'histoire et l'importance géologique du site)* sont l'occasion d'une fascinante promenade

de courte durée, bien que dangereuse par temps pluvieux.

Vous trouverez une plaque commémorant le massacre des vaudois au sommet d'une colline dominant **Mérindol**, un village détruit en même temps que plusieurs autres en 1545 et rebâti au XVIIᵉ siècle.

Au sud de Lourmarin et de Cadenet, de l'autre côté de la Durance, apparaît une des trois abbayes cisterciennes de la région. La composition de l'**abbaye de Silvacane ★** *(27F, gratuit pour les enfants; 9h à 12h et 14h à 17h oct à mars, fermé mar; tlj 9h à 19h avr à sept, fermeture occasionnelle à 17h en août lors de la tenue de concerts classiques; pour de plus amples renseignements, ☎42.50.41.69)* rappelle la beauté sobre de l'abbaye de Sénanque, un peu plus ancienne, près de Gordes. Construite entre 1175 et 1230, elle est toutefois moins bien conservée, et les moines l'ont désertée (elle appartient désormais au Département d'État des monuments historiques); quoi qu'il en soit une visite s'impose pour admirer le cloître, l'église à voûte en berceaux extrêmement élevée et les quartiers d'habitation des religieux.

## ACTIVITÉS DE PLEIN AIR

Les amateurs de plein air devraient s'arrêter au siège du parc naturel régional du Luberon pour obtenir une foule de renseignements utiles auprès de son service d'accueil et de sa boutique, dont des guides sur les sentiers de randonnée et les circuits routiers de la région, des brochures thématiques sur la faune et la flore, et des précisions sur les randonnées guidées. De plus, l'Office de tourisme fournit divers renseignements sur les activités et les services proposés par les associations locales.

Parc naturel régional du Luberon
60, place Jean Jaurès
B.P. 122
84400 Apt
☎04.90.04.42.00
⊷04.90.04.81.15

## Randonnée pédestre

Cette région en a pour tous les goûts, des sentiers idylliques aux montagnes appelant au défi. Puisqu'une grande partie en est protégée par des lois visant à contrôler le développement, les amants de la nature peuvent y admirer des spécimens uniques de la faune et de la flore, sans oublier les magnifiques panoramas. L'Office de tourisme de Lourmarin publie une brochure portant sur quatre sentiers balisés du Sud-Luberon, *Les sentiers et promenades du Sud-Luberon*. De même, l'Office de tourisme de Venasque publie une brochure décrivant plusieurs sentiers de sa charmante région *(durée des randonnées variant entre 2 heures 30 min et 7 heures)*. Quant à l'Office de tourisme de Sault, il organise des visites guidées et commentées des gorges de la Nesque en juillet et en août.

Les randonneurs d'expérience apprécieront particulièrement les sentiers suivants *(des Topo-Guides en vente dans les librairies vous fourniront plus de précisions)* :

Le GR4 (du mont Ventoux au plateau du Vaucluse), le GR9 (du mont Ventoux au plateau du Vaucluse et au Grand Luberon), le GR91 (du mont Ventoux à Fontaine-de-Vaucluse), le GR6-97 (du plateau du Vaucluse au Petit Luberon et aux gorges de Régalon), le GR91 (mont Ventoux), le GR92 (Grand Luberon) et le GR97 (Luberon).

## Équitation

**Apt**
L'École du Cheval
Quartier de Roquefure
☎04.90.74.37.47
Centre équestre et club de poneys; organise des randonnées à cheval dans la région.

**Bonnieux**
Randonnées du Luberon
Col Pointu
☎04.90.04.72.01
Randonnées guidées à cheval.

**Malaucène**
Les Écuries du Ventoux
Quartier des Grottes
☎04.90.65.29.20
Ce gîte propose des randonnées à cheval, mais aussi des randonnées pédestres (piscine privée).

**Saignon**
Centre équestre de Tourville
Quartier des Gondonnets
☎04.90.74.00.33
Cours d'équitation et randonnées guidées à cheval.

**Lourmarin**
Les Cavaliers du Gilbas
Lourmarin
☎04.90.68.39.59
Cours d'équitation et randonnées guidées à cheval.

## Vélo de montagne

**Bedoin**
Midi Cycles
☎04.90.65.63.63
Location de vélos de montagne et, sur demande, excursions guidées dans la région.

**Mormoiron**
G. Aubert
☎04.90.61.83.90
M. Aubert organise un circuit enlevant de deux jours en vélo de montagne dans les gorges de la Nesque, de même qu'une «descente du mont Ventoux».

**Lourmarin**
Freestyle
Rue du Temple
☎04.90.68.10.31
Location de vélos de montagne avec ou sans guide et excursions de groupe.

## Ski alpin

**Mont Ventoux**
Mont Serein (versant nord du mont Ventoux, de 1 400 m à 1 900 m)
☎04.90.63.42.02
École de ski, location d'équipement, sept pistes en hiver, ski de gazon en été, chalet et restaurant pour terminer la journée en beauté.

Chalet Reynard (versant sud du mont Ventoux, de 1 420 m à 1 640 m)
☎04.90.61.84.55
Version réduite du précédent avec quatre courtes pistes.

## Ski de fond

Cette activité ne se pratique que dans les forêts entourant le mont Ventoux *(pour de plus amples renseignements, adressez-vous au Comité départemental de ski, ☎04.90.63.16.54)*.

## Golf

**Saumane (Fontaine-de-Vaucluse)**
International Golf and Country Club
☎04.90.20.20.65
Parcours de 18 trous, verts d'exercice.

## Canoë-kayak

Dans le Vaucluse, la splendide rivière Sorgue est le lieu de prédilection des fervents de ces sports.

Michel Melani, Kayak Vert
84800 Fontaine-de-Vaucluse
☎04.90.20.35.44
Excursion passionnante sur la Sorgue avec accompagnateur de Fontaine-de-Vaucluse à L'Isle-sur-la-Sorgue. Commentaire vivant.

Club de Canoë-Kayak Islois
La Cigalette
84000 L'Isle-sur-la-Sorgue
☎04.90.38.33.22 ou 04.90.20.64.70
Cours individuels ou en groupe.

## HÉBERGEMENT

### L'Isle-sur-la-Sorgue

**La Méridienne** *(250F-350F, pdj; bp, ≈; Aux Fontanelles, chemin de la Lône, ☎04.90.38.40.26, ⊷04.90.38.58.46)*. Chacune des chambres de cet agréable *bed and breakfast* tenu par Muriel Fox (une photographe d'Avignon) et Jérôme Tarayre (un ancien médecin parisien) dispose d'une petite terrasse donnant sur un joli jardin et une piscine. Endroit tranquille en retrait de la N100 au sud de L'Isle-sur-la-Sorgue.

**Le Mas de Cure Bourse** *(320F-520F, pdj 45F bp, tv, ☎, ≈, ℜ; route de Caumont-sur-Durance, ☎04.90.38.16.58 ⊷04.90.38.52.31)*. Les talents bien connus de la chef cuisinière Françoise Donzé constituent sans doute la première raison d'un séjour dans cet hôtel, déjà une auberge au XVIIIe siècle. La dynamique Donzé a ouvert cet établissement en 1980 avec son époux Jean-François, un banquier, après avoir quitté son emploi de chimiste. Treize agréables chambres de style provençal, dont certaines peuvent accueillir des familles, un patio, un jardin et des installations permettant la tenue de séminaires et de réceptions.

### Lagnes

**La Pastorale** *(150F-350F, pdj; bp, garage verrouillé; route de Fontaine-de-Vaucluse, Les Gardioles, ☎04.90.20.25.18)*. Le gentil couple de propriétaires, Élisabeth et Robert Negrel, a quitté Paris pour convertir cette jolie maison de ferme en *bed and breakfast*, en bordure des champs et d'une petite route. Les chambres se révèlent spacieuses et confortables, mais meublées en toute simplicité. Le petit déjeuner, servi dans une jolie salle carrelée, comprend des confitures maison et du très bon café. M. Negrel exploite une petite boutique de brocante et d'antiquités à la porte voisine. Bien située à l'intersection de la D24 et de la D99, entre la N100 et le village de Lagnes, pour ceux qui désirent explorer L'Isle-sur-la-Sorgue et Fontaine-de-Vaucluse.

### Pernes-les-Fontaines

**Le Saint-Barthélemy** *(200F-300F; pdj; dp, bp ☎04.90.66.47.79)*. Bed and breakfast aménagé dans une maison en pierre restaurée du XVIIIe siècle où a vécu le baron Quiquerant, un royaliste qui s'est enfui vers la Russie pendant la Révolution française. Les cinq chambres, dont quatre avec douche et l'autre avec baignoire, sont plutôt rudimentaires, mais le véritable joyau des lieux est un jardin fermé planté de lauriers, et l'on peut prendre le petit déjeuner sur la terrasse ombragée par un immense saule pleureur. Une petite cascade flanquée d'une source privée permet de se baigner à proximité. *(De Pernes prenez la D1 en direction de Mazan sur 2 km* ouis tournez à droite sur le chemin de la Roque.)

**Le Mas La Bonioty** *(275F-320F, pdj 38F; bp, ☎, ≈, ℜ; chemin de la Bonioty, ☎04.90.61.61.09, ⊷04.90.61.35.14)*. Toute la tranquillité d'une maison de ferme restaurée, reposant dans une basse plaine, un bon restaurant *(menus à 145F et à 195F)* et huit chambres confortables confèrent à cet hôtel une véritable atmosphère d'auberge champêtre. On vous y accueillera comme un membre de la famille. Grande piscine et terrasse. Bon rapport qualité/prix. *(De Pernes, prenez la D28 jusqu'au village de Saint-Didier, ouis tournez à gauche sur le chemin de Barraud, qui conduit au chemin de la Bonioty.)*

**Hôtel Ermitage** *(320F-400F, pdj 40F; bp, tv, ☎, ≈; route de Carpentras, ☎04.90.66.51.41, ⊷04.90.61.36.41)*. Ne vous laissez pas rebuter par la route passante qui passe devant cet établissement, car ses 20 chambres donnent sur un grand parc boisé et en font un véritable havre de paix. La charmante maison garnie de meubles provençaux fut autrefois la résidence du capitaine Dreyfus (celui de la célèbre affaire Dreyfus, qui ébranla les institutions politiques françaises de 1894 à 1906 et incita Émile Zola à écrire *J'accuse*). Les chambres ont été rénovées de façon attrayante. Petit déjeuner et boissons servis sur la terrasse dallée de pierres. Rapport qualité/prix imbattable.

## Venasque

**La Maison aux Volets Bleus** *(315F-385F; fermé du 15 nov au 15 mars; bp, minibar; ☎04.90.66.03.04, ⊷04.90.66.16.14)*. Si vous rêvez du *bed and breakfast* parfait, peut-être le trouverez-vous ici. Ses cinq chambres décorées avec goût (dont une suite avec deux chambres à coucher) sont fraîchement agrémentées de gravures provençales, et leur salle de bain s'avère joliment carrelée. On y sert le petit déjeuner sur une longue terrasse étroite offrant une vue imprenable et incomparable sur les sommets du Vaucluse. Une grande salle frontale (jouissant de la même vue) s'enorgueillit d'un âtre en pierre, de divers objets locaux, d'immortelles sauvages séchées pendant du plafond et d'innombrables bouquins sur la Provence qui combleront toutes vos attentes. La propriétaire, Martine Maret, est un ancien chef cuisinier, et elle fait une hôtesse remarquable, chaleureuse et généreuse de sa

personne; elle vous indiquera même les meilleurs endroits où acheter du fromage de chèvre, des tissus provençaux et de l'huile d'olive. On peut aussi vous préparer le repas du soir sur demande *(120F sans vin; lapin rôti, melon au Muscat et feuilleté au fromage, à titre d'exemple)*; vous le prendrez sur une deuxième terrasse ornée d'une fontaine et de plantes en fleurs. Des chats circulent un peu partout sur la propriété.

**Auberge La Fontaine** *(cinq appartements tout équipés à 700F, pdj 50F; bp, tvc, ☎, ⊷, C, ℜ; place de la Fontaine, ☎04.90.66.02.96, ⊷04.90.66.13.14)*. Un ancien homme d'affaires, Christian Soehlke, est à la fois le patron et le chef cuisinier de cette auberge confortable depuis 20 ans. Chaque appartement est aménagé sur deux ou trois niveaux, décoré de façon individuelle (moderne, provençal, campagnard) et doté d'un petit balcon. Ils peuvent accommoder deux adultes et deux enfants. De bons repas sont servis dans la salle à manger du rez-de-chaussée et révèlent des attentions dignes de mention, comme ce bon gros pain maison et cette délicieuse tapenade qu'on vous laisse déguster pendant que vous étudiez le menu. Des récitals mensuels accompagnent le dîner. Le bistro informel du rez-de-chaussée convient très bien à l'heure du déjeuner. *(Les deux restaurants sont fermés de la mi-nov à la mi-déc.)*

## Fontaine-de-Vaucluse

**Auberge de Jeunesse** *(45F, pdj 20F, repas 50F; fermé du 15 nov au 15 fév; chemin de la Vignasse, ☎04.90.20.31.65)*. Située immédiatement à l'extérieur de Fontaine-de-Vaucluse en direction de Gordes. Carte de membre de la FUAJ obligatoire.

## Gordes

**Le Domaine de l'Enclos** *(450F-1800F, ½p 400F-1000F par personne, pdj 50F, 60F à la chambre; bp, tv, ☎, ≈, ℜ, minibar; route de Sénanque, 84220 Gordes)*. Une vieille maison de ferme en pierre entourée de quelques bâtiments se cache ici dans un bois dominant la vallée du Luberon. Serge Lafitte y propose plusieurs chambres et appartements au décor personnalisé. Au cours de l'été, les chambres sont réservées pour des périodes d'une semaine. Calme et paisible, mais à condition d'en avoir les moyens. Court de tennis.

**La Gacholle** *(490F-600F, ½p 890F-1 050F pour deux personnes, pdj 54F, cartes de crédit acceptées sauf AE et Diners; fermé du 15 nov au 15 mars; bp, tv, ☎, ≈, ℜ, minibar; route de Murs, ☎04.90.72.01.36, ↝04.90.72.01.81;).* Un endroit amical pouvant avantageusement servir de base à l'exploration du Luberon grâce à ses chambres confortables (quoique certaines aient besoin d'être rafraîchies), à la vue sans pareille sur les monts et sur la vallée, à l'excellente cuisine provençale et, par-dessus tout, à l'accueil souriant et attentionné de Gérard Roux et de son équipe, qui se révèlent tout aussi professionnels que chaleureux. Les prix sont tout à fait raisonnables pour cette région où tout est cher. Neuf des 12 chambres donnent sur la vallée, et certaines ont une terrasse privée. Le talentueux chef, récemment établi dans ses fonctions, fait des merveilles à partir de poissons frais des environs, de légumes, d'herbes aromatiques et d'huile d'olive. Un court de tennis et une piscine invitante s'ajoutent aux installations.

**La Ferme de la Huppe** *(500F, pdj 50F; bp, ☎, ≈, ℜ, minibar; route D156, Les Pourquiers, ☎04.90.72.12.25, ↝04.90.72.01.83).* Jolie maison de ferme en pierre de la vallée du Luberon flanquée d'un jardin paysager et d'une terrasse ombragée en bordure d'une piscine, immédiatement au sud de Gordes. Les huit chambres se veulent attrayantes, certaines se trouvant dans le bâtiment d'origine (XVIIIᵉ siècle), alors que d'autres occupent une nouvelle aile. Le restaurant arbore un style rustique. Les propriétaires, la famille Konnings, ont su y créer une atmosphère chaleureuse et détendue.

**Les Bories** *(600F-1 900F, pdj 74F; bp, tvc, ☎, ≈ intérieure et extérieure, ℜ, route de l'Abbaye de Sénanque, ☎04.90.72.00.51, ↝04.90.72.01.22).* Ceux qui en ont assez des gravures provençales et des meubles campagnards peuvent se tourner vers l'une ou l'autre des 18 chambres luxueuses de cet hôtel à flanc de colline qui fait davantage songer à la Côte d'Azur qu'au Luberon. Un nouveau gérant, d'ailleurs très charmant, fait preuve de grand talent auprès de son jeune personnel (essentiellement composé d'étudiants en hôtellerie) et à l'intérieur de son restaurant, qui est en fait une borie en pierre spécialement réaménagée. Chaque chambre offre une vue renversante sur les collines émaillées de pins en direction de Gordes. Un court de tennis et une incroyable piscine intérieure en marbre s'ajoutent aux installations.

## Lacoste

**L'Herbier** *(300F; pdj; dp, ≈; La Valmasque, ☎04.90.75.88.98).* Niché au pied du Petit Luberon en retrait de la D3 entre Bonnieux et Ménerbes, ce *bed and breakfast* rudimentaire ne compte que cinq chambres pauvrement meublées avec douche et lavabo; la toilette se trouve dans le couloir. La douce propriétaire Minouche Cance, arrière-petite-fille du fauviste Henri Manguin, sert le petit déjeuner sur la terrasse en pierre ombragée en bordure de la piscine. Sont également proposés deux appartements confortables avec salle de bain privée, terrasse et cuisinette *(respectivement 2 600F et 3 900F par semaine).*

**Le Relais du Procureur** *(500F-700F; pdj; bp, tv, ☎, ≈; rue Basse, ☎04.90.75.82.28, ↝04.90.75.86.94).* Bed and breakfast de luxe dans une maison en pierre du XVIIᵉ siècle située en plein cœur de ce charmant village. Chambres bien aménagées et joliment meublées, quoique certaines soient un peu vieillottes. La piscine, étroite et entourée de quatre murs, se trouve à l'un des étages supérieurs.

## Bonnieux

**Hostellerie du Prieuré** *(500F-590F, pdj 40F fermé du 5 nov au 15 fév; bp, ☎, ℜ; rue J.-B. Aurard, ☎04.90.75.80.78, ↝04.90.75.96.00;).* Un hôtel adorable ayant beaucoup de caractère, installé dans une ancienne abbaye du XVIIIᵉ siècle. Dix chambres confortables, une charmante salle à manger aménagée dans l'ancienne cuisine à foyer ouvert et un agréable jardin-terrasse où l'on sert le petit déjeuner. Vous remarquerez au salon, les splendides maquettes de théâtres parisiens présentées dans une vitrine éclairée sous le bar. Menus à 146F et à 206F. Dommage que l'accueil soit quelque peu distant.

## Lourmarin

**Hostellerie du Paradou** *(280F-320F, pdj 30F, cartes de crédit acceptées, fermé du 15 nov au 15 déc et mi-jan à mi-fév; bp, ℛ; route d'Apt, Trouée de la Combe, ☎04.90.68.04.05, ⬅04.90.68.33.93; restaurant fermé mar de sept à juin).* Huit chambres simples, sans téléphone ni téléviseur, entourées d'un paisible jardin planté d'arbres à proximité de la panoramique D943. Le restaurant sert les repas dans une agréable véranda vitrée, de même que sur une terrasse ombragée *(menus à 100F et à 145F; truite aux amandes, bœuf en daube).* Un établissement discret à l'accueil chaleureux. Bon rapport qualité/prix.

**Villa Saint-Louis** *(300F-400F; pdj; bp, tv, ☎; 35 rue Henri de Savournin, ☎04.90.68.39.18, ⬅04.90.68.10.07).* Cette coquette maison du XVIIIe siècle, qu'occupèrent jadis successivement une gendarmerie puis un relais de poste, figure selon nous parmi les meilleurs *bed and breakfasts* de Provence. L'établissement est tenu par l'exubérante Bernadette Lassallette et aménagé avec un goût hors du commun par son époux Michel (un décorateur de profession). Les chambres regorgent d'antiquités et d'objets recueillis dans les marchés aux puces au fil des années, entourés d'un assortiment plutôt bohème de tissus, de tableaux et de meubles, et chacune d'elles possède son propre foyer et une salle de bain complète. Une jolie terrasse et un jardin complètent le tout. La salle où sont servis les petits déjeuners renferme en outre une cuisinette à la disposition des clients, et on leur prête des bicyclettes pour leur permettre de mieux explorer la région.

**Moulin de Lourmarin** *(500F-1 300F, pdj 85F; ⬅, ℛ, bp, ☎, tv; 84160 Lourmarin, ☎04.90.68.06.69, ⬅04.90.68.31.76).* Ce chic hôtel est installé dans un moulin rénové du XVIIIe siècle. Dans les chambres, de vifs tissus provençaux bleu et jaune se mêlent au fer ornemental, aux meubles peints de blanc et aux sols en pierre toujours frais. Une invitante piscine fait face à de beaux champs verts.

## Saignon

**Auberge du Presbytère** *(300F, pdj 45F; fermé du 15 au 30 nov; bp, ℛ; place de la Fontaine, ☎04.90.74.11.50, ⬅04.90.04.68.51;).* Certaines de ses 10 chambres invitantes ont une terrasse offrant une vue sur le Luberon, alors que d'autres donnent sur la fontaine de la place. En lieu et place d'un téléviseur, vous trouverez une pile de livres près de votre lit. Recommandé pour son accueil chaleureux et son atmosphère paisible. Boissons servies au bar ou sur la terrasse jouxtant la fontaine *(11h à 13h et 16h30 à 20h).* Le restaurant propose un menu à prix fixe *(145F)* de quatre services incluant fromages et dessert.

## Viens

**Hôtel Saint-Paul** *(280F-320F, pdj 35F; fermé jan et fév; bp, tv dans certaines chambres, ☎, ⬅, ℛ; ☎04.90.75.21.47, ⬅04.90.75.30.80;).* Un bâtiment en pierre de construction récente comptant 20 chambres dans un coin isolé et exceptionnellement beau du Grand Luberon. L'endroit se veut confortable, mais manque quelque peu de raffinement, et le restaurant gagnerait à être amélioré : les dîners sont tout juste passables, les petits déjeuners, lamentables (jus dilué, café innommable, confitures insipides), et le service est lent.

## Ansouis

**Le Jardin d'Ansouis** *(230F-290F; pdj; bp; rue du Petit-Portail, ☎ et ⬅04.90.09.89.27).* Un très agréable *bed and breakfast* de deux chambres décorées avec goût par la bienveillante Arlette Rogers. Les petits déjeuners sont de véritables festins : œufs, croissants et pain, délicieuses confitures maison et miel de la région, le tout servi sur une terrasse en bordure d'un jardin somptueux. Dîner possible sur demande *(50F-200F, vin compris).*

RESTAURANTS

### L'Isle-sur-la-Sorgue

**Le Jardin du Quai** *($-$$; fermé mar soir et mer; 4 av. Julien Guigue, ☎04.90.38.56.17).* Ce charmant restaurant est très fréquenté par les antiquaires des marchés voisins les fins de semaine, et vous n'aurez aucun mal à comprendre pourquoi. Un joli jardin ombragé et une salle fraîche parsemée d'objets amusants composent le décor de cet établissement, d'ailleurs l'une des meilleures tables de la ville. Parmi les merveilles qu'on y sert, mentionnons le délicieux filet de rouget frit, les côtelettes d'agneau au romarin et les incomparables desserts (gâteau au fromage, tarte à la rhubarbe et aux prunes). Menu du dimanche midi à 110F. Tout est fait maison, et le service se veut à la fois amical et efficace. Voisin de la gare SNCF.

**Le Caveau de la Tour de l'Isle** *($$; 9h à 13h et 15h à 20h, fermé dim après-midi et lun; 12 rue de la République, ☎04.90.20.70.25).* Derrière cet adorable comptoir de vins à l'ancienne (excellent choix de crus locaux, personnel chaleureux et qualifié) se trouve un minuscule bar à vins où vous pourrez déguster un vin de la région tout en mangeant du pain grillé garni de tapenade, de fromage de chèvre ou de caviar d'aubergine.

### Pernes-les-Fontaines

**Le Troubadour** *($-$$; mer-dim déjeuner et dîner seulement; 56 rue du Troubadour, ☎04.90.61.62.43).* Très bonnes spécialités provençales authentiques, y compris bouillabaisse et gibier, dans un décor rustique. Choix de trois menus : déjeuner *(mer-ven, 60F)*, menu gourmet *(90F)* et menu gourmand *(130F)*. Service professionnel et amical.

### Cavaillon (Cheval-Blanc)

**Alain Nicolet** *($$$-$$$; fermé dim soir et lun en basse saison; route de Pertuis, B.P. 28, ☎04.90.78.01.56, ≈04.90.71.91.28).* Un bon restaurant gastronomique établi dans une maison de campagne en pierre où l'on met

l'accent sur les produits saisonniers frais qu'on apprête d'ailleurs avec délice. Pendant la saison chaude, vous aurez la possibilité de manger sur une terrasse ombragée offrant une vue splendide sur la campagne environnante. Service professionnel et accueil chaleureux par les soins de Mireille Nicolet. Menus 170F, 215F et 350F.

### Cabrières-D'Avignon

**Le Bistrot à Michel** *($$; fermé lun, sauf en juil et août, mar et en jan; Grand'Rue, ☎04.90.76.82.08).* Jadis un paisible bistro de village tenu par la sympathique famille Bosc, cet établissement est devenu à la mode auprès des Parisiens et des touristes nord-américains à la suite d'un battage récent par les médias. Fort heureusement, il continue de servir de la très bonne nourriture préparée à partir d'ingrédients frais, y compris la tomate tiède, le pâté de thon, le filet de morue et les «pieds et paquets». D'amusantes affiches de dessins animés et de vieux films couvrent les murs. Les prix se révèlent toutefois un peu exagérés : menus à 100F (salade, dessert, verre de vin – au déjeuner en semaine seulement) et à 160F (quatre services incluant fromages et dessert).

### Gordes

**Les Vordenses** *($$; fermé mer; Les Goges, ☎04.90.72.10.12).* Un agréable resto situé dans la vallée en contrebas de Gordes et tenu avec beaucoup de soin et de professionnalisme par un jeune couple. Spécialités provençales; menu de gibiers en hiver. Heureusement, un menu déjeuner léger est aussi proposé en été; justement appelé «Menu Petite Faim», il peut comprendre de tomates, du fromage de chèvre et de la salade au basilic *(50F)*, ou du flan aux courgettes et au basilic *(45F)*. Bon choix de vins locaux. Terrasse ombragée.

**Le Mas Tourteron** *($$; fermé dim après-midi, lun et nov à mars; chemin de Saint-Blaise, Les Imberts, ☎04.90.72.00.11).* Un élégant refuge où l'on sert de très bons plats provençaux, telles la terrine de lapin et la mousse d'aubergine en entrée, suivies d'un carpaccio de thon et d'espadon ou d'un filet de porc à la moutarde et au miel. La terrasse ombragée, envahie par des plantes et de leurs, se pare de tables en métal vertes, de nappes bleues et de chaises garnies de coussins blancs. Le chef Élizabeth Bourgeois jouit d'une réputation enviable à travers la France, et son livre de recettes est en vente un peu partout.

## Lacoste

Le Café de France *($; fermé de nov à Pâques; 04.90.75.82.25)*. Bar-café retenu pour la vue superbe qu'offre sa terrasse sur les collines du Luberon et sur le village de Bonnieux, perché sur la falaise opposée. Son menu tout à fait ordinaire ne propose cependant que des salades, des omelettes et des frites. Quatre chambres rudimentaires sont également proposées en location, soit deux avec une belle vue et une salle de bain privée *(290F)* et deux sans vue ni salle de bain *(190F)*.

## Bonnieux

Le Fournil *($$; fermé lun; 5 place Carnot, 04.90.75.83.62)*. Dans cet établissement situé en bordure d'une agréable place dotée d'une fontaine en plein centre du village, Guy Malbec et Jean-Christophe Lèche proposent de délicieux classiques de la cuisine provençale apprêtés de façon innovatrice, comme le pistou froid aux moules et aux coques, le flan d'agneau à l'aubergine, le colin braisé aux artichauts violets, le gâteau au chocolat chaud arrosé d'une sauce à la pistache... Choix de menus à 112F, 148F et 158F. Terrasse ouverte en été.

Henri Tomas *($; 7 et 9 rue de la République, 04.90.75.85.52)*. Le jovial Tomas apprête sa spécialité, la galette provençale, et d'autres douceurs dans sa pâtisserie en devanture, tandis qu'à l'arrière un salon de thé occupe deux salles datant du XIIᵉ siècle où l'on pressait jadis les olives afin d'en recueillir l'huile. Idéal pour un chocolat chaud fumant lorsqu'il fait plus frais. Situé en face du Musée de la Boulangerie.

## Lourmarin

L'Oustalet de Georges *($-$$; fermé dim soir et lun; av. Philippe de Girard, 04.90.68.07.33)*. Cet établissement occupe une vieille maison en bordure de la route et met clairement l'accent sur les ingrédients frais de Provence (soupe au pistou, filet de morue aux olives...). Bon menu à trois services au déjeuner *(105F, en semaine seulement)*, comprenant un choix de salades arrosées d'huile d'olive locale, ou encore une terrine de poisson en entrée et une succulente tarte du jour au dessert.

Michel Ange *($$; fermé mar soir et mer du 15 sept au 15 juin; place de la Fontaine, 04.90.68.02.03)*. Un joyeux décor méditerranéen caractérise ce restaurant du centre du village anciennement connu sous le nom de «Maison Ollier». Sols carrelés, couleurs de Toscane et une foule de plats de poisson et de pâtes. Menus à 108F et à 158F, plus un menu dégustation à 280F.

## Viens

Le Petit Jardin *($-$$; dîner seulement, fermé mer; au centre du village, 04.90.75.20.05)*. Un café de village typique *(ouvert toute la journée)* doublé d'un restaurant intime à l'arrière où l'on sert d'indiscutables classiques (salade de chèvre chaud, confit de canard...). Le menu à 115F présente un rapport qualité/prix imbattable. Y figuraient récemment une terrine de champignons, un rôti d'agneau, du fromage, des desserts et un pichet de Côtes-du-Luberon. On mange au coin du feu en hiver ou dans le magnifique jardin en été. Mérite un détour, ne serait-ce que pour rencontrer Muguette, la flamboyante patronne.

## Rognes

Le Braséro *($; fermé lun, mar midi et en oct; 9 rue de l'Église, 42.50.17.63)*. Aucun prix pour son décor, mais sa pizza *(35F-50F)* se révèle la meilleure de toute la région (celle au fromage de chèvre et au basilic mérite très certainement un prix). On y propose aussi des salades, des pâtes et des menus complets. Notez au passage que l'église de l'Assomption

(XVIIe siècle) renferme des autels célèbres, bien qu'elle soit souvent fermée. Rognes se trouve à 14 km au sud de Lourmarin (à 10 min de route de l'abbaye de Silvacane) sur la D543.

     SORTIES

Comme le Haut Comtat Venaissin, le Vaucluse et le Luberon sont des régions rurales offrant de grandes beautés naturelles mais peu de divertissements nocturnes. Les visiteurs cherchent plutôt ici à s'imprégner de la riche histoire de la région, à explorer la campagne émaillée de villages charmants à pied ou en voiture et à jouir de la délicieuse nourriture et des vins locaux. On ne passe pas ses soirées dans les discothèques ou les boîtes de jazz enfumées (il n'y en a pas); on prend plutôt le temps de contempler les couchers de soleil sur les collines ou de s'attarder devant un bon dîner provençal.

Il y a toutefois une exception, et de taille. L'été est la saison des festivals en France, et la Provence tout entière s'anime d'**événements célébrant la culture, l'histoire et les traditions de la région**. Parmi les principaux festivals du plateau du Vaucluse et du Luberon, retenons le Festival de Gordes *(mi-juil à mi-août; jazz, musique classique et théâtre)*, le Festival de quatuors à cordes, qui se tient à Fontaine-de-Vaucluse, à Roussillon et à Goult *(juin à sept)*, la Fête de la lavande de Sault *(août)*, la Fête des vendanges d'Entrechaux *(sept)*, le Festival du Sud-Luberon de La Tour-d'Aigues *(juil; danse, théâtre, musique)*, les Rencontres d'été d'Apt *(août; manifestations historiques et littéraires)*, le Festival international de folklore de Cavaillon *(les ven de juil et août)*, les Chansons françaises de Cavaillon *(les sam de juil et août; concerts)*, Les Kiosques à musique d'été de Cavaillon *(les dim après-midi de juil-août)*, la musique d'été et les Rencontres méditerranéennes Albert Camus de Lourmarin *(août; musique et rencontres littéraires)*.

    MAGASINAGE

### L'Isle-sur-la-Sorgue

**Marché d'antiquités.** Le village tout entier s transforme en un marché d'antiquités et d brocante les fins de semaine (en été, arrive sur les lieux pour 10h si vous voulez trouve un espace de stationnement). Essayez d marchander en tentant de faire baisser les pri de 15 % dans l'espoir d'obtenir une réductio possible de 10 %. Il y en a pour tous le goûts, de toutes les qualités et à tous les prix Voici quelques points de repère utiles pou mieux vous y retrouver.

**L'Espace Béchard** *(1 av. Charmasson, rout d'Apt, ☎04.90.38.25.40)*. Onze antiquaire de métier y exposent des meubles et diver objets de qualité.

**L'Isle Aux Brocantes** *(passage du Pont, 7 a des Quatre-Otages, ☎04.90.20.69.93)*. Plu de 35 marchands y font des affaires dans un atmosphère de village couvert où se mêle toutes sortes d'articles petits et gros, compris des faïences et des étoffes. Che Nane, un restaurant affairé doublé d'un salo de thé, se trouve à l'arrière *(fins de semain seulement, ☎04.90.20.69.93)*.

**Xavier Nicod** *(9 av. des Quatre-Otage ☎04.90.38.07.20)*. Nicod et son épouse proposent un choix éclectique d'antiquités d'objets amusants triés sur le volet avec u certain humour.

**Le Quai de la Gare** *(en face de la gare SNC ☎04.90.20.73.42)*. Antiquaires et brocanteu s'y côtoient dans une agréable gale proposant meubles, miroirs, objets d'art autres articles.

**Les Délices du Luberon** *(270 av. Voltai Garcin, ☎04.90.38.45.96)*. Bon éventail d meilleurs produits alimentaires de Provence huile d'olive, tapenade, herbes aromatique nougat, confiseries...

### Venasque

**Atelier de faïence** *(tlj sauf mer 10h à 19 fermé du 15 oct au 15 mars; place de*

...ontaine, ☎*04.90.66.07.92).* Jolies poteries originales aux dessins essentiellement géométriques dans les tons de bleu et de blanc, créées par la charmante et chaleureuse Anne Viard-Oberlin.

## Apt

...umas *(8h30 à 12h et 14h à 19h, fermé dim-un; 16 place Gabriel Péri,* ☎*04.90.74.23.81,* ↝*04.90.74.63.59).* Bien que vous puissiez trouver des kiosques à journaux et à revues dans les plus gros villages, vous aurez du mal à trouver un bon choix de livres, qu'il s'agisse d'œuvres de fiction ou autres, et ce dans l'ensemble du Luberon. Les bibliophiles ne voudront donc pas manquer cette librairie.

...ean Faucon *(lun-ven 8h à 12h et 14h à 18h, sam 9h à 12h et 15h à 18h, fermé dim; 12 av. de la Libération,* ☎*04.90.74.15.31).* Six générations de Faucon se sont désormais vouées à la fabrication de faïences d'Apt. Chaque pièce (assiettes, jarres à tabac, vases) e terre locale fait appel à une technique spéciale lui donnant ses fines vagues de jaune, de rouge, de vert, de brun et de blanc. Cette coquette boutique expose en outre tous es articles raffinés de manière à les mettre en valeur.

## Sault

...ndré Boyer *(fermé lun, mar-dim 12h à 14h et en fév;* ☎*04.90.64.00.23,* ↝*04.90.64.08.99).* La famille Boyer confectionne le meilleur nougat de la région, mais aussi de délicieux macarons aux amandes. Cette confiserie pittoresque occupe e centre du village depuis plus de 100 ans. André, l'arrière-petit-fils du fondateur (Ernest), utilise toujours les méthodes ancestrales de fabrication (son nougat est fait d'amandes locales et de miel de lavande).

## Goult

...itot *(tlj 9h à 12h et 14h à 18h, fermé dim; suivre les indications en quittant la N100 à* Ponty, près de Goult, ☎*04.90.72.22.79).* Antony Pitot s'inspire des faïences d'Apt du XVIII$^e$ siècle pour créer une fine porcelaine blanche typiquement émaillée de jaune moutarde ou d'un vert riche. Il ne s'agit pas là de reproductions telles que vous pouvez en voir dans la région, mais de pièces originales vendues seulement ici et fabriquées à partir de moules conçus par Pitot lui-même.

## Notre-Dame-des-Lumières

**Édith Mézard** *(toute l'année, tlj 15h à 18h30; château de l'Ange,* ☎*04.90.72.36.41,* ↝*04.90.72.36.69).* Vous découvrirez ici de magnifiques vêtement brodés pour homme et femme, de même qu'un choix extraordinaire d'articles pour la maison (draps, taies d'oreiller, couvre-lits, serviettes de bain et de table, nappes, etc.). Fleurs, poèmes et monogrammes sont cousus à la main sur les cotons et les lins les plus fins : le résultat est tout à fait distingué. Cette boutique contemporaine à la mode fut conçue par Jacqueline Morabito, et elle s'intègre merveilleusement bien au minuscule «château-résidence» de Mézard, situé à proximité de Goult. On prend vos commandes.

## Lourmarin

**L'Ange Bleu** *(15h à 19h, fermé lun; 25 rue Henri de Savonin,* ☎*04.90.68.01.58).* Un charmant gentilhomme flamand, Ignace Morreel, vend ici une belle sélection d'antiquités régionales et autres.

**Cote Bastide** *(3 rue du Grand Pré,* ☎*04.42.97.31.00).* Tout pour le bain : des savons délicieusement parfumés, des bougies également parfumées, de somptueuses serviettes... Merveilleuses idées cadeaux et qualité irréprochable, pour vous-même ou pour vos amis.

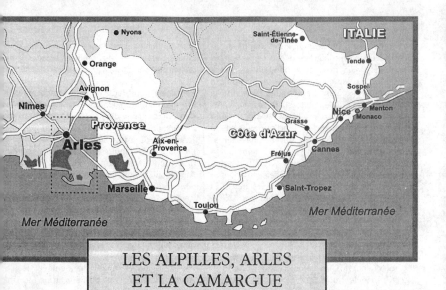

## LES ALPILLES, ARLES
## ET LA CAMARGUE

**C**ette étonnante région ★★ offre un peu de tout : de célèbres ruines romaines, de magnifiques paysages non touchés par l'homme, de paisibles villages provençaux et des villes élégantes. Vous êtes ici invité à découvrir une importante partie du département des Bouches-du-Rhône.

Les Alpilles s'imposent comme une impressionnante chaîne montagneuse de calcaire déchiqueté à 25 km au sud d'Avignon. Trois villes intéressantes les entourent (Saint-Rémy-de-Provence, Tarascon et Arles), de même que plusieurs villages tranquilles. À l'ouest des Alpilles, des champs de blé dorés envahissent les plaines, tandis que des vergers prennent la relève au nord et que la Crau, une plaine rocailleuse et désertique, étend son fief au sud. La Camargue, quant à elle, borde la Crau et se prolonge jusqu'à la Méditerranée; elle forme le delta du Rhône, et une grande partie de ses terres marécageuses constitue le parc naturel régional de Camargue. La culture du riz, la production du sel et la pêche représentent les principales activités de cette région où évoluent des chevaux sauvages au pelage blanc et où vivent sereinement, ce qui peut surprendre, des colonies de flamants roses.

Avant l'âge de pierre, les eaux du Rhône et de la Durance se déversaient dans un immense golfe s'ouvrant sur la mer. Avec le passage des millénaires, le niveau de la mer s'abaissa, et les sédiments charriés par les deux fleuves en vinrent à s'accumuler pour former de petites îles. Peu à peu, un paysage semblable à celui qu'on peut admirer aujourd'hui vit le jour, permettant à la région de se peupler. Les masses terrestres continuèrent ainsi à faire surface jusqu'au IVᵉ siècle; jusque-là, une grande partie de la Camargue n'existait toujours pas, de sorte qu'on peut dire qu'il s'agit d'une région naturelle «nouvellement» formée.

L'homme du paléolithique vivait déjà ici, suivi des tribus celto-ligures, puis des Grecs de Phocée (les musées d'histoire naturelle d'Arles, de Saint-Rémy-de-Provence et des Baux renferment d'intéressants objets de ces époques). Quant à l'ère romaine, époque à laquelle Auguste César stationna une partie de son sixième bataillon en Provence, elle fut marquée par un progrès et une croissance considérables.

Après Marseille, Arles était sans doute la plus importante colonie romaine de toute la région. Il s'agissait d'un grand centre de commerce reliant la côte aux communautés de l'intérieur des terres, à la suite de la construction d'un canal entre la ville et le golfe de Fos, à l'ouest de Marseille. On peut aujourd'hui y admirer les vestiges d'une arène, d'un amphithéâtre, de thermes et de remparts romains surmontés de tours rondes. Et non loin de là s'étend la petite communauté de Glanum, dont les ruines voisines de Saint-Rémy (habitations, mausolée et arche commémorative) ont pour nom «Les Antiques».

Arles était en outre une ville de marché et un centre administratif influent. Son prestige lui demeura d'ailleurs acquis pendant plusieurs centaines d'années, alors que nombre d'activités y étaient regroupées. Elle fut la capitale de la Gaule, puis, au IXe siècle, celle du royaume d'Arles (une vaste région englobant l'actuelle Bourgogne et l'ouest de la Provence). La prospérité de la ville même, comme celle de la région, commença seulement à décliner après 1482, date à laquelle la Provence devint officiellement une province de France. Aix-en-Provence devint le siège gouvernemental de la région en 1501 avec son fameux parlement, et le commerce se déplaça vers de nouveaux centres, notamment Marseille et Toulon, sur la côte méditerranéenne.

La région connut un calme relatif à compter du XVe siècle, alors que la vie politique et économique continuait de se concentrer autour d'Aix et de Marseille. Ses habitants poursuivirent les activités qui leur avaient jusque-là le mieux réussi, à savoir la culture des arbres fruitiers, des vignes et des plantations d'oliviers (présentes depuis l'arrivée des Grecs), l'élevage du mouton au nord des Alpilles et celui du bétail et des chevaux en Camargue. Bien qu'Arles ne fût plus au premier plan, elle n'en demeurait pas moins un centre commercial habité par une bourgeoisie de plus en plus nombreuse, de sorte que d'élégants bâtiments et hôtels particuliers y furent construits, tout comme à Saint-Rémy-de-Provence.

Aujourd'hui, les vergers de la région fournissent encore une quantité importante de fruits (surtout des abricots, des pêches et des poires), destinés aussi bien à la consommation intérieure qu'à l'exportation. Au cours du siècle dernier, les systèmes d'irrigation de la région se sont passablement développés, ce qui a eu pour effet d'augmenter considérablement l'étendue des terres arables de la plaine d'Arles-Tarascon et du nord de la Crau, où l'on cultive du blé de même qu'un peu de maïs et de colza.

En Camargue, la riziculture s'est avérée profitable au cours des 50 dernières années, depuis qu'on a introduit avec succès des méthodes de culture intensive. Les récoltes s'écoulent à Arles, ce qui a aidé la ville à s'imposer comme un centre céréalier d'envergure. Qui plus est, des industries lourdes et légères (produits chimiques, produits pharmaceutiques, firmes d'ingénierie) sont installées dans la région depuis la fin d[e] la Deuxième Guerre mondiale, principaleme[nt] autour d'Arles et de Tarascon.

Parmi les nombreux écrivains et artistes q[ui] ont vécu ici, immortalisant les paysages et l[es] gens de ce coin de pays, on dénombre tro[is] figures de proue. Frédéric Mistral, poète fondateur du mouvement félibrige destin[é à] promouvoir la langue provençale, a vu le jo[ur] et a vécu à Maillane, au nord de Saint-Rém[y]. Alphonse Daudet, un autre fils de la région, écrit, entre autres œuvres, la fameuse sati[re] *Tartarin de Tarascon*, un ouvrage dans lequ[el] il ridiculise les habitants de cette ville, [de] même que *Lettres de Mon Moulin*. Enfin, [le] peintre hollandais Vincent Van Gogh pas[sa] deux ans de sa vie (1888-1890) à Arles et [à] l'asile de Saint-Rémy, le monastère de Sain[t-] Paul-de-Mausole, avant de s'enlever la vie [à] Auvers-sur-Oise, près de Paris, trois mois pl[us] tard.

Lorsque la valeur des propriétés immobiliè[res] du Luberon grimpa en flèche après l'invasi[on] des personnalités du show-business au cou[rs] des années quatre-vingt, on se tour[na] davantage vers l'ouest, et pl[us] particulièrement vers les Alpilles, Saint-Rém[y- ] de-Provence et Eygalières. Les paparazz[i] surveillent d'ailleurs maintenant à la loupe l[es] allées et venues des célébrités qui ont fa[it] l'acquisition de résidences secondaires dans [la] région, parmi lesquelles le mannequin Inès [de] la Fressange, devenue boutiquière, le chante[ur] Charles Aznavour et le désigner (aus[si] restaurateur) Sir Terence Conran. Quant à [la] résidante occasionnelle la plus célèbre [de] Saint-Rémy, il s'agit sans nul doute de [la] princesse Caroline de Monaco, à qui le com[te] Jacques Sénard a offert, en 1991, un bail [de] 99 ans sur une maison de ferme en pier[re] datant du XVIIe siècle.

 POUR S'Y RETROUVER SANS MAL

La région est flanquée du Rhône et de [la] Durance, directement au sud d'Avignon, [et] est desservie par un bon réseau routier [et] ferroviaire (Société nationale des chemins [de] fer français, ou SNCF).

## En train

e service régional (TER) de la SNCF assure
s liaisons quotidiennes vers **Arles**, **Saint-**
**émy** et **Tarascon** au départ d'Avignon et de
arseille.

## En voiture

'Avignon, prenez la D571 Sud vers **Saint-**
**émy** et **Baux** (25 km), la D570 vers **Arles**
4 km) et la D970 vers **Tarascon** (23 km).
aintes-Maries-de-la-Mer repose à l'extrémité
d de la Camargue sur la D570 (72 km).

s villes principales se trouvent à environ
0 km de l'aéroport Marignane de Marseille.
our **Saint-Rémy-de-Provence** et **Tarascon**
6 km de plus), empruntez la A7 Nord
utoroute du Soleil) en direction de
availlon, puis bifurquez vers l'ouest sur la
99. Pour **Arles**, suivez la A7 Nord jusqu'à
alon-de-Provence, puis prenez vers l'ouest
r la N113-E80. Pour **Saintes-Maries-de-la-**
**er**, suivez les indications pour Arles, puis
mpruntez la D570 Sud (38 km de plus).

 RENSEIGNEMENTS PRATIQUES

### Offices de tourisme

**aint-Rémy-de-Provence**
ace Jean Jaurès
3210 Saint-Rémy-de-Provence
04.90.92.05.22
04.90.92.38.52

**ntvieille**
rue Marcel Honorat
04.90.54.67.49
04.90.54.64.87

**rles**
splanade Charles de Gaulle
3200 Arles
04.90.18.41.20
04.90.93.17.17

**Tarascon**
59, rue des Halles
13150 Tarascon
☎04.90.91.03.52
≈04.90.91.22.96

**Baux**
Îlot «Post Tenebras Lux»
13520 Les Baux-de-Provence
☎04.90.54.34.39
≈04.90.54.51.15

**Saintes-Maries-de-la-Mer**
5, av. Van Gogh
13732 Les Saintes-Maries-de-la-Mer
☎04.90.97.82.55
≈04.90.97.71.15

 ATTRAITS TOURISTIQUES

### Saint-Rémy-de-Provence ★

On a entrepris d'importants travaux archéologiques sur les ruines romaines de **Glanum** *(à 2 km au sud de Saint-Rémy-de-Provence sur la D5)* après la Première Guerre mondiale, travaux qui se poursuivent d'ailleurs à ce jour. Les historiens croient que les Phocéens furent les premiers à s'établir sur le site, et ce, dès le VIe siècle av. J.-C. Les visiteurs peuvent désormais y admirer (quoique seulement en partie par périodes) les grands thermes à plusieurs salles, la longue avenue résidentielle, le temple et la source naturelle d'une véritable cité gallo-romaine datant de 30 à 10 av. J.-C. Les Barbares détruisirent la ville au IIIe siècle ap. J.-C., après quoi une nouvelle communauté se développa autour de l'actuel Saint-Rémy *(24F; avr à sept tlj 9h à 19h, oct à mars tlj 9h à 12h et 14h à 17h; visite guidée possible avec arrangement préalable; ☎04.90.92.23.79)*.

Deux monuments importants sont aujourd'hui visibles à proximité du site de Glanum : un **arc de triomphe** et un **mausolée** regroupés sous le nom d'**Antiques ★★** *(entrée libre)*. L'arc date de l'an 6 av. J.-C. et présente des reliefs commémorant la victoire de César en Gaule; sa partie supérieure n'existe plus, mais le travail sculptural se révèle d'une belle facture. Quant au mausolée, d'une hauteur de 19 m et bien conservé, il fut construit vers 30 av. J.-C.

Non loin des ruines se dresse le **monastère de Saint-Paul-de-Mausole ★**. Le peintre Vincent Van Gogh se fit interner dans la clinique qui l'occupait au cours de la dernière année de sa vie (1890). Dans un paisible décor boisé, vous pourrez en visiter le joli **cloître** à colonnades du XII⁰ siècle, voisin de la chapelle romane *(entrée libre; 9h à 12h et 14h à 18h; av. Edgar Leroy)*. Un buste du peintre, réalisé par le sculpteur Zadkine, reposait autrefois le long du sentier menant au cloître, mais il fut volé dans la nuit du 29 au 30 juin 1990.

Le **Musée archéologique** *(12F; visite guidée d'une heure; avr à juin et sept-oct 10h, 11h, 14h, 15h, 16h et 17h; déc 10h, 11h, 15h et 16h en nov; 10h, 11h, 15h et 16h; juil et août 10h, 11h, 14h30, 15h30, 16h30, 17h30 et 18h30; place Favier, ☎04.90.92.13.07)* occupe le coquet Hôtel de Sade et renferme des colonnes, des pièces architecturales et des objets courants provenant des ruines de Glanum.

Le **Musée des Alpilles** *(12F, gratuit pour les enfants; avr à juin et sept-oct tlj 10h à 12h et 14h à 18h, juil-août tlj 10h à 12h et 15h à 20h, nov et déc tlj 10h à 12h et 14h à 17h, fermé jan et mars)*, qui porte sur l'ethnologie, l'archéologie et la vie quotidienne dans la région (costumes, meubles, objets variés), occupe l'Hôtel Mistral de Montdragon (XVI⁰ siècle), qui vient d'être rénové (remarquez au passage la magnifique cour intérieure). D'intéressantes expositions temporaires sont présentées au rez-de-chaussée.

Une autre résidence attrayante du XVIII⁰ siècle dans le centre de Saint-Rémy est l'Hôtel Estrine, qui abrite désormais **Le Centre d'Art Présence Van Gogh** *(20F; sept à juin mar-dim 10h à 12h et 14h à 18h, juil et août 10h à 12h et 15h à 19h, fermé lun; 8 rue Estrine, ☎04.90.92.34.72)*. On y propose des expositions temporaires dans des salles magnifiquement restaurées offrant une perspective tantôt thématique tantôt historique sur Vincent Van Gogh, de même que des projections audiovisuelles continues sur son œuvre. Il importe toutefois de noter qu'il ne s'agit pas d'une galerie exposant les toiles du maître. Une boutique abondamment garnie de souvenirs, de livres, de cartes postales et d'affiches s'ajoute aux lieux.

Le **centre de Saint-Rémy ★**, avec ses rues étroites et sinueuses, peut facilement être visité en une demi-journée, quoiqu'il soit malheureusement rempli de touristes en été,

surtout le jour. Outre les belles résidences d[e] XVII⁰ et XVIII⁰ siècles déjà mentionnées, [il] faut s'attarder à l'hôtel de ville *(pla[ce] Pélissier)*, un ancien couvent du XVII⁰ sièc[le] ainsi qu'à la plus récente église collégia[le] Saint-Martin *(en face de la place de [la] République)*, dont l'orgue célèbre fit l'obj[et] d'une réfection complète en 1985 *(Festiv[al] Oragana avec récitals l'été; s'enquérir aupr[ès] de l'Office de tourisme pour plus de détail[s])*. À l'angle des rues Nostradamus et Carn[ot,] vous noterez également la fontai[ne] Nostradamus, qui date du XIX⁰ siècle [et] honore la mémoire de l'écrivain Michel [de] Nostredame, mieux connu sous le nom [de] «Nostradamus». L'illustre personnage est n[é] tout près de là dans une maison de la r[ue] Hoche en 1503, mais il vécut essentielleme[nt] à Salon-de-Provence (voir p 129).

L'**Office de tourisme** organise deux visites [à] pied d'une durée de 1 heure 30 min, l'une q[ui] permet d'admirer les principaux site[s] et paysages champêtres peints par Vince[nt] Van Gogh, et l'autre qui jette un rega[rd] historique sur l'architecture du centre de [la] ville *(30F chaque circuit; «**Promenade sur l[es] lieux peints par Van Gogh et Saint-Rémy**[»,] 1⁰ʳ avr au 15 oct mar et jeu 10h, sam 10h [à] 17h; «**Au temps de Nostradamus**», 1⁰ʳ avr [au] 15 oct ven 10h; visites en anglais, [en] allemand et en provençal disponibles p[ar] arrangement préalable)*.

---

## Maillane

---

À quelques kilomètres au nord-est de Sai[nt-] Rémy sur la D5 se trouve la ville natale [du] héros provençal Frédéric Mistral (1830-191[4].] Cet écrivain est le fondateur du mouveme[nt] félibrige, un ardent protecteur de la lang[ue] d'oc et le récipiendaire d'un prix Nob[el] (1904). Il passa son enfance dans une mais[on] de ferme voisine, étudia le droit à Aix-e[n-] Provence et retourna ensuite à Maillane, o[ù il] vécut avec ses parents, puis sa propre fami[lle] dans le centre de la ville. En 1896, il cré[a à] Arles le Musée Arlatan avec sa collecti[on] personnelle d'objets provençaux (voir p 13[3).] On se souvient surtout de Mistral pour s[es] poèmes *Mireille* et *Le Poème du Rhône*, ain[si] que pour ses *Mémoires*. Vous pourrez vo[ir] comment vivait l'écrivain car sa maison e[st] maintenant devenue le **Musée Frédéric Mist[ral]** *(droit d'entrée; avr à sept 9h30 à 11h30 [et] 14h30 à 18h30, oct à mars 10h à 11h30 [et] 14h à 16h30; rue de Lamartin[e,]*

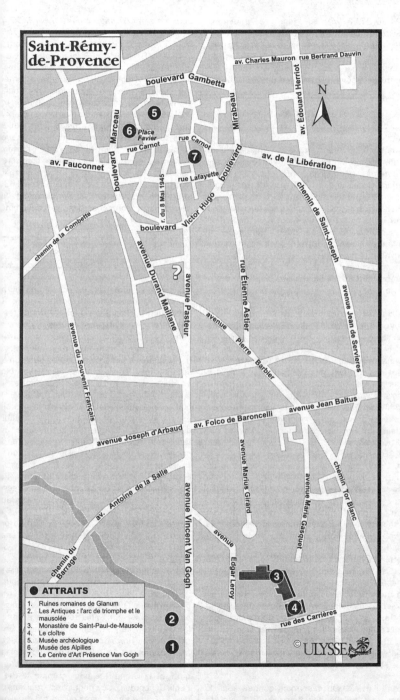

**Saint-Rémy-de-Provence**

av. Charles Mauron   rue Bertrand Dauvin

boulevard Gambetta

av. Édouard Herriot

Marceau

**5**

**6** *Place Favier*

rue Carnot

rue Carnot

**7**

Mirabeau

boulevard

av. de la Libération

boulevard

av. Fauconnet

rue Lafayette

r. du 8 Mai 1945

chemin de Saint-Joseph

chemin de la Combette

boulevard   Victor Hugo

avenue Durand Maillane

avenue Pasteur

rue Étienne Astier

avenue Jean de Servières

avenue du Souvenir Français

avenue   Pierre   Barbier

avenue Joseph d'Arbaud

av. Folco de Baroncelli

avenue Jean Baltus

av. Antoine de la Salle

avenue Marius Girard

avenue Marie Gasquet

chemin Tor Blanc

chemin du Barrage

avenue Vincent Van Gogh

avenue   Edgar Leroy

avenue

**3**

**4**

rue des Carrières

© ULYSSE

**ALPILLES, ARLES CAMARGUE**

● **ATTRAITS**

1. Ruines romaines de Glanum
2. Les Antiques : l'arc de triomphe et le mausolée
3. Monastère de Saint-Paul-de-Mausole
4. Le cloître
5. Musée archéologique
6. Musée des Alpilles
7. Le Centre d'Art Présence Van Gogh

**2**

**1**

☎04.90.95.74.06); en face se trouve la maison du Lézard, où il vécut avec sa mère à une époque antérieure. Le musée a rouvert ses portes en 1995 après avoir fait l'objet de rénovation pendant trois ans. La tombe de Mistral se trouve au cimetière de Maillane.

## Baux ★★

Baux bénéficie d'une situation remarquable au sommet d'un plateau déchiqueté révélant des panoramas à couper le souffle. Le village tout entier est classé site historique, de sorte qu'il a reçu des subventions qui lui ont permis de restaurer ses charmantes constructions en pierre. Il s'agit d'un des lieux touristiques les plus courus de France, ce qui fait qu'il est envahi de visiteurs de tous âges et de toutes nationalités, sans compter que les innombrables boutiques de souvenirs compromettent sérieusement le plaisir de la visite.

Baux était un important centre militaire au Moyen Âge, et ce jusqu'au XVe siècle, lorsque ses seigneurs dominaient une grande partie de la France méridionale telle que nous la connaissons aujourd'hui. Ils se tenaient même pour des descendants de Balthazar, l'un des Rois mages! Le sort du village déclina peu à peu avec la disparition du lignage caractéristique de Baux, à l'époque où la Provence devint une région de la France. Le village fut ensuite abandonné pendant un certain temps.

En 1822, on découvrit dans les carrières de Baux du minerai d'aluminium, qu'on appela «bauxite» d'après le nom du village. Le site peut être visité exclusivement à pied en entrant par la porte des Mages, à son extrémité nord. L'artère qui se dessine sur la droite (place Louis Jou et rue de la Calade) conduit au-delà des vieux remparts et de la porte d'Eyguières pour aboutir à la place de l'Église (église Saint-Vincent du XIIe siècle et chapelle des Pénitents Blancs). De ce point, on a une vue saisissante sur la campagne en direction d'Arles. Directement en face de la porte des Mages, la Grand'Rue passe par l'Hôtel de Manville (qui abrite aujourd'hui l'Hôtel de Ville et une galerie d'art contemporain) et l'Office de tourisme, avant que son tracé sinueux atteigne la vieille ville.

La cité médiévale désormais connue sous le nom de **Citadelle des Baux ★** (32F, gratuit pour les enfants; mars à nov 8h à 19h30, j et août 8h à 21h, nov à fév 9h à 17h3 ☎04.90.54.55.56) se trouve tout en haut  la rue de Trencat. Immédiatement au-delà  guichet d'admission, vous pourrez visiter  musée du village, qui présente avec intér  des objets mis au jour lors de fouill  archéologiques. La citadelle comme te  occupe les trois quarts du plateau de Baux,  il vous faudra une bonne heure pour explor  tous les attraits identifiés, dont la chape  restaurée de Saint-Blaise (qui renferr  désormais un musée secondaire consacré  l'olivier), les ruines d'un château féod  (détruit par les troupes de Louis XIII en 163  le donjon du château et le cimetière. L  panoramas y sont superbes, particulièreme  du côté du val d'Enfer.

## Les Alpilles ★★

Vous pouvez agréablement passer une journ  ou deux à découvrir les petits villages  encerclent la chaîne des Alpilles. Vous êtes  en terre de contrastes : des vergers  cerisiers et des champs plantés d'olivi  s'étendent en marge de routes flanquées  hauts platanes bien alignés, alors que non lc  se dressent d'arides collines de calcaire bla  en dents de scie. La région des Alpilles e  surtout réputée pour son huile d'olive. C  cultive ici deux variétés d'olives, la pichol  et la salonenque, et à l'époque de la récol  de septembre à février, tout le travail se fai  la main. Aujourd'hui, trois grand  coopératives se partagent la production  fruit tant convoité, à savoir celles  Fontvieille, de Maussane et de Mouriès. P  de plus amples renseignements, adress  vous au Comité de promotion des produ  agricoles (22 av. Henri Pontier, 13001 Aix-e  Provence, ☎42.23.06.11) ou au Comité p  l'expansion de l'huile d'olive (68 bd Laz  13010 Marseille, ☎04.91.25.40.71).

Notre circuit décrit une boucle circulaire  départ de Saint-Rémy, mais vous pourr  l'adapter à vos besoins. Suivez la rou  panoramique D99, que recouvre un dais  platanes, sur 8 km, puis tournez à droite  la D74. Passez le joli mas de la Bru  (XVIe siècle; propriété privée), et arrêtez-vc  à **Eygalières ★**. La partie la plus intéressa  en est le **vieux village ★**, qu'on atteint  quittant la Grand'Rue pour grimper la rue  l'Église, bordée de coquettes maisons  pierre. Tout en haut, près du portail du vieu

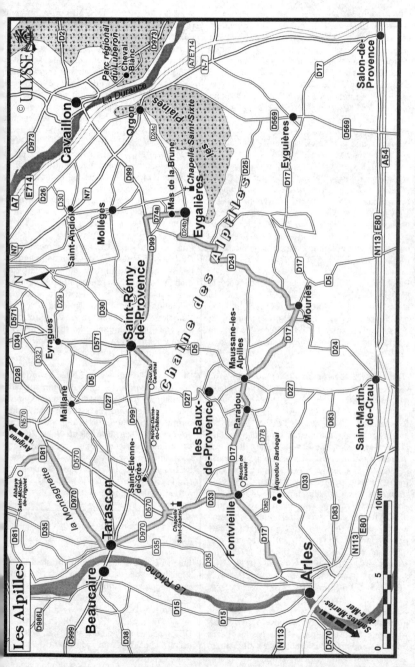

village, empruntez le sentier qui mène aux ruines du château, à la tour de garde circulaire et à l'église Saint-Laurent. La chapelle seigneuriale des Pénitents (XVIIᵉ siècle) renferme un petit **musée** abritant une collection d'objets archéologiques découverts dans la région d'Eygalières et rappelant que le site a été habité depuis l'ère néolithique *(Musée des Amis du Vieil Eygalières; entrée libre; avr à oct, dim 15h à 18h; ☎04.90.95.91.52)*. La vue y est somptueuse, de même que le long du sentier de La Calade, qui longe ces bâtiments.

À 1 km à l'est d'Eygalières, sur la D24B (direction Orgon), vous apercevrez la **chapelle Saint-Sixte** ★ *(XIIᵉ siècle; l'intérieur en est souvent fermé)*. Elle repose solennellement sur une petite colline au beau milieu d'une plaine accablée par la chaleur et, quoique simple, constitue un émouvant exemple d'architecture romane.

Retournez à Eygalières, puis prenez vers le sud par la D24, que vous suivrez sur 12 km jusqu'à **Mouriès**. Cette localité est la plus grande productrice d'olives de la région, et vous auriez intérêt à visiter l'usine de transformation de sa coopérative *(Moulin à huile coopératif; mer 14h à 18h, sam 8h30 à 12h et 14h à 18h, dim 8h30 à 12h; route D17 immédiatement en retrait du centre du village en direction d'Eyguières, ☎04.90.47.50.01)*.

Prenez ensuite la D17 vers l'ouest, bordée de jolis champs de tournesols en fleurs en été, jusqu'à **Maussane-les-Alpilles**. L'activité de ce village se concentre autour de la place de l'Église, typiquement provençale et curieusement aussi paisible qu'animée. Vous y trouverez nombre de bons restaurants et antiquaires (voir p 145 et p 150). L'huile d'olive de Maussane s'est taillé une réputation enviable dans toute la France pour sa qualité exceptionnelle, et vous pourrez en acheter directement au moulin, qui date du XVIᵉ siècle *(Coopérative oléicole de la vallée des Baux; tlj sauf dim et jours fériés 8h à 12h et 14h à 18h; ☎04.90.54.32.37)*.

Suivez toujours la D17 au-delà de Paradou jusqu'à **Fontvieille**, où l'écrivain provençal Alphonse Daudet a passé une grande partie de son temps. Les inconditionnels de Daudet apprécieront sûrement la visite du superbe **château de Montauban** *(20F, billet combiné donnant accès au moulin de Daudet; avr à sept tlj; rue de Montauban,*

*☎04.90.54.62.57)*. L'auteur y visita régulièrement ses amis d'ici, et construction abrite aujourd'hui un petit musé relatant ses séjours au village. Non loin de là sur la pittoresque route secondaire qu'est la D 33, s'élève le moulin qui a inspiré à Daud *Lettres de Mon Moulin*. Un petit musée renferme des manuscrits et des objets aya appartenu à l'auteur *(moulin de Daudet; 10 oct à mai tlj 9h à 12h et 14h à 17h, juin sept tlj 9h à 12h et 14h à 19h, fermé jan sa dim 10h à 12h et 14h à 17 ☎04.90.54.60.78)*. Fontvieille est le troisièr membre du triumvirat des grands producteu d'huile d'olive des Alpilles, et vous pouv également visiter son moulin, quoiq l'endroit soit bondé en période d'affluen *(moulin de Bédaride; lun-sam 8h à 12h et 1 à 18h, dim 14h à 18h)*.

Plus loin sur la D33, au croisement avec D82, s'étendent les ruines des deux **aquedu de Barbegual**, qui datent du Iᵉʳ au IIIᵉ sièc Bien qu'en état de décrépitude avancée, ont fourni aux historiens de précieus indications sur l'esprit mécanique d Romains. L'un de ces aqueducs achemin son eau vers un ingénieux dispositif sembla à un moulin où l'on moulait le blé. On accè aux aqueducs par un court sentier.

De Fontvieille, suivez la D33 vers le nord s 10 km jusqu'à la **chapelle romane Sai Gabriel**, construite près d'un site gallo-roma Retournez ensuite vers Saint-Rémy par petite route secondaire qui se dessine l'ouest de **Saint-Étienne-du-Grès**, le villa natal du fabricant de tissus provença Olivades. Passez la **chapelle Notre-Dame- Château**, puis la **tour du Cardinal** (u résidence privée du XVIᵉ siècle). La vue remarquable sur ce tronçon.

## Salon-de-Provence

Salon occupe une position centrale à l'est d Alpilles et de la Crau, au nord des ter marécageuses bordant l'étang de Berre e l'ouest de la chaîne montagneuse Trévaresse. Les grands axes routiers que s la A7 (autoroute du Soleil), la N113 et D578 passent d'ailleurs tous par Salon. B qu'elle possède un joli centre-ville av quelques rues ombragées et des fontaines, charme et le caractère historiq incomparables d'endroits, comme Arles Aix-en-Provence, font cependant défaut

tte ville commerciale affairée. Sa réputation
 fonde surtout sur l'industrie de l'huile
 olive et la fabrication du fameux savon de
arseille (qu'elle partage avec celle-ci). Un
emblement de terre a frappé la région en
909 et a endommagé certaines parties de
alon. Une académie de l'Armée de l'air
ançaise y fut établie en 1936. Dans le
entre de la ville, remarquez la **Mairie** du
VIIᵉ siècle *(cours Victor Hugo)* et la **porte de
Horloge** (transformée en tour d'horloge) sur
s remparts. Devant la place de l'Horloge, sur
 place Crousillat, apparaît la **Fontaine
oussue** (XVIIIᵉ siècle), une fontaine
couverte de mousse dont l'eau produit
urieusement des bulles.

 vieille ville est dominée par une colline sur
quelle se dresse l'imposant **château de
Empéri** *(25F, gratuit pour les enfants; avr à
pt 10h à 12h et 14h30 à 18h30, oct à
ars 10h à 12h et 14h à 18h, fermé mar; rue
u Château, ☎04.90.56.22.36),* une
rteresse surmontée d'une tour de garde
énelée. Cette ancienne résidence des
chevêques d'Arles a subi d'importants
avaux de réfection (XIIᵉ, XIIIᵉ et XVIᵉ siècles)
t abrite désormais un musée d'histoire
ilitaire français. Les connaisseurs
pprécieront sa riche et vaste collection de
annequins costumés, d'armes et
étendards de cavalerie datant de l'époque
e Louis XIV. Des concerts de musique de
ambre sont en outre présentés dans la cour
enaissance du château au début d'août
illets à 100F et à 50F; pour plus de détails,
dressez-vous au Théâtre municipal Armand,
7 bd Nostradamus, ☎04.90.56.00.82,
04.90.56.69.30).*

n petit musée aménagé dans un élégant
anoir du XIXᵉ siècle, Le Pavillon, explore
histoire, l'ethnologie et les traditions
opulaires de la plaine de Crau et de la région
e Salon. Une vitrine du rez-de-chaussée
late l'histoire de l'industrie du fameux savon
e Marseille «Extra Pur Huile à 72 %», en
ein essor à la fin du XIXᵉ siècle, et l'on y
ésente par ailleurs des meubles, des objets
t des tableaux provençaux *(**Musée de Salon
t de la Crau**; 15F, gratuit pour les enfants;
0h à 12h et 14h à 18h, sam-dim 14h à 18h,
ermé mar; av. Roger Donnadieu,
04.90.56.28.37).*

auteur du XVIᵉ siècle qu'était Michel de
ostredame, mieux connu sous le nom de
Nostradamus», vivait et travaillait à Salon-
e-Provence. Des scènes de sa vie et

certaines de ses œuvres sur l'astrologie, la
météorologie et la médecine sont présentées
dans la maison où il vécut avec sa femme et
ses enfants *(**Maison de Nostradamus**; 25F; 15
juin au 14 sept 10h à 12h et 15h à 20h, 15
sept au 14 juin 10h à 12h et 14h à 18h;
11 rue Nostradamus, ☎04.90.56.64.31).*
Nostradamus fut acclamé pour les prédictions
qu'il publia dans *Centuries*, dont la mort du roi
Henri II sur le champ de bataille. Sa
renommée se répandit à travers toute la
nation, et Catherine de Médicis, la veuve de
Henri, s'arrêta elle-même à Salon en 1564
pour s'entretenir avec lui. Nostradamus est
enterré sous l'**église collégiale Saint-Laurent** *(à
l'extérieur de la vieille ville sur la place
Jean XXIII),* un exemple sobre d'architecture
gothique provençale datant du XIVᵉ siècle.

## Arles ★★★

Arles est souvent appelée la Rome de la
Gaule. Elle renferme un bon nombre de
monuments célèbres à travers le monde, et
ce, à l'intérieur d'une enceinte très compacte
délimitée par de vieux remparts. Les traces de
présence humaine à Arles remontent à
2 500 av. J.-C. Des négociants grecs
s'établirent ici après la fondation de Marseille,
et une tribu ligure vécut dans la région à
compter du VIᵉ siècle av. J.-C.

Le chef romain Marius relia Arles à la mer en
creusant un canal jusqu'à la Méditerranée vers
la fin du IIᵉ siècle av. J.-C. Tiberius Claudius
Neron, un lieutenant de Jules César, fonda,
pour sa part, la colonie romaine d'Arles le
21 septembre de l'année 46 av. J.-C. avec les
vétérans de la Sixième Légion, après quoi elle
devint rapidement un important centre de
commerce. Arles n'était pas seulement reliée
à la mer, mais bénéficiait en outre d'une
position stratégique à la jonction du Rhône et
de la principale route terrestre reliant l'Italie à
l'Espagne. Les Romains y développèrent un
centre urbain d'un haut niveau de raffinement
au cours des 200 ans qui suivirent, avec un
réseau quadrillé de routes, une arène, un
amphithéâtre, des thermes, des installations
sanitaires, des jardins et des promenades.

Après une période d'accalmie, Arles connut
une grande prospérité à la fin du IIIᵉ siècle et
au début du IVᵉ siècle ap. J.-C., quand
Constantin en fit temporairement sa base
d'opération. La ville s'imposait alors comme
un centre intellectuel, militaire, politique et

ALPILLES, ARLES
CAMARGUE

religieux d'envergure mondiale, soutenu par la construction navale, la fabrication d'armes et la production de la monnaie. Après que le christianisme se fut répandu au IIIᵉ siècle, Arles devint aussi un centre religieux et fut désignée en 417 primauté de la Gaule par le pape.

Les problèmes commencèrent à faire leur apparition au cours du Vᵉ siècle, après la chute de l'Empire romain. Des tribus de maraudeurs déferlèrent sur Arles, qui se rendit finalement à Euric, le roi wisigoth. La population de la ville continua à se disperser avec les invasions subséquentes.

Une prospérité relative revint après la mort de Charlemagne en 843, alors que son empire passa aux mains des dirigeants germaniques. La ville devint la capitale du royaume d'Arles (qui englobait la presque totalité de la Provence actuelle), fondé par Boson. Cent ans plus tard, il devait s'appeler le «royaume de Bourgogne». Arles demeurait passablement indépendant du reste de la région et était administrée par un conseil élu, de même que par des chefs religieux. De 1150 à 1250, nombre de chapelles et églises romanes furent construites dans la région. L'empereur Frédéric Barberousse fut couronné dans la somptueuse cathédrale Saint-Trophime (voir p 132) en 1178. Un revirement économique survenu au XIIIᵉ siècle fit en sorte que le cloître à demi achevé de la cathédrale n'a pu être terminé qu'un siècle plus tard.

En 1481, Arles fut intégrée à la Provence, qui, elle-même, était appelée à faire partie de la France (1535). Marseille et Aix-en-Provence devinrent d'importants centres politiques et économiques, et Arles en souffrit grandement. Néanmoins, la ville était suffisamment prospère pour qu'on y assiste à la construction de plusieurs résidences plus charmantes les unes que les autres aux XVIᵉ et XVIIᵉ siècles (le Grand Prieuré de Malte, l'Hôtel de Laval-Castellane, l'hôtel de ville). Arles traversa toutefois une grave crise économique après la Révolution française de 1789; elle ne bénéficiait plus du statut de ville portuaire importante, l'industrie se développait ailleurs, et la région devait désormais compter sur son potentiel agricole.

De nos jours, Arles est le centre d'affaires et d'approvisionnement des vastes territoires agricoles de la Crau et de la Camargue. Le riz et le sel figurent au premier plan de la production régionale, suivis des fruits de la vigne, du blé et des fruits provenant de vergers. Les usines d'Arles qui traitent produit de l'immense industrie rizico répondent à 75 % des besoins du march français. Le tourisme y devient par ailleu une importante source d'activité économiqu Prenez le temps de découvrir ses vieilles rue étroites et ses ravissants manoirs des XVIIᵉ XVIIIᵉ siècles.

Un laissez-passer au coût de 55F permet ur visite unique de chacun des musées monuments qui suivent : les Arènes, Théâtre antique, le cloître Saint-Trophime, le Alyscamps, les thermes de Constantin, le Cryptoportiques du Forum, le Musée Arlata le Musée Réattu et le nouveau Muse archéologique. Vous pouvez vous procurer c laissez-passer à n'importe lequel de ce endroits ou à l'Office de tourisme. Sinon, vous en coûtera 15F pour visiter chacun de principaux monuments romains, le Muse Arlatan et le Musée Réattu, 12F pour accéd aux Alyscamps, au Théâtre antique au thermes de Constantin et aux Cryptoportiqu du Forum, et 35F pour entrer au Muse archéologique. La visite des monumen romains se fait de 9h à 11h30 et de 14h 16h15 de novembre à février, et de 9h 12h15 et de 14h à 18h de mars à octobre; vaut cependant mieux vérifier ces horaires l'avance auprès de chaque site.

## Les monuments romains ★★★

La visite de ses monuments romains constitu sans doute la première raison pour laquelle c se rend à Arles. Un billet unique au coût d 55F donne avantageusement accès à tous le sites. L'**Arène** ★★★ *(rond-point des Arène* est le mieux conservé de tous. C amphithéâtre romain fut construit vers la f du Iᵉʳ siècle ap. J.-C. afin d'accueillir de combats de gladiateurs et divers autre spectacles. Il fait 136 m sur 107 m et e haut de 21 m, avec deux niveaux c 60 arcades. Sa large structure ovale comp 1 200 places. Le monument fut sauvé a Moyen Âge, lorsqu'on le transforma en ur forteresse abritant 200 maisons, deu chapelles et une église. Quatre tours de gard y furent ajoutées, qu'on peut encore admir aujourd'hui. L'arène fut restaurée a XIXᵉ siècle par Charles X, et aujourd'hui on présente des corridas espagnoles d'inoffensives courses à la cocarde. I **Théâtre antique** ★ *(place Henri Bornier)* dat de la même période, mais il n'en reste qu

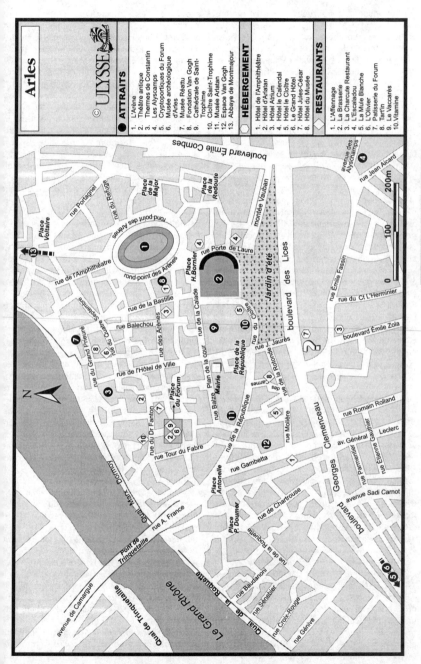

© ULYSSE

## Arles

**● ATTRAITS**

1. L'Arène
2. Théâtre antique
3. Thermes de Constantin
4. Les Alyscamps
5. Cryptoportiques du Forum
6. Musée archéologique d'Arles
7. Musée Réattu
8. Fondation Van Gogh
9. Cathédrale de Saint-Trophime
10. Cloître Saint-Trophime
11. Musée Arlatan
12. Espace Van Gogh
13. Abbaye de Montmajour

**◯ HÉBERGEMENT**

1. Hôtel de l'Amphithéâtre
2. Hôtel d'Arlatan
3. Hôtel Atrium
4. Hôtel le Calendal
5. Hôtel le Cloître
6. Le Grand Hôtel
7. Hôtel Jules-César
8. Hôtel du Musée

**◇ RESTAURANTS**

1. L'Affenage
2. La Brasserie
3. La Charcute Restaurant
4. L'Escaladou
5. La Mule Blanche
6. L'Olivier
7. Patisserie du Forum
8. Tartin
9. Le Vaccares
10. Vitamine

**ALPILLES, ARLES CAMARGUE**

peu de chose, à savoir deux piliers en marbre (il y en avait 100 à l'origine), une partie des gradins et l'orchestre. Des archéologues croient pouvoir dire qu'il offrait 33 rangées de sièges et pouvait accueillir 10 000 spectateurs. Les **thermes de Constantin** *(rue du Grand Prieuré)* datent du IV<sup>e</sup> siècle ap. J.-C., et malgré les importants dommages qu'ils ont subis au fil des ans on peut encore voir une grande partie des bains chauds, des segments du système de chauffage souterrain et certains vestiges des bains tièdes. **Les Alyscamps ★** *(av. des Alyscamps)* se présentent comme une jolie promenade bordée de tombeaux qui servit de cimetière romain au III<sup>e</sup> siècle ap. J.-C. Une allée flanquée d'arbres mène aux ruines de la nécropole, l'église Saint-Honoratus, qui a eu cette vocation jusqu'au XII<sup>e</sup> siècle. En novembre 1888, Van Gogh en peignit les plaisantes allées, suivi plus tard de Gauguin. Les sarcophages ornés les plus intéressants sont exposés dans le nouveau Musée archéologique, qui a ouvert ses portes en avril 1995. Quant aux **Cryptoportiques du Forum ★**, on y accède par l'ancien Musée Lapidaire d'art chrétien *(rue Balze)*. Il s'agit de galeries souterraines en forme de *U* qui font 89 m de long sur 59 m de large, et qui, tout en servant de fondations à l'ancienne place du Forum, servaient également d'entrepôts à grains et de magasins.

Le **Musée archéologique d'Arles** *(35F; av. de la Première Division Française Libre, ☎04.90.96.92.00; appelez pour connaître les heures d'ouverture)* est un nouveau musée ouvert en 1995 dans un bâtiment tout aussi neuf, conçu par l'architecte péruvien Henri Ciriani sur un terrain jadis occupé par le cirque romain. Il abrite les collections des anciens musées d'art païen et d'art chrétien (mosaïques, statues, sarcophages) et renferme en outre une bibliothèque de référence, une boutique de souvenirs, des salles de séminaire et une cafétéria.

Le **Musée Réattu ★** *(15F; nov à fév 10h à 12h15 et 14h à 17h15, mars 10h à 12h15 et 14h à 17h45, avr à sept 9h à 12h15 et 14h à 18h45, oct 10h à 12h15 et 14h à 18h15; rue du Grand Prieuré, ☎04.90.18.41.20)* présente une petite collection de peintures et de gravures des écoles provençales et européennes des XVIII<sup>e</sup> et XIX<sup>e</sup> siècles, de même que des tapisseries, des œuvres d'art contemporaines et une modeste collection de photographies. Picasso a fait don de 57 esquisses au musée, dont certaines sont exposées. Le magnifique bâtiment du XVII<sup>e</sup> siècle qu'il occupe est l'ancien prieuré de Saint-Gilles, autrefois habité par le peintre arlésien Jacques Réattu. Son œuvre y est d'ailleurs mise en valeur.

La **Fondation Van Gogh** *(30F; tlj 10h à 12h30 et 14h à 19h; 26 rond-point des Arènes ☎04.90.49.94.04)* est un centre d'art où l'on expose des œuvres d'artistes et d'écrivains ayant rendu hommage à Van Gogh, dont celles qu'on retrouve dans une galerie consacrée aux travaux de personnages contemporains bien connus, comme Francis Bacon, César et Jasper Johns. La fondation occupe les locaux du palais de Luppé, en face de l'amphithéâtre romain.

La **cathédrale Saint-Trophime ★★** *(place de la République)* date du XII<sup>e</sup> siècle. Après sept ans de restauration, on peut aujourd'hui apprécier pleinement la beauté incomparable de sa porte ouest, qui constitue un précieux point de référence lorsqu'il s'agit de mieux comprendre le style roman provençal. L'ensemble de la structure a d'ailleurs été visiblement inspiré par l'architecture romane traditionnelle, notamment celle des arcs de triomphe : frontons soutenus par des pilastres, colonnes corinthiennes, personnages représentés dans des proportions parfaites et vêtus de façon tout à fait juste... La statuaire présente des scènes du Jugement, de l'adoration des mages, du massacre des Saints Innocents et de la vie de Jésus. L'intérieur constitue également un excellent exemple d'art roman provençal avec sa simplicité de conception, sa nef unique, son vaisseau exceptionnellement élevé et ses étroites fenêtres arrondies.

Le **cloître Saint-Trophime ★★** peut être rejoint en traversant la cour du palais de l'Archevêché (devenu bibliothèque municipale), qui se trouve juste à côté de la cathédrale. Deux des galeries du cloître sont de facture romane et datent du XII<sup>e</sup> siècle. On arrêta toutefois la construction lorsque les moines vinrent à épuiser leurs fonds, alors que la structure n'était qu'à demi terminée. Presque 200 ans plus tard, lorsqu'on parvint à réunir les sommes nécessaires, le style du jour n'était plus le même; le gothique était désormais en vogue, de sorte que les deux autres galeries arborent ce style. Comme par miracle, l'ensemble forme un tout harmonieux, et il n'y a rien d'étonnant à ce que certains tiennent ce cloître pour l'un des plus raffinés d'Occident. Si vous en avez le possibilité, essayez de le revoir à différents moments de la journée, alors que la lumière du soleil baigne différemment les sculptures ornant les colonnes et les arches. La galerie romane relate des scènes de l'Ancien et du Nouveau Testament, tandis la galerie gothique présente des épisodes de la vie de saint Trophime ainsi que la légende de sainte Marthe de Tarascon et quelques monstres peu rassurants.

Le **Musée Arlatan** ★★ *(15F; nov à mars 9h à 12h et 14h à 17h, avr, mai, sept et oct jusqu'à 18h, juin et juil jusqu'à 19h30, fermé lun oct à juin; 29 rue de la République, ☎04.90.96.08.23)*, que certains tiennent pour poussiéreux et démodé, s'impose sans hésitation à tous les visiteurs intéressés par le riche folklore de la région d'Arles. Logé dans une grande demeure du XVIᵉ siècle, soit le palais de Laval-Castellane, et fondé par l'écrivain provençal et Prix Nobel de littérature Frédéric Mistral, le Musée Arlatan est en effet un véritable coffre aux trésors. Il compte parmi les plus importantes sources d'information sur les traditions de la Provence et livre ses secrets à travers des meubles, des costumes, des poteries et des pièces artisanales, dont certains des cartons explicatifs sont écrits de la main même de Mistral. Les pièces recréant des scènes de la vie quotidienne d'autrefois sont bien aménagées, qu'il s'agisse de la grande chambre à coucher, de la salle de couture, de la cuisine avec son âtre ou de la salle à manger avec sa table généreusement garnie de victuailles. Les hôtesses portent les vêtements traditionnels d'Arles, sombres et sobres en hiver, colorés en été.

L'**Espace Van Gogh** *(le droit d'entrée et les heures d'ouverture varient selon les expositions; rue du Président Wilson, ☎04.90.49.39.39)*, un ancien hôpital peint par Van Gogh, sert maintenant de médiathèque, de centre culturel et universitaire, et propose chaque année d'intéressantes expositions temporaires *(adressez-vous directement au centre ou à l'Office de tourisme d'Arles pour de plus amples renseignements sur les expositions à venir)*.

L'**abbaye de Montmajour** ★★ *(27F; oct à mars tlj 9h à 12h et 14h à 17h, avr à sept tlj 9h à 19h; à 7 km d'Arles par la N570 Nord, puis la D17 en direction de Fontvieille, ☎04.90.54.64.17)* est une magnifique abbaye bénédictine originellement construite au Xᵉ siècle, quoiqu'elle témoigne essentiellement du style roman propre au XIIᵉ siècle. Elle fut fermée par Louis XVI après la Révolution française. La ville d'Arles et le département des Monuments historiques ont restauré son cloître du XIIᵉ siècle, sa formidable tour, de même que l'église Notre-Dame et la crypte. Si vous avez la force d'escalader plus de 100 marches, le panorama qui vous attend tout en haut de la tour est saisissant. On monte chaque été des expositions à l'intérieur du cloître dans le cadre des Rencontres internationales de la photographie.

## Tarascon

Tarascon s'étend sur les rives du Rhône en face de Beaucaire. À l'origine un port de commerce, Tarascon dépend aujourd'hui de l'agriculture et de l'industrie (notamment une usine de plastiques établie en périphérie). Elle regorge en outre de touristes, et une visite de son château, de son église et de sa vieille ville constitue une agréable façon de passer une demi-journée.

La ville a été rendue célèbre par l'histoire de sainte Marthe, sa patronne. Selon la légende, la Tarasque, un diabolique monstre terrestre et marin, vivait dans le Rhône sous le château actuel et engloutissait femmes et enfants, sans parler de ses méfaits auprès des bateaux qui sillonnaient le fleuve. Il avait une tête de lion, un corps de dragon, un dos hérissé de pointes et une longue queue de serpent. Sainte Marthe, pour sa part, vint à Tarascon depuis Saintes-Maries-de-la-Mer en 48 ap. J.-C. afin d'introduire la chrétienté parmi les païens de l'endroit. Elle parvint à les convertir en accomplissant un miracle : elle subjugua en effet l'horrible Tarasque au moyen d'une croix et d'eau bénite, après quoi elle l'entoura de sa ceinture et la livra aux habitants de Tarascon, qui s'empressèrent de la rouer de coups jusqu'à ce qu'elle en meure. Ainsi, depuis l'époque du roi René, au XVᵉ siècle, la victoire sur le monstre est célébrée chaque année en juin *(fête de la Tarasque, dernier dim de juin)*, alors qu'on parade une effigie de la bête longue de 6 m à travers les rues de la ville.

Le **château de Tarascon** ★★ *(27F; avr à sept 9h à 19h, oct à mars 9h à 12h et 14h à 17h; bd Roi René, ☎04.90.91.01.93)* compte parmi les forteresses les mieux conservées de

France. Outre une belle collection de tapisseries, le château demeure entièrement vide, toute sa beauté résidant dans l'étude de sa magnifique structure de pierres. Érigé sur la rive du fleuve, il date du XIIIe siècle, mais l'édifice actuel a été construit par Louis II d'Anjou et achevé par son fils, le roi René, comte de Provence, qui y vécut de 1471 jusqu'à sa mort, en 1480. Il servit également de prison de 1700 à 1926, après quoi il fut restauré par le département des Monuments historiques.

Le château est entouré de douves et de hauts murs défensifs surmontés de hautes tours de garde crénelées. Au-delà du portail d'entrée se dresse un bâtiment qui abritait autrefois les cuisines du château, et, passé la boutique de souvenirs, une salle accueillait jadis la pharmacie de l'hôpital Saint-Nicolas de Tarascon. Une remarquable collection de 206 jarres d'apothicaire en terre cuite s'alignent encore sur les étagères de bois, et ce, depuis 1742. En vous engageant dans la cour d'honneur du château, vous découvrirez la Chapelle Basse et la chapelle des Chantres, toutes deux voûtées. Les étages supérieurs présentent de grandes salles de réception pourvues d'immenses foyers en pierre, les appartements de la reine et la chambre du Conseil. Des fusiliers marins britanniques incarcérés dans le château ont gravé leur nom sur les murs de pierres ocre entre 1757 et 1778, et l'on peut encore admirer leurs «graffitis» par les fenêtres de la salle des Fêtes. Des **vues panoramiques** ★★ exceptionnelles s'offrent en outre au regard à partir de la terrasse ouverte aménagée sur le toit.

L'**église Sainte-Marthe** ★ *(bd Roi René et place de la Concorde)* fut construite à la suite de la supposée découverte des reliques de sainte Marthe en 1187. En partie romane et en partie gothique, cette église renferme une riche collection de peintures religieuses des XVIIe et XVIIIe siècles, surtout exécutées par des artistes provençaux tels que Mignard et Vien. Remarquez la crypte du IIIe siècle au sous-sol, avec ses deux sarcophages; celui de sainte Marthe date du IVe siècle.

Le **cloître des Cordeliers** *(5F; juin à sept 10h à 12h et 15h à 19h, oct à mai 14h à 18h; place Frédéric Mistral, ☎04.90.91.00.07)* est un joli cloître de religieuses franciscaines datant du XIVe siècle et accueillant aujourd'hui d'intéressantes expositions en été.

Le **Théâtre de Tarascon** *(rue Eugène Pelletan ☎04.90.91.24.30)* retrouva toute s splendeur baroque en 1987, avec so charmant fronton qui représente deux ange tenant une lyre et, à l'intérieur, 1 000 siège répartis sur trois niveaux. L'abside d'un ancienne église dominicaine occupant le site depuis 1489 forme le mur de scène. L théâtre fut détruit en 1884 lorsqu'u comédien en colère y mit le feu après un représentation d'*Œdipe*, mais il fut reconstrui et rouvrit ses portes quatre ans plus tard. O vint toutefois à le négliger de plus en plu après la Deuxième Guerre mondiale, et il fu complètement fermé en 1963. Aujourd'hu des troupes de danse et d'opéra, de mêm que des formations musicales, s'y produisen de septembre à mai.

L'**hôtel de ville** *(angle rue des Halles et rue d Château)* date de 1648, et sa façade sculpté avec son balcon en pierre figure au registr des monuments historiques. Remarquez le vieilles rues étroites qui rayonnent autour d la rue en arcades des Halles, surtout la ru Arc de Boqui, présente depuis le Moyen Âge.

Un autre personnage a contribué à la notoriét de Tarascon dans tout le monde francophone Il s'agit de Tartarin, le sujet d'une séri d'histoires satiriques regroupées sous le titr de *Les Aventures de Tartarin*, écrites en 187 par le héros local qu'était Alphonse Daude (voir p 128). À l'époque, les gens de la régio n'étaient guère heureux de voir leur ville e leurs coutumes ainsi ridiculisées sur le papie mais il en va tout autrement aujourd'hui. Le admirateurs de l'œuvre de Daudet peuven même visiter **La Maison de Tartarin** *(8F 15 mars au 14 avr et 15 sept au 14 déc 10 à 12h et 14h à 17h, 15 avr au 14 sept 10h 12h et 14h30 à 19h, fermé dim et du 15 dé au 14 mars; 55bis bd Itam ☎04.90.91.03.52)*, un musée où chaqu pièce recrée des scènes de la vie du célèbr personnage de Daudet.

L'**abbaye Saint-Michel-de-Frigolet** *(entrée libr visites guidées régulières, généralement lur ven 14h30, sam et fêtes 16h; s'informer à l boutique; les églises sont ouvertes au publi durant le jour; sur la D81 par la D970, 12 km de Tarascon et à 17 km d'Avigno ☎04.90.95.70.07)* repose sur une jolie chaîn montagneuse connue sous le nom d **Montagnette** ★. Il s'agit d'une abbaye activ habitée par des moines de l'ordre d Prémontré, et les visiteurs peuvent y admire la chapelle Notre-Dame-du-Bon-Remède,

*Le château de Tarascon*

onstruite au XIIᵉ siècle mais modifiée au XVIIᵉ siècle pour recevoir des ornements baroques et des lambris dorés. Boutique, hôtellerie et restaurant.

## Crau

Cette vaste plaine de 60 000 ha au sud-est d'Arles constitue la dernière steppe naturelle d'Europe. Sa moitié nord, irriguée, sert à la culture d'une excellente variété de foin connu sous le nom de «foin de Crau». Le sol semi-aride de sa partie sud (11 500 ha) servait autrefois de lit à la Durance, ce qui explique les millions de galets qu'on y trouve; on y élève aujourd'hui surtout des moutons, qui broutent ici pendant les mois les plus frais, généralement du 15 octobre au 15 février.

L'irrigation de la Crau (afin de la rendre plus fertile), la présence à Istres d'une base aérienne et le développement industriel à proximité de Fos-sur-Mer menacent de déstabiliser l'écosystème unique de la plaine, où vivent une flore et une faune inhabituelles. À titre d'exemple, on ne compte en France que 150 couples de tétras pilets multicolores (*Ganga cata*), qui tous vivent ici, et leur nombre ne cesse de décroître. Récemment, les agences environnementales françaises et européennes sont toutefois parvenues à sensibiliser le public aux problèmes de la Crau.

**Saint-Martin-de-Crau** *(prenez la N453 puis la N213 à l'est d'Arles)* est la plus importante localité de la région. Vous y trouverez le modeste **Écomusée de la Crau** *(entrée libre; tlj 9h à 12h et 14h à 18h; route N113, ☎04.90.47.02.01)*, qui explique la flore, la faune et l'histoire de la région. À côté du musée se dresse une église du XIVᵉ siècle, construite à la fin de la période romane.

À 7 km plus au sud-ouest sur la D24, apparaît le hameau de **Dynamite**, qui formait jadis une communauté autonome avec des dortoirs, un magasin, une église et un bureau de poste, le tout autour d'une usine où l'on fabriquait des explosifs (d'où son nom) destinés à l'agriculture, à la construction des routes et à l'armement. Pour des raisons de santé et de sécurité, on déplaça les ouvriers à Saint-Martin-de-Crau en 1988, et le village fut intentionnellement rasé.

## Camargue ★★

Les terres marécageuses du delta de la Camargue ne manqueront pas de vous surprendre et de vous fasciner si vous en êtes à votre première visite dans le sud de la France. Oubliez les images de carte postale des charmants villages provençaux accrochés à flanc de falaise, entourés de champs de lavande et de vergers, car vous trouverez ici,

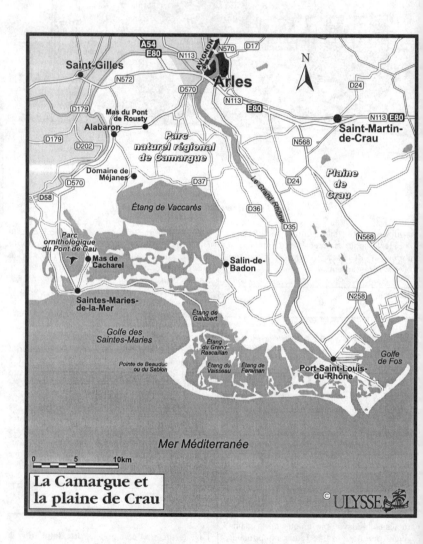

La Camargue et
la plaine de Crau

© ULYSSE

u sud d'Arles, 72 000 ha de terrain plat, de marais, d'étangs et de plages essentiellement délimités par le Petit Rhône, le Grand Rhône et la Méditerranée.

Une grande partie de la Camargue se compose du **parc naturel régional de Camargue**, protégé contre le développement. C'est ce qui explique la présence dans cette contrée de larges colonies de flamants roses uniques en Europe) et de plusieurs oiseaux rares, en faisant un véritable paradis pour les ornithologues. Les principales activités économiques y sont l'agriculture, avec 15 000 ha de terres cultivées, et le tourisme, les principales cultures étant celles du blé et du riz. On plante le riz autour du 15 avril pour le récolter cinq mois plus tard, vers le 15 septembre. Plus de la moitié du sel produit en France provient par ailleurs de Salin-de-Giraud, sur la côte méditerranéenne. D'importantes crues du Rhône survenues en octobre 1993 et en janvier 1994 ont cependant inondé 12 000 ha au nord de la baie connue sous le nom d'«étang de Vaccarès», causant des millions de francs de dommages aux propriétés et aux cultures.

La région est réputée pour ses élevages de taureaux noirs, ou manades, et pour ses chevaux de Camargue, à demi sauvages. Traditionnellement utilisés pour aider les gardiens à contrôler leurs taureaux et pour moudre le blé, les chevaux de Camargue sont aujourd'hui surtout élevés pour les touristes, qui les montent pour explorer la région en compagnie d'un guide. Bien que les bêtes adultes arborent un pelage gris clair ou blanc, les petits naissent vêtus d'une robe sombre et parfois même noire. Il s'agit d'une race de taille relativement petite avec de grosses pattes et de durs sabots, particulièrement adaptés au sol mou de la Camargue.

Outre les randonnées à cheval, l'observation d'oiseaux et de manades, les rodéos locaux (généralement accessibles aux groupes seulement) et l'exploration de la côte, il n'y a pas grand-chose à faire en Camargue. Certains passent quelques jours ou une semaine à s'imprégner de cet habitat naturel, alors que d'autres y viennent brièvement d'Arles ou d'Avignon pour au moins prendre le pouls de la région et saluer les flamants au passage (n'oubliez pas vos jumelles). Les services sont par ailleurs peu nombreux; à titre d'exemple, il n'y aucune station-service entre Arles et Saintes-Maries-de-la-Mer, de sorte que vous feriez bien de faire le plein

avant de prendre la route. N'oubliez pas non plus de faire provision d'eau potable et d'insectifuge, moustiques et marécages allant de pair.

Pour en apprendre davantage sur l'histoire, la faune et la flore uniques de la région, visitez le **Musée camarguais** *(25F, gratuit pour les enfants; oct à mars 10h15 à 16h45, avr à sept 9h15 à 17h45, juil et août jusqu'à 18h45, fermé mar oct à mars; mas du Pont de Rousty, à 12 km au sud-ouest d'Arles sur la D570,* ☎*04.90.97.10.82).* Voté «musée européen de l'année» en 1979, il présente une exposition bien conçue à l'intérieur d'une ancienne bergerie en faisant appel aux techniques modernes de mise en valeur des objets et des vitrines. Un sentier d'exploration balisé de 3,5 km sillonne également la campagne avoisinante.

## Saintes-Maries-de-la-Mer

Saintes-Maries-de-la-Mer, jadis un port de pêche tranquille, accueille aujourd'hui des familles et des adolescents en quête de vacances ensoleillées au bord de la mer. La légende veut qu'en l'an 40 ap. J.-C. Marie Salomé (mère des apôtres Jean et Jacques le Majeur), Marie Jacob (sœur de la Vierge Marie), Marie Madeleine, Marthe, Lazare et Maxime aient été chassés de Jérusalem par les Juifs; ils seraient alors venus par bateau jusqu'ici, accompagnés de leur servante éthiopienne Sara (sainte patronne des tziganes). Marie Salomé et Marie Jacob seraient demeurées en Camargue avec Sara (pour devenir les saintes patronnes du village), tandis que les autres seraient allés prêcher le christianisme en Provence. Des pèlerinages célèbrent chaque année l'arrivée de ces trois femmes : la très colorée fête des Gitans *(24 et 25 mai)* et une autre en octobre. Saintes-Maries-de-la-Mer est très fréquentée par les touristes en été, et l'on y est sidéré par le nombre incalculable de restaurants de fruits de mer qui se succèdent sur ses rues (menus identiques, certains servant même du poisson congelé!) ainsi que par le nombre impressionnant de kiosques de souvenirs proposant glaces et crèmes solaires.

Prenez néanmoins la peine de visiter l'**église Notre-Dame ★★** *(place de l'Église)*, construite au XIIᵉ siècle puis fortifiée au XVᵉ siècle afin de repousser les pirates et les envahisseurs. La chapelle supérieure renferme un sanctuaire

*Église Notre-Dame*

où sont gardées les reliques des deux sainte Marie, découvertes en 1448, tandis que la **crypte** *(mai au 15 sept 8h à 12h et 14h à 19h, 16 sept à fin oct et mars à avr 8h à 19h, nov à fév 8h à 18h)* révèle une mystérieuse statue de Sara, posée à côté de son autel. Près de la distributrice de chocolat, passé l'entrée de l'église, un escalier permet d'atteindre la terrasse aménagée sur le toit *(11F; fermé 12h à 14h30)*, offrant une **vue panoramique** ★★ saisissante sur la Camargue et la côte méditerranéenne.

Le **Musée Baroncelli** *(11F; tlj 9h30 à 12h et 14h à 18h, dim ouverture à 10h, fermé mar en basse saison; rue Victor Hugo,* ☎*04.90.97.87.60)* présente une exposition sur le folklore local, abrite des spécimens d'oiseaux et d'animaux de la région et raconte l'histoire des Saintes-Maries-de-la-Mer. Il fut érigé en mémoire du marquis Folco de Baroncelli-Javon, un ami de Mistral et un protecteur de la culture camarguaise.

Le **parc ornithologique du Pont de Gau** ★ *(28F; tlj 9h au crépuscule; route D570 immédiatement au nord de Saintes-Maries-de-la-Mer,* ☎*04.90.97.82.62)*. Le printemps et l'automne constituent les meilleures saison où admirer la grande variété d'espèces ailée qui vivent en Camargue, y compris les ne espèces de hérons qu'on trouve en Europ On y décrit la riche vie des oiseaux de région, et une réserve de 12 ha ponctuée d panneaux explicatifs vous permettra d l'étudier de plus près.

## ACTIVITÉS DE PLEIN AIR

### Randonnée pédestre

L'un des plus beaux sentiers est le GR6, q franchit les Alpilles d'ouest en est en passar par Les Baux-de-Provence. Il longe la crê des collines en dents de scie et offre de points de vue sur la Camargue, le mor Ventoux et le Luberon. Des sentiers plu courts et bien balisés sillonnent en outre région vallonnée de la Montagnette *(au dépar de l'abbaye Saint-Michel-de-Frigolet, au nor de Tarascon)*, de même que les Alpilles *(a départ de Saint-Étienne-du-Grès, de Sain*

*Rémy-de-Provence, des Baux-de-Provence et d'Eyguières).* L'Office de tourisme de Saint-Rémy publie un dépliant gratuit présentant plusieurs randonnées de difficulté variable dans la région. Notez qu'en raison des risques de feux de forêt, les activités de plein air sont interdites dans les secteurs boisés des Alpilles en juillet et en août. Plusieurs beaux sentiers demeurent cependant accessibles toute l'année autour des villages et dans les plaines.

 Vélo

Bien que les Alpilles attirent nombre de courageux cyclistes, les jolis villages et les plaines ravissantes de la région conviendront davantage à ceux qui ne tiennent pas à s'éreinter.

**La location d'une bicyclette**

**Saint-Rémy-de-Provence**

Florélia
35, av. de la Libération
☎04.90.92.10.88

**Arles**

Peugeot
15, rue du Pont
☎04.90.96.03.77

Dall'Oppio
Rue Portagnel
☎04.90.96.46.83
*(mars à oct)*

**Tarascon**

Cycles Christophe
70, bd Itam
☎04.90.91.25.85

MBK
1, rue E. Pelletan
☎04.90.91.42.32

**Saintes-Maries-de-la-Mer**

Camargue Vélos
27, rue Frédéric Mistral
☎04.90.97.94.55

Le Vélociste
1, place des Remparts
☎04.90.97.83.26

Le Vélo Saintois
8, route de Cacharel
☎04.90.97.74.56

 Équitation

Les associations, fermes et manades (ranchs) qui suivent proposent des randonnées guidées à cheval dans la région.

**Saint-Rémy-de-Provence**

Club hippique des Antiques
Rue Étienne Astier
☎04.90.92.30.55

**Tarascon**

Ferme équestre de Bernercac
Grand Domaine de Frigolet
☎04.90.90.53.66

Centre équestre de Lansac
Mas Lansac
☎04.90.91.42.87

**Manades**

Il existe une pléthore de manades en Camargue, si bien que nous ne pouvons toutes les mentionner ici. Renseignez-vous donc auprès de votre hôtel ou de l'Office de tourisme de l'endroit où vous vous trouvez pour obtenir de plus amples détails. Les quatre qui suivent ont d'une excellente réputation.

Manade Jalabert
La Chassagne en Camargue
☎04.90.97.00.54

Domaine de Maguelonne
Saintes-Maries-de-la-Mer
☎04.90.97.94.94
À côté de l'étang de Ginès.

Domaine de Méjanes
Albaron
☎04.90.97.10.62

ALPILLES, ARLES
CAMARGUE

Vaste complexe avec restaurant à côté de l'étang de Vaccares; rodéos, petit train pour touristes et excursions à cheval.

**Manade Jacques Bon**
**Le Sambuc**
☎04.90.97.20.62
Ranch professionnel avec rodéos et randonnées à cheval. Tenu par Jacques Bon, le charismatique propriétaire du nouveau *bed and breakfast* de luxe qu'est le Mas de Peint (voir p 143).

 Golf

**Les Baux**

Golf des Baux-de-Provence
Domaine de Manville
13520 Les Baux-de-Provence
☎04.90.54.37.02
Parcours de neuf trous, boutique de pro, restaurant, location d'équipement.

**Mouriès**

Golf Club de Servannes
Château de Servannes
B.P. 6
13890 Mouriès
☎04.90.47.59.95
Parcours de 18 trous, boutique de pro, restaurant, location d'équipement.

 Baignade

Que ce soit pour vous baigner ou pour vous faire dorer au soleil, vous trouverez en Camargue des plages le long de la côte méditerranéenne. Les plus belles et les plus longues plages de sable sont celles des Saintes-Maries-de-la-Mer (à l'est et à l'ouest du village), et elles sont très courues en été.

Les naturistes trouveront leur bonheur sur une plage nudiste située à 1 km à l'est de la route qui permet d'accéder à la plage d'Arles, dans la région camarguaise de Salin-de-Giraud. Une autre plage naturiste, celle-là créée par la municipalité des Saintes-Maries-de-la-Mer, se trouve à environ 6 km à l'est du village, immédiatement avant le phare de la Gacholle; elle n'est accessible qu'à pied de la plage des Saintes-Maries-de-la-Mer.

 HÉBERGEMENT

Saint-Rémy-de-Provence

**Mexican Café** *(240F pdj; Pâques à fin août; dp; 4 rue du 8 Mai 1945, ☎04.90.92.17.66)*. Au-dessus de son restaurant mexicain, M. Cecchi loue cinq chambres (deux de plus sont projetées pour 1999) rustiques, colorées et parmi les moins chères de Saint-Rémy.

**Hôtel du Cheval Blanc** *(250F-290F; bp, dp, tv, ☎; 6 av. Fauconnet, ☎04.90.92.09.28, ⇌04.90.92.69.05)*. Un hôtel confortable, quoique rudimentaire, à prix modérés dans une ville où les prix sont plutôt élevés.

**L'Auberge de la Reine Jeanne** *(300F-350F, pdj 30F; fermé jan et fév; bp, ☎, tv; 12 bo Mirabeau, ☎04.90.92.15.33, ⇌04.90.92.49.65)* propose en location 11 chambres au décor frais dans une atmosphère d'auberge champêtre en retrait de la rue principale. On prend le déjeuner et le dîner dans un jardin ombragé en été, et dans un restaurant rustique pourvu d'un grand foyer au cours des mois plus frais.

**Le Castelet des Alpilles** *(345F-460 F, pdj 44F, fermé 1er nov à fin mars; bp, ☎, ℜ; 6 place Mireille, ☎04.90.92.07.21, ⇌04.90.92.52.03)*. Plusieurs de ses chambres au décor simple disposent d'une petite terrasse ou d'une loggia faisant face au sud et Mme Canac-Roux réserve un accueil chaleureux et amical à tous ses clients. Le mobilier et la décoration sont toutefois démodés, et évitez le restaurant dans la mesure du possible.

**Hôtel Ville Verte** *(350F-480F, pdj 35F; bp, ☎, place de la République, ☎04.90.92.06.14, ⇌04.90.92.56.54)*. Un hôtel simple d'allure familiale dont les propriétaires témoignent or ne peut mieux de la verve et de l'esprit locaux. Des studios entièrement équipés avec cuisinette sont proposés pour 1 500F (deux personnes) ou 2 000F (quatre personnes).

**Le Mas des Carassins** *(400F-500F, pdj 50F, fermé du 15 nov au 15 mars; bp, ☎; 1 chemin Gaulois, ☎04.90.92.15.48)* se trouve immédiatement au sud du centre du village, non loin de l'avenue Victor Van Gogh. Il s'agi d'un petit hôtel tranquille jouxté d'un joli jardin planté d'arbres, d'arbustes et de fleurs. Les chambres rustiques sont quelque peu vieillottes, mais demeurent néanmoins propres et confortables, sans compter que les hôtes manifestent un grand sens de l'hospitalité.

Le **Vallon de Vallrugues** *(600F-1 080F, pdj 85F; bp, ≡, tvc, ☎, minibar, ≈, ⌂, ℜ, bar; chemin Canto Cigalo, ☎04.90.92.04.40, ≈04.90.92.44.01)* se présente comme un complexe d'hébergement luxueux décoré avec style, bien que le charme local lui fasse défaut. On y comblera vos moindres besoins. Son assortiment de menus à prix fixe fait bon usage des ingrédients frais de Provence.

## Baux

**La Burlande** *(340F pdj; aucune carte de crédit acceptée; bp, tv, ≈; 13520 Le Paradou, ☎04.90.54.32.32)* est un paisible *bed and breakfast* dont les trois chambres et la suite *(deux chambres à coucher avec bc)* disposent chacune d'une terrasse. Assiette froide au déjeuner en bordure de la piscine et repas du soir *(125F sans vin)* sont disponibles. L'endroit est indiqué depuis la D78, au sud des Baux près du Paradou. Accueil chaleureux et attentionné.

**L'Auberge de la Benvengudo** *(520F-690F, pdj 58F; fermé fin oct au 1er mars; bp, ☎, tv, ≈, ℜ; ☎04.90.54.32.54, ≈04.90.54.42.58)* propose des chambres décorées avec goût, un joli jardin et une piscine invitante. On y jouit d'un confort assuré sur un site exceptionnel, quoique la route d'Arles, voisine, rompe légèrement le silence.

## Eygalières

**L'Auberge Provençale** *(285F-500F, pdj 38F; fermé en nov et parfois en fév; bp, ☎, tv, ℜ; place de la Mairie, ☎04.90.95.91.00)* propose en location des chambres confortables dans une auberge routière du XVIIIe siècle à côté de la Mairie. Le restaurant *(menu à 185F)* dispose d'une très agréable terrasse aménagée dans une cour intérieure paysagée.

**Le Mas dou Pastré** *(300F-450F, pdj 45F; bp, ☎, tv, ≈, minibar dans certaines chambres; route d'Orgon, ☎04.90.95.92.61, ≈04.90.90.61.75)* loue 10 chambres spacieuses et décorées dans un charmant style provençal à l'intérieur d'une maison de ferme en pierre. Les salles de bain sont bien équipées, et chaque chambre possède un panier en osier où reposent les serviettes supplémentaires pour la piscine. La gérante est amicale.

## Mollégès

Le **Mas de l'Ange** *(390F pdj; aucune carte de crédit acceptée; bp; petite route de Saint-Rémy, ☎04.90.95.08.33, ≈04.90.95.48.69)* se présente comme un élégant *bed and breakfast* aux allures de résidence secondaire soignée. Deux chiens et un cheval ajoutent à l'atmosphère des lieux. Chacune des quatre chambres est décorée dans des tons différents et possède de bons lits, des sols de pierres frais et divers objets hétéroclites. Il y a aussi un salon et une agréable salle où l'on prend le petit déjeuner, avec un buffet garni de vieux pots provençaux jaune et vert. Hélène Lafforgue était autrefois styliste pour le compte d'une revue de décoration intérieure; quant à son époux, Bruno, il va chercher tous les matins des brioches et des fougasses qu'on vous sert ensuite avec du jus de pomme, d'abricot ou de raisin fabriqué localement chez Jus de Fruits de Mollégès, de même qu'un bon café fumant. Une terrasse ombragée repose au cœur d'un grand jardin.

## Maussane

**L'Oustaloun** *(290F-380F, pdj 34F; fermé du 2 jan au 10 fév; bp, ☎, tv, ℜ; place de l'Église, ☎04.90.54.32.19)*. Un accueil cordial et attentif vous attend dans cet hôtel de 10 chambres au décor attrayant, tout près de la place du village et de son église. Nous vous recommandons son restaurant *(fermé mer)* pour sa cuisine provençale toute simple, servie devant la fontaine municipale par beau temps.

## Salon-de-Provence

**L'Hôtel Vendôme** *(250F-270F, pdj 28F; bp; 34 rue du Maréchal Joffre, ☎04.90.56.01.96)*. Vous n'avez guère d'autres choix dans cette ville où la majorité des établissements manquent de charme ou

ALPILLES, ARLES CAMARGUE

donnent sur une rue bruyante. Mais avec le Vendôme, vous ne vous tromperez pas; il vous propose 23 chambres simples dans un bâtiment vieillot, la plupart d'entre elles faisant face à une cour centrale paisible et agrémentée d'un petit bassin. Très propre et très amical.

---

## Arles

---

🚢 **Auberge de Jeunesse** *(fermé du 16 déc au 5 fév; av. Maréchal Foch, ☎04.90.96.18.25)*. Restaurant, jardin, salle de télévision, 108 lits (en dortoir et en chambre).

**Hôtel du Musée** *(230F-350F, pdj 35F; fermé 5 jan au 5 fév; dp, bp, ☎, tv; 11 rue du Grand Prieuré, ☎04.90.93.88.88, ⌐04.90.49.98.15)*. Un hôtel deux étoiles des plus invitants aux chambres éclairées et garnies de meubles provençaux. Par temps chaud, le petit déjeuner est servi dans une cour intérieure ensoleillée.

**Hôtel Le Calendal** *(250F-380F pdj; bp, dp, ☎, tv; 22 place Pomme, ☎04.90.96.11.89, ⌐04.90.96.05.84)*. Un hôtel éclairé et ensoleillé au décor provençal, situé tout près des arènes. Buffet au petit déjeuner et repas légers sont servis sur une jolie terrasse verdoyante et ombragée.

**Hôtel Le Cloître** *(270F-295F, pdj 33F; fermé jan et fév; bp, ☎, tv dans la moitié des chambres; 16 rue du Cloître, ☎04.90.96.29.50, ⌐04.90.96.02.88)*. Arles manque de lieux d'hébergement économiques, mais celui-ci comble partiellement cette lacune avec 33 chambres propres et dotées de petites salles de bain. On sert le petit déjeuner dans une grande salle pourvue d'une arche du XIII$^e$ siècle. Les chambres n° 18 et n° 20, bien que minuscules, offrent une vue glorieuse sur le cloître et l'église Saint-Trophime. Nombre de chambres peuvent accueillir trois ou quatre personnes *(365F et 415F)*.

🚢 **Hôtel de l'Amphithéâtre** *(280F-315F pdj.; bp, dp, ☎, tv; 5 rue Diderot, ☎04.90.96.10.30, ⌐04.90.93.98.69)*. En activité depuis 1997, ce charmant établissement occupe un hôtel particulier entièrement rénové et décoré avec simplicité quoique avec style (sols de salle de bain carrelés de terre cuite, murs jaunes chaleureux

et mobilier attrayant). Il fait face à la jolie place Henri Lartigue, à quelques pas seulement de l'amphithéâtre romain.

**Hôtel Saint Trophime** *(285F-300F, pdj 33F; fermé fin nov à mars; dp, bp, ☎, tv; 16 rue de la Calade, ☎04.90.96.88.38, ⌐04.90.96.92.19)*. Un hôtel à proximité de tout installé dans un bâtiment du XVII$^e$ siècle. Chambres simples et quelque peu défraîchies.

🚢 **L'Hôtel d'Arlatan** *(450F-695F, pdj 58F; bp, ≡ dans certaines chambres, ☎, tv, minibar, bar; près de la place du Forum, 26 rue Sauvage, ☎04.90.93.56.66, ⌐04.90.49.68.45)* est un établissement parfaitement charmant aménagé dans l'ancienne résidence de luxe de l'intendant du roi René, le comte Jean d'Arlatan de Beaumont. On y propose 30 chambres au décor individuel, de même que 11 appartements *(795F-1 350F)*, tous garnis de magnifiques meubles provençaux et d'antiquités. Le délicieux petit déjeuner, avec croissants chauds et pâtisseries, des confitures et un café sans pareil, est servi dans la cour intérieure en été, tout près de la fontaine. Le service se veut courtois, et la famille Desjardins ne ménage pas ses sourires.

**L'Hôtel Atrium** *(540F-630F, pdj 55F; bp, ≡, ☎, tvc, minibar, ≈, ℜ; 1 rue Émile Fassin, ☎04.90.49.92.92, ⌐04.90.93.38.59)* propose un hébergement confortable en plein centre de la ville. Le décor se compare à celui de plusieurs établissements affiliés aux grandes chaînes internationales, et il y a une piscine sur le toit. Surtout populaire auprès des groupes organisés et des gens d'affaires. La direction prévoit rénover bientôt ses salles de bain vieillissantes.

🚢 **Le Grand Hôtel Nord-Pinus** *(760F-900F, pdj 65F; fermé fév; bp, ≡, minibar, ☎, tv, ℜ, bar; place du Forum, ☎04.90.93.44.44, ⌐04.90.93.34.00)* occupe un emplacement idéal sur la place du Forum, et il a par le passé accueilli de nombreux toréadors et célébrités. Anne Igou a rouvert l'hôtel en 1989 en lui conservant tout son charme, alliant bon goût et un soupçon de kitsch. On trouve dans chaque chambre des lits en fer forgé et un savoureux mélange d'antiquités et d'objets de brocante; les salles de bain sont bien équipées. D'anciennes photographies et des souvenirs de corridas emplissent le salon et le bar, fréquenté, entre autres clients, par le désigner Christian Lacroix, natif d'Arles.

L'Hôtel **Jules-César** *(880F-1 000F, pdj 75F; bp, ≡, π, minibar, tvc, ℜ; bd des Lices, ☎04.90.93.43.20, ⊶04.90.93.33.47)*, à proximité de tout, est un établissement de luxe (membre de la chaîne des Relais et Châteaux) qui occupe un ancien couvent du XVIᵉ siècle. Les chambres sont bien équipées et présentent un décor récemment refait dans un style provençal sans surprise. On y compte curieusement plusieurs employés irlandais, en stage pour des périodes de six mois. L'excellente salle à manger propose une bonne carte des vins, et le somptueux petit déjeuner, de même que le déjeuner *(menu à 98F)*, sont servis dans le joli cloître paysager. Accueil professionnel.

## Tarascon

**Auberge de Jeunesse** *(45F, pdj 20F, repas 45F; fermé 15 déc au 1ᵉʳ mars; 31 bd Gambetta, ☎04.90.91.04.08)*. Salle de réception, six dortoirs de 8 ou 12 lits chacun pour un total de 65 places. Membre de la FUAJ.

Le **Mas de Gratte Semelle** *(400F; aucune carte de crédit acceptée; bp, π, tv, C, ≈; route d'Avignon, ☎04.90.95.72.48, ⊶04.90.90.54.87)*. À même sa vieille maison de ferme provençale en pierre, Thécla Fargepallet propose, à proximité de tous les attraits des Alpilles, un appartement à deux niveaux avec un petit salon, deux chambres, une cuisine complètement équipée (y compris un lave-vaisselle et une machine à laver) et une grande terrasse donnant sur les collines ondulantes de la Montagnette. On peut y prendre le repas du soir *(formule table d'hôte à 130F sans vin)*, et ce, même si on ne loge pas au mas. Location disponible pour une fin de semaine *(ven-dim 1 200F pour quatre)* ou une semaine *(3 000F pour quatre)*. On projette d'aménager deux autres appartements.

## Crau

Le **Château de Vergières** *(800F pdj; bp; ☎04.90.47.17.16, ⊶04.90.47.38.30)*. Un *bed and breakfast* dans un château du XVIIIᵉ siècle? Pourquoi pas! Jean et Marie-Andrée Pincedé vous accueillent chaleureusement mais sans exubérance dans leur demeure aménagée avec goût et entourée de verdure, fait pour le moins inusité sur la plaine rocailleuse de la Crau. Six chambres spacieuses sont proposées en location, et les dîners copieux *(300F apéritif et vin compris)* se prennent en compagnie des hôtes.

## Camargue

Le **Mas de Pioch** *(230F-250F, pdj 24F; dp, bp, tv dans certaines chambres, ≈ hors terre; sur la D570, immédiatement au sud de la D38; route d'Arles, 13460 Saintes-Maries-de-la-Mer, ☎04.90.97.50.06)*. La Camargue regorge de motels coûteux et souvent médiocres, mais cet hôtel aux allures de villa fait exception à la règle en vous proposant 12 chambres sommaires mais propres, entourées d'un parc ombragé et surtout économiques. Seule ombre au tableau : proximité d'une route passante.

**Lou Mas Dou Juge** *(750F ou 1 100F ½p; aucune carte de crédit acceptée; bp, tv; par la D 85, qui longe le Petit Rhône sous la D 58 en direction de Saintes-Maries-de-la-Mer; quartier Pin Fourcat, route du Bac du Sauvage, 13460 Saintes-Maries-de-la-Mer, ☎66.73.51.45, ⊶66.73.51.42)* est une auberge aménagée dans une maison de ferme rénovée, réputée pour ses bons dîners joviaux concoctés par Renée Granier (généralement du poisson frais grillé) et animés par son époux Roger, qui amuse ses hôtes par des récits grivois, de la musique et de la danse, le tout abondamment arrosé, ce qui ne nuit certes pas à l'atmosphère, de ses eaux-de-vie à la pêche et à la poire. Bien que surtout populaire auprès des groupes d'affaires, les clients seuls et les couples sont invités à se joindre à la fête; il faut cependant noter que ce genre de divertissement ne convient guère aux introvertis! Les chambres sont simples, et leur mobilier se révèle plutôt usé. Dîner seulement *(350F vin inclus)*. Possibilité de randonnées à cheval pour mieux explorer la Camargue.

Le **Mas de Peint** *(950F-1 500F, pdj 75F; bp, ≡, π, minibar, tvc, ≈, ℜ; sur la D36 entre Arles et Salin-de-Giraud, Le Sambuc, 13200 Arles, ☎04.90.97.20.62, ⊶04.90.97.22.20)* s'impose comme un tout nouvel établissement de luxe au cœur de la Camargue. Ses huit chambres avec salle de bain en mezzanine arborent un décor somptueux, rehaussé de beaux meubles et de tissus raffinés. Le savoureux petit déjeuner, qui ne comporte pas seulement des croissants mais aussi des fruits frais, des céréales et du yogourt, est servi sur une grande table en bois à l'intérieur même de l'adorable cuisine; déjeuner et dîner sont aussi disponibles, préparés par le cuisinier à demeure. Le charismatique Bon, heureux propriétaire d'une manade et riziculteur prospère, et son épouse Lucille, une architecte, ont réussi à créer ici une ambiance chaleureuse et détendue, raffinée mais sans prétention aucune. On peut visiter la ferme de Bon.

## Saintes-Maries-de-la-Mer

**Auberge de Jeunesse** *(Piocht-Badet, route de Cacharel,* ☎*04.90.97.51.72,* ⌐*04.90.97.54.88).* Membre de la FUAJ; 76 lits. À 10 km des Saintes-Maries-de-la-Mer.

**L'Hôtel Méditerranée** *(200F-300F, pdj 26F; bp, bc; 4 bd Frédéric Mistral,* ☎*04.90.97.82.09,* ⌐*04.90.97.76.31)* propose 15 chambres au décor simple à proximité de la plage et du port. Agréable jardin. Hôtes joviaux.

**L'Hôtel Mas des Rièges** *(300F-500F, pdj 40F; fermé oct à mars; bp, tv, ☎, ≈, bar; route de Cacharel,* ☎*04.90.97.85.07,* ⌐*04.90.97.72.26)* se présente comme un ranch paisible et sans prétention. Chambres petites mais joliment décorées, et piscine invitante. Possibilité de repas légers le midi.

**L'Hôtel Le Boumian** *(350F-450F pdj 30F; bp, ☎, tv, ≈, ℜ; sur la D570, immédiatement au nord de Saintes-Maries-de-la-Mer; Le Pont des Bannes,* ☎*04.90.97.81.15,* ⌐*04.90.97.89.94)* compte 30 chambres confortables, dont plusieurs en bordure de la piscine. Accueil amical. Possibilité de randonnées à cheval.

 RESTAURANTS

## Saint-Rémy-de-Provence

**Lou Planet** *($; 7 place Favier,* ☎*04.90.92.19.81)* est une crêperie simple quoique attrayante, située sur un joli square tranquille en face du Musée des Alpilles, dont la façade a été restaurée. Les salades *(40F),* les crêpes *(12F à 30F)* et les galettes *(20F 35F)* y sont savoureuses et peu coûteuse pour cette ville aux prix gonflés. Ouvert l midi et le soir, mais aussi tout l'après-midi alors qu'on y sert boissons fraîches, glaces e café.

**La Gousse d'Ail** *($$; 25 rue Carno* ☎*04.90.92.16.87).* Un chaleureux bistr rehaussé de poutres en bois, de bric-à-brac de vieilles gravures et de nappes blanches. L nourriture se veut d'ailleurs tout auss réconfortante : pâtes fraîches au pistou salade de roquefort, potage de poisson. Soirée de jazz le jeudi et menu à prix fix *(210F).*

**Olivade** *($$; fermé mi-nov à mi-mars, fermé l midi mar et mer; 12 rue du Château* ☎*04.90.92.52.74).* Surtout apprécié au cour des mois les plus chauds, alors que dîner su sa terrasse en pierre est des plus agréables Plats de Provence à base de viande, d poisson et de salade. Menus à 98F, 145F 190F et, pour les enfants, 55F.

**Le Bistro Découverte** *($$; fermé lun; 19 b Victor Hugo,* ☎*04.90.92.34.49).* Un pet restaurant simple et branché proposant u excellent choix de vins au verre. Son menu 115F peut aussi bien comporter des crevette géantes que du canard ou du filet mignon.

**La Maison Jaune** *($$; fermé dim soir et lun 15 rue Carnot,* ☎*04.90.92.56.14).* U agréable restaurant où l'on sert des spécialité provençales (filet d'agneau accompagné d tapenade, poisson frais...), et dont la terrass donnant sur le vieux Saint-Rémy regroup plusieurs tables et chaises en teck. Menus 120F (déjeuner mar-ven), 170F, 235F e 275F.

**L'Orangerie Chaberl** *($$; fermé lun; 16 b Victor Hugo,* ☎*04.90.92.05.95).* Ce charman établissement dont la terrasse abritée e garnie de tables surmontées de grand parasols présente un décor tout à fait propic à un délicieux repas. Sa cuisine raffiné élabore, entre autres plats, du filet de bœu aux morilles et aux girolles de même que de médaillons d'ange de mer. Menus à 99F 158F et, pour les enfants, 45F.

**L'Assiette de Marie** *($$; tlj, dîner seulemen 1 rue Jaume-Roux,* ☎*04.90.92.32.14).* L jeune chef Marie fait preuve d'une main sûr et propose un menu de trois services à 160 pouvant comprendre des poivrons rouge grillés, du fromage de chèvre et des cannellonis aux épinards, de l'osso buco et une délicieuse crème brûlée. Les repas sont servis dans une salle chaleureuse, aux murs de pierres ocre, garnie de fleurs fraîchement coupées et de tables et chaises en bois. Quant à la vaisselle, il est intéressant de noter que toutes les assiettes sont différentes. Service amical.

**Le Bistrot des Alpilles** *($$; fermé dim et du 15 nov au 15 déc; 15 bd Mirabeau, ☎04.90.92.09.17)* est une grande et joyeuse «brasserie-restaurant» décorée dans les tons de vert sombre et de rouge, et rehaussée de touches provençales. On y sert des repas coûteux au jet-set de Saint-Rémy *(entrées 65F à 98F, plats principaux 85F à 130F, menu de trois services à 150F)*.

**XA** *($$; fermé mer et déc à mars; 24 bd Mirabeau, ☎04.90.92.41.23)* se veut un restaurant confortable où l'on met l'accent sur la fraîcheur des ingrédients entrant dans la préparation des plats. Le menu à 135F (deux services plus fromages et dessert) comprenait récemment des aubergines à la sicilienne, des escalopes marinées, du saumon frais grillé et de la compote de rhubarbe arrosée d'une sauce aux framboises.

Le restaurant gastronomique, entièrement rénové, du **Vallon de Vallrugues** *(chemin Canto Cigalo, ☎04.90.92.04.40, ☎04.90.92.44.01)* s'avère excellent. Ses menus à 220F (déjeuner seulement), 290F, 380F et 460F (menu dégustation) font ample usage d'ingrédients provençaux frais. Service professionnel et courtois sur toute la ligne.

## Eygalières

**Sous Les Micocouliers** *($$; fermé mar; traverse Monfort, ☎04.90.95.94.53)* est un établissement décontracté et à la mode situé légèrement en retrait du centre du village. Il possède une magnifique terrasse ombragée par de nombreux micocouliers (variété d'ormes), et l'on y sent toute l'atmosphère de la Méditerranée. Lorsqu'il fait plus frais, on se déplace volontiers à l'intérieur, chauffé par un large foyer où rôtit parfois un gigot d'agneau au-dessus d'un feu de bois. Le menu varie de jour en jour et comprenait récemment une salade d'artichauts, des raviolis dans une sauce au basilic et du poulet au romarin. Les menus, à 115F (déjeuner) et à 168F (dîner),

incluent deux services, les fromages et le dessert.

## Maussane

**La Petite France** *($$; fermé mer-jeu midi et en jan; 15 av. de la Vallée des Baux, ☎04.90.54.41.91)* présente un menu provençal créatif faisant bon usage de la récolte d'olives de la région, si bien que le menu à 280F comprend quatre plats à base d'huile provenant de quatre pressoirs locaux différents. Les menus de trois services *(150F et 200F)* offrent un bon rapport qualité/prix et peuvent comporter des raviolis aux olives vertes farcis de fromage ricotta et de sauge, de la brème arrosée d'un léger coulis de fèves et nombre de desserts plus succulents les uns que les autres. Vaste choix de vins, dont certains crus locaux soigneusement sélectionnés.

**Ou Ravi Provençau** *($$; fermé mar, du 20 nov au 20 déc et du 20 au 30 juin; 34 av. de la Vallée des Baux, ☎04.90.54.31.11)* est un restaurant chaleureux, très populaire auprès des gens de la région, où l'on sert des spécialités provençales (bœuf en daube, morue fraîche arrosée d'un coulis de tomate). Le décor se veut gai et rustique, les abat-jour étant recouverts de tissus provençaux, et les murs, ornés de casseroles en cuivre et d'objets divers. Menus à 160F (sauf le dimanche midi et les jours fériés) et à 230F.

## Salon-de-Provence

**La Salle À Manger** *($$; fermé dim après-midi et lun; 6 rue du Maréchal Joffre, ☎04.90.56.28.01)*. La famille Miège a déménagé ses pénates dans le sud en 1993 pour ouvrir ce bijou après avoir tenu un autre restaurant en Normandie. La Salle À Manger, qui occupe un hôtel particulier du XVIII[e] siècle entièrement rénové par le désigner Gilles Dez, propose un menu provençal raffiné constituant un remarquable rapport qualité/prix (délicieux rouget grillé, rôti d'agneau appétissant garni de tapenade). Le menu à 105F comprend deux services et un dessert parmi les nombreux choix figurant sur la carte de «grand-mère». En été, on peut dîner dans un joli patio.

## Arles

La **Pâtisserie du Forum** *($; 7h30 à 20h, salon de thé jusqu'à 19h, fermé fév; 4 rue de la Liberté, ☎04.90.96.03.72)* est une pâtisserie traditionnelle doublée d'un petit salon de thé, où l'on peut prendre des croissants et du café le matin, des repas légers (quiches, salades) le midi et de savoureux gâteaux le reste de la journée.

**Vitamine** *($; fermé dim; 16 rue du Docteur Danton, ☎04.90.93.77.36)*, un petit café éclairé et accueillant de huit tables de la vieille ville, propose plus de 30 salades différentes *(24F à 48F)* ainsi que des plats de pâtes fraîches tout à fait délicieux *(32F à 42F)*.

Le sympathique restaurant La Brasserie du Nord-Pinus du **Grand Hôtel Nord-Pinus** *($-$$; place du Forum, ☎04.90.93.44.44, ⌐04.90.93.34.00)*, sert d'honnêtes repas de bistro proposant un choix limité de viandes et de poissons *(menus de trois services à 120F et à 140F, vin et café inclus)*.

La **Charcute Restaurant** *($-$$; mar-sam, midi à 15h et 19h à 1h; 51 rue des Arènes, ☎04.90.96.56.96)*. Un bistro rustique avec un vieux sol carrelé, de longues tables en bois et même une baignoire suspendue au plafond. La cuisine est en partie provençale (saucisson d'Arles, agneau au thym), en partie lyonnaise (tripes, charcuterie). Ouvert tard dans une ville où l'on a du mal à dénicher un repas après 22h.

**L'Escaladou** *($$; midi à 14h30 et 18h30 à 23h30; 15 rue Porte de Laure, ☎04.90.96.70.43)*. Cuisine de Provence — poisson frais, rôti de bœuf sur riz de Camargue, potage de poisson — servie dans une salle au décor gai rehaussé de nappes jaunes et d'un carrelage blanc. Menus à 85F, 105F et 140F.

**L'Olivier** *($$; fermé dim-lun; 1bis rue Réattu, ☎04.90.49.64.88)* s'impose comme l'une des meilleures tables d'Arles. L'imagination du chef Jean-Louis Vidal y transforme de frais ingrédients provençaux en des créations inspirées telles que champignons grillés sauce crème à l'ail et au persil, bouchées d'aiglefin poché agrémentées de fromage de chèvre en purée, rôti d'agneau au romarin et pot au feu de fruits de mer. Menus à 138F, 178F et

360F (six services, accompagnés chacun d'un vin différent). Service professionnel.

**Le Vaccarès** *($$; fermé dim soir, lun et en jan; place du Forum, entrée rue Favorin ☎04.90.96.06.17)* est tenu par plusieurs comme le meilleur restaurant d'Arles, et pour cause. Qui pourrait résister à la tentation de déguster de bons plats provençaux où le poisson est à l'honneur, tout en contemplant la vue charmante sur la place du Forum et su le monument à Mistral du haut du balcon l'étage au cours d'une chaude soirée d'été Menus à 175F et à 235F.

**L'Affenage** *($$; fermé mar, mer soir et dim hors saison; fermé dim en haute saison; 4 ru Molière, ☎04.90.96.07.67)* est un bon restaurant proposant des plats traditionnel dans la charmante étable aux poutre apparentes d'une ancienne auberge d XVIII[e] siècle. Menu raisonnable à 90 comprenant un buffet «aux saveurs d Provence» avec un bon choix de saucisson d'Arles, de salades fraîches et de terrines suivi d'un gigot d'agneau au thym ou d'un canard laqué, le tout couronné de dessert maison (excellentes tartes au citron meringu et aux noisettes). Également, menu à 135F Service efficace, quoique les résidant semblent bénéficier d'un traitemen préférentiel.

**La Mule Blanche** *($-$$; tlj sauf dim; 9 rue d Président Wilson, ☎04.90.93.98.54)* est u restaurant amical et sans façon fort appréci des résidants. Menu «Formule du Bistro» prix raisonnable *(68F, incluant le plat du jou le dessert et le café)*, ou choix de salade copieuses *(40F à 58F)*, de pâtes et de plat de viande.

**Tart'in** *($; 7 rue des Carmes ☎04.90.93.36.77)*. Un nombre ahurissant d tartes, au poireau et au gruyère aussi bie qu'à l'oignon et au jambon, aux fruits rouge ou aux pommes, à la cannelle et aux raisin secs, sans oublier un vaste choix de salade mélangées, le tout à des prix raisonnables Menus à 40F, 65F et 95F. Hôtes on ne peu plus amicaux.

## Tarascon

**Aux Mille Pâtes** *($; fermé mer soir et sam-di midi; 4 rue Eugénie Pelletan ☎04.90.43.51.77)*, un petit café san rétention, propose un vaste choix de plats de pâtes fraîches *(40F à 50F, sauces classiques ou plus recherchées, aux fruits de mer, aux étoncles, au Roquefort ou au safran)* et des salades *(30F à 35F)*. Le menu à 55F comprend pâtes et salade; demi-carafe de bon vin local à 20F. Un endroit merveilleux en été, lors qu'on place plusieurs tables surmontées de parasols sur la terrasse du majestueux théâtre de Tarascon, situé juste en face du café.

## Saint-Martin-de-Crau

Le **Moro Pâtissier** *($; 6h à 13h et 14h30 à 19h30, fermé lun; av. de la République, ☎04.90.47.11.02)* est tout indiqué pour des pâtisseries, des gâteaux et des croissants à vous mettre l'eau à la bouche. Un confortable salon de thé vous permettra de déguster ces douceurs sur place.

L'**Oustau de Mamette** *($$; fermé dim soir et du 15 au 30 août; 13 av. de la République, ☎04.90.47.04.03)*, un restaurant charmant, occupe le rez-de-chaussée d'une vieille demeure sur la rue principale de cette paisible localité. On y apprête, comme il se doit, des ingrédients provençaux tout frais, c'est-à-dire sans artifice, de manière à laisser les saveurs naturelles s'exprimer pleinement. On y trouvait récemment des aubergines en pâte filo arrosées d'un coulis de tomate, une légère salade de foie de poulet vinaigrette aux framboises, des cuisses de grenouille à l'ail et au basilic, et de la sole grillée, sans oublier les délicieuses tartes maison aux fruits frais. Menus à 98F et à 130F. Service courtois. Terrasse ombragée.

## Camargue

**Marc et Mireille** *($; plage de Beauduc, ☎42.48.80.08)*. Il n'y a rien de tel, pour les aventuriers dont la voiture possède de bons amortisseurs, que de se rendre sur la plage isolée de Beauduc pour déguster du bon poisson grillé frais du jour au restaurant rustique de Marc et Mireille. Vous y trouverez d'incomparables tinades (minuscules mollusques) à l'ail, des poissons à chair blanche et savoureuse hors du commun, tel le orb ou le marbré *(25F/100 g)*, ainsi que de la poutargue (pâte à tartiner aux œufs et au poisson en purée). Bien que guère plus grand

qu'une cantine, ce restaurant est fort populaire en été, et nous vous recommandons de réserver. D'Arles, suivez la D36 sur 5 km, puis tournez à droite sur la D36B Sud, où vous passerez l'étang de Vaccarès et pourrez admirer de beaux flamants roses. Cette route devient ensuite la D36C après les hameaux de Salin-de-Badon et de Paradis, mais gardez-vous de prendre le virage serré à gauche en direction de Salin-de-Girard; continuez plutôt vers le sud avant de tourner brusquement à droite, là où pointe un petit panneau peint à la main portant l'inscription «Marc et Mireille - Beauduc». Assurez-vous également de faire le plein avant de prendre le départ car il n'y a aucune station-service dans les parages.

## Saintes-Maries-de-la-Mer

**Les Vagues** *($-$$; 12 av. Théodore Aubanel, ☎04.90.97.84.40)* se présente comme un café de plage idéal pour un casse-croûte ou un simple rafraîchissement, quoiqu'on y propose également un menu varié de plats de poisson tout à fait respectables.

**Lou Cardelino** *($$; fermé mer, en fév et fin nov à fin déc; 25 rue Frédéric Mistral, ☎04.90.97.96.23)* est un joli restaurant de fruits de mer au décor d'un bleu apaisant et au service courtois. Poisson frais grillé tel que sole ou poisson-chat, à 40F/100 g.

Le **Chante-Clair** *($$; Pâques à la fin nov, fermé mar sauf en juil et août; place des Remparts, ☎04.90.97.82.95)* sert certains des meilleurs fruits de mer des Saintes-Maries. On y pèse et grille sur place plusieurs variétés de poissons frais *(35F-45F/100 g)*. Les tellines (minuscules mollusques à chair savoureuse, apprêtés à l'ail et au persil) constituent une bonne façon d'entamer le repas. Bouillabaisse marseillaise à 180F, menus à 67F, 88F, 119F et 175F. Quelques plats de viande pour les carnivores invétérés. Service amical et détendu.

**La Manade** *($$; fermé jan; 10 rue Frédéric Mistral, ☎04.90.97.98.06)* sert du poisson frais et du bœuf élevé dans la région. Menus à 79F, 98F, 130F et 160F. Assiette de mollusques à 120F, assiette de crustacés à 210F. Repas agrémenté par des guitaristes gitans les vendredis et samedis soirs. Décor intérieur frais dans les tons de rose et d'abricot.

**ALPILLES, ARLES CAMARGUE**

Le restaurant de l'**Hôtel Le Boumian** *(sur la D570, immédiatement au nord de Saintes-Maries-de-la-Mer; Le Pont des Bannes, 13460 Saintes-Maries-de-la-Mer, ☎04.90.97.81.15, ⌐04.90.97.89.94)* propose un dîner qui constitue somme toute une bonne affaire et qui est servi dans une attrayante salle à manger *(150F avec fromage, dessert et vin)*.

  SORTIES

## Saint-Rémy-de-Provence

**La Forge**
Av. de la Libération
☎04.90.92.31.52
Discothèque.

**La Haute Galine**
Quartier de la Galine
☎04.90.92.00.03
Discothèque.

**Café Latin**
Rue Roger Salengro
Café; musiciens certains soirs.

Le **Festival Organa** *(Association Organa, ☎04.90.92.08.10)* présente des concerts d'orgue sur l'instrument récemment restauré (l'un des plus importants de France) de l'église collégiale Saint-Martin *(bd Marceau, en face de la place de la République)*, ainsi que des concerts classiques de juillet à septembre *(téléphonez pour connaître le programme)*. Des répétitions ont lieu tous les samedis à 17h30, de juillet à septembre, dans l'église Saint-Martin.

**Concerts de jazz**. Adressez-vous à l'Office de la culture de Saint-Rémy *(☎04.90.92.08.10, poste 394)* ou à l'Office de tourisme pour obtenir de plus amples renseignements sur les soirées de jazz organisées en divers lieux au cours de l'été.

### Fêtes traditionnelles

L'une des fêtes les plus inusitées de la région est sans doute la **Fête de la Transhumance ★**, une célébration qui se tient chaque année le lundi de la Pentecôte (fin mai). Des bergers en costume traditionnel font défiler leurs 3 000 moutons à travers les rues de la ville, au

moment où ils doivent normalement le déplacer de la torride plaine de la Crau ve les hautes terres plus fraîches pour l'ét L'événement s'accompagne d'un étalage fromages de chèvre et de brebis produits dai les environs (avec remise de prix), d'une foi de la brocante d'une journée et de différent expositions.

## Arles

**39,2°**
19, place Honoré Clair
☎04.90.96.11.44
Piano-bar.

**Le Tropicana**
7, rue Molière
☎04.90.93.34.70
Piano-bar, crêperie.

**Cargo de Nuit** *(jeu-sam 20h à 4h; 7 a Sadi Carnot, ☎04.90.49.55.99)*. Populai boîte de nuit où l'on peut entendre de tr bonnes formations de musique africaine, salsa et de jazz. Salle de spectacle de 3( places, bar et restaurant (cuisine ouver jusqu'à 2h).

**Le Grenier à Sel** *(49 quai de la Roquett ☎/⌐04.90.93.05.23)*. Salle de spectacle l'on présente des numéros de cabaret, d pièces de théâtre et des concerts de jaz Prenez la peine de vous renseigner sur programmation, aussi audacieuse qu divertissante.

Le **Café La Nuit** *(11 place du Forur ☎04.90.96.44.56)*, aussi connu sous le no de «Café Van Gogh» (l'endroit a fait l'obj d'un célèbre tableau de l'artiste en 1890), e tout indiqué pour prendre un verre entre am dans une atmosphère animée en plein cœ d'Arles. Un lieu de rencontre populaire.

Le **Cinéma Le Mejean** *(quai Marc Dormo ☎04.90.93.33.56)* présente dans ses tro salles un bon choix de récentes productio indépendantes du monde entier, mais aus des succès commerciaux, des rétrospectiv et des rencontres avec des réalisateurs. On trouve par ailleurs un restaurant servant d salades et des repas légers, de même qu'u très bonne librairie : Actes Sud.

Les **manades**. Arles et la Camargue so riches de traditions, dont plusieurs apportant au taureau et aux corridas. Nombre e manades (fermes d'élevage de taureaux oirs) émaillent la région, et plusieurs d'entre les possèdent de petites arènes où l'on ésente des rodéos une fois la semaine urant l'été. Les jours, les heures, les prix et quality des spectacles varient, de sorte qu'il aut mieux s'informer auprès de l'Office de urisme local pour obtenir plus de détails. Les orridas de la région d'Arles se présentent ssi bien sous la forme espagnole que sous ne forme locale d'où toute violence est sente. Dans ce dernier cas, l'objet du ombat consiste en effet à retirer prestement cordon attaché entre les cornes du ureau, si bien que l'animal n'est blessé aucune façon.

**tes traditionnelles**

plus colorée et la plus intéressante des tes d'Arles est la **Fête des Gardians ★**, lébrée le 1er mai. Des cavaliers costumés et jolies Arlésiennes (habitantes de la ville tues de longues jupes traditionnelles, de ouses blanches et de châles soigneusement apés) défilent dans les rues, et l'on assiste à s manifestations tauromachiques et uestres.

rmi les autres événements présentés à les, retenons **La Feria Pascale** (longue fin de maine de Pâques; toréadors et gardiens de oupeaux conduisent leurs taureaux squ'aux arènes romaines), **La Pégoulado** remière semaine de juillet; procession au mbeau, chants et danses folkloriques dans s rues de la ville), **Les Rencontres ternationales de la Photographie** (pendant e semaine en juillet; festival de otographie du plus haut niveau réunissant s photographes professionnels et amateurs monde entier) et **Les Prémices du Riz** (mi-ptembre; fête de la moisson du riz, défilé de ars allégoriques et divertissements).

## Tarascon

**Théâtre de Tarascon** *(rue Eugénie Pelletan, nseignements ☎04.90.91.51.45, servations ☎04.90.91.24.30)* produit un entail de drames, d'opéras et de vertissements musicaux de septembre à ai, réalisés par des troupes en tournée nues jouer dans cet adorable théâtre

baroque entièrement restauré. Téléphonez à l'avance pour connaître le programme.

**Fêtes traditionnelles**

Huit jeunes hommes costumés paradent dans les rues de la ville une immense représentation du monstre fabuleux qu'était la Tarasque au cours de la **Fête de la Tarasque** (dernier dimanche de juin). Fidèle à sa sinistre réputation, la Tarasque menace tout spectateur qui tente de lui barrer la route.

## Saintes-Maries-de-la-Mer

**Flamenco - Bar Le Commerce**
13, rue Victor Hugo
☎04.90.97.84.11
Café; spectacles, entre autres de flamenco.

Vers la fin des années quatre-vingt, les Gypsy Kings, originaires de la Camargue, ont rendu populaires les mélodies latines chantées à la guitare et caractéristiques de cette région, dont certaines ont atteint le sommet du palmarès un peu partout à travers le monde. Bien que le groupe soit aujourd'hui dissous, l'un de ses membres, Chico, se produit parfois dans la région. Par ailleurs, certains restaurants présentent des musiciens gitans au cours de l'été, comme, par exemple, La Manade de Sainte-Marie-de-la-Mer (voir p 147).

**Fêtes traditionnelles**

Au cours de la populaire **Fête des Gitans** (24 et 25 mai), les gitans promènent une statue de Sara couverte de bijoux à travers les rues de la petite ville. Suit un défilé d'Arlésiennes et de gardians de chevaux et de taureaux. Diverses manifestations ont lieu au bord de la mer et dans les rues, y compris des jeux où les taureaux camarguais sont à l'honneur. Un événement de nature similaire a également lieu un dimanche autour du 22 octobre.

## Mouriès

**Fêtes traditionnelles**

La fête des olives vertes se déroule en septembre (généralement l'avant-dernier dimanche du mois) dans les rues de ce village, immédiatement après la récolte du précieux fruit.

 MAGASINAGE

## Saint-Rémy-de-Provence

**Forum Santé Pharmacie** *(fermé dim; 4 bd Mirabeau, ☎04.90.92.08.05)*. Pharmacie commodément située avec heures d'ouverture prolongées.

**Saint-Rémy Presse** *(12 bd Mirabeau, ☎04.90.92.05.36)*. Marchand de journaux proposant un grand choix de périodiques et magazines internationaux.

**Atelier de photographie** *(fermé dim-lun en hiver; 9 rue Carnot, ☎04.90.92.36.76)*. Développement de photos en une heure.

**La Maison d'Araxie** *(1 place Joseph Hilaire, ☎04.90.92.58.87)*. Une épicerie fine tout à fait enchanteresse avec un excellent choix de produits locaux, notamment du nougat, des tisanes, des friandises au miel et des confitures de fruits.

**Poivre d'Ane** *(fermé dim en hiver; 25 bd Victor Hugo, ☎04.90.92.17.08)*. Souvenirs et objets de Provence pour la maison, de qualité supérieure à ce qu'on trouve ailleurs.

La **Confiserie des Alpilles** *(tlj sauf sam 8h à 12h et 14h à 18h; 5 av. Albert Schweitzer, ☎04.90.92.11.08)*. Depuis trois générations, la famille Lilamand élabore ses fameux fruits confits à partir des meilleurs ingrédients locaux (abricots, melons, mirabelles, etc.).

La **Galerie Noir et Blanc** *(30 rue Carnot, ☎04.90.92.55.21)* est une petite galerie de photos tenue par un jeune homme talentueux du nom d'Éric Pexxali, qui vend des gravures encadrées et des cartes postales (images en couleurs et en noir et blanc de la région photographiée par lui). Également, service d'imprimerie professionnel. À côté de la fontaine Nostradamus.

## Maussane

La **Bastide Saint-Bastien** *(mar-dim 10h 12h30 et 15h à 19h; 99 av. de la Vallée d* *Baux, ☎04.90.54.37.64)*, une super boutique d'antiquités, occupe une résiden du XIX^e siècle, devant laquelle s'étend un j jardin. Vaste choix de meubles et obje provençaux sélectionnés par François Calv (attaché de presse du ministre de l'Intérie français jusqu'en 1981) et Daniel Pourch (descendant d'une famille de joailli réputés).

## Arles

**Pierre Milhau** *(6h30 à 13h et 15h à 19h3 fermé dim après-midi et lun; 11 rue Réatt ☎04.90.96.16.05)*. Ce traiteur est recon pour ses délicieux saucissons d'Arles, faits porc, de bœuf et d'épices douces.

**L'Arlésienne** *(lun-sam 10h à 12h et 14h 19h; 12 rue du Président Wilso ☎04.90.93.28.05)* vend des vêtemen traditionnels provençaux et camarguais, compris les robes et les larges rubans cheveux que portent les femmes à l'occasi des fêtes locales.

**Antiquités Frédéric Dervieux** *(lun-sam 10h 12h et 15h à 19h; 5 rue Verno ☎04.90.96.02.39)* propose des antiquités qualité exposées dans quatre salles d' élégant hôtel particulier datant XVIII^e siècle. On y met surtout l'accent sur meubles et objets provençaux.

Le **Marché provençal** d'Arles *(sam matin; long du bd des Lices)* se rév particulièrement animé et varié. Outre habituels comptoirs de produits régiona (fruits, légumes, épices, fines herbes, fleu savon et tissus), vous y trouverez d brocanteurs et des selliers fabriquant sell brides et attelages pour les cavaliers Camargue. Vous aurez aussi l'occasion voir des Arlésiennes en costume traditionne

**Antiquités Maurin** *(tlj sauf dim et sam ma 9h à 12h et 14h à 19h; 4 rue de Gri ☎04.90.96.51.57)* présente un amusa mélange d'antiquités et d'objets divers, par lesquels se trouvent de la verrerie, d porcelaines, des tableaux et des meubles.

La **Librairie Actes Sud** *(lun 14h à 21h, mar-mer 10h à 21h et jeu 10h à 20h; passage du Méjan, 47 rue du Docteur Fanton, ☎04.90.49.56.77)*. L'éditeur belge Hubert Nyssen créa la maison d'édition Actes Sud en 1978. Un an plus tard, sa fille Françoise prit les rênes de la firme au siège arlésien et publie aujourd'hui une dizaine d'ouvrages par mois rédigés par une impressionnante brochette d'auteurs français et étrangers (l'Américain Paul Auster, la Russe Nina Berberova, ainsi que des écrivains asiatiques, arabes et scandinaves). Les jaquettes des livres d'Actes Sud ont valu à la maison d'édition plusieurs prix pour leur conception originale, et l'on retrouve la collection tout entière dans cette librairie, mais aussi un bon choix d'œuvres émanant d'autres éditeurs. Tenue régulière de séminaires et de séances de lecture, galerie d'art, cinéma et restaurant.

**InterSport** *(fermé lun matin et dim; 20 place de la République, ☎04.90.96.17.70)*. L'endroit tout indiqué pour des vêtements et articles de sport.

**Labo Photo Valtier** *(58 rue du 4 Septembre, ☎04.90.96.43.61)*. Photographies développées en une heure et approvisionnement en pellicule.

**Pharmacie Poix-Wattrelos** *(fermé dim; 1 rue de la Place, ☎04.90.96.13.69)*. Cette pharmacie offre un service amical et professionnel, sans compter ses heures d'ouverture prolongées.

**De Moro Pâtissier** *(dim-lun fermé entre 13h et 14h30; rue Wilson, ☎04.90.93.14.43)*. L'une des pâtisseries les plus fines de la région. Elle propose un choix hallucinant, dont une spécialité qui lui est propre : l'Alexandrian (légère mousse au chocolat sur biscuit aux noisettes).

**Forum** *(fermé dim; rue Wilson, ☎04.90.93.65.39)*. Cette chic librairie dispose d'un bon choix de guides de voyage, de cartes routières, d'œuvres littéraires et d'ouvrages culturels.

## Saint-Martin-de-Crau

**Chèvre Fermier Malbosc-Espigue** *(indiqué par un panneau, à 400 m à l'est de la D27 entre Maussane et Saint-Martin-de-Crau, ☎04.90.47.08.95)* met en vente une étonnante variété de fromages de chèvre fermiers provenant directement du manufacturier. Les chèvres de Malbosc produisent un lait d'une grande richesse, du fait de croisements étudiés et d'un régime de fourrages choisis de la Crau.

ALPILLES, ARLES CAMARGUE

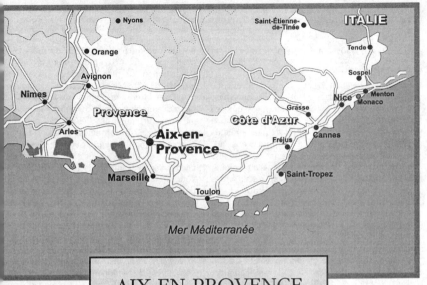

# AIX-EN-PROVENCE

C e chapitre sur Aix-en-Provence englobe aussi les régions de la montagne Sainte-Victoire et du massif de la Sainte-Baume.

Aix-en-Provence est une magnifique ville provençale aux rues bordées d'arbres, aux élégantes résidences historiques et aux nombreux squares, sur lesquels on trouve près de 100 fontaines. Les multiples bâtiments et monuments d'intérêt parsemés le long des rues piétonnes du centre-ville peuvent être visités naturellement à pied, et, somme toute, vaut la peine de passer quelques jours dans la région. La chaîne de montagnes de la Sainte-Victoire (maintes fois peinte par Cézanne) et le massif boisé de la Sainte-Baume présentent des panoramas saisissants et se voient sillonnés de merveilleux sentiers baignés d'effluves enivrants. De plus, ce qui constitue un atout majeur, cette région est moins fréquentée et pratiquement aussi belle que les collines du Luberon plus au nord.

Le plus ancien site de peuplement d'Aix connu à ce jour se trouve à 3 km au nord de la ville actuelle sur les hauteurs d'Entremont. Il était habité par les Salyens (aussi appelés Salluvii ou Salluviens), une tribu celto-ligure qui contrôlait toute la plaine entre la Durance et le Rhône. Les ruines de cette colonie, découvertes au cours de notre siècle, sont visibles au Musée Granet. Ce peuple fut toutefois vaincu par les Romains en 122 av. J.-C.; ces derniers avaient à leur tête

le consul Sextius Calvinus, et ils s'établirent dans la région dès l'année suivante.

Ce site stratégique se trouvait par ailleurs à proximité d'une source thermale naturelle tantôt chaude, tantôt froide. La communauté naissante prit le nom d'Aquae Sextiae, ou «les eaux de Sextius». La domination des Romains sur la région se confirma en 102 av. J.-C., lorsque les troupes de Marius massacrèrent des milliers de Teutons au cours de la bataille d'Aix, qui se déroula à Pourrières (à 30 km à l'est d'Aix). L'origine du nom de la montagne Sainte-Victoire remonte d'ailleurs à cette date historique.

Aix devint une colonie romaine sous César et Auguste, et des fouilles archéologiques laissent croire qu'il y avait un amphithéâtre, des temples et des remparts dans la région. Mais, de même que l'ancienne colonie d'Entremont fut détruite par les Romains, des raids répétés de marauders au fil des siècles ont fini par raser complètement ces structures. Deux invasions méritent plus particulièrement d'être retenues à ce chapitre : celle des Wisigoths en 477 et celle des Sarrasins en 731.

La communauté devint un centre religieux au VIe siècle après avoir accédé au rang d'archevêché. Au Moyen Âge, l'activité se concentrait surtout autour du quartier Saint-Sauveur, près de la cathédrale et du baptistère (qui datent tous deux de la fin du

IVᵉ siècle), ainsi que de la résidence de l'archevêque.

Aix devint la capitale du comté de Provence au cours du XIIᵉ siècle. Une expansion rapide s'ensuivit au XIIIᵉ siècle, lorsque les comtes de Provence y établirent leur résidence permanente. Ils s'entourèrent de personnalités culturelles, de poètes, de musiciens et, surtout, des fameux troubadours. Les projets de construction, surtout à caractère religieux, se multipliaient, et un immense palais vit le jour. Louis II fit même construire une université en 1409. Entre-temps, en 1348, Aix fut cependant frappée par la peste noire, qui dévasta considérablement la région.

La splendeur d'Aix culmina sous le règne du roi René, comte de Provence (1471-1480). Grand promoteur des arts, il faisait preuve d'intelligence, d'enthousiasme et d'un remarquable sens commun en dépit de sa stature aristocratique. Des projets de construction à caractère civique furent entrepris, des tableaux de maîtres italiens et flamands furent commandés, et les événements culturels se multiplièrent. On attribue même au bon roi René, ainsi que le surnommait son peuple adoré, l'introduction en France du raisin de muscat. En contrepartie, la légende populaire indique toutefois que le roi ne parlait pas la langue provençale et ne buvait que du vin d'Anjou en provenance du territoire de ses ancêtres, délaissant par le fait même les crus de la région.

Aix fut annexée à la France en même temps que le reste de la Provence, soit en 1486. Après l'établissement du Parlement de Provence en 1501, la ville connut un second âge d'or. Les membres du Parlement firent en effet naître une nouvelle prospérité et ne manquèrent pas de soutenir la communauté culturelle. Mais il n'en reste pas moins que la classe ouvrière les accusait de s'attribuer davantage de privilèges et d'alourdir le fardeau fiscal des pauvres.

Aix atteignit de nouveaux sommets aux XVIIᵉ et XVIIIᵉ siècles. Louis XIV visita la ville et encouragea la reconstruction urbaine. L'aristocratie érigea de fabuleuses résidences privées connues sous le nom d'«hôtels particuliers» (surtout sur le cours Mirabeau et les rues avoisinantes), faisant appel au calcaire ocre et arborant d'étroites terrasses entourées de jolis ouvrages en fer forgé aux étages supérieurs. Selon toute vraisemblance,

on dénombre plus de 160 de ces hôtels particuliers à Aix. L'un des projets de construction les plus ambitieux fut entrepris en 1646 par Michel Mazarin (archevêque d'Aix et frère du cardinal Mazarin). Un quartier complet au sud du cours Mirabeau vit ainsi le jour, ponctué d'élégantes demeures, de squares et de fontaines, et il porte encore à ce jour le nom de «quartier Mazarin».

La puissance politique de la ville déclina à la suite de la décision, prise à Paris, d'amoindrir considérablement le rôle du Parlement de Provence. Richelieu démembra le conseil dirigeant des états de Provence en 1639 et le remplaça par des intendants locaux relevant directement de la couronne française. Les frictions se poursuivirent entre royalistes loyaux envers la monarchie française et défenseurs de l'indépendance de la Provence. La peste de 1720 frappa la région d'Aix, et les états de Provence furent rétablis en 1771, mais ceux-ci refusèrent de souscrire à un mouvement visant à faire naître un système fiscal plus équitable. Comme on peut s'en douter, la classe ouvrière d'Aix se rebella contre les privilèges évidents que s'arrogeaient ainsi les aristocrates. Le Parlement d'Aix fut brièvement suspendu en 1771, puis rétabli de nouveau, mais cette fois avec peu de pouvoir tangible.

Au cours des années 1780, Aix envoya l'éminent antimonarchiste Mirabeau pour représenter à titre de membre élu au sein du tiers état nouvellement formé à Paris en remplacement de la monarchie absolue. Sa mémoire demeure encore vivante aujourd'hui sous la forme de la principale artère d'Aix, cours Mirabeau, avec ses quatre jolies rangées de hauts platanes.

Après la Révolution, Aix perdit une grande partie de son prestige et de son pouvoir. Détrônée en tant que capitale de la Provence, elle devint une sous-préfecture du nouveau département français des Bouches-du-Rhône. Le développement économique de la région se déplaça vers Marseille, où la majorité des sociétés et des industries se regroupaient.

Aujourd'hui, Aix possède une population de cadres et d'ouvriers employés par les industries des environs, de magistrats attachés à l'importante cour d'appel, de nombreux étudiants et de touristes. Les mois d'été y sont animés, en grande partie grâce au réputé festival de musique qui s'y tient en août de chaque année (malheureusement, de

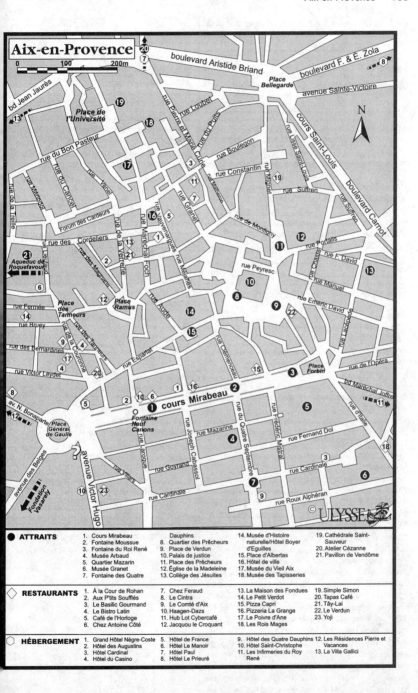

# Aix-en-Provence

| 0 | 100 | 200m |

**ATTRAITS**

1. Cours Mirabeau
2. Fontaine Moussue
3. Fontaine du Roi René
4. Musée Arbaud
5. Quartier Mazarin
6. Musée Granet
7. Fontaine des Quatre Dauphins
8. Quartier des Prêcheurs
9. Place de Verdun
10. Palais de justice
11. Place des Prêcheurs
12. Église de la Madeleine
13. Collège des Jésuites
14. Musée d'Histoire naturelle/Hôtel Boyer d'Eguilles
15. Place d'Albertas
16. Hôtel de ville
17. Musée du Vieil Aix
18. Musée des Tapisseries
19. Cathédrale Saint-Sauveur
20. Atelier Cézanne
21. Pavillon de Vendôme

**RESTAURANTS**

1. À la Cour de Rohan
2. Aux P'tits Soufflés
3. Le Basilic Gourmand
4. Le Bistro Latin
5. Café de l'Horloge
6. Chez Antoine Côté
7. Chez Feraud
8. Le Cintra
9. Le Comté d'Aix
10. Haagen-Dazs
11. Hub Lot Cybercafé
12. Jacquou le Croquant
13. La Maison des Fondues
14. Le Petit Verdot
15. Pizza Capri
16. Pizzeria La Grange
17. Le Poivre d'Ane
18. Les Rois Mages
19. Simple Simon
20. Tapas Café
21. Tây-Lai
22. Le Verdun
23. Yoji

**HÉBERGEMENT**

1. Grand Hôtel Nègre-Coste
2. Hôtel des Augustins
3. Hôtel Cardinal
4. Hôtel du Casino
5. Hôtel de France
6. Hôtel Le Manoir
7. Hôtel Paul
8. Hôtel Le Prieuré
9. Hôtel des Quatre Dauphins
10. Hôtel Saint-Christophe
11. Les Infirmeries du Roy René
12. Les Résidences Pierre et Vacances
13. La Villa Gallici

difficultés budgétaires ont entraîné la présentation de saisons réduites depuis le début des années quatre-vingt-dix.

## POUR S'Y RETROUVER SANS MAL

### En avion

Aix-en-Provence est avantageusement située à 25 km de l'**aéroport de Marseille-Marignane** (☎04.42.89.09.74), auquel elle est reliée par la route D9. L'aéroport d'Avignon s'en trouve, quant à lui, à 85 km; de là, empruntez la N7 ou la A7 (autoroute du Soleil), puis prenez à gauche sur la A8 (La Provençale) après Salon de Provence et 17 km avant Aix.

### En train

**Gare SNCF d'Aix-en-Provence**
Rue G. Desplaces (au début de l'avenue Victor Hugo)
Renseignements : ☎04.91.08.50.50
Réservations : ☎04.91.08.84.12

Aix est desservie par les transports ferroviaires régionaux (TER) de la Société nationale des chemins de fer français. Les visiteurs d'outre-mer arrivant à Paris peuvent prendre le TGV (train à grande vitesse) de l'aéroport Charles-de-Gaulle ou de la gare de Lyon, puis descendre en Avignon ou à Marseille avant de monter à bord d'un des nombreux trains régionaux qui se rendent à Aix plusieurs fois par jour. Les visiteurs d'outre-mer qui arrivent à l'aéroport Satolas de Lyon peuvent, pour leur part, prendre le TGV pour Avignon ou Marseille de la gare ferroviaire reliée à l'aérogare.

Les comptoirs d'information de la SNCF présents dans toutes les gares françaises vous indiqueront l'itinéraire le plus rapide et le plus pratique selon vos besoins particuliers. Vous pouvez acheter en même temps votre billet de TGV et votre titre de transport sur l'un des trains régionaux qui se rendent à Aix à tout moment et dans n'importe quelle gare. Des tarifs spéciaux, dits «Joker», vous permettent de réaliser d'importantes économies (50 % et plus) sur de nombreux trajets, pourvu que vous achetiez vos billets deux semaines ou un mois à l'avance.

### En autocar

**Gare routière**
Av. Camille Pelletan
☎04.42.27.17.91

Vous pouvez atteindre Aix en autocar à pa... de nombreuses localités de Provence, de... Marseille *(sa gare routière jouxte la ga... centrale Saint-Charles de la SNC... ☎04.91.08.16.40)* et Avignon *(sa ga... routière se trouve à côté de la gare centr... de la SNCF, ☎04.90.82.07.35)*.

### En voiture

**La location d'une voiture**

ADA Discount
114, cours Sextius
☎04.42.96.20.14

Avis
11, bd Gambetta
☎04.42.21.64.16

Budget
16, av. des Belges
☎04.42.38.37.36

Europcar
55, bd de la République
☎04.42.27.83.00

Hertz
43, av. Victor Hugo
☎04.42.27.91.32

Lubrano Location
37, bd de la République
☎04.42.26.72.70 ou 04.42.21.44.85
(autos, scooters et motos; aussi dim)

# RENSEIGNEMENTS PRATIQUES

## Offices de tourisme

**x-en-Provence**
ce du Général de Gaulle
100 Aix-en-Provence
4.42.16.11.61
4.42.16.11.62

grand Office de tourisme d'Aix offre ses vices de manière professionnelle et icace. On y trouve une foule de brochures es sur la ville et les événements qui s'y nnent, de même que des renseignements aillés sur les activités possibles dans la mpagne environnante. Le dépliant à la fois ncis et riche en information intitulé *Circuit zanne/Sur les traces de Cézanne* (en nçais, en anglais et en italien) propose une menade autoguidée à travers les rues ix, qui vous permettra de voir les iments et les sites qui ont marqué la vie du ntre, ainsi qu'une boucle de 40 km dans la ion de la montagne Sainte-Victoire. ffice de tourisme organise également des tes à pied de la ville *(mi-juin à mi-sept tlj h et 15h, mi-sept à mi-juin mer et sam 15h)* diverses excursions dans la région. Une ite boutique y vend livres, t-shirts, venirs et vin local des coteaux d'Aix.

**nt-Maximin-la-Sainte-Baume**
ce de l'Hôtel de Ville
470 Saint-Maximin-la-Sainte-Baume
4.94.59.84.59

## Stationnement

nombreuses rues du centre d'Aix sont ites ou exclusivement piétonnes, ce qui d la visite plus agréable, mais cause par eurs des problèmes de circulation. Évitez c le centre-ville si vous êtes en voiture. sieurs stationnements souterrains bien airés et sous surveillance vidéo sont ponibles dans les environs (tarif à l'heure), uelques minutes de marche du centre. Ils t indiqués par des panneaux dès l'entrée la ville, et l'Office de tourisme de la place Général de Gaulle publie un plan sur lequel sont également visibles.

## La location d'une bicyclette

Troc-Vélo
62, rue Boulegon
☎04.42.21.37.40

Cycles Naddeo
Av. de Lattre de Tassigny
☎04.42.21.06.93

## Marchés publics

Marché aux puces *(mar, jeu, sam matin)* :
place du Palais de Justice.
Marché de fruits et légumes *(mar, jeu, sam matin)* : place de la Madeleine.
Marché de fruits et légumes *(tous les matins)* :
place Richelme.
Marché aux fleurs *(mar, jeu, sam matin)* :
place de la Mairie.
Marché aux fleurs *(dim matin)* :
place de la Madeleine.

## Festivals

Le Festival international d'art lyrique et de musique d'Aix-en-Provence, communément appelé le Festival d'Aix, se tient ici chaque année depuis 1948. Musiciens et chanteurs de réputation internationale y présentent des récitals, des concerts et d'excellents opéras *(au Théâtre de l'Archevêché)*, sans compter une kyrielle d'événements impromptus qui se déroulent un peu partout à travers la ville. Le festival a généralement lieu du 10 au 30 juillet. Pour obtenir un programme et un guide complet, adressez-vous au bureau du Festival d'Aix *(palais de l'Ancien Archevêché, 13100 Aix-en-Provence, ☎04.42.17.34.20, ≈04.42.96.12.61)* ou à l'Office de tourisme.

 ATTRAITS TOURISTIQUES

## Aix-en-Provence ★★★

La rue principale d'Aix-en-Provence, l'élégant **cours Mirabeau ★★**, divise la ville en deux parties. Elle a été aménagée au milieu du

AIX-EN-PROVENCE

XVIIe siècle, époque à laquelle elle était flanquée de rangées de hauts platanes et de nombreux hôtels particuliers (pour la plupart construits entre 1650 et 1760, et aujourd'hui remplacés par des banques et des commerces). Le père de Cézanne fonda une chapellerie féminine en 1825 au n° 55. Trois fontaines jalonnent cette artère, la plus curieuse étant la **Fontaine Moussue**, alimentée par une source chaude et ressemblant à un immense champignon vert. Plus à l'est, la **fontaine du Roi René** représente le monarque tenant une grappe de raisins de muscat, qu'il aurait introduit en France. Des cafés, des restaurants et des boutiques bordent le côté droit du cours Mirabeau et, le soir venu, des musiciens et des artistes de rues se produisent sur cette grande avenue.

Le **Musée Arbaud** *(15F, gratuit pour les enfants; tlj `sauf dim et fêtes 14h à 17h; 2A rue du4 Septembre,* ☎*04.42.38.38.95)* occupe une résidence sans éclat du XVIIIe siècle et renferme une bibliothèque, des tableaux et, pour le plus grand intérêt des visiteurs, une merveilleuse collection de faïences de Moustiers et de Marseille, le tout généreusement légué par le collectionneur Paul Arbaud.

Partant de la fontaine de La Rotonde *(place du Général de Gaulle)* en direction de la place Forbin, le paisible **quartier Mazarin ★★** s'étend du côté gauche du cours Mirabeau. Ses rues, dessinées en 1646 par l'archevêque Michel Mazarin, forment un quadrillage et révèlent de nombreux hôtels particuliers d'époque, des magasins d'antiquités et des musées.

Le **Musée Granet ★★** *(15F, gratuit pour les enfants; sept à mai tlj sauf mar et fêtes 10h à 12h et 14h à 18h, juin à oct tlj mêmes heures, fermé de Noël à fin jan; place Saint-Jean-de-Malte,* ☎*04.42.38.14.70)*, le musée des beaux-arts de la ville, possède une très belle collection de tableaux du XVIe au XIXe siècle (écoles hollandaise, flamande et italienne), de même que plusieurs salles consacrées aux maîtres français que vous ne devriez surtout pas manquer, avec des œuvres, entre autres, de Quentin de Latour, de Nicolas de Largillière et d'Ingres. L'élégant bâtiment qui l'abrite (un ancien prieuré du XIXe siècle) renferme en outre des œuvres importantes de peintres et de sculpteurs provençaux (Mignard, Puget, les frères Le Nain), une section d'art contemporain, des toiles impressionnistes et une petite galerie

vouée au célèbre peintre originaire de la v( qu'était **Paul Cézanne ★★**. Le sous-sol et rez-de-chaussée du Musée Granet regorg( enfin de trésors archéologiques, pa( lesquels des vestiges du site d'Entremo cette colonie celto-ligure qui se trouve t( juste au nord d'Aix et qui date du IIIe siè( av. J.-C.

À l'intersection de la rue du4 Septembre et la rue Cardinale apparaît la coquette **fonta( des Quatre Dauphins**, au centre du square même nom.

Les secteurs les plus animés d'Aix se trouv( à gauche du cours Mirabeau, constellés boutiques de vêtements, de cafés et restaurants (voir p 167 et p 171). Le quar( **des Prêcheurs** comprend la **place de Verd(** le **Palais de justice** et la **place des Prêcheu(** l'**église de la Madeleine** (Cézanne y fut bap( le 22 février 1839) et la **chapelle du coll(** **des Jésuites**. Le **quartier Saint-Sauveur** ( quant à lui, le plus vieux d'Aix-en-Provence renferme la cathédrale ainsi que la réside( de l'archevêque.

Le **Musée d'Histoire naturelle/Hôtel Bo(** **d'Eguilles ★** *(15F, gratuit pour les enfants, sauf dim matin 10h à 12h et 14h à 1* ☎*04.42.26.23.67).* *6 rue Espariat,* étonnant hôtel particulier du XVIIe siècle ab( le musée de paléontologie, de minéralogie, botanique et de préhistoire d'Aix. À voir, serait-ce que pour l'élégant bâtiment en U( son intérieur, caractérisé par un escalier en forgé et des lambris peints.

De toutes les places et fontaines que com( Aix, la **place d'Albertas ★★** (XVIIIe siècle) sans doute à la fois la plus simple et la p( élégante. Des façades symétriques sur t( niveaux ceinturées de balcons en fer fo( aux étages supérieurs y font face à ( fontaine centrale qui porte le même nom l'occasion, des concerts de musique classi( y sont présentés au cours de la sai( estivale.

Au nord du quartier Saint-Sauveur s'éten( place de l'**Hôtel de Ville**, passablem( animée, avec sa **tour de l'Horloge ★** XVe siècle, au campanile en fer forgé. Elle bordée par le chic **hôtel de ville ★**, avec façade baroque, et par le **bureau de poste** qui abritait la halle aux grains au XVIIe sièc(

Le **Musée du Vieil Aix ★** *(15F, gratuit pour enfants; nov à mar tlj sauf lun 10h à 12(*

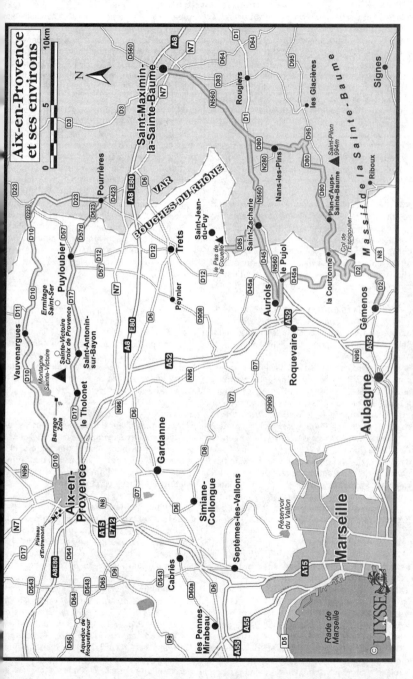

Aix-en-Provence
et ses environs

N

0    5    10km

*14h à 17h, avr à sept 10h à 12h et 14h30 à 18h30, fermé en oct; 17 rue Gaston de Saporta,* ☎04.42.21.43.55) occupe un magnifique hôtel particulier de style baroque du XVIIᵉ siècle et renferme une merveilleuse collection d'objets décoratifs (miroirs, céramiques, poupées) et de meubles. Qui plus est, certaines salles sont tout spécialement consacrées aux santons (figurines servant à illustrer des scènes de la Nativité) et aux marionnettes du XIXᵉ siècle.

Le **Musée des Tapisseries** *(13F, gratuit pour les enfants; tlj sauf mar 10h à 12h et 14h à 17h45; place de l'Ancien Archevêché/place des Martyrs de la Résistance,* ☎04.42.23.09.91) présente une collection célèbre de très jolies tapisseries de Beauvais, qui saura aussi bien intéresser les connaisseurs que les simples amateurs de belles choses. Il se trouve au rez-de-chaussée de l'**Archevêché**. Des expositions temporaires s'y tiennent également, tout comme le fameux Festival de musique d'été.

La **cathédrale Saint-Sauveur** *(8h à 12h et 14h à 18h; rue Gaston de Saporta)* arbore un mélange de styles, ainsi qu'en témoignent l'austère partie romaine (XIIᵉ siècle), le baptistère octogonal (Vᵉ siècle), la nef gothique provençale (XVIᵉ siècle) et la baroque (XVIIᵉ siècle). L'agréable **cloître à arcades** ★★ date du XIIᵉ siècle et fut rénové au XVIIᵉ siècle. Saint-Sauveur abrite un magnifique triptyque, le *Buisson Ardent* ★★, peint pour le roi René par Nicolas Froment vers la fin du XIVᵉ siècle. Son panneau central évoque la virginité de Marie, placée aux côtés de Moïse et d'un buisson vert en flammes; parmi les personnages religieux de l'œuvre, le roi René apparaît soudain sur un panneau latéral, et son épouse Jeanne, sur l'autre. (Le triptyque est souvent fermé; si tel est le cas, demandez au préposé d'en ouvrir les panneaux.)

L'**Atelier Cézanne** ★ *(14F, gratuit pour les enfants; tlj sauf mar et fêtes, oct à mai 10h à 12h et 14h à 17h, juin à sept 10h à 12h et 14h30 à 18h; 9 av. Paul Cézanne,* ☎04.42.21.06.53). Paul Cézanne (1839-1906) est né à Aix et y a étudié le droit puis les arts. Il a passé la plus grande partie de sa vie à peindre cette région, surtout les silhouettes de calcaire déchiqueté de la chaîne montagneuse de la Sainte-Victoire, à la lumière et aux couleurs sans cesse changeantes. Il a vécu à cette adresse au cours des sept dernières années de sa vie. Le

studio et le jardin où il travaillait sor aujourd'hui transformés en musée. Quant ses meubles et à ses effets personnels, i n'ont pas été déplacés depuis sa mort, ce q fait de la visite une expérience solennelle émouvante pour les inconditionnels de c artiste.

Le **Pavillon de Vendôme** ★ *(13F; tlj sauf ma oct à mai 10h à 12h et 14h à 17h, juin à se 10h à 12h et 14h à 18h; 32 rue Célon* ☎04.42.21.05.78) est un très bel hôt particulier serti dans un parc paysager entouré d'un jardin à la française; il date c 1665. Un étage complet lui fut ajouté a XVIIIᵉ siècle, et l'intérieur en a é soigneusement rénové en 1992. On y trou un certain nombre de tableaux et de meuble d'époque. La façade présente un ensemble colonnes doriques, ioniques et corinthienne et deux sculptures héroïques d'Atlant soutiennent un élégant balcon.

## Autour de Aix

L'**Oppidum d'Entremont** *(entrée libre; tlj sa mar 9h à 12h et 14h à 18h; platea d'Entremont, à 3 km au nord du centre d'A sur la route de Puyricard, pas de téléphon* montre les vestiges de la première colon d'Aix, qui date de la fin du IIIᵉ siècle av. J.-C alors que la tribu celto-ligure des Salye occupait jadis ce plateau. Il n'y a plus gran chose à voir aujourd'hui, bien que l archéologues aient identifié les restes d' mur de rempart et établi le plan du village, o possédait des habitations, des routes et système d'irrigation. Les fruits des fouill archéologiques d'Entremont peuvent êt admirés au Musée Granet.

L'**aqueduc de Roquefavour** ★ *(à 17 km l'ouest d'Aix sur la D64),* un impressionna ouvrage à arches qui faisait partie du canal Marseille, a été érigé entre 1842 et 18 pour acheminer l'eau de la Durance vers sud en passant au-dessus de la rivière Arc.

La **Fondation Vasarely** *(35F, gratuit pour enfants; oct à mai tlj sauf mar 9h30 à 12h et 14h à 17h30, juin à sept tlj mêmes heure av. Marcel Pagnol - Jus de Bouffan, à 4 km l'ouest du centre d'Aix par l'avenue l'Europe,* ☎04.42.20.01.09). L'artiste Vic Vasarely, qui a vu le jour en Hongrie et s' par la suite établi à Paris, était recon comme le maître incontesté de l'op art — s peintures et ses tapisseries graphiques

Les impressionnantes falaises d'ocre non loin du village de Roussillon, en Provence.
- *Nicole Pons*

Une des rues pittoresque village de Saint-Paul-de-Vence, parmi les plus beaux bourgs du monde.
*Tibor Bognar*

La façade d'une des belles demeures du Luberon.
*- Nicole Pons*

géométriques sont d'ailleurs présentes dans de grandes galeries d'art et collections privées du monde entier. Pendant des années, la Fondation Vasarely, près d'Aix, a exposé un large éventail de ses œuvres dans un édifice de style contemporain. Une mauvaise gestion de ses fonds l'a toutefois acculée à la faillite au début de 1997, et elle a été dissoute en mars de la même année. Dans la foulée, Vasarely a succombé à un cancer de la prostate avant que le mois fatidique s'achève. Adressez-vous néanmoins au bureau de tourisme d'Aix pour savoir si cette extraordinaire exposition peut de nouveau être visitée, la réouverture des lieux ayant été ardemment souhaitée par de nombreux admirateurs de l'artiste.

---

## La montagne Sainte-Victoire ★★

La chaîne de montagnes de la Sainte-Victoire s'étend sur 20 km à l'ouest d'Aix-en-Provence. On y trouve plusieurs villages paisibles, d'excellents sentiers de randonnée et, cachées parmi les bosquets de pins aromatiques, des résidences secondaires appartenant à de riches Aixois. Le versant nord est généralement verdoyant et présente des courbes harmonieuses, tandis que le versant sud se veut dramatique et beaucoup plus accidenté.

Des feux de forêt ont dévasté certaines portions de la Sainte-Victoire en 1989 (ils auraient été l'œuvre de pyromanes en cet été particulièrement chaud et sec). Depuis, un certain nombre de mesures préventives ont vu le jour, notamment la mise en place de machines «anti-feu», à même de produire une brume humide, et la création d'une équipe de surveillance composée de 22 hommes et femmes à cheval, dont l'uniforme s'inspire de celui de la célèbre Gendarmerie royale du Canada. Ces gardiens supervisent un territoire de plus de 700 ha, assistent les randonneurs et les amateurs de vélo de montagne, et évaluent le rythme de croissance de la végétation dans les zones détruites par le feu.

Il va sans dire que la montagne Sainte-Victoire est aussi connue comme le sujet favori de l'artiste Paul Cézanne. On estime qu'il l'a peinte plus de 60 fois, capturant ses diverses formes géométriques et ses teintes changeantes au fil des heures et des saisons. Dans une lettre à son fils datée de 1906, Cézanne écrit : «*Je passe toutes mes journées dans ce paysage aux formes somptueuses. À vrai dire, je ne saurais imaginer une façon ou un endroit plus merveilleux pour passer le temps.*»

Il faut compter une journée entière pour explorer cette région si vous comptez y faire une randonnée ou un pique-nique. Une boucle facile est suggérée au départ d'Aix-en-Provence : suivez la D17 vers l'est jusqu'à Pourrières, passé Le Tholonet et Puyloubier, puis prenez vers le nord sur la D23, et enfin vers l'ouest (à gauche) sur la D223, qui devient bientôt la D10 et vous ramène à Aix en passant par Vauvenargues. Nous décrivons ici certains des sites que vous croiserez en route.

**Le Tholonet** se présente comme un joli village entouré d'un parc et de forêts, un endroit rêvé pour explorer la campagne avoisinante sans trop s'éloigner d'Aix. Par contre, la proximité d'Aix fait qu'il est envahi les fins de semaine et tout au long de l'été. Un sentier balisé mène à un barrage en arches, le barrage Zola, construit par François Zola, le père de l'écrivain natif d'Aix qu'était Émile Zola. À la sortie du Tholonet, devant un moulin, se dresse une effigie de Cézanne. Après avoir dépassé la D46 (qui mène au paisible hameau de Beaurecueil) apparaît le parc de Roque-Hautes, de même qu'un sentier conduisant au Refuge Cézanne. De là, vers l'est en direction de Saint-Antonin-sur-Bayon, la route devient passablement sinueuse et offre des vues spectaculaires et rapprochées sur la chaîne montagneuse dénudée.

L'**ermitage de Saint-Ser** peut être rejoint à pied par un sentier *(1 heure de marche)* partant de la D17 avant d'atteindre Puyloubier. Nichée dans la campagne, une charmante petite chapelle du XIe siècle (souvent fermée) s'offre au regard.

De Puyloubier, empruntez la D57D (qui devient la D623 passé la frontière du département français du Var) jusqu'à Pourrières en passant par des vignobles vallonnés. Traversez la ville, puis piquez vers le nord à travers le bois de Pourrières en grimpant la D223 sur 7 km. Faites un virage serré vers l'ouest (à gauche) sur la D223 immédiatement avant le hameau de Puits-de-Rians. La D223 change de nom pour devenir la D10 en rentrant dans les Bouches-du-Rhône et traverse des étendues boisées parsemées de fleurs sauvages en saison. Le Conseil régional a disposé des panneaux d'information

AIX-EN-PROVENCE

décrivant les différents sentiers accessibles à travers cette région connue sous le nom de «Puits-d'Auzon». Des tables à pique-nique couvertes ont également été placées en bordure de la route.

**Vauvenargues** est un charmant petit village situé au pied du versant nord de la montagne Sainte-Victoire. Le château de Vauvenargues *(fermé au public),* une construction du XVIIe siècle à tours rondes et basses et au toit de tuiles, domine la vue splendide sur le village. En 1958, il a été acheté par l'artiste espagnol Pablo Picasso (1881-1973), qui a peint la région dans les années qui ont suivi.

Immédiatement à l'ouest de Vauvenargues, un sentier clairement identifié mène au **prieuré de Sainte-Victoire** et à la **croix de Provence** ★★★ *(comptez une bonne heure de marche avec des chaussures appropriées).* Du sommet, au pied de la croix de 28 m, vous aurez une vue panoramique sur la région jusqu'aux collines du Luberon, le massif de la Sainte-Baume et les Alpilles. Aix-en-Provence se trouve 13 km à l'ouest de la route D10.

## Saint-Maximin-la-Sainte-Baume

Saint-Maximin-la-Sainte-Baume *(à 42 km à l'est d'Aix-en-Provence sur la N7)* est réputée dans toute la France pour sa splendide **basilique** ★★, que les spécialistes tiennent pour le plus important édifice gothique de Provence. Sa construction a débuté en 1295 sur l'ordre de Charles II (qui allait plus tard devenir comte de Provence) sur le site d'une église mérovingienne du VIe siècle, mais elle fut interrompue en 1316 alors qu'elle n'était que partiellement achevée. Compte tenu d'un manque de fonds, sa construction ne reprit qu'au XVe siècle, puis à nouveau au XVIe siècle. Pourtant, ces intervalles n'ont aucunement nui à l'harmonie et la beauté de l'ensemble.

À l'intérieur, l'espace lumineux aux lignes pures se voit rehaussé d'une magnifique chaire en bois exécutée par Louis Gudet et de nombreux tableaux (dont plusieurs ont malheureusement besoin d'être restaurés), y compris un retable de Françoise Ronzen représentant la Crucifixion. L'orgue date de 1773 et est l'œuvre de Jean-Esprit Isnard; il s'agit d'un des plus vieux encore en usage au pays. Le dimanche après-midi, on y présente d'ailleurs des récitals et une série de concerts

d'orgue (en été) qui méritent d'être entendu (pour connaître le programme exact et le heures de représentation, adressez-vous l'Office de tourisme ou consultez le babillar de la basilique).

La légende veut qu'après avoir accosté au Saintes-Maries-de-la-Mer, chassée d Jérusalem, Marie Madeleine se soit rendu dans la région de Saint-Maximin pour y fai pénitence, ce qui explique que la crypte de basilique renferme, entre autres cercueils, sarcophage de Marie Madeleine et celui d saint Maximin. Quant au crâne de Mar Madeleine, il repose dans un reliquaire doré.

Le **Couvent Royal** ★ et son cloître verdoyar *(15F, gratuit pour les enfants; avr à oct lu ven 10h à 11h45 et 14h à 17h45, sam-dim fêtes 14h à 18h45; nov à mars lun-ven 10h 11h45 et 14h à 16h45, fermé sam-dim; plac de l'Hôtel de Ville,* *04.94.78.01.93). Ce ancien couvent dominicain du XVIIe siècle es administré par le Collège d'échange contemporains, qui monte des exposition temporaires et organise des concerts d musique classique de haut niveau. L'**hôtel d ville** ★ *(place de l'Hôtel de Ville)* loge, quant lui, à l'enseigne de l'ancienne hôtellerie d couvent.

## Massif de la Sainte-Baume ★★

Cette région montagneuse couverte de forê offre des points de vue sompteux présente d'excellentes occasions d randonnée. La beauté virginale et l'étonnant variété des conifères et des essences feuilles caduques rendent le massif de Sainte-Baume comparable aux montagnes d Vosges, dans le nord-est de la France. Ur boucle facile, ponctuée d'arrêts pour admir les paysages accessibles aux seuls marcheur demande au moins une demi-journée.

De Saint-Maximin-la-Sainte-Baume, suivez N560 jusqu'à Saint-Zacharie *(16 km)*, pu tournez à droite sur la D85, une route tr sinueuse qui expose des panorama remarquables en direction du sud-ouest e passant par la montagne de Régagna Poursuivez votre route au-delà du pas de Couelle, jusqu'à ce que vous atteigniez **Sain Jean-du-Puy**. En marchant au-delà de chapelle privée, vous découvrirez de belle vues sur la région tout entière.

Retournez à Saint-Zacharie pour emprunter la D45 sur 5 km avant de prendre vers le sud sur la D45A au hameau du Pujol. À La Coutronne, tournez à nouveau vers le sud sur la D2, une autre route en lacets, et dirigez-vous vers Gémenos.

Ce tronçon panoramique passe par le **col de l'Espigoulier**, le pic de Bertagne et le mont Coque-Forcade se dressant à l'est. Après une succession de virages en épingle à cheveux, la vallée arborée de Saint-Pons apparaîtra alors que vue entamerez votre descente. Environ 1 km avant Gémenos s'étend le **parc de Saint-Pons**, où vous pourrez admirer les ruines de l'**abbaye de Saint-Pons** en suivant un sentier sur une courte distance. Cette abbaye était autrefois un couvent cistercien pour femmes, et les visiteurs peuvent identifier le cloître des religieuses, leur chapelle et les appartements.

**Gémenos** ★ est un joli village dont l'hôtel de ville domine le square central. La construction de l'ancien château du bourg avait débuté au Moyen Âge, mais ses principales caractéristiques datent essentiellement des XVIIe et VIIIe siècles. Tout à côté se dressent les énormes granges du marquis d'Albertas, des bâtiments agricoles datant des environs de 1750.

Retournez à La Coutronne par la même route (D2), puis tournez à droite sur la D80 en direction de Saint-Maximin-la-Sainte-Baume. Passé le hameau de Plan-d'Aups, vous trouverez l'Hôtellerie de la Sainte-Baume, un ancien couvent dominicain aujourd'hui transformé en un lieu de retraite pour religieux.

Arrêtez-vous à la jonction de la D80 et de la D95, désignée sous le nom des «Trois Chênes». Selon la légende, Marie Madeleine aurait fait pénitence pendant 30 ans dans une grotte des environs, la grotte de la Baume *(tlj 7h à 18h; 30 min à pied en suivant le sentier et l'escalier signalisés qui y conduisent; portez de bonnes chaussures).* Il y a deux pèlerinages annuels à la grotte *(le 22 juillet et le 4 décembre)*, où l'on peut voir une source naturelle et une statue en marbre de la Vierge Marie.

Vous aurez des vues spectaculaires à partir du sommet du **Saint Pilon** ★★ *(994 m),* sur la Méditerranée au sud, sur Marseille à l'ouest et sur la montagne Sainte-Victoire au nord. Le sentier abrupt est balisé depuis la grotte, et il faut compter une autre demi-heure de marche

pour le parcourir. Ce circuit prend fin à Saint-Maximin-la-Sainte-Baume, après avoir traversé le village de Nans-les-Pins sur la D80 et avoir emprunté la N560 en direction du nord-est.

# ACTIVITÉS DE PLEIN AIR

## Randonnée pédestre

La région d'Aix se prête merveilleusement bien à cette activité, avec une variété de sentiers tantôt faciles, tantôt exigeants, dont plusieurs offrent des vues spectaculaires. L'un des plus panoramiques est le GR9, qui part de la route D10 immédiatement à l'ouest de Vauvenargues, passe part la croix de Provence, longe la montagne Sainte-Victoire jusqu'au pic des Mouches *(1 011 m)*, puis descend vers Puyloubier. Un tracé plus court se dessine vers le nord au départ de Vauvenargues *(également indiqué sous le nom de GR9)* et parcourt des paysages boisés légèrement vallonnés jusqu'au hameau de Lambruise.

Un troisième tronçon du GR9 part de Sainte-Victoire vers le sud en direction du massif de la Sainte-Baume. Entre Puyloubier et Trets (un village situé en bordure de la route D6), ce ruban traverse des vignobles et s'avère relativement aisé. Le GR9 se poursuit au sud de Trets, où il devient plus accidenté, mais l'effort en vaut le coup puisqu'il donne accès à des paysages renversants. Passé le sublime point d'observation de Saint-Jean-du-Puy, il continue jusqu'à Saint-Zacharie, longe la rivière Huveaune et grimpe jusqu'au pic de Saint-Pilon après avoir croisé la jonction des routes D80 et D95, aussi connue sous le nom des «Trois Chênes».

Le massif de la Sainte-Baume peut se franchir par le sentier GR98, plutôt escarpé. Ce long parcours pique vers le sud-ouest en direction de Gémenos, au-delà du parc de Saint-Pons, et permet d'admirer des paysages du haut de falaises élevées. Plusieurs kilomètres plus loin, il aboutit au mont de la Saoupe, le panoramique port de pêche de Cassis. Cette dernière section du GR98 offre d'excellentes vues sur la côte méditerranéenne.

Les Offices de tourisme locaux vous mettront sur la bonne voie, mais vous pouvez en outre vous procurer l'un des nombreux guides de

**AIX-EN-PROVENCE**

randonnée ou l'une des excellentes cartes qu'on trouve dans les librairies de la région. Veuillez noter que les principaux sentiers, soit ceux de la montagne Sainte-Victoire et du massif de la Sainte-Baume, sont fermés durant l'été *(généralement du 1ᵉʳ juil au 15 sept)* afin de prévenir les feux de forêt, une grande partie de ces zones boisées ayant récemment été détruites par des incendies.

 Pêche

On trouve dans les rivières de cette région de la truite, du saumon et des anguilles. Pour plus de détails sur les meilleurs sites de pêche et sur les règlements locaux qui régissent la pêche, adressez-vous à l'Office de tourisme ou, mieux encore, à la Fédération de pêche *(chemin Beauville, 13100 Aix-en-Provence, ☎04.42.26.59.15)*.

 Golf

Les terrains de golf de 18 trous qui suivent louent de l'équipement et bénéficient des services permanents d'un pro. Les droits de jeu *(entre 200F et 300F par jour)* et les conditions d'admission peuvent varier d'un endroit à l'autre, de sorte qu'il vaut mieux téléphoner au préalable.

**Golf Club Aix-Marseille** *(Domaine de Riquetti, 13290 Les Milles, ☎04.42.24.20.41)*.

**Golf international de Château l'Arc** *(Domaine de Château l'Arc, 13710 Fuveau, ☎04.42.53.28.38)*.

**Golf international Pont Royal Country Club** *(route N7, 13370 Mallemort, ☎04.90.57.40.79)*.

 Équitation

**Club hippique Aix-Marseille** *(av. du Club Hippique, chemin des Cavaliers, 13100 Aix-en-Provence, ☎04.42.20.18.26)*.

**La Provence à Cheval** *(quartier Saint-Joseph, 13950 Cadolive, ☎04.42.04.66.76)*.

**La Galinière Provence Équitation** *(route N7, Châteauneuf-le-Rouge, 13790 Rousse, ☎04.42.53.32.55)*.

 Tennis

**Tennis Club de l'Arbois** *(route de Cala, 13480 Cabries, ☎04.42.22.20.84)*.

**Tennis Club de la Tour d'Aygosi** *(67 cou, Gambetta, 13100 Aix-en-Provence, ☎04.42.92.21.03)*.

**Tennis Part** *(chemin d'Eguilles, 13090 Aix-en-Provence, ☎04.42.92.34.19)*.

**Tennis de l'Oliveraie** *(126 cours Gambetta, 13100 Aix-en-Provence, ☎04.42.27.87.87)*.

 Vélo

Les entreprises suivantes louent de bicyclettes pour vous permettre d'explorer ville, mais aussi de robustes vélos d montagne pour partir à la découverte de campagne avoisinante.

**Troc-Vélo** *(62 rue Boulegon, ☎04.42.21.37.40)*.

**Cycles Naddeo** *(av. de Lattre de Tassign, ☎04.42.21.06.93)*.

**Lubrano Location** *(37 bd de la Républiqu, ☎04.42.21.44.85)* loue également de mobylettes et des motocyclettes.

### Les centres omnisports

Le centre omnisports de la municipalité d'Ai en-Provence offre une multitud d'installations, y compris une piscin extérieure *(mai à sept seulement)*, des cour de tennis et même un mur d'entraîneme pour les grimpeurs en herbe. Il n'est donc pa étonnant qu'il soit toujours pris d'assaut lo des chaudes journées d'été.

**Complexe sportif du Val de l'Arc** *(chemin de Infirmeries, 13100 Aix-en-Provence, ☎04.42.16.02.50)*.

Sinon, tentez votre chance au **Country Club Aixois** *(Bastide des Solliers, chemin de Cruyès, 13090 Aix-en-Provence, ☎04.42.92.10.41)*, qui possède une piscine, des courts de tennis et des terrains de squash, sans compter son personnel chaleureux et serviable, ou le **Set Club** *chemin Granet, 13100 Aix-en-Provence, ☎04.42.20.03.42)*, où l'on trouve également des terrains de squash et de tennis, de même qu'une piscine, mais aussi un golf de neuf trous.

## HÉBERGEMENT

### Aix-en-Provence

**Auberge de Jeunesse** *(123F la première nuitée, 112F chacune des nuitées subséquentes; 3 av. Marcel Pagnol, quartier Jas de Bouffan, ☎04.42.20.15.99)*. Bonnes installations : terrains de tennis et de volley-ball, bar, bibliothèque, laverie automatique, restaurant, salle de télévision; 100 places dans des dortoirs, à 10 min du centre-ville. Pension complète 165F le premier jour, 153F par la suite.

**Hôtel Paul** *(180F-205F; pdj 28F; dp, bp, ☎; 10 av. Pasteur, ☎04.42.23.23.89)*. Un hôtel petit budget fort sympathique. Demandez l'une des chambres au-dessus du jardin, car celles qui donnent sur la route tendent à être bruyantes. Salle de télévision. Extrêmement propre. Jolie salle de petit déjeuner garnie de meubles de rotin adjacente au jardin.

**L'Hôtel Le Manoir** *(245F-485F, pdj 35F; dp, bp, tv, ☎; 8 rue d'Entrecasteaux, ☎04.42.26.27.20, ⌐04.42.27.17.97)* occupe, agréable surprise, un ancien monastère à arcades du XIVᵉ siècle en plein centre-ville. Certaines des 42 chambres possèdent des caractéristiques intéressantes, comme des plafonds aux poutres apparentes ou des antiquités, mais les accessoires et le papier peint datent et auraient intérêt à être rafraîchis.

**Hôtel Cardinal** *(260F-310F, pdj 30F; bp, ☎, tv; 24 rue Cardinale, ☎04.42.38.32.30, ⌐04.42.26.39.05)*. Un bon hôtel deux étoiles aménagé dans un bâtiment restauré du XVIIIᵉ siècle, en face du Musée Granet et de l'église Saint-Jean-de-Malte dans le paisible quartier

Mazarin. Ses chambres sont bien éclairées et décorées avec goût, la plupart d'entre elles étant garnies de meubles provençaux en bois.

**Hôtel de France** *(260F-320F, pdj 35F; dp, bp, ☎, tv; 63 rue Espariat, ☎04.42.27.90.15, ⌐04.42.26.11.47)*. Tout juste en retrait de la place de la Rotonde et du cours Mirabeau, cet hôtel deux étoiles sans prétention aucune représente une bonne valeur dans une ville où l'on se loge difficilement à bon prix. Ses chambres sont sans doute surannées, mais qui s'en plaindrait à de tels prix?

**L'Hôtel le Prieuré** *(298F-400F, pdj 38F; bp, ☎; route de Sisteron, ☎04.42.21.05.23)* est un hôtel paisible et confortable à 5 min à peine du centre-ville. La majorité des chambres dominent le charmant parc du Pavillon de l'Enfant, qui date du XVIIᵉ siècle mais n'est pas ouvert au public. Décor romantique dans les tons de rouge flamboyant, de bleu royal et de rose. Service amical. Stationnement en retrait de la rue.

**L'Hôtel des Quatre Dauphins** *(330F-400F, pdj 39F; dp, bp, tv, ☎, minibar; 54 rue Roux Alphéran, ☎04.42.38.16.39, ⌐04.42.38.60.19)* se trouve dans le tranquille quartier Mazarin à quelques pas de la fontaine des Quatre Dauphins et du cours Mirabeau. Cet hôtel charmant propose des chambres joliment décorées, rehaussées de tissus provençaux et de sols en carreaux de terre cuite. Les salles de bain, quoique modernes, s'avèrent petites, mais, avec un tel emplacement, un tel niveau de confort et de tels prix, qui s'en plaindrait?

**Hôtel du Casino** *(340F pdj; dp, tv, ☎; 38 rue Victor Leydet, ☎04.42.26.06.88, ⌐04.42.27.76.58)*. Un hôtel à proximité de tout, en retrait de La Rotonde, où règne une atmosphère cordiale. Le petit déjeuner est servi dans une agréable salle rehaussée de meubles provençaux. Décor rose à l'ancienne plutôt démodé.

**Les Infirmeries du Roy René** *(350F-550F, 1 900F-3 300F la semaine; bp, tvc, ☎, C, ≈; chemin des Infirmeries, ☎04.42.37.83.00, ⌐04.42.27.54.40)* se trouve sur le site d'un ancien hôpital du XVIᵉ siècle, à 10 min du centre d'Aix. Il s'agit d'une résidence hôtelière moderne dont les 66 appartements complètement équipés conviendront parfaitement aux couples ou aux familles désireux de s'établir plusieurs jours dans cette ville. Chacun d'eux, quoique simple, présente un décor harmonieux et possède un coin salle à manger (l'hôtel ne sert pas de petits déjeuners). Une laverie automatique, un stationnement extérieur fermé et l'accès à la piscine municipale voisine en été s'ajoutent aux services offerts.

**Grand Hôtel Nègre-Coste** *(350F-595F, pdj 50F; dp, bp, ☎, tv; 33 cours Mirabeau, ☎04.42.27.74.22, ⌐04.42.26.80.93)*. Hôtel plutôt majestueux, agrémenté de meubles du XIXᵉ siècle et empreint d'une atmosphère surannée. Son personnel est serviable, et il bénéficie d'un emplacement inégalé sur le cours Mirabeau — fort heureusement, ses chambres sont insonorisées.

**L'Hôtel Saint Christophe** *(380F-420F, pdj 42F; dp, bp, ☎, tv, ℛ; 2 av. Victor Hugo, ☎04.42.26.01.24, ⌐04.42.38.53.17)*, rénové en 1994, est un établissement invitant rehaussé de nombreux accents Art déco, et le service y est aussi professionnel qu'amical. Son restaurant, la Brasserie Léopold, sert des plats parisiens, entre autres des fruits de mer frais, du bifteck tartare et de la choucroute, et il est aussi apprécié des clients de l'hôtel que des dîneurs d'occasion.

**Les Résidences Pierre et Vacances** *(420F, pdj 45F ou gratuit la fin de semaine; bp, ☎, tv; 3-5 rue des Chartreux, ☎04.42.37.98.98, ⌐04.42.37.98.99)*. Cette chaîne hôtelière nationale ne propose pas que des chambres pour deux personnes à la nuitée, mais aussi des appartements entièrement équipés avec cuisinettes et loués à la semaine (il y a même des studios et des unités de trois pièces pouvant accueillir jusqu'à huit personnes, les prix variant entre 1 400F et 4 970F). Le décor se veut joyeux quoique banal.

**L'Hôtel des Augustins** *(600F-1 200F, pdj 50F; =, bp, ☎, tv; 3 rue de la Masse, ☎04.42.27.28.59, ⌐04.42.26.74.87)*, qui occupe un ancien couvent du XVᵉ siècle, se révèle chic quoique sombre. On l'a entièrement rénové en 1984, et ses chambres de bonnes dimensions offrent tout le nécessaire. Emplacement de choix et garage souterrain *(50F)*.

La **Villa Gallici** *(800F-1 550F, pdj 95F; bp, ☎, minibar, ≈, ℛ; angle av. de la Violette et impasse des Grands Pins, ☎04.42.23.29.23, ⌐04.42.96.30.45)* est une villa somptueuse et exquise nichée parmi les pins odorants. Il s'agit de l'établissement le plus chic et le plus charmant d'Aix. Les salons, la salle à manger et les 17 chambres ont bénéficié des talents du décorateur Gilles Dez, qui maîtrise parfaitement l'art d'harmoniser tissus, textures et couleurs. La jolie piscine est entourée de hauts cyprès. Un véritable havre de paix à quelques minutes au nord du centre-ville.

## Beaurecueil

Le **Relais Sainte-Victoire** *(350F-600F, pdj 60F bp, tv, ☎, ≈, ℛ; route D58, ☎04.42.66.94.98)*, une auberge campée dans un décor sauvage dans le voisinage de la montagne Sainte-Victoire, est tout indiqué pour un moment de répit. Neuf chambres spacieuses avec terrasse donnant sur les forêts et redécorées dans un style quelque peu dépassé vous y attendent. L'endroit est tenu avec beaucoup de soin et d'égard par Gabrielle Jugy et René Bergès. Son excellent restaurant ne se trouve qu'à quelques pas et ne manquera pas de vous attirer (voir p 169). Délicieux petits déjeuners avec croissant maison, fruits frais et très bon café.

## Pourrières

Le **Mas des Graviers** *(450F pdj; aucune carte de crédit acceptée; bp, ≈; route de Rians, ☎04.94.78.40.38, ⌐04.94.78.44.88)* est un petit vignoble dont les propriétaires, le peintre norvégien Ian Olaf et Andrea McGarvie-Munn, montent des expositions d'art en été. Entourée de fleurs et d'arbres caractéristiques de la côte méditerranéenne, cette maison de ferme vient d'être rénovée et transformée en un *bed and breakfast* comptant sept chambres décorées avec goût. Une piscine somptueuse surplombe le vignoble et les champs de lavande voisins. On peut louer la totalité des chambres au coût de 12 000F à 20 000F par semaine *(7 chambres, cuisine complètement équipée, salle à manger et salon de musique)*. Fermé au public en hiver et au printemps, alors que le mas se transforme en lieu de retraite pour artistes. Le soir, Andrea McGarvie-Munn propose en outre des tables d'hôte à 300F.

## Gémenos

**Provence** *(140F-350F, pdj 30F; ☎; route Aix, ☎04.42.32.20.55).* Une simple et ~~ru~~stique auberge champêtre aux prix ~~ra~~isonnables. Bien que les commodités de luxe ~~le~~s plus grands établissements lui fassent ~~dé~~faut, le Provence n'en possède pas moins ~~un~~e charmante terrasse, d'agréable jardins et ~~un~~ restaurant servant des repas maison. ~~Po~~pulaire auprès des randonneurs du massif ~~de~~ Sainte-Baume.

**Relais de la Magdeleine** *(555F-680F, pdj ~~7~~5F; bp, tv, ☎; ☎04.42.32.20.16, ~~0~~4.42.32.02.26)* se présente comme une ~~m~~agnifique auberge champêtre entourée d'un ~~ch~~armant parc originellement conçu par ~~a~~rchitecte paysager royal Le Nôtre. Au total, ~~1~~3 chambres décorées avec goût sont ~~pr~~oposées, sans oublier la salle à manger - ~~se~~rvant d'excellents classiques provençaux et ~~la~~ paisible piscine bordée d'arbres. Accueil ~~ch~~aleureux et amical de la famille Marignane. ~~U~~ne bonne base d'où explorer Aix et le massif ~~de~~ la Sainte-Baume, ou Marseille, Cassis et la ~~cô~~te méditerranéenne.

 **RESTAURANTS**

### Aix-en-Provence

**~~Le~~s Rois Mages** *(\$; tlj sauf dim 7h à 19h; ~~1~~7 rue d'Italie, ☎04.42.21.42.91)* est un café ~~à~~ l'atmosphère détendue où l'on sert une ~~va~~riété de cafés fraîchement torréfiés, des ~~th~~és et des pâtisseries. Des citations sur ~~l'a~~mour émanant d'auteurs célèbres, de Jean-~~Pa~~ul Sartre à Jean de la Bruyère, garnissent ~~le~~s menus.

**~~Pi~~zza Capri** *(\$; 1 rue Fabrot, ~~0~~4.42.38.55.43)* apaise l'appétit des Aixois ~~av~~ant une sortie au cinéma ou une rencontre ~~en~~tre amis. À seulement 10F ou 12F la ~~po~~inte, ou de 40F à 48F la pizza tout entière, ~~qu~~i pourrait les blâmer de courir ce comptoir ~~co~~nvivial? Plats à emporter seulement.

**~~Pi~~zzeria La Grange** *(\$; 2bis rue Nazareth, ~~0~~4.42.26.19.85)* s'avère fiable et populaire. ~~N~~appes à carreaux rouges et blancs typiques ~~de~~ ce genre d'établissement. On y mange en plein air sur une rue piétonne à proximité du cours Mirabeau. Pizza, salade et vin maison pour deux à 130F.

**Aux P'tits Soufflés** *(\$; fermé dim-lun; 9 rue Félibre Gaut, ☎04.42.26.02.79)* est l'endroit tout indiqué pour dénicher une appétissante sélection de soufflés doux ou salés à des prix raisonnables variant entre 28F et 34F pièce, le tout arrosé d'un cidre ou d'un vin provençal. Le plat du jour, servi le midi, inclut un soufflé et une salade pour 39F.

**Café de l'Horloge** *(\$; 6h à 2h; 38 rue Vauvenargues, ☎04.42.23.35.10).* Que ce soit pour un café et un croissant le matin, un croque-monsieur ou une salade le midi, ou encore un repas chaud à une heure plus tardive, ce pittoresque café saura vous satisfaire. Sandwichs sur pain baguette à 17F et petits pichets de vin à 15F. Détendez-vous un moment sur la terrasse, sous les deux rangées de très hauts platanes qui encadrent la place Richelme.

**Hub Lot Cybercafé** *(\$; 17 rue Paul Bert, ☎04.42.21.96.96).* «Le» cybercafé d'Aix, décoré de drapeaux du monde et de fanions de football, est davantage fréquenté pour un café ou quelque autre boisson que pour un repas à proprement parler. Matchs de foot retransmis sur écran géant, billard et spécial apéro *(19h à 21h; bière pression 10F).* Petit déjeuner à 25F; navigation sur Internet à 30F la demi-heure ou à 50F l'heure; service de courrier électronique à 15F.

**Haagen-Dazs** *(\$; tlj 12h30 à 22h30; 15 cours Mirabeau, ☎04.42.27.63.30).* Cette succursale du roi américain des glaces vous propose l'antidote le plus décadent qui soit à la saine cuisine provençale. Café-comptoir de commandes à emporter pourvu d'une petite terrasse sur le cours Mirabeau.

**Le Cintra** *(\$-\$\$; 24 heures par jour; 14 place Jeanne d'Arc, ☎04.42.27.57.01).* Un café-resto à même de combler vos désirs les plus pressants, qu'il s'agisse d'un potage de poisson, d'une salade de poulet, d'un bifteck tartare ou d'une choucroute. Un mélange hétéroclite de touristes et de gens du coin se côtoie allègrement sur ses banquettes rouges.

**Tapas Café** *(\$-\$\$; fermé dim; 6 place des Augustins, ☎04.42.26.77.72).* L'un des lieux de prédilection de la jeunesse aixoise, attirée par sa musique pop, son intérieur d'un jaune criard et son choix de 30 tapas (croquettes de maquereau, brochette de poulet ou d'agneau, filet d'anchois mariné). *Margarita* et sangria au verre et au pichet de 800 ml. Terrasse.

**Le Petit Verdot** *($-$$; fermé dim et lun midi; 7 rue d'Entrecasteaux, ☎04.42.27.30.12)* est un charmant bar à vin où l'on sert des terrines *(40F)* et des plats de viande *(90F-95F, légumes inclus)* pour accompagner un bon choix de bouteilles. Une institution aixoise qui mérite d'être découverte, ne serait-ce que pour goûter un ou deux crus.

**À La Cour de Rohan** *($-$$; tlj 11h à 19h, ven-sam jusqu'à 23h30, mai à sept tlj jusqu'à 23h30; 10 rue Vauvenargues/place Hôtel de Ville, ☎04.42.96.18.15)* est un grand café où l'on sert des déjeuners légers *(purée d'aubergines sur pain grillé, à 50F; œuf poché sur un lit d'épinards, à 42F)*, de nombreux gâteaux *(30F-35F)* et une variété de thés. Sa situation avantageuse et sa terrasse ensoleillée donnant sur l'hôtel de ville en font un endroit populaire en après-midi, quoique tout le monde n'ait pas envie de payer 20F pour une tasse de thé!

**Le Basilic Gourmand** *($$; fermé dim; 6 rue du Griffon, ☎04.42.96.08.58)* compte parmi nos favoris. Il s'agit d'un endroit fort agréable au déjeuner comme au dîner (surtout sur la terrasse aménagée à l'avant), où l'on propose des repas sans prétention mais délicieux, avec une touche provençale. Excellent menu de deux services à 85F et de trois services à 115F. Situé en retrait de la rue Paul Bert, loin des foules.

**Simple Simon** *($$; mar-sam 12h à 19h; 7 rue Mignet, ☎04.42.96.29.20)* se présente comme un chaleureux salon de thé à l'anglaise, doté d'un jardin paisible où l'on peut prendre le déjeuner *(choix de tourte d'aubergines, de pâté en croûte au fromage et à l'oignon ou de pain de viande à l'indienne pour 55F)* ou un goûter en après-midi *(croustade de fruits, gâteau au fromage, scones)*.

**Le Verdun** *($$; tlj sauf dim 6h à 2h; place de Verdun, ☎04.42.27.03.24)* est un café local confortable et chaleureux proposant petits déjeuners, déjeuners et dîners. On trouvait récemment au menu du rôti de porc garni de légumes du jardin *(55F)*, une salade au saint-marcellin et aux noix *(39F)* et un riche gâteau au chocolat *(22F)*. Ceux qui surveillent leur ligne succomberont sans hésiter aux plats diététiques *(48F à 55F)*, qui

peuvent être à base de poisson, de poulet de légumes. Bien situé en face du Palais justice et du marché aux puces (trois fois semaine).

**Jacquou le Croquant** *($$; fermé dim-lun et r août à mi-sept; 2 rue de l'Aumône Vieil ☎04.42.27.37.19)* propose une variété savoureux tourtons (crêpes de blé ent assorties de différentes garnitures) et d salades servis par un personnel fémir avenant et d'une vitalité pétillante. Tout e frais et présenté de façon attrayante. No avons particulièrement apprécié la sala Mistral (fromage de brebis, tapenade, fin herbes et huile d'olive). Le menu du midi 57F comprend soit une salade ou un tourt et un dessert maison (tarte aux pomm caramélisées, flan à la poire). Menus à 79F à 95F.

**Le Bistro Latin** *($$; 18 rue de la Couronn ☎04.42.38.22.88)*. Le chef Bruno Unga concocte une somptueuse cuisine provença contemporaine à base d'ingrédients frais de région, comme ces profiteroles aux escargo sautés et à la crème parfumée à l'olive cette tartelette au fromage de chèvre suiv d'agneau braisé au pistou ou de rouget f aux épices. Menus à 119F, 182F et 250 Service professionnel et excellente carte d vins. Décor à la fois raffiné et décontrac dans les tons de gris et de rose. Un b endroit pour un dîner de qualité.

**Chez Féraud** *($$; fermé dim; 8 rue du Pu Juif, ☎04.42.63.07.27)* est un charma restaurant, bien en retrait des rues animées quartier, où l'on sert une cuisine provença apprêtée avec grand soin. Au chapitre d entrées, retenons les aubergines gratinées le potage au pistou; quant aux pla principaux, ils pourraient comprendre médaillon de poulet à l'estragon et d cannellonis au thym. Les tissus bleus jaunes qui agrémentent le décor se joigne aux chaises en osier pour créer u atmosphère détendue. Menus à prix fixe 100F et 135F.

**Tây-Lai** *($$; fermé dim; 16bis rue d Marseillais, ☎04.42.23.53.79)*. Ce restaura pittoresque se spécialise dans les cuisin chinoise et vietnamienne, et propose u variété de plats à base de poisson, de poul de porc, de canard, de bœuf et de nouill chinoises. En vedette, les brochett asiatiques : de délicieux morceaux de bœu de poulet et de crevettes roses ou tigrée grillés à votre table (240F pour deux personnes). Menus déjeuner, dîner et enfants.

**Yoji** *($$; fermé lun; 7 av. Victor Hugo, ☎04.42.38.48.76).* Ce vivifiant restaurant japonais et coréen sert un savoureux *bento* en boîte (salade, *yakitori*, riz, légumes et café) à 57F le midi, sans oublier un vaste choix de plats à la carte tels que *sushi, sashimi, bulgoki* (grillade coréenne) et *sukiyaki* (fondue japonaise), au déjeuner comme au dîner. Cet endroit reposant, qui bénéficie d'une terrasse ombragée, se pare de chaises en teck et de nappes d'un blanc éclatant. Menus à 155F, 175F et 199F.

**La Maison des Fondues** *($$; 13 rue de la Verrerie, ☎04.42.63.07.78).* Plus de 60 variétés de fondues sont proposées — au poulet, au bœuf et à l'agneau, mais aussi, ce qui est plus rare, au canard, au poisson et à l'autruche. Dans la majorité des cas, les prix gravitent autour de 100F; menu pour enfants à 55F. Décor d'auberge champêtre rehaussé de nappes en tissu et de chaises en bois.

**Chez Antoine Côté Cour** *($$, fermé dim et lun déjeuner; 19 cours Mirabeau, ☎04.42.93.12.51).* Restaurant frais et lumineux situé dans la verdoyante cour intérieure d'un élégant hôtel particulier du cours Mirabeau. Ses nouveaux propriétaires, Monique et Roger, vous proposent des plats à tendance italienne tels que polenta au lapin, poisson frais et ris de veau aux câpres.

**Le Comté d'Aix** *($$; fermé sam midi et dim; 17 rue de la Couronne, ☎04.42.26.79.26).* Spécialités provençales, mollusques et crustacés font la force de cet établissement. Sa salle à manger rustique est drapée de nappes à motifs provençaux et tapissée d'affiches. Choix de six menus, de 85F à 195F.

**Le Poivre d'Ane** *($$; fermé dim; 7 rue de la Couronne, ☎04.42.93.45.56).* Un restaurant chaleureux, long et étroit, garni de chaises bleues en bois et de nappes provençales surmontées de lampes tamisées. Menus de un (75F), de deux (100F) ou de trois services (125F). Parmi les plats qu'on pouvait récemment y savourer, mentionnons le potage au pistou, débordant de basilic, le tournedos et le filet de morue. Et pour terminer, laissez-vous tenter par la poire au four arrosée de miel de lavande.

## Beaurecueil

Le **Relais Sainte-Victoire** *($$-$$$; fermé dim soir et lun, la 1$^{re}$ sem de jan, en fév et pendant le congé pascal; route D58, ☎04.42.66.94.98).* René Bergès s'est taillé une réputation qui s'étend bien au-delà de ce minuscule hameau des environs d'Aix avec sa cuisine provençale recherchée. Ses fournisseurs locaux lui procurent les meilleurs ingrédients disponibles, des légumes à l'huile d'olive en passant par le poisson, l'agneau, le lapin et le pigeon. On pouvait récemment y savourer en entrée des fleurs de courgettes farcies de champignons et de la terrine de homard au pistou arrosée d'une vinaigrette aux haricots blancs, suivis de rouget frais au beurre de lavande ou d'un confit d'agneau accompagné de ratatouille. Le guéridon à fromages présente un choix particulièrement riche de chèvres, et les desserts sont tout simplement sublimes. Menus à 220F (quatre services incluant les fromages et le dessert), à 295F (cinq services) et à 410F (six services). On dîne dans l'agréable salle à manger lambrissée de chêne ou dans la verrière. Service professionnel. Mérite le détour, à tel point qu'il vaut mieux réserver à l'avance, car les dignitaires locaux et les Aixois bien nantis s'y pointent régulièrement.

## Vauvenargues

**Le Couscoussier** *($; aucune carte de crédit acceptée; tlj sauf lun 9h à minuit; ☎04.42.66.00.57).* Bien que nous ne vous recommandions pas spécialement d'y manger, ce café routier convient parfaitement pour une halte. Vous pourrez y siroter une boisson fraîche sur une terrasse tranquille offrant une excellente vue sur le château de Vauvenargues, où Picasso a vécu, et sur les collines ondulantes qui lui servent de toile de fond.

**Le Garde** *($-$$; aucune carte de crédit acceptée; lun-mer le soir seulement, jeu-sam le midi et le soir, dim le midi et le soir en été seulement; route D10, à 2 km à l'ouest de Vauvenargues, ☎04.42.24.97.99).* À distance d'observation de la croix du prieuré de Sainte-Victoire, ce cordial restaurant routier sert de bons poissons et viandes grillés, des salades et des desserts maison. Un terrain de pétanque avoisine même le «bar-terrasse» carrelé aux couleurs vives.

**Au Moulin de Provence** *($-$$; mi-mars au 31 oct; av. des Maquisards, ☎04.42.66.02.22, ≈04.42.66.01.21)* ne vous éblouira pas par son décor, mais vous ne tarirez pas d'éloges sur sa cuisine, composée de somptueux plats provençaux apprêtés avec soin par M. et M^me Yemenidjian, qui s'efforcent de mettre en valeur la saveur naturelle des ingrédients qu'ils utilisent (terrine d'aubergines arrosé d'un coulis de tomate au basilic, daube à la provençale, nougat glacé). Menus raisonnables à 90F et à 110F. Accueil amical. Les chambres simples de l'hôtel adjacent se louent 250F, ou 280F avec balcon donnant sur la montagne Sainte-Victoire.

   SORTIES

## Aix-en-Provence

**Les 2 Garçons** *(53 cours Mirabeau, ☎04.42.26.00.51)* est un élégant café doté d'une large terrasse en bordure du trottoir, un endroit rêvé pour observer les passants du cours Mirabeau tout en sirotant un café ou un alcool, le jour comme le soir. Connu sous le nom des «2 G», il a été fondé en 1792 et compte parmi les institutions d'Aix-en-Provence. Le service peut toutefois se révéler un peu trop rapide et froid; mangez plutôt ailleurs.

Le **Bar Brigand** *(17 place Richelme, angle rue Fauchier, ☎04.42.26.11.57)* se veut au-dessus de la moyenne. On y sert 40 types de bières de Belgique et d'ailleurs.

**La Chimère** *(mer-dim à partir de 23h; route d'Avignon, ☎04.42.23.36.28)*. Discothèque gay. Entrée chère le samedi.

Le **Hot Brass** *(route d'Eguilles, Célony, ☎04.42.21.05.57)* est une boîte de jazz décontractée volontiers fréquentée par les musiciens. Mérite le déplacement *(du centre-ville, prenez la N7 en direction d'Eguilles/Avignon)*. Lorsqu'il y a un concert d'envergure, on demande un droit d'entrée de 100F par personne *(70F pour les étudiants)*, une boisson incluse.

**Le Scat** *(mar-sam à partir de 23h; 11 rue de la Verrerie, ☎04.42.23.00.23)*. Un boîte branchée installée dans une cave voûtée où l'on peut entendre des formations de soul, de blues et de funk. Les boissons sont toutefois assez chères (bière 40F, spiritueux 60F).

Le **Cézanne** *(21 rue Goyrand Prolongée, ☎04.42.26.04.06)* est un cinéma où l'on présente un mélange de films populaires et de réalisations artistiques fraîchement produites.

Le **Théâtre de l'Archevêché** *(palais de l'Ancien Archevêché, ☎04.42.17.34.00)* et le **Théâtre municipal** *(rue de l'Opéra, ☎04.42.38.07.39)*, les deux principaux établissements du genre à Aix, présentent toute une gamme de pièces de théâtre, d'opéras et de récitals au fil de mois. Informez-vous auprès de leur billetterie ou de l'Office de tourisme pour connaître leur programme courant. Aix possède en outre plusieurs autres théâtres de moindre envergure, des «dîners-théâtre» et des salles de concerts, et la presse locale vous renseignera sur les spectacles qu'on va présente.

**Café le Verdun** *(tlj 6h à 2h; 20 place Verdun, ☎04.42.27.03.24)*. Ce café accueillant (voir p 168) reste ouvert tard et dispose d'un grand choix de bières (15F-30F) et de vins au verre (12F). Ses heures d'ouverture et ses tables étalées sur la place Verdun en font un endroit on ne peut mieux choisi pour profiter d'une chaude soirée tout en observant les passants.

**Keaton Club** *(mar-sam à partir de 20h30, musiciens sur scène à partir de 22h; 9 rue des Bretons, ☎04.42.26.86.11)*. Petite boîte accueillant d'excellentes formations de jazz *(droit d'entrée de 30F à 50F)*.

**Dixie Clipper** *(fermé dim, 22h à 2h; 34 rue de la Verrerie, pas de téléphone)*. Une petite boîte envahie par des jeunes s'ébattant au son de la musique techno ponctuée d'airs hip hop.

**Pub Honky Tonk** *(fermé dim, 22h à 2h; 38 rue de la Verrerie, ☎04.42.27.21.82)*. Un décor industriel axé sur la moto et des murs tapissés de disques campent l'atmosphère de cette boîte dont le disque-jockey passe allègrement du rock au disco et du techno au funk.

**Ciné Mazarin** *(6 rue Laroque, ☎04.42.26.99.85)*. Les plus récents films d'art primés du monde entier sont ici projetés dans trois salles. Prix réduits le lundi et le mercredi.

## MAGASINAGE

### Aix-en-Provence

**Léonard Parli** *(8h à 12h et 14h à 19h, fermé dim-lun; 33 av. Victor Hugo, ☎04.91.26.05.71)* fabrique les fameux calissons d'Aix depuis 1874. Ces merveilleuses friandises de forme oblongue faites de pâte d'amandes, de sirop et de melon en conserve auraient été servis pour la première fois à l'occasion du mariage du bon roi René et de sa seconde épouse, la reine Jeanne.

La **Confiserie d'Entrecasteaux** *(tlj 8h à 12h et 14h à 19h, fermé dim; 2 rue d'Entrecasteaux, ☎04.42.27.15.02)* prépare des chocolats et d'excellents calissons d'Aix.

Le **Kennedy's General Store** *(tlj; 2 Boueno Carriero, angle rue Monclar, pas de téléphone)* fait le bonheur des touristes américains et britanniques souffrant du mal du pays, qui peuvent s'y procurer, entre autres choses, des Pop Tarts, des bières anglaises, des boissons gazeuses à saveur de cerise et des chips de maïs de type tortillas au fromage nacho!

**Sienne** *(tlj 9h à 13h et 15h à 19h, fermé dim-lun; 9 rue Rifle Rafle, ☎04.42.21.42.20)* propose une belle sélection de «cadeaux» recherchés (objets décoratifs, linge de maison, meubles), sans le moindre tissu provençal à l'horizon!

La grande **Librairie de Provence** *(9h15 à 19h15, fermé dim; 31 cours Mirabeau, ☎04.42.26.07.23)* dispose d'un vaste choix d'ouvrages régionaux consacrés, entre autres thèmes, à la littérature, à la cuisine et au voyage, sans oublier les Guides Ulysse!

**Makaire** *(9h à 12h et 14h à 19h, fermé dim; rue Thiers/place du Palais, ☎04.42.38.19.63)* s'impose comme une librairie de qualité où l'on peut trouver les plus récents romans et ouvrages non romanesques (emphase sur les titres provençaux), des livres rares et une grande section consacrée au matériel d'écriture. Service professionnel.

**Riederer** *(lun-sam 7h45 à 19h30, dim 13h à 15h; 6 rue Thiers)* est une pâtisserie établie de longue date (cinq générations) qui vend des croissants et un vaste choix de gâteaux, y compris la spécialité de la maison : la tarte aux pommes. On peut prendre le petit déjeuner, un déjeuner léger ou un gâteau en après-midi à son agréable salon de thé.

**Richart** *(10h à 13h et 14h15 à 19h, fermé dim et lun matin; 8 rue Thiers, ☎04.42.38.16.19)*, une confiserie tout à fait contemporaine, concocte des chocolats sublimes et de délicieux cornets au chocolat garnis d'une variété de sorbets rafraîchissants à saveur de fruits. La spécialité de Richart est le chocolat noir.

La **rue d'Italie**. Nous vous suggérons de visiter les commerces qui bordent cette rue, au sud de la place Forbin et à l'extrémité est du cours Mirabeau, afin de vous préparer un bon pique-nique avant de partir en excursion vers la montagne Sainte-Victoire ou le massif de la Sainte-Baume. On y trouve un ou deux marchands de légumes, une fromagerie *(La Baratte, 21 rue d'Italie)*, un négociant en vins *(Bacchus, 25 rue d'Italie)* et deux bonnes boulangeries *(La Paneria, 45 rue d'Italie, propose un choix sidérant de pains de blé entier)*. Ces établissements sont généralement ouverts de 8h à 12h30 et de 16h à 19h30.

**Photo Clic Clac** *(2bis av. des Belges, ☎04.42.26.80.00, ☎04.42.38.17.95)*. L'endroit tout indiqué pour acheter de la pellicule et faire développer des photos en une heure.

**Photo Service** *(1 rue des Cordeliers, ☎04.42.96.50.01)*. Développement en une heure (exemplaires multiples à temps égal) et photos de passeport. En prime, une fontaine réfrigérée et une télé diffusant des bulletins météorologiques.

**Pharmacie Landi** *(fermé dim; 15 av. du Maréchal Foch, ☎04.42.26.13.78)*. Une pharmacie bien située avec heures d'ouverture prolongées.

**Pharmacie des Prêcheurs** *(fermé dim; 2 rue Peyresc, ☎04.42.23.54.32)*. Une pharmacie bien située avec heures d'ouverture prolongées.

**Micro Informatique Conseil** *(fermé dim; 8 av. Paul Cézanne, ☎04.42.96.46.00,* ℼ04.42.96.14.65). Vente et réparation de matériel informatique et multimédia.

**IC Aix-en-Provence** *(fermé dim; 33 bd de la République,* ℼ*04.42.38.28.08).* Vaste choix de matériel informatique. Service professionnel.

**Decathalon** *(fermé dim; 13 rue Chabrier,* ℼ*04.42.21.62.93).* Pour tous vos besoins en vêtements et articles de sport, des maillots de bain aux accessoires de randonnée, en passant par les lunettes de soleil, les chaussures de sport et les chapeaux de soleil.

**Gérard Paul** *(fermé dim; 45 bd Georges Clemenceau,* ℼ*04.42.23.16.84).* Vaste choix de fromages signés par nul autre que monsieur Paul, de la Guilde des fromagers.

**Vents du Sud** *(fermé dim; 7 av. du Maréchal Foch,* ℼ*04.42.23.03.38).* Une librairie bien garnie d'ouvrages en tout genre, des best sellers aux livres de voyage. Service de qualité supérieure. En face de la place Richelme.

**Paradox Librairie Internationale** *(fermé dim; 15 rue du 4 Septembre,* ℼ*04.42.26.47.99).* Une grande librairie prisée par l'importante population estudiantine d'Aix. Titres en espagnol, en allemand, en italien et en anglais.

# MARSEILLE ET LA CÔTE MÉDITERRANÉENNE

**M**arseille souffre d'un problème d'image. Du fait d'une presse fréquemment négative et de conceptions erronées de la part d'un public étendu, la plus vieille ville de France est en effet souvent mal perçue. Essayons donc d'y voir plus clair.

D'entrée, Marseille s'impose comme un endroit extraordinaire à visiter. Les spectaculaires falaises blanches qui se dressent ici au-dessus de la mer turquoise sont uniques dans le sud de l'Europe. Le petit port de pêche du vallon des Auffes, qui fait pourtant partie du centre-ville, demeure à l'abri des promoteurs modernistes. Des quartiers sans âge dont les échoppes et les étals de marché rappellent les rues d'un village grec ou d'un souk arabe attirent les passants, et, non loin, des boutiques proposent des vêtements et des objets de luxe de la meilleure qualité. Des cathédrales chargées d'histoire, des collections d'art inestimables et une variété enivrante de musées répondent aux besoins des amateurs de culture les plus insatiables. D'innombrables comptoirs de restauration comblent les attentes des affamés, des mille et une pizzerias aux restaurants préparant la meilleure bouillabaisse et les meilleurs fruits de mer que la France a à offrir.

Marseille recèle donc une myriade de possibilités et d'attraits, peu importe que vous soyez à la recherche de grands espaces, de culture, de découvertes culinaires ou de transactions purement mercantiles. En quoi se montre-t-elle défaillante? Disons simplement qu'elle ne s'adresse pas à ceux qui chérissent les pittoresques coins de Provence qu'on dirait sortis tout droit d'un vieux film français. Vous trouverez plutôt de tels endroits dans le Vaucluse et dans les Bouches-du-Rhône.

Il ne s'agit pas non plus d'une forteresse bourgeoise au centre riche d'une architecture harmonieuse et envoûtante comme Bordeaux ou Paris. Des années de négligence et l'absence d'un plan d'urbanisme cohérent (jusqu'à tout récemment du moins) y ont veillé. Marseille s'est développée par à-coups, les projets de construction s'y sont multipliés dans un désordre frappant, et des événements comme la Deuxième Guerre mondiale (au cours de laquelle les Allemands ont détruit une bonne partie du Vieux Port) y ont laissé leur marque. L'intérêt architectural de la ville réside dans certaines constructions individuelles et dans des lieux isolés, souvent perdus au beau milieu de nulle part. L'hôtel de ville du XIXe siècle, sur le quai du Port, se retrouve ainsi coincé entre des immeubles d'habitation peu élevés conçus par l'architecte Pouillon, l'élégant opéra occupe un quartier fréquenté par les femmes de charme, et le musée de la Vieille Charité, brillamment restauré, se trouve au cœur du quartier ouvrier pour le moins bigarré du Panier.

De fait, on qualifie plus volontiers Marseille de pittoresque que de belle. Outre les extraordinaires Calanques, qui s'étendent vers l'est entre Marseille et le port de Cassis, la ville révèle quelques points de vue d'où l'on peut admirer de splendides panoramas. De la cathédrale Notre-Dame-de-la-Garde, par exemple, le visiteur jouit d'une vue circulaire de Marseille, surtout appréciée au coucher du soleil, alors que le ciel aux reflets multicolores miroite sur la mer et sur le château d'If (la forteresse insulaire immortalisée par Alexandre Dumas dans *Le Comte de Monte-Cristo*). Sinon, les agréables vues sur le Vieux Port qu'offrent les jardins du palais du Pharo de Napoléon III se révèlent également dignes des meilleures cartes postales.

La ville a été un centre de commerce depuis le jour même de sa fondation, qui remonte aux environs de 600 av. J.-C., époque à laquelle des négociants grecs de Phénicie débarquèrent sur ses côtes. Protis, à la tête du contingent grec, fut choisi pour époux par Gyptis, la fille du chef celto-ligure local, et c'est ainsi que débuta la tradition des mariages mixtes dans cette ville. Depuis lors, Marseille a toujours fait valoir avec fierté son statut de ville multiculturelle.

Les Grecs baptisèrent l'endroit «Massalia», et ils livrèrent une compétition farouche aux Étrusques et aux Carthaginois pour l'établissement de routes commerciales à travers toute la région méditerranéenne. Les Marseillais se déployèrent même au nord par la mer, en direction des îles Britanniques et de la Scandinavie, et au sud vers le Sénégal à la recherche de nouveaux marchés. Des postes avancés en bordure de la côte virent également le jour, notamment là où se trouvent aujourd'hui Antibes, Nice et Hyères. La communauté connut malgré tout des hauts et des bas en tant que centre de commerce; aussi les années 4 et 6 av. J.-C. furent-elles prospères, alors que l'an 5 av. J.-C. fut particulièrement difficile.

De fréquents affrontements opposèrent les colonisateurs grecs aux tribus celto-ligures. Les Marseillais firent même appel aux Romains à deux reprises, en 181 et en 154 av. J.-C., pour qu'ils les aident à défendre leur colonie. C'est ainsi que la présence romaine commença à se manifester dans la région, et elle ne cessa de s'amplifier après 125 av. J.-C. Le consul romain Sextius Calvinus s'empara de la communauté celto-ligure d'Entremont en 124 av. J.-C. et créa une base non loin de là, qu'il nomma «Aquae Sextiae» (aujourd'hui devenue Aix-en-Provence). Environ 6 000 personnes habitaient la région de Marseille à cette époque.

Entre 118 av. J.-C. et 472 ap. J.-C., une colonie romaine permanente connue sous le nom de «Provincia Romana» domina la région qu'on nomme aujourd'hui la Provence (anciennement la Narbonnaise). D'un point de vue stratégique, la Provence céda aux Romains le contrôle de la très importante route terrestre entre l'Italie et l'Espagne, et Arles devint sa capitale, aussi bien sur la terre que sur la mer (un canal fut creusé pour la relier à la Méditerranée). Compte tenu de l'importance d'Arles, les destinées de Marseille furent quelque peu mises à mal sous l'occupation romaine, ce qui ne l'empêcha toutefois pas de continuer à se développer sur le plan commercial. La chrétienté élargit en outre son emprise, surtout après la nomination d'un évêque dans la ville, au début du V<sup>e</sup> siècle ap. J.-C., et la création à la même époque du monastère Saint-Victor.

Marseille profita de la chute d'Arles au V<sup>e</sup> siècle, bien qu'à l'instar de plusieurs communautés de la région, elle fût encore trop sujette aux invasions des tribus de maraudeurs (les Wisigoths en 476, les Ostrogoths en 507 et les Francs en 536). Marseille fut par ailleurs mise à sac par Charles Martel en 736, et 100 ans plus tard (en 838), elle fut assaillie par les sarrasins, qui ne furent chassés de la région qu'en 972.

La région connut une stabilité relative aux X<sup>e</sup> et XI<sup>e</sup> siècles à la suite de l'établissement de frontières politiques et géographiques sous la tutelle des comtes de Provence. Marseille tira alors profit du volume accru de marchandises transitant par son port, avec des arrivages d'épices, de soie, de bois précieux et d'aliments en provenance des nouveaux comptoirs commerciaux d'Afrique du Nord et d'Orient. Bien que gouvernée par les comtes de Provence, Marseille demeurait une puissance indépendante, dotée de son propre conseil municipal composé de grands négociants et d'artisans.

Une succession de crises politiques survenues hors ses murs, la peste de 1348 et la compétition que lui livraient certains ports italiens occasionnèrent des difficultés économiques à Marseille au XIV<sup>e</sup> siècle, des difficultés dont elle mit plus d'un siècle à se remettre. Après l'accession au trône du roi René en 1470 puis son annexion à la France en 1481, Marseille continua à développer ses routes commerciales pendant un siècle et demi, ajoutant

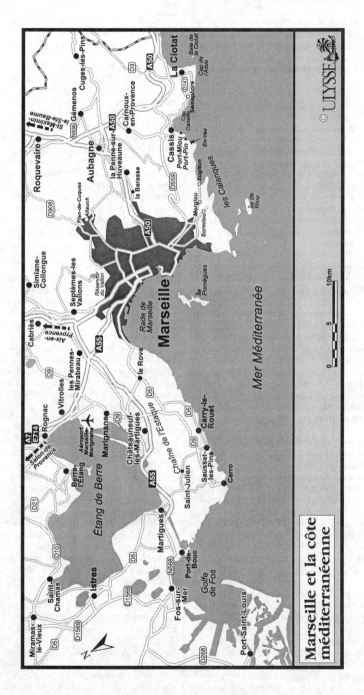

**Marseille et la côte méditerranéenne**

© ULYSSE

à la liste de ses importations du coton, des tapis, du cuir, du blé, du poisson et du corail, biens qu'elle échangeât, entre autres choses, contre des tissus, du sucre raffiné et du savon, trois industries locales en pleine croissance.

La ville géra ses propres affaires au cours de la plus grande partie des XVIe et XVIIe siècles, mais on ne peut dire pour autant que la situation était au beau fixe, loin de là. Un consulat établi au Parlement d'Aix et formé d'aristocrates fut maintes fois critiqué pour ses partis pris, et donna lieu à des soulèvements populaires à Marseille. Puis, la peste frappa de nouveau en 1649. Enfin, en 1669, Louis XIV remplaça tous les consulats de France par des conseils municipaux, dirigés chacun par un viguier, un représentant royal trié sur le volet.

La plus importante période au chapitre de l'économie fut sans doute celle que connurent les XVIIe et XVIIIe siècles. Soutenues par le commerce extérieur, les industries locales florissaient. Les matériaux bruts étaient transformés en biens manufacturés puis exportés, et de nouveaux contrats signés avec l'État français assuraient la stabilité de l'emploi. Supervisée par une Chambre de commerce récemment créée, Marseille contrôlait le commerce avec l'Orient, où elle exportait étoffes, sucre et savon. La peste de 1721 frappa toutefois durement la ville, faisant périr la moitié de ses 80 000 habitants.

Ouvertement anti-monarchiste, Marseille appuya le mouvement révolutionnaire avec vigueur après la prise de la Bastille en 1789. L'Assemblée constituante, alors connue sous le nom de «Convention», fit de la France une république dirigée par le parti girondiste. En 1793, on guillotina Louis XVI, mais la France était encore bien loin de l'idéal démocratique visé par les enfants de la Révolution, victime d'un manque d'ordre et de consolidation. Le pays déclara la guerre à l'Autriche et à la Prusse, et fut envahi par une coalition de puissances européennes incluant l'Angleterre, la Hollande et l'Espagne. Au sein même du pouvoir parisien, les jacobins luttaient pour la suprématie politique contre les girondins. Des députés girondistes furent accusés de trahison et envoyés à l'échafaud dans les années 1790; à la suite de cet événement, à Marseille et dans d'autres communautés méridionales, les girondins se rebellèrent et emprisonnèrent des partisans des jacobins au cours de la période connue sous le nom de «Terreur

blanche». À un certain moment, plus précisément en juin 1795, des prisonniers jacobins du fort Saint-Jean de Marseille furent même massacrés.

L'arrivée du brillant général corse Bonaparte dans les années 1790 (il devait par la suite être couronné chef d'État et prendre le titre d'empereur Napoléon) résolut plusieurs problèmes domestiques et extérieurs de la France. L'Angleterre se servit de son imposante force navale pour résister à Napoléon, qui, en guise de représailles, interdit tout commerce avec les îles Britanniques. Ces sanctions économiques à saveur politique entraînèrent de graves conséquences pour les négociants marseillais, et ce n'est qu'après la chute de Napoléon en 1815 et le retour de la monarchie à l'époque de la Restauration que Marseille put récupérer ses pertes financières.

De fait, la ville reprit sa place sur les marchés mondiaux avec une vigueur renouvelée. On revitalisa les anciens marchés, et l'on exploita de nouveaux territoires. Aussi Marseille fut-elle au sommet de sa grandeur économique durant tout le XIXe siècle. Elle comptait parmi les plus importants centres de commerce du monde sous le Second Empire (sous Napoléon III), dans les années 1850, puis sous la IIIe République. Son activité gravitait alors autour des docks de Joliette, directement au nord du Vieux Port; l'agglomération comprenait une série de docks aménagés perpendiculairement aux quais, d'énormes entrepôts et une gare ferroviaire maritime reliée au nouveau réseau côtier. La colonisation de l'Orient et de l'Afrique ouvrit, quant à elle, de nouvelles routes commerciales. La population atteignit le chiffre de 300 000 âmes en 1869 après avoir presque doublé en 30 ans.

L'économie locale a par contre grandement souffert depuis le début du XXe siècle, et ce malgré le répit occasionnel par une industrialisation rapide. Marseille essuya un important revers à la suite de la dépression mondiale survenue après l'effondrement de la Bourse de Wall Street en 1929. La ville fut en outre coupée de Paris et du nord de la France pendant la Deuxième Guerre mondiale, et elle fut elle-même occupée par les troupes allemandes entre le 11 novembre 1942 et le 29 août 1944. Les occupants détruisirent différents secteurs de la ville et la plus grande partie du Vieux Port. Enfin, des événements politiques d'après-guerre, dont la guerre d'Indochine dans les années cinquante et la décolonisation de l'Afrique (notamment la erte de l'Algérie en 1962), ont grandement contribué à réduire les marchés.

La zone industrielle de Berre-l'Étang se développa rapidement après la Deuxième Guerre mondiale, suivie de celle du golfe de Fos. Parmi les industries présentes, il faut retenir les usines de traitement de produits chimiques, les cimenteries, les chantiers de construction navale, les aciéries, les usines alimentaires (raffineries de sucre, usines de pâtes alimentaires et d'huile) et les raffineries pétrolières. L'activité industrielle entraîna l'érection d'immeubles à loyers modiques et de centres commerciaux, surtout dans les secteurs de Fos-sur-Mer, de Martigues, de Miramas, de Berre-l'Étang et d'Istres. La crise pétrolière de l'OPEC en 1973, la réduction des marchés étrangers et la crise financière mondiale de la fin des années quatre-vingt ont toutes contribué à plonger Marseille dans l'un de ses pires cauchemars économiques, de sorte qu'au milieu des années quatre-vingt-dix, le chômage y est plus élevé que la moyenne française (14 % contre 11 %).

Marseille a aussi été une terre d'accueil invitante pour nombre d'émigrants cherchant à fuir divers troubles politiques. Ce furent d'abord les Grecs dans les années 1820, suivis des Italiens dans les années 1870 et 1880. Puis, au cours de notre siècle, leur ont emboîté le pas des Arméniens (1915), d'autres Grecs et des Arméniens de Turquie (années vingt), des Italiens antifascistes (années trente) et des Arabes nord-africains du Maroc, de l'Algérie et de la Tunisie (depuis la fin de la Deuxième Guerre mondiale, y compris un afflux d'Algériens à la suite de l'indépendance de leur pays en 1962). Ils s'établirent pour la plupart dans deux quartiers du centre-ville, Belsunce (à l'est du Vieux Port) et Le Panier (au nord du Vieux Port), qui méritent aujourd'hui une visite.

On adopta au cours des années quatre-vingt une politique de revitalisation urbaine, qui se poursuit à ce jour et vise à mettre un peu d'ordre dans le chaotique centre-ville. On attribue une bonne part des progrès réalisés au maire éloquent de Marseille, Robert Vigouroux. Parmi les premiers projets qui se sont concrétisés, mentionnons la construction d'un tunnel sous le Vieux Port, reliant la route de la Corniche (au sud) au quai Nord, et celle d'un réseau de transports en commun souterrain efficace, le Métro. Ces deux réalisations allègent le fardeau de la circulation dans le centre de la ville, quoiqu'il faille poursuivre dans

cette voie pour améliorer davantage la situation.

Jusqu'à tout récemment, les anciens docks du chantier naval des Arsenaux (immédiatement au sud du Vieux Port, un peu plus bas que le quai de Rive Neuve) accueillaient un monstrueux stationnement hors terre datant des années soixante. Celui-ci fut rasé et remplacé par un site en bordure du port, sur lequel on a érigé des boutiques et des restaurants. Gravitant autour de la place Thiers et du cours d'Estienne d'Orves, il devient particulièrement animé à la tombée du jour.

Un des projets les plus ambitieux consiste à épurer le grand boulevard La Canebière, qui mène directement au quai des Belges et au Vieux Port. Construit par Haussman sur l'ordre de Napoléon III dans les années 1850, il était jadis bordé d'élégantes résidences et de boutiques chic, mais au fil des ans il s'est encombré de bureaux, de comptoirs de restauration rapide et de commerces bas de gamme. La ville s'affaire donc présentement à redonner vie à La Canebière. Aussi a-t-elle déjà restauré la Bourse, créé un musée de la mode dans un beau bâtiment, rénové la place Général de Gaulle et fermé à la circulation automobile certaines rues voisines (rue Saint-Ferréol).

Ce cocktail enivrant de commerces, d'industries, de politiques et d'ethnies multiples n'a rien de nouveau pour Marseille. Il s'agit en effet d'un mélange explosif qui refait périodiquement surface, donnant lieu à des accès de violence, à des tensions raciales, au trafic de la drogue, à une partisanerie démesurée à l'égard du football et à la corruption politique. Marseille est la deuxième ville de France en termes de population (derrière Paris) et la troisième en étendue (derrière Paris et Lyon). Elle voit toutefois sa population décroître peu à peu (807 726 habitants en 1997 contre 878 689 en 1982).

Les visiteurs sont pourtant davantage en sécurité dans cette ville que dans la majorité des capitales internationales; il suffit d'y prendre les précautions habituelles (toujours garder un œil sur son portefeuille, s'en tenir aux quartiers bien éclairés le soir, ne laisser aucun objet de valeur dans son véhicule...). Les Marseillais sont amicaux et serviables auprès des touristes. Enfin, tous les visiteurs qui prennent le temps de découvrir cette ville s'accordent pour dire que Marseille diffère des autres en tout, à tel point que vous pourriez très bien

MARSEILLE

vous y sentir comme si vous n'étiez plus en France.

## POUR S'Y RETROUVER SANS MAL

### En avion

Le Vieux Port ne se trouve qu'à 25 km de l'**aéroport de Marseille-Marignane** *(renseignements ☎04.42.14.14.14, réservations ☎04.91.91.90.90)*, auquel il est relié par l'autoroute A55. Il y a de nombreux vols quotidiens entre Paris-Orly et Marseille-Marignane, la principale ligne aérienne intérieure étant Air Inter *(14 La Canebière, ☎04.91.39.36.36)*.

Elles quittent l'aéroport aux 20 min, de 6h30 à 20h50, puis à 21h15, 21h40, 22h, 22h30, 22h50 et 23h15, et la gare ferroviaire aux mêmes intervalles de 6h10 à 21h50, ainsi qu'à 5h30 et 5h55. Pour information : ☎04.42.14.31.27 ou 04.91.50.59.34.

### En train

**Gare Saint-Charles** (SNCF)
Avenue Pierre Semard (place des Marseillais)
Renseignements et réservation :
☎08.36.35.35.35
Message enregistré donnant les heures de départ et d'arrivée : ☎04.91.50.00.00

Les visiteurs d'outre-mer arrivant à Paris peuvent prendre le TGV (train à grande vitesse) de l'aéroport Charles-de-Gaulle ou de la gare d'Austerlitz en direction de la gare Saint-Charles de Marseille. Onze TGV effectuent quotidiennement le trajet Paris-Marseille, bien que tous ne soient pas directs; comptez 4 heures 15 min pour franchir les 813 km qui séparent ces deux points. Les visiteurs d'outre-mer arrivant à Lyon peuvent prendre le TGV pour Marseille à la gare ferroviaire de la SNCF reliée à l'aéroport Satolas. Une fois à Marseille, prenez un taxi ou le Métro, très efficace, entre la gare et votre hôtel ou le centre-ville. Vous trouverez un Office du tourisme à la gare même (pour les heures d'ouverture, voir p 180).

Marseille se trouve à proximité de plusieurs destinations importantes de Provence. Les Trains Express Régionaux (TER) relient, entre autres trajets, Marseille aux ports côtiers de Cassis et de La Ciotat, aux centres important comme Cannes et Nice, et aux villes intérieures, telle Aubagne ou Aix-en-Provence. À titre d'exemple, 19 TER se rendent chaque jour à Aix, la durée du voyage étant de 30 min. Le bureau d'information qui se trouve au rez-de-chaussée de la gare Saint-Charles vous fournira les horaires des trains locaux et répondra aux questions que vous pourriez avoir concernant vos déplacements. Des prix spéciaux dits «Joker», vous permettent de bénéficier de rabais importants (50 % et plus) sur les trajets en train vers plusieurs destinations (y compris sur le trajet Paris-Marseille), à condition que vous achetiez votre billet deux semaines ou un mois à l'avance.

### En autocar

**Gare routière**
Place Victor Hugo
☎04.91.08.16.40

La gare routière se trouve à côté de la gare Saint-Charles, la gare ferroviaire centrale de Marseille, ce qui facilite les correspondances entre le TGV Paris-Marseille et le service local d'autocars. Des autocars régionaux desservent régulièrement divers points de la Provence et de la Côte d'Azur. Les visiteurs qui se rendent en excursion d'une journée à Aubagne, à Cassis ou en d'autres endroits rapprochés de Marseille préféreront sans doute le réseau d'autocars au réseau ferroviaire (à titre d'exemple, la gare routière de Cassis se trouve dans le centre de la ville, alors que la gare SNCF est à 3 km du port).

### Les transports locaux

#### Le Métro

Le Métro est un moyen efficace, économique, sûr et rapide pour se déplacer à Marseille. Un billet unique vous donnant accès aux deux lignes existantes coûte 8F. Toutes les stations de métro et l'Office du tourisme sont à même de vous fournir un plan du réseau; sinon adressez-vous à Infor RTM *(6 rue des Fabres 13001 Marseille, ☎04.91.91.92.10)*. Le Métro circule de 5h à 21h, mais les billetteries ne sont ouvertes que de 6h30 à 19h30.

**'autobus**

In bon service d'autobus dessert la ville et sa
ériphérie. Le prix des billets est le même que
our le Métro. Si vous utilisez le bus et le Mé-
'o au cours d'un même déplacement, un seul
illet suffit pour l'ensemble du trajet. Le ser-
ice d'autobus régulier cesse autour de 21h,
près quoi des autobus spéciaux de nuit (fluo-
us) prennent la relève. Un service moins fré-
uent, mais tout de même régulier, est propo-
é jusqu'à 1h (un bus toutes les 15 à 30 min)
ur un nombre limité de lignes.

**a voiture**

**Location de voitures**

**Astuce**
19, av. Roger Salengro,
04.91.08.02.08
Ine des agences de location les plus écono-
niques de Marseille (environ 240 F/jour pour
ne compacte, assurance et 100 km inclus).

**Ada**
4, av. de Toulon
04.91.79.37.17
9, rue d'Alger
04.91.48.20.56
3, rue de la loge
04.91.90.24.66
9, rue du Marché, ☎04.91.84.72.00
ocation à prix économique. Les meilleurs prix
isponibles pour les locations de fin de se-
naine.

**Avis**
Gare SNCF, Saint-Charles
04.91.08.41.80
67, bd National
04.91.50.70.11
2, bd Rabatau
04.91.80.12.00

**Hertz**
7, bd Rabatau
04.91.79.22.06
6, bd Nédelec
04.91.14.04.22

**Stations-service** (ouvertes tard le soir)

**Shell**
4, bd des Dames

**Total**
35, bd Rabatau

**SOS Voyageurs**
☎04.91.62.12.80

### Stationnement

Le centre-ville est congestionné surtout le matin et l'après-midi aux heures de pointe. Évitez
donc de vous déplacer en voiture à ces heures; vous épargnerez beaucoup de temps.
Étant donné que la plupart des sites se trouvent dans le centre-ville même, ils demeurent
accessibles à pied pour la plupart des visiteurs, et le Métro couvre efficacement les
autres secteurs. Alors pourquoi prendre une
voiture?

Mais si vous disposez d'un véhicule, sachez
qu'il faut parfois s'armer de patience pour
trouver à se garer sur les rues de Marseille
(faites le tour du pâté de maisons à quelques
reprises, et vous finirez par dénicher une
place).

Il existe un certain nombre de stationnements
municipaux à travers la ville, mais ils peuvent
s'avérer coûteux si vous devez y laisser votre
voiture de façon prolongée. Ils sont bien indiqués, mais nous énumérons tout de même ici
certains de ceux qui sont les mieux situés :
cours d'Estienne d'Orves, cours Julien, allées
Léon Gambetta, centre Bourse (tous dans le
I$^{er}$ arrondissement); rue des Phocéens, place
du Mazeau, place Villeneuve-Bargemont, place
Victor Gélu (2$^e$ arrondissement); gare Saint-
Charles (3$^e$ arrondissement); cours Pierre Puget, place Monthyon/Palais de justice (6$^e$ arrondissement). Comme dans toute aussi
grande ville, ne laissez aucun objet de valeur
dans votre voiture.

### Le taxi

Certains chauffeurs de taxi marseillais ont
mauvaise réputation. Par exemple, plusieurs
d'entre eux n'aiment pas faire le trajet entre la
gare Saint-Charles et le centre-ville (sans
doute en raison de la faible distance à parcourir et de la densité de la circulation). Prenez
note de la valeur du billet de banque que vous
remettez au chauffeur pour vous assurer qu'il
vous rend bien la monnaie exacte.

**MARSEILLE**

### Entreprises de taxis locales

Marseille Taxi : ☎04.91.02.20.20
Taxis France : ☎04.91.34.51.06
Taxis Tupp : ☎04.91.85.80.00
Taxis Plus : ☎04.91.09.28.79
Eurotaxi : ☎04.91.05.31.98
(chauffeurs multilingues)

## RENSEIGNEMENTS PRATIQUES

### Offices de tourisme

**Marseille**
4, La Canebière
☎04.91.13.89.00
≈04.91.13.89.20
*(juil à sept lun-sam 9h à 20h, dim et fêtes
10h à 18h; oct à juin lun-sam 9h à 19h, dim
et fêtes 10h à 17h)*

SNCF, gare Saint-Charles
☎04.91.50.59.18
*(lun-ven 10h à 18h)*

Le service de tourisme de Marseille bat tous les autres par le nombre de projets innovateurs qu'il a mis sur pied pour informer et amuser les visiteurs. Assurez-vous de vous procurer les brochures gratuites et multilingues que sont *Marseille Sur Mer* (activités nautiques), de même que des brochures distinctes (en différentes langues) sur l'histoire de chaque point d'intérêt majeur (de Notre-Dame-de-la-Garde au château d'If).

**Ville d'Art et d'Histoire**, un programme créé par l'Office de tourisme, propose un éventail de 36 visites guidées à pied *(40F, 50F, 90F ou 130F selon les circuits; réservations nécessaires pour certains circuits; départs à 14h)*. Dirigées par des guides professionnels dans un choix de sept langues, plusieurs de ces visites explorent des coins de Marseille inconnus de la majorité des touristes, sans compter les circuits plus classiques, comme celui des hôtels particuliers des notables du XVIIIe siècle, l'excursion jusqu'aux collines de l'Estaque, si chères à Braque, à Cézanne et à Dufy, là où est né le cubisme, et la visite des vieux docks et entrepôts du secteur de Joliette.

Les touristes plus indépendants de nature peuvent simplement suivre la ligne rouge peinte sur les trottoirs qui mène aux principaux sites, et ainsi faire une visite autoguidée de la ville *(point de départ à l'Office de tourisme, où vous pourrez vous procurer un plan gratuit du circuit)*.

**Taxi Tourisme Marseille** est une nouvelle trouvaille de l'Office de tourisme permettant aux visiteurs d'effectuer un tour guidé de la ville à bord d'un taxi spécialement désigné, muni d'un dispositif par lequel on peut entendre un commentaire enregistré sur chaque site (les chauffeurs sont rigoureusement sélectionnés). On vous propose quatre circuits en français, en anglais ou en allemand *(140F-500F; durée : 1 heure 30 min à 4 heures)*; les billets sont vendus à l'Office de tourisme et peuvent être achetés 5 min à l'avance.

**Bon Week-End** est le nom d'un programme intéressant implanté à l'échelle du pays, et auquel adhère fortement Marseille. Plus de 40 hôtels dans toutes les catégories de prix proposent deux nuitées pour le prix d'une seule, à condition que vous arriviez le vendredi ou le samedi. Adressez-vous à l'avance à l'Office de tourisme pour obtenir sa brochure *Bon Week-End à Marseille*, qui renferme également des coupons-rabais utilisables dans les musées de la ville et dans les agences de location de voitures.

**Cassis**
Place Baragnon
☎04.42.01.71.17
≈04.42.01.28.31

**Aubagne**
Esplanade Charles de Gaulle
☎04.42.03.49.98

**La Ciotat**
Boulevard Anatole France
☎04.42.08.61.32
≈04.42.08.17.88

### La poste

Hôtel des Postes
Place de l'Hôtel des Postes
☎04.91.15.47.00
*(lun-ven 8h à 19h, sam 8h à 12h)*

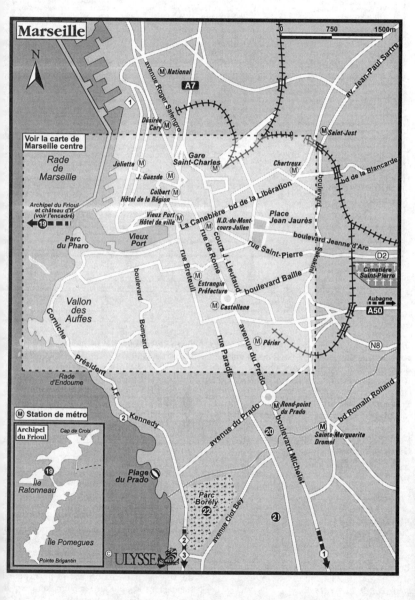

MARSEILLE

## ● ATTRAITS

1. Centre de la Vieille Charité
2. Musée des Docks romains
3. Musée du Vieux Marseille
4. Hôtel de ville
5. Vieux Port
6. Ferry Boat
7. Quartier du Panier
8. Le parc et le palais du Pharo
9. Basilique Saint-Victor
10. Notre-Dame-de-la-Garde
11. Musée Cantini
12. Musée d'Histoire de Marseille
13. Musée de la Mode de Marseille
14. Galerie des Transports
15. Musée Grobet-Labadié
16. Musée des beaux-arts
17. Musée d'Histoire naturelle
18. Vallon des Auffes
19. Le château d'If
20. Cité Radieuse Le Corbusier
21. GACM, Galeries Contemporaines des Musées de Marseille
22. Parc Borély
23. Musée de la Faïence
24. Grotte Henri-Cosquer

## ◇ RESTAURANTS

**MARSEILLE :**
1. Le Dock de Suez
2. L'Escale
3. Le Lunch

**VIEUX-PORT :**
1. L'Ambassade des Vignobles
2. Le Bar de la marine
3. Le Bistrot à vin
4. Le Bistro Gambas
5. Bodega
6. Brasserie Beau Rivage Tabac
7. Il Caneletto
8. La Côte de Boeuf

9. Dimitri
10. L'Entracte
11. L'Escapade
12. Espace Mode Méditerranée
13. Les Menus Plaisir
14. Le Miramar
15. O'Stop
16. Le Patalain
17. Pizzas Sauveur
18. Quais des Pastas
19. Quai Restaurant Le Caucase
20. Restaurant Touareg
21. Taverne de Maître Kanter

**MARSEILLE CENTRE :**
1. À la Crêpe des Rois
2. L'Anvers
3. L'Art et les Thés
4. Les Catalans
5. Chez Étienne
6. Chez Jeannot
7. Heng Heng
8. O'Pakistan
9. Le Panier des arts

## ○ HÉBERGEMENT

**MARSEILLE :**
1. La Cigale et la Fourmi
2. Hôtel Concorde Palm Beach

**VIEUX-PORT :**
1. Hôtel Climat
2. Hôtel Estérel
3. Hôtel Mascotte

4. Hôtel Mercure Marseille Beauveau Vieux-Port
5. Hôtel Résidence du Vieux-Port
6. Hôtel de Rome et Saint-Pierre
7. Hôtel Saint-Férréol
8. Hôtel Saint-Louis
9. New Hôtel Vieux-Port

**MARSEILLE CENTRE :**
1. Le Béarn
2. Chambre d'Hôtes Schaufelberger
3. Hôtel Edmond Rostand
4. Hôtel Le Richelieu
5. New Hôtel Bompard

## Le change

Vous trouverez un peu partout à Marseille des succursales des grandes banques françaises disposant d'un comptoir de change. Fermeture à 16h.

**Bureaux de change**
(ayant des heures d'ouverture plus étendues)

Comptoir de Change Méditerranéen
Gare Saint-Charles
☎04.91.84.68.88
*(tlj 8h à 18h)*

Change de la Bourse
3, place Général de Gaulle
☎04.91.13.09.11
*(lun-sam 8h30 à 18h30)*

KM Change
8-10, La Canebière
☎04.91.54.29.23
*(lun-sam 8h30 à 18h)*

## Police

**Commissariat central de police**
2, rue Antoine Becker, 13102 Marseille
☎04.91.39.80.00
*(jour et nuit)*

 ATTRAITS TOURISTIQUES

## Marseille ★★

Tous les musées de Marseille, sauf le Mus⋯ de l'Histoire, le Musée de la Mode et la G⋯ lerie des Transports, sont ouverts tous ▮ jours sauf lundi de 10h à 17h entre octobre ⋯ mai, et de 11h à 18h entre juin et septemb▮ L'entrée y est libre pour tous le dimanche m⋯ tin et en tout temps pour les enfants de moi▮ de 10 ans, pour les 65 ans et plus, pour ▮ handicapés et pour les sans-emploi. Demi-ta⋯ pour les étudiants, les enfants de 10 à 16 a▮ et les enseignants.

Le **Centre de la Vieille Charité ★★★** *(2 rue ⋯ la Charité, métro Joliette, ☎04.91.14.58.8⋯*

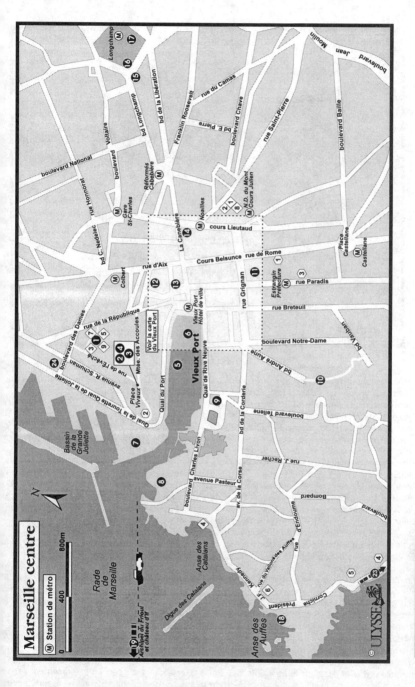

Marseille centre

Ⓜ Station de métro

0    400    800m

N

Rade de Marseille

Archipel du Frioul et château d'If

Bassin de la Grande Joliette

Anse des Catalans

Anse des Auffes

Digue des Catalans

Vieux Port

Voir la carte du Vieux Port

© ULYSSE

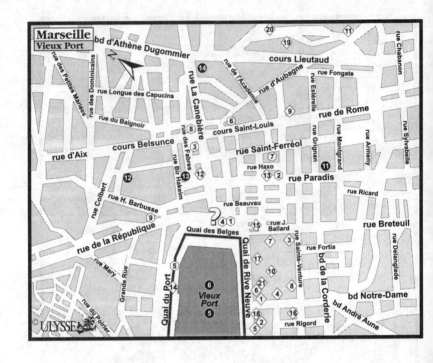

*04.91.90.63.07)* est un ancien hospice du XVII<sup>e</sup> siècle dont les ravissantes arcades roses font face à une **chapelle centrale ★★★** construite par Pierre Puget. Il abrite aujourd'hui un complexe artistique particulièrement fascinant, et l'on y retrouve le **Musée d'Archéologie méditerranéenne ★** *(10F)*, qui renferme une excellente collection égyptologique et des objets provenant des civilisations méditerranéennes, révélateurs de leurs us et coutumes, de même que le **Musée des Arts africains, océaniens et amérindiens** *(10F)*, ouvert en 1992, qui jette un regard rafraîchissant sur l'art et la culture de différents groupes ethniques (surtout ouest-africains); il abrite une très bonne librairie et un petit café, et l'on y présente de bonnes expositions temporaires *(10F, enfant gratuit)*.

Le **Musée des Docks Romains** *(10F; place de Vivaux, métro Vieux Port, *04.91.91.24.62)* est un musée unique en ce qu'il repose sur le site même du sujet à l'étude, soit la vie commerciale du port de Marseille au temps des Romains. À l'intérieur de l'ancien entrepôt romain qui se dresse sur le quai Sud, des ruines et des objets variés révèlent un important volet de l'histoire de Marseille à l'époque où

elle contrôlait les routes commerciales de Méditerranée.

Le **Musée du Vieux Marseille ★★** *(10F; Maison Diamantée, rue de la Prison, métro Vieux Port, *04.91.55.10.19)*, qui occupe une résidence du XVI<sup>e</sup> siècle dont la façade est en pierres taillées en diamant, présente désormais une charmante exposition de meubles et de costumes provençaux reliés au folklore local, à l'époque où Marseille était au sommet de sa puissance et de son influence, c'est-à-dire aux XVIII<sup>e</sup> et XIX<sup>e</sup> siècles.

L'**hôtel de ville** fait fièrement face au Vieux Port sur le quai du Port, et sa structure à trois étages datant du XVII<sup>e</sup> siècle n'a pas été endommagée par les bombardements allemands au cours de la Deuxième Guerre mondiale (bien qu'une bonne partie du quai voisin l'ait été).

Le **Vieux Port**, entouré sur trois faces par le quai du Port, le quai des Belges et le quai de Rive Neuve, marque le centre symbolique de Marseille. Les pêcheurs présentent encore leurs prises chaque matin sur le quai des Belges (au pied de La Canebière). Évitez de man

*Notre-Dame de la Garde*

r dans les restaurants de poisson et de
uits de mer établis directement sur les quais
prétendant servir l'authentique bouilla-
isse; il s'agit de pièges à touristes dont au-
n n'est fiable (consultez plutôt la section
estaurants», p 218, pour connaître les éta-
issements que nous vous recommandons).

**Ferry Boat** *(5F)*, une sorte d'autobus marine, représente un moyen rapide de passer
un côté à l'autre du Vieux Port (entre l'hôtel
ville, sur le quai du Port, et la place aux
iles, sur le quai de Rive Neuve). Les Mar-
illais qui le prennent eux-mêmes volontiers
ppellent le «Ferry Bo-At». Ce service est en
ace depuis 1880.

**quartier du Panier** *(au sud du quai du Port)*
nstitue la plus vieille partie de Marseille, et
fait l'objet de nombreuses anecdotes colo-
es sur la vie difficile qu'on y menait et sur la
ostitution qu'on y trouvait jadis. Il s'agit
jourd'hui d'un pittoresque quartier ouvrier
nt on restaure peu à peu les édifices et les
es étroites. Des pêcheurs, de petits com-
erçants et des artisans y vivent encore, et il
onservé son caractère authentique.

Le **parc et le palais du Pharo** *(entrée par le
boulevard Charles Livon)*. Bien que l'imposant
palais érigé par Napoléon III ne soit pas accessible au public (en cours de restauration, il
sera le théâtre de réceptions et de séminaires), les jardins qui l'entourent se révèlent
agréables et offrent l'un des meilleurs **points
de vue ★★** sur les voiliers et les bâtiments du
Vieux Port, de même que sur le fort Saint-Nicolas du XVIIᵉ siècle, qui se dresse en face.

La **basilique Saint-Victor ★★** *(tlj 8h à 18h;
place Saint-Victor, ☎04.91.54.23.37)*, fondée
au Vᵉ siècle par le moine saint Jean Cassian,
compte parmi les plus anciennes de France.
Une grande partie en fut détruite au cours des
raids sarrasins du VIIIᵉ siècle, si bien qu'on l'a
reconstruite au XIᵉ siècle. Assurez-vous de
descendre l'escalier de pierres qui conduit aux
cryptes *(10F)*, dont une fait partie de la structure originelle du Vᵉ siècle.

**Notre-Dame-de-la-Garde** *(basilique et crypte
ouvertes oct à mai 7h à 19h, juin à sept 7h à
20h; accessible par un escalier abrupt ou par
l'autobus 30, qui part du Vieux Port)*, de style
romano-byzantin, domine Marseille et en est
devenue le symbole, un peu comme la tour
Eiffel, à Paris, ou la statue de la Liberté, à

**MARSEILLE**

New York. Comme à ces endroits, on jouit d'ailleurs de panoramas spectaculaires des terrasses qui entourent la basilique (rendez-vous-y de préférence au coucher du soleil pour mieux profiter de la vue sur le Vieux Port et la Méditerranée). Bien qu'envahi par les touristes, ce temple du XIXe siècle demeure un lieu de culte. Sa sainte patronne est Marie Madeleine, et les rangées de modèles réduits de bateaux de pêche suspendus à des chaînes au-dessus de la nef (ex-voto) servent à rappeler qu'il s'agit d'abord et avant tout de la basilique des pêcheurs.

Le **Musée Cantini** ★ *(10F; 19 rue Grignan, métro Estrangin Préfecture, ☎04.91.54.77.75, ⌐04.91.55.03.61)*, qu'abrite l'impressionnant Hôtel de Mongrand, un hôtel particulier du XVIIIe siècle, se spécialise désormais dans la période moderne, entre les années 1900 et 1960, les tableaux plus contemporains ayant été transférés à la nouvelle galerie MAC. Ce musée intimiste mérite une visite, ne serait-ce que pour sa belle collection de fauvistes et de cubistes. On peut également y admirer d'excellentes expositions temporaires (pour plus de détails, consultez la presse locale ou adressez-vous à l'Office de tourisme).

Le **Musée d'Histoire de Marseille** ★★ *(10F; mêmes heures d'ouverture que les autres musées, mais fermé dim et lun; centre Bourse-Square Belsunce, métro Vieux Port, ☎04.91.90.42.22)* expose plusieurs trésors archéologiques de la ville remontant jusqu'à l'occupation phocéenne, y compris des objets extraits de la grotte sous-marine de Cosquer et un bateau commerçant romain du IIIe siècle (découvert sur le site même, alors qu'on construisait autour du nouvel édifice de la Bourse en 1974). Des vestiges grecs et romains datant du Ier au IVe siècle peuvent également être admirés dans le **Jardin des Vestiges**.

Le **Musée de la Mode de Marseille** *(15F; tlj sauf lun 12h à 19h; Espace Mode Méditerranée, 11 La Canebière, métro Vieux Port, ☎04.91.56.59.57)* est un musée inauguré en 1993. La collection permanente s'avère toutefois sommaire et ne révèle que peu de chose sur cette industrie hautement créatrice. Mieux vaut s'y rendre lorsqu'on y présente une exposition temporaire. On y trouve une bonne boutique proposant un choix original de livres et d'articles de mode *(☎04.91.14.92.13)*, de même qu'un petit restaurant servant des repas légers *(Café de la Mode, ☎04.91.14.92.12)*.

La **Galerie des Transports** *(entrée libre; mêm heures d'ouverture que les autres musée mais fermé dim et lun; place du Marché d Capucins, métro Noailles, ☎04.91.54.15.1* se penche sur l'histoire des transports publi à Marseille et occupe l'ancienne gare de l'Es

Le **Musée Grobet-Labadié** ★★ *(10F; 140 Longchamp, métro Longchamp Cinq-Avenue ☎04.91.62.21.82)*, logé dans l'élégant hô particulier construit en 1873 pour l'indust et collectionneur d'art qu'était Alexandre I badié, renferme une merveilleuse collection meubles, (peintures françai XVIe au XVIIIe siècle), de sculptures du Moy Âge et de la Renaissance, des céramiques Moustiers et des tapisseries flamandes. endroit à ne pas manquer pour les amate de peinture et d'arts décoratifs.

Le **Musée des Beaux-Arts** ★ *(10F; Pal Longchamp, métro Longchamp Cinq-Avenue ☎04.91.62.21.17, ⌐04.91.84.73.72)* occu les salles grandioses de l'aile gauche du son tueux palais de Longchamp. On trouve au r de-chaussée des toiles des grands maîtres d XVIe et XVIIe siècles, de même que des scu tures, dont une à l'effigie du héros local Pie Puget; à l'étage, vous découvrirez des œuv d'artistes français des XVIIIe et XIXe sièc ainsi que des tableaux de peintres prove çaux. Derrière le musée, un très joli jardin lonné d'allées bordées d'arbres et d'une cascade a une grande popularité aup des habitants de la ville, mais demeure p connu des touristes.

Le **Musée d'Histoire naturelle** *(10F; pal Longchamp, métro Longchamp Cinq-Avenu ☎04.91.14.59.50)* occupe, quant à lui, l'a droite du palais de Longchamp et se consa à l'histoire naturelle de la Provence-Cô d'Azur. Les vitrines à l'ancienne arborent rement leur poussière, et la salle de Proven présente la flore et la faune de la région.

Le **Vallon des Auffes** ★★ *(corniche Préside John F. Kennedy, immédiatement au sud monument aux Morts d'Orient, sous le po* se veut un authentique port de pêche, n touché par la modernité et imperceptible de corniche et de la falaise qui le surplomb Vous y trouverez des bateaux de pêche rich en couleurs, des rangées de cabanons (hut de pêcheurs) et trois restaurants populaires château d'If ★★ *(25F; tlj sauf lun au cours l'année scolaire 9h à 17h; 04.91.59.02.30)*, immortalisé par l'écrivain Alexandre Dumas dans *Le Comte de Monte-Cristo*, se trouve sur une petite île, qu'une courte balade en bateau permet d'atteindre, et peut être visité. L'île de pierre blanche, d'une superficie de 3 ha, n'a pas été touchée par l'homme avant le XVIᵉ siècle. Au cours d'une visite à Marseille en 1516, François Iᵉʳ prit conscience de la position stratégique de cette aire entourée d'eau et donna l'ordre d'y construire une forteresse. La lourde construction à triple tour devait être achevée en 1531. Elle ne tarda pas cependant à devenir une prison et acquit une triste réputation à partir de 1589, lorsque de nombreux protestants y périrent dans des conditions abominables. L'endroit est accessible au public depuis 1890, et l'on peut en admirer les fameux donjons de même que le tunnel creusé par le célèbre comte de Dumas, Edmond Dantès, pour en échapper, sans oublier les cours et les cellules des prisonniers. Le panorama y est spectaculaire. *(Des bateaux partent régulièrement du quai des Belges en direction de l'île; 04.91.55.50.09).*

**Cité Radieuse Le Corbusier** *(280 bd Miche-l, au sud du rond-point du Prado)* se présente comme un complexe autonome tout en hauteur qui a suscité de vives controverses en son temps. Il a été créé par l'architecte avant-gardiste Le Corbusier en 1954 et renferme des appartements, des magasins, une école, des installations sportives et un hôtel.

**FRACM, Galeries Contemporaines des Musées de Marseille** ★ *(15F; 69 av. d'Haïfa, autobus 23 et 45, 04.91.55.50.09, 04.91.72.17.27)*, qui a ouvert ses portes en 1994, abrite une collection particulièrement riche en œuvres d'art réalisées après 1960 (une des meilleures de France en dehors de Paris). Il y a aussi un cinéma, une librairie d'art contemporain et un restaurant (Au Maroni).

**parc Borély** ★★ *(entrée libre; av. du Parc Borély, au sud de l'avenue du Prado, 04.91.73.21.60)* est un magnifique jardin botanique où l'on peut contempler des roseraies et parcourir de jolis sentiers en bordure d'un étang. L'élégant château Borély date du XVIIIᵉ siècle, mais est actuellement fermé pour rénovation.

**Musée de la Faïence** ★★ *(10 F; fermé lun; 157 av. de Montredon, bus 19,* 04.91.72.43.47). Les amateurs de céramiques ne voudront sous aucun prétexte manquer ce nouveau musée aménagé dans un manoir du XIXᵉ siècle admirablement restauré, le château Pastré, par ailleurs niché entre les collines intérieures et la mer dans le paisible parc Montredon. Environ 1 500 pièces en faïence couvrant une période de 7 000 ans y sont exposées, et les créations provençales d'Apt, de Marseille et de Moustiers sont bien représentées. Les œuvres des artisans contemporains peuvent être admirées à l'étage supérieur.

**Grotte Henri Cosquer** ★ *(30F; tlj 10h à 18h; docks de la Joliette, 10 place de la Joliette, Office de tourisme 04.91.13.89.00)*. En 1985, Henri Cosquer a découvert sous les calanques de Marseille, à 37 m de profondeur, une grotte préhistorique vieille de 27 000 ans. Puis, en juillet 1991, il a trouvé des peintures préhistoriques dans une grande salle se trouvant à 150 m de l'entrée de la grotte originale, à la suite de quoi, dès l'année suivante, elle a été classée site historique et fermée au public. Cette fascinante collection permanente, inaugurée en 1996, recrée la grotte d'Henri Cosquer et révèle l'environnement exceptionnel dans lequel vivait l'homme préhistorique.

## Les Calanques ★★★

Les Calanques sont une série de d'anses le long de la côte séparant Marseille de Cassis. Les fervents d'escalade adorent les magnifiques falaises blanches qui les ceinturent, tandis que les baigneurs et les plaisanciers recherchent leurs eaux turquoise et limpides qui ondulent à leur pied. **Sorgiou** ★, **Morgiou** ★ et **Sugiton** ★ sont les plus rapprochées de Marseille et peuvent être visitées en voiture *(oct à mai seulement)* ou en bateau *(départs du quai des Belges; prix et horaires disponibles auprès de l'Office de tourisme)*.

Les plus belles calanques se trouvent immédiatement à l'ouest de Cassis; ce sont **Port-Miou** ★, **Port-Pin** ★★ et, la plus glorieuse, **En-Vau** ★★. Vous trouverez de petites plages sablonneuses cachées tout au bout de Port-Pin et d'En-Vau. Des bateaux permettent de les visiter toutes trois au départ de Cassis *(45F; nombreux départs entre 9h et 18h; durée du voyage : environ 1 heure)*. Malheureusement, leur beauté naturelle fait que les Calanques sont envahies de visiteurs les fins

**MARSEILLE**

de semaine d'été, et l'on en vient à se demander si les émissions de pétrole des bateaux de plaisance ne nuisent pas à la côte méditerranéenne, déjà polluée. Port-Pin et En-Vau ne sont pas accessibles par la route, quoique des sentiers bien balisés y conduisent. Une randonnée pédestre jusqu'à En-Vau prend toute une journée à effectuer; portez de bonnes chaussures de marche et munissez-vous des provisions nécessaires (d'eau potable, entre autres). Des incendies ont dévasté la végétation de cette région au début des années quatre-vingt-dix, de sorte que, comme dans la chaîne montagneuse de Sainte-Victoire, près d'Aix-en-Provence, certains sentiers demeurent interdits aux randonneurs pendant la saison estivale. Informez-vous avant de partir à l'aventure.

## Aubagne

Cette ville mérite une visite de quelques heures. Elle est aménagée sur deux niveaux, respectivement désignés du nom de «ville haute», datant de la période médiévale, et de «ville basse», datant du XVIIe siècle. Portez une attention toute particulière à la **porte Gachiou**, érigée au XIVe siècle, et à la **tour de l'Horloge**, construite en 1900. Le plus célèbre natif d'Aubagne est sans contredit Marcel Pagnol, qui a vu le jour ici le 28 février 1895 et dont les nombreux livres et films ont fortement été inspirés par la région; la maison où il a grandi se trouve au n° 16 du cours Barthélemy. Les visiteurs peuvent en outre admirer, en miniature, une reconstruction passablement charmante (réunissant plus de 200 santons, ou figurines d'argile) des lieux et personnages décrits dans les œuvres de Pagnol au **Musée du Petit Monde de Marcel Pagnol** *(entrée libre; mar-dim 9h à midi et 14h à 18h; esplanade de Gaulle, ☎04.42.84.10.22)*. Vous découvrirez enfin une rétrospective sur les célèbres santons d'Aubagne et aurez un aperçu de la tradition locale, fort louée en ce qui a trait à la poterie et à la céramique, aux **Ateliers Thérèse Neveu**, une salle d'exposition ouverte en 1995 *(entrée libre; mar-dim 9h à midi et 14h à 18h; cour de Clastre, ☎04.42.03.43.10)*.

## Cassis ★

Blotti au pied du cap Canaille, le plus haut d'Europe (416 m), Cassis revêt l'aspect d'un charmant port de pêche chéri par des artistes,

tels Matisse et Dufy au début du siècle. Il aussi célèbre pour les calanques qui se tr vent tout près *(45F; visites comment d'une heure en bateau; départs du port Cassis de 9h à 18h à partir de plusieurs teaux différents)*, pour le vin frais et fru qu'on produit dans ses environs, pour quelques plages et, par-dessus tout, pour communauté de pêcheurs. Le corail et l'our sont ses spécialités. Cassis devient bondée été; si vous en avez la possibilité, essa donc de visiter le port en matinée ou, enc mieux, hors saison. Mais d'une façon d'une autre, assurez-vous de voir ce **port ★** avec ses maisons et ses cafés hauts étroits, ainsi que l'hôtel de ville du XVII siècle, tout près de la jolie place de l'Église. **Musée des Arts et Traditions populai** *(entrée libre; mer-sam 16h à 19h; rue Xav d'Authier/place Baragnon, ☎04.42.01.88.* est situé au-dessus de l'Office de tourisme consacré aux découvertes archéologiques tes dans la baie voisine de l'Arène, à l'histo locale et à un petit nombre de tableaux p vençaux.

## La Ciotat

La spectaculaire **route côtière reliant Cassi La Ciotat ★★★**, connue sous le nom **route des Crêtes** (D141), longe les falai abruptes du **cap Canaille** et de **Sémaphore**. ville en soi n'a pas le charme des plus pe ports de la Méditerranée, ce qui s'expli peut-être par ses chantiers de construct navale et l'urbanisation dont elle a fait l'ob après la Deuxième Guerre mondiale. Quoi q en soit, on y trouve la **chapelle des Péniten** une jolie construction datant de 1626, et musée voué à l'histoire locale et au folklore l'intérieur des murs du vieil hôtel de ville, **Musée Ciotaden** *(entrée libre; lun, mer, v sam 16h à 19h, dim 10h à 12h, fermé ma jeu)*. La Ciotat a vu naître la première salle cinéma au monde *(Cinéma Éden, toujours vert)* sous l'inspiration des frères Lumière.

 PLAGES

La **plage du Prophète** *(corniche John F. K nedy; autobus 83 du Vieux Port)* se préser comme une large bande de sable où l'on p se livrer à diverses activités, dont la voile, planche à voile, le canot et le volley-ball.

tes, douches, poste de premiers soins et mptoir de rafraîchissements.

parc balnéaire du Prado *(corniche John Kennedy; autobus 83 du Vieux Port ou au- bus 19 des stations de métro Castellane et nd-Point du Prado)*. Plus de 40 ha de terres t été repris à la mer et transformés en parcs plages. Vous verrez ici nombre d'amateurs cerf-volant, de bains de soleil, de skate- ard et de planche à voile. Toilettes, dou- es, poste de premiers soins et comptoirs de raîchissements.

rfois désignée sous le nom de **plages Gas- n Deferre**, les plages du Prado, situées au d du centre-ville, regroupent la **plage du ucas Blanc** *(sable et galets; terrain de lley-ball, terrain de jeu, radeau et tremplins)*, plage du David *(galets)*, la **plage Borély** *(ga- s; bon endroit pour la planche à voile)*, la ge **Bonneveine** *(galets; restaurants, piscine, ation de scooters et de skis nautiques)*, la ge **de la Vieille Chapelle** *(galets; jeux pour enfants, piste de skate-board)* et la **plage la Pointe Rouge** *(sable; restaurant, bon droit pour la planche à voile)*, qui n'est pas cessible par l'autobus 83.

s **îles de Frioul** *(service de bateau-navette 20 min toute la journée, depuis le quai s Belges dans le Vieux Port; adressez-vous Groupement des armateurs côtiers de Mar- lle, ☎04.91.55.50.09)* sont une succession es rocheuses à proximité du château d'If. y trouve plusieurs plages *(toutes de ga- s, sauf la plage de sable de la Maison des tes)* ainsi que quelques restaurants dans la ge même de Port-Frioul. Un endroit idyl- e où s'offrir un moment de détente.

## ACTIVITÉS DE PLEIN AIR

situation de Marseille sur la côte déchi- tée de la Méditerranée en fait un endroit é pour les sports nautiques et la randonnée lestre, aussi bien pour les résidants que r les visiteurs. L'Office de tourisme publie guide complet, et gratuit, intitulé *Marseille Mer* (en français, en anglais et en alle- nd), dans lequel vous trouverez une foule détails sur les activités de plein air de la ion.

## Plongée sous-marine

La côte méditerranéenne présente des occa- sions sans pareilles aux plongeurs désireux de découvrir la faune et la flore marines de la région, sans oublier les épaves de bateaux. Un plongeur professionnel du nom d'Henri Cos- quer a fait, dans la calanque Morgiou, une importante découverte archéologique en juillet 1991, soit une grotte préhistorique sous-ma- rine aux parois rocheuses garnies de peintu- res.

Nombre de clubs de plongée proposent des cours d'initiation à ce sport *(sous supervision; durée : une demi-journée)*, des forfaits de fin de semaine et des excursions de plus longue durée. On y loue également l'équipement nécessaire. Parmi les nombreuses possibilités intéressantes qui s'offrent à vous, retenons :

**ASPTT** *(port de la Pointe Rouge, ☎04.91.16.35.90)*. Séances de formation spéciales du vendredi après-midi au dimanche et cours de cinq jours.

**Label Bleu Vidéo** *(19 rue Michel Gachet, ☎04.91.59.25.23)*. De sa base d'opération dans le vieux port de Frioul, ce groupe pro- pose des cours pour débutants les fins de se- maine, incluant un enregistrement vidéo de votre première plongée pour que vous en gar- diez le souvenir.

**Club du Vieux Plongeur** *(116 cours Lieutaud, ☎04.91.48.79.48)*. Également établi sur l'île de Frioul, cet autre club propose des cours de courte et de longue durées, mais aussi des excursions vers les épaves et les sites de dé- couvertes archéologiques, et des expéditions conçues pour les amateurs de photographie sous-marine. Forfaits «tout compris» avec hébergement *(bateau, hôtel ou appartement)*.

## Navigation de plaisance

Une alternative aux vacances limitées à la terre ferme consiste à louer un yacht pour explorer la région sur l'eau. Location à la journée, à la semaine ou au mois disponible, avec ou sans équipage. Adressez-vous à **Midi Nautisme** *(13 place aux Huiles, ☎04.91.54.86.09)*, à **Soleil Rouge** *(74 quai du Port, ☎04.91.90.60.67)*, à **Boramar** *(77 rue Peyssonal, ☎04.91.64.75.23)* ou à la **Com-**

MARSEILLE

pagnie méditerranéenne des armateurs gérants *(1 square Protis, ☎04.91.56.15.59)*. On peut également louer une embarcation à moteur pour une journée ou plus auprès du **Groupement des armateurs côtiers marseillais** *(quai des Belges, ☎04.91.55.50.09)*, de Soleil Rouge, de Boramar et de la Compagnie méditerranéenne des armateurs gérants.

## Planche à voile

Les plages du Prado offrent d'excellentes conditions aux amateurs de ce sport. Équipement proposé en location par **Sideral's Time Club** *(☎04.91.25.00.90)* sur la plage du port de la Pointe Rouge.

## Ski nautique

Au port de la Pointe Rouge, le **Roquette Club Marseille** *(139 rue François Mauriac, ☎04.91.75.19.33)* organise des sorties en mer et loue l'équipement nécessaire. Le **Jet Sea Club Marseillais** *(61 bd des Neiges, ☎04.91.72.62.23)* se voue, quant à lui, aussi bien au ski nautique qu'à la motomarine.

## Voile

Deux établissements de la plage du port de la Pointe Rouge louent de petits voiliers et catamarans : **Pacific Palissades** *(à l'heure; ☎04.91.73.54.37)* et **Sideral's Time Club** *(à la journée; ☎04.91.25.00.90)*.

## Les Calanques par la mer et en randonnée pédestre

Vous n'avez pas vraiment visité Marseille si vous n'avez pas vu les spectaculaires falaises de calcaire blanc qui s'élèvent au-dessus des eaux turquoise de la Méditerranée. La succession d'anses qu'on désigne sous le nom de Calanques s'étend sur 20 km entre Marseille et Cassis. Bien qu'on puisse en atteindre quelques-unes par la route entre octobre et mai, les Calanques sont d'abord et avant tout accessibles par la mer ou à pied.

Les Calanques sont surtout appréciées des plongeurs *(excursions organisées par les groupes mentionnés précédemment)* et des amateurs d'escalade. Mais si vous en avez temps et que votre condition physique vous permet, vous éprouverez également le p grand plaisir à parcourir les sentiers de ra donnée des environs. Un des principaux se tiers, le GR98, est ouvert en été (en rais des risques de feux de forêt, les autres se tiers ferment entre le 15 juin et le 15 se tembre). L'Office de tourisme de Marse publie une brochure gratuite des Calanqu avec carte détaillée des sentiers.

Les clubs de randonnée suivants organise des excursions avec guides d'expérience da les sentiers des Calanques : **Le Club Al; Français** *(12 rue du Fort Notre-Dan ☎04.91.54.36.94)*, **La Société des Excursio Marseillaises** *(16 rue de la Roton ☎04.91.84.75.52)*, **Touring Provence Médit ranée** *(11 place Général de Gau ☎04.91.33.40.99)*.

Les falaises escarpées des Calanques se aussi tout indiquées pour les grimpeurs c vronnés (les autres ne devraient pas s'y at quer). Les professionnels peuvent s'adresse à la section locale de la **Fédération française la montagne et de l'escalade** *(Comité dépar mental 13 de la FME, Daniel Gorgeon, 5 passe du Figuier, 13114 Puylob ☎04.42.66.35.05)* pour obtenir des guides la région de même que les noms des regr pements locaux.

## Randonnée pédestre

Outre les sentiers des Calanques, un mag fique sentier intérieur se dessine au nord Cassis. Le GR98 part au sud de Cassis, nètre dans les terres au-delà du mont de Saoupe, puis grimpe abruptement en direct du massif de la Sainte-Baume. Derrière ve s'offrent des vues splendides sur la côte p vençale.

### Aubagne

**Sur les traces de Pagnol** regroupe une série sentiers balisés sur le massif de Garla (710 m), particuliers en ce qu'ils relient nombreux sites popularisés par les œuvres Marcel Pagnol (*La gloire de mon père, Le c teau de ma mère, Manon des sources*). balisage fait état du niveau de difficulté sentiers (rouge, vert ou bleu), et il convien noter que les sites sont fermés au public

llet et en août. Pour information, adressez-
us aux **Amis du Garlaban** *(en hiver dim 9h à*
*7h, en été 9h à 20h; chemin du Ruissatel,*
*04.42.03.23.59).*

## Vélo de montagne

cation et forfaits excursions proposés par
ERAC *(25 rue Kruger, ☎04.91.08.96.08).*

## HÉBERGEMENT

### Marseille

**berge de Jeunesse Bonneveine** *(66F-130F,*
*as 46F; fermé du 18 déc au 15 jan; 47 av.*
*seph Vidal, ☎04.91.73.21.81).* Située à
oximité des plages du Prado. Terrasse om-
agée, cafétéria, 150 places dans des dor-
rs et des chambres individuelles. Les handi-
pés sont bienvenus.

**berge de Jeunesse Bois Luzy** *(74F, pdj*
*F; ouvert toute l'année; allée des Primevè-*
*s, ☎/⊷04.91.49.06.18).* Située dans la
rtie est de Marseille, dans un quartier pai-
le entouré de verdure et offrant une belle
e sur le port. Chambres à quatre et à six
s, et chambres individuelles, pour un total
90 places.

res sont les hôtels de Marseille qui méritent
être recommandés. Un grand nombre
entre eux, dans toutes les catégories de
x, se montrent vieillis, pour ne pas dire dé-
rés, et nécessitent d'importants travaux de
ovation. Il reste toutefois quelques bonnes
resses, dont les suivantes.

**Cigale et la Fourmi** *(à partir de 100F, pdj*
*F; début juin à fin sept; 19 rue Théophile*
*udier, ☎/⊷04.91.40.05.12).* Une extraordi-
re pension tendue de bleu et de jaune vifs,
tenue par Jean Chesnaud, un Marseillais
s grand que nature. Populaire auprès d'une
entèle jeune (son escalier étroit et abrupt
ge une certaine agilité), attirée par ses
nfortables chambres de type dortoir, dont
acune renferme une salle de bain (douche
lement) et une cuisinette. Une buanderie
uipée d'une laveuse et d'un fer à repasser

est également mise à la disposition des hôtes.
À 15 min du centre de Marseille (service
d'autobus local) dans le quartier Mazargues,
non loin des Calanques.

**Hôtel Le Richelieu** *(160F-250F, pdj 30F; bp,*
*tv, ☎; 52 corniche Kennedy,*
*☎04.91.59.38.09, ⊷04.91.59.38.09).* Ne
vaut le séjour que dans la mesure où vous
pourrez obtenir une chambre donnant sur la
Méditerranée et le château d'If, car la vue est
sans conteste le plus grand atout de cet établissement. Ses 21 chambres n'ont rien de
particulier, et les hôtes passent le plus souvent leur temps sur la terrasse ensoleillée (on
projette l'aménagement d'une salle de petit
déjeuner face à la mer).

**Le Béarn** *(180F-200F, pdj 20F; bp, dp, tv, ☎;*
*63 rue Sylvabelle, ☎04.91.37.75.83,*
*⊷04.91.81.54.98).* Un hôtel une étoile unique
en son genre. Gestion familiale, atmosphère
chaleureuse et valeur appréciable, quoique à
ce prix, il va sans dire qu'il ne s'agit nullement
d'un établissement luxueux. Situé en retrait
de la populaire rue de Rome, près de la préfecture locale.

**L'Hôtel Saint-Louis** *(230F-260F, pdj 30F; dp,*
*bp, tv, ☎; 2 rue des Récollets,*
*☎04.91.54.02.74, ⊷04.91.33.78.59),* imbattable pour ses prix et l'accueil chaleureux que
vous réservent son jeune propriétaire et son
personnel, propose des chambres simples
mais propres en plein cœur de Marseille, près
de La Canebière et du Vieux Port.

**L'Hôtel Climat** *(250F, pdj 35F; bp, tv, ☎;*
*6 rue Beauvau, ☎04.91.33.02.33,*
*⊷04.91.33.21.34)* constitue un autre choix
valable dans la catégorie «petit budget». Il
dispose de 45 chambres modernes mais rudimentaires. Situation centrale en retrait de La
Canebière, près de l'Office de tourisme et du
quai des Belges.

**Hôtel Estérel** *(280F pdj; bp, tv, ☎; 124-*
*125 rue Paradis, ☎04.91.37.13.90,*
*⊷04.91.81.47.01).* Un autre choix tout à fait
raisonnable car beaucoup tiennent l'Estérel
pour le meilleur hôtel deux étoiles de Marseille. Les chambres sont plutôt exiguës, bien
que récemment rénovées, et l'établissement
bénéficie d'un emplacement central derrière le
Vieux Port. Vos aimables hôtes vous serviront
un petit déjeuner copieux.

🏨 **Chambre d'Hôtes Schaufelberger** *(280F-300F pdj; bp, tv,* ☎*; 2 rue Saint-Laurent,* ☎*04.91.90.29.02)*, l'invitant *bed and breakfast* de M. et M<sup>me</sup> Schaufelberger, se trouve au 14<sup>e</sup> étage d'un immeuble d'appartements à proximité du Vieux Port, et l'on y jouit de superbes vues sur le va-et-vient des voiliers, sur les quais, sur Notre-Dame-de-la-Garde et sur la Méditerranée. Le petit déjeuner est servi sur le balcon. On y loue une chambre sans éclat, quoique confortable, avec salle de bain privée; une seconde chambre est disponible, mais seulement si vous êtes trop nombreux pour loger dans la première. Les hôtes accèdent à leur chambre par une entrée privée.

**Nouvel Hôtel Vieux-Port** *(295F-370F, pdj 45F;* ≡*, bp, tvc,* ☎*; 3bis rue Reine Élisabeth,* ☎*04.91.90.51.42,* ⊷*04.91.90.76.24)*. Hôtel établi dans un bâtiment du XIX<sup>e</sup> siècle rénové d'une façon plutôt sympathique à deux pas du vieux port. Les chambres sont décorées avec goût dans des tons de bleu et de crème, et le personnel amical s'avère serviable. Une salle de petit déjeuner bien éclairée et quatre salles de réunion s'ajoutent aux installations.

**Hôtel Edmond Rostand** *(310F, pdj 35F; bp, tv,* ☎*; 31 rue Dragon,* ☎*04.91.37.74.95,* ⊷*04.91.57.19.04)*. Pour les voyageurs au budget restreint, il s'agit là d'une option intéressante puisqu'on y loue des chambres simples et modernes à un prix qui ne les laissera pas démunis.

🏨 **L'Hôtel Saint-Férréol** *(340F-420F, pdj 40F; bp, tvc,* ☎*; 19 rue Pisançon,* ☎*04.91.33.12.21,* ⊷*04.91.54.29.97)* s'impose comme le meilleur établissement de Marseille par son niveau de confort, son rapport qualité/prix et son emplacement. Les chambres portent le nom de peintres célèbres, et chacune d'elles est décorée de gravures et d'accessoires appropriés. Les salles de bain, plutôt exiguës, sont de marbre. Le petit déjeuner comprend du café et des croissants meilleurs que la moyenne, de même qu'un jus d'orange frais pressé. Les propriétaires, Bernard Brulas et son épouse, se révèlent charmants et serviables. L'hôtel se trouve à l'angle de la rue Saint-Ferréol, une artère commerciale et piétonnière animée le jour.

**Hôtel Mascotte** *(350F, pdj 42F; bp, tv,* ☎*; 5 La Canebière,* ☎*04.91.90.61.61,* ⊷*04.91.90.95.61)*. Un hôtel bien situé sur la principale artère de la ville. Par bonheur, les chambres sont non seulement attrayantes mais aussi insonorisées; certaines sont même

désignées non-fumeurs. Quant à celle qui [...] trouve à l'étage supérieur, sa salle de b[...] occupe la petite tour dominant la rue!

🏨 **Nouvel Hôtel Bompard** *(400F, pdj 4(* *bp, tvc,* ☎*,* ≈*; 2 rue des Flots Ble[...]* ☎*04.91.52.10.93,* ⊷*04.91.31.02.14)*. Sit[...] dans l'un des quartiers résidentiels paisib[...] de Marseille, le Nouvel Hôtel Bompard [...] dresse dans un très joli parc perché au-dess[...] de la corniche Kennedy. Le grand atout de [...] établissement tient non seulement à s[...] chambres propres et coquettes, ou à ses a[...] de villa raffinée, mais surtout à sa pisci[...] irrésistible par temps chaud.

**Hôtel de Rome et Saint-Pierre** *(420F, pdj 4[...] bp, tv,* ☎*; 7 cours Saint-Lou[...]* ☎*04.91.54.19.52,* ⊷*04.91.54.34.5[...]* L'emplacement central de cet hôtel, près [...] quartier des affaires, constitue son plus gra[...] atout. Les salles publiques s'imprègnent d'u[...] atmosphère de famille, et les chambres à c[...] cher se veulent spacieuses et bien amé[...] gées. Bien que les propriétaires aient procé[...] à d'importants travaux de rénovation, le dé[...] se révèle passablement horrible (papier pe[...] floqué, matériaux démodés...).

**Hôtel Résidence du Vieux Port** *(510F,* *44F;* ≡*, bp, tv,* ☎*; 18 quai du P[...]* ☎*04.91.91.91.22,* ⊷*04.91.56.60.88)*. [...] établissement se trouve à côté du Vieux P[...] et chacune de ses chambres a un balcon [...] minant la glorieuse baie de Marseille, au-d[...] de la basilique Notre-Dame-de-la-Garde. [...] 40 chambres climatisées, rénovées en 199[...] sont bien décorées, baignées de teintes d[...] ces et pourvues d'armoires en bois et de [...] crétaires. Le gérant est serviable et visib[...] ment heureux de faire bon accueil à ses [...] tes.

**Hôtel Mercure Marseille Beauveau Vieux-P[...]** *(520F-780F, pdj 65F; bp, tv,* ☎*; 4 rue Be[...] veau,* ☎*04.91.54.91.00,* ⊷*04.91.54.15.7[...]* Hôtel de style européen en activité dep[...] 1816 (récemment rénové) qui fait face [...] vieux port sur le quai des Belges et dont [...] 72 chambres révèlent un décor proven[...] sobre de même qu'un certain [...] d'antiquités du XIX<sup>e</sup> siècle. Plusieurs cha[...] bres donnent sur le Vieux Port et sont [...] heureusement insonorisées contre les br[...] de la circulation. Le petit déjeuner copieux [...] type buffet comprend du pain entier, [...] yaourt et des fruits frais à l'intention des g[...] soucieux de leur santé. D'aucuns voudr[...] sans doute loger dans la suite «Chopin», o[...]

mpositeur a séjourné en compagnie de auteure George Sand en 1839.

**Hôtel Concorde Palm Beach** *(675F, pdj 63F; , ☎, ≈, ℜ; 2 promenade de la Plage, 04.91.16.19.00, ⇒04.91.16.19.39)* se présente comme un vaste complexe 'hébergement donnant sur le front de mer au ud du centre-ville. Les chambres modernes et n ne peut plus confortables possèdent de etits balcons dominant la Méditerranée, et s repas sont servis sur la terrasse par beau emps. Non loin du parc Borély et des plages u Prado, cet établissement est géré de façon rofessionnelle par le groupe Del Prête de Marseille, à qui appartient également l'Hôtel oncorde Prado.

---

Cassis

---

e **Clos des Arômes** *(290F-450F, pdj 45F; bp, , ℜ; 10 rue Paul Mouton, ☎04.42.01.71.84, 04.42.01.31.76)* se trouve au centre de assis, non loin du port. Cette charmante au- erge compte huit chambres joliment déco- es, les plus agréables donnant sur le jardin, ù l'on sert d'ailleurs le petit déjeuner sur la rrasse par beau temps. Le très bon menu du ner présente des classiques fraîchement pré- arés de la cuisine provençale.

**Le Jardin d'Émile** *(400F-600F, pdj 50F; rmé deux semaines en nov et jan; bp, tv, ☎; age du Bestouan, ☎04.42.01.80.55, 04.42.01.80.70)*. Un charmant hôtel entou- de pins face à la mer et empreint de bon oût, manifeste dans l'apaisante harmonie des ns ocre et des sols carrelés d'argile qui ca- ctérise les lieux. Les six chambres à coucher nt simplement quoique élégamment aména- es — demandez-en une avec vue sur la er. Le charmant restaurant en terrasses vite par ailleurs aux hôtes de se déplacer op loin à l'heure des repas. Stationnement ivé.

**Hôtel de la Plage du Bestouan** *(514F-614F lj; bp, tv, ☎, ≈, ℜ, tennis; av. Amiral Gan- aume, ☎04.42.01.05.70, ⇒04.42.01.34.82)* veut moderne et propre, mais sans grand aractère. Son emplacement est toutefois éal, puisqu'il surplombe directement la plage u Bestouan. Il possède par ailleurs une ngue terrasse où sont servis repas et cock- ils.

**Les Roches Blanches** *(842F-1 062F, pdj 70F; fermé nov à fin jan; bp, tvc, ☎, ≈, ℜ; route des Calanques, ☎04.42.01.09.30, ⇒04.42.01.94.23)*, une résidence rénovée du XIX^e siècle, conviendra parfaitement à ceux qui désirent se faire dorloter au bord de la mer. L'hôtel niche dans un massif de pins odorants et dispose d'une petite plage privée, de même que d'une piscine avec vue sur la mer. Bien que certaines chambres se révèlent plutôt compactes, toutes s'avèrent conforta- bles et décorées avec goût. Compte tenu de son emplacement, il n'y a rien d'étonnant à ce que le restaurant de cet hôtel se spécialise dans les fruits de mer.

RESTAURANTS

---

Marseille

---

Marseille renferme des centaines de restau- rants convenant au goût et au portefeuille de chacun. Par souci de commodité, notre sélec- tion est subdivisée par quartier.

**Vieux Port/Le Panier/Les Docks**

**L'Art et Les Thés** *($; 10h à 18h; Centre de la Vieille Charité, rue de la Charité, ☎04.91.14.58.80)* est un petit café situé à l'intérieur du complexe de musées de la Vieille Charité. On y sert des repas légers le midi, des gâteaux et des boissons le reste de la journée. Parmi ses trouvailles, mentionnons le gratin aux épinards et aux moules, la tourte au poulet et au cari et les tagliatelles au sau- mon. Les gâteaux sont faits maison.

**L'Espace Mode Méditerranée** *($; mar-dim 7h à 19h; 11 La Canebière, ☎04.91.14.92.12)*, le chic petit café du Musée de la Mode, propose un choix de sandwichs sur pain de blé entier *(25F-35F)*, des déjeuners légers *(30F-38F)* et une variété de thés, cafés et gâteaux.

**Chez Étienne** *($-$$; fermé dim; 43 rue de Lo- rette)*, le restaurant d'Étienne Cassaro, situé dans le pittoresque quartier du Panier au nord du Vieux Port, est connu dans toute la ville pour ses pizzas et ses plats de pâtes maison. Lieu animé s'il en est, la nourriture s'y révèle excellente, et vous risquez fort d'engager la conversation avec votre voisin tandis que vous attendez qu'une table se libère (n'essayez pas de réserver, il n'y a pas de téléphone!).

**Le Dock de Suez** *($-$$; 8h à 20h; docks de la Joliette, 10 place de la Joliette, Atrium 101, ☎04.91.56.07.56)*. Ce bar doublé d'une brasserie est dû à l'initiative conjointe des sœurs Lafitte, qui exploitent leur propre restaurant (Les Arsenaux), et d'une maison d'édition. Un incontournable pour les visiteurs désireux de prendre un café et un croissant, un déjeuner léger ou un casse-croûte en début de soirée tout en explorant les docks historiques de la Joliette.

**Dimitri** *($$; fermé dim-lun; 6 rue Méolan, ☎04.91.54.09.68)*, un restaurant établi de longue date, propose de nourrissantes spécialités russes et hongroises. Essayez les blinis, le poisson fumé et mariné, le bœuf Strogonoff et l'épais gâteau au fromage. Menus déjeuner à 70F et à 90F; menu dîner à 130F.

**Le Panier des Arts** *($$; fermé sam midi et dim; 3 rue de Petit Puits, ☎04.91.56.02.32)*. Un nouveau bistro situé près de la Vieille Charité et tenu par un adorable couple originaire de la Sierra Leone. Ils ont rénové une vieille maison du pittoresque quartier du Panier et ont créé une salle à manger peinte de jaunes chaleureux dans laquelle ils servent des repas simples et savoureux. Menu déjeuner d'excellente valeur à 90F pour trois services.

**Le Miramar** *($$-$$$; fermé dim et les trois premières semaines d'août; 12 quai du Port, ☎04.91.91.10.40)*. Les Marseillais adorent débattre pour déterminer quel restaurant de fruits de mer sert la meilleure bouillabaisse, et Le Miramar ne cesse de revenir dans la conversation. Le décor kitsch des années soixante n'enlève rien à la fraîcheur absolue du poisson qu'on livre ici chaque jour, et les clients ne repartent jamais déçus. Il va sans dire qu'une telle qualité a un prix : comptez 500F pour deux personnes, vin inclus (il n'y a pas de menu à prix fixe).

### Vieux Port/Quai de Rive Neuve/Les Arsenaux

**Brasserie Beau Rivage Tabac** *($; 13 quai de Rive Neuve, ☎04.91.33.32.37)*. Les touristes ont tendance à négliger cette brasserie qui n'a pourtant rien à envier aux autres établissements lorsqu'il s'agit de prendre un déjeuner chaud à bon prix en hiver, ou des boissons fraîches et des glaces en été.

**O'Stop** *($; 24 heures par jour; 16 rue Sain▮ Saens, ☎04.91.33.85.34)*. Cet établisseme▮ amical, qualifié de «casse-croûte-cafétéria▮ sert des repas à toute heure du jour et de ▮ nuit, sept jours sur sept.

**Bodega** *($-$$; 17 quai de Rive Neuv▮ ☎04.91.33.35.17)*. Un restaurant populai▮ auprès d'une clientèle jeune et dynamiqu▮ sans nul doute attirée par sa grande terrass▮ voisine du port et ses longues heur▮ d'ouverture (jusqu'à 2h tous les jours). Le m▮ nu d'inspiration espagnole comporte des tap▮ *(28F)*, de la paella *(55F)* et des tortillas ga▮ nies de salade *(35F)*. Choix de bières aux pr▮ variant entre 13F et 28F.

**Le Bar de la Marine** *($-$$; aucune carte ▮ crédit acceptée; 7h30 à 14h, fermé dim; ▮ pas le midi; 15 quai de Rive Neuv▮ ☎04.91.54.95.42)*, un merveilleux bar dom▮ nant le Vieux Port, accueille un joyeux m▮ lange de résidants, de pêcheurs, d'étudian▮ et de gens d'affaires. Menu typique de bist▮ (salades, plats de viande et de poisson), vot▮ meilleur choix demeurant sans dou▮ «l'assiette gourmande» *(50 F)*, garnie de pât▮ de viandes froides, de crevettes et de salade▮

**Le Bistrot à Vin** *($-$$; fermé dim et sam mid▮ 17 rue Sainte, ☎04.91.52.02.00)*, un pe▮ bar animé, attire une clientèle plutôt jeune ▮ présente une vaste sélection de vins au ver▮ *(15F-28F)* de même que des plats de bist▮ savoureux, tels l'assiette de charcuterie *(49▮* et les fameux «pieds et paquets» marseilla▮ *(69F)*, des salades, des plats de viande et d▮ fromages. Le menu dégustation vous perm▮ de goûter plusieurs plats arrosés d'un verre ▮ vin pour 150F.

**Pizzas Sauveur** *($-$$; 4-5 quai de Rive Neuv▮ ☎04.91.33.33.32)*. Une pizzeria très cour▮ avec nappes blanches, poutres apparentes ▮ murs de stuc blanc. Même si elle manque ▮ charme, elle n'en demeure pas moins comm▮ dément située, et son menu propose un vas▮ choix de pizzas, de pâtes et de viandes gr▮ lées.

**Quai des Pastas** *($-$$; 15 quai de Ri▮ Neuve, ☎04.91.33.46.39)*. Beaucoup de pla▮ sir en perspective! Ce nouveau restaurant f▮ sant face au vieux port se spécialise dans l▮ pâtes sous toutes leurs formes, du risotto ▮ l'aubergine ou aux olives et au basilic *(50▮* aux délicieuses tagliatelles à l'écrevisse *(60F▮* Murs turquoise, tables et chaises en bois n▮ et luminaires plutôt farfelus (passoires en m▮

al en guise d'appliques murales, et râpes à fromage transformées en lampes suspendues) réent une atmosphère détendue. Les rouleaux à pâtisserie fixés au mur servent quant à eux de portemanteaux.

**Caneletto** *($$; fermé dim; 8 cours Jean Ballard, ☎04.91.33.90.12)*, une charmante trattoria située à proximité du complexe Arsenaux et du Vieux Port, sert, au dire de nombreux résidants, les meilleurs mets italiens de Marseille. Les pâtes fraîches maison et le *carpaccio* de thon se révèlent excellents, et gardez-vous un peu de place pour le divin *tiramisu*. Pas de menu à prix fixe; comptez entre 220F et 280F pour deux personnes.

**L'Ambassade des Vignobles** *($$, deux services 220F, trois services 250F, quatre services 300F; fermé sam midi et dim; 42 place aux Huiles, ☎04.91.33.00.25)*, qui appartient au même propriétaire que La Côte de Bœuf, son voisin, est un endroit populaire proposant quatre menus, où chaque plat s'accompagne d'un verre de vin différent. Deux services : 140F, trois services : 180F et 230F, quatre services : 280F.

**La Côte de Bœuf** *($$; fermé dim; 35 cours d'Estienne d'Orves, ☎04.91.54.89.08)*, qui a depuis longtemps pignon sur rue, sert de succulentes viandes rôties *(menus de trois services : «carte rôtisserie» 160F, «carte grill» 180F)* dans un décor à la fois rustique et raffinée, rehaussé de poutres de bois sombre et d'un âtre au fond de la salle. L'endroit est réputé pour la qualité de ses viandes de même que pour son impressionnante (et lourde!) carte des vins.

**Le Bistro Gambas** *($$; fermé sam midi et dim; 29 place aux Huiles, ☎04.91.33.26.44)*, un restaurant à la fois simple et raffiné, sert des gambas (crustacés) à toutes les sauces : grillées, en salade, parfumées à la mode asiatique... Un certain nombre de vins blancs locaux à prix abordable complètent la carte.

**Les Menus Plaisirs** *($$; aucune carte de crédit acceptée; fermé sam-dim et le soir; 1 rue Haxo, ☎04.91.54.94.38)* se présente comme un minuscule café où l'on sert des déjeuners simples mais délicieux (rôti de porc au romarin, agneau braisé) à une clientèle locale emballée. Son riche gâteau au chocolat est une pure merveille. Il est recommandé de réserver.

**Taverne de Maître Kanter** *($$; 9 quai de Rive Neuve, ☎04.91.33.84.85)*. Lorsque vous en aurez assez de la bouillabaisse et de la ratatouille, tout en ayant envie d'un repas nourrissant et satisfaisant, c'est ici que vous trouverez ce que vous cherchez. Maître Kanter se spécialise dans les mets alsaciens, de sorte que vous pouvez vous attendre à trouver de la choucroute et des saucisses fumantes dans votre assiette, quoique le menu propose également des huîtres et des fruits de mer frais. Banquettes en pin dans un riche décor où prédominent le rouge et le vert.

**Le Patalain** *($$-$$$; fermé sam midi et dim soir; 49 rue Sainte, ☎04.91.55.02.78)*. La talentueuse chef Suzanne Quaglia s'est taillé une réputation enviable avec ce restaurant à la fois raffiné et décontracté que fréquentent volontiers les représentants des professions libérales de Marseille. L'étiquette de «provençale moderne» est sans doute celle qui caractérise le mieux sa cuisine, les ingrédients frais y étant mis en valeur par des saveurs et des textures appropriées. À titre d'exemple, retenons le rouget garni d'aubergines ou la morue et la brème arrosées de cognac et d'une délicate sauce à la crème et aux framboises. Service professionnel.

### Direction Escale Borely/Calanques

Au déjeuner ou au dîner, songez au restaurant remarquablement abordable **Le Jardin** *($; déjeuner 59F, menu dîner 80F; 66 rue Marcaggi, ☎04.91.40.67.28)*, situé sur la rue transversale de la pension La Cigale et la Fourmi.

**Les Catalans** *($; mai à sept déjeuner et dîner; oct à avr déjeuner seulement; fermé du 22 déc au 31 jan; Bains de Mer, 3 rue des Catalans, ☎04.91.52.37.82)* est une pizzeria idéalement située sur la plage entre le palais de Pharos et la plage des Catalans. Patrick Martin et son équipe amicale y servent de délicieuses pizzas à croûte mince cuites au four à bois (environ 45F pour une petite, jusqu'à 75F pour une grande). Pâtes, poissons et grillades figurent également au menu, et les crus provençaux sont à l'honneur sur la carte des vins. Le décor est plutôt simple (sol en béton et chaises en plastique blanc sur la terrasse couverte), mais on se plaît surtout ici à manger au bord de la mer glorieuse, loin du brouhaha de la ville. Des travaux de rénovation étaient projetés pour 1998.

**Chez Jeannot** *($-$$; fermé lun, oct à mai fermé dim après-midi, fermé début déc à mi-jan;*

MARSEILLE

129 Vallon des Auffes, ☎04.91.52.11.28) est une véritable institution marseillaise, un endroit où l'on mange de bonnes pizzas et salades devant le minuscule port de pêche du Vallon des Auffes, dans le 7e arrondissement. Surtout populaire par temps chaud, lorsque sa grande terrasse est ouverte.

**L'Escale** *($$; 2 bd Alexandre Delabre, Les Goudes, ☎04.91.73.16.78).* Un nouveau propriétaire a pris les commandes de ce restaurant merveilleusement bien situé au bord de la route au-dessus du spectaculaire port des Goudes. L'intérieur, sans attrait particulier, ne semble déranger personne, puisqu'on vient de partout admirer la superbe vue sur la mer et savourer les succulents plats de fruits de mer de la maison. Il faut une voiture pour se rendre ici car cet établissement se trouve au sud de Marseille, près des Calanques.

**Le Lunch** *($$; avr à mi-oct, pas de déjeuner lun-ven en juil et en août du fait que la calanque est fermée aux voitures jusqu'à 19h; calanque de Sormiou, ☎04.91.25.05.37).* Cet établissement est difficile à trouver (tout au bout de la calanque de Sormiou, à droite du stationnement) mais vaut largement l'effort puisqu'on s'y retrouve perché sur une terrasse entre les eaux turquoise et l'impressionnante falaise. La spécialité de la maison est le poisson frais, dont les arrivages sont quotidiens — bar, dorade, rouget... Terminez votre repas par un délicieux clafoutis aux framboises. Il est essentiel de réserver pour le déjeuner les samedis et dimanches de juillet et d'août afin d'obtenir un laissez-passer permettant d'emprunter la route de Sormiou.

**Cours Julian/La Plaine**

**À La Crêpe des Rois** *($; fermé dim; 4 rue des Trois Rois, ☎04.91.47.72.23).* Toutes les variétés de crêpes imaginables (douces et salées, de 31F à 46F) dans un restaurant décontracté et brillamment décoré dont le personnel est attentif et serviable.

**Restaurant Le Caucase** *($; fermé dim; 62 cours Julien, ☎04.91.48.36.30).* Qualifié d'«auberge arménienne», cet établissement réussit sans mal à transporter ses clients au Caucase. La nourriture est simple et proposée à des prix raisonnables : viandes grillées à 55F, brochettes mixtes à 75F et, pour les plus aventureux, l'assiette Grand Mezze, qui permet à deux personnes de savourer 15 entrées

différentes *(250F)*. L'intérieur fait très années cinquante, très beige et très Formica.

Le **Heng Heng** *($-$$; fermé mar; 65 ru de la République, ☎04.91.91.29.94)* est u minuscule restaurant qui sert à une clientèl locale fidèle les meilleurs mets chinois qu soient à Marseille. Ses potages vietnamien constituent des repas en soi, et le canard la qué est tout simplement divin. Mais, par-des sus tout, l'accueil de la famille Chaung es d'un charme irrésistible, si bien qu'on se ser ici comme chez soi.

**L'Anvers** *($-$$; fermé dim; 2 rue des Tro Rois, ☎04.91.42.05.46).* Comme son nom suggère, ce restaurant sert de la cuisine belg à une clientèle qui semble fort l'apprécier. va sans dire qu'on y trouve des moules arro sées d'un choix étonnant de sauces (safran pistou, basilic, ail) à 55F, et accompagnées d frites, mais aussi un *waterzooi* (ragoût) d saumon et une bonne sélection de bières.

**L'Escapade** *($-$$; 20 rue Pastore ☎04.91.48.67.57).* Un restaurant sans pré tention riche en atmosphère (poutres en bo peintes turquoise et murs crème) où l'on ser des favoris de toujours, comme le saumo grillé, la lotte, le canard et la lasagne. Tous le plats principaux coûtent 65F.

**O'Pakistan** *($-$$; fermé sam midi; 11 rue de Trois Rois, ☎04.91.48.87.10).* Essayez «Plateau des Rois» pour un survol de la cu sine pakistanaise : neuf plats différents dan une même assiette (comprenant un curry d poulet, un *samosa*, du poisson grillé et du r au safran). Décor kitsch rose et blanc ave revêtements muraux à la mode des année soixante. Administration on ne peut plus sym pathique.

**Restaurant Touareg** *($-$$; 32 rue des Tro Rois, ☎04.91.92.82.96).* Un endroit merve leux où déguster un vrai couscous (de 50F 85F pour le couscous royal) et d'authentique tajines de poisson, de poulet ou d'agnea *(58F).* La salle à manger arbore un style cara téristique de l'Afrique du Nord.

**Taverne Le Zin Zan** *($$; 40 place aux Huile ☎04.91.54.28.40)* est un nouvel établisse ment où se produisent d'excellentes forma tions musicales. Cuisine française classique a rez-de-chaussée, et bar de tapas à l'étage. L décor est rehaussé par des expositions d'a qui changent toutes les six semaines.

## Cassis

**La Marine** *($; fermé du 15 nov au 2 jan; 5 quai des Baux,* ☎*04.42.01.76.09)* est un «bar-café» typique qui possède beaucoup de caractère. Situé en face du port de Cassis, il a ouvert ses portes dans les années trente et a toujours servi de lieu de rencontre aux habitants de la ville depuis lors. Marcel Pagnol y a tourné plusieurs scènes de ses films.

**Le Castel** *($-$$; 5 place Montmorin,* ☎*04.42.01.90.21).* Un petit restaurant se spécialisant dans les viandes grillées (bifteck d'aloyau à 75F) et les fruits de mer (crevettes tigrées de Provence à 80F), auxquels s'ajoutent des salades et des plats de pâtes. À proximité de tout, et surtout de la mer, tout en étant à l'écart des secteurs plus touristiques de Cassis. Les frères Christophe et Olivier ont réussi à créer une agréable ambiance de café en usant de vert foncé et de jaune vif. Par beau temps, vous pourrez vous attabler sur la petite terrasse aménagée à l'extérieur.

**Le Grand Large** *($-$$; plage de Cassis,* ☎*04.42.01.81.00).* Quoi de plus agréable que de faire face à la Méditerranée tout en mangeant du poisson frais et des fruits de mer, confortablement assis à une terrasse en bordure de la plage! Les clients de ce restaurant affairé malgré sa simplicité peuvent aussi bien siroter un pastis ou savourer une glace entre les repas que se gaver d'huîtres, de palourdes, de potages de poisson ou d'une savoureuse salade de rouget tiède et de pétoncles à l'heure du déjeuner ou du dîner.

## Aubagne

**Le Florentin** *($; cours Foch,* ☎*04.42.03.00.86).* Un café relax du centre-ville proposant un bon choix de classiques français tels que crêpes, omelettes et grandes salades. En été, on place des tables sur le cours Foch devant un monument de la Deuxième Guerre mondiale.

**La Ferme** *($$; ouvert mar-ven midi seulement, dim midi seulement, ven-sam soir; quartier Font de Mai, chemin du Ruissatel,* ☎*04.42.03.29.67).* Un endroit on ne peut plus merveilleux où les clients qui en ont les moyens se régalent d'une cuisine à base de produits frais de la région, notamment la daube provençale et les fameux «pieds et paquets». L'intérieur lumineux s'ouvre sur une série de terrasses extérieures, et l'ensemble repose en bordure des contreforts arborés du Garlaban.

**Le Parc** *($$; fermé dim après-midi; av. du 21 Août 1944, parc Jean Moulin,* ☎*04.42.84.15.14).* Un bon restaurant proposant des menus à prix raisonnables, de 50F à 120F. L'emplacement fort joli dont il bénéficie dans le parc Jean Moulin le rend particulièrement populaire les fins de semaine.

 SORTIES

Procurez-vous l'hebdomadaire gratuit *TakTik* (disponible à l'Office de tourisme, dans les librairies, les cafés et les bars) pour savoir tout ce qui se passe à Marseille et dans les environs. La ville possède nombre de petites compagnies théâtrales, de troupes de danse et de salles de concerts présentant des œuvres aussi bien commerciales et traditionnelles que modernes ou expérimentales. La liste qui suit, bien que tout à fait incomplète, vous donnera déjà une bonne idée de ce que vous trouverez à Marseille.

### Marseille

**Bars et discothèques**

Le secteur de La Plaine *(entre la place Jean-Jaurès et le cours Julien voisin)* et le secteur des Arsenaux *(cours d'Estienne d'Orves, place aux Huiles)* deviennent tous deux animés le soir venu. On y trouve une pléthore de restaurants, de bars et de boîtes de nuit. À vous de choisir en fonction de vos goûts.

**Bar de l'Avenir** *(55 place Jean Jaurès,* ☎*04.91.78.11.22).* Ce bar bohémien ne semble guère avoir changé depuis les années cinquante, avec son fatras de bric-à-brac et sa collection de vieux billets de banque exposée derrière le comptoir. Prisé par une foule locale artistique.

**Chocolat-Théâtre** *(fermé dim; 59 cours Julien,* ☎*04.91.42.19.29).* Le jour, il s'impose comme un rendez-vous d'artistes bohèmes heureux d'y déjeuner ou d'y prendre un café. Le soir venu, toutefois, il se transforme en un lieu de spectacle exceptionnel : improvisations humoristiques le lundi *(40F)*, pièces de théâtre et comédies musicales interprétées par des étoiles montantes le reste de la semaine *(70F à 110F)*. Prix spéciaux «dîner-théâtre» à partir de 178F.

Le **Cyber Café Hors Limites** *(35 rue de la Paix, ☎04.91.55.06.34)* prétend avoir été le premier du genre en France. Créé par l'historienne d'art Sophiane Vautier-le-Bourhis, qui a décoré et meublé avec beaucoup de soin la grande salle de son établissement.

**Espace Julien** *(39 cours Julien, ☎04.91.24.34.14)*. Dans cet établissement très animé, des formations musicales se produisent sur scène à compter de 21h (entrée parfois libre, mais il faut le plus souvent se procurer des billets au coût de 40F à 50F, à la porte même ou, à l'avance, chez Virgin ou à la FNAC). Groupes variés, du pop au rock en passant par les rythmes du monde.

**L'Espace Snooker** *(nov à mars, fermé lun; 148 av. Pierre Mendés France, ☎04.91.71.24.12)*. Plus de 700 m² consacrés au billard et au snooker, mais aussi à une brasserie, à une crêperie, à un bar et à un restaurant à la mode des années cinquante baptisé «Les 3 Coups». Terrasse ouverte donnant sur la mer pendant l'été.

**L'Intermédiaire** *(63 place Jean Jaurès, ☎04.91.47.01.25)*. Un endroit génial dont la scène accueille des formations variées, du blues au reggae, du mercredi au samedi. Pour plus de détails sur la programmation, consultez la presse locale.

**La Maronnaise** *(en hiver ven-sam, en été jeu-sam; Anse Croisette, Les Goudes, ☎04.91.73.98.58)*. Établie dans le secteur des Goudes au bord de la mer, cette discothèque est une véritable institution marseillaise. Beaucoup de bruit et beaucoup de plaisir en compagnie d'une foule de tous âges.

**Le Bar de la Marine** *(7h30 à 2h, fermé dim; repas servis le midi; 15 quai de Rive Neuve, ☎04.91.54.95.42)* se présente comme un bar rénové au sol carrelé et au comptoir de zinc. Ouvert depuis 1936, il constitue encore un excellent endroit où se détendre tout en observant les Marseillais. Tapas disponibles le soir pour ceux qui auraient un petit creux.

**Le Café du Soleil** *(3bis quai des Belges, ☎04.91.55.55.89)*. Également en face du vieux port, ce café-bar arbore un désign coloré et contemporain. Un bon endroit où prendre un verre entre amis.

**Le Degust Rock** *(12 place Jean-Jaurès, pas de téléphone)* est un petit bar qui organise des concerts tout au long de l'année (surtout du rock, du reggae et du blues). Bon choix de bières.

**Le Pelle-Mêle** *(17h à 2h; 45 place aux Huiles, ☎04.91.54.85.26)* est un piano-bar où l'on peut entendre des formations de jazz reconnues.

**Méditerranée Café** *(51 quai des Belges, ☎04.91.55.58.32)*. Un café-bar décontract où l'on s'assoit à une terrasse faisant face au Vieux Port tout en s'attardant devant un café ou une bière bien froide. Tout indiqué pour observer les passants.

**O'Brady's Irish Pub** *(378 av. de Mazargues, ☎04.91.71.53.71)*. Les pubs d'inspiration irlandaise ont énormément gagné en popularité en France. L'O'Brady's se trouve dans le 8e arrondissement et figure parmi les premiers de Marseille, ce qui ne l'empêche pas de demeurer le plus affairé de tous. Attendez-vous à une atmosphère jeune et joviale.

Le **Quai 9** *(fermé dim-lun; 9 quai de Rive Neuve, ☎04.91.33.34.20)*, à la fois une discothèque et une boîte de nuit desservant une clientèle de jeunes Marseillais (surtout des étudiants), fait entendre les derniers succès *(Top 40* et *house)*.

**Taverne Le Zin Zan** *(40 place aux Huiles, ☎04.91.54.28.40)*. Un nouveau restaurant avec musique sur scène du mercredi au dimanche. Le jeune gérant des lieux fait preuve de goûts musicaux pour le moins audacieux et n'hésite pas à accueillir de bons groupes de salsa, de jazz latin ou de blues. Les expositions d'art changent toutes les six semaines.

**Transbordeur** *(tlj 21h à l'aube; 12 quai de Rive Neuve, ☎04.91.54.29.43)*. Bar populaire pour ses écrans vidéo, ses tables de billard et son atmosphère de pub. Musique sur scène interprétée par des groupes locaux de musiques rock et pop.

**Trolleybus** *(24 quai de Rive Neuve, ☎04.91.54.30.45)*. Une jeune clientèle branchée se presse dans cette discothèque ous les samedis soirs pour entendre les plus récents tubes et danser jusqu'aux petites heures.

## Les établissements gays

Le milieu gay de Provence semble extrêmement restreint aux yeux des voyageurs familiers avec la variété de cafés, de bars et de services offerts par les grandes métropoles telles que Paris, New York et Londres. La communauté homosexuelle locale n'est par ailleurs pas aussi ouverte que dans les villes plus cosmopolites. Cela dit, Marseille se compare avantageusement à Aix, à Arles et à Avignon, la Côte d'Azur offrant plus de choix et d'animation à cet égard. Pour de plus amples renseignements sur les activités et événements courants, adressez-vous au **Collectif Gai et Lesbienne Marseille Provence** *(93 La Canebière, 13001 Marseille, ☎04.91.55.39.50)*. Il y a également une section locale du groupe d'action **ACT UP** *(40 rue Fenac, 13001 Marseille, ☎04.91.94.08.43)*. Quant au groupe **AGIS-Ibiza** (Association gaie d'infos sur le sida) *(22 rue L. Bourgeois, 13001 Marseille, ☎04.91.50.50.12, 04.91.84.64.93)*, il publie une revue gratuite intitulée *Nouvelles d'Ibiza*, dans laquelle vous trouverez une foule de détails sur la vie homosexuelle locale.

L'**Énigme Bar** *(tlj 17h à 2h; 22 rue Beauvau, ☎04.91.33.79.20)* est un bar gay pour hommes situé près de tout, non loin du métro Vieux-Port.

Le **MP** *(tlj à compter de 17h; 10 rue Beauvau, ☎04.91.33.64.79)* est un autre bar gay pour hommes situé près de l'Énigme (métro Vieux-Port).

The **New Cancan** *(sam après-midi; 3-5 rue Fenac, ☎04.91.48.59.76)*, qui se trouve près du métro Noailles, se veut la plus grande discothèque gay de la région (pour hommes seulement). Spectacles sur scène le jeudi et le dimanche.

## Théâtre, danse et musique

L'**Opéra Municipal** *(1 place Reyer, ☎04.91.55.00.70)*. Appelez au préalable ou procurez-vous un programme sur place pour connaître les opéras présentés par les artistes locaux, les opéras en tournée qui s'y produisent ou les spectacles de danse qu'on y

monte. La salle grandiose est un véritable chef-d'œuvre d'Art déco.

Le **Cinéma César** *(4 place Castellane, ☎04.91.53.27.82)* est le meilleur cinéma de répertoire de Marseille. On y présente les toutes dernières nouveautés, des films de Jean-Luc Godard à Atom Egoyan en passant par diverses rétrospectives. Quant aux plus récents films commerciaux, on les projette dans plusieurs autres salles de la ville; consultez les journaux locaux pour plus de détails.

**La Cité de la Musique** *(4 rue Bernard du Bois, ☎04.91.39.28.28)*. On peut régulièrement entendre des concerts de musique classique ou contemporaine dans l'**Auditorium** de ce complexe voué aux arts. Sa **Cave à Jazz** présente en outre d'excellents maîtres du genre, aussi bien dans le style conventionnel que dans le contemporain.

**La Criée/Théâtre National de Marseille** *(30 quai de Rive Neuve, ☎04.91.54.70.54)* produit d'excellentes pièces montées sur place ainsi que des œuvres venues d'ailleurs (il s'agit souvent de pièces majeures créées à Paris). D'autres théâtres à surveiller : le **Théâtre du Gymnase** *(4 rue du Théâtre Français, ☎04.91.24.35.24)* et le **Théâtre Gyptis** *(136 rue Loubon, ☎04.91.11.00.91)*, sans compter d'innombrables salles de moindre importance, parmi lesquelles des cabarets et des cafés-théâtres.

L'**Espace Odéon** *(162 La Canebière, ☎04.91.92.79.44)* est un centre culturel où l'on présente des rétrospectives cinématographiques et des œuvres théâtrales d'orientation nouvelle (dans le Théâtre de l'Odéon).

Le **Zénith Le Dôme** *(☎04.91.12.21.21)* accueille tous les grands spectacles de passage à Marseille, avec des vedettes internationales aussi diverses que Roch Voisine, Charles Aznavour et Janet Jackson.

La **Maison de l'Étranger** *(12 rue Antoine Zattara, ☎04.91.28.24.01)* propose des pièces de théâtre et des concerts enlevants présentés par des artistes invités, dont plusieurs viennent des pays méditerranéens ainsi que du nord et de l'ouest de l'Afrique.

**MAC** *(Galeries Contemporaines des Musées de Marseille, 69 av. d'Haïfa, ☎04.91.25.01.07)*. Le cinéma du nouveau Musée d'Art contemporain de Marseille s'enorgueillit d'un riche programme de films et

**MARSEILLE**

de documentaires qui reprennent parfois certains thèmes des expositions présentées dans les galeries du centre.

**La Passerelle** *(midi à minuit; 26 rue des Trois Mages, ☎04.91.48.46.40)* est un centre d'art dynamique qui attire une foule de jeunes gens des environs. Il regroupe **La Planète Livres** *(pour les amateurs de B.D. de tous âges)*, **Gégé le Chinois** *(livres usagés; 15h à 20h)*, **Marseille Café** *(menu déjeuner à 45F, menu dîner à 60F)* et un petit cinéma où l'on projette des films expérimentaux.

### Fêtes et festivals

**La Chandeleur** (2 fév) : procession de la Vierge noire à la basilique Saint-Victor.
**Festival de musique** (début avr) : récitals dans la basilique Saint-Victor.
**Festival de création de musique du XXᵉ siècle** (début mai) : festival de musique contemporaine.
**Festival de Marseille** (juil) : danse, théâtre et musique.
**La Fiesta des Suds** (oct) : musique, danse, concerts, fête gourmande.
**Pastorales** (mi-nov à mi-jan) : reconstitution de la Nativité avec des personnages vivants, des textes récités et parfois des chansons provençales dans les endroits suivants :
Théâtre du Lacydon *(1 montée du Saint-Esprit, ☎04.91.90.96.70)*
Théâtre Mazenod *(88 rue d'Aubagne, ☎04.91.54.04.69)*
Espace Odéon *(162 La Canebière, ☎04.91.92.79.44)*
Théâtre Nau *(9 rue Nau, ☎04.91.92.36.97)*
**Crèches** (déc et jan) : scènes de la Nativité chrétienne avec des figurines provençales en terre cuite (santons), dont certaines occupent jusqu'à 60 m² dans les églises locales. On vend des santons à travers la région dans les Foires aux santons. Consultez les journaux ou adressez-vous aux Offices de tourisme pour plus de détails.

---

## Aubagne

---

### Fêtes et festivals

**Festival international de l'humour et des rires** (juin et juil).
**Crèches** (déc) : scènes de la Nativité avec santons présentées au Syndicat d'initiative (Office de tourisme). À la même époque, on

vend des figurines en terre cuite à la **Foire au santons**, qui se tient sur le cours du Maréch Foch.
**Biennale de l'Art Santonnier** (mi-juil à fin août déc) : Aubagne est au centre de la fabricatic des santons; il est donc tout à fait naturel qu ses artisans exposent leurs œuvres; cours c Maréchal Foch.
**Pastorale** (déc) : reconstitution de la Nativit Théâtre le Comoédia *(☎04.42.71.19.88)*.

---

## Cassis

---

### Fêtes et festivals

**Fête des pêcheurs** (dernier dim de juin).
**Fête des vins** (début sept) : dégustation c vins provenant des vignobles réputés de Ca sis et danses provençales.
**Pastorale** (jan) : reconstitution de la Nativi avec des personnages vivants, Centre cultur *(☎04.42.01.77.73)*.

---

## La Ciotat

---

### Fêtes et festivals

**Lumières du Jazz** (dernière quinzaine de juil) festival de jazz.

---

 ## MAGASINAGE

---

## Marseille

---

Si vous êtes en quête de boutiques chic c branchées, rendez-vous sur la rue Grigna entre les rues Paradis et Saint-Ferréol (Lou Vuitton, Alain Figaret, Façonable), ou sur rue Paradis elle-même (Max Mara, John Lob Ikks Compagnie, Marine).

**Au Cygne D'Or** *(29 quai des Belge ☎04.91.33.48.46)*. Une pratique «librairi presse» proposant des revues et journaux l caux, nationaux et internationaux. Fermé 1ᵉʳ mai.

**Castelmuro** *(31 rue Paradi ☎04.91.33.41.59)* crée de fins chocolats d puis 1804, mais aussi des plats recherchés des pâtisseries. On y trouve un salon de thé

a **Chocolaterie** *(4 place des Treize Cantons,*
☎*04.91.91.67.66).* Michèle Le Ray a revitali-
é avec grand succès la fabrique artisanale de
chocolat de son père. Parmi ses spécialités, il
aut mentionner ses barres aux noix et ses
arres parfumées à l'orange ou au fruit de la
assion. La tablette de chocolat blanc, par-
umée à la lavande véritable, est tout simple-
nent sublime. Le Ray n'ouvre pas à heure
xe; frappez donc simplement à sa porte s'il
e semble y avoir personne autour.

**Dromel Ainé** *(lun 14h30 à 19h, mar-sam 9h à*
*19h, fermé dim; 6 rue de Rome,*
☎*04.91.54.01.91)* se spécialise dans la confi-
erie depuis 1760, et l'on y trouve
'excellents marrons glacés ainsi que des thés
t des cafés. Dromel Ainé vend par ailleurs
rois variétés de navettes plus savoureuses et
lus tendres que celles du Four des Navettes.

**upalinos** *(tlj sauf dim 9h30 à 12h30 et 14h à*
*7h; 72 cours Julien,* ☎*04.91.48.74.44)* pro-
ose une sélection complète d'ouvrages trai-
ant d'architecture, de photographie, de mu-
ique, de cinéma et d'art en général.

a **FNAC** *(centre commercial Bourse,*
☎*04.91.39.94.00)* et le **Virgin Megastore**
*75 rue Saint-Ferréol,* ☎*04.91.55.55.00)* com-
lent tous deux les besoins des amants de la
nusique et de la lecture – qu'il s'agisse de
vres de voyage, de guides d'affaires, de ma-
uels d'ordinateur ou d'illustrés sportifs. Cha-
un d'eux exploite en outre une billetterie
our ceux qui désirent s'assurer à l'avance
es places de concert ou de spectacle dans
s établissements locaux.

e **Four des Navettes** *(tlj 7h à 19h30; 136 rue*
*aint,* ☎*04.91.33.32.12),* la plus vieille bou-
angerie de la ville (fondée en 1782), est ré-
utée pour ses navettes, de petites galettes
ucrées en forme de bateau censées symboli-
er l'arrivée des Saintes-Maries en Provence
ar la mer. Leur recette demeure un secret. Le
février de chaque année, à l'occasion de la
'handeleur, la statue de bois à l'effigie de la
'ierge noire est menée en procession depuis
a crypte de l'abbaye voisine de Saint-Victor.
elon la tradition, le Four des Navettes et sa
roduction sont alors bénis, et, à la suite de
ette cérémonie, les participants achètent
ous une bougie verte et une galette fraîche-
nent bénie. Ces deux articles serviront à pro-
éger, pour le reste de l'année, le foyer des
ens qui se les procurent.

**Le Fournil des Rois** *(tlj sauf lun 6h30 à 20h;*
*8 rue Breteuil,* ☎*04.91.33.26.40)* est une
boulangerie-pâtisserie reconnue pour son traditionnel «gâteau des rois provençal», préparé
tout au long du mois de janvier.

**Galeries Lafayette** *(40 rue Saint-Ferréol,*
☎*04.91.54.92.20).* Grand magasin où l'on
vend de tout, des vêtements aux bagages en
passant par les articles ménagers. Un incontournable lorsque vous êtes victime d'une
averse subite et qu'il vous faut un parapluie,
ou lorsque vous avez oublié votre serviette de
plage et votre maillot de bain à la maison.

**George Bataille** *(tlj sauf dim 8h à 12h30 et*
*15h30 à 20h; 16-18 rue Fontange,*
☎*04.91.47.06.23)* s'impose comme une merveilleuse épicerie fine vendant du pain, plusieurs variétés de fromages (y compris un délicieux camembert maison), du vin, de la char-
cuterie, des viandes fraîches, des mets préparés, des oreillettes (beignets frits et enrobés
de sucre en forme d'oreille), du saumon fumé
et du pâté de foie maison. Un véritable festin
pour les yeux et pour l'estomac.

**Invitation au Voyage** *(132 rue Paradis,*
☎*04.91.81.60.33).* Librairie proposant des
ouvrages de littérature générale, des titres en
langues étrangères ainsi que des livres sur le
voyage et le cinéma.

**Librairie de la Bourse Frezet** *(8 rue Paradis,*
☎*04.91.33.63.06).* Librairie spécialisée où
l'on vend des cartes, des guides et bien
d'autres choses encore.

La **Librairie Regards** *(tlj 10h à 18h30; Centre*
*de la Vieille Charité, 2 rue de la Charité,*
☎*04.91.90.55.34)* est une magnifique librairie
d'art où l'on trouve également des cartes postales à saveur artistique.

**Pharmacie du Vieux Port** *(4 quai du Port,*
☎*04.91.90.00.57).* Pharmacie aux heures
d'ouverture prolongées dont le personnel parle
anglais, italien et espagnol.

**Photo Station** *(126 rue de Rome,*
☎*04.91.81.61.97; 3 rue Paradis,*
☎*04.91.33.35.63).* Pour tous vos besoins en
pellicule et en développement.

**MARSEILLE**

## Les marchés

**Marché mensuel du livre usagé et du livre rare**. Cours Julien, 2ᵉ sam du mois, toute l'année.

**Marché de poissons**. Quai des Belges (Vieux Port), tous les matins.

**Marché aux puces**. Cours Julien, ven-dim.

**Marché de la brocante**. Cours Julien, 2ᵉ di▮ du mois.

**Marché de fruits et légumes**. Cours Pierre Pu▮get, cours Julien et boulevard Michelet, lur▮ sam; place des Capucins, tlj.

**Marché de fleurs**. Place Félix Baret et cou▮ Pierre Puget, lun matin; allées de Meilhan, m▮ et sam; boulevard Michelet, jeu matin.

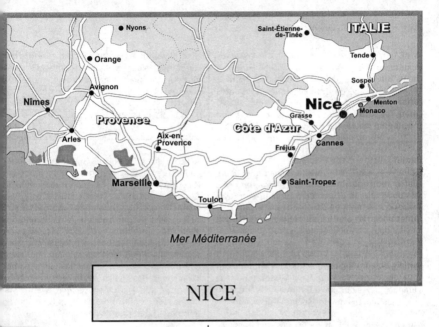

Mer Méditerranée

# NICE

**C**apitale de la Côte d'Azur, Nice ★★★ jouit d'un climat à faire rêver les frileux et les amateurs de soleil. De plus, elle profite du site exceptionnel d'une des plus belles baies d'Europe. Cette baie est entourée de collines qui lui procurent un genre de protection naturelle, ce qui explique sûrement pourquoi les hommes de la préhistoire, déjà, l'avaient choisie. Le campement de Terra Amata et la grotte du Lazaret, qui datent d'environ 400 000 ans, en sont un témoignage vivant.

Nice profite d'un microclimat très favorable : températures agréables en hiver (autour de 11 °C), chaleur tempérée de mi-juin à septembre (autour de 24 °C). Le mois de septembre est particulièrement plaisant. Déjà en 1850, les bourgeois anglais et russes venaient y séjourner pour échapper aux hivers plus rigoureux. Depuis, grâce au développement de structures touristiques importantes, Nice est devenue un pôle d'attraction international de premier plan et accueille des touristes l'année durant.

Aujourd'hui, malgré son importance, Nice demeure quand même une ville sympathique où il fait bon se promener. Elle offre tous les avantages des très grandes villes dans un environnement urbain qui a su conserver une dimension humaine. Bien sûr, en été, Nice devient touristique à l'excès. Comme toute la Côte d'ailleurs! Il n'en demeure pas moins que la ville regorge de quartiers charmants qui ont bénéficié du soin particulier accordé à l'urbanisation de la ville.

Les habitants sont chaleureux, fidèles à l'image qu'on se fait des «gens du Sud» dans n'importe quel pays de l'hémisphère Nord. De plus, ce sont des méridionaux qui ont subi toutes les influences des pays qui bordent cette fameuse mer Méditerranée.

Nice a connu une histoire très mouvementée, surtout à cause de sa situation géographique qui en faisait un passage incontournable entre l'Italie et la France. Vers 600 av. J.-C., les Grecs y ont établi un comptoir. Nikaïa, cité modeste, servait surtout de point d'appui militaire. La colline du château – le château fut rasé sous Louis XIV – constituait une acropole facile à défendre.

Au Ier siècle avant notre ère, les Romains ont construit une route sur les hauteurs, la Via Julia, qui longeait la côte. Cemenelum, sur la colline de Cimiez, est devenue la capitale administrative de la province romaine des Alpes-Maritimes. Le règne de Cemenelum s'est terminé avec la chute de l'Empire romain au Ve siècle. La cité romaine est alors disparue, saccagée par les Barbares. Heureusement, aujourd'hui la colline de Cimiez a retrouvé son éclat d'antan, grâce à ses musées et à ses parcs agréables. Cimiez est aussi un site résidentiel agréable, privilégié par les Niçois.

Le comté de Nice a été rattaché à la Provence jusqu'en 1388, moment où il a été annexé à la maison de Savoie. À l'époque, l'Europe était constituée de différents duchés, comtés ou royaumes – la France était un royaume –, dont les limites territoriales étaient constamment en mouvement selon les résultats des incessantes guerres que se livraient toutes ces entités entre elles.

Ce n'est qu'en 1860 que la France a récupéré de façon définitive le comté de Nice, en vertu du traité du 24 mars 1860 survenu entre Napoléon III et le roi de Piémont-Sardaigne. À la suite de ce traité, on tint un plébiscite en avril de la même année, à l'issue duquel il fut déterminé que 84 % des Niçois étaient en faveur du rattachement du comté de Nice à la France. Bien sûr, entre 1388 et 1860, il y eut quelques moments où Nice a appartenu à la France, par exemple sous Louis XIV ou pendant les années qui ont suivi la Révolution.

Avec une population de 50 000 habitants en 1860, Nice est devenue, en un siècle, la cinquième ville de France (derrière Paris, Marseille, Lyon et Lille) avec près de 400 000 habitants (475 000 pour l'agglomération). Les Niçois et les habitants des environs cultivent un orgueil un peu particulier. Les gens sont fiers de leur région et se considèrent niçois d'abord, français ensuite.

Nice est devenue ce qu'elle est aujourd'hui, grâce surtout à l'apport d'une famille locale, les Médecin, qui lui ont donné deux maires au cours du XXᵉ siècle. Le premier, Jean Médecin, dont une avenue commerciale importante porte le nom, a contribué à moderniser la ville et fut très respecté de la population. Le deuxième, son fils Jacques, a contribué à la gloire de Nice en utilisant des méthodes qui n'étaient pas toujours très respectables (pots-de-vin, népotisme). Il était aussi assez lié à l'extrême-droite (très conservatrice et plutôt raciste envers les immigrés de l'Afrique du Nord, en particulier), qui bénéficiait d'une forte allégeance dans la région. Il s'est enfui en Amérique du Sud en 1990 après avoir été condamné par les tribunaux français à cause de ses magouilles. Expulsé par les autorités en 1994, il est incarcéré en France.

Toutefois, grâce à ses nombreuses réalisations, Nice bénéficie désormais d'un statut mondial enviable. En effet, Nice est l'hôte de multiples congrès nationaux et internationaux, et bénéficie de l'implantation de nombreuses industries importantes dans la région. De plus,

Nice offre une vie culturelle importante. On y retrouve plusieurs salles de spectacle et aussi plusieurs musées dont l'entrée, pour la plupart, est libre.

## L'école de Nice et le néoréalisme

À la fin de la Deuxième Guerre mondiale, un courant artistique important a vu le jour à Nice grâce à l'artiste international Yves Klein. Cet artiste a connu la célébrité mondiale en créant une couleur : un bleu profond qu'il a utilisé dans sa peinture et ses sculptures, et qu'il a souvent juxtaposé au doré. C'est lui aussi qui a organisé des *art-happenings* dans les années cinquante, mettait en vedette de jolies jeunes filles nues qui dansaient et glissaient sur des toiles enduites de peinture fraîche. Enfin, Klein s'est associé avec Arman et Raysse, deux artistes très connus aujourd'hui, pour créer le nouveau réalisme.

L'école de Nice a ensuite connu une nouvelle génération d'artistes avec Chubac, Mallaval et Dolla, qui ont bénéficié d'une certaine célébrité.

De nos jours, deux artistes font figure de proue dans la troisième génération de cette école : Ben et César. Amateur lui aussi de *art-happenings*, Ben est surtout célèbre pour l'exploitation qu'il a fait de «l'art graffiti». De son côté, César s'est illustré grâce à ses sculptures de bronze et grâce aux sculptures qu'il a conçues avec des objets compressés.

L'école de Nice est fortement représentée au Musée d'Art moderne et d'Art contemporain de Nice, ainsi qu'au château Notre-Dame-des-Fleurs (voir «Les environs de Vence», p ?). Cela est assez exceptionnel en soi, car il semble que l'art contemporain connaisse actuellement en France une sous-représentation dans les musées, en comparaison surtout aux autres pays tels que les États-Unis, l'Allemagne ou l'Italie.

## POUR S'Y RETROUVER SANS MAL

Pour éclairer votre découverte de Nice, nous vous proposons cinq circuits pédestres : **Vieux-Nice** ★★★ (voir p 207), **Nice Cimiez** ★★★ (voir p 212), **La promenade des Anglais** ★★ (voir p 212), **Le quartier du Pai** on ★★ (voir p 214) et **Le quartier du port ★** (voir p 215).

On peut accéder à Nice par l'autoroute A 8, qui suit un axe est-ouest. Cette autoroute permet de traverser le territoire et relie Aix-en-Provence, à l'ouest, à Menton, qui se trouve à la frontière italienne, à l'est. C'est le moyen le plus rapide d'arriver à Nice. Moins de 200 km séparent Nice d'Aix-en-Provence, et Menton est à 40 km. Les autoroutes sont payantes et plutôt chères, comme l'essence d'ailleurs. Cependant, il existe aussi les routes nationales 7, 98, 202 (en provenance du nord) et la route Napoléon (en provenance de Grasse, au nord-ouest). Les routes 7 et 98 sont très achalandées en juillet et en août. La circulation n'avance pas. Il faut souvent des heures pour parcourir quelques kilomètres.

## En voiture

**Agences de location de voitures**

Vous pouvez louer une voiture auprès des différentes agences de location qui se trouvent à l'aéroport ou à la gare SNCF. Notez que les prix de location à la gare sont normalement plus avantageux grâce aux formules qu'on y propose.

## En avion

Aéroport international Nice-Côte d'Azur
☎04.93.21.30.30

Air Inter
☎04.93.31.55.55 ou 08.36.69.55.55
(information sur les vols)

Hélicoptères : Héli Air Monaco
☎04.93.21.34.95 ou 04.93.21.34.62

## En bateau

SNCM - Ferryterranée
(dessertes régulières de/vers la Corse)
Gare Maritime, quai du Commerce
☎04.93.13.66.66
⇒04.93.13.66.81

## En train

Le TGV relie Paris à Nice en sept heures avec deux liaisons quotidiennes (trois, de juin à septembre). Nombreuses liaisons quotidiennes à partir des plus grandes villes françaises et liaisons régulières en provenance de l'étranger.

Gare SNCF
Av. Thiers
☎04.93.87.30.00 (voyageurs info-trafic), 08.36.35.35.35 (information et vente) et 08.36.67.68.69 (ligne vocale : horaires)

Circuit Digne-Nice
Chemins de fer de Provence
4bis, rue Alfred Binet
☎04.93.88.28.56 ou 04.93.82.10.17

## En autocar

Liaisons nationales et internationales :
Gare routière de Nice
5 bd Jean Jaurès
☎04.93.85.61.81 ou 04.93.80.08.70

**Transports publics**

L'Office de tourisme met à votre disposition un plan du réseau d'autobus ainsi que les horaires. Vous pouvez vous procurer une carte touristique à la station de bus, place Masséna, qui permet l'usage illimité des autobus pour une période déterminée (un, cinq ou sept jours).

Bus Masséna
Parc autos, place Masséna
Lun-ven 7h15 à 19h
sam 7h15 à 18h
☎04.93.16.52.10

## Les taxis

Principales stations : esplanade Masséna, promenade des Anglais, place Garibaldi, gare SNCF et Acropolis.
☎04.93.85.70.01

NICE

Taxis niçois indépendants :

Av. Thiers
☎04.93.88.25.82

Place Garibaldi
☎04.93.56.65.76

Rue Rossini
☎04.93.82.48.25

**Transports spécialisés pour personnes
à mobilité réduite**

2bis, av. du Petit Fabron
Lun-jeu 8h30 à 17h
Ven 8h30 à 15h45
☎04.93.86.39.87

---

En auto-stop

---

Auto-stop organisé
au départ de Paris :
☎01.42.46.00.66
Autres lieux de départ :
☎01.47.70.02.01

 RENSEIGNEMENTS
PRATIQUES

---

Bureaux de renseignements
touristiques

---

Pour obtenir de l'information touristique avant
votre départ, vous pouvez écrire à l'**Office de
tourisme de Nice** (service du courrier, B.P. 79,
06302 Nice cedex 4) en y joignant l'affran-
chissement nécessaire pour l'envoi de retour
(timbres ou coupons-réponses internationaux).

**Offices de tourisme**

Gare SNCF
Av. Thiers
Juil à sept lun-sam 8h45 à 19h, dim 8h45 à
12h30 et 14h à 18h; oct à juin lun-sam 8h45
à 12h30 et 14h à 18h
☎04.93.87.07.07

5, promenade des Anglais
Juil à sept, lun-dim 8h à 20h
☎04.92.14.48.00

Nice Ferber (près de l'aéroport)
Promenade des Anglais
Lun-sam 7h30 à 18h30
☎04.93.83.32.64
Comité régional du Tourisme
55, promenade des Anglais
☎04.93.37.78.78

Centre régional d'Information Jeunesse
de la Côte d'Azur
19, rue Gioffredo
Lun-ven 10h à 19h
☎04.93.80.93.93
⊨04.93.80.30.33

Informatique et Multi-Services
11, av. Masséna
☎04.93.16.12.36

---

Urgences

---

Police secours
☎17

Police municipale
Ville de Nice
4, rue Gabriel Fauré
☎04.93.53.53.53

Hôpital Saint-Roch (24 heures par jour)
5, rue Pierre Devoluy (entrée piétons)
☎04.92.03.33.33 ou 04.92.03.33.18

S.O.S Médecins (24 heures par jour)
☎04.93.85.01.01
Nice Médecins (24 heures par jour)
☎04.93.52.42.42

S.O.S Victimes - Association Montjoie
81, rue de France
☎04.93.87.94.49

Ambulances niçoises
☎04.93.89.96.44

Urgence
Centre 15
SAMU Saint-Roch
☎15

Urgence enfants : Hôpital Lenval
57, av. de la Californie
☎04.92.03.03.03

Pharmacie de nuit
7, rue Masséna
Tlj 19h30 à 8h30
☎04.93.87.78.94
Objets trouvés
Police municipale, cours Saleya
☎04.93.80.65.50
Dépannage de voitures Côte d'Azur
370, route de Grenoble
Service 24 heures par jour
☎04.93.29.87.87

## Banques

Les banques sont généralement ouvertes de
8h30 à 12h et de 13h30 à 16h30 du lundi au
vendredi. La plupart ont des guichets automatiques.

En cas de perte ou de vol de cartes de crédit :

American Express
☎01.47.77.72.00

Carte Bleue Visa
☎01.42.77.11.90

EuroCard MasterCard
☎01.45.67.84.84

## Change

American Express
11, promenade des Anglais
9h à 12h et 14h à 18h
☎04.93.16.53.47

BPCA Aéroport de Nice-Côte d'Azur :
8h à 22h
☎04.93.21.39.50

Change Or Charrière
10, rue de France
8h à 20h, 24 heures par jour en été
☎04.93.82.16.55

Maison de la Presse
1, place Masséna
Lun-sam 8h45 à 19h30, jusqu'à 23h
Dim 8h45 à 12h30
☎04.93.87.79.42

Thomas Cook
13, av. Thiers
7h15 à 22h30
☎04.93.88.59.99

## Bureaux de poste

Le code postal de la ville de Nice est le
**06000**.
P.T.T.
Lun-ven 8h à 19h
Sam 8h à 12h
Bureau principal - renseignements :
23, av. Thiers
☎04.93.88.55.41

## Administrations

Préfecture des Alpes-Maritimes
147, route de Grenoble
06286 Nice cedex 3
☎04.93.72.20.00

Hôtel de Ville
5, rue de l'Hôtel de Ville
☎04.93.13.20.00

Chambre de commerce et d'industrie
des Alpes-Maritimes
20, bd Carabacel
☎04.93.13.73.00

Fourrière automobile
31, rue Fontaine de la Ville
☎04.93.89.18.08

 ATTRAITS TOURISTIQUES

Il faut compter de deux à trois jours pour bien
visiter Nice. On y trouve de nombreux musées
et plusieurs quartiers intéressants où se promener.

## Le Vieux-Nice ★★★

Le Vieux-Nice se découvre à pied! Si vous
avez une voiture, laissez-la dans un des
quatre stationnements de ce secteur où l'on
paye un montant global en fin de journée. Il
est très difficile de trouver du stationnement
dans les rues de Nice, et, de toute façon,

NICE

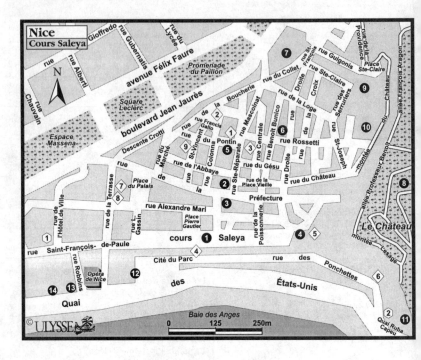

c'est payant (il y a des horodateurs partout, et vous devez y retourner régulièrement pour renouveler le permis de stationnement).

*La visite commence à l'extrémité ouest du cours Saleya, qui se trouve près du bord de mer.*

Le **cours Saleya** ★★ est une longue place où se trouvent nombre de marchands de fleurs et de légumes. De plus, tous les lundis, cette place se transforme en une énorme foire aux brocanteurs. En soirée, les mercredis et samedis, la place est envahie par des artistes et des artisans qui vous proposent leurs œuvres. Vous pouvez aussi vous arrêter à l'un des nombreux bars et restaurants qu'on y trouve. Vous serez alors plongé au cœur même de l'animation. Vous verrez : c'est très animé! Bien sûr, les prix sont plutôt élevés, et la qualité n'est pas nécessairement au rendez-vous, à part peut-être le restaurant La Criée, qui propose un menu avantageux.

Le **palais de la Préfecture**, demeure des souverains de la dynastie de Savoie et des rois de Sardaigne au XVIIe siècle, se trouve sur la place (cours Saleya). L'état actuel de ce palais

remonte à 1907, période où la façade principale a été refaite. La décoration intérieure es un éloge à La Belle Époque.

À l'angle de la place Pierre Gautier, vou voyez la **chapelle de la Miséricorde**, œuvr d'un architecte piémontais du XVIIIe siècle L'intérieur richement décoré est assez sensa tionnel à cause des jeux de courbes et de vc lumes.

Toujours dans le cours Saleya, mais dans s partie extrême-est, vous découvrez l'**église d l'Annonciation**, ou Sainte-Rita, l'une des plu anciennes de Nice. À l'origine, vers l'an 90C elle abritait un prieuré bénédictin; elle est de venue une église de style baroque au XVI siècle, sous l'autorité de l'ordre des Carmes.

*Quittez le cours Saleya.*

Vous pénétrez maintenant dans les ruelle pittoresques du Vieux-Nice, qui regorgen d'une multitude d'échoppes d'artisans, d'étal odorants, de petits restaurants, de confise ries, d'églises, de galeries d'art, etc.

# Le Vieux-Nice

0    150    300m

**Baie des Anges**

rue-Ribotti

rue-F.-Guizol

rue Emmanuel Philibert

rue Barla

rue-St-Sébastien

rue-Cassini

rue-Catherine-Ségurane

Place Île de Beauté

Quai-des-Docks 4

Bassin Lympia

Quai Papacino

Quai Lunel

Bassin des Amiraux

Place Guynémer

montée-Montfort

3 Place Garibaldi

8

Théâtre

Cimetière

Cascades

Le château 8

Monument aux Morts

Ascenseur

Quai-Rauba-Capeu

av.-Gallieni

av. Saint-Jean-Baptiste

rue-Delfly

rue-Deille

rue-Giofreddo

rue-du-Lycée

rue-du-Foncet

rue-Gubernatis

rue-Alberti

rue-Blacas-Chauvain

Place St-François

rue Droite

rue Rossetti

Allée Prof.-Benoît

Place Rossetti

Préfecture

Quai-des-États-Unis

bd Dubouchage

Provana-rue-Tondutti-de-l'Escarène

Place de la Préfecture

Place Pierre Gauthier

cours Saleya

Opéra de Nice

5

6

6

6

promenade du Paillon

Square Leclerc

boul.-Jean-Jaurès

av.-Félix-Faure

rue de la Terrasse

rue Alexandre Mari

rue-St-François-de-Paule

av.-Jean Médecin

rue-Longchamp

rue Masséna

rue Pastorelli

rue de la Liberté

1

1

9

2

Place Magenta

rue Paradis

av.-Verdun

Jardin Albert-1er

Théâtre de Verdure

Victor-Hugo

rue-Alphonse-Karr

rue Grimaldi

Av.-Gustave-V

rue-Halevy

rue-Massenet

rue-Paul-Déroulède 2

boulevard

Buffa

3

rue de France

rue du-Congrès

rue-Royale

rue-Meyerbeer

rue-Mozart-Rossini

rue-Dalpozzo

7

4

5

2

20

23

22

promenade-des-Anglais

Aéroport International de Nice

Voir la carte du Cours Saleya

© ULYSSE

**NICE**

## ● ATTRAITS

1. La cours Saleya
2. Le palais de la Préfecture
3. La chapelle de la Miséricorde
4. Église de l'Annonciation (Ste-Rita)
5. Cathédrale Ste-Réparate
6. Palais Lascaris
7. Palais communal
8. Colline du Château
9. Couvent de la Visitation du Vieux-Nice
10. Galerie Renoir
11. Tour Bellanda - Musée naval
12. Galerie des Ponchettes - Musée Raoul-Dufy
13. Pâtisserie Auer
14. Magasin Alziari
15. Musée national Marc Chagall
16. Cemenelum
17. Musée d'archéologie
18. Musée Matisse
19. Musée franciscain
20. Promenade des Anglais
21. Place Masséna
22. Casino Ruhl
23. Palais de la Méditerranée
24. Palais Masséna - Musée d'art et d'histoire
25. Hôtel Negresco
26. Cathédrale Saint-Nicolas
27. Musée des beaux-arts
28. Musée international d'art naïf Anatole Jakovski
29. Parc des Miniatures
30. Parc floral Phoenix de Nice
31. Musée d'art moderne et d'art contemporain
32. Musée d'histoire naturelle (musée Barla)
33. Acropolis
34. Confiserie du Vieux-Nice
35. Musée de Terra Amata
36. Villa Arson
37. Prieuré du Vieux-Logis

## ○ HÉBERGEMENT

COURS SALEYA :
1. Hôtel Cresp
2. Hôtel la Pérousse

NICE :
1. Auberge de jeunesse de Nice
2. les Collinettes
3. Hôtel Durante
4. Hôtel du Piémont
5. Negresco
6. le Petit Palais

VIEUX-NICE :
1. les Cigales
2. Hôtel Boréal
3. Hôtel de Florel
4. Hôtel Régence
5. Hôtel Solara
6. Hôtel Vendôme
7. le Magenta
8. le Windsor

## ◇ RESTAURANTS

COURS SALEYA :
1. l'Abbaye
2. la Cave
3. Chez Cyriaque
4. la Criée
5. le Delhi Belhi
6. Don Carmillo
7. le Lou Pistou
8. la Menrenda
9. la Villa de Sienne

NICE :
1. le Chantecler

VIEUX-NICE :
1. la Baie d'Amalfi
2. le Boccacio
3. Café de Turin
4. l'Esquinade
5. Fleur de Sel
6. Flo
7. Igelati di Pinocchio
8. l'Olivier
9. le Québec

D'une façon ou d'une autre, vous aboutirez à la **place Rossetti**, où se trouve la **cathédrale Sainte-Réparate**, à l'architecture baroque, dont la construction originale remonte à 1650. Son aspect actuel est le résultat de plusieurs siècles de construction (le clocher n'a été achevé qu'en 1757 et la façade qu'au XIXᵉ siècle). De plus, elle a fait l'objet d'une restauration en 1980.

La visite de cette place doit obligatoirement se terminer par une glace de chez Fenocchio! Ses glaces et sorbets, de fabrication artisanale, sont parmi les meilleurs de Nice, sinon les meilleurs.

*Quittez la place en empruntant la rue Rossetti.*

Lorsque vous croisez la rue Droite, prenez la gauche, et, à quelques mètres, vous atteignez le **palais Lascaris** *(25F; mar-dim 10h à 12h et 14h à 18h)*. Cette maison aristocratique a été transformée plusieurs fois au cours de son existence. En 1942, la Ville de Nice l'a acheté et y a reconstitué une résidence de notables exhibant des salons aux plafonds peints et une pharmacie du XVIIIᵉ siècle.

Quelques mètres plus loin, vous arrivez a **Palais communal**, sur la place Saint-François reconnue pour son marché aux poissons.

À l'extrémité est du Vieux-Nice, on trouve l **colline du Château ★★**. En y montant, vou passerez devant le **couvent de la Visitation d Vieux-Nice** et la **galerie Renoir**. Il faut ensuit longer le cimetière et prendre l'une des petite allées pour arriver à la cascade d'eau, au ruines du château et enfin à la terrass Frédéric-Nietzche, au sommet. De là, vou avez une **vue magnifique ★★★** sur la ville les environs.

Pour redescendre, vous pouvez prendre u ascenseur situé du côté de la mer. En ba vous voyez la **tour Bellanda**, monument class historique, qui loge le **Musée naval** *(15F; é mer-dim 10h à 12h et 14h à 19h, hiver ju qu'à 17h)*. Un peu plus loin, sur le quai de États-Unis (boulevard qui borde la mer), s trouvent deux galeries d'art, dont la **Galer des Ponchettes**, qui loge le **Musée Raoul Du** (célèbre peintre français qui a immortalis Nice au début du siècle).

Un peu plus loin sur cette rue, vous tombe sur l'Opéra de Nice, dont l'entrée principale s

Nice

0   300   600m

N

PESSICART

SAINT-PIERRE-DE-FÉRIC

LA COSTIÈRE

SAINT-BARTHÉLEMY

LE RIGH

LA CONQUE

LA MANTEGA

MADELEINE

boulevard de la Madeleine

route de Bellet

MAGNAN

SAINT-MAURICE

av.-Borrigglione

av.-St-Barthélemy

bd de Gorbella

boulevard-de-Cessole

bd J.-Garnier

bd Auguste-Raynaud

boulevard-Gambetta

chemin des Sablières

CIMIEZ

avenue du Monastère

boulevard-de-Cimiez

avenue
Docteur-Ménard

avenue-Jean-Médecin

SAINT-ÉTIENNE

rue-d'Antibes

rue-de-France

rue-des-Congrès

boulevard-Gambetta

promenade-des-Anglais

Aéroport

autoroute-inférieure

bd-Carabacel

Tunnel Malraux

CARABACEL

bd-Jean-Jaurès

boulevard-Victor-Hugo

rue-Masséna

av.-Verdun

Baie des Anges

Jardin
Albert 1er

Quai-des-États-Unis

Cours-Saleya

Place
Pierre-Gauthier

Place
Masséna

Place
Rossetti

r.-Droite

Place
St-François

rue-Rossetti

promenade
du-Paillon

rue-Barla

Voir la carte du Vieux-Nice

RIQUIER

SAINT-ROCH

av.-Saint-Denis

rue-des-Diables-Bleus

rue-de-Roquebillière

avenue

Maréchal

route-de-Turin

Paillon

Lympia

Cimetière

quai-Papacino

Le château

Gare
maritime

LYMPIA

© ULYSSE

NICE

trouve derrière, sur la rue Saint-François-de-Paule. À l'origine, l'opéra n'était qu'un petit théâtre de bois construit dans le style des théâtres italiens. Victime d'un incendie, il fut reconstruit en 1885.

À côté de l'opéra, vous devez visiter la **pâtisserie Auer**, décorée dans le style rococo (style baroque avec ornementation extrême). Cette entreprise familiale existe depuis 1820. Un peu plus loin sur la rue, il faut visiter le **magasin Alziari**, spécialiste des produits de l'olivier qui propose une multitude d'huiles et d'olives, dont la petite olive de Nice.

## Nice-Cimiez ★★★

Pour vous rendre à Cimiez, vous pouvez emprunter le boulevard Carabacel, qui devient le boulevard de Cimiez plus loin. De toute façon, vous avez à monter, car Cimiez est sur une colline. Une fois en haut, vous trouverez rapidement des indications pour le **Musée National Marc Chagall** *(3OF; été mer-lun 10h à 18h, hiver 10h à 17h; ☎04.93.53.87.20)*, localisé sur l'avenue du Docteur Ménard. Ce musée est construit au cœur d'un petit parc fleuri – site d'un charmant café en saison. La collection permanente propose les 17 très grands tableaux du Message biblique, peints par Marc Chagall. On peut aussi y voir les nombreuses esquisses, gouaches, gravures et lithographies qui ont été données au musée après la mort de l'artiste en 1985.

En continuant toujours plus loin sur le boulevard de Cimiez, vous arrivez à l'endroit où se trouvait **Cemenelum**, site romain dont il reste des ruines (thermes et arènes). Il y a des autobus (15-17-20-22) qui se rendent jusqu'à ce site (arrêt Arènes). À côté des Arènes, sur l'avenue Monte Croce, se trouve le **Musée d'archéologie** *(25F; été mer-dim 10h à 12h et 14h à 18h, hors saison jusqu'à 17h; ☎04.93.81.59.57)*. Ce musée, inauguré en 1989, évoque la vie et l'histoire des habitants de Cemenelum et de la province romaine des Alpes-Maritimes. On y expose une collection d'objets de toutes sortes (céramiques, verres, monnaies, etc.), restitués dans l'ambiance dans laquelle ils étaient utilisés. On remonte aussi loin qu'à 1100 av. J.-C.

À quelques pas du site romain se dresse le **Musée Matisse** *(25 F; avr à sept mer-lun 10h à 18h; ☎04.93.81.08.08)*. Lors d'une rénovation en 1992, on a ajouté une nouvelle aile

moderne en béton au bâtiment original, ur villa génoise rose du XVIIe siècle, maintenan une œuvre architecturale très disputée. On présente la collection personnelle du peintr qui a vécu à Nice de 1917 jusqu'à sa mort, e 1954. On peut y voir des œuvres de tout les époques de la vie du peintre, qui vont de premiers tableaux réalisés dans les a nées 1890 jusqu'aux derniers, peints dans l années cinquante. Enfin, on y trouve plusieu dessins et gravures, ainsi que la série com plète des livres illustrés par l'artiste.

Vous pouvez ensuite faire une promenac dans le jardin public, bordé par l'avenue c Monastère, et vous diriger vers le **Musée fra ciscain** *(entrée libre; lun-sam 10h à 12h 15h à 18h; ☎04.93.81.00.04)*, logé dans le bâtiments conventuels du monastère de C miez, qui datent du XVIIe siècle. On y évoqu la vie des Franciscains à Nice du XIIIe a XVIIIe siècle. L'église gothique possède, ent autres choses, trois retables Renaissance c Bréa.

## La promenade des Anglais ★★

La **promenade des Anglais** est le site par e cellence où effectuer de longues promenad et admirer la mer. Cette mer magnifique tr versée de couleurs différentes allant du ble profond au vert émeraude! C'est là d'ailleu que se trouvent les plages de Nice : les plag publiques (gratuites et couvertes de petit pierres plates appelées «galets» – pas c sable!) ou celles sous-concédées (appartena souvent à des hôtels et qui offrent chaise longues et matelas pour environ 50F journée). En tout, il y a 6 km de plages, do quatre sont publics. L'eau y est étonnamme propre malgré le grand achalandage.

Le quartier qui borde la promenade des A glais abrite une grande quantité de magasi et de restaurants. Plusieurs rues de ce quarti sont d'ailleurs piétonnes.

*Le circuit débute sur la place Masséna et s dirige vers l'ouest.*

La **place Masséna** est un endroit très affairé Nice. Il y a beaucoup de circulation, et sa fo taine attire de nombreux touristes qui vie nent s'y rafraîchir. Elle est bordée au nord p de beaux édifices aux couleurs niçoises cha des qui abritent, entre autres commerces, le **Galeries Lafayette**, un grand magasin.

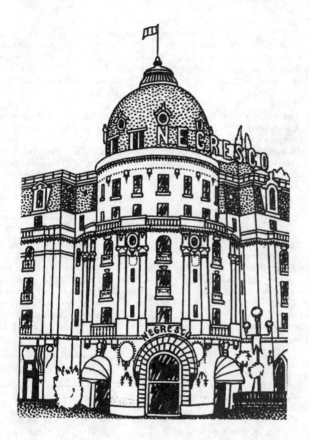

*Hôtel Negresco*

*...ittez la place et emprunter la rue Masséna.*

rue Masséna est la rue piétonne la plus
portante de Nice et loge nombre de restau-
nts et boutiques. Ces restaurants ont de
andes terrasses et proposent de petits repas
mpathiques à prix raisonnables, mais pas
ujours d'une qualité exceptionnelle! Lors-
'on arrive autour de la place Magenta, on
uve toutefois plusieurs commerces propo-
nt de bonnes glaces.

*...ittez la place Magenta et rejoindre l'avenue
 Verdun en direction du bord de mer.*

us atteindrez les jardins Albert I$^{er}$ et son
éâtre de verdure. De là, vous êtes à quel-
es pas de la promenade des Anglais et du
int de départ d'un petit train touristique. Si

vous continuez sur la promenade en direction
ouest, vous passerez devant le **casino Ruhl**. Il
est logé dans un immeuble à l'architecture
moderne très quelconque qui vieillit mal. C'est
d'autant plus désolant quand on aperçoit le
**palais de la Méditerranée**, un peu plus loin sur
la promenade, à l'intersection avec la rue des
Congrès. Il ne reste que les murs extérieurs de
cet immeuble au style Art déco construit en
1929 qui logeait un somptueux casino avec
escalier monumental. Fermé depuis 1977
mais classé monument historique, il pourrait
être transformé en centre des congrès. Et
pourtant rien ne bouge.

Ce secteur de la ville abrite aussi quelques
musées. Un peu plus loin sur la promenade,
au 35, se trouve le **palais Masséna** (on peut
aussi y accéder par la rue de France, derrière),

NICE

qui loge le **Musée d'art et d'histoire** *(été mardim 10h à 12h et 15h à 18h, hors saison 10h à 12h et 14h à 17h, fermé nov; ☎04.93.88.11.34)*. Ce musée consacré à l'histoire régionale abrite au rez-de-chaussée une bibliothèque de 10 000 volumes et manuscrits rares.

Juste à côté, vous voyez l'**Hôtel Negresco ★**, immeuble célèbre construit en 1913 et classé monument historique. Il faut voir les salons et les boutiques intérieures de ce palace. Le salon royal a la forme d'une ellipse et renferme un lustre en cristal de Baccarat. Le Negresco est l'hôtel le plus huppé de Nice et accueille les gens célèbres du monde entier, particulièrement ceux du monde du spectacle.

*Continuez vers l'ouest jusqu'au boulevard Gambetta et dirigez-vous vers le nord.*

La **cathédrale Saint-Nicholas**. La vue sur les tours de cet édifice orthodoxe russe est un peu étonnante compte tenu de son environnement. Mais son érection, au début du siècle, s'est imposée d'elle-même à cause de l'importante colonie russe qui s'était établie à Nice. La cathédrale Saint-Nicholas se trouve un peu à l'écart du noyau touristique, mais elle mérite un détour. Dotée d'une belle architecture typiquement russe, qui de surcroît est rehaussée des matériaux qui ont servi à sa construction, elle est une attraction indéniable et offre un dépaysement assuré.

*Revenez vers la promenade des Anglais et prenez la direction ouest.*

Sur une rue juste un peu au nord du Centre universitaire méditerranéen, au numéro 33 de l'avenue des Baumettes, vous verrez le **Musée des beaux-arts** *(35F; mar-dim 10h à 12h et 14h à 18h; ☎04.92.15.28.28)*. Ce musée, appelé aussi «Musée Chéret», est installé dans une demeure particulière qui date de 1876. Sa vaste collection européenne s'étend du XVIIᵉ siècle au XXᵉ siècle. On y retrouve notamment un important panorama de l'école française du XIXᵉ siècle, qui va du néo-classicisme à l'impressionnisme en passant par tous les autres styles, en particulier, l'académisme, qui jouit d'une fort riche représentation. De plus, vous pourrez y voir des sculptures de Rodin et de Carpeaux.

Toujours plus à l'ouest se trouve le **Musée international d'art naïf Anatole Jakovski** *(25F; mer-lun 10h à 12h et 14h à 18h; ☎04.93.71.78.33)*. Le musée est installé dans

le château Sainte-Hélène, avenue Val-Mari C'est une villa de la fin du siècle dernier. Po s'y rendre, on peut prendre la voiture l'autobus (9, 10 ou 12) et descendre à l'arr Fabron. On y retrouve pas moins 600 œuvres qui représentent la peinture naï à travers le monde.

Si vous continuez vers l'est sur la rue Fabr et prenez à gauche le chemin de l'Élysée d Grottes, vous arrivez sur une petite collin site du **parc des Miniatures ★** *(47F, 30F e fant)*. Ce parc d'attractions comporte des ce taines de miniatures construites à l'échelle 1:25, et retrace l'histoire de la Côte d'Azu de la préhistoire à nos jours. Il est situé sur terrain boisé qui offre un panorama sur Ni et la baie des Anges.

Enfin, si l'on se dirige vers l'aéroport de Nic à l'entrée ouest de la ville de Nice, on rejo le **parc floral Phoenix de Nice** *(40F; printem et été 9h15 à 19h, hors saison 10h à 17 Dans cette serre, la plus grande du monde, trouvent des poissons, des oiseaux, des pap lons exotiques, et bien sûr, des fleurs par m liers. Site d'expositions et d'animations div ses.

## Le quartier du Paillon ★★

Autrefois, la rivière Paillon se déversait dans mer à l'endroit où se trouve aujourd'hui jardin Albert Iᵉʳ. La rivière, au niveau d'e peu élevé à son embouchure, a été couver et urbanisée. La partie près de la mer a é aménagée en espaces de verdure, propic aux promenades. Du jardin Albert Iᵉʳ, on t verse la place Masséna pour gagner l'espa Masséna, où se trouvent des jets d'eau, t populaires en été auprès des gens qui ch chent à se rafraîchir.

On atteint ensuite la promenade du Paillon, bout de laquelle commence une série de co plexes culturels. Le premier, en marbre gris Carrare, loge le nouveau théâtre et le **Mus d'Art moderne et d'Art contemporain ★** *(25 mer-dim 11h à 18h, ven jusqu'à 22 ☎04.93.62.61.62)*. La collection de ce mus est surtout forte au niveau des mouvemen qui ont marqué les années soixante soixante-dix : le néoréalisme, le pop a l'abstraction américaine, le minimalisme bien sûr, l'école de Nice, avec une salle – t belle! – entièrement dédiée à Yves Kle Avant de quitter le musée, rendez-vous sur errasses, tout en haut, qui offrent une vue xceptionnelle sur Nice. Quant à lui, le théâtre omporte 1 100 places, et sa décoration ntérieure – très rouge! – est une œuvre de la tyliste Jacqueline Morabito. Enfin, entre le héâtre et le musée, vous trouverez un bar qui eut être agréable pour prendre l'apéro.

*n face de ce complexe, du côté du boulevard ean Jaurès, on rejoint la place Garibaldi.*

n poursuivant notre promenade sur le Paillon, n passera devant le 60bis du boulevard Ris- o, où loge le **Musée d'histoire naturelle**, ap- elé aussi «**Musée Barla**» *(25F; mer-lun 9h à 2h et 14h à 18h; ☎04.93.55.15.24).* Ce nusée comprend quatre salles qui portent urtout sur la minéralogie. On y trouve aussi ne importante bibliothèque d'ouvrages de ciences naturelles qui peuvent être consultés ur demande.

n peu plus loin sur le boulevard Risso, se resse l'**Acropolis**, mastodonte construit en 983 qui renferme un bowling, des boutiques, ne cinémathèque, une grande salle 'exposition et un auditorium de 2 500 places vec une scène de 1 200 m².

nfin, le Palais des congrès, qui peut accueillir 0 000 personnes, est le dernier bâtiment onstruit sur le Paillon. Derrière, la rivière ontinue.

i vous désirez prolonger votre promenade, etournez vers le Musée Barla et traversez de autre côté du Paillon pour rejoindre le boule- ard Carabacel, qui aligne les riches immeu- les de la bourgeoisie niçoise du XIXᵉ siècle. l'angle du boulevard Dubouchage, prenez à auche jusqu'à l'avenue Jean Médecin. Sur ette rue très commerçante se trouvent des némas et le centre commercial Nice-Étoile. i l'on monte cette avenue, on arrive à la gare NCF et au bureau de l'Office de tourisme. La are a été construite en 1863 dans le style ouis XIII.

## Le quartier du port ★

y a deux façons d'accéder au port: par la ute longeant la mer et contournant la colline Château, où se trouve le **Monument aux orts**, ou par la place Garibaldi, qui se trouve nord, de l'autre côté de la colline. Le port offre guère d'attractions touristiques, à part peut-être le marché aux puces sur la place Guynemer.

En quittant la place Guynemer, si l'on se di- rige vers la partie centrale du port, on passe devant la **Confiserie du Vieux-Nice**, au 14 quai Papacino. Cette confiserie vous propose des bonbons aux arômes de fruits, de plantes ou de fleurs de la région (violette, mimosa, ver- veine), du chocolat et des confitures, tous préparés de façon artisanale et vendus à prix d'usine. Plus loin, dans la partie centrale du port, on découvre la place Île-de-Beauté, en- tourée de quelques beaux bâtiments et d'une église.

*En général, vous devez vous méfier des res- taurants qui donnent sur le port. La qualité laisse plus qu'à désirer.*
À l'extrémité est du port, s'avance une pointe dans la mer, au bout de laquelle accostent les bateaux qui font la traversée vers la Corse, île française de la Méditerranée.

Ce quartier abrite aussi un musée qui intéres- sera les amateurs de préhistoire: le **Musée de Terra Amata** *(25F; mar-dim 9h à 12h et 14h à 18h; ☎04.93.55.59.93),* localisé au 25 boule- vard Carnot, à environ 500 m du port. Vous pouvez y voir, entre autres choses, une re- constitution d'un campement de chasseurs d'éléphants, comme il en existait à Nice il y a 400 000 ans.

## Autres points d'intérêt

Les amateurs d'art contemporain conceptuel ne voudront pas rater la visite de la **villa Arson** *(droit d'entrée; été mer-dim 13h à 19h, oct à mai 13h à 18h; ☎04.92.07.73.73)* et de son École nationale d'arts décoratifs. Située sur une colline du nord de la ville, la villa est diffi- cile d'accès. La villa Arson est une magnifique demeure du XVIIIᵉ siècle intégrée dans une étonnante construction moderne au milieu de grands espaces verts. Son emplacement pro- cure une vue qui s'étend jusqu'à la mer. C'est un lieu privilégié de création, de recherche et de formation dans le domaine de l'art contem- porain.

Non loin, en redescendant la colline vers l'est, vous arriverez au **prieuré du Vieux-Logis** *(mer, jeu et sam 15h à 17h; ☎04.93.84.44.74).* Cette demeure du XVIᵉ siècle reconstitue un intérieur de la fin du Moyen Âge.

NICE

# ACTIVITÉS DE PLEIN AIR

Nice est un endroit privilégié pour la pratique des sports nautiques, quoique peut-être un peu trop achalandé. Le long de la promenade des Anglais, les plages gérées par les concessionnaires proposent des services de restauration et louent l'équipement nécessaire à la pratique des sports nautiques tels que le catamaran, le pédalo, la planche à voile, le ski nautique et le «parachute ascensionnel».

La promenade des Anglais est aussi un site privilégié pour les promenades et un endroit où l'on retrouve plusieurs amateurs de course à pied. Cependant, le parc public, sur la colline du Château, demeure probablement l'endroit le plus agréable où se promener. La vue y est magnifique, et c'est ombragé, ce qui n'est pas à dédaigner lors des chaudes journées.

Enfin, les amateurs de minigolf pourront s'exercer près du Musée d'art naïf, dans le quartier Sainte-Hélène, à l'ouest de la ville.

# HÉBERGEMENT

Ville touristique très importante, Nice compte une multitude d'hôtels de toutes catégories. Malheureusement, la forte circulation et le nombre très limité de rues piétonnes font qu'il est très difficile de trouver des hôtels vraiment calmes. Bien sûr, ce n'est pas un problème dans les hôtels haut de gamme, car ils sont équipés de double ou triple vitrage en plus d'avoir des systèmes de climatisation. Nous avons quand même déniché quelques hôtels à l'abri du bruit de la circulation.

**Conseil :** nous vous recommandons fortement de réserver longtemps à l'avance, et ce, spécialement pendant la haute saison, car Nice est l'hôte de plusieurs congrès internationaux ainsi que de nombreux touristes qui voyagent en groupe. Réservez, c'est partir gagnant!

**Auberge de Jeunesse de Nice** *(66F/pers. pdj, 15F la literie; route forestière du mont Alban, ☎04.93.89.23.64).* Il faut s'y présenter tôt le matin en raison du prix très intéressant du site magnifique sur une colline de Nice. Pour vous y rendre, prenez le bus n° 5 à la gare, puis changez pour le n° 14 au boulevard Jean Jaurès.

**Relais International de la Jeunesse Clairvallo** *(72F/pers. pdj, 135F ½p; av. Scudér ☎04.93.81.27.63).* Ici aussi, les prix sor avantageux. Situé à Cimiez, dans un pa avec piscine. Pour vous y rendre, prenez bus n° 15 ou n° 22 depuis la gare ou la plac Masséna, et descendez à l'arrêt «Scuderi».

**Les Collinettes** *(95F/pers.; uniquement en ét 3 av. Robert Schumann, ☎04.93.97.06.64* Mieux qu'une auberge de jeunesse, parce qu vous disposez d'une chambre individuell avec lavabo. L'endroit est bien situé agréable.

## Les hôtels

### Le Vieux-Nice

À côté du vieil opéra et à quelques pas de mer : l'**Hôtel Cresp** *(260F; bp, ≡ dans que ques chambres, ℂ, tv; 8 ru Saint-François-de-Paule, ☎04.93.85.91.76* Cet hôtel est notre préféré dans la catégor «une étoile». Ambiance de pension familia avec un grand couloir qui débouche sur u terrasse avec vue sur la mer. Très bon rappo qualité/prix. Attention : la maison n'accep pas les cartes de crédit.

Si vous désirez le grand luxe, l'**Hôtel la P rouse** *(925-1380F, 2 290F pour une suit pdj 90F; bp, ≡, ℝ, tvc, ≈, ℛ, △, ☺; 11 qu Rauba-Capeu, ☎04.93.62.34.6 ⊶04.93.62.59.41)* est tout désigné. À de pas du Vieux-Nice, l'hôtel passe presque in perçu. En effet, il ne présente qu'une très p tite façade sur la rue. Par contre, il s'éter derrière jusqu'au rocher de la colline qui d mine la baie des Anges. On découvre alors site sublime. L'hôtel a tout du «lieu de séjou moderne, mais il garde néanmoins plein charme grâce à sa décoration rustique. Sur toit, à flanc de la colline, il y a une gran terrasse d'où le panorama est exceptionn S'y trouve aussi une petite salle de réuni qui peut accueillir environ 20 personnes.

### Nice-Cimiez

Ancienne demeure de Sacha Guitry, **Le Pe Palais** *(480F-780F; bp, dp; 10 av. Biecke ☎04.93.62.19.11, ⊶04.93.62.53.60)* bén ficie d'un site privilégié. On y jouit d'une v magnifique sur la mer et d'un jardin. Le gra calme est à l'honneur puisque cet hôtel f

artie de la chaîne des Relais du Silence. Vous
aurez pas du tout l'impression d'être dans
e grande ville. De plus, l'accueil est
mpathique. L'hôtel est très confortable et
ffre un stationnement, ce qui est plutôt rare
Nice!

## promenade des Anglais

ès du très bel hôtel Windsor, à quelques
inutes de la mer et de la zone piétonne du
ice moderne : **les Cigales** *(170F-255 F; bp,
, =, tv; 16 rue Dalpozzo, ☎04.93.88.33.75)*
'est un petit hôtel très simple mais correct,
nu par la patronne. Demandez une chambre
l'arrière.

quelques pas de la mer, se trouve **le Magen-**
*(180F-250F; bp, dp, ℂ, tv; 10 rue Paradis,
04.93.87.72.27)*. Ce petit hôtel simple de
yle studio est situé sur une rue piétonne ou
côtoient les boutiques chics. Simple. Nous
commandons cet endroit également à cause
e sa proximité du Vieux-Nice et pour le très
n rapport qualité/prix.

oujours en zone piétonne, l'**Hôtel Solara**
*80F-350F; dp, =, tv, mb, asc; 7 rue de
ance, ☎ 04.93.88.09.96, ⊶04.93.88.36.86)*
st une entreprise familiale qui existe depuis
uf ans. Cela, a priori, est l'assurance d'un
ccueil chaleureux et personnalisé. Ses 14
ambres offrent un confort indéniable et
nt bien insonorisées. Par ailleurs, celles du
nquième étage sont dotées d'une très jolie
rrasse donnant sur les toits de Nice. Très
n rapport qualité/prix!

n plein cœur de la zone piétonne, à l'écart de
circulation, se trouve une oasis de charme :
hôtel **Régence** *(350F-380F; pdj 35F; bp, dp,
tv, asc; 21 rue Masséna,
04.93.87.75.08, ⊶04.93.82.41.31)*. Et cela
ut en étant qu'à 200 m de la mer.
ailleurs, l'hôtel a trouvé un arrangement
ec la plage du Galion, qui vous offrira une
duction sur les tarifs réguliers. Hélène Leão,
nouvelle patronne, vous y accueillera avec
sourire et une grande gentillesse. Depuis
n arrivée à la barre, les 40 chambres sont
constant processus de rajeunissement.
coré avec goût et sobriété, cet hôtel cons-
ue une halte paisible en plein cœur de
ctivité niçoise. Enfin, si le calme vous
éoccupe particulièrement, louez une
ambre au troisième.

Dans le style ancien, nous vous recommandons vivement le **Windsor** *(550F-680 F,
pdj 40F; bp, =, ℝ, ≈, ℛ, tv; 11 rue Dalpozzo,
☎04.93.88.59.35, ⊶04.93.88.94.57)*. L'hôtel
se trouve à moins de 10 min de la mer et près
des rues piétonnes où se trouvent de nombreux antiquaires et galeries d'art. Il y a beaucoup d'ambiance, de très beaux meubles chinois et plusieurs objets d'art. Certaines chambres ont d'ailleurs été décorées par des artistes locaux, et l'effet peut être spectaculaire.
Mais c'est le petit jardin paradisiaque, avec
piscine, terrasse et chants d'oiseaux compris,
qui fait surtout le charme de cet hôtel. Le rapport qualité/prix est très bon. Demandez, de
préférence, une chambre côté jardin. Un
stationnement payant se trouve à proximité.

L'illustre **Negresco** *(1 700F-2 450F, 4 150F
suite; bp, =, ℝ, tvc, ℛ; 37 promenade des
Anglais, B.P. 379, ☎04.93.88.39.51,
⊶04.93.88.35.68)*, est le lieu de prédilection
des célébrités internationales. On peut parfois
voir des gens faire la queue à l'entrée de
l'hôtel avec sa tourette et sa toiture roses,
ses petites lumières jaunes tout autour de la
façade, situé au plus bel endroit de la promenade des Anglais, avec l'espoir d'obtenir un
autographe de leur star préférée. Même si
vous n'y logez pas, il faut au moins visiter
l'intérieur de ce site particulier (voir aussi
p 214).

### Le quartier du Paillon

Près de la gare SNCF : l'**Hôtel Durante**
*(350F-480F, pdj 40F; fermé nov à janv; bp,
ℂ, tv; 16 rue Durante, ☎04.93.88.84.40,
⊶04.93.87.77.76)*. Il y a beaucoup d'hôtels
autour de la gare, mais ils sont souvent
bruyants. Nous en avons pourtant trouvé un,
très agréable, qui est complètement à l'écart
du bruit dans une petite cour calme. Toutes
rénovées et d'une propreté impeccable, les
chambres donnent sur un petit jardin où l'on
sert le petit déjeuner en saison. De plus, vous
n'êtes qu'à 10 min de la mer et du Vieux-Nice
tout en étant près des principales artères
commerciales du Nice moderne. Enfin, chaque
chambre moyennant un supplément de 50F/j.
donne droit à l'usage d'une cuisinette.

Dans une petite rue à deux minutes de la gare
SNCF, se cache l'**Hôtel du Piémont** *(140F-
270F, pdj 17F; d ou dp, ℂ; 19 rue Alsace-
Lorraine, ☎04.93.88.25.15,
⊶04.93.16.15.18)*. Très simple, cet hôtel de
30 chambres est néanmoins doté d'un certain

NICE

charme grâce à de menus détails comme la petite fenêtre dans une des chambres qui donne sur une cour pittoresque exiguë. De plus, le voyageur modeste y sera bien accueilli par la propriétaire et pourra même y préparer ses repas en louant l'une des quelques chambres équipées d'une cuisinette.

Dans un tout autre style architectural, on trouve le très soigné **Hôtel Vendôme** *(450F-550F, 750F studio avec mezzanine; bp, ≡, ℛ, tv; 26 rue Pastorelli, ☎04.93.62.00.77, ⌐04.93.13.40.78)*. À 5 min du centre moderne de Nice et à 15 min de la mer, cet hôtel, une ancienne villa particulière de la fin du siècle dernier, a été entièrement restauré. On y trouve un bel escalier central et un salon avec meubles d'époque. L'endroit est très chaleureux, grâce surtout à l'accueil de la patronne et aux tons pastel qui prédominent dans la décoration. Cet hôtel de style propose des chambres avec grande terrasse au cinquième étage et offre un petit stationnement privé. Enfin, la patronne pourra également vous indiquer plusieurs bons petits restos à proximité. Voilà pour le service!

À côté du centre commercial Nice-Étoile, se dresse l'**Hôtel Boréal** *(495F; bp, tv, ≡, ℛ; 9 rue Paul Déroulède, ☎04.93.82.36.36, ⌐04.93.82.34.94)*, un complexe de 45 chambres entièrement rénovées et de très grand confort. Les magasins des rues piétonnes sont aux portes de l'hôtel, et la mer se trouve à environ 10 m de marche. Les clients de l'hôtel peuvent d'ailleurs bénéficier de l'accès à la plage privée Lido moyennant 55F pour la journée, ce qui inclut parasol et transat. Enfin, l'hôtel possède également un restaurant avec terrasse sur la rue.

 **RESTAURANTS**

## Le Vieux-Nice

**L'Abbaye** *($; place Rossetti)* est une petite crêperie située sur la place Rossetti. On y propose, outre les crêpes, des pâtes et des spécialités niçoises. Mais ce qui le rend particulièrement intéressant, c'est qu'on peut y manger à très bon compte : 59F pour une salade, un plat du jour et un dessert. Difficile à battre!

Au cœur du Vieux-Nice, niche un restaurant de cuisine méditerranéenne fort sympathique qui offre un rapport qualité/prix exceptionne **Chez Cyriaque** *($; 1 rue Rosset ☎04.93.92.68.47)*. Toutefois, vous dev avoir grand faim car les portions sont des pl généreuses. La *bruschetta* en entrée est te tante et demeure un bon choix. Par contre, n'est pas certain que vous puissiez tout go ter et ce serait dommage car tout y est bon, compris (et surtout) les desserts maison. E plus, le restaurant assure le service jusqu minuit. Seule note discordante cependant : service est très lent, donc patience...

Toujours dans le Vieux-Nice, **La Cave** *($; fe mé dim et lun midi; rue Francis Gal ☎04.93.62.48.46)* s'inscrit dans la mêr veine que l'établissement précédent, ma s'en distingue par une cuisine un peu pl raffinée. Le restaurant fait l'angle de de rues étroites très pittoresques et y aligne s tables. Cela lui confère une atmosphère d plus agréables. Mais l'intérieur est tout au charmant avec ses couleurs chaudes et vive C'est le genre d'endroit où l'on se sent to de suite à l'aise. À découvrir!

Le **Lou Pistou** *($; lun-ven; 4 rue de la Te rasse, ☎04.93.62.21.82)* vous sert des sp cialités niçoises : beignets de fleurs de cou gettes (peu gras), pâtes au pistou, petits fa cis, tripes et daube. Ce petit restaurant far lial ne compte que 24 places, et les tabl sont presque toutes entassées les unes sur l autres. Cela crée donc une atmosphère d plus conviviales. Le service est attentif et a suré par Isabelle, alors que son mari Mich est aux fourneaux. Nous y avons découv une délicieuse entrée du pays, la *troucha*, u omelette à base d'ail, de blette (so d'épinard régional) et de parmesan. Enfin, vous êtes amateur de profiteroles, c'e l'endroit! En effet, elles viennent en deux ve sions toutes deux remarquables : les traditio nelles au chocolat, mais également à la fraîs coulis de fruits rouges. Leur particularité : l choux ne sont pas mous mais légèrement c quants.

Aussi petit et sympathique que le restaura précédent, **La Merenda** *($; 8 rue de la Te rasse)* vous propose des sardines farcies, d tripes de bœuf et des lentilles dans un me renouvelé chaque jour sur un petit table noir. C'est un endroit connu et recherché p les Niçois. Il faut toutefois s'y rendre po s'assurer d'une place, car la maison n'accep aucune réservation téléphonique.

ujours dans le Vieux-Nice, **Le Delhi Belhi** *($; rmé dim; 22 rue de la Barillerie, 04.93.92.51.87)* propose la cuisine de nde. L'endroit est simple mais très apprécié s amateurs. Alors, si l'envie de changer de cor ou de saveur vous prend...

villa de Sienne *($-$$; 10 rue Saint- Vinnt, ☎04.93.80.12.45)* propose l'une des eilleures cuisines italiennes à Nice. L'endroit trouve dans une ruelle, derrière le cours leya et tout près du Palais de justice. Vous uvez vous attabler à l'extérieur sur une pee terrasse ou à l'intérieur dans un cadre rusue et simple. Les plats sont très copieux. sayez les raviolis à la niçoise, l'osso bucco, lapin cuit au feu de bois ou l'un des nomeux plats de pâtes. Enfin, le service est efficce.

Criée *($-$$; 22 cours Saleya, 04.93.85.49.99)* constitue un bon choix ur un restaurant sur le cours Saleya. Il mpose surtout grâce à son rapport quali-/prix. Pour 98F, vous avez droit au «menu vigateur» complet avec l'entrée, le plat et le ssert. Sinon, il y a toujours les plateaux de its de mer, d'huîtres et de coquillages pour us tenter. Enfin, le service se joue sous la guette du gérant, gentil et efficace.

Don Camillo *($$; fermé dim et lun midi; 5 e des Ponchettes, ☎04.93.85.67.95)*, vous cédez à une catégorie supérieure dans tous s aspects, incluant les prix! Les excellents ats sont servis dans un cadre «bourgeois» style traditionnel. Parmi les spécialités de maison, figurent la *porchetta* de lapin, les eonneaux avec jus au foie et les petits far- niçois. En général, tout y est spécial. mpte tenu de la qualité, les prix trouvent e certaine justification. D'ailleurs, beaucoup Niçois ne jurent que par cet endroit situé ns la partie extrême est du Vieux-Nice.

## La promenade des Anglais

l'envie d'un petit goûter se fait sentir, il ut devenir difficile de résister à l'étalage des aces italiennes artisanales que propose I lati di Pinocchio *(30 rue Masséna)*. Ou en- re si l'on a soif et envie d'une *granita*, sorte sorbet à l'italienne à base de jus de fruits.

tué sur une rue piétonne, **Le Québec** *($; 3 rue Masséna, ☎04.93.87.84.21, 04.93.87.30.48)* est une pizzeria qui fait partie d'une chaîne comptant deux autres établissements sur la même rue. Ces restaurants proposent un menu simple composé principalement de pizzas et de pâtes. Avec ses nombreuses tables directement disposées sur la rue piétonne, l'endroit devient très fréquenté et animé lorsque le baromètre est au beau.

Si vous ne pouvez vous permettre de loger au «modeste» Negresco, allez y manger. Eh oui! **Le Chantecler** *($$; 37 promenade des Anglais, ☎04.93.88.39.51)* prépare une bonne cuisine au rapport qualité/prix très intéressant, et ce, dans un cadre tout de même particulier! Dans son «menu plaisir» *(280 F vin et café inclus)*, le chef compose avec les couleurs et les produits frais du marché provençal le gratin de fruits de mer à la crème langoustine en entrée, le feuilleté de pigeon au chou et légumes frits en plat principal et, au dessert, le gratin de fruits rouges. Ça change des menus touristiques habituels!

Rue Masséna, **Le Boccacio** *($$$; 7 rue Masséna, ☎04.93.87.71.76, ╺04.93.82.09.06)* est un restaurant de haut de gamme. Spécialiste des poissons, des fruits de mer et des coquillages, il propose en outre quatre sortes de paellas différentes. Bien entendu, on y mange également à la terrasse sur la rue.

### Le quartier du Paillon

Deux restaurants dignes de mention sur la place Garibaldi (où d'ailleurs on trouve un genre de cinéma de répertoire) :

**L'olivier** *($)* propose une cuisine régionale sous les arcades de cette jolie place. Vous pouvez y déguster, entre autres plats des pâtes au pistou et des farcis niçois.

Si vous êtes plutôt amateur de fruits de mer et de coquillages, **Le Café de Turin** *($$; fermé juin; ☎04.93.62.29.52)* s'impose. Le restaurant occupe un emplacement de choix à l'angle de la place. Ce restaurant est très apprécié des Niçois et ne désemplit presque jamais. Notez que vous pouvez également ne vous y arrêter que le temps d'un verre sur la terrasse. Pour surveiller l'animation incessante!

Situé non loin de Nice-Étoile, **Fleur de Sel** *($-$$; fermé dim soir et lun; 10 bd Dubouchage, ☎04.93.13.45.45)* est un nouveau restaurant

**NICE**

dont la réputation monte en flèche. Il faut dire qu'il offre une terrasse ombragée vraiment jolie, et ce, en plein cœur de Nice. L'atmosphère est particulièrement «lumineuse» en soirée. Inventive et légère, cuisine régionale est un métissage de couleurs, de senteurs et de goûts qui ne dédaignent pas une touche d'exotisme. À essayer!

**La Baie d'Amalfi** *($; mar-dim; 9 rue Gustave Deoye, ☎04.93.80.01.21)* est un petit resto italien au cadre méridional. Il se trouve près du centre commercial L'Étoile de Nice (avenue Jean Médecin). La nourriture et le service se révèlent bons. Endroit très fréquenté par les Niçois : c'est bon signe!

**Flo** *($$; 4 rue Sacha Guitry, ☎04.93.13.38.38)* se trouve derrière les Galeries Lafayette. Ce restaurant fait partie de la chaîne des brasseries parisiennes Flo. On y trouve un très beau décor et un bon rapport qualité/prix. Outre les viandes et les grillades, les plateaux de fruits de mer constituent la spécialité du restaurant, ce qui peut engendrer une note importante. Toutefois, après 22h, la cuisine propose un menu «faim de nuit» plus abordable à 106F.

### Le quartier du port

Ne perdez pas trop de temps à vouloir découvrir un bon restaurant dans le quartier du port. La qualité de la plupart des restaurants qu'on y trouve laisse à désirer. Une exception :

**L'Esquinade** *($$; fermé sam midi et dim; 5 quai des Docks, ☎04.93.89.59.36)*. Dans un cadre ancien de pierre et de bois, vous pourrez déguster une bouillabaisse, des poissons sur le gril et des viandes cuites à la broche. Marcel et Liliane Béraud, les patrons, vous réservent un chaleureux accueil et garantissent une cuisine savoureuse au bon rapport qualité/prix depuis 35 ans. À signaler : les raviolis de homard, la salade de fruits de mer, le loup rôti à la peau sur un lit de fenouil (un vrai délice!) et, au dessert, la soupe de fruits rouges.

  SORTIES

Pour vous renseigner sur les activités culturelles et sportives, sur les bars et les discothèques, achetez *L'Officiel des Loisirs* ou *La Se-*

*maine des spectacles*, disponibles chez to les marchands de journaux.

---

### Bars

**Bar à Tapas Los Gringos** *(à partir de 20h sa lun; 8 Reine Jeanne, près du pont de cher de fer, av. Jean Médecin, ☎04.93.88.67.5* Écran vidéo. Musiciens sur place. Dégustati de bières, cocktails, tapas, *tacos* et téquila.

**Au Pizzaïolo** *(4bis rue du Pont-Vie ☎04.93.62.34.70)*. Restaurant «dîner-sp tacle», cuisine provençale. Ambiance, sp tacle, danse. Menu à 170 F.

**Mark's Place** *(à partir de 22h; 2 rue Desbo tins, près de la place Massé ☎04.93.62.06.62)*. Le rendez-vous de presse de l'art et du cinéma. Cocktails. F no-bar.

**Le Trap's** *(à partir de 14h, fermé dim; 26 Risso, ☎04.93.56.88.77)*. C'est une brasse branchée à l'ambiance très détendue.

**Le Fourquet** *(7h30 à minuit; 21 rue Augu Gal, à 200 m de l'Acropol ☎04.93.56.96.48)*. Billard et jeux accom gnés des meilleures bières belges.

### Bars gays

**Le Blue Boy** *(23h à 5h; fermé lun-mar d'oc mai; 9 rue Spinetta, ☎04.93.44.68.24)*. De bars sur deux étages. Clientèle gay.

**L'Ascenseur** *(18h à 3h; 18bis rue Emman Philibert, ☎04.93.26.35.30)*. Bar de nuit g Pas de droit d'entrée. Il faut sonner.

**Le Tip-Top** *(30 quai Lunel, ☎04.93.26.22.* et **Le Rusca** *(rue Rusca)* : deux bars gays tués dans le quartier du port.

---

### Casino

**Casino Ruhl** *(1 promenade des Angla ☎04.93.87.95.87)*. Salle des jeux : black-ja *punto banco*, roulette française et angla *(20h à 4h, ven-sam 17h à 5h, dim 17h à 4* Salle des machines à sous *(10h à l'aube)*.

## Festivals

### stival de l'École au théâtre

emière moitié du mois d'avril; Théâtre Lino ntura; renseignements : ☎04.93.27.37.37.

### stival de musique sacrée

n; cathédrale Sainte-Réparate et dans utres lieux; renseignements : 4.93.13.20.52.

### carnaval de Nice

aque année, dans la seconde moitié du is de février, Nice se transforme. Sur la ce Masséna et le long de la mer, des gras s sont installés pour permettre au public ssister aux défilés de chars allégoriques, eusement accompagnés de mascarades et valcades. De tous les carnavals en France, ui de Nice se démarque par la folie de ses ilés et de ses déguisements.

tradition remonte au XIII<sup>e</sup> siècle. Bien sûr, lise a maintes fois déployé des efforts, le s souvent vains, pour canaliser les débor ments d'excitation. À partir de 1539, en ine Renaissance, ce sont les «abbés des s», nommés par les syndics de la ville, qui été chargés d'organiser et de régir énement. Au XVIII<sup>e</sup> siècle, le Carnaval a célébré selon des règles bien précises; tre endroits différents pour fêter selon le g social : les nobles (y participaient parfois ducs de Savoie), les marchands, les arti s ouvriers et les pêcheurs. Ensuite, à partir 1873, un Comité des fêtes s'est chargé de rienter le déroulement de cette fête tradi nnelle. Il y a eu une interruption entre les x guerres mondiales, mais, depuis 1946, st repris de plus belle.

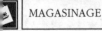

## MAGASINAGE

### Idées cadeaux

e boutique de rêve au royaume des sen rs : **Aux Parfums de Grasse** *(10 rue nt-Gaëtan, ☎04.93.85.60.77).* Un magasin

minuscule d'où se dégagent les effluves de 84 essences de parfums. Les mini-flacons, idéals à offrir, se vendent 14F. Pour un franc de plus, vous achetez de gros savons, et, en ce qui concerne la lavande, eh bien! vous pou vez l'acquérir au litre...

Si vous aimez les bijoux de bronze vieilli, fai tes un tour chez **Bijoux et sculptures Rémy** *(32 rue Droite, ☎04.93.80.62.60).* Les pièces sont fabriquées à l'ancienne et tirées à quel ques exemplaires seulement. Il faut compter environ 280 F pour un bracelet et 380 F pour un collier.

### Antiquités et brocante

**Tous les lundis** *(8h à 17h, sauf la veille des jours fériés)* saura vous émerveiller par sa va riété d'objets aux kiosques du cours Saleya, dans le Vieux-Nice. Vous y trouverez de tout à prix variés. Malheureusement, la bonne qua lité devient de plus en plus rare et chère. Il faut donc marchander.

La **promenade des Antiquaires** *(7 promenade des Anglais)* abrite au moins 22 boutiques. Vous pouvez y passer des heures à fouiner parmi les nombreux objets de style qu'on y propose.

**Le village Ségurane** *(rue Antoine Gauthier),* au port, est un autre quartier de brocanteurs. Vous y trouverez pas moins de 80 boutiques de tailles et de qualités différentes.

Si vous voulez assister à une vente aux en chères, informez-vous à l'**Hôtel des Ventes** *(50 rue Gioffrédo, ☎04.93.85.85.50).* Pour faire de «bonnes affaires» dans les ventes publiques en France, il faut un peu connaître les prix, sinon vous risquez de perdre gros...

Pour trouver à peu près n'importe quoi, visitez la **Loft Galerie** *(2 rue Saint-Suaire, au bout du cours Saleya, ☎04.93.85.51.20).* Cet endroit intègre tout d'une manière insolite, et ça va de la brocante classique jusqu'à l'art contem porain.

Vous ne devriez pas quitter Nice sans acheter un bidon d'huile d'olive extra-vierge chez **Al ziari** *(14 rue Saint-François-de-Paule, ☎04.93.85.76.92).* Ce magasin, où l'accueil chaleureux est à l'ordre du jour, propose aussi toute une variété des meilleures olives du monde ainsi que de miels.

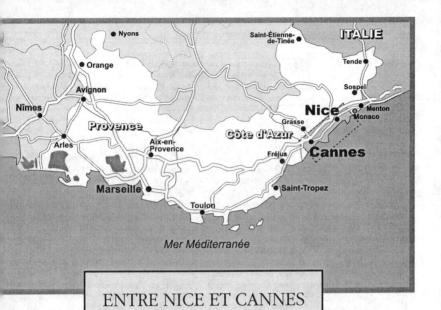

# ENTRE NICE ET CANNES

Cette partie de la Côte d'Azur (entre Nice et Cannes ★★★) est évocatrice non seulement du faste et de l'opulence, mais aussi de paysages d'une beauté naturelle où baigne une grande spiritualité dès qu'on s'éloigne le moindrement de la côte. Mais cette région se distingue surtout par sa grande force artistique et culturelle. Au-delà du mythe mondain, nourri par de grands événements – on pense tout de suite au festival de Cannes! –, ce lieu demeure un endroit exceptionnel où l'âme peut flotter librement entre vagues nostalgiques et images paradisiaques. C'est pourquoi nombre d'artistes illustres s'y sont établis et ont laissé derrière eux un héritage artistique et culturel d'une énorme richesse.

Mais si le meilleur existe, le pire n'est pas loin! Cette région, encore peu développée au début du siècle, a connu une urbanisation et une poussée immobilière exagérées qui ont produit une infrastructure routière difficile à gérer. Pour répondre aux besoins d'un plus grand nombre de routes, la région, le département et les communes se sont vu obliger de sacrifier plusieurs paysages sauvages.

Malgré la création de nouvelles routes, certaines de celles-ci, comme la N98, route principale qui relie Nice à Cannes par le bord de mer, demeurent impraticables pendant certaines heures en juillet et en août. La circulation est tellement dense qu'on y avance à peine. D'énormes bouchons de circulation se créent, et il fait alors extrêmement chaud.

Alors, ne commettez pas de bêtises regrettables : évitez les heures d'affluence routière – normalement entre 10h et 13h et entre 17h et 20h – sur les routes principales qui mènent à la mer.

Mais ne dramatisons pas : cette région est magnifique et regorge de beautés naturelles et culturelles. De plus, on y mange bien! Il existe encore une Côte d'Azur pleine de charme, pleine de grâce, qui offre beaucoup d'endroits intéressants à visiter. Bien qu'a priori elle soit plus accessible, la «vraie» Côte ne se révèle qu'à certains – ceux pour qui le plaisir est une perpétuelle recherche..., tel que l'affirme le Comité régional du tourisme de Nice *(55 promenade des Anglais, ☎04.93.37.78.78, ⌐04.93.86.01.06)*.

Il faut bien sûr avoir l'envie de s'émouvoir à la vue des bijoux architecturaux, prendre le temps d'examiner les vieilles pierres, parcourir les musées pour y découvrir des artistes, sur lesquels le pays a souvent laissé son empreinte indélébile. Mais ça peut rester à un niveau beaucoup plus simple, comme s'arrêter dans un petit village de l'arrière-pays, où les contacts avec les gens sont plus faciles et vrais, et où la nature occupe une place de premier choix.

## POUR S'Y RETROUVER SANS MAL

### En avion

Se référer au chapitre «De Nice à Menton», p 263. Vous y trouverez tous les renseignements nécessaires. À l'aéroport, il existe un réseau important de transport qui vous mènera dans la ville ou le village de votre choix.

### En voiture

L'autoroute A8 relie Nice à Cannes et constitue le chemin le plus rapide. On peut accéder à l'autoroute près de l'aéroport de Nice. Si vous n'êtes pas pressé, la N98 suit le bord de mer. Sinon la N7, en partie élargie à quatre voies, se veut plus rapide. Ces deux routes vous conduiront de Nice à Cannes en passant par Cagnes-sur-Mer, Antibes et Juan-les-Pins. On trouvera aussi des indications pour se rendre dans l'arrière-pays proche (Cagnes-sur-Mer, Vence, Mougins, Grasse, etc.) à partir de ces trois routes.

Pour aller dans l'arrière-pays profond (Digne, les stations de ski, le Mercantour occidental, etc.), suivez la route nationale N202 en direction de Digne et de Grenoble. Cette route est accessible près de l'aéroport de Nice.

### En train

De nombreuses liaisons quotidiennes desservent le bord de mer entre Nice et Cannes via Saint-Laurent-du-Var, Cagnes-sur-Mer et Antibes. Pendant l'été, un train dont la fréquence tient plus du métro assure la liaison entre les multiples stations balnéaires. De plus, à partir de ces gares, on a accès à un réseau de bus qui mènent dans l'arrière-pays. Pour connaître les horaires des trains et des bus qui desservent les gares, téléphonez au service de renseignements des **gares SNCF**, dont vous trouverez les numéros de téléphone dans la section «Renseignements pratiques» des villes et villages concernés.

Pour aller à **Digne-Les-Bains** (à 150 km de Nice), il existe quelques liaisons quotidiennes en partance de Nice. Le train dessert aussi

Colomars-La Manda, Castagniers, Sai Martin-du-Var, Villars-sur-Var, Touët-sur-V Puget-Théniers, **Entrevaux** (village très à trayant), Annot, Saint-André-les-Alpes et B rème. Trois liaisons quotidiennes garantisse également votre retour *(renseignements ☎04.93.82.10.17)*.

**Nostalgique des trains anciens?** Alors, conta tez le Groupe d'études pour les chemins fer de la Provence (GECP) ☎04.93.05.04.82. Cette association met service un train à vapeur entre mai et se tembre la fin de semaine.

### En bus

Il s'y trouve un réseau important de bus et cars qui assurent de nombreuses liaison Informez-vous auprès des gares routières offices de tourisme des villes et villages. Le numéros de téléphone figurent dans la sect suivante.

## RENSEIGNEMENTS PRATIQUE

### Cagnes-sur-Mer

**Offices de tourisme**

6, bd du Maréchal-Juin ☎04.93.20.61.64

20, av. des Oliviers, Cros-de-Cagnes ☎04.93.07.67.08

**Gare SNCF**

☎04.93.87.30.00 ou 08.36.35.35.35 (information et vente)

**Location de motos et bicyclettes**

3 rue du Logis, ☎04.93.22.55.85

### Vence

**Office de tourisme**

8, place du Grand-Jardin, ☎04.93.58.06.3

aint-Tropez et sa baie magnifique, l'une des scènes les plus charmantes de toute la Côte d'Azur. - *Reflexion*

La cathédrale Saint-Sauveur d'Aix-en-Provence, qui arbore un mélange de styles : une partie romaine, un baptistère octogonal, une nef gothique provençale et une nef baroque. - *Tibor Bognar*

## Saint-Jeannet

### Syndicat d'initiative

entre du village, ☎04.93.24.73.83 *(été jeu-* *un 9h30 à 12h30 et 15h à 19h)*

## Saint-Paul-de-Vence

### Office de tourisme

, rue Grande, ☎04.93.32.86.95 *eu-mar 10h à 12h et 14h à 18h)*

## Villeneuve-Loubet

### Office de tourisme

ue de l'Hôtel de Ville, ☎04.93.20.20.09

## Biot

### Office de tourisme

, place de la Chapelle, ☎04.93.65.05.85

## Antibes

### Office de tourisme

1, place du Général-de-Gaulle
☎04.92.90.53.00, ≈04.92.90.53.01 *(lun-ven* *h à 12h et 14h à 18h et sam matin; été tlj* *h à 20h sauf sam matin)*

### Gare SNCF

v. Robert-Soleau *(sortie Antibes direction* *ice, derrière le port Vauban)* 04.93.87.30.00 ou 04.92.91.71.16 nformation : trains et hôtels)

### Gare routière

ue de la République, près de la place du énéral-de-Gaulle

Notez que les bus pour Nice, Cannes, Juan-les-Pins et Cagnes-sur-Mer partent de la place du Général-de-Gaulle.

## Juan-les-Pins

### Maison du tourisme

Avenue Amiral Courbet, ☎04.92.90.53.05

## Vallauris

### Syndicat d'initiative

Av. Georges Clémenceau, ☎04.93.63.82.58

## Cannes

### Office de tourisme

Bureau de la place de la Gare
☎04.93.99.19.77

Palais des Festivals, bd de la Croisette
☎04.93.39.01.01

### Gare SNCF

Information et vente (ligne directe)
☎08.36.35.35.35

Horaires (ligne vocale), ☎08.36.67.68.69

État du trafic, ☎04.93.87.30.00

### Gares routières

À côté de la gare SNCF : ☎04.93.39.31.37 pour les bus qui partent vers Grasse, Mougins, Golfe-Juan et Vallauris.

Place de l'Hôtel de Ville : ☎04.93.39.11.39 pour se rendre à Juan-les-Pins, Antibes, Nice, Saint-Raphaël et Vallauris.

### Société des transports urbains

Place de l'Hôtel de Ville, ☎04.93.39.11.39. Il y a 11 lignes de bus urbains.

**Commissariat central**

15, av. de Grasse, ☎04.93.39.10.78

**Location de voitures**

AVIS (Gare SNCF)
☎04.93.39.26.38, ☎04.93.21.44.53

EUROPCAR
En ville et palis de festival, ☎04.93.06.26.30
Aéroport Mandelieu, ☎04.93.90.40.60

**Poste principale**

22, rue du Bivouac-Napoléon
☎04.93.39.13.16

**Location de bicyclettes**

5, rue Allieis (près de la gare SNCF)
☎04.93.39.46.15

**Navette pour les îles de Lérins**

Au port, à côté du palais des Festivals
☎04.93.39.11.82

## Mougins

**Syndicat intercommunal**

121, chemin Campelières, ☎04.93.45.68.94

## Grasse

**Office de tourisme**

22, cours Honoré Cresp, ☎04.93.36.03.56

## Cabris

**Office de tourisme**

☎04.93.60.55.63

## Entrevaux

**Syndicat d'initiative**

À l'entrée de la vieille ville, par le pont-levi
☎04.93.05.46.73

## Valberg

**Office de tourisme**

☎04.93.23.24.25

## Isola 2000

**Office de tourisme**

☎04.93.23.15.15

**École du ski français**

☎04.93.23.11.78

**Isola Locations**

☎04.93.23.14.07 pour louer un hôtel ou u
appartement.

## Auron

**Office de tourisme**

Immeuble La Ruade, ☎04.93.23.02.66

**École du ski français**

☎04.93.23.02.53

## Digne-les-Bains

**Office de tourisme**

Le Rond-Point, place Tampinet,
☎04.92.31.42.73

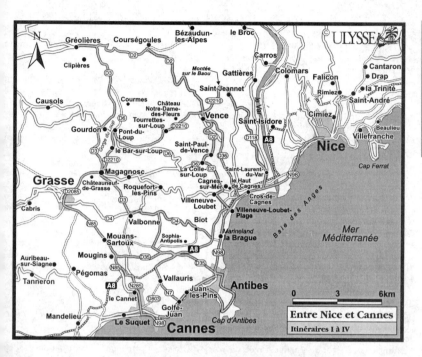

## ATTRAITS TOURISTIQUES

Pour bien explorer les beautés naturelles de cette région, également riche culturellement, il faut compter une bonne semaine, surtout si vous désirez jouir des possibilités de randonnées magnifiques que propose l'arrière-pays profond en été. En hiver et au début du printemps, on peut y faire du ski à Isola 2000, Valberg ou Auron. Et pourtant tout cela n'est qu'à une heure et demie de Nice. Inoubliables sont les jours de mars et d'avril quand, après avoir fait du ski toute la journée dans les préalpes, on revient sur la Côte pour plonger dans le printemps fleuri.

Vu le nombre important de villages et de sites magnifiques qui méritent une visite à cause de leur richesse historique et culturelle, il n'est pas facile de composer un itinéraire fixe. Tout dépend des choix qu'on fait en matière d'hébergement, puisqu'on peut à la limite opter pour un seul endroit, en raison des courtes distances entre les sites à visiter. L'hébergement sur la Côte est très différent (et plus cher) de celui qui existe dans l'arrière-pays proche ou profond. Cela dépend de vos goûts et intérêts personnels. Pour mieux organiser votre séjour dans cette région, nous vous proposons donc quelques itinéraires qui pourraient répondre plus adéquatement à vos préférences. Ces circuits, au départ de Nice ou de Cannes, se concentrent essentiellement sur les endroits qui comportent un intérêt particulier et sont, bien sûr, plus faciles à effectuer lorsqu'on dispose d'une voiture.

**Itinéraire I : pour l'amateur de beautés et paysages naturels**

**Au départ de Nice : une journée, environ 130 km**

Saint-Jeannet *(prendre la N98, sortie Saint-Laurent-du-Var, puis la D118)*, Vence *(D2210)*, Coursegoules *(D2)*, Gréolières *(D2)*, Gourdon *(D3)*, Bar-sur-Loup *(D2210)*, Tourrettes-sur-Loup, Vence, Saint-Paul-de-Vence *(D2)*, La Colle-sur-Loup, Cagnes-sur-Mer, Nice.

**Au départ de Cannes : une journée, environ 130 km**

Mougins *(par la N285)*, Grasse *(N85)*, Châteauneuf-de-Grasse *(D2085)*, Gourdon *(D3)*, Coursegoules *(D2)*, Vence *(D2)*, Saint-Paul-de-Vence *(D2)*, La Colle-sur-Loup, Haut-de-Cagnes, puis l'autoroute A8 jusqu'à Cannes.

### Itinéraire II : pour l'amateur d'art et d'histoire

**Au départ de Nice : une journée, environ 60 km**

Haut-de-Cagnes *(prendre la N98, puis l'autoroute A8, sortie Vence, faire environ 7 km en direction de Vence pour ensuite prendre la D36)*, Vence *(D36)*, Saint-Paul-de-Vence *(D2)*, La Colle-sur-Loup *(D2)*, Biot *(par l'autoroute A8)*, Antibes *(N98)*, Vallauris *(N7)* et retour à Nice par l'autoroute A8.

**Au départ de Cannes : une journée, environ 100 km**

Grasse *(N285)*, Gourdon *(via Châteauneuf-de-Grasse D2085 et D3)*, Bar-sur-Loup, Tourrettes-sur-Loup *(D6)*, Vence, Saint-Paul-de-Vence *(D2)*, La Colle-sur-Loup *(D2)*, ajouter éventuellement Haut-de-Cagnes avant de reprendre l'autoroute A8 vers Cannes.

### Itinéraire III : pour l'amateur d'art contemporain

**Au départ de Nice : une journée, environ 120 km**

Haut-de-Cagnes *(voir itinéraire II)*, Vence *(ensuite la D2210, direction château Notre-Dame-des-Fleurs)*, Saint-Paul-de-Vence *(retourner à Vence et prendre la D2)*, La Colle-sur-Loup *(D2)*, Biot *(par l'autoroute A8)*, Antibes *(N98)*, Cannes *(N7)*, Mougins *(N285)*, Mouans-Sartoux, puis retour vers Nice par la D32 et la A8.

**Au départ de Cannes : une journée, environ 100 km**

Mougins *(N285)*, Mouans-Sartoux, Antibes *(D35)*, Biot *(N98 vers Cagnes-sur-Mer puis D4)*, La Colle-sur-Loup *(A8 puis D6 direction Saint-Paul)*, Saint-Paul-de-Vence, Vence *(D2 et D2210 direction château Notre-Dame-des-Fleurs)*, Haut-de-Cagnes *(revenir à Vence et prendre la D36 jusqu'au panneau)*, retour à Cannes par la A8.

### Itinéraire IV : pour les familles

**Au départ de Nice : une journée, environ 50 km**

Haut-de-Cagnes *(voir itinéraire II)*, Marineland, La Brague *(N98 direction Antibes, près de Biot)*, Biot *(D4)*, Antibes *(N98)*, baignade Antibes ou Juan-les-Pins, retour sur Nice *(A8)*.

**Au départ de Cannes : une journée, environ 40 km**

Vallauris *(D803)*, Golfe-Juan, Juan-les-Pins, Antibes *(arrêt à la plage)*, Marineland-La Brague *(environ 5 km d'Antibes en direction de Cagnes-sur-Mer sur la N98)*, retour par l'autoroute A8.

Enfin, les amateurs de plages, d'activités sportives ou de randonnées devraient consulter de plus près la section «Activités de plein air», p 245.

### Itinéraire V : circuit dans l'arrière-pays profond

Les **gorges de la Vésubie**, Utelle, Madone d'Utelle, Lantosque, Saint-Martin-Vésubie, Saint-Dalmas, Saint-Sauveur-de-Tinée, Beuil, puis descendre par les **gorges du Cians ★★** ou par Valberg et les **gorges de Daluis ★**, terminer par **Entrevaux**.

## Cagnes-sur-Mer

L'agglomération de Cagnes-sur-Mer se partage en trois parties : **Le Cros-de-Cagnes** (l'ancien village de pêcheurs devenu une station touristique et balnéaire avec un centre nautique et un hippodrome de renommée internationale), **Cagnes-centre** (ville nouvelle inintéressante pour les touristes) et **Haut-de-Cagnes ★★** (l'ancien village sur la colline dominée par son château. À l'époque romaine, Cagnes-sur-Mer était fort habitée. Au Ve siècle, des moines venus de Lérins y ont fondé un monastère. Haut-de-Cagnes fut construite pour se protéger des attaques des Sarrasins et devint par la suite un château fort sous l'égide d'un membre de la famille des Grimaldi. Il fut ensuite dévasté sous Charles Quint. En 1625, Jean-Henri Grimaldi en fit une belle demeure qui mêlait les styles de la Renaissance et du baroque.

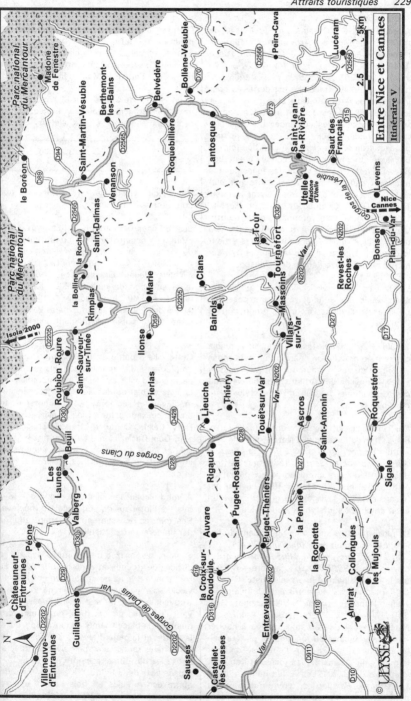

Entre Nice et Cannes
Itinéraire V

Aujourd'hui, le château abrite le **Musée de l'Olivier** et le **Musée d'Art moderne méditerranéen** ★★ *(droit d'entrée; été mer-lun 10h à 12h et 14h30 à 19h, hiver 10h à 12h et 14h à 17h; ☎04.93.20.85.57)*. À l'intérieur, la partie la plus spectaculaire est certes la cour intérieure ouverte sur trois étages, reliés par un escalier monumental. On peut aussi admirer dans la salle des audiences un beau plafond à fresques peint dans le style postraphaélique du XVIe siècle. L'ancien boudoir est consacré aux portraits de la célèbre chanteuse Suzy Solidor. On peut y voir des toiles peintes entre les années trente et soixante par plusieurs de ses amis peintres, parmi lesquels figurent Dufy, Cocteau, Kisling et Picabia. L'ensemble est assez étonnant, car il montre plusieurs styles de peinture différents. De plus, chaque année, pendant l'hiver s'y tient le Festival international de la peinture, qui décerne des prix sous l'égide de l'Unesco.

Le Musée de l'Olivier occupe le rez-de-chaussée et les sous-sols. On y expose des outils anciens qui servaient à la production de l'huile d'olive.

La **place du Château** est un endroit agréable qui invite à prendre un apéro ou un petit repas dans l'un de ses restaurants. On peut aussi y visiter la **maison des Artistes**, où l'on présente des expositions de peintures de style et de goût différents.

Sur une placette, en contrebas de la forteresse Grimaldi, la **chapelle Notre-Dame-de-Protection** ★ *(mer-lun 14h30 à 17h, été jusqu'à 18h; fermé ven après-midi)* renferme des fresques aux couleurs chatoyantes qui datent de 1530. Elles ont été découvertes, un peu par hasard en 1936, par le curé qui remarqua un éclat de chaux sur la voûte de l'abside.

La placette offre aussi une vue splendide sur le **domaine Renoir** ★★ *(mer-lun 10h à 12h et 14h à 17h, été jusqu'à 18h; fermé mi-oct à mi-nov; ☎04.93.20.61.07)*, acheté en 1907 par le célèbre peintre impressionniste. C'est là qu'il a terminé sa vie, après avoir bourlingué à Magagnosc, Le Cannet, Villefranche, Cap-d'Ail, Vence, La Turbie, Biot, Antibes et Nice... L'esprit de l'artiste continue à habiter ce jardin enchanté où règnent les oliviers millénaires et les orangers. À l'intérieur, on peut admirer une dizaine de ses toiles, et l'on peut visiter son atelier. C'est là que Renoir a peint *Les Grandes Baigneuses*, œuvre que le maître considérait être l'aboutissement de son art.

D'autres peintres ont aussi laissé leurs empreintes à Haut-de-Cagnes : Ziem, Foujita, Soutine et Valta. Sans oublier les écrivains et les vedettes qui ont été attirés par ce très beau site : Simenon, Mouloudji, Bardot, etc.

Enfin, autour de Cagnes-sur-Mer, vous pouvez effectuer de jolies balades à pied, comme celle qui mène aux Hautes Collettes.

## Vence ★★

Vence, cité médiévale, cité d'art et de tradition, rime avec Provence...

Ses origines remontent à l'Empire romain. «Vintium» occupait alors le cœur d'une région où les cultures pastorales étaient prospères. Au Moyen Âge, cependant, Vence dut s'incliner devant Grasse à cause de la meilleure situation de celle-ci. Elle est toutefois restée un évêché jusqu'à la Révolution. Alexandre Farnèse, le futur pape Paul III, y siégé comme évêque pendant plusieurs années.

Cette ville a gardé un charme particulier. Sur un plateau à 325 m d'altitude, les petites rues de la vieille ville avec ses innombrables marchands et bistros, les portes de son enceinte médiévale et ses fontaines lui confèrent une ambiance séduisante. Gide, Valéry, Soutine, Dufy, Céline, Cocteau, Matisse, Chagall, Cazou, Dubuffet et bien d'autres y ont séjourné. De nos jours, la ville connaît une vie artistique intense grâce à ses galeries d'art, expositions et concerts.

À vol d'oiseau, la vieille ville prend une forme ovale à l'intérieur de son enceinte médiévale. Ses toitures ravissantes contribuent à lui garder un caractère particulier.

Si vous disposez d'une voiture, il peut être difficile de trouver un endroit où la garer, surtout pendant la haute saison. On entre dans la vieille ville par une des trois portes qui se trouvent à l'est, au sud et à l'ouest. En suivant l'une des petites rues, on tombe forcément sur la place Clémenceau, où se trouvent la mairie et la **cathédrale** ★. Cet édifice, dont les origines romanes se perçoivent à travers la nef et les bas-côtés, remonte au XIe siècle. La façade date de la fin du XIXe siècle. L'intérieur abrite des retables en bois doré à colonnes torses, de nombreux trésors liturgiques (notamment une châsse du XVIe siècle offerte ar le pape Paul III) et une superbe mosaïque de Chagall : *Moïse sauvé des eaux*. Si vous avez la chance, visitez les tribunes. On peut les visiter uniquement avec un guide *(mar et jeu 10h à 11h30 et 15h à 16h30)*. Les stalles, de style gothique, sont en chêne et en poirier, et datent du XVe siècle. Elles ont été restaurées au XIXe siècle.

À l'entrée ouest de la vieille ville, sur la place du Frêne, vous pouvez visiter le **château de Villeneuve/Fondation Hugues ★** *(droit d'entrée; mar-dim été 10h à 12h et 15h à 19h, hiver 10h à 12h et 14h à 18h; ☎04.93.24.24.23)*. Ce musée entièrement rénové était, à l'époque, la demeure des seigneurs de Villeneuve. Il offre des espaces lumineux utilisés pour des expositions temporaires. Une partie du musée est consacrée aux œuvres produites, lors de séjours à Vence, par des artistes comme Matisse, Dufy, Chagall, Dubuffet, etc.

---

## Les environs de Vence

---

Sur la route de Saint-Jeannet, la **chapelle du Rosaire, dite Matisse ★** *(droit d'entrée; mar et jeu 10h30 à 11h30 et 14h30 à 17h30, fermé début nov à mi-déc)* englobe un ensemble artistique que Matisse a considéré comme «son chef-d'œuvre malgré toutes ses imperfections». Terminée en 1951, cette chapelle est un cadeau de Matisse aux sœurs dominicaines qui l'avaient si bien soigné alors qu'il souffrait de fatigue. La chapelle est d'une grande simplicité : *«Des couleurs simples peuvent agir sur le sentiment intime avec autant plus de force qu'elles sont simples»* (Matisse). On y est surtout fasciné par le jeu des lumières. Les vitraux reprennent symboliquement le cactus à palettes garnies représentant «l'arbre de vie». Les décors en céramique sont faits de briques peintes à l'encre et au pinceau, et qui ont été ensuite émaillées. Sur les murs de céramique blanche, on peut enfin admirer le conventionnel chemin de croix, dont le peintre a su exprimer tout le drame et la tourmente.

Sur la route de Grasse, vous trouverez des indications qui vous conduiront au **château Notre-Dame-des-Fleurs ★★** *(droit d'entrée; lun-sam 11h à 19h, fermé nov; ☎04.93.24.52.00)*. Ce site magnifique est récemment devenu une fondation sous l'égide des propriétaires de la «Galerie Beaubourg» de Paris. Avant d'atteindre le château, on doit d'abord traverser un jardin de sculptures réalisées, pour la plupart, par des artistes de l'école de Nice (Klein, Arman, César, Ben, etc.), mais aussi par d'autres plasticiens illustres, comme Niki de Saint-Phalle, Stellas, Spoerri et bien d'autres. L'intérieur abrite d'immenses espaces où sont exposées une multitude d'œuvres d'artistes que les propriétaires ont côtoyés et lancés au cours des 25 dernières années. En plus des artistes dont on retrouve les œuvres dans le jardin, on peut y voir des Vols, des Boisrond, des Combas, des Villeglé, des Dado, etc. L'ancienne chapelle romane abrite des sculptures mécaniques de Jean Tinguely, décédé en 1992. Les vitraux ont été réalisés par Jean-Pierre Raynaud. L'ensemble rend un superbe hommage aux artistes du néoréalisme français et international. Il est d'ailleurs possible d'y acheter des œuvres d'art ou bien un simple souvenir dans la boutique.

### Saint-Jeannet ★

Voulez-vous vous dépayser sans faire trop de route, flâner dans un ancien village superbement accroché au pied de son célèbre rocher : le Baou de Saint-Jeannet? Alors, ne ratez pas cette petite excursion à 7 km de Vence (ou à 20 km de Nice). Lorsqu'on arrive au vieux village, on doit laisser sa voiture dans le stationnement (surveillé dès la tombée du jour) et continuer à pied car la circulation y est difficile. En vous promenant à travers les ruelles étroites du village, vous devriez facilement trouver le magnifique lavoir, situé en contrebas d'une placette, à laquelle on arrive par un très bel escalier. Il y a un endroit, cependant, qu'il faut absolument voir : la **place sur le Four**. On y accède par un petit passage très étroit situé derrière l'église. Cette place est vraiment charmante et s'ouvre sur un panorama magnifique qui embrasse Nice et la mer. Cette partie du village, tout en descendant, est aussi la plus ancienne et est composée d'escaliers et de ruelles tortueuses très pittoresques.

Mais avant de quitter le village, il faut obligatoirement s'arrêter chez le boulanger-pâtissier Roatta, sûrement l'un des meilleurs de la région. Vous pourrez même y acheter de quoi faire un petit pique-nique en haut du Baou.

La **montée sur le Baou ★★** *(dénivellation de 400 m; compter environ trois heures aller-retour)* s'effectue par un petit sentier qui part du village. Le mot provençal «Baou», souvent utilisé pour désigner des rochers dans la région, vient du mot «précipice». Le sommet, endroit aux allures un peu désertiques, se trouve à 800 m d'altitude. C'est un endroit qui aurait été digne du *Zarathoustra* de Nietsche. On y jouit d'une vue magnifique sur le village, sur le Baou de la Gaude et sur la mer. Il est un peu dommage que les collines environnantes aient connu un développement croissant pendant les dernières années. La vue reste tout de même spectaculaire, englobant les collines qui s'étalent derrière Nice, et permet de percevoir le cap d'Antibes.

Il existe un deuxième chemin pour monter jusqu'au sommet. Ce parcours intéressera les plus sportifs. Il gravit directement la face abrupte du Baou et est donc plus à pic. Il reste quand même assez accessible, car il ne nécessite aucun équipement spécialisé.

Il n'est guère étonnant que Saint-Jeannet et son Baou aient été une source d'inspiration pour des peintres comme Poussin, Carzou et Chagall, ni qu'il ait attiré des esprits distingués comme Ribemont-Desaignes (l'un des fondateurs du mouvement dada et du surréalisme), le grand collectionneur d'art Tzara et le musicien Kosma, qui nous a laissé l'inoubliable *Les Feuilles mortes*, chanté par les plus grands de la chanson.

### Saint-Paul-de-Vence ★★

Il est difficile de croire aujourd'hui qu'un village comme Saint-Paul ait pu connaître autrefois toute l'intimité et la vie populaire quotidienne «normale» d'un village comme Saint-Jeannet. C'est pourtant bien vrai! Mais sa beauté remarquable en a fait un arrêt obligatoire pour tous les touristes qui visitent la région. Et bien sûr, la renommée a un prix! Alors pour en apprécier encore plus le charme naturel de son site, venez tôt le matin, avant l'arrivée des cars touristiques, ou vers la fin de la journée pour admirer le coucher de soleil.

Malgré son côté «trop touristique», ce village mérite bien sa renommée. Situé sur un plateau légèrement rocheux, il nous conquiert par sa beauté harmonieuse, surtout à partir de la route qui vient de La Colle-sur-Loup. Un des plus beaux villages du monde? C'est sûrement vrai!

La plus ancienne mention du nom de ce village date de 1016, alors que la «communauté» était franche de servage et d'impô féodaux. En 1536, François Ier a ordonné l construction des remparts qui entourent l ville, dans le but d'en faire une place fort importante pouvant s'opposer à Nice, de plu en plus puissante. Plus tard, lorsque la vill perdit tout rôle stratégique, Saint-Paul véc pendant de longs siècles au rythme d'ur existence pastorale, selon le modèle de la v qui existait à l'intérieur d'une cité médiéval Il y régnait un art de vivre où les coutume locales, les fêtes et le provençal, langue pr tiquée, étaient aussi soigneusement préservé que l'or.

À partir de 1925, des peintres, des poètes des écrivains parmi les plus illustres y séjou nèrent ou s'y installèrent, sûrement séduit par la beauté intacte du site!

Après la guerre, ce fut au tour des acteurs d cinéma, qui descendaient à la Colombe d'O à l'entrée du village : Simone Signoret et Yve Montand, lui, jouant à la pétanque sur l grande place à l'entrée, Marcel Carné et Pr vert, pour n'en nommer que quelques-un Enfin, les peintres Tobiasse et Blais, qui y pe gnaient.

Tout de même, la vie sociale n'a pas comple tement basculé vers une monoculture qui n soit qu'artistique et touristique. Encore a jourd'hui, les agriculteurs constituent pre que un tiers de la population active. Cela aid sûrement Saint-Paul à conserver une partie d son charme.

*La visite commence à partir de la grand place.*

La **Rue Grande** traverse la ville d'un bout l'autre. Elle est exclusivement piétonnière exhibe des immeubles aux façades de pier qui datent des XVIe et XVIIe siècles, dont l beauté nous rappelle la prospérité dont cett ville jadis profitait. Les rez-de-chaussée loge des magasins de souvenirs, des atelie d'artisans et des galeries d'art.

Vous traverserez plusieurs placettes, do celle qui expose sa magnifique **Grande Fo taine ★★**, objet de milliers de photos. Vous verrez la noble **collégiale ★** (description dessous), le **Campanile** et l'ancien **Donjon se gneurial**, qui abrite aujourd'hui la mairie, **chapelle des Pénitents** et la **Tour des Rem parts**. À l'autre bout du village, se trouve cimetière où repose le peintre Chagall. O voudra terminer sa visite en se promenant ong des remparts. On y profite de magnifiques points de vue sur les collines et la mer.

La collégiale de la Conversion-de-Saint-Paul ★ a été construite au XIIIᵉ siècle, mais a subi plusieurs remaniements par la suite. Le chœur de style roman en représente la partie la plus ancienne. Le clocher date de 1740. Il faut noter la chapelle Saint-Clément, à la riche décoration en bleu et blanc. Enfin, le tableau *Sainte Catherine d'Alexandrie*, à gauche en entrant, est attribué à Tintoret.

Le trésor de l'Église ★, parmi les plus riches et les plus beaux des Alpes-Maritimes, détient un *ciborium* remarquable.

De l'entrée du village, on peut effectuer de petites promenades sympathiques sur les collines qui se trouvent au nord de la Poste. Un de ces chemins, qui se dirige vers l'ouest, vous mènera au domaine forestier de la Fondation Maeght.

La Fondation Maeght ★★★ *(40 F; été 10h à 19h, hiver 10h à 12h30 et 14h30 à 18h; ☎04.93.32.81.63)* est un lieu magnifique grâce à l'osmose parfaite qui existe entre l'environnement, l'architecture et l'art. Elle a été créée en 1964 sur l'initiative du couple Marguerite et Aimé Maeght, marchands d'art. Elle a été inaugurée par André Malraux, illustre ministre des Affaires culturelles sous le président De Gaulle. Les Maeght ont travaillé de près avec Josep Lluis Sert, architecte catalan, et leurs amis artistes, parmi lesquels on retrouve Miró, Braque, Calder et Chagall.

On accède au musée en traversant d'abord un petit parc où se mêlent pins et sculptures. Grâce à leurs grandes vitrines, les salles d'exposition forment un ensemble qui s'intègre harmonieusement avec les jardins et les terrasses. De plus, un peu partout à l'intérieur, des dômes vitrés assurent une profusion de lumière naturelle.

Les jardins recèlent un ensemble de statues de Giacometti (pas toujours exposées), un labyrinthe de sculptures et céramiques conçu par Miró, des sculptures «mobiles» de Calder, une mosaïque de Chagall et des vitraux de Braque – qui a fait l'objet d'une grande rétrospective en 1994. Enfin, une petite chapelle très sobre et plusieurs bassins d'eau apportent une dimension spirituelle et un peu de fraîcheur à cet endroit de rêve.

Chaque année, cet endroit est le site d'importantes expositions. Les catalogues, affiches et gravures, en vente dans la belle petite librairie, nous remémorent les hommages qui ont été rendus au cours des dernières années à des artistes tels que Dubuffet, Max Ernst, Fernand Léger, Nicolas de Staël, etc. La collection permanente comporte des œuvres de Bonnard, Kandinsky, Matisse, Hartung, Klee, etc. Parmi les œuvres plus récentes, on compte celles de l'artiste québécois Jean-Paul Riopelle, Tapiès, Paul Bury et Tal-Coat.

L'endroit est aussi l'hôte de diverses manifestations artistiques et musicales. Les amateurs et les professionnels du domaine de l'art contemporain peuvent également consulter le centre de documentation, qui met à leur disposition films, livres, revues, catalogues, etc. Enfin, un petit bar-restaurant offre le service de restauration pendant l'été.

### La Colle-sur-Loup

À 3 km seulement de Vence, sur la route en direction de Villeneuve-Loubet, vous pouvez faire un bref arrêt dans ce village pour visiter les quelques beaux magasins d'antiquités. Les amateurs d'art contemporain voudront aussi s'arrêter à la galerie d'art Evelyne Canus. La propriétaire, très dynamique et joviale, est au courant de tout ce qui se déroule dans la région en matière d'art contemporain. Elle dispose elle-même d'une belle petite collection particulière de tableaux, sculptures et vidéos d'artistes résolument contemporains.

Autrefois, l'agriculture a connu une grande importance à La Colle : l'oranger, l'olivier et la rose à parfum, dont la production considérable lui a déjà mérité le titre de «Capitale de la rose à parfum».

### Villeneuve-Loubet

De même qu'à Cagnes-sur-Mer, on trouve à Villeneuve-Loubet un superbe ancien village dominé par son château médiéval, que Dante a évoqué dans *La Divine Comédie*. Les venelles et les escaliers grimpent avec «nonchalance» au milieu des balcons fleuris et des jolis porches.

Malheureusement, le paysage du bord de mer est gâché par le défilé de campings, motels, hôtels et restaurants de toutes sortes. Par contre, les amateurs de thalassothérapie peuvent profiter de deux centres qui les accueillent à la Marina Baie des Anges.

L'art culinaire vous intéresse? Vous aimez manger ou faire la cuisine? Alors, visitez le **Musée de l'art culinaire ★** *(10F; mar-dim 14h à 18h, été jusqu'à 19h, fermé nov; Fondation Auguste Escoffier, ☎04.93.20.80.51).* Il attire les gastronomes de tous les coins du monde, mais en particulier ceux du Japon. Après cette visite, dans un tout autre ordre, vous pouvez vous arrêter, à deux pas de là, au **Musée militaire** *(mar-dim 10h à 12h et 14h à 17h, fermé les jours fériés; place de Verdun, ☎04.93.22.01.56.*

Enfin, si vous aimez les espaces boisés, le parc de Vaugrenier étend ses 100 ha jusqu'à la mer. Très apprécié des pique-niqueurs.

## Les gorges du Loup (circuit) ★★★

Dans l'arrière-pays de Vence, vous pouvez effectuer un **superbe circuit** en voiture (ou en bicyclette si vous êtes sportif) qui vous conduira dans Les **gorges du Loup ★★★**. Cet itinéraire de 70 km, au départ et au retour de Vence, emprunte d'abord la route D2210 vers Tourrettes-sur-Loup, Bar-sur-Loup, jusqu'à Châteauneuf-de-Grasse, et ensuite la D3 vers Gourdon, Gréolières et Coursegoules. L'excursion se termine par la traversée du col de Vence (à 970 m d'altitude) à travers de magnifiques collines dénudées.

### Tourrettes-sur-Loup ★★

Après avoir vécu la tourmente des invasions par les Francs, les Huns, les Wisigoths et les Lombards, cet ancien village fut finalement entouré de remparts au Moyen Âge. Il n'en reste que deux portes, qui s'ouvrent sur la place de l'église, ainsi que le donjon du XIIIe siècle, qui loge aujourd'hui la mairie.

On dit que, depuis un siècle, l'ombre des oliviers de Tourettes a permis aux violettes de trouver un climat propice pour pousser. Grâce à l'importante culture de cette fleur – qu'on utilise pour la décoration, pour la distillation dans les parfumeries grassoises, et dans la fabrication de confiseries, en la cristallisant – Tourrettes se targue d'être «la cité des violettes».

Il fait bon flâner dans ce village ravissant. On y entre par une des deux portes qui s'ouvrent sur la place, pour en ressortir par l'autre – la Grand'Rue fait une boucle entre les deux portes. On y découvre de belles maisons romantiques, de nombreux magasins d'artisanat – qui appartiennent souvent aux artistes mêmes – et de nombreux restaurants sympathiques.

L'**église ★** du début XVe siècle, construite l'extérieur des remparts, présente, entre autres œuvres, des tableaux de l'école de Bréa. Enfin, si vous aimez les fresques naïves, arrêtez-vous un instant à la **chapelle Saint-Jean**, qui se trouve un peu à l'extérieur du village.

À Pont-du-Loup, situé entre Tourettes et Bar, vous pouvez visiter une confiserie artisanale (voir p 260).

### Bar-sur-Loup ★

Pendant l'Antiquité, les Ligures, les Celtes, les Gaulois et les Romains sont tous passés par là. Ces derniers érigèrent deux tombeaux à l'emplacement actuel du **château**. Une pierre gravée, provenant d'un de ces monuments, est scellée dans la base du clocher.

Le château a connu plusieurs destructions successives entre les IXe et XVe siècles, d'abord par les Sarrasins, puis par les Maures. Les deux tours qui flanquent le château datent des XIIIe et XVe siècles.

C'est dans ce village qu'en 1722 naquit l'amiral de Grasse, dont l'une des victoires navales a contribué à l'indépendance des États-Unis d'Amérique.

Le Bar offre une vue panoramique sur Gourdon, sur les gorges et la vallée du Loup. Ce village mérite une visite à cause du caractère d'authenticité qu'il a su garder. Les maisons très anciennes et accolées les unes aux autres, forment un rempart toujours visible. faut surtout visiter l'**église paroissiale Saint-Jacques le Majeur ★**, un monument de style gothique dont la construction se situe entre les XIIIe et XVe siècles. La porte principale de cette construction asymétrique – elle comporte deux nefs au lieu de trois – est surmontée d'une ogive et est flanquée de colonnes. Les panneaux sculptés de style gothique flamboyant sont l'œuvre de Jacotin Bellot, auteur des stalles de la cathédrale de Vence. À l'intérieur, derrière le maître-autel, se trouve un retable de l'école de Bréa. Au fond de l'église, sous la tribune, on peut admirer un tableau curieux : *La danse macabre*, peint au XV<sup>e</sup> siècle.

## Gourdon ★★

Gourdon et son hameau Pont-du-Loup forment un village pittoresque qui ne compte que 240 habitants. Votre attention sera, à coup sûr, captée par l'imposant **château ★** *(droit d'entrée; visite guidée, mer-lun)* du XIII<sup>e</sup> siècle, remanié au XVII<sup>e</sup> siècle. De pur style provençal, il a été construit autour d'une cour carrée flanquée de deux tours et d'un donjon dont la hauteur fut réduite pendant la Révolution. On y trouve une collection d'armes anciennes, une table de torture et une cellule d'isolement dans l'ancienne prison, d'anciennes peintures (françaises, flamandes, hollandaises et rhénanes) et, enfin, dans la chapelle, une statue de saint Sébastien, attribuée au peintre El Greco. Au premier étage, on a aménagé un musée de peinture naïve. Au XX<sup>e</sup> siècle, ce château a connu une succession de propriétaires. Sa dernière restauration remonte à 1972-1973.

De la **place Victoria ★★★**, on embrasse du regard un panorama grandiose sur toute la Côte, qui est d'une ampleur et d'une profondeur admirables et dont les couleurs changent selon l'heure du jour et la saison. De gauche à droite, on peut distinguer le cap Ferrat, Nice, l'embouchure du Var, Cagnes-sur-Mer, Antibes et son cap, Juan-les-Pins, les îles de Lérins, Cannes et le mont Chevalier, la Napoule, l'Estérel et les Maures. Plus près, on aperçoit l'immense vallée verdoyante traversée par le Loup : prairies, oliviers, orangers, cyprès. Un peu plus loin, on peut distinguer Mougins.

Les fervents du magasinage seront comblés. On trouve à Gourdon plusieurs établissements qui vendent des produits régionaux tels que pâtés, herbes de Provence, tapenade, fromage de chèvre, confitures, miels, etc.

## Gréolières ★

Gréolières est plantée à 820 m d'altitude sur un contrefort du Cheiron. L'**église**, qui date du XII<sup>e</sup> siècle, mais qui a été agrandie au XVI<sup>e</sup> siècle, abrite un retable peint par un artiste de l'école de Bréa à la fin du XV<sup>e</sup> siècle.

À 18 km, en suivant la route D2 puis la D802, on atteint Gréolières-les-Neiges, station de ski située à 1 450 m d'altitude (voir p 246). En été, on peut monter au sommet du Cheiron avec le télésiège.

## Coursegoules ★

Ancienne ville royale au XVII<sup>e</sup> siècle, le village a perdu de son importance depuis, en partie à cause son inaccessibilité. Paradoxalement, aujourd'hui, le vieux village présente un intérêt renouvelé à cause de sa situation. En effet, complètement perdu dans l'arrière-pays, ce village offre une oasis de calme à l'écart de la vie trépidante de la Côte. Plusieurs maisons ont ainsi été rénovées pour en faire des résidences secondaires.

Le village présente une belle unité architecturale de type défensif provençal et a su garder le charme et le caractère distinctifs des villages anciens. Profitez-en pour explorer ses ruelles et ses escaliers, et arrêtez-vous pour examiner les linteaux des portes, tous sobres mais différents.

L'**église Sainte-Marie-Madeleine**, de style roman du XII<sup>e</sup> siècle, fut restaurée en 1658 et renferme un retable attribué à Bréa. La **chapelle Saint-Michel**, située sur le sentier qui contourne le vallon de la Cagne, est même plus vieille. Elle date du XI<sup>e</sup> siècle.

Enfin, les environs peuvent faire l'objet de jolies balades, et l'on peut y découvrir une flore magnifique au printemps et en été.

De Cagnes-sur-Mer à Cannes

## Biot ★

Biot est réputée depuis toujours pour ses poteries. Déjà à l'époque romaine, la poterie y revêtait une importance particulière. «Bizoto», nom attribué à partir du XI<sup>e</sup> siècle, a connu de nombreuses périodes noires où se sont succédé dominations et guerres, mais surtout une peste ravageuse au XIV<sup>e</sup> siècle. À la fin du XV<sup>e</sup> siècle, alors que le site était presque abandonné, le roi René a favorisé son repeuplement en accueillant des familles italiennes venues d'Impéria, en Italie. À nouveau, l'agriculture et l'art de la poterie ont refait surface. Mais les épreuves ont continué, et Biot fut à nouveau ravagé par deux guerres au

XVIII<sup>e</sup> siècle. Heureusement depuis, elle semble connaître un épanouissement, et la population ne cesse de s'accroître.

L'**église** ★, reconstruite vers la fin du XV<sup>e</sup> siècle, a été plus ou moins épargnée par les deux guerres qui ont ravagé Biot au XVIII<sup>e</sup> siècle. La patronne de l'église trône sur le portail, qui date de 1638. Les grosses colonnes de la nef centrale sont encore celles de l'ancienne église, qui avait été bâtie par les Templiers en 1367. On y trouve deux beaux retables qui datent du XV<sup>e</sup> siècle, dont un, attribué à l'atelier de Ludovic Bréa, représente la «chrétienté agenouillée». La décoration baroque intérieure est du XVII<sup>e</sup> siècle.

La **poterie** est une tradition séculaire qui s'est perpétuée à Biot grâce à son territoire, qui recèle à la fois l'argile, le sable et la pierre à four. Jusqu'au début du XX<sup>e</sup> siècle, l'exportation des belles jarres a porté au loin la renommée de Biot. On reconnaît la vaisselle de Biot à son émail jaune paille marbré de vert et de brun. Mais il semble que les plus belles pièces jamais produites à Biot demeurent les fontaines d'appartement. Elles témoignent de l'habileté et d'une tradition, complètement disparue aujourd'hui, des artisans des XVIII<sup>e</sup> et XIX<sup>e</sup> siècles, à l'époque où la poterie y connaissait son apogée.

De grands artistes verriers, peintres, potiers, vanniers, céramistes et orfèvres se sont installés dans ce village. Leurs œuvres peuvent être admirées dans le **Musée d'histoire locale et de céramique biotoise** ★★ *(5 F; jeu, sam et dim 14h30 à 18h30; place de la Chapelle, ☎04.93.65.54.54).*

Si le verre vous intéresse, vous pouvez visiter la **Verrerie de Biot** ★ *(8h à 19h; chemin des Combes, ☎04.93.65.03.00),* qui se trouve au pied du village. Cette entreprise fait travailler environ 80 personnes.

Bien indiqué avant d'arriver au village, et à 3 km du bord de la mer, le **Musée Fernand-Léger** ★★★ *(30F, étudiant 20F; mer-lun 10h à 12h30 et 14h à 17h30, été jusqu'à 18h; ☎04.92.91.50.30)* fait partie des endroits qui doivent être visités à tout prix. Ce ravissant musée, consacré au grand peintre français (1881-1955), a été construit sur l'initiative de sa veuve dans un beau parc et fut agrandi à la fin de 1989. L'ensemble architectural a été conçu en fonction de la céramique polychrome monumentale qui domine la façade : 500 m² pour les 50 000 émaux scellés sous

des angles différents pour mieux refléter la lumière du soleil.

Deux étages de la galerie abritent l'œuvre du peintre, dont on peut suivre l'évolution, depuis le *Portrait de l'Oncle*, purement impressionniste, jusqu'à la toile qu'il peignait au moment de sa mort, passant par le développement du cubisme dans le style puissant qui lui est personnel. On peut ainsi y admirer le tableau *Les Constructeurs*, qu'il a peint en 1950 et qu'on considère comme son œuvre maîtresse. Ce tableau est un bon exemple du style «réalisme socialiste» dont on a caractérisé sa peinture. Frappé par le drame des deux guerres mondiales, Léger a voulu exprimer les causes du peuple, duquel il se sentait l'égal dans un univers de progrès technologiques.

## Antibes ★★★

La véritable histoire d'Antibes commence avec les Grecs, même si elle avait connu des traces de civilisation il y a 3 000 ans. C'est vers le IV<sup>e</sup> siècle av. J.-C. que les Grecs y fondèrent, sous le nom d'Antipolis – nom signifiant «ville d'en face» – un port d'arrêt entre la Corse et Massalia (Marseille). Par la suite devenue romaine en 43 av. J.-C., elle fut choisie comme emplacement de grandes constructions romaines : arc de triomphe, théâtre, amphithéâtre, forum, aqueducs et thermes. Plus tard, avec l'arrivée du christianisme, un premier évêque vint s'y installer en 442. Survirent huit siècles d'administration religieuse et Antiboul – son nouveau nom – devint cité épiscopale. Mais les invasions répétées de peuples barbares et les pillages meurtriers de Sarrasins qui ont sévi pendant cette période ont forcé la population à déserter la ville au IX<sup>e</sup> siècle et à s'enfuir dans l'arrière-pays pour n'en revenir qu'un siècle plus tard.

Avec le départ de l'évêque à Grasse, en 1236, Antibes perdit de son importance et connut une nouvelle administration plus démocratique. Ce n'est que vers la fin du XVI<sup>e</sup> siècle, sous le règne d'Henri III, qu'Antibes reprit de l'importance grâce à la construction du superbe **Fort Carré** ★★ – restauré en 1967, et qu'on aperçoit en venant de Nice et d'une grande enceinte avec bastions. Par suite, Henri IV acheta la cité aux Grimaldi en 1608 et en fit une cité royale et une puissante place forte grâce à sa position stratégique avantageuse. Malheureusement, les fortifications furent détruites en 1894.

À partir de 1920, la ville commença à se développer, et beaucoup d'artistes, écrivains et acteurs, ont séjourné dans ce superbe coin de la Côte : Guy de Maupassant, Georges Sand, Mistinguett, Rudolf Valentino, Max Ernst, Picasso, Prévert, Sidney Bechet, Nicolas de Staël, Hans Hartung, Scott Fitzgerald, Julien Greene, etc.

Aujourd'hui, Antibes et Juan-les-Pins ont été regroupées, en englobant Golfe-Juan, pour ne former qu'une commune unique, qui porte le nom de **Antibes-les-Pins** et qui compte plus de 80 000 habitants. Tandis qu'Antibes «vit» également en hiver, Juan-Les-Pins est plutôt désertique durant cette saison.

Plusieurs manifestations culturelles s'y tiennent. Au printemps, Antibes accueille un important salon d'antiquités. Pendant la première quinzaine de juillet, le **Chantier naval Opéra** ★★ accueille les amateurs d'opéra dans le cadre du festival Musique au cœur, et l'on peut normalement y entendre, entre autres artistes, la belle Wilhelmina Fernández. Sans oublier le Festival international de jazz, qui a lieu à partir de la mi-juillet.

On commence normalement la visite d'Antibes par une promenade dans le vieux port de plaisance, où les riches propriétaires exposent leurs bateaux de luxe. En longeant les remparts (quai Rambaud), on accède à une petite baie où se trouve une petite plage sableuse très sympathique. À côté, la porte Marine permet l'accès à l'ancienne ville, divisée en deux : la partie haute – emplacement des anciennes cités ligures, grecques et romaines – et la ville basse, où l'on trouve le marché. Lorsqu'on monte les rues en se dirigeant vers la mer, on gagne rapidement les remparts. On y jouit d'une vue magnifique sur le cap d'Antibes et sur le littoral qui s'étend vers Nice, derrière lequel le Mercantour pointe à l'horizon. Le «château Grimaldi», ancienne demeure épiscopale aujourd'hui devenue le **Musée Picasso** ★★★ *(20F; mar-dim 10h à 18h, hiver 10h à 12h et 14h à 18h; ☎04.92.90.54.20)*, n'est qu'à quelques pas de là. Ce musée doit son existence à un heureux hasard qui fit que le célèbre peintre rencontra le conservateur du château en 1946. On proposa alors au peintre d'en faire son atelier. Ainsi, pendant plusieurs mois, le célèbre peintre y créa une multitude d'œuvres. Ces œuvres, ainsi que d'autres de l'artiste qui ont été achetées ou acquises par donation, y ont exposées.

Les œuvres peuvent être groupées autour de trois thèmes dominants : les sujets mythologiques, les sujets inspirés de la vie quotidienne qui tournent autour des pêcheurs et des poissons et, enfin, les nus, de style cubique.

Le musée abrite aussi d'autres salles où l'on peut découvrir des œuvres de Fernand Léger, Modigliani, Picabia, Magnelli, Ernst et Hartung. Mais la salle la plus spectaculaire demeure celle consacrée à Nicolas de Staël qui expose, entre autres œuvres, l'immense tableau *Le Grand Concert*, son œuvre ultime avant qu'il se donne la mort à Antibes au milieu des années cinquante.

La terrasse qui fait face à la mer présente des sculptures de Calder, Miró, Arman et, enfin, Patrick et Anne Poirier, qui ont créé une sculpture qui incorpore des tonnes de marbre blanc avec des vestiges romains!

Pour terminer, ceux qui s'intéressent à la céramique peuvent y voir 150 céramiques réalisées par des potiers de Vallauris entre 1947 et 1949.

À coté du musée, vous pouvez visiter la **cathédrale** ★, qui réunit un ensemble d'époques et de styles très différents. Le chœur et le transept datent de 1125, mais la façade, récemment restaurée, date de 1751. Enfin, dans une des chapelles de droite, on peut découvrir un des derniers tableaux du grand peintre Ludovic Bréa, qu'il a peint en 1515.

Non loin sur le cours Masséna, se tient, tous les matins, un marché où les légumes, les fruits et les poissons rivalisent en saveur et en fraîcheur. Les rues avoisinantes constituent la ville basse.

Si vous empruntez la rue du Bas ou du Haut-Castelet, toutes deux très pittoresques, vous atteindrez la placette du Safranier. Vous devez savoir que cet endroit est assez particulier. En effet, cette placette constitue le cœur d'une toute petite commune quasi autonome dont la mairie est installée... dans le petit restaurant qui se trouve sur cette place.

Près du square Albert Ier, le bastion Saint-André abrite le **Musée d'archéologie** ★ *(6F; mar-dim 10h à 12h et 14h à 18h, fermé nov; ☎04.92.90.54.35)*. On y présente des vestiges de l'histoire passée d'Antipolis.

De là, vous pouvez ensuite longer les plages qui mènent vers l'entrée du cap.

## À proximité d'Antibes

À environ 4 km d'Antibes, direction Cagnes-sur-Mer (et à proximité de Biot), **Marineland** *(106F, 70F enfant; été 10h à 22h, hiver jusqu'à 18h, deux ou trois spectacles à partir de 14h30, juil et août spectacle nocturne à 21h30; ☎04.93.33.49.49)* amusera petits et grands avec ses spectacles qui mettent en vedette dauphins, otaries et phoques. De plus, les petits seront ravis de visiter l'aquarium.

Le site où se trouve Marineland est comme un immense parc d'attractions, car on y trouve, tout à côté, plusieurs activités pour divertir les enfants : **Adventure Golf** *(42F; été mer, sam et dim 14h à minuit)*, un endroit enchanteur pour les amateurs de minigolf grâce à son cadre exotique; **Aquasplash** *(85F, 72F enfant; mi-juin à mi-sept 10h à 19h; ☎04.93.33.49.49)*, un endroit rafraîchissant s'il en est, avec ses glissoires et sa piscine à vagues; **La Jungle des papillons** *(120F, 80F enfant; 10h à la tombée du jour; ☎04.93.33.55.77)*, un endroit unique où des centaines de papillons volent en toute liberté; enfin, **La Petite ferme** *(10h à 18h)*, un endroit qui, avec ses animaux domestiques, ravit toujours les enfants.

## Le cap d'Antibes ★★★

Quoique le Cap soit, par définition, la pointe sud de la presqu'île, on y réfère en englobant la totalité de ce territoire attrayant, dont le point le plus haut n'est qu'à 73 m d'altitude. On peut en faire le tour en longeant la mer ou se rendre à son extrémité en empruntant des petites rues. Reconnu pour ses somptueuses propriétés, il abrite aussi l'hôtel du Cap Eden Roc, considéré comme l'un des plus luxueux établissements du monde. Tout au long du Cap sont disséminées de nombreuses criques qui abritent petits ports et plages de sable fin. Les plages de la Garoupe sont très courues. Cependant, dès qu'on dépasse ces plages, la nature devient plus sauvage, et les rochers sont un refuge idéal pour les amateurs de plongée sous-marine et de pêche. Un très beau sentier, le **sentier Tirepoil ★★**, permet d'apprécier cette beauté sauvage.

Du haut du **phare de la Garoupe** *(été 14h30 à 18h, hiver 15h à 17h; ☎04.93.61.57.63)*, on profite d'une vue magnifique sur le littoral, qui s'étend de l'Estérel jusqu'aux Alpes italiennes. Quand le temps est très clair, on peut même

apercevoir la Corse au loin. À côté du phare se trouve une petite chapelle d'où Notre Dame de Bon-Port veille sur les marins.

Les personnes qui s'intéressent à Napoléo visiteront le **Musée naval et napoléonien** *(20/ gratuit enfant; lun-sam 9h30 à 12h et 14h1 à 18h, fermé sam après-midi et oct; av. J.l Kennedy, ☎04.93.61.45.32)*. On y rappelle entre autres événements, l'épopée d l'Empereur après son évasion de l'île d'Elbe.

Le Cap doit surtout sa renommée aux nom breuses personnalités de toutes les sphère qui y ont habité ou séjourné : riches arma teurs, membres de la royauté, hommes politi ques, écrivains, etc. Sans oublier celles q ont séjourné à l'hôtel du Cap Eden Roc, trè apprécié de certaines vedettes du cinéma lo du festival de Cannes.

Le Cap abrite aussi un jardin botanique : l **jardin Thuret** *(entrée libre; lun-ven 8h 17h30, en juin jusqu'à 18h; 62 bd du Cap ☎04.93.67.88.66)*, dont les 7 ha regroupe un très grand nombre d'espèces botaniques.

Enfin, si vous êtes curieux de savoir ce qu cachent les somptueuses propriétés du Ca arrêtez-vous à la **villa Eilen-Roc** *(mer 13h30 17h30; bd du Cap, ☎04.92.90.50.00)*. Cet villa, à la façade palladienne, a été construi par Charles Garnier, architecte de l'Opéra d Paris. On peut y admirer, entre autres pièce une salle de bains dont le clou du spectac est une baignoire de marbre vert.

## Juan-les-Pins

Essayez de vous imaginer un territoire reco vert d'une immense forêt de pins. Voilà qu'était Juan-Les-Pins jusqu'en 1880!

Malheureusement, ce n'est pas resté comm ça! L'histoire de Juan-les-Pins se résume su tout à une série de spéculations immobilière qui ont mal tourné... À vous d'en juger! Le f de la reine Victoria, le duc d'Albany, fut l' des premiers à s'intéresser à cet endroit jac paradisiaque.

Ce n'est cependant qu'à partir de 1927 q Juan devint un véritable succès grâce à construction d'un immense hôtel de luxe, Provençal. Juan devint alors une station ba néaire d'été, et non seulement une stati d'hiver. Tout le gratin de célébrités internat nales, la royauté – enfin «l'argent» – s'y retrouvaient!

Et le jazz fit son apparition, attirant les Armstrong, Count Basie, etc. Après la guerre, Edith Piaf et Juliette Greco ont fréquenté l'endroit. C'était la fête perpétuelle!

De nos jours, le **Festival international de jazz d'Antibes – Juan-les-Pins** *(Pinède Gould, ☎04.92.90.53.00)* demeure encore l'intérêt principal de Juan. Chaque année depuis 1960, les célébrités du jazz y défilent pendant la seconde moitié du mois de juillet. Depuis plusieurs années maintenant, son invité le plus célèbre est Keith Jarrett.

Malheureusement, outre ce festival, Juan n'offre, à notre avis, peu intérêt. À moins que la vie nocturne ne soit au centre de vos préoccupations, car celle-ci est très animée l'été. Par contre l'hiver, c'est d'une tristesse...

## Vallauris ★

Située entre mer et montagne, la commune de Vallauris-Golfe-Juan est constituée de deux agglomérations regroupant 25 000 habitants environ. On ne parle pas de Vallauris sans évoquer la poterie et de Golfe-Juan sans parler de sa station balnéaire.

L'histoire de Vallauris est semblable à celle de Biot : décimé par la peste et les guerres successives, le village a été repeuplé par des familles italiennes venues de Gênes, qui ont apporté avec elles un savoir-faire artisanal consacré à la poterie. Encore aujourd'hui, la poterie est la première activité artisanale et commerciale de Vallauris, et ses rues alignent les magasins de poteries, qui malheureusement, ne sont pas toujours du meilleur goût...

Entre 1946 et 1955, Picasso élut domicile à Vallauris. En 1952, il réalisa, à la demande de la commune, une fresque énorme intitulée *Guerre et Paix*, qu'on peut admirer au **musée national Picasso ★★** *(12F; mer-lun 10h à 12h30 et 14h à 18h30, hors saison 10h à 12h et 14h à 18h; place de la Libération, ☎04.93.64.16.05)*. Ce musée est installé dans un château de style Renaissance. C'est la chapelle Sainte-Anne, datant du XIIe siècle, qui abrite l'œuvre de Picasso citée plus haut. Sinon, le musée se consacre surtout à la poterie, dont celle produite par le grand maître. Tous les deux ans, on y organise la Biennale internationale de céramique d'art.

Un autre petit **musée** est réservé à la **poterie ★** *(10F; lun-sam 9h à 18h, été jusqu'à 19h; rue Sicard, ☎04.93.64.66.51)*. On y découvre les techniques de fabrication de la poterie dans le cadre de la reconstitution d'un atelier de potier.

## Cannes ★★

Cannes, mondialement connu pour son célèbre Festival international du film, multiplie tous les efforts pour se hisser au second rang des villes françaises de tourisme, d'affaires, de congrès et de salons, avec plus de 400 manifestations annuelles. Aujourd'hui, de tous les continents, les professionnels de la télévision, du cinéma, du disque, de l'immobilier, et les groupes informatiques mondiaux, s'y donnent rendez-vous chaque année.

Sa véritable histoire commence en 154, alors que les Romains y établirent une colonie surnommée «Canoïs». Suivirent une succession d'invasions et de guerres qui témoignent du grand intérêt que ce site splendide a toujours suscité au cours des siècles. Le territoire fut convoité tour à tour par les Sarrasins, par l'Empire germanique sous Charles Quint, par les Espagnols, par le duc de Savoie Victor-Amédée II et, de nouveau, par les troupes impériales germaniques au XVIIIe siècle.

Tout change en 1834 avec le passage à Cannes d'un aristocrate anglais, Lord Brougham. Décidant de s'y installer pour passer les hivers, il se fait construire une somptueuse résidence, mouvement par la suite imité par l'aristocratie internationale. Cannes vit alors surgir une prolifération de résidences et de villas luxueuses. Mais ce n'est qu'à partir de 1853 que Cannes connut son véritable coup d'envoi grâce à l'arrivée du chemin de fer, qui fut suivie de l'aménagement d'un port de plaisance, de la construction d'hôtels et de la création de l'illustre «Croisette». Cannes s'établissait d'ores et déjà comme la station d'hiver à fréquenter. Ainsi, chaque hiver, les riches Européens du Nord – Anglais, Français et Russes surtout – venaient profiter de son climat sain et doux.

À partir de 1930, l'économie repose beaucoup plus sur le tourisme lorsque la ville devient aussi station d'été. Depuis la fin de la Deuxième Guerre mondiale, Cannes s'est transformée sous le joug de promoteurs immobiliers qui ont construit des milliers d'appartements pour les offrir aux gens désireux d'une retraite douce et plaisante. Heureusement, de nombreuses demeures luxueuses aux styles souvent rocambolesques ont résisté à l'assaut du temps, pour ainsi garder vivante une certaine nostalgie dans ce coin de la Côte. Nostalgie qui est sans cesse perpétuée, chaque année depuis 1939, par le festival de Cannes, alors que stars et starlettes créent un certain émoi en défilant – ou en ne défilant pas – sur la fameuse Croisette...

À cause de la difficulté de trouver un endroit où garer sa voiture dans les rues, il vaut mieux la laisser dans le stationnement souterrain du **palais des Festivals**, qui se trouve à l'une des extrémités de la Croisette. Cet immeuble, dont l'architecture ne rappelle en rien les palaces d'antan, en a fait parler plus d'un – le plus souvent en mal – depuis son inauguration en 1982. Il est néanmoins très utilitaire et bien équipé pour accueillir les congressistes et les nombreuses activités qui s'y déroulent.

À l'ouest du palais, se trouve le vieux port avec ses nombreux voiliers de plaisance. C'est de là que partent les bateaux qui assurent la liaison avec les îles de Lérins. De l'autre côté de la rue, les **allées de la Liberté** s'étalent au milieu des vieux platanes et abritent l'hôtel de ville. De cet endroit, on accède à la vieille ville en montant par la rue de Montchevalier.

Connue également sous le nom du **Suquet**, la vieille ville, dont l'ensemble médiéval domine le vieux port, constitue le berceau de Cannes. En haut de la colline, on se retrouve sur une place qui est entourée des vestiges de l'ancien château du XIVᵉ siècle et de ses remparts. L'**église Notre-Dame-d'Espérance**, construite en 1627, arbore un style gothique provençal tardif.

Cette place s'ouvre sur un panorama saisissant de la ville, du port, de l'Estérel et des îles de Lérins. C'est là d'ailleurs que, chaque année en juillet, se tiennent les **Nuits musicales du Suquet** *(programme et réservation : ☎04.92.98.62.77)*, qui présentent de nombreux concerts et récitals de musique classique.

Dans le château se trouve le **Musée de la Castre** *(10F; mer-lun 10h à 12h et 14h à 17h, été 15h à 19h, fermé jan; ☎04.93.38.55.26)*, qui présente des collections ethnologiques et archéologiques qui proviennent des cinq continents. La peinture cannoise et provençale y

est aussi représentée à travers des œuvres du XIXᵉ siècle. Dans la cour, la **tour du Suquet** commencée en 1070 et terminée en 1385 domine les environs du haut de ses 22 m. Cette tour permet l'accès à une terrasse de laquelle on peut consulter une table d'orientation qui situe certains points d'intérêt de la région.

Pour redescendre vers le centre-ville, empruntez plutôt la rue Saint-Antoine, pittoresque avec ses anciennes maisons fleuries où se côtoient une multitude de petits restaurants. Les ruelles de la vieille ville portent souvent des noms évocateurs qui rappellent le souvenir des familles qui ont habité l'endroit ou qui soulignent des activités qu'on y pratiquait à l'époque.

Au pied du Suquet, derrière le vieux port, on trouve le marché Forville. On peut y acheter des légumes, des fruits et des poissons frais. Un peu plus loin commencent les rues commerçantes qui alignent leur multitude de commerces en tout genre. Certaines rues, comme la **rue Meynadier ★★**, sont réservées uniquement aux piétons. Cette rue étroite offre une ambiance particulière, très intime malgré son grand achalandage. On y découvre de nombreuses ruelles et des passages voûtés. Enfin ce qui n'est pas à dédaigner, on peut y acheter de nombreuses douceurs en vente dans des établissements où la renommée n'est plus à faire. De quoi faire un bon pique-nique. Pour des achats de toutes sortes, la rue d'Antibes s'impose, car elle présente la plus grande densité de commerces.

Le **boulevard de la Croisette ★** se veut la quintessence de ce qui est luxueux, avec sa succession d'hôtels et de boutiques aux prix exorbitants, et sa promenade qui longe le bord de mer où les gens défilent souvent pour y afficher leur prestige. Son nom provient d'un petit monument érigé à l'endroit même où se trouve depuis 1929 le Casino Palm Beach, et portant une croix placée à l'extrémité de la baie. En construisant le boulevard dans la deuxième partie du siècle dernier, Cannes entrait officiellement dans une compétition avec Nice, qui exhibait déjà sa belle promenade des Anglais...

La Croisette abrite plusieurs palaces qui datent de la fin du siècle dernier ou du début du XXᵉ, dont le **Carlton**, à l'architecture Bell Époque, et le **Martinez**, avec sa décoration intérieure Art déco. Sans oublier au numéro 47, **La Malmaison**, ancien pavillon de

ENTRE NICE ET CANNES

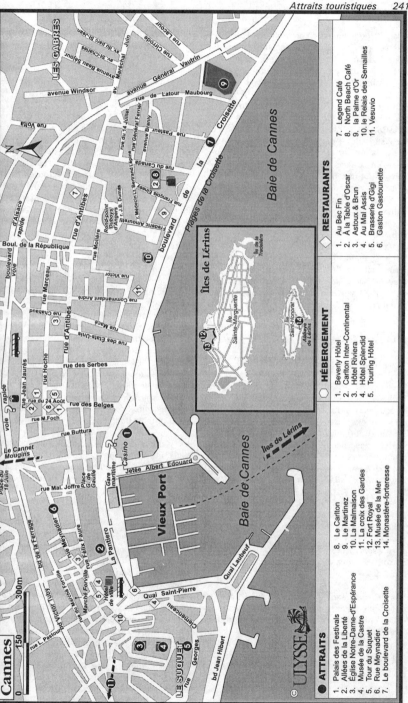

# Cannes

0    150    300m

**● ATTRAITS**

1. Palais des Festivals
2. Allées de la Liberté
3. Église Notre-Dame-d'Espérance
4. Musée de la Castre
5. Tour du Suquet
6. Rue Meynadier
7. Le boulevard de la Croisette
8. Le Carlton
9. Le Martinez
10. La Malmaison
11. La croix des Gardes
12. Fort Royal
13. Musée de la Mer
14. Monastère-forteresse

**◇ HÉBERGEMENT**

1. Beverly Hôtel
2. Carlton Inter-Continental
3. Hôtel Riviera
4. Hôtel Splendid
5. Touring Hôtel

**◇ RESTAURANTS**

1. Au Bec Fin
2. À la Table d'Oscar
3. Astoux & Brun
4. Au Mal Assis
5. Brasserie d'Gigi
6. Gaston Gastounette
7. Legend Café
8. North Beach Café
9. la Palme d'Or
10. le Relais des Semailles
11. Vesuvio

Grand Hôtel, colosse construit en 1864. Rachetée par la ville, elle accueille, chaque année, de grandes expositions consacrées à des peintres ou sculpteurs modernes et contemporains.

Vous pouvez terminer votre visite de la ville par une promenade sur la colline de la **Croix-des-Gardes**, le plus ancien quartier résidentiel, localisé dans la partie nord-ouest de Cannes. C'est là, en effet, qu'en 1835 Lord Brougham, un Anglais, décida de s'installer en faisant construire une villa somptueuse, ce qui, imité par beaucoup de ses compatriotes, mena à la naissance de ce quartier qu'on surnomma «quartier des Anglais». La vue qu'on y a sur la baie de Cannes et sur l'Estérel est superbe.

Dans la même veine, le quartier de la Californie, situé à l'est de la ville, abrite de nombreuses villas luxueuses. C'est ce quartier qu'au XIXe siècle la colonie russe choisit pour s'établir.

### Les îles de Lérins ★ ★ ★

Vous devez sans faute acheter un billet à la gare maritime (du côté ouest du palais des Festivals) pour vous rendre sur les deux magnifiques îles qui surgissent sous vos yeux lorsque vous vous promenez le long de la baie de Cannes. Les départs, en été, se font presque toutes les heures et, selon les afflux touristiques, peuvent se faire plus fréquemment *(aller-retour : 40F pour Sainte-Marguerite ou Saint-Honorat et 60F pour le circuit des deux îles, gardez vos billets!* ☎*04.93.39.11.82,* ⌐*04.92.98.80.32; pour la visite des fonds marins,* ☎*04.93.38.66.33).* Les îles s'imposent aux touristes pour une visite des lieux historiques, pour les belles promenades à travers les forêts de pins d'Alep et d'eucalyptus, et enfin pour la baignade, surtout si vous aimez plonger du haut des rochers.

Les îles de Lérins étaient déjà bien connues des navigateurs pendant l'Antiquité. Des fouilles archéologiques l'ont confirmé. De nos jours, les bateaux de plaisance apprécient toujours ces îles, et nombre d'entre eux y mouillent l'ancre.

### Sainte-Marguerite

À son origine, l'île s'appelait «Lero». Les Ligures, les Grecs et les Romains l'ont successivement habitée, tel qu'en témoignent les vestiges archéologiques exposés dans le **Fort Royal (12)** *(mer-lun 10h à 12h et 14h à 17h* ☎*04.93.20.61.64).* Ce fort a été bâti sous Richelieu et a été utilisé comme prison de 1685 jusqu'au début du XXe siècle. Son plus illustre occupant fut certes «le Masque de Fer», qui y débarqua en 1687. La recherche de son identité a suscité toutes sortes d'hypothèses, dont celle qu'il aurait été le frère aîné de Louis XIV. Le mystère plane toujours. On peut visiter la cellule dans laquelle a été détenu. De plus, d'autres cellules abritent des fresques murales exécutées par le peintre français Jean Le Gac au début des années quatre-vingt-dix. Le peintre a conçu l'ensemble en se laissant inspirer par les lieux.

Aujourd'hui, restauré et réaménagé, le fort abrite un centre de plongée, un centre d'expression artistique et de danse pour les jeunes et, enfin, le **Musée de la mer**, qui occupe la partie la plus ancienne. Le musée regroupe des collections archéologiques qui proviennent de fouilles effectuées sur l'île et des objets récupérés dans des épaves retrouvées au large des îles. Fait particulier : une partie de ces collections est présentée dans les anciennes citernes romaines qui contenaient l'eau potable de l'île.

La visite de l'île ne pourrait être complète sans une longue promenade à travers les sentiers qui la sillonnent. Le site a été préservé et l'on y découvre une grande variété d'espèces végétales.

### Saint-Honorat

Cette île, plus petite que la précédente, est propriété des moines de la congrégation cistercienne de Sénaque, qui y maintient, depuis 1869, une abbaye très active. Les moines vivent en observant de façon stricte les 72 règles monastiques de Saint-Benoît, selon lesquelles vie spirituelle et vie active doivent obligatoirement s'équilibrer. Ainsi, à part les moments consacrés à la méditation, les moines cultivent la lavande et les vignes, récoltent miel et fabriquent une liqueur à base de plantes aromatiques provençales, la «Lérina», de l'ancien nom de l'île pendant l'Antiquité.

alon important de la chrétienté, l'histoire du monastère de Saint-Honorat nous ramène loin en arrière. Déjà au VI<sup>e</sup> siècle, il jouissait d'une éputation incomparable. De nombreux théolo- iens, des évêques et même plusieurs saints y nt été formés.

Malgré toute la piété qui habitait les lieux, le monastère n'a pas été épargné par les pillages es sarrasins et par les guerres qui ont sévi au Moyen Âge. Un peu après la Révolution, la vie monastique prend définitivement fin avec la aicisation des lieux par le pape. Ce n'est que ans la deuxième moitié du XIX<sup>e</sup> siècle que la e monastique reprendra.

On peut, en saison, visiter le **monastère-forte- esse**, dont la construction remonte à 1073. u premier étage, le cloître s'ouvre sur deux iveaux de galeries aux voûtes gothiques. La iterne, au milieu, date de l'époque romaine. e la galerie supérieure, on accède à la cha- elle Sainte-Croix, dont la voûte est d'origine t où étaient conservées les reliques de saint lonorat.

nfin, tout autour de l'île, on peut suivre un entier ombragé qui vous permettra, de un, de aire une belle promenade, et de deux, de dé- ouvrir les sept chapelles disséminées un peu artout. La plus intéressante est la chapelle de Trinité, dont les trois voûtes forment un èfle, rappel de l'art byzantin.

### e Cannet

ous pouvez effectuer une promenade sym- athique dans les vieilles rues de ce village, ui n'est qu'à 3 km du centre de Cannes et ui est accessible par bus à partir de l'hôtel e ville. Ce village, dont les débuts remontent la fin du XIII<sup>e</sup> siècle, a été beaucoup marqué ar l'immigration de familles italiennes au XV<sup>e</sup> ècle. Enfin, c'est à cet endroit que le peintre ierre Bonnard a terminé sa vie.

faut surtout visiter la **chapelle Saint-Sauveur** *un-ven 9h à 12h et 14h à 17h, sam-dim 10h 12h30 et 15h à 18h30; ☎04.93.46.68.79)*, écorée par le peintre contemporain Tobiasse. tilisant une forme d'expression dont la oésie est émouvante, le peintre a choisi de aiter de sujets à la fois religieux et profanes ans le contexte d'un thème central: «La vie st une fête.»

### Mougins ★★

À 7 km de Cannes, ce ravissant village, à 260 m d'altitude, invite à la promenade. Et comme les promenades ouvrent l'appétit, vous êtes au bon endroit, car Mougins rime avec gastronomie! On y trouve une multitude de restaurants dont la renommée est acquise depuis longtemps. On ne peut pas passer par Mougins sans s'arrêter pour y manger! Votre seul problème sera de choisir un restaurant (voir p 258).

Ce village presque millénaire s'enroule sur une colline autour de son ancienne église, selon le plan typique des villages provençaux du Moyen Âge. L'église est de style roman et date du XI<sup>e</sup> siècle. Elle a depuis subi plusieurs remaniements.

Prenez le temps de flâner dans les ruelles du vieux village. Vous serez sûrement séduit par la douce lumière et l'ambiance chaleureuse de la place de la Mairie pendant les soirs d'été.

Si la photographie vous intéresse, arrêtez- vous au **Musée de la photographie** *(5F; juil et août 14h à 23h, sept et oct mer-dim 13h à 18h; porte Sarrazine, ☎04.93.75.85.67)*, sur la place de l'Église. Le premier étage propose des expositions temporaires. Le deuxième pré- sente en permanence des photographies de Doisneau, Lartigue, Clergue, Colomb, Quinn, Duncan et autres, qui ont appartenu à Picas- so.

Dans un registre différent, le **Musée de l'automobiliste** *(40F; oct à mars 10h à 18h, avr à sept jusqu'à 19h; aire des Bréguières, sur l'autoroute Nice-Cannes, ☎04.93.69.27.80)* présente des voitures an- ciennes et modernes.

Enfin, c'est à Notre-Dame-de-Vie, un peu à l'est de Mougins, que Picasso a passé les 12 dernières années de sa vie, soit jusqu'en 1973.

### Mouans-Sartoux

Cette commune est née de la fusion, au XIX<sup>e</sup> siècle, de deux villages: Mouans, dans la plaine, et Sartoux, sur la colline. On y trouve un ravissant château qui abrite aujourd'hui l'**Espace de l'art concret** *(15F; mer-lun, hiver 11h à 18h, été jusqu'à 19h; ☎04.93.75.71.50)*. On y organise trois expo- sitions chaque année, en plus d'un grand colloque, début septembre, où sont explorés des thèmes reliés à la recherche artistique et scientifique.

## Valbonne

Ce village diffère des autres à cause de son plan en damier, caractéristique des villes de l'Amérique du Nord. L'ancienne abbaye a été fondée au XIIᵉ siècle par des moines chalaisiens, ordre montagnard qui suivait les règles strictes de Saint-Benoît. La belle et sobre église de l'abbaye a été construite selon le plan de la «croix latine» et dispose de deux chapelles latérales.

Enfin, il ne faut pas rater la place des Arcades, qui présente un bel ensemble avec ses maisons à arcades.

## Sophia-Antipolis

Cette technopole, ou parc scientifique, regroupe environ 1 000 entreprises qui proviennent de 50 pays différents et qui procurent plus de 20 000 emplois. Le début de son histoire rappelle l'Amérique. Après que IBM eut implanté son siège social en Europe, dans le village de La Gaude (à 15 km de l'aéroport de Nice), le sénateur Pierre Laffitte a eu l'idée de créer une sorte de «Silicon Valley californienne» sur la Côte, qui regrouperait les industries «de pointe».

Aujourd'hui, Sophia-Antipolis couvre une zone de 2 300 ha. Le parc s'étend actuellement sur un territoire qui touche aux communes d'Antibes, Biot, Mougins, Valbonne, Vallauris, Villeneuve-Loubet, Roquefort-les-Pins, La Colle-sur-Loup et Opio.

Le site a été aménagé en respectant la qualité des lieux : 650 ha ont été réservés aux activités économiques, 150 ha à l'habitat, et 1 500 ha sont demeurés ou devenus des espaces naturels où l'on peut faire des jolies promenades et même cueillir des champignons.

Véritable laboratoire du futur, cette technopole englobe, entre autres entreprises, un centre d'expertise européen en télécommunication et des laboratoires de recherche dans les domaines des sciences de la santé et de la biotechnologie. L'apport économique de Sophia-Antipolis dépasse les 12 milliards de francs par an. Pour stimuler encore plus les

activités du parc, les responsables font actuellement de grands efforts au niveau de la publicité.

Enfin, de multiples activités sportives et culturelles sont organisées pour faire de cet endroit un lieu attrayant pour y vivre. Ainsi, chaque année en juillet, des *Master classes* y sont organisées pour des jeunes musiciens provenant du monde entier.

## Grasse ★

Située à 16 km de Cannes et à 35 km de Nice, Grasse jouit d'une réputation mondiale à cause de ses parfums. En bordure des routes qui nous y mènent, des panneaux nous rappellent le lien étroit qui existe entre son histoire et l'industrie de la parfumerie.

La ville bénéficie d'un climat très tempéré. L'écart entre la moyenne du mois le plus froid et celle du mois le plus chaud est de 17 °C.

Puisqu'il est difficile de trouver un endroit où garer, nous vous suggérons de laisser votre voiture dans un stationnement public.

*La promenade à travers la ville débute à la place aux Aires.*

Cette place accueille chaque matin un marché aux fleurs. De là, des ruelles sinueuses pénètrent dans l'ancienne ville médiévale qui s'étendait autour du sommet du Puy, roche qui offrait une protection contre les attaques. Ces rues cachent de nombreuses maisons bourgeoises. La ville moyenâgeuse est dominée par trois grandes constructions du XIIᵉ siècle : la **cathédrale ★**, au style sobre construite de calcaire blanc, qui abrite des tableaux de Rubens et de Fragonard ainsi qu'un retable de Ludovic Bréa; le **palais de l'Evêque ★**, devenu l'hôtel de ville; et le **donjon ★**.

Juste derrière la cathédrale, sur la place du 2 Août, se dresse la **tour de l'Horloge**. Cette tour rappelle la perte du statut de République libre que Grasse avait acquis pendant quelques années au début du XIIᵉ siècle, car elle dut être concédée au comte de Provence lorsqu'il reprit ses pouvoirs sur la ville.

Cette ville marchande foisonne de riches demeures, symboles de sa réussite commerciale : l'hôtel Pontévès, qui abrite le **Musée de la marine** *(lun-sam 10h à 12h et 14h à 18h, fer-*

*é nov; 2 bd du Jeu-de-Ballon, 04.93.40.11.11)*, l'hôtel Court de Fontminel et l'hôtel de Clapier-Cabris, entre autres.

e bas de la ville abrite trois musées. Le **Musée international de la Parfumerie ★** *(été 10h à 19h; place du Cours, 04.93.36.80.20)* est le plus intéressant. Il st consacré à l'histoire et à l'évolution des echniques de la production des parfums. De composition parfumée avec l'utilisation de matières premières végétales, animales ou ynthétiques à la fabrication (enfleurage, dislation, extraction...), le musée vous dévoile outes les étapes de la création d'un parfum. otre voyage dans le monde des odeurs se oursuivra dans la salle des vitrines qui recèle ne remarquable collection de flacons qui daent d'aussi loin que l'Antiquité. Il se terminea dans la serre qui abrite des plantes à parm telles que jasmin, vétiver, rose de mai ou anille, cultivées sur le toit du musée.

e **Musée d'art et d'histoire de la Provence** té 10h à 13h et 14h à 19h, hors saison 10h 12h et 14h à 17h; rue Mirabeau, 04.93.36.01.61)*, situé dans la plus élégante emeure de Grasse, évoque les scènes de la e quotidienne, avec mobilier, tableaux et ccessoires illustrant un véritable art de vivre ovençal.

l'entrée de la ville, si vous venez de Canes, de nombreux panneaux indiquent la diction de la **Villa-musée Fragonard** *(été 10h à 3h et 14h à 19h, hors saison 10h à 12h et 4h à 18h; 23 bd Fragonard, 04.93.36.02.71)*. Jean-Honoré Fragonard, élèbre peintre du XVIIIᵉ siècle né à Grasse, oposa à la comtesse du Barry, favorite du i Louis XV, quatre tableaux mettant en ène les étapes de la conquête amoureuse : *Rendez-Vous, La Poursuite, Les Lettres, Amant Couronné*, dont de magnifiques réplies ornent les salons de la villa.

 # ACTIVITÉS DE PLEIN AIR

ette région invite à la pratique de tous les orts, y compris les sports d'hiver auxquels peut généralement s'adonner entre démbre et avril. Les amateurs de tennis peunt jouer dans une multitude d'endroits; les ndicats d'initiative sauront vous guider vers court le plus près.

 ## Plages et sports nautiques

Des plages, il y en a de toutes les sortes : plages de sable, plages rocheuses, ou plages de galets – celles qu'on retrouve à Nice. Vers Cannes, les plages deviennent de plus en plus sableuses. Au cap d'Antibes, on trouve quelques petites plages très sympathiques qui sont parfois payantes, mais qui offrent certains services. Aux abords du Cap, les plages sont plutôt rocheuses, mais redeviennent sableuses du côté de Juan-les-Pins. À Cannes, les plages sont superbement aménagées et, pour la plupart, payantes, car elles appartiennent aux hôtels de la Croisette. On peut y louer des chaises longues et des parasols à la demi-journée ou à la journée. Les prix varient entre 30F et 60F. Ces plages proposent normalement la location d'équipement nautique à des prix raisonnables.

Il vaut mieux aller à Antibes (à l'entrée du Cap) ou à Cannes (près du Palm Beach Hôtel, à l'extrémité de la Croisette) pour faire de la **planche à voile**. Il faut compter environ 60F l'heure pour la location.

Vous pouvez aussi louer des bateaux et des voiliers. Informez-vous auprès des syndicats d'initiative des stations balnéaires pour en savoir plus.

 ## Golf

Dans cette région, on compte environ 20 terrains de golf. Le plus grand et plus beau terrain se trouve entre **Opio et Valbonne**, à 16 km de Cannes et à 35 km de Nice *(château de la Bégude; route de Roquefort-les-Pins, ☎04.93.12.00.08, ⌐04.93.12.26.00)*. Il a été aménagé dans un très beau parc naturel par le Club Méditerranée, dont le «village» vacancier se trouve à Opio.

Le **golf de la Grande Bastide**, un 18 trous avec un par de 72, est installé près de **Châteauneuf-de-Grasse**, à 6 km à l'est de Grasse, par la route D2085 *(chemin des Picholines, ☎04.93.77.70.08, ⌐04.93.77.72.36)*.

## Descente de canyons

Les Alpes niçoises sont un paradis pour les amateurs de canyons. Une descente vous tente? Renseignez-vous alors à **Séquence Action** *(parc Montmeuille, La Colle-sur-Loup,* ☎*04.93.32.06.93)*. Une équipe de professionnels diplômés vous fera connaître une expérience inoubliable. Tout le matériel est fourni, mais il faut être âgé de plus de 10 ans.

## Randonnée pédestre

### Au départ d'Antibes

Le **cours de la Brague** *(altitude variant de 100 m à 120 m; durée du circuit : 3 heures 30 min)*. Rendez-vous à Biot (par la N98 et la D4) et stationnez dans le village. Prenez le chemin de l'Ibac. Un panneau de l'Office national des forêts vous indique le chemin vers la rivière. Rendez-vous jusqu'au panneau qui indique le pont des Tamarins, et continuez jusqu'au point de la Verrière. Faites ensuite demi-tour par le même chemin.

Les **gorges de la Cagne** *(altitude au départ : 425 m, point le plus haut : 730 m; durée du circuit : 6 heures)*. Rendez-vous à **Vence**. Prenez la D2 en direction de Coursegoules, mais, 1 km plus loin, prenez le chemin du Riou à droite, puis faites 3 km sur ce petit chemin. Petit stationnement. Traversez la passerelle et suivez les balises rouges. Le sentier monte le long de la rivière la Cagne. Des petits bassins invitent à prendre un bain. Une fois rendu à la mine abandonnée – où se trouve un pont détruit –, retournez par le même chemin ou continuez par l'un des sentiers indiqués sur le panneau : le GR 51 ou le Cap S.S.E., sentier fléché qui relie le Baou des Blancs, à l'ouest, au Baou des Noirs, à l'est. Revenez au panneau. Descente. Dirigez-vous vers le chemin du Riou et faites 2 km à pied pour rejoindre le stationnement.

Le **Baou de Saint-Jeannet ou de la Gaude** *(altitude de départ : 400 m, point le plus haut : 800 m et 750 m, respectivement; durée du circuit : 3 ou 4 heures pour l'aller-retour)*. Il faut se rendre à Saint-Jeannet (voir p 231). Laissez la voiture dans le stationnement. Montez au village. Tournez à droite après l'auberge de Saint-Jeannet. Montez et suivez les panneaux. Le Baou de Saint-Jeannet est

l'immense rocher à gauche; le Baou de L Gaude est le rocher moins sévère à droite. A sommet de ce dernier, on trouve une adorab petite forêt de chênes. Le sommet du Baou d Saint-Jeannet offre un panorama admirab sur Saint-Jeannet, les collines avoisinantes e la Côte.

## Équitation

À Nice : **Tango**, tout pour le cheval et le cav lier, ☎04.93.80.01.09.

À Cagnes-sur-Mer : **Les écuries d'Azur**, ☎04.93.73.19.49.

À Cannes : **centre équestre Poney Club** c Tanneron, ☎04.93.60.66.16.

À Vence : **Ranch el Branco** : promenade, pe sion de chevaux, ☎04.93.58.09.83.

## Ski alpin et ski de fond

Les conditions climatiques pour le ski dans l Alpes-Maritimes varient considérableme chaque année. Informez-vous avant de par (en consultant la section «Renseignemen pratiques», pour les numéros de télépho pertinents). Les mois de janvier, février mars sont les plus propices pour le ski. L pistes devraient normalement être couvert d'une neige suffisante et même abondant Enfin, on peut louer l'équipement nécessa sur place à des prix raisonnables.

### Gréolières-les-Neiges

À une petite heure de la Côte, cette stati de sport d'hiver est aussi très agréable en é

L'endroit est surtout recommandé pour le s de fond. Le ski alpin est plus difficile à cau d'un manque de neige. En été, d'agréabl sous-bois invitent à la promenade à pied, cheval ou à vélo. On peut aussi prendre télésiège pour grimper jusqu'au sommet Cheiron.

**alberg**

elle station d'hiver dont le village présente
ne multitude de chalets de montagne. Pour
éserver un hôtel ou louer un appartement
oir p 226).

n peut s'y rendre par autobus au départ de
ice : à partir de la gare routière, promenade
u Paillon, ☎04.93.85.61.81, ou à partir de
aéroport. Renseignements : Office de tou-
sme, ☎04.93.23.02.66. Attention : réserva-
on obligatoire!

n voiture : prenez la N202 à partir de
aéroport de Nice en direction de Digne-Les-
ains; environ 50 km plus loin, prenez la D28
n direction de Beuil. La route traverse alors
s gorges du Cians. Une fois rendu à Beuil,
ites 6 km jusqu'à Valberg.

**ola 2000 ★**

'est une station moderne qui a été créée
ans les années soixante-dix sur un site com-
ètement sauvage. Le béton est à l'honneur
ans une succession de télésièges, restau-
nts, hôtels, magasins, salles de cinéma etc.
'est très fonctionnel, mais n'y cherchez pas
ambiance romantique!

ur y accéder en voiture, au départ de Nice :
enez la N202 direction Digne; environ
) km plus loin, prenez la D2205 en direction
e Saint-Sauveur-de-Tinée. La D97 monte sur
7 km jusqu'à Isola.

**uron**

est la troisième grande station de ski des
pes-Maritimes. Située sur un beau plateau à
000 m d'altitude, Auron offre toutes les
stallations pour les sports d'hiver.

n y accède en voiture en suivant les indica-
ns pour Isola 2000, mais il faut faire 15 km
plus sur la D2205 jusqu'à la bifurcation
rs Auron.

## HÉBERGEMENT

### Cagnes-sur-Mer (Haut-de-Cagnes)

L'hôtel **Le Cagnard** *(750F-900F, app. 1 600F;
bp, =, ℝ, ℛ; rue Pontis-Long,
☎04.93.20.73.21, ✲04.93.22.06.39)* se
trouve au cœur de l'ancien village et fait
partie de la chaîne Relais et Châteaux. Toutes
les chambres sont équipées de salles de bain
modernes. La plupart des appartements disposent de grandes terrasses avec une vue panoramique sur la mer et les collines. Ce lieu respire et inspire le romantisme. Les prix sont
raisonnables, compte tenu de la qualité remarquable du site. L'accès est un peu compliqué,
mais un voiturier s'occupe de votre voiture. Le
site se trouve à 8 km de l'aéroport de Nice.
Équitation, tennis, golf et piscine à proximité.

### Vence

L'**Hôtel Le Provence** *(200F-360F; fermé
mi-jan à mi-fév; dp, bp; 9 av. Marcellin Mau-
rel, ☎04.93.58.04.21)* est un petit hôtel sympathique qui loge dans une petite cour très
calme située tout près de la porte sud de
l'entrée de la vieille ville. Demandez la
chambre n° 6 *(360F)*, qui possède une grande
terrasse sur le toit, ou les chambres n⁰ˢ 1 ou 2
*(360F)*, elles aussi avec terrasses, mais plus
petites.

À la sortie de Vence, au début de la route du
col de Vence, l'hôtel **La Roseraie** *(395F-630F,
pdj 60F; dp, bp, tv, ℝ, ≈; av. Henri Giraud,
☎04.93.58.02.20, ✲04.93.58.99.31)* offre un
bon rapport qualité/prix. Vous logez au milieu
d'un très beau jardin avec piscine, et vous
profitez d'une belle vue sur la vieille ville médiévale. C'est un endroit sans prétention mais
qui compte quelques beaux lits à baldaquin.
On s'y sent comme à la maison! Enfin,
l'accueil est très sympathique, et à ne pas
dédaigner, le petit déjeuner copieux.

### Saint-Paul-de-Vence

À l'**Hostellerie de la Fontaine** *(350F; dp,
ℛ; au centre du village, ☎04.93.32.80.29 ou*

04.93.32.74.12), vous trouverez le charme d'antan. Si vous aimez le style ancien simple, vous serez séduit par les chambres rustiques au sol garni de tomettes, ces carreaux de céramique provençale. Il y règne une grande ambiance familiale. L'hostellerie forme un îlot romantique que seule une porte sépare du cœur du village (voir p 254).

🦐 **Le Hameau** *(400F-720F; fermé mi-nov à mi-fév sauf Noël et Nouvel An; bp, dp, ≡, tv, ℝ, ≈; route de La Colle, ☎04.93.32.80.24, ⌐04.93.32.55.75)* est une des meilleures adresses en ce qui a trait au rapport qualité/prix. À 1 km du village, tout près de la Fondation Maeght, vous y jouirez d'un grand jardin avec une belle piscine qui s'ouvre sur une vue splendide sur Saint-Paul. L'hôtel a été bâti dans un style provençal moderne avec un souci particulier du détail. Le jardin est un peu sauvage, tout juste assez pour lui donner le cadre charmant et romantique de la nature. Vous vous sentirez au cœur d'un petit paradis rempli de verdure et de belles fleurs. Les familles ou les couples d'amis peuvent choisir une formule qui s'avère très intéressante : deux chambres (soit pour 4 personnes) qui partagent un petit salon, lequel s'ouvre directement sur le jardin. Le tout pour 790F.

**Le Mas d'Artigny** *(980F-1 850F; app. 2 700F; bp, ≡, ℝ, ≈; route de La Colle, ☎04.93.32.84.54, ⌐04.93.32.95.36)*. Dans un immense parc de 9 ha qui s'étend sur les hauteurs de l'arrière-pays niçois, cet endroit offre une vue splendide sur les collines environnantes et sur la mer. En plus de bénéficier d'une grande piscine de 25 m sur 11 m, bien en vue dans le parc, les clients des appartements jouissent de l'usage exclusif de leur propre petite piscine dans la plus grande intimité. L'hôtel possède une grande boutique et une galerie d'art qui présente plusieurs expositions durant toute l'année. Enfin, cet hôtel est très bien géré : l'accueil est affable, le personnel, efficace et toujours prêt à vous rendre service. Vous serez assuré d'un séjour agréable. Cet endroit serait également idéal pour organiser un séminaire ou une grande fête (voir p 255).

**La Colombe d'Or** *(1 300F-1 500F, ½p 1 700F-1 900F; bp, ℝ, ≈; ☎04.93.32.80.02, ⌐04.93.32.77.78)* compte parmi les endroits les plus prestigieux de la région. Ancien relais de poste, puis auberge modeste portant le nom de Robinson, cet hôtel a été transformé en «hôtel-restaurant» par le fils de l'aubergiste. Au cours des années, il a logé

nombre d'artistes connus ou devenus célèbres. Amateur d'art, le propriétaire en a fait un petit musée vivant : vous logez dans un décor somptueux parmi les tableaux de grands maîtres tels que Picasso, Matisse, Léger et bien d'autres. Les chambres sont aussi rustiques qu'élégantes. Ici, tout respire l'art et l'espace. La piscine, qui se trouve dans une cour intérieure, est mise en valeur par une grande sculpture mobile de Calder. Vous devez également savoir que Yves Montand et Simone Signoret affectionnaient tellement ce lieu qu'ils en sont devenus copropriétaires à une certaine époque.

## Tourrettes-sur-Loup

L'**Auberge Belles Terrasses** *(280F-340F pour ½p 510F; dp, bp, tv, ℜ; ☎04.93.59.30.03)* nous a fait une très bonne impression. Cet établissement de caractère provençal est situé dans la nature verdoyante à 1 km de Tourrettes-sur-Loup, sur la route de Vence. De plus, on n'est qu'à 20 min de la mer. Les chambres ont une terrasse qui embrasse la Côte ou le jardin. Une salle de télévision est aussi à votre disposition. Cet hôtel est tenu par un couple préoccupé par la qualité et le bien-être du client. La simplicité et la bonne humeur règnent. Le rapport qualité/prix est très bon (voir p 255).

Si vous cherchez un endroit plus confortable, plus sélect et très calme, logez à la **Résidence des Chevaliers** *(450F-750F; pdj 60F; fermé oct à mars; bp, tv, ≈; route du Caire, ☎04.93.59.31.97)*. Cet hôtel très moderne de style provençal, ressemble à une très grande villa. Sur le flanc d'une colline surplombant le village, on y profite d'une vue panoramique sur la mer. L'établissement est tenu par un couple très discret. Les chambres disposent d'une terrasse et de très belles salles de bain. Les deux chambres des coins sud-est et sud-ouest ont un charme particulier. Le rapport qualité/prix est correct, surtout grâce au beau jardin et à la belle piscine.

## Bar-sur-Loup

Si vous désirez le calme dans un endroit simple, complètement retranché, mais rempli de charme, alors optez pour **La Thébaïde** *(135F-265F; bp, dp; 54 chemin de la Santoline, ☎04.93.42.41.19)*. Ce vieux mas pro-

nçal à l'ambiance familiale se trouve en
eine campagne, au cœur d'une oliveraie. Il
ompte huit chambres qui vont de celle qui
offre que le lit à celle tout équipée. Par
ontre, plusieurs pièces sont à votre disposi-
on : le salon, la bibliothèque avec sa che-
inée ainsi qu'une salle de télévision. Dehors,
ous pourrez marcher ou tout simplement flâ-
er dans l'immense jardin. Enfin, vous êtes
ssuré d'un accueil très gentil, mais surtout
un rapport qualité/prix imbattable qui mérite
détour, même si l'endroit est bien caché.

## Cabris

e petit village aimé de Gide, de Saint-Exupé-
et de bien d'autres est situé à 5 km de
rasse dans les hauteurs. Il vaut vraiment le
étour, ne serait-ce que pour y séjourner lors-
'on se trouve dans les environs. On y
ouve plusieurs adresses intéressantes.

«auberge-restaurant» **Le vieux château**
*50F-550F; dp, tv, ℛ; place Mirabeau,*
*04.93.60.50.12, ⊷04.93.60.50.12)* est tout
haut du village, près des ruines (vous
aurez deviné!) du vieux château.
établissement ne compte que quatre cham-
es, car il fait surtout restaurant (voir p 255).

embre de la chaîne des Relais du Silence,
**lôtel Horizon** *(380F-650F, pdj 50F; bp, dp,*
*sc, tv, ≈; ⊷04.93.60.51.69,*
*04.93.60.56.29)* vous procurera le calme
ans une ambiance chaleureuse. De plus, la
upart des chambres offrent un panorama
lendide sur les environs. Enfin, les cham-
es sont confortables, et la grande piscine
nguement ensoleillée n'est on ne peut plus
vitante. À noter également que c'est à cet
droit que Saint-Exupéry a corrigé les épreu-
s de son livre *Terre des hommes*.

fin, si vous disposez d'un budget plus mo-
ste, rendez-vous à l'Office de tourisme, qui
us dirigera vers les chambres d'hôte se
uvant au village. Mais faites vite car elles
nt presque toujours prises.

## Grasse

is à part ses musées du parfum, Grasse ne
érite pas de détour. Par contre, si vous ai-
ez le golf, vous pouvez séjourner au **Grasse
untry Club** *(875F-1 125F, pdj 50F; bp, ≈,*
asc, ≈, ◊, ℛ; route des 3 ponts, D11,
⊷04.93.60.55.44, ⊷04.93.60.55.19).*
L'endroit est de type *resort* avec tout ce que
cela comporte. Il y a un sauna et même une
table de billard à votre disposition. Les chambres sont bien sûr spacieuses et sans faille, et
possèdent de grandes terrasses privées.
L'établissement propose également des forfaits golf avec demi-pension. Plutôt cher, mais
quand on veut assouvir une passion... Voir
p 255.

## La Colle-sur-Loup

Si vous avez envie d'une journée de flânerie
dans un endroit magnifique, **L'Abbaye** *(420F-
850F, pdj 60F; bp, dp, tv, ≈, ℛ; 541 bd Honoré Teisseire, ⊷04.93.32.68.34,
⊷04.93.32.85.06)* est l'endroit tout indiqué.
Cet «hôtel-restaurant» est situé sur un site
classé datant du XIIᵉ siècle. La nouvelle propriétaire, Sylviane Hugues, a entrepris une
grande rénovation des lieux pour leur apporter
tout le confort moderne sans pour autant leur
enlever la grâce et l'âme qui les habitent. Ce
qui frappe dès l'arrivée, c'est la générosité
des espaces où l'on peut flâner en tout agrément. Que ce soit la chapelle, le salon avec sa
cheminée, les jardins ou tout simplement la
piscine, chacun y trouve sa niche. En plus, il
n'est pas absolument nécessaire de débourser
une somme faramineuse pour se prévaloir de
cet établissement. Enfin, si vous le désirez,
vous n'aurez nul besoin de sortir car vous
pourrez y prendre vos repas dans la magnifique «cour-jardin» (voir p 256).

## Villeneuve-Loubet

Hôtel familial, **La Franc-Comtoise** *(400F pdj;
fermé mi-oct à déc; bp, dp, tv, ≈, asc, ℛ;
369 route de La Colle, ⊷04.93.20.97.58,
⊷04.92.02.74.76)* est situé en plein cœur de
tout : à 2,5 km de la mer, à 3 km de Saint-
Paul-de-Vence et à 12 km de Nice et
d'Antibes. Les chambres sont toutes au
même prix, et ce, même si leur confort diffère
grandement. Louez l'une des chambres côté
piscine : elles sont beaucoup plus intéressantes.

## Biot

Tout en haut de ce charmant vieux village, se cache un trésor : l'**Hôtel des Arcades** *(280F-450F; bp, dp, tv, ℜ; 16 place des Arcades, ☎04.93.65.01.04, ⊶04.93.65.01.05)* . Cet hôtel de 12 chambres est incroyable! Les chambres les plus chères sont immenses et meublées d'antiquités. Le bâtiment date du XVe siècle et a un charme fou, que ce soit le dédale des couloirs garnis de tableaux contemporains, les cheminées anciennes ou les mosaïques qui ornent certaines salles de bain. De plus, certaines chambres s'ouvrent sur une terrasse privée. Enfin, cet établissement vaut également le détour pour son restaurant (voir p 256). Cet endroit doit obligatoirement constituer une étape pendant votre séjour dans la région!

## Antibes

Il y a une multitude d'hôtels dans cette très belle ville côtière. Nous avons toutefois choisi de ne vous présenter que quelques adresses réputées pour leur charme et pour le calme qu'elles offrent à leurs invités.

Voici un endroit pour ceux qui disposent d'un budget modeste, mais qui désirent un bon rapport qualité/prix dans une ville où les hôtels sont plutôt dispendieux : **La Jabotte** *(270F-370F, pdj 35F, ½p 540F-630F; fermé nov; dc, dp; 13 av. Max Maurey, cap d'Antibes, ☎04.93.61.45.89)*. Pour trouver ce petit endroit sympathique, dirigez-vous vers le Cap en prenant le boulevard Maréchal Leclerc et ensuite le boulevard James Wyllie. Arrivé à la plage de La Salis, montez à droite sur la très petite rue Max Maurey. Vous n'êtes qu'à 50 m de la mer, et pourtant vous êtes au calme. Ce petit hôtel est tenu par un jeune couple très sympathique et procure un confort qui se situe au-dessus de sa catégorie. La propriétaire assume une cuisine typiquement française. Le jardin est ensoleillé et équipé d'un barbecue. C'est l'endroit idéal pour ceux qui ont le cœur jeune!

Si vous cherchez plus de confort, on vous propose le **Petit Castel** *(490F-520F, pdj 45F; fermé mi-fév à début mars; dp, bp, ≈, tv; 22 av. des Sables, ☎04.93.61.59.37, ⊶04.93.67.51.28)*. Cette charmante villa au style des années trente, mais dont les cham-

bres ont été rénovées en 1995, est située à l'orée du cap d'Antibes, dans un quartier ré dentiel, à proximité de la plage du casino du Palais des congrès. L'hôtel dispose d'u solarium sur le toit qui offre une vue sur mer et les montagnes. Cet hôtel au confc très moderne n'a pas de restaurant, mais sert les petits déjeuners dans une très be véranda fleurie.

**Le Ponteil** *(½p 540F-740F, ½p obligato pendant la haute saison; fermé fin nov à déc; dp, ℜ; 11 impasse Jean Mensi ☎04.93.34.67.92, ⊶04.93.34.49.47)* est tué aux portes du cap d'Antibes et fait par des Logis de France. Voilà un endroit qui no a plu! L'hôtel se trouve au cœur d'une oa fleurie et verdoyante, à l'abri des bruits dés gréables, tout en étant tout près de la mer. plus, un accueil chaleureux et une ambian familiale vous y seront réservés. Les chamb sont petites mais correctes. Côté cuisine, sont les patrons qui sont aux fourneaux. saison, on s'attable sur une terrasse o bragée par le feuillage des arbres. Bref, style «petite auberge champêtre et soignée mais en plein cœur de la ville.

## Juan-les-Pins

L'«hôtel-pension» **Juan Beach** *(290F-40C fermé nov à avr; dp, bp; 5 rue de l'Oratoi ☎04.93.61.02.89)* est situé près de la pinè Gould, à 100 m des plages et à proximité Palais des congrès et du casino. Les propr taires vous assurent des vacances agréabl et reposantes. Les chambres sont plutôt pe tes, mais très propres et soignées. Qu ques-unes ont une terrasse. Les repas so servis sous la tonnelle, et les petits déjeune dans le jardin ombragé par les tilleuls et orangers.

À côté de l'établissement précédent, l'Hô **Sainte-Valérie** *(300F-840F, pdj 40F; fermé à mi-avr; bp, tv, ≡, ℜ, ≈; rue de l'Oratoi ☎04.93.61.07.15, ⊶04.93.61.47.52)* comp deux hôtels en un. Les chambres les mo chères font partie de la villa Christie, do vous pourrez profiter notamment de la t jolie piscine et du jardin fleuri. La différence situe au niveau du confort : elles ne sont p climatisées et n'ont pas de terrasses indi duelles. Vous avez donc le choix de vo bien-être. Toutefois, ce qui compte, c'est proximité de la mer.

l'écart des grands boulevards, tout près
Antibes, nous recommandons fortement
ôtel **Le Pré Catelan** *(350F-650F; dp, bp, ℜ;
? av. des Lauriers, ☎04.93.61.05.11,
)4.93.67.83.11).* Cet établissement de style
nées trente est entouré d'arbres. On n'y
tend que le chant des oiseaux. Et vous
êtes qu'à 200 m de la plage et du casino!
ambiance est très chaleureuse, style «au-
rge de campagne». L'intérieur est décoré
ec de belles antiquités sobres. Les salles de
in sont d'époque, mais très bien entrete-
es. Un pavillon indépendant, donnant sur le
and jardin, peut loger de quatre à six pernnes.

## Vallauris/Golfe-Juan

**Beau Soleil** *(300F-570F, pdj 50F; bp, ≈, tv,
≈; impasse Beau Soleil ☎04.93.63.63.63,
)4.93.63.02.89)* fait partie de la chaîne des
■lais du Silence. Il est situé entre Cannes et
ce, à 500 m des plages de sable fin. Cet
tel offre tout le confort moderne et dispose
une belle piscine.

## Cannes

■tel Riviera *(290F-350F, studios 400F-460F;
rmé nov; dp, ≈, tv, C dans les studios; 35
e Hoche, ☎04.93.38.33.67,
)4.93.38.65.22).* Situé au centre-ville, à
)0 m de la gare et à 500 m des plages.
us y profitez du calme de la rue piétonne,
les chambres sont dotées de triples fenê-
s. Le décor est moderne, et les studios
nt équipés de cuisinettes bien aménagées.
t hôtel fera l'affaire aussi bien des familles
e des personnes voyageant seules. Les pa-
ns sont très sympathiques et s'investissent
tièrement pour vous offrir le meilleur rap-
rt qualité/prix.

ué sur une rue piétonne, le **Beverley Hôtel**
*20F-340F; dp, asc, tv; 14 rue Hoche,
)4.93.39.10.66, ☎04.92.98.65.63),* de
yle plus moderne, est géré par une famille.
us serez ainsi assuré d'un bon accueil. Les
ambres, au style un peu vieillot, sont toute-
s très propres et confortables. L'entrée est
s sobre et fait un peu «américaine».

■ centre de la ville, dans une rue se-
-piétonne, le **Touring Hôtel** *(350F-400F;
c, dp, tv, ℝ; 11 rue Hoche,*

☎04.93.38.34.40, ☎04.93.38.73.34) nous a
plu à cause de son ancienne façade de la fin
du XIXᵉ siècle. Les grandes portes-fenêtres
donnent sur des balcons, ce qui rend les
chambres très lumineuses. Le style à
l'intérieur est vieillot.

Dans une catégorie supérieure, on vous recommande vivement l'**Hôtel Splendid**
*(700F-1 050F pdj; bp, ≈, C, tvc; 4 rue Fé-
lix-Faure, ☎04.93.99.53.11,
☎04.93.99.55.02).* Ce grand hôtel *(deux suites mansardées et 62 chambres, dont 42
avec C)* est merveilleusement situé au cœur
d'un grand jardin public aménagé. Au centre
de Cannes, en face de la mer et du Vieux-
Port, près du casino et du palais des Festivals
et à quelques pas des plages de sable fin. Cet
hôtel de style fin XIXᵉ vous séduira par son
confort et l'excellence de l'accueil. Dans les
salons communs ainsi que dans les chambres,
vous serez entouré d'un bel ameublement
antique. La plupart des chambres possèdent
un balcon ou une terrasse donnant sur la mer.
Le confort s'avère impeccable, et les salles de
bain se révèlent très modernes. On fournit des
peignoirs. Cet hôtel offre un très bon rapport
qualité/prix.

Le **Carlton Inter-Continental** *(2 050F-3 800F,
suite 7 300F-16 500F; dp, bp, ≈, ℝ, tv, ℜ; 58
La Croisette, B.P. 155, ☎04.93.06.40.06,
☎04.93.06.40.25)* vous reçoit dans le très
grand luxe. Son allure de très grand palais du
tournant du siècle et sa magnifique façade
blanche en font le bâtiment le plus spectaculaire de Cannes. Son immense terrasse et son
entrée superbe se trouvent en plein cœur de
la Croisette et à 5 min du palais des Festivals.
Ce grand palace dispose, bien sûr, d'une
plage privée et sableuse où l'on assure un
service de restauration. De nombreuses activités sportives sont proposées, notamment la
planche à voile. Au dernier étage, vous pouvez dîner dans un cadre splendide avec une
vue magnifique sur la mer. Cet étage, sous la
toiture impressionnante, est également équipé
d'un casino, de salles de conférences, d'un
solarium et d'un sauna. Si vous voulez faire
une folie, logez une nuitée ou deux dans l'un
des appartements de luxe au dernier étage.
Leurs salles de bain spectaculaires sont ni-
chées dans les tourelles qui ornent les côtés
de ce grand palais.

## Mougins (ancien village)

Vous cherchez un hôtel de grand style et au charme inouï? Alors, **Les Muscadins** *(750F-950F, suite 1 200F; ½p + 200F/pers.; fermé fév et les deux semaines avant Noël; bp, ≈, tv, ℝ, ℜ; 18 bd Courteline,* ☎*04.93.90.00.43,* ↝*04.92.92.88.23)* répondra à toutes vos attentes. Les huit chambres – dont les plus chères offrent une vue sur la mer – sont toutes différentes, mais garantissent un grand confort. Elles sont personnalisées grâce à des objets d'art, des tableaux anciens et des meubles choisis spécialement. Les salles de bain sont spacieuses et très modernes. Le rez-de-chaussée abrite un bar – à l'allure très *British* – et le restaurant, qui s'ouvre sur une terrasse. Cette maison, blottie au pied du vieux village, étale une beauté qui exhale la sobriété. Il faut aussi signaler l'excellent accueil. Enfin, le rapport qualité/prix est d'autant plus intéressant quand vous choisissez la demi-pension car la cuisine qu'on y propose est un rêve (voir p 258).

## Mougins

Le **Moulin de Mougins** *(chemin du Moulin,* ☎*04.93.75.78.24,* ↝*04.93.90.18.55)* n'est pas seulement un restaurant très coté (voir p 258), il met également trois chambres *(800F-900F; bp, ≈, tv)* et quatre appartements *(1 500F; bp, ≈, tv)* à votre disposition, dont deux dans un bâtiment indépendant. Vous jouirez d'un endroit magnifique, envahi par les arbres et les fleurs, et digne des contes de fées.

 CAMPING

## La Colle-sur-Loup

Le **Vallon Rouge** *(loc. de bungalows et de roulottes; commerces, d, ℝ, ≈; route de Gréolières,* ☎*04.93.32.86.12).* Pour y arriver : à partir de La Colle, prendre la D6 en direction de Gréolières. En bordure d'une rivière, sur un terrain plat et ombragé, vous jouirez du cadre charmant de l'arrière-pays niçois tout en n'étant qu'à 10 min de la mer. Jeux de bou-

les, animation, sports, vidéo, soirées organisé⊔

Le **Castellas** *(loc. de roulottes et bungalov⊔ d, ℝ; route de Roquefort,* ☎*04.93.32.97.0⊔* Pour y accéder : au départ de La Colle, suiⱴ la D7 en direction de Roquefort sur 5 km. 6 km de la mer, ce camping ombragé est sit⊔ en bordure d'une rivière. Les sanitaires y sⴀ soignées. Animation, jeux, pêche, baignade⊔

## Villeneuve-Loubet

Le **Sourire** *(loc. de roulottes et de maiso⊔ mobiles; commerces, d, ℝ, ≈; route⊔ Grasse, D2085,* ☎*04.93.20.96.11).* Ce ca⊔ ping est situé au cœur d'un écrin de verdur⊔ proximité du village. En plus d'être doté d'u⊔ grande piscine, il organise des activités spo⊔ ves, des loisirs et des animations.

La **Vieille Ferme** *(loc. de chalets; tv, comm⊔ ces, d, ℝ, ≈; bd des Groules).* Près de la pla⊔ on y accède au départ de Nice par la RN7 tournant à droite, peu avant le p⊔ d'attractions Marineland. C'est bien indiq⊔ Ce camping et sa piscine sont ouverts to⊔ l'année. La piscine est couverte en dehors la saison estivale.

## Tourrettes-sur-Loup

La **Camassade** *(loc. de roulottes et de studi⊔ commerces, d, ℝ, ≈; 523 route de Pie Lo⊔ bard,* ☎*04.93.59.31.54).* Pour vous y rend⊔ suivez les indications dans les environs Tourrettes. À 400 m d'altitude, entre mer montagne, vous y serez au calme et à l'om⊔ des chênes et des oliviers centenaires.

## Bar-sur-Loup

**Gorges du Loup** *(loc. de tentes; commerc⊔ d, ℝ, ≈; 965 chemin des Verge⊔* ☎*04.93.42.45.06).* Pour s'y rendre à partir Vence : suivre la D2210, dépasser la D6, t⊔ verser le petit pont et tourner à gauche p⊔ après sur le chemin des Vergers. Ce campi⊔ sous les oliviers au pied du village, se si⊔ dans le triangle d'or Cannes-Nice-Grasse. calme, vous profiterez d'une vue superbe la vallée du Loup.

## Antibes

**Rossignol** *(loc. de tentes et de roulottes; mmerces, d, ℝ, ≈; 2074 av. Jules Grec, 04.93.33.56.98).* De Nice, suivez la N7 en ection d'Antibes. À environ 2 km avant le rt Carré, prenez le chemin des 4 Chemins, à ʲite, et ensuite la quatrième rue à droite. Le dre est verdoyant et invite au repos. Les ᵍes se trouvent à 1 km. Réservation par ᵤrrier.

## Mougins

s **Lentisques** *(loc. de studios, de duplex et chambres; commerces, d, ℝ, ≈, tennis; 40 av. du Général de Gaulle, 4.93.90.00.45).* Pour y accéder, prenez la à partir de Mougins direction Valbonne. Ce ᵐping, localisé dans un parc ombragé, est ᵥert toute l'année. Il dispose de 120 empla-ments qui s'étendent sur 2,5 ha. Vous y ᵐperez entre mer et montagne sans être à ᵤs de 6 km des plages de Cannes. Soirées ᵢnsantes en saison.

## Dans l'arrière-pays profond

### ᵢnt-Martin-Vésubie

**Mério** *(loc. de roulottes et studios; mi-juin mi-sep; b, ℝ; route de la Colmiane, 4.93.03.30.38).* Vous serez aux portes du ᶜc du Mercantour et à une heure de la mer. ᵤr s'y rendre, au départ de Nice : prendre la ᵢte du bord de mer, ensuite la N202 direc-ᵢ Digne puis la D2565 10 km plus loin. Il ᵤt dépasser Saint-Martin-Vésubie sur la ᵢte de la Colmiane (à 1,5 km). Le camping trouve dans un parc boisé au bord d'une ᵢère à truites.

## FERMES-AUBERGES

ᵥous êtes un amant de la nature, on vous ᵢommande de loger dans les **fermes-auber-**ᵢ, dont quelques-unes se trouvent dans ᵢrière-pays profond. Munissez-vous d'une ᵢe routière.

## Collonges

**Les Gastinelles** *(☎04.93.05.81.91).* À 19 km de Puget-Théniers et à 17 km de Roquesté-ron : maraîchage de montagne, agro-bio, basse-cour. Menu végétarien possible.

**FonFrède** *(chambres d'hôte; ☎04.93.05.80.76).* Élevage de moutons, ma-raîchage de montagne, chasse, pêche en étang.

## Guillaumes

**La Ferme du Troc** *(trois gîtes logeant de 2 à 6 pers.; ☎04.93.05.54.64).* À 13 km de Guil-laumes. Élevage bovin, agro-bio, maraîchage de montagne, table d'hôte, menus végétariens ou non.

 **RESTAURANTS**

## Vence

**Au Coin du Feu** *($-$$; 3 impasse Cimetière Vieux, ☎ 04.93.24.61.61).* Ce restaurant se trouve sur une petite rue en plein cœur de la vieille ville, derrière la cathédrale. On com-prend tout de suite son appellation, car on y mange vraiment au coin du feu. L'endroit est très convivial. Par contre, en été, vous pouvez profiter de la terrasse, située sur une placette sympathique.

À côté du «château de Villeneuve», ce musée à l'entrée de la vieille ville, se trouve **L'Auberge des Seigneurs** *($$; place Frêne, ☎04.93.58.04.24).* Ce restaurant de style provençal propose une cuisine régionale raf-finée dans un décor particulièrement soigné. Il est en plus très apprécié des gourmands lo-caux.

## Saint-Jeannet

**Au Vieux Four** *($; fermé lun, mar et sam midi; 23 rue du Château, ☎04.93.24.97.41)* vous propose de bonnes pizzas cuites sur feu de bois. Mais ce n'est pas tout ce qu'on peut manger car Pascal, le jeune chef, prépare également des plats de poisson et de viande d'une qualité respectable. De plus, l'endroit est chaleureux et convivial.

## Haut-de-Cagnes

On trouve plusieurs très bons restaurants dans ce charmant village :

**Entre cour et jardin** *($-$$; soirs seulement sauf dim, fermé mar; 102 montée de la Bourgade, ☎04.93.20.72.27)* est un petit restaurant au cadre détendu et sympathique qui se trouve sur l'une des ruelles qui mènent au château. On y propose une cuisine régionale sans fausse prétention qui se révèle tout à fait correcte. Et ce qui ne gâche rien : le service est des plus cordiaux. Enfin, l'apéro inclus avec les menus et les amuse-bouche constituent une belle façon de vouloir poursuivre la dégustation.

Un peu plus haut de gamme, **Les Peintres** *($$-$$$; fermé mer et lun midi; 71 montée de la Bourgade, ☎04.93.20.83.08)* saura vous ravir. D'abord par son décor qui met en valeur les peintres locaux, ensuite par la cuisine que son chef, Patrice Reignault, vous concoctera. Il faut dire qu'il est un ancien élève de Joël Robuchon, l'un des grands étoilés de Michelin. Particularité intéressante et appréciable : ici, pas de plateau de fromages, mais une aumônière de reblochon. Délicieux!

Le restaurant de l'hôtel **Le Cagnard** *($$-$$$; rue Pontis-Long, ☎04.93.20.73.21)* confirme la bonne réputation de la chaîne Relais et Châteaux. La salle à manger est assez spectaculaire avec la vue qui s'ouvre sur le paysage environnant, dont on peut tout aussi bien apprécier l'horizon que le ciel grâce au toit ouvrant. La cuisine y est délicieuse mais souffre peut-être un peu de la rigidité du service, qui, semble-t-il, est l'apanage de ces établissements. Mais ceux qui désirent une certaine exclusivité y trouveront tout à fait leur compte (voir p 247).

Enfin, à côté de l'entrée du château, se trouve un petit resto mignon et sympa comme tout qui propose des spécialités réunionnaises telles que le poulet au gingembre et l'agneau au cari.

## Saint-Paul-de-Vence

Dans le registre «petite chose simple», **Pontis** *($; 61 Rue Grande, ☎04.93.32.71.9* constitue un bon comptoir de restaurati rapide pour emporter ou déguster sur pla Crêpes, glaces et sandwichs sont au menu.

🦐 Au restaurant de l'**Hostellerie de la Fo taine** *($; au centre du villag ☎04.93.32.80.29 ou 04.93.32.74.12)*, vo trouverez le charme d'antan. L'hostelle forme un îlot romantique que seule une po sépare du cœur du village. Sa cuisine, sim et familiale, est bonne et riche. Profitez de terrasse qui surplombe la belle fontaine village pour goûter les tartes maison.

**Le Café de la Place** *($; ☎04.93.32.80.03)* situé à l'endroit le plus stratégique de Sa Paul : on doit obligatoirement y passer pour rendre à l'entrée du village. Des plus invita avec sa grande terrasse qui occupe les p mières loges des parties de pétanque qu sont disputées, il sert une cuisine simp idéale pour le repas du midi. Enfin, la locat s'impose d'emblée pour l'apéro.

En vous promenant le long des remparts l'ouest du village, vous trouverez plusie petits restaurants sympathiques. On vous commande **La Voûte** *($-$ ☎04.93.32.09.47)* en particulier. Vous po rez y manger des plats provençaux et italie Pour vous assurer une table sur la petite rasse à la vue magnifique, vous devriez f une réservation ou arriver tôt.

**La Colombe d'Or** *($$$; ☎04.93.32.80. ☎04.93.32.77.78)* compte parmi les endr les plus prestigieux de la région. Ancien re de poste, puis auberge modeste portant nom de Robinson, cet hôtel a été transfo en «hôtel-restaurant» par le fils l'aubergiste. Amateur d'art, le propriétaire a fait un petit musée vivant : vous dînez d un décor somptueux parmi les tableaux grands maîtres tels que Picasso, Matisse, ger et bien d'autres. La salle à manger aussi rustique qu'élégante. Ici, tout res l'art et l'espace. En été, vous déjeunez et nez dans un très beau jardin ombragé. M vous payez assez cher ce petit coin très cherché. Il n'y a pas de menus à prix fixe, faut compter environ 300F par personne p un repas simple mais fin. Vous devez ég ment savoir que Yves Montand et Sim

gnoret affectionnaient tellement ce lieu
'ils en sont devenus copropriétaires à une
rtaine époque.

restaurant du **Mas d'Artigny** *($$$; route de
a Colle, ☎04.93.32.84.54,
04.93.32.95.36)* propose une cuisine excel-
ate, fine et merveilleusement présentée. Si
us aimez les poissons et les crustacés, vous
rez servi comme des rois! Les desserts sont
purs délices. Bien sûr, ce n'est pas donné,
ais la qualité est telle que les prix se justi-
nt. Le service est excellent, et le sommelier
urra bien vous conseiller (voir p 248).

## Tourrettes-sur-Loup

ns le genre pizzeria, **Le Séraphin** *($; fermé
n soir, lun et mi-déc à mi-jan; 4 place de la
bération, ☎04.93.59.28.28)* ouvre sa grande
rrasse sur la place située à l'entrée du vil-
e. On y trouve également des viandes et
s poissons. La cuisine se fait sur feu de
is.

r la petite rue qui fait le tour du vieux vil-
e et près de la grande place, **Le Médiéval**
; fermé jeu; 6 Grand'Rue,
4.93.59.31.63)* vous accueille dans un
dre «médiéval provençal». De plus, à
tage, se niche une petite terrasse qui
uvre sur les environs. Les repas et le ser-
e sont effectués par les propriétaires mê-
s, deux frères. Vous y goûterez une cuisine
ovençale à très bon rapport qualité/prix.

restaurant de l'**Auberge Belles Terrasses**
$$; ☎04.93.59.30.03)* présente en perma-
nce trois menus dont les spécialités sont les
sses de grenouille à la provençale, le civet
lièvre et le lapin à la moutarde. À
utomne, on sert aussi du gibier (voir
48).

Véritable coup de cœur, **La Treille** *($-$$;
mé lun-mar; 770 route de Grasse,
4.93.59.29.39)* est un petit restaurant si-
un peu à l'extérieur du village et tenu par
ri (à l'accueil) et femme (aux fourneaux).
y mange à une jolie terrasse ombragée qui
donne plein la vue sur le très bel ensemble
offre Tourrettes. Mais plus que la vue, ce
t les excellents plats régionaux préparés
c des produits frais du terroir qui comp-
t. Les farcis niçois sont délicieux et surtout
peu gras, contrairement à ce qu'on peut
uver ailleurs. Mais le délice des délices

reste tout de même les gnocchis : pas collants
et d'une légèreté sans pareille. C'est rare que
les gnocchis ne nous tombent pas comme des
pierres au fond de l'estomac. Pour les gens
qui donnent plutôt dans le traditionnel, la
carte propose également du veau ou du bœuf
accompagné d'une sauce roquefort à la crème
ou forestière.

## Cabris

Deux restaurants ont retenu notre attention
dans ce joli village. Le premier, situé sur la
grande place à l'entrée du village, porte un
nom évocateur, **Le petit prince** *($-$$)*, en
l'honneur de Saint-Exupéry, qui a laissé une
marque indélébile sur le village. Le chef, disciple d'Escoffier, propose une cuisine du terroir provençal qui met en vedette le canard,
l'agneau et le loup, ce savoureux poisson régional.

Sinon, toujours dans le même registre, mais,
semble-t-il, en moins bien, on trouve le restaurant **Le vieux Château** *($-$$; place Mirabeau,
☎04.93.60.50.12, ≈04.93.60.50.12)* près
des ruines du château, en haut du village. On
y sert des spécialités du terroir.

## Grasse

Mis à part ses musées du parfum, Grasse ne
mérite pas de détour. Par contre, si vous aimez le golf, vous pouvez passer un bon moment au restaurant du **Grasse Country Club**
*($$; route des 3 ponts, D11,
☎04.93.60.55.44, ≈04.93.60.55.19)*, qui
propose une cuisine traditionnelle dans un
cadre aéré, et ce, aussi bien à l'intérieur qu'à
l'extérieur. Plutôt cher, mais quand on veut
assouvir une passion...

## Villeneuve-Loubet

En plein cœur du vieux village, **La Vieille Au-
berge** *($-$$; fermé mer; 11 rue des Mesures,
☎04.93.73.90.92)* vous accueille tout aussi
bien sur sa charmante petite terrasse ou dans
son restaurant au décor provençal. La chef,
Fabienne Pradier, est disciple d'Escoffier (le
Musée de l'art culinaire est tout près) et propose une cuisine régionale faite à partir de

produits du pays, et qu'on peut également arroser d'un bon vin de pays.

## Biot

Tout en haut de ce charmant vieux village se cache un trésor : l'**Hôtel des Arcades** *($$; 16 place des Arcades,* ☎*04.93.65.01.4, ☎04.93.65.01.05).* Le bâtiment date du XV<sup>e</sup> siècle, a un charme fou et vaut le détour pour son restaurant, sa première vocation. On peut y déguster non seulement des spécialités provençales comme le lapin sauté aux herbes, mais aussi de l'osso bucco, les propriétaires étant d'origine italienne. Cet endroit doit obligatoirement constituer une étape pendant votre séjour dans la région!

## Valbonne

Le **Moulin des Moines** *($-$$; fermé dim soir et lun; place de l'Église,* ☎*04.93.12.03.41)* vous charmera avec son intérieur qui date du XII<sup>e</sup> siècle. À l'extérieur, une belle terrasse ombragée vous invite à passer un bon moment. Comme spécialité, la maison propose le foie gras maison au torchon et plusieurs plats de poisson, mais également l'assiette gourmande, composée de six petits desserts alléchants. L'établissement se targue d'avoir une grande cave avec de bons millésimes. Puisque les prix des menus incluent le vin et le café, le rapport qualité/prix est bon.

## La Colle-sur-Loup

Le restaurant de **L'Abbaye** *($$$; 541 bd Honoré Teisseire,* ☎*04.93.32.68.34)* bénéficie d'un cadre vraiment enchanteur. Pendant la saison, vous pourrez dîner dans un jardin à l'éclairage judicieusement tamisé, sinon dans la salle à manger chaleureuse et accueillante. La chef, Christine Rigoulot, issue de l'école hôtelière du grand Paul Bocuse, n'a pas peur d'expérimenter afin de sortir sa cuisine hors des sentiers traditionnels. Et cela lui réussit! Par ailleurs, dans sa cuisine, la qualité et la fraîcheur des produits sont deux conditions *sine qua non.* C'est pourquoi elle n'hésite pas à recourir à plusieurs fournisseurs disséminés un peu partout à travers la France pour acheter poissons, viandes ou volailles. Le poulet fermier, avec sa sauce vinaigre, est savou-

reux. La sauce a un petit goût juste ce qu[i] faut d'acidulé qui donne l'envie d'y reve[nir] sans cesse. Toujours dans l'exploration d[es] saveurs, l'aumônière de pommes à la canne[lle] flambée au Calvados réussissait bien, elle a[us]si, à convaincre des bonnes intentions de [ce] chef (voir p 249).

## Antibes

Au **Restaurant de la Gravette** *($; fermé m[er]; 48 bd d'Aguillon,* ☎*04.93.34.18.60),* il fa[ut] surtout goûter les spécialités de la mer : [la] bouillabaisse, les poissons grillés, les scam[pis] et les fritures. À midi, cet établissement, do[té] d'une grande terrasse donnant sur une r[ue] piétonne (juste derrière le grand mur, à dro[ite] après la porte d'entrée au Vieux-Antibes), p[ro]pose un menu avec entrée, plat et dess[ert] pour 58F.

Pour un petit repas rapide, la pizzeria **La T[os]cana** *($; 20 av. du 24 Ao[ût]* ☎*04.93.64.18.02)* se trouve près de la g[are] routière. Pâtes, pizza, fondue bourguignon[ne] et viandes grillées vous y seront servies.

L'«hôtel-pension-brasserie» **Le Caméo** *([$;] fermé nov et déc; Place nationa[le]* ☎*04.93.34.24.17)* a la paella et la marm[ite] des pêcheurs pour spécialités. Sinon, on [y] prépare une cuisine plutôt bourgeoise. Le r[ap]port qualité/prix est très bon, et vous pou[vez] manger dehors sous les platanes qui ornen[t la] Place nationale, au cœur du Vieux-Antibes.

🦞 **La Taverne du Safranier** *($; fermé lun[,] mar midi; place du Safrani[er]* ☎*04.93.34.80.50)* donne sur une place sympathique et calme qui se trouve à l'aboutissement de petites ruelles qui sillo[n]nent le cœur du Vieux-Antibes. Vous y ête[s à] l'abri de la foule car c'est un peu à l'écart [des] sites les plus populaires d'Antibes. Ce[tte] place a beaucoup de charme : on y res[pire] toute la Provence. On s'assoit à l'extér[ieur] sous un toit de toile ou d'étoiles... Vou[s y] mangez des spécialités provençales et [des] moules. Au dessert, on vous recommande [les] excellentes tartes maison.

🦞 Situé sur l'une des plus jolies rue[s] commerçantes d'Antibes, **Le Pistou** *($;* seulement, fermé dim; 18 rue James Clo[se]* ☎*04.93.34.73.51)* est une aubaine. Le c[hef] cuisinier proprio est avant tout un artiste d[ans] l'âme, mais également de fait puisqu'il sculpteur. L'endroit est convivial, et ce dans le meilleur sens du terme. On y retrouve une belle ambiance! Nous défions quiconque, même les loups, d'en ressortir affamés. Le menu à 100F commence avec la soupe au pistou, vraie, savoureuse et consistante. Il est impossible de ne pas s'en resservir même si on sait qu'il y a une suite, tellement elle est excellente. C'est un endroit vraiment sympathique, et le rapport qualité/prix est imbattable.

**L'Auberge provençale** *($$; fermé lun et mar midi; Place nationale, ☎04.93.34.13.24)* se trouve également sur cette place au cœur de la vieille ville. À l'intérieur, il y a un jardin d'été très attrayant. Le cadre est rustique et généreux en espace. Les spécialités sont les poissons, les fruits de mer et les coquillages, en particulier la bouillabaisse et les paupiettes de saumon.

Non loin du précédent établissement, **Le Su-crier** *($$; fermé mar, jan et fév; 6 rue des Bains, ☎04.93.34.85.40)* propose une cuisine régionale originale grâce à l'ajout de petites touches exotiques. Cela crée des combinaisons alléchantes qui font envie. Et ce qui est non moins appréciable, on peut y manger dans un petit jardin.

## Juan-les-Pins

Pour prendre un repas plutôt copieux de spécialités de la mer, il faut se rendre à **L'Oasis** *($-$$; fermé soir en hiver; bd du Littoral, ☎04.93.61.45.15)*. Ce restaurant populaire donne directement sur la mer. Un grand parking est à la disposition des clients de l'autre côté du boulevard, tout de suite derrière le chemin de fer. En saison, on mange dehors, directement sur la plage. Sinon, seulement quelques larges baies vitrées nous séparent de la mer. La vue s'étend entre le cap d'Antibes et les îles Lérins. Il s'agit d'un restaurant bien tenu, dirigé par Bruno Charles, un monsieur très accueillant et aimable. Il faut essayer la marmite du pêcheur, une soupe de poisson qui regorge de filets de poisson. Au dessert, la mousse de chocolat s'impose car elle est remarquable d'onctuosité et de saveur. En guise de digestif, pourquoi pas une promenade sur la plage? Le rapport qualité/prix et le service se révèlent tous deux excellents. Enfin, le restaurant offre des services de plage avec des forfaits imbattables pouvant inclure une restauration à midi.

## Cannes

Vous êtes un peu fatigué et désirez vous arrêter le temps d'un «café-dessert», alors rendez-vous à la **Brasserie d'Gigi** *($; 5 rue Meynadier, ☎04.92.98.81.88)*, située sur la rue Meynadier, piétonne et joyeusement animée. Si vous aimez la tarte tatin, n'hésitez pas!

Situé sur une rue piétonne entre la mer et la gare, le **North Beach Café** *($; fermé dim; 8 rue du 24 Août, ☎04.93.38.40.51)* présente un menu à 67F. Les spécialités sont les pâtes, les crêpes et les salades. Endroit branché : très clair et tout blanc. Très recommandé.

Le **Legend Café** *($; 9 rue d'Oran, place Comm. Lamy, ☎04.93.38.26.51)* est une brasserie qui sert de la bière et des petits plats. Cet endroit nous plaît pour son cadre.

**À la table d'Oscar** *($; fermé dim soir et lun; 26 rue Jean Jaurès, ☎04.93.38.42.46)*, on propose un menu complet pour 65F. La spécialité d'Oscar : la choucroute alsacienne.

Vous n'êtes pas forcément mal assis **Au mal assis** *($; fermé nov à Noël; 15 quai Saint-Pierre, ☎04.93.39.13.38)*. Cet endroit sympathique se trouve au Vieux-Port et propose un menu à 120 F. À la terrasse, vous pouvez déguster les spécialités de la maison : les poissons du pays et la bouillabaisse.

Dans la vieille ville, nous recommandons **Le Relais des Semailles** *($-$$; fermé dim de nov à mars; 9 rue Saint-Antoine, Le Suquet, ☎04.93.39.22.32)*. Une cuisine du marché vous est proposée sur la terrasse climatisée. Menu à 130F.

**Au bec fin** *($; fermé sam soir et dim; 12 rue du 24 Août, ☎04.93.38.35.86)*. Ce petit resto, fondé par la famille Hugues en 1955, sert une cuisine traditionnelle simple à bon marché. Les prix varient entre 75F et 114F. Très bon rapport qualité/prix.

Si vous préférez la cuisine italienne, allez au **Vesuvio** *($; 68 La Croisette, ☎04.93.94.08.28)*. Vous y mangerez d'excellentes pizzas et des pâtes fraîches, assis au bar ou à la terrasse. Il faut toutefois compter de 150F à 200F.

Les connaisseurs se rendent chez **Astoux & Brun** *($; 27 rue Félix Faure,*

☎*04.93.39.21.87, pas de réservation télépho-nique).* Ce restaurant a une très bonne réputa-tion, mais les prix pratiqués vont de pair. On y mange des spécialités de poissons et de coquillages sur la terrasse climatisée. À ne pas confondre avec le restaurant «chez As-toux»!

Au Vieux-Port se trouve le **Gaston Gastou-nette** *($-$$; fermé deux ou trois semaines en jan; 7 quai Saint-Pierre,* ☎*04.93.39.47.92).* Les spécialités, poissons et bouillabaisse, sont servies sur la terrasse climatisée.

À **La Palme d'Or** *($$; fermé lun-mar et 15 nov au 15 jan; Hôtel Martinez, 73 La Croisette,* ☎*04.92.98.77.14),* on sert de la haute gastro-nomie avec un menu à 290F. On dîne sur la terrasse climatisée, agrémentée de musique. Ce restaurant jouit actuellement d'une bonne réputation. Partout, les gens y font référence quand on parle de grande restauration.

La très haute gastronomie – beaucoup plus chère d'ailleurs! – se trouve au **Royal Gray** *($$; fermé dim, lun et fév; Hôtel Gray d'Albion, 6 rue des États-Unis,* ☎*04.93.99.79.60).* La terrasse climatisée et son jardin avoisinant vous assureront de pas-ser un moment des plus agréables au son d'une musique d'ambiance. Le prix de son menu est élevé, mais la qualité est telle qu'il est pleinement justifié.

## Mougins (ancien village)

Mougins n'est pas seulement un village ravis-sant, il mérite une ou plusieurs petites excur-sions gourmandes.

Mougins recèle un bon restaurant : le **Relais à Mougins** *($-$$; fermé lun et mar midi; place de la Mairie,* ☎*04.93.90.03.47).* Le chef, An-dré Surmain, porte la signature de «maître cuisinier de France». Plus jeune, il avait créé, en 1961, le fameux restaurant Lutèce à New York.

Mais il faut aller goûter la cuisine des **Muscadins** *($$-$$$; fermé fév et déc jusqu'à Noël et mar entre oct et Pâques; 18 bd Cour-teline,* ☎*04.93.90.00.43).* Noël Mantel, jeune cuisinier amoureux des bons produits et des saveurs provençalo-italiennes, nous a convain-cu de son talent. Laissez-vous gâter les papil-les avec les grosses ravioles de homard po-chées dans un bouillon de crustacés. À moins

que vous ne préfériez le risotto cuisiné l'italienne avec fleurs de courgettes ou le rougets poêlés à l'huile d'olive avec artichau violets et herbes fraîches. Mais ce serait o blier le magret de canard sur la peau, au j poivré au parfum de miel... Bref, on y mang très bien. Que ce soit en hiver, dans la bel salle à manger où trône une cheminée, ou e été, sur la jolie terrasse décorée de bleu et blanc, et où les fleurs et l'argenterie rivalisen

## Mougins (à l'extérieur du vieux village)

Un autre grand maître de la cuisine française Roger Vergé, veille sur **Le Moulin de Mougir** *($$ à midi, $$$ le soir; fermé lun et fév-mar chemin du Moulin,* ☎*04.93.75.78.24).* C restaurant jouit du site merveilleux d'un a cien moulin du XVIᵉ siècle, localisé dans quartier Notre-Dame-de-Vie, sur l'ancienr route qui menait vers le vieux village. Autou un riche jardin s'étale. Tout ce qu'on y pr pare dans la cuisine relève du chef-d'œuvr culinaire. Les plats, présentés de façon adm rable, sont souvent composés d'ingrédien sophistiqués. Le service, quoique invisible, e impeccable et toujours attentif. La décoratio des salles à manger est très soignée : meuble d'époque dans un cadre plutôt sobre et agr menté d'œuvres d'artistes de l'école de Nic Vous pouvez dîner dans les salons du moul ou dans la belle pièce vitrée qui donne sur jardin. Les deux menus, à 540F et 700F, so chers certes, mais valent bien une petite foli Cependant, à midi, on propose un déjeun d'affaires à 250F. Voilà une belle occasion découvrir ce lieu prestigieux de la région Mougins, et d'y rencontrer un grand chef c sinier.

De plus, si vous désirez vous initier aux m thodes de Vergé, un petit stage dans s école de cuisine *(Moulin de Mougin* ☎*04.93.75.35.70)* saura sûrement vous écl rer et vous amuser. On trouve aussi sur plac une petite boutique qui vend des produits la maison, entre autres. Enfin, vous pourr vous procurer un petit fascicule, *La lettre mon Moulin,* publié de façon irrégulière, donne toutes sortes de renseignements s l'organisation de M. Vergé.

**La Ferme de Mougins** *($$-$$$; fermé dim s et lun; 10 av. Saint-Basile,* ☎*04.93.90.03.7* est une autre bonne adresse qui fait foi statut gourmand de Mougins. La ferme se trouve près du vieux village, au cœur d'un domaine fleuri très soigné. Le cadre est rustique et aéré. En été, l'endroit est magnifique, champêtre à souhait. On mange, soit à l'intérieur, dans la grande salle vitrée ou à l'extérieur, sur la magnifique terrasse qui donne sur le jardin. On vous propose une cuisine française traditionnelle, riche en saveur. Le service est attentionné. Le rapport qualité/prix est bon, mais il faut payer plutôt cher pour un bon vin. Optez pour le midi en semaine car vous pourrez alors y manger pour 250F.

## Mouans-Sartoux

Le **Restaurant du Château** *($; place de l'Église)* sied sur une place ombragée tout près du château-musée. Vous êtes au calme, mais participez tout de même à l'animation du village. Du lundi au samedi, les proprios vous proposent une formule déjeuner à 75F, apéro et quart de litre de vin inclus! On y mange une cuisine traditionnelle vraiment correcte qui assure un très bon rapport qualité/prix.

 SORTIES

Pour connaître toutes les activités qui se déroulent dans la région, consultez *L'Officiel des Loisirs* ou *La Semaine des Spectacles*, en vente dans tous les kiosques à journaux.

Pendant les mois de juillet et d'août, il y a des petits festivals de musique ou de théâtre dans presque tous les villages de la Côte. Consultez les syndicats d'initiative des différents villages pour connaître les dates et la programmation.

## Cagnes-sur-Mer

**Discothèque-Club privé**

Le **Diamant** *(1 chemin du Lautin, RN7, pont de la Cagne, ☎04.93.73.48.22).*

## Biot

**Heures musicales de Biot (récitals)**

Fin mai à fin juin; église de Biot; ☎04.93.65.05.85.

## Antibes

**Casino**

**Casino La Siesta** *(mai à oct; route du Bord-de-Mer, ☎04.93.33.31.31).* Machines à sous, roulettes française et anglaise, black jack.

**Musiques au cœur d'Antibes (festival de musique)**

Début juil; Chantier Naval Opéra, Port Vauban, ☎04.92.90.54.60.

## Juan-les-Pins

**Festival international de jazz d'Antibes - Juan-les-Pins**

Fin juil; pinède Gould, ☎04.92.90.53.00.

**Casino**

**EDEN Casino** *(20h à 5h; bd Baudoin, en face de la pinède, ☎04.92.93.71.71).* Roulette, black jack et machines à sous.

## Cannes

**Dîners-spectacles**

**Le Palais Oriental** *(10 bd Jean Hibert, ☎04.93.39.00.16).* Grand restaurant de cuisine marocaine traditionnelle qui présente un spectacle de danse orientale tous les soirs.

**Restaurant de nuit**

**Le Sérérin** *(3 rue Félix Faure, place de l'Hôtel-de-Ville, ☎04.93.39.74.00).* Service «non stop» 24 heures par jour dans un décor raffiné.

### Piano-bar

**Lobby Bar** *(Royal Hôtel Casino, 605 av. du Général de Gaulle, ☎04.92.07.70.00)*. Détente, confort, convivialité. Piste de danse.

### Bars gays

**L'Extérieur Nuit** et **Vogue** *(16 et 20 rue Suquet)*.

**Le Scandale** *(7 rue du maréchal Joffre, ☎04.93.39.44.57)*.

### Casinos

**Carlton Casino Club** *(70F; 19h30 à 4h; 58 La Croisette, ☎04.93.68.00.33)*. Roulettes anglaise et française, black-jack, *punto banco*.

**Casino Croisette** *(11h à 3h, jusqu'à 4h fin de semaine, jusqu'à 5h juil et août; palais des Festivals, ☎04.93.38.12.11)*. Deux salles de 290 machines à sous; roulettes française et anglaise, black jack, «chemin de fer», *punto banco*.

### Festivals

**Cannes Musique Passion**
Fin avril; palais des Festivals,
☎04.92.99.31.08.

**Festival international du film**
Mi-mai; palais des Festivals,
☎04.93.39.01.01.

**Nuits musicales du Suquet (festival de musique)** Fin juil; parvis de l'église Notre-Dame-d'Espérance, ☎04.92.98.62.77.

**Festival international de danse**
Dernière semaine de novembre; palais des Festivals; renseignements : ☎04.92.99.31.08, ☎04.92.98.98.76.

## Mougins

**Dîners-spectacles** Le Saint-Petersbourg *(45 av Saint-Basile, ☎04.92.92.98.43)*. Cadr romantique et typiquement russe.

## Grasse

**Festival international des maîtrises**
Juil; cathédrale, ☎04.93.36.70.18.

 MAGASINAGE

## Saint-Paul-de-Vence

**Faune et Flore** *(67 rue Grande ☎04.93.32.56.32, atelier ☎04.93.08.37.54* est une entreprise familiale tenue par de vrai artistes, fort sympathiques au demeurant. O y trouve non seulement de jolies sculpture animalières (canards, chats), mais égalemen de chouettes plateaux de service décoré avec des éléments naturels tels que la lavand ou des végétaux séchés. De plus, le proprié taire, Robert Jean, est peintre et fasciné pa l'Afrique, ses toiles et sculptures étant singu lières et reprenant les thèmes africains. Plu près de la figuration, les compositions de se tableaux lorgnent également du côté d l'abstraction, leur conférant ainsi une originali té toute particulière. Cette boutique se dé marque des autres en proposant des objets d qualité et ne tombe pas dans le kitsch d piège à touristes.

## Pont-du-Loup

**La Confiserie des Gorges du Loup** *(9h à 12 et 14h à 18h; à 12 km de Grasse, sur la rout de Vence, ☎04.93.59.38.32)*. Fabrication tra ditionnelle de fruits confits et de confitures L'endroit est entièrement décoré de meuble provençaux des XVIIIᵉ et XIXᵉ siècles. Il y une admirable collection d'armoires, de buf fets, de panetières, de tables et de banque tes. Par ailleurs, une visite guidée gratuit nous permet de connaître tous les secrets d fabrication de la maison. À la fin, on peu acheter bien sûr ce qu'on aura goûté ou vu

Cela peut sembler un piège à touristes, mais au contraire, ce n'est qu'une promotion honnête d'une maison qui ne doute en rien de la qualité de ses produits. On trouve une autre succursale à Nice dans le quartier du port.

## Antibes

Vous recherchez des spécialités d'olives? Arrêtez-vous à **Crème d'olive** *(29 rue James-Close, ☎04.93.34.08.55)*, face au restaurant Le Pistou. Vous y trouverez de l'huile, des épices, des condiments, des produits méditerranéens et bien sûr plusieurs variétés d'olives. Le gentil propriétaire se fera un plaisir de vous faire découvrir les spécialités de «son pays».

## Mougins (vieux village)

La **boutique du Moulin** et la **cave du Moulin** *(à l'entrée du village, en montant vers la place principale, ☎04.93.90.19.18 ou 04.92.92.06.88)* font partie des à-côtés créés par Roger Vergé, chef-cuisinier du Moulin de Mougins. On y vend la gamme des «Produits du Soleil» : des condiments parfumés, des confitures et gelées, des flacons d'épices mélangées, une sélection de thés et des livres de Roger Vergé. De plus, on peut acheter des vins de qualité, dont quelques-uns ont été sélectionnés par Vergé. Enfin, ceux qui désirent faire des cadeaux de première classe peuvent même expédier à l'étranger des bouteilles de cognac, d'eau-de-vie ou de champagne dans un emballage superbe.

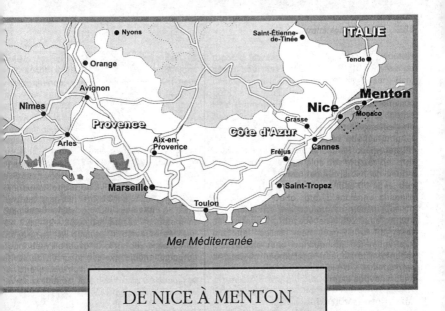

# DE NICE À MENTON

L a région de Nice à Menton ★★★ couvre la partie orientale de la Côte d'Azur et se termine à la frontière de l'Italie. On y voit clairement les influences italiennes. Que ce soit dans les noms d'origine italienne que portent ses habitants, dans leur physionomie ou dans la nourriture qu'on y mange. Phénomène normal, compte tenu que cette région a été plus souvent rattachée à l'Italie qu'à la France au cours de son histoire.

Cette partie de la Côte d'Azur doit être visitée surtout pour le paysage qu'elle offre. Elle est traversée par trois corniches : la petite, la moyenne et la grande Corniche, qui suivent le littoral à différentes hauteurs comme l'indique leur nom.

## POUR S'Y RETROUVER SANS MAL

Puisque les panoramas sont différents selon qu'on emprunte l'une ou l'autre des routes qui sillonnent ces corniches, il faut presque avoir une voiture à sa disposition pour couvrir et capturer toute la beauté des divers paysages. Tous les autres moyens de transport ne permettent pas la flexibilité de passer d'une route à l'autre.

Les villages en bordure de mer sont tous desservis par le train et les autocars. Cependant, les villages dans l'arrière-pays ne sont accessibles que par autocar, ce qui limite considérablement leur accès. On peut, par exemple, se rendre à Sainte-Agnès, Gorbio ou Castellar, villages de l'arrière-pays mentonnais, grâce à quelques liaisons quotidiennes avec Menton.

Nous vous suggérons donc fortement de louer une voiture dans l'un des points de location à Nice pour effectuer cette partie du voyage.

On accède aux trois corniches à la sortie de Nice, dans la partie qui se situe à l'est, près du port.

Il faut absolument éviter la petite Corniche en juillet et en août. La route suit le bord de mer et est très congestionnée, surtout en fin d'après-midi et en début de soirée, lorsque les gens reviennent de la plage. C'est une expérience que personne ne souhaite vivre! De toute façon, il existe une multitude de petites routes qui relient les corniches entre elles et qui permettent de passer de l'une à l'autre.

---

En avion

---

Menton et tous les villages qui se trouvent à l'est de Nice sont situés à moins de 30 km de l'aéroport de Nice.

Aéroport de Nice
☎04.93.21.30.30 ou 08.36.39.55.55
(information sur les vols)

---

 RENSEIGNEMENTS PRATIQUES

## En train

Le train de Nice vers l'Italie dessert quasiment tous les villages de la Côte. Se renseigner aux gares SNCF :

Menton : ☎04.92.10.49.00
Beaulieu : ☎04.93.01.15.31
Nice : ☎04.92.14.80.00

## En bus

Menton-Nice : toutes les demi-heures par Rapides Côte-d'Azur; ☎04.93.55.24.00

Menton dessert l'arrière-pays proche (Gorbio, Sainte-Agnès et Castellar) d'une manière assez régulière.

Microbus, Menton : ☎04.93.28.19.94

Gare routière :
Route de Sospel, (près de la gare SNCF), ☎04.93.35.93.60;
ou renseignez-vous chez Autocars Breuleux : ☎04.93.35.73.51.

## En voiture

Nice est reliée à Menton par trois corniches :

● la grande Corniche ou la D2565;

● la moyenne Corniche ou la N7;

● la petite Corniche ou N559, qui est la route du bord de mer. Vous traversez toutes les stations balnéaires qui se trouvent entre Nice et Menton.

Pour joindre Menton le plus rapidement possible au départ de Nice, prenez l'autoroute A8.

### Villefranche-sur-Mer

**Office de tourisme** : Jardin François Binon
☎04.93.01.73.68, ≈04.93.76.63.65

### Saint-Jean-Cap-Ferrat

**Office de tourisme** : 57, av. D. Séméri☎04.93.76.08.90, ≈04.93.76.16.67

### Beaulieu-sur-Mer

**Office de tourisme** et animation à la gare.
☎04.93.01.02.21, ≈04.93.01.44.04

### Èze-Bord-de-Mer

**Office de tourisme** (en été seulement) :
☎04.93.01.52.00

### Èze-Village

**Office de tourisme** : place du Général Gaulle
☎04.93.41.26.00, ≈04.93.41.04.80

### Cap-d'Ail

**Office de tourisme et de la culture**
Centre Guillaume-Apollinaire
104, av. du 3 Septembre
☎04.93.78.02.33

### La Turbie

**Office de tourisme à la Mairie** :
☎04.93.41.10.10 (lun-ven)

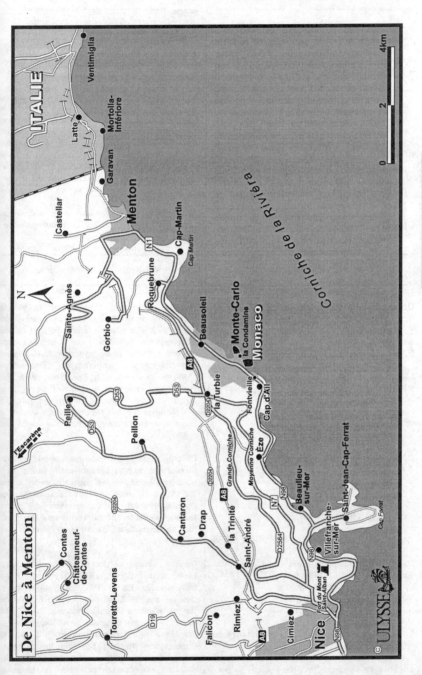

De Nice à Menton

© ULYSSE

## Peille

Syndicat d'initiative à la Mairie :
☎04.93.79.90.32 (lun-ven)

## Peillon

Information touristique à la Mairie :
☎04.93.79.91.04 (lun-ven)

## Roquebrune Cap-Martin

**Office de tourisme :**
☎04.93.35.62.87 (lun-ven)

## Menton

**Office de tourisme :**
8, av. Boyer, BP 239, ☎04.93.57.57.00

Service du patrimoine :
5, rue Ciapetta, ☎04.92.10.33.66

Mairie : 17 rue de la République
☎04.92.10.50.00

Hôpital La Palmosa : rue A. Péglion
☎04.93.28.77.77
(urgences) ☎04.93.28.72.41

Office de change Saint-Michel :
5 rue St-Michel
☎04.93.57.18.31

Change automatique : 43, quai Bonaparte
☎04.93.35.79.86

Crédit Lyonnais : av. Boyer, ☎04.93.28.60.60

Banque Nationale de Paris : 14, av. Félix
Faure, ☎04.93.35.80.87

Taxis : à la gare, ☎04.92.10.47.02
au casino, 04.92.10.47.01

Location de voitures Avis : 9, rue Victor Hugo
☎04.93.35.50.98

Location de voitures Europcar : 9, av. Thiers
☎04.93.28.21.80

 ATTRAITS TOURISTIQUES

*À la sortie de Nice, empruntez la moyenn*
*Corniche.*

La route passe tout près du **fort du Mont A**
**ban**, l'un des plus beaux exemple
d'architecture militaire de la Renaissance
Transformé en bastille au XVIIIe siècle, ce fo
a joué un rôle militaire jusqu'à la Deuxièm
Guerre mondiale. On y jouit d'une vu
magnifique sur la Côte. Non loin, vous pouve
rejoindre le mont Boron, plus près de la me
où vous pouvez faire d'agréables promenade

*Peu importe la route que vous choisissea*
*vous devez vous arrêter à **Villefranche-su.***
***Mer.***

## Villefranche-sur-Mer ★★

Premier village qu'on rencontre à l'est d
Nice. Situé au bord de la mer, ce village a é
fondé au XIIIe siècle sur le site du port roma
d'Olivula, qui bénéficiait de franchises con
merciales. Le village possède un tissu de rue
les charmantes, entièrement piétonnière
L'une de ces ruelles, la **Rue Obscure ★**, n
pas du tout changé depuis le XIIIe siècle, alo
qu'elle servait d'abri pendant les période
d'insécurité. Il y fait très sombre, car elle e
complètement fermée, un peu comme un tu
nel.

On trouve dans le village de nombreux peti
restaurants ou bars agréablement situés sur
bord de mer ou sur des petites places. La qu
lité de la nourriture y est cependant que
conque, et il vaut peut-être mieux ne s'y arr
ter que pour prendre un verre, sauf le resta
rant **La Grignotière**, qui offre un excellent ra
port qualité/prix.

Dans le village se dresse la **citadelle Sain**
**Elme**, fortification du XVIe siècle, qui a é
bien rénovée. La citadelle a été édifiée par
duc de Savoie, Emmanuel Philibert, en réa
tion au siège de Nice par François Ier en 154
Plus tard, la citadelle est devenue u
complexe de défense important, à la suite d
l'occupation du port par une flotte musu
mane. De nos jours, c'est encore un lie
d'escale pour certaines unités militaires d
l'OTAN ou de bateaux de croisière. La cit
delle est aussi l'hôte de la **Fondation Vo**

*Villa Ephrussi-Rothschild*

(entrée libre; été 10h à 12h et 15h à 18h, oct à mai 10h à 12h et 14h à 17h). On peut y voir de grandes sculptures de femmes qui s'inscrivent dans la lignée de Rodin.

Sur le port, vous devez absolument visiter la petite **chapelle Saint-Pierre** ★★ *(droit d'entrée; mar-dim; ☎04.93.76.90.70)*, construite au XIVᵉ siècle, mais décorée par Jean Cocteau en 1964 en hommage aux pêcheurs. Au premier étage de la chapelle, se trouve la **galerie Jean Cocteau** *(10h à 19h, juil et août 10h à 23h; ☎04.93.01.73.92)*.

En face de la chapelle, vous trouverez d'agréables terrasses où prendre un verre. Villefranche n'est pas un lieu où l'on doit nécessairement passer la nuit. En outre, elle ne dispose que d'une plage minuscule, et il n'y a que très peu d'hôtels. À ce sujet, il vaudrait mieux éviter l'hôtel Welcome, qui, malgré son site exceptionnel directement sur la mer, ne procure ni un accueil ni un rapport qualité/prix intéressants.

*Continuez sur la route du bord de mer.*

---

Saint-Jean-Cap-Ferrat ★★★

---

Ce cap qui s'avance dans la mer est reconnu pour la grande richesse monétaire de ses habitants. Avant le début du siècle, ce n'était pourtant qu'un hameau de pêcheurs, un site encore sauvage et sans constructions. Tout a changé lorsque Béatrice de Rothschild y a fait construire la **villa Ephrussi-Rothschild** ★ *(droit d'entrée; avr à oct 10h30 à 18h, juil et août jusqu'à 19h; nov au 15 mars sam-dim; ☎04.93.01.33.09)* au début du siècle. Si vous aimez le faste, vous serez séduit! Cette demeure, témoin de la richesse des familles fortunées pendant La Belle Époque, rassemble une collection de tableaux, mobiliers, objets rares, porcelaines, tapisseries, sculptures, etc. Cette villa vaut cependant une visite pour le site, car elle est entourée de sept jardins à thème (espagnol, florentin, japonais, provençal, oriental, exotique et, bien sûr, à la française!). On y trouve des bassins, des cascades, des bancs pour s'y reposer et même un temple de l'Amour!

Enfin, on peut s'arrêter au salon de thé, situé dans une agréable rotonde toute vitrée donnant sur le jardin.

On peut faire le tour du cap de plusieurs façons : à pied, à vélo, en voiture. Les amateurs de la marche voudront faire le circuit de 11 km qui suit le littoral et fait le tour du cap. Le long du sentier, on aperçoit de temps à autre un bout de propriété qui appartient à l'une des magnifiques villas qui se cachent derrière les pins.

Cette promenade commence près de la plage de Passable, non loin de la villa Ephrussi-Rothschild et du **Zoo** *(55F, 40F enfant; 9h30 à 17h30, été jusqu'à 19h; ☎04.93.76.04.98)* qui réunit de nombreux animaux dans le cadre unique d'une végétation tropicale et méditerranéenne. Au bout du cap, on atteint le phare et, ensuite, on arrive à l'hôtel Bel-Air, palace très luxueux du début du siècle et membre des Relais et Châteaux qui dispose d'une plage privée.

On peut se faire bronzer un peu partout sur les rochers qui entourent le cap et plonger dans la mer. En certains endroits, on retrouve même des petites criques sympathiques. Le nudisme est très pratiqué sur les rochers et presque exclusivement par des hommes.

De l'autre côté du cap, le sentier continue vers la presqu'île, qui garde un air un peu plus sauvage. Près de la pointe est, vous pourrez monter vers la jolie petite chapelle Sainte-Hospice. On y jouit d'une très belle vue sur les environs. Un peu plus loin, du côté nord, se trouve une charmante petite plage : Paloma Beach. On y propose des services de restauration et de location d'équipement balnéaire. Un peu plus loin, on atteint le port, qui abrite une multitude de commerces et de restaurants divers.

*Sortez du cap et rejoignez la route du bord de mer.*

---

### Beaulieu-sur-Mer ★

On peut aussi s'y rendre à pied en empruntant la promenade Maurice-Rouvier au départ du cap. C'est une promenade des plus agréables. Le sentier suit le littoral et offre de nombreux bancs, à l'ombre des pins, à la disposition des promeneurs qui veulent s'arrêter un peu pour admirer le magnifique panorama.

Bénéficiant d'un climat très doux, Beaulieu a été recherchée dès l'Antiquité et, plus tard, a attiré de nombreuses familles royales et nombre de riches industriels. Malheureusement, aujourd'hui, le site semble avoir perdu de son charme malgré ses hôtels de luxe. Néanmoins, ça reste un endroit de villégiature calme, dominé par un important port de plaisance et qui est très prisé par les gens plus âgés.

Il faut surtout y visiter la **villa Kerylos ★★** *(droit d'entrée; lun-dim, été 10h à 18h; oct à mi-mars, 13h30 à 17h30; mi-mars à fin juin, 10h à 12h et 14h à 18h; ☎04.93.01.01.44).* Lors de sa construction au début du siècle, le propriétaire a voulu en faire un témoin de la vie dans la Grèce antique, mais en y ajoutant tout le confort moderne de l'époque. Classée monument historique en 1967, cette demeure, donnant sur la mer, présente une richesse exceptionnelle de matériaux et une décoration d'un grand luxe : sols, murs et plafonds en marbres italiens blanc, jaune ou mauve, verre opaliné, albâtre, ivoire, et bronze.

*Sortez de Beaulieu, toujours par la route du bord de mer.*

---

### Èze ★★★

---

Cet endroit est en fait une triple commune **Èze-Bord-de-Mer,** sur la petite Corniche; **Èze Village ★★★,** plus haut sur la moyenne Corniche; enfin, le **Col d'Èze ★★,** encore plus haut sur la grande Corniche.

À Èze-Bord-de-Mer, on trouve deux plages publiques restées un peu sauvages qui entourent une plage privée et un club de voile situé près de la gare. Il faut aussi jeter un coup d'œil sur la chapelle Saint-Laurent, bâtie au XVIIe siècle.

De là, on peut rejoindre Èze-Village en voiture. Les sportifs voudront monter à pied par le chemin Nietzche. Ce sentier procure des points de vue magnifiques sur la mer et prend environ une heure à parcourir. Il est cependant fort raide!

Vous devriez vous arrêter à l'**Office de tourisme** *(place Général de Gaulle ☎04.93.41.26.00)* dès votre arrivée à Èze Village. Vous y trouverez une excellente brochure : *Èze guide pratique.* De plus, les randonneurs y trouveront un petit dépliant qui informe sur les diverses randonnées à faire dans la région.

Èze-Village est situé sur un piton rocheux de 429 m de hauteur. Déjà les Liguriens s'étaient installés pour des raisons de sécurité. De nos jours, c'est un lieu idéal pour y flâner à l'exception peut-être de juillet et d'août. On pénètre dans le village par la Paterne, construite au XIVe siècle et qui contrôlait l'unique accès au village. Les deux tours de garde sont classées monuments historiques. On arrive ensuite à l'église, construite vers 1772. Sa façade très sobre, percée d'un œil-de-bœuf, contraste avec la décoration intérieure au style baroque très riche.

Ensuite, on peut commencer l'ascension à travers de charmantes ruelles étroites. Près du sommet, se trouvent deux hôtels très luxueux qui offrent d'excellents services et dont la situation est presque paradisiaque. Le sommet du village est occupé par un **Jardin exotique** *(12F; été 9h à 20h, hors saison 9h à 12h et 14h à 17h30; ☎04.93.41.10.30)*. Ce jardin abrite de nombreux spécimens de cactus, originaires pour la plupart de l'Amérique du Sud. Le jardin est étagé et se termine en haut par une grande terrasse qui livre un panorama fantastique s'étendant du Cap Ferrat jusqu'à l'Estérel. On peut même y voir la Corse en hiver lorsque le temps est clair.

De Èze-Village, vous pouvez monter vers la **grande Corniche ★★★**, route qui a été construite sous les ordres de Napoléon Iᵉʳ. Vous y découvrirez des panoramas encore plus spectaculaires qui permettent de voir jusqu'aux îles Hyères, à l'ouest, et l'Italie, à l'est. En haut se trouve un parc forestier ayant une superficie de 60 ha et qui s'étale du mont Vinaigre au promontoire du mont Bataille. Vous pouvez découvrir ce parc en vous rendant à la maison de la Nature, qui dispose aussi d'un stationnement. Sur la Révère, un vieux bâtiment militaire, vous trouverez une table d'orientation qui situe bien les différents caps, baies, villes côtières et sommets alpins des environs.

À côté de l'hôtel Hermitage, un sentier pédestre invite les randonneurs de tous âges à effectuer une petite randonnée de 1,4 km. On y trouve aussi un petit parc pour amuser les enfants ainsi que des tables à pique-nique ombragées par des chênes.

Dans les environs, on peut aussi visiter l'**Astrorama** *(30F; mar et ven seulement, mai à sept 18h30 à 23h, oct à avril 17h30 à 22h; ☎04.93.41.23.04)*. Voilà de quoi ravir les enfants car ils peuvent y faire des observations astronomiques!

*Quittez Èze vers l'est, peu importe si vous empruntez la moyenne ou la grande Corniche.*

## La Turbie ★★

Dans le cas où vous auriez décidé d'un itinéraire différent de celui que nous vous proposons, vous pouvez aussi vous rendre à La Turbie en empruntant l'autoroute A8. C'est d'ailleurs la façon la plus rapide pour y arriver car il existe une sortie spécifique pour cet endroit.

Déjà peuplée pendant la préhistoire, La Turbie a surtout connu ses heures de gloire à l'époque gallo-romaine. Elle était située sur la Via Julia Augusta, voie stratégique à l'époque. Au temps de l'empereur Auguste, le Sénat romain a décidé d'ériger un monument, **Le Trophée**, pour commémorer les victoires d'Auguste sur les peuples rebelles qu'il avait conquis.

Au début des années trente, ce monument a été partiellement restitué à son architecture originale grâce au financement d'un riche mécène américain. On y a d'ailleurs installé un musée qui retrace l'évolution du monument au cours de son existence.

La Turbie a toujours été très disputée par les souverains de Gênes, de Savoie et de France à cause de la position frontalière à ses royaumes. En 1713, Monaco a définitivement rendu le village à la France.

L'emplacement du village est spectaculaire, et le village est très beau. Il ne faut pas manquer l'**église Saint-Michel**, construite en 1777. Cette très belle église baroque en marbres rose et gris renferme deux magnifiques peintures : un primitif de Bréa, et une œuvre attribuée à Véronèse, qui se trouve dans la chapelle de la Pietà.

**Conseil :** à cet endroit de la Corniche, vous profitez d'une très belle vue sur Monaco, en plus d'être à l'écart de la grande masse touristique en été. Aussi, il y fait moins chaud qu'au bord de mer, et les prix pratiqués par les restaurateurs et les hôteliers y sont beaucoup plus intéressants.

*Quittez La Turbie par la D53 pour faire une petite excursion dans l'arrière-pays.*

Voici un petit circuit qui vous fera découvrir l'arrière-pays monégasque en passant par **Peille ★★** et **Peillon ★★★**. Cette boucle peut s'effectuer en voiture ou même en vélo si vous le désirez. Cette route vous fera découvrir de splendides paysages. Cependant, il est préférable d'envisager un tel projet en dehors de la période des vacances d'été car la circulation automobile est plus dense et la route est plutôt étroite.

## Peille ★★

Peille était une cité consulaire au Moyen Âge. Le village vaut une visite surtout pour son site car il est presque caché sous la route. En effet, on stationne la voiture, en haut de la route, puis on descend vers le village, qui s'étale vers le bas. Dans le village, vous trouverez des petites places sympathiques. En particulier, près d'une ravissante fontaine gothique, vous pourrez jeter un coup d'œil dans le petit musée des Arts et Traditions populaires. Le village abrite aussi la chapelle Saint-Martin de Peille, construite dans les années cinquante dans un style très particulier.

Autour de Peille, il est possible de faire de nombreuses excursions et promenades à travers les forêts proches. On peut partir pour 20 min, ou pour trois heures, selon le temps qu'on a. Il existe même des sentiers pédestres qui se rendent jusqu'à Monaco.

En quittant Peille, toujours par la D53, très sinueuse à cet endroit, on arrive près des Ciments Vicat, une énorme carrière qui gâche un peu le paysage. C'est de cette carrière que provient la pierre blanche de Turbie qui a servi à la construction de la cathédrale et du musée océanographique qui se trouvent à Monaco.

Si vous êtes un amateur du style baroque, vous devez vous rendre à l'**Escarène**, qui se trouve environ 7,5 km plus au nord. Vous emprunterez alors la Route du sel *(pour une description plus détaillée du site, se référer au chapitre «De Nice à Tende», p 297).*

*Si vous descendez plutôt vers le sud, vous atteindrez rapidement Peillon.*

## Peillon ★★★

Quel beau village perché! Probablement l'un des plus beaux de la Côte, sinon le plus beau! La vue sur le village a d'ailleurs été souvent immortalisée par des artistes. Il faut s'y arrêter pour deux raisons : d'abord pour y faire une jolie promenade à travers ses ruelles étroites, escaliers, passages voûtés qui montent vers l'église, tout en haut; ensuite, pour y manger, et même y dormir, à l'**Auberge de la Madone** (voir p 277).

Il y a peu de choses à voir dans ce village, à part peut-être la **chapelle des Pénitents Blancs**, décorée de fresques superbes. Cependant, on y trouve le calme et une petite évasion à l'écart du trop grand tourisme, car heureusement le village n'a pas été envahi par les commerces qui ont souvent miné le charme de certains autres très beaux villages de la Côte. On a qu'à penser à Saint-Paul-de-Vence.

*Continuez sur la D53 pour rejoindre la D2204, qui vous amènera vers l'autoroute qu'il faut prendre jusqu'à Roquebrune.*

## Roquebrune-Cap-Martin ★★

Admirablement située entre Menton et Monaco, cette commune offre une grande diversité. Son climat, dont la moyenne annuelle est de 17 °C, est réputé comme le meilleur d'Europe et se caractérise par la luminosité du ciel et l'absence de brouillard. Il ne faut donc pas s'étonner d'y trouver une flore riche et exubérante.

Le passé de **Roquebrune ★★★** est marqué par l'histoire de son château, qui domine le pittoresque village médiéval de Roquebrune. Il fut construit vers 970 et constitue l'un des seuls spécimens en France des châteaux dits «carolingiens», embryon de ceux élevés deux siècles plus tard et qui marquèrent l'apogée de la féodalité. Au cours des siècles, il a appartenu aux comtes de Vintimille puis de Provence et ensuite aux Grimaldi. Le château est un monument historique depuis 1927.

On entre dans le **château ★** par un pont en pierre qui a remplacé l'antique pont-levis au XVIe siècle. Le rez-de-chaussée, creusé en grande partie dans le rocher, comprend la salle des Gardes – qui a aussi servi de prison – et la citerne d'eau, alimentée par les eaux de pluie. Le premier étage était autrefois constitué par la Grande Salle, qui n'est dorénavant qu'une cour ouverte. Elle servait aux réceptions et aux cérémonies. Le deuxième étage logeait les hommes chargés de la défense intérieure. Le troisième étage abritait les appartements seigneuriaux : deux salles voûées et une cuisine. Au X$^e$ siècle, une des deux salles servait à la fois de salle à manger et de chambre à coucher. Sur cet étage se trouvait aussi le chemin de ronde, qui permettait de guetter les environs. On y jouit d'une belle vue sur les environs. Enfin, le dernier étage servait de logement aux guetteurs.

À la sortie du château, remarquez la porte des Grimaldi, dont les armoiries sont encore visibles à l'extérieur. Accordez-vous du temps pour flâner au gré des montées en escalier, des passages voûtés – la rue Pié présente un grand nombre d'arcs de soutien très rapprochés – et des charmantes placettes. N'oubliez pas d'aller voir l'olivier millénaire près de la porte de Menton. Enfin, les passionnés de magasinage pourront s'adonner à leur passe-temps favori.

Le cap Martin ★ est une magnifique avancée rocheuse parsemée de villas et de jardins cachés au milieu des pins et des oliviers séculaires. Il ravira les amateurs de la nature grâce à son sentier pédestre, la **promenade Le Corbusier ★★**, longeant les contours sauvages et escarpés de son bord de mer.

Le Cap abrite les ruines d'un mausolée, vestige de la station de Lumone, établie par les Romains au 1$^{er}$ siècle av. J.-C. Mais ce sont les vastes résidences de style Belle Époque qui ont fait sa renommée. De nombreuses personnalités y ont séjourné : royauté, écrivains, peintres et vedettes du monde artistique, parmi lesquelles on peut citer l'impératrice Sissi d'Autriche, le grand architecte Le Corbusier et Coco Chanel.

On peut découvrir ces villas luxueuses entourées de jardins magnifiques en se promenant à pied – les voitures sont interdites – le long des larges avenues qui composent le parc résidentiel occupant la majeure partie de l'île.

Enfin, vous pouvez pratiquer de nombreux sports nautiques ou simplement vous prélasser sur l'une des plages qui se trouvent sur le territoire de la commune.

## Menton ★★★

À cause de sa proximité de la frontière, cette ville connaît depuis toujours de fortes influences italiennes. Ce n'est pas étonnant non plus qu'elle ait appartenu à des seigneurs génois avant que les Grimaldi l'acquièrent au XIV$^e$

siècle. Menton n'est vraiment devenue française qu'au XIX$^e$ siècle sous Napoléon III.

La ville bénéficie d'un climat exceptionnel à cause de sa situation privilégiée entre mer et montagne. Cela se traduit par une température moyenne de 17 °C en janvier. De plus, grâce à son microclimat, Menton a pu développer la culture des agrumes et des plantes tropicales. On la surnomme d'ailleurs, à juste titre, la «capitale du citron». Enfin, son climat lui a valu de nombreux visiteurs vers la fin du XIX$^e$ siècle, lorsque de riches Européens du Nord y sont venus dans l'espoir de se guérir de leur tuberculose.

Les couleurs des maisons nous rappellent tout de suite l'Italie. Les habitants aussi, d'ailleurs. Ils sont vraiment accueillants, charmants et sympathiques. Alors, prenez le temps d'y séjourner assez longtemps pour profiter de cette ville aux dimensions humaines. Enfin, il y a beaucoup de végétation à Menton. C'est pourquoi la ville affiche le slogan «Ma ville est un jardin».

### Le centre de la ville

Le meilleur endroit où commencer la visite du centre est sûrement le parvis de l'église Saint-Michel, au cœur de la vieille ville. C'est d'ailleurs de là que partent les visites guidées organisées par le Service du patrimoine *(30F; pour les horaires, s'informer à l'Office de tourisme)*.

Le **parvis Saint-Michel**, mosaïque de galets blancs et noirs, est un endroit important de Menton. Site depuis 1949 d'un festival de musique de chambre, il est flanqué de deux belles églises baroques qui laissent quand même voir la mer. Si vous montez la rue du Vieux-Château, vous apercevrez de jolies maisons aux chaudes teintes agrémentées de végétation ici et là. En haut, on arrive au cimetière, construit sur l'emplacement de l'ancien château.

*Redescendez par l'une des ruelles tortueuses pour revenir au parvis. Dirigez-vous vers la rue Saint-Michel, rue piétonne et commerçante.*

La rue Saint-Michel abrite de nombreux magasins et restaurants. C'est l'endroit idéal pour s'arrêter le temps de prendre un café ou un repas léger le midi.

---

● **ATTRAITS**

1. Parvis Saint-Michel
2. Musée Jean Cocteau
3. Jardins Biovès
4. Palais de l'Europe
5. Salle des Mariages

6. Musée de la Préhistoire régionale
7. Jardin botanique exotique Val Rahmeh
8. Parc du Pian

9. Villa Fontana Rosa
10. Domaine des Colombières
11. Villa Maria Serena
12. Palais Carnolès

◇ **RESTAURANTS**

1. le Balico
2. la Mamounia

3. le Nautique
4. le Rétro

5. le Virginia

○ **HÉBERGEMENT**

1. Auberge de Jeunesse
2. Hôtel des Ambassadeurs

3. Hôtel Paris-Rome
4. Le Mondial

5. Narev's Hôtel
6. le Saint-Michel

---

*Gagnez le bord de mer en direction du port et du bastion.*

Le bastion, bâti au XVIIe siècle pour défendre la ville, abrite aujourd'hui le **Musée Jean Cocteau** *(entrée libre; mer-lun 12h et 14h à 18h; ☎04.93.57.72.30)*. Seul musée au monde dédié à l'artiste, il présente une collection permanente de ses œuvres : dessins, tapisseries, aquarelles, pastels, céramiques et écrits.

*Dirigez-vous vers l'ouest jusqu'à l'Office de tourisme.*

En face de l'Office de tourisme se trouve le marché. On peut y découvrir les spécialités régionales : la pichade, la socca et la fougasse, pour n'en nommer que quelques-unes. Il faut voir. Si l'on continue vers l'ouest, on atteint la promenade du Soleil, qui accueille le Casino et de nombreux retraités.

Derrière le Casino s'étalent les **jardins Biovès**, où se déroule la **fête du Citron**, 10 jours de festivités importantes chaque année. Sur l'avenue les bordant à l'est se dresse le **palais de l'Europe**, site de l'ancien casino qui accueille dorénavant l'Office de tourisme et la Bibliothèque municipale. On y présente également des expositions et diverses manifestations culturelles.

*Revenez vers l'est en empruntant la rue Partouneaux.*

Vous atteindrez assez rapidement la rue de la République, qui abrite au 17 la **salle des Mariages** *(5F; lun-ven 8h30 à 12h30 à 13h30 à 17h; ☎04.93.57.87.87)*, décorée de fresques réalisées par Jean Cocteau en 1957-1958.

*Continuez jusqu'à la rue Loredan Larchey.*

Au bout d'une grande esplanade, on découvre le **Musée de la Préhistoire régionale** *(entrée libre; mer-lun 10h à 12h et 14h à 18h; ☎04.93.35.49.71)*. On peut y voir une collection de pièces préhistoriques régionales recueillies depuis plus d'un siècle, dont le squelette de «l'homme de Menton», qui daterait de 25 000 ans av. J.-C. Au sous-sol, on trouve une section consacrée aux arts et traditions populaires des Mentonnais.

**Garavan**

Ce quartier borde la frontière italienne l'extrémité orientale de la ville. C'est le paradis des amateurs de jardins. Garavan a son plein de parcs et jardins, à commencer par le **Jardin botanique exotique Val Rahmeh ★** *(20F, 10F enfant; 10h à 12h30 et 14h à 17h, été 15h à 18h; av. Saint-Jacques ☎04.93.35.86.72)*. Cet endroit est charmant tout comme les responsables de l'accueil. On peut se promener allègrement dans de petits sentiers qui présentent plus de 650 espèces et variétés de plantes originaires des cinq continents. Cette grande diversité est permise grâce au climat favorable de grande insolation (216 jours en moyenne chaque année) dont bénéficie le site, classé monument historique.

Juste à côté, vous pouvez visiter le **parc du Pian**, une oliveraie millénaire de 3 ha disposée en gradins avec vue sur la mer.

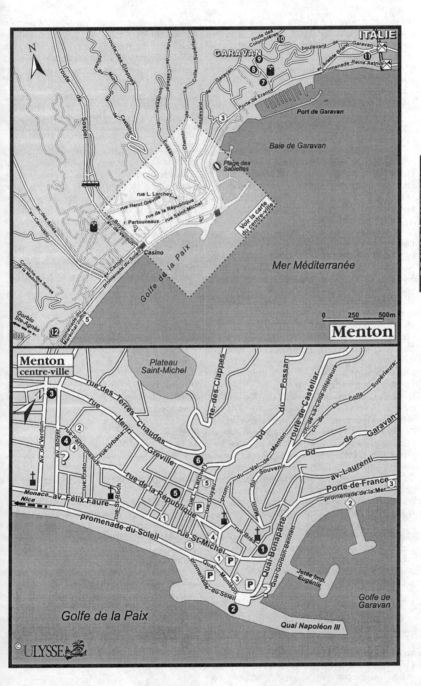

Un peu plus à l'est s'étalent les jardins de la **villa Fontana Rosa** *(av. Blasco Ibanez)*, aménagés par le scénariste et romancier Ibanez à la mode valencienne, avec des bancs, des pergolas et des bassins. Ils ne sont accessibles que le troisième samedi du mois à 10h. Il faut s'adresser au Service du patrimoine *(☎04.92.10.33.66)*.

Un peu plus vers le nord, on arrive au **domaine des Colombières** *(20F; 10h à 12h et 14h à 18h; route des Colombières, ☎04.93.35.71.90)*. Le jardin est conçu comme un voyage autour de la Méditerranée. Principalement des cyprès et des oliviers, les essences sont plus latines qu'exotiques. On y bénéficie de vues superbes sur la vieille ville et sur la baie de Garavan.

Enfin, tout à côté de la frontière, vous trouvez la **villa Maria Serena** *(30F; promenade Reine Astrid)*, construite en 1880 par Charles Garnier (Opéra de Paris). Les jardins renferment une importante collection de plantes subtropicales et exotiques. On peut visiter les jardins le mardi à 10h. Informez-vous auprès du Service du patrimoine *(☎04.92.10.33.66)*.

*Regagnez le centre pour rejoindre la promenade du Soleil.*
Complètement au bout de la promenade du Soleil, à l'extrémité ouest de la ville, se trouve le **palais Carnolès** *(entrée libre; mer-lun 10h à 12h et 14h à 18h; ☎04.93.35.49.71)*. Il abrite le Musée des beaux-arts et présente les collections du fonds contemporain acquis à l'occasion des biennales de Menton. Cet ancien palais a été construit en 1717 pour servir de résidence d'été au prince de Monaco. Il est entouré d'un parc qui constitue le plus ancien jardin de Menton. Il abrite la plus importante collection d'agrumes en Europe : plus de 400 arbres de 50 espèces différentes.

*Quittez Menton par la D23 en direction de Gorbio, dans l'arrière-pays mentonnais. Si vous ne disposez que de peu de temps, dirigez-vous plutôt vers Sainte-Agnès en empruntant la D22 au nord de la ville.*

## Gorbio

La route qui mène à Gorbio est très tortueuse. La distance est courte, mais cela prend quand même un certain temps pour y arriver. De toute façon, le paysage est splendide, surtout vers la tombée du jour.

Petit village au caractère médiéval, il peut êtr intéressant de s'y arrêter pour reprendre so souffle loin du tumulte de la Côte. D'un autr côté, vous pouvez effectuer de très jolies pr menades, à partir de là, qui vous conduiror jusqu'à Sainte-Agnès ou Roquebrune.

## Sainte-Agnès ★★

Vieux village sarrasin perché sur son rocher, serait le plus haut du littoral en Europe. Vou y découvrirez un paysage tourmenté dor l'altière beauté embrasse la Côte. Le villag est charmant et peut constituer une étap agréable pour les randonneurs. En effet, o peut effectuer de multiples randonnées tou autour qui sont plus ou moins longues ou di ficiles.

 ## ACTIVITÉS DE PLEIN AIR

Entre Nice et Menton, les plages sont plut petites et souvent privées (appartenant à u hôtel ou à un réseau vacancier). Les plu grandes plages (publiques et privées) se trou vent à Menton et à Èze.

De plus, la région invite à plusieurs belles pr menades le long de la mer ou dans l'arrièr pays proche.

 Randonnée pédestre

**Saint-Jean-Cap-Ferrat**

Une magnifique promenade – pour les jeune et moins jeunes – peut être effectuée auto du Cap. Rendez-vous à la pointe de Passab (au nord-ouest de la presqu'île, près du zoo qui abrite une petite plage publique de sab et un restaurant (plage privée). Vous pourre longer la mer jusqu'au phare (pointe sud) ensuite continuer sur le chemin de la Carrièr Vous atteindrez ainsi le nouveau port. Duré du circuit : 1 heure 30 min. Pour de plus an ples détails, procurez-vous le plan à l'Offic de tourisme.

**Èze**

De nombreuses randonnées sympathiques peu difficiles – même quand ça monte! – pe ent être effectuées autour d'Èze. Vous pourez ainsi vous rendre de Èze-Bord-de-Mer à ze-Village (moyenne Corniche) à Saint-Launt d'Èze et au col d'Èze (grande Corniche). rocurez-vous la carte *Les chemins d'Èze* à Office de tourisme.

### oquebrune-Cap-Martin

existe un très beau sentier pédestre qui fait tour du Cap. De plus, les avenues du doaine privé, à l'intérieur de la presqu'île, sont rges, tranquilles et bordées de magnifiques llas.

### enton

enton est un endroit de rêve pour les promeurs flâneurs grâce à ses multiples jardins taniques et exotiques (voir p 272). enseignez-vous auprès du Service du patrioine.

 HÉBERGEMENT

eux choix s'offrent à vous : être près de la er et jouir de la vie (nocturne y comprise) us animée, ou vous retirer dans le calme de arrière-pays pour s'éloigner de tout le brouaha. Bien sûr, le prix des hôtels est plus élee dans les villages côtiers. Enfin, si vous us retirez un peu plus vers les hauteurs, us profiterez tout autant de la mer grâce au norama.

## Villefranche-sur-Mer

**Hôtel Provençal** *(300F-420 F, pdj 42F; dp,* , *asc, tv; au centre du village,* 04.93.01.71.42, ≈04.93.76.96.00).* De juin septembre, vous devez loger en de-pension *(320F-415F).* L'hôtel, qui date des nnées trente, a été restauré et offre une belle e sur la mer et sur le jardin public derrière. s chambres sont belles, claires et moderes, et certaines d'entre elles ont une terse.

**Hôtel Welcome** *(720F-950F, pdj 40F; fermé* i-nov à mi-déc; bp, dp, tv, asc, ℜ; Bord-de-er, ≈04.93.76.27.62, ≈04.93.76.27.66)* impose presque à Villefranche. D'abord, son chitecture est très belle, mais surtout il est

en plein cœur de l'action, tout à côté de la chapelle décorée par Cocteau et du port. Que ce soit du patio, où l'on prend le petit déjeuner, ou de la terrasse privée attenante à plusieurs des chambres, la vue sur le port et sur la mer est superbe. Les quelques chambres qui font l'angle sont assez spectaculaires. De plus, puisque Cocteau y fait figure importante, deux chambres sont décorées à sa manière.

Pour les **séjours d'une semaine ou plus,** on recommande la **Résidence Pierre & Vacances** *(3 000F-5 900F studio-cabine, 3 200F-6 500F/sem. app. deux pièces; bp, C, ℝ; ≈04.93.76.40.00).* Construite sur des terrasses tournées vers la mer qui dominent la baie, la Résidence s'ouvre sur un beau parc, une belle piscine et des courts. La plage n'est qu'à 300 m. Attention : séjour obligatoire d'au moins une semaine débutant le samedi.

Très bien situé, l'**Hôtel Patricia** *(240F-315F, pdj 23F; fermé nov et déc; dp, ℜ; av. de l'Ange Gardien, Pont Saint-Jean, ≈04.93.01.06.70)* est une pension familiale qui fait également restaurant. Les chambres sont très simples, mais l'essentiel c'est la proximité des plages, à 300 m. Et des plages, il y en a plusieurs : on peut tout autant se diriger vers celles de Villefranche que celles du cap Ferrat puisque l'hôtel se situe au carrefour des deux endroits. Seule la chambre numéro trois possède un balcon. Avis aux intéressés!

## Saint-Jean-Cap-Ferrat

Voilà un endroit que nous recommandons fortement pour passer quelques jours agréables sur la Côte. Le cap regorge de magnifiques villas et bénéficie d'une abondante végétation.

Il existe à cet endroit un petit hôtel tout à fait charmant. Cachée au milieu d'un jardin luxuriant, la **Résidence Bagatelle** *(280-450F; dp, tv; 11 av. Honoré Sauvan, ≈04.93.01.32.86, ≈04.93.01.41.00)* constitue un arrêt obligatoire. L'accueil est des plus invitants; la patronne a une joie de vivre ravageuse! L'hôtel se trouve tout près de la villa Ephrussi-Rothschild (voir p 267). De plus, l'établissement organise sur demande des journées de pêche sur un voilier *(500F, repas inclus).*

DE NICE A MENTON

**Hôtel Brise Marine** *(690F-750F, pdj 57F; bp, dp, ≡; 58 av. Jean Mermoz, ☎04.93.76.04.36, ⌐04.93.76.11.49)*. Cet hôtel a beaucoup de charme : tranquillité, site plaisant, vues magnifiques. Près de la **Paloma Beach**, qui offre tous les services de plage. Néanmoins, l'hôtel est peut-être un peu cher. Enfin, tout dépend de votre budget!

## Beaulieu-sur-Mer

Beaulieu est un port de plaisance. On y trouve donc plusieurs hôtels.

Si vous disposez d'un petit budget : **Le Select** *(220F-300F; dp; place Général de Gaulle, ☎04.93.01.05.42, ⌐04.93.01.34.30)*. En plein cœur du village, cet hôtel modeste est localisé dans un assez bel ancien immeuble restauré (au rez-de-chaussée, il y a une filiale du Crédit Lyonnais). Il donne sur une place sympathique, mais l'hôtel peut être un peu bruyant car la route passe à côté. Il faut donc négocier que le bruit de la circulation, surtout en été. Si cet hôtel est complet, vous pouvez essayer l'**Hôtel Riviera** *(rue Paul Doumer)*, qui est plus près de la mer, ou l'**Hôtel Flora** *(rue Edith Cavell)*.

Passionné de grand luxe? Alors, choisissez la **Réserve de Beaulieu** *(2 100F-4 400F, 5 700F suite; asc, ℜ; ☎04.93.01.00.01, ⌐04.93.01.28.99)*. Cet hôtel au style architectural du début du siècle a été restauré en 1994. On y trouve d'immenses salons aménagés avec goût qui s'ouvrent sur la mer. Ce petit palais offre une petite plage avec des rochers et une jetée où plonger dans la mer. Les bateaux de plaisance peuvent aussi y accoster. Si vous n'êtes pas pressé, alors détendez-vous au bord de la belle grande piscine. Rapport qualité/prix? C'est cher, mais on atteint les sommets du luxe!

## Èze-Village

**Camping Les Romains** *(Grande Corniche, ☎04.93.01.81.64)* : dans un tout autre registre. Pour y arriver : prendre la D2564 (Grande Corniche). Si vous venez de la mer, montez par la D45. Ce camping, aux portes de l'Italie, offre un magnifique panorama sur les Alpes, la mer et le cap Ferrat. Soleil, calme et confort avec douches chaudes et casse-

croûte. Plages, sports, loisirs à 10 min de Nice et à 15 min de Monaco.

La «reine» des Corniches, avec vues s'il vous plaît!

À environ 3 km du village, en direction du col d'Èze, l'**Auberge des 2 Corniches** *(330F, p 35F, ½ p 630F pour deux pers.; dp, tv, ℜ; bd Maréchal Leclerc, ☎04.93.41.19.54)* plaire aux voyageurs qui cherchent un endroit confortable sans payer un prix exorbitant. M et M$^{me}$ Maume, les gentils propriétaires, vous proposent un endroit au calme et à l'écart du tourisme. Vous aurez l'impression de séjourner à la campagne! Demandez la chambre qui donne sur le coin à l'avant. Elle a deux fenêtres et bénéficie d'une belle vue. Très bon rapport qualité/prix, loin de la folie touristique.

L'**hôtel Hermitage** *(170F-315F; bp, tv, ℜ; Èze grande Corniche, ☎04.93.41.00.68)* est une autre bonne adresse. Membre des Logis de France, cet établissement se trouve à 5 km d'Èze-Village tout en étant relativement près de Nice et de Monaco. Situé à l'entrée d'un parc départemental sillonné de sentiers pédestres. Voilà pour un goût d'arrière-pays! Réservez la chambre avec la très grande salle de bain! L'hôtel dispose aussi d'une piscine.

Ceux qui veulent s'offrir une nuit inoubliable dans un endroit de rêve choisiront un des deux hôtels de luxe situés au cœur même du vieux village médiéval :

Le **Château de la Chèvre-d'Or** *(1 700F-3 700F; ℜ, ≈, ☎04.93.41.12.12, ⌐04.93.41.12.24)*.

Le **Château Eza** *(2 000F-3 500F; ☎04.93.41.12.24, ⌐04.93.41.16.64)*.

Ces deux hôtels procurent essentiellement les mêmes services et les mêmes avantages. Partout, on y respire le raffinement! On y trouve de jolis jardins et des terrasses qui surplombent la mer. De plus, on y mange très bien. Le restaurant du Château Eza (voir p 280) est cependant plus spectaculaire à cause de sa terrasse qui domine littéralement la mer. Ce sont deux endroits de rêve, hors du commun. Enfin, les clients du Château Eza peuvent utiliser gratuitement la piscine de l'autre hôtel. En échange, les clients de la Chèvre d'Or peuvent garer leur voiture à l'autre hôtel.

## Cap-d'Ail

vous désirez fuir le clinquant de Monaco et
e Monte Carlo, voici deux bonnes adresses
ans ce petit village juste à côté.

our un séjour d'une semaine ou plus, la **Rési-
ence Pierre & Vacances**
*450F-5 750F/sem. studios,
050F-6 100F/sem. app. deux pièces; bp, C,
≈; ☎04.93.41.73.00)* s'impose! Cet im-
essionnant bâtiment de verre et de pierre a
é conçu par Jean Nouvel, réputé architecte
ançais. Perché dans les hauteurs, il a été
nstruit sur des terrasses de niveaux diffé-
nts qui dominent la mer et offrent une vue
perbe. La piscine est une pure merveille.
ttention : en dépit de sa proximité du village
800 m), il faut s'y rendre avec sa propre
iture ou en taxi. Stationnement payant. Les
cations, d'une durée minimale d'une se-
aine, commencent le samedi. Les apparte-
ents de deux pièces sont idéaux pour les
milles car ils disposent d'une chambre à
cart pour les enfants. Bon rapport quali-
/prix!

## La Turbie

u centre du village, en face de la Mairie, se
ouve l'**Hôtel Napoléon** *(300F-400F, ½p
°0F; bp, tv, asc, ℛ; 7 av. de la Victoire,
04.93.41.00.54, ⊷04.93.41.28.93)*. Cet
ablissement allie le confort moderne avec
rchitecture du pays. Demandez une
ambre à l'arrière pour bénéficier d'un plus
and calme.

## Peille

ur les petits budgets, l'**Hôtel Belvédère**
80F-220F, ½p 240F; ℛ; 1 place Jean Miol,
04.93.79.90.45)* est tout indiqué. Les
ambres sont simples mais propres. La vue
étend sur Nice et sur les collines de
rrière-pays de Monaco. Malheureusement,
a également vue sur une monstrueuse car-
re de pierre. L'ambiance est rustique avec
e grande salle à manger qui s'ouvre sur une
ande terrasse. Demandez les chambres n° 2
4. Membre des Logis de France.

## Peillon

🛏️ Permettez-vous de rêver un peu et de
profiter de la vie à l'**Auberge de la Madone** *(450F-720F; bp, tv, ℛ;
☎04.93.79.91.17, ⊷04.93.79.99.36)*. Situé à
l'entrée de ce très beau village médiéval,
l'hôtel est meublé avec du très beau mobilier
de style. Les chambres très modernes et spacieuses donnent vue sur le village. De plus, il
y a un excellent restaurant sur place (voir
p 280). Cet hôtel respire la grande classe et
jouit du goût très fin du patron. En plus, tout
cela, sans la moindre prétention! Cela exige
un arrêt!

Pour les budgets plus modestes, le patron a
installé une dépendance en contrebas de son
hôtel, l'**Auberge du Portail** *(180F-350F; dp)*.

## Roquebrune-Cap-Martin

Au cœur du cap Martin se niche l'**Hôtel Europe Village** *(370, ½p 530F; dp, tv, ℛ; av.
Virginie Hériot, ☎04.93.35.62.45,
⊷04.93.57.72.59)*. À 3 km de Monaco ou de
Menton, vous serez séduit, sinon impression-
né par la beauté et le calme du jardin qui entoure l'hôtel. C'est une oasis de nature entre
ces deux villes! Les chambres se révèlent
confortables, et certaines possèdent une terrasse qui donne sur le jardin. De plus, l'hôtel
est à côté du point de départ de la superbe
promenade autour du Cap.

Un peu avant d'atteindre le cap Martin, on
trouve l'**Hôtel Westminster** *(380F-500F, ½p
280F-340 F, pdj 25F; fermé oct; bp, dp, tv,
≈, ℛ; 14 av. Louis Laurens,
☎04.93.35.00.68, ⊷04.93.28.88.50)* dans
une petite impasse qui descend vers la mer.
Cet hôtel confortable de facture familiale est à
200 m de la plage. Si par hasard vous faites
partie des amateurs de vol libre (parapente),
c'est l'endroit tout désigné pour vous car
l'établissement leur porte un intérêt particulier
et il vous sera possible d'y obtenir tous les
renseignements pertinents. De plus, l'hôtel
dispose d'un restaurant *(fermé mer)* surplombant la mer, et qui sert des spécialités traditionnelles françaises cuisinées par la patronne.

Situé à un endroit stratégique du vieux village
médiéval de Roquebrune, l'hôtel-restaurant

**Les deux Frères** *(495F, pdj 45F; bp, dp, ℛ, tv; ☎04.93.28.99.00, ⌐04.93.28.99.10)* constitue une étape agréable où séjourner. D'abord, l'hôtel donne sur une place sympathique d'où l'on a une très belle vue sur les environs; ensuite, on est à deux pas des charmantes ruelles du village.

Entre ciel et mer, le **Vista Palace Hôtel** *(1 600F-1 850F, suite 2 350F-3 000F, pdj 100F-150F; bp, asc, ≡, tv, ≈, ℛ, ☺; grande Corniche, ☎04.92.10.40.00, ⌐04.93.35.18.94)* est un endroit des plus spectaculaires. On comprend qu'il fasse partie des *Leading hotels of the world*. Situé sur un éperon rocheux qui surplombe la mer à une hauteur vertigineuse, l'hôtel possède un site unique. Doté du plus grand confort moderne, l'établissement relève de la plus grande tradition des *resorts* de rêve avec sa piscine, son centre de conditionnement physique, ses jardins, mais surtout avec les vues qui s'affichent partout. Justement, trois suites junior font l'angle, une succession de larges baies vitrées livrant un spectacle exceptionnel qui s'ouvre, d'un côté, sur le Hong-Kong de la côte, Monaco, et de l'autre, sur la beauté encore sauvage du cap Martin. C'est à couper le souffle. Dernier point : en été, on peut manger midi et soir sur la terrasse attenante à la piscine.

## Menton ★★★

**Camping Fleurs de mai** *(67 Val de Gorbio, ☎04.93.57.22.36)*. Pour y arriver : prendre la sortie Menton sur l'autoroute A8 et se diriger vers la D23. Ce camping offre le calme dans un cadre verdoyant à moins de 1,5 km des plages. Piscine, tennis, supermarchés, commerces, etc.

**Auberge de Jeunesse** *(67F, pdj; plateau Saint-Michel, ☎04.93.35.93.14)*. Pour s'y rendre, on peut prendre un minibus à partir de la gare routière. Attention : les réservations par téléphone ne sont pas prises en considération.

À 200 m du Casino, et tout à côté de la plage, niche l'**Hôtel de Londres** *(220F-420F, ½p 220F-360F, pdj 34F; bp, dp, tv, asc, ℛ; 15 av. Carnot, ☎04.93.35.74.62, ⌐04.93.41.77.78)*. Puisqu'il faut traverser un grand jardin, où l'on peut prendre un verre ou manger, l'hôtel se trouve donc un peu à l'écart de la rue. D'ailleurs, pour être assuré

du plus grand calme, louez une chambre à l'arrière. Cet hôtel nous a séduits bien s▪ grâce à son jardin, mais également à cause ▪ l'agréable charme «vieille France» qui s' dégage.

À 5 min de la mer, en face du chic hôtel d▪ Ambassadeurs, l'hôtel **Le Mond▪** *(230F-270F, pdj 19F; dp, tv, ℛ; 12 rue P▪ touneaux, ☎04.92.10.20.6▪ ⌐04.92.10.20.70)* offre tout et même plus ce qu'on peut attendre d'un hôtel simple pas cher. Le cadre – style vieillot du début siècle – est très invitant et sympathiqu▪ L'hôtel propose de petites chambres simpl▪ mais très propres. Les petits déjeuners so▪ servis dans un petit patio bien agréable. Vo▪ un hôtel avec un excellent rapport qualité/pr▪ Mais puisqu'il n'y a que 10 chambres et q▪ même en janvier quand on a visité l'hôtel, ▪ maison était remplie, prévoyez une réserv▪ tion. C'est un hôtel très populaire.

L'**Hôtel Paris-Rome** *(340F-450F; bp, ≡, tv▪ 79 Porte de France, ☎04.93.35.73.4▪ ⌐04.93.35.29.30)* se trouve face à la m▪ près du port de plaisance. C'est un petit hô▪ sympa, avec un tout petit jardin intérieur ▪ vous pouvez prendre votre petit déjeuner da▪ le calme. Quelques chambres donnent sur ▪ mer et, donc, sur la route très achalandée ▪ été. Ça peut être bruyant, mais au deuxiè▪ étage il y a double vitrage (les chambres ▪ plus chères). Le cadre est rustique, et il ▪ une cheminée dans le restaurant. Membre d▪ Logis de France. L'accueil s'avère b▪ D'ailleurs, si vous passez toute une semai▪ vous profitez d'un forfait intéressa▪ *(2 300F)*, et la direction vous offre gratui▪ ment des visites touristiques comment▪ dans les cinq jardins exotiques de la ville.

Le **St-Michel** *(350F-400F, pdj 30F; bp, tv▪ 1684 promenade du Soleil, ☎04.93.57.46.▪* est un autre hôtel qui fait face à la mer. Te▪ par un bon vivant italien et sa femme, cet ▪ tel se trouve à l'entrée de la vieille ville ▪ compte quelques chambres calmes à l'arri▪ en plus des chambres qui font face à la m▪ qui sont plus bruyantes. Cet endroit offre ▪ très bon rapport qualité/prix.

Le **Narev's Hôtel** *(400F-500F, pdj 35F; bp▪ tv, asc; 12bis, rue Lorédan Larch▪ ☎04.93.35.21.31, ⌐04.93.35.21.20)* est ▪ autre très bonne adresse. Il s'agit d'un hô▪ récemment construit, entouré d'immeub▪ qui datent de la fin du XIXᵉ siècle. Cet hô▪ est une entreprise familiale gérée par Pasc▪

Véran, très sympathique et connaissant bien la ville et ses restaurants. Les très agréables chambres (quelques-unes avec terrasse) sont dotées de tout le confort d'un hôtel moderne. Bien situé, à 5 min de la mer et en face du Musée de Préhistoire régionale, l'hôtel dispose également d'une salle de conférences et est ouvert toute l'année.

Si vous recherchez un confort luxueux et la proximité de la plage, l'**Hotel Royal Westminster** *(610F-770F, pdj 36F; bp, =, ℜ, ⊘, asc; 510 promenade du Soleil, ☎04.93.28.69.69, 04.92.10.12.30)* est là pour vous. Si vous sortez par l'avant, la mer vous attend à quelques pas; vous pourrez alors jouir, à titre gracieux de l'hôtel, d'un matelas et d'un parasol. Si vous sortez par l'arrière, vous tombez dans la zone piétonne avec ses magasins et ses restaurants. L'hôtel loge dans un immeuble de style élégant au milieu d'un joli parc classé. Il possède un centre de conditionnement physique, un billard, un piano à queue, un bar et bien sûr un restaurant qui s'ouvre sur une terrasse.

Pour le luxe, en plein cœur du centre-ville, choisissez l'**Hôtel des Ambassadeurs** *(760F-980F, 1 500F suite; bp, =, ℝ, tvc, ℜ; 3 rue Partouneaux, ☎04.93.28.75.75, 04.93.35.62.32)*. Cet hôtel de style fin XIXe siècle vient d'être complètement restauré et s'impose majestueusement avec la couleur rose de son extérieur. L'entrée est luxueuse, et les salons de l'hôtel sont garnis de meubles art déco. Les chambres sont très claires et offrent le confort moderne des hôtels de luxe mondial. On fournit même les peignoirs. Enfin, l'hôtel est doté d'un bar chic et de deux salles de conférences pouvant accueillir jusqu'à 150 personnes. Une plage privée *(70F)* est également accessible. Somme toute, un bon rapport qualité/prix.

 RESTAURANTS

## Villefranche-sur-Mer

**Grignotière** *($$; 3 rue du Poilu, 04.93.76.79.83.)* est un restaurant au rapport qualité/prix exceptionnel. Situé dans l'une des ruelles du vieux village, cet établissement propose une très bonne cuisine depuis maintenant 10 ans. La soupe de poisson avec sa rouille est copieuse et est une pure merveille!

Les spécialités sont les viandes et le saumon en feuilleté. On recommande le menu à 89F, qui comprend deux entrées, un plat, le fromage et le dessert. Les portions sont très généreuses. Il faut un appétit de loup pour arriver à tout manger. En plus, la jeune patronne est accueillante, et le service, très efficace.

À proximité de l'Hôtel Welcome, nous vous recommandons deux restaurants : le **Carpe diem** *($)*, qui propose une cuisine simple et traditionnelle, et le **Saint-Pierre** *($$)*. Ce dernier, dans une catégorie nettement supérieure, est spécialisé dans une cuisine plus raffinée mettant à l'honneur les poissons.

Au port, il y a de nombreux restaurants qui disposent de terrasses donnant sur le bord de la mer. Mais attention! On va vous faire payer cet avantage. Les gens du pays qui ne surveillent pas leur budget préfèrent **La Mère Germaine** *($$)*. Le cadre est séduisant, mais le menu à 195F n'offre qu'une entrée.

## St-Jean-Cap-Ferrat

Sur le port, dans la presqu'île, trois restaurants ont retenu notre attention. Restaurants simples qui ne prétendent pas nécessairement à une cuisine raffinée :

**Le Capitaine Cook** *($; 11 av. Jean Mermoz, ☎04.93.76.02.66.)* : restaurant qui propose surtout des spécialités de poissons.

**La Goélette** *($-$$)* : pizzas, pâtes, salades, poissons sont au menu. Jolie terrasse. Menus pour enfant. Les gens de la région viennent y manger.

## Beaulieu-sur-Mer

Situé dans le port de plaisance, l'**African Queen** *($-$$; ☎04.93.01.10.85)* propose une cuisine méditerranéenne qui met en vedette poissons et viandes auxquels une petite touche de curry est parfois ajoutée. Mais on y trouve également des pizzas au feu de bois et des choses plus simples. L'attrait principal de ce restaurant reste tout de même sa magnifique terrasse, où il fait bon flâner.

## Èze-Village

Si vous désirez profiter d'une terrasse avec vue, arrêtez-vous tout en haut du village, près de l'entrée du jardin exotique. Endroit idéal pour l'apéro!

**Le Troubadour** *($-$$; fermé dim et lun à midi; ☎04.93.41.19.03)* est un restaurant «classique» à l'entrée du village. Il est fortement recommandé par les gens du village. Un charme vieillot baigne l'atmosphère, et le rapport qualité/prix est bon.

Pour ceux dont l'argent n'est pas une considération importante, essayez le restaurant d'un des deux châteaux (voir p 276). Nous avons cependant une préférence pour le **Château Eza** *($$)* à cause de sa terrasse merveilleusement exposée procurant une pleine vue sur la mer. Les deux châteaux proposent toutefois une cuisine tout aussi raffinée et pratiquent des prix semblables.

## Cap-d'Ail

Si vous aimez les poissons grillés, alors ne ratez pas **La Pinède** *($-$$; 10 bd de la Mer, ☎04.93.78.37.10)*. On peut y manger sur une grande terrasse qui domine littéralement la mer et qui est complètement couverte en cas de mauvais temps. On peut aussi manger à l'intérieur dans un cadre rustique très chaleureux. Il y a même un arbre qui a été incorporé au bâtiment! Le sympathique patron, M. Guglielmi, veille à ce que tout soit impeccable, que ce soit la nourriture, le service ou l'accueil. Une adresse à retenir!

## La Turbie

À environ 7 km de La Turbie, sur la route qui mène à Peille, vous pouvez vous arrêter à la **Ferme de l'Agora**. On dit que le prince Albert de Monaco y mange à l'occasion.

## Peille

Sur la route reliant La Turbie à Peille, vous pouvez vous arrêter au **Relais Saint-Martin** *($-$$; ☎04.93.41.16.03)*. On y profite d'une vue panoramique sur les collines d l'arrière-pays de Monaco. Le cadre est rutique avec une grande cheminée. Il y a également une terrasse et une salle de banque Endroit idéal pour déguster une cuisine d terroir et des grillades sur le feu.

## Peillon

**L'Auberge de la Madone** *($$)* vous prom des repas gourmands et gourmets choisis même le terroir provençal. On peut prend ses repas sur la jolie terrasse ou dans la tr belle salle à manger (voir p 277).

## Roquebrune

Dans ce vieux village médiéval, vous croiser plusieurs restaurants. Il est difficile de vra ment savoir lesquels sont les meilleurs, ma les trois restaurants qui suivent nous ont ser blé proposer quelque chose de plus particuli

À l'entrée du village, sur la place des Deu Frères, il y a deux autres restaurants, qui c frent la possibilité de manger à l'extérieur. P contre, si vous recherchez le calme, mie vaut passer outre car cette place est tr animée, surtout pendant la haute saison.

**Le Piccolo Mondo** *($; 15 rue Grimal ☎04.93.35.19.93)* propose une cuisine ty quement italienne dans un cadre convivial d coré de vaisselle ancienne. Petit endroit sy pathique à l'entrée du vieux village.

**L'Idée fixe** *($; ☎04.93.28.97.25)* est un pe restaurant niché au haut d'un escali L'atmosphère y est intime, et l'on y présen des petites expositions temporaires. Amateu de gnocchis, il faut vous y arrêter car vous les propose avec plusieurs sauces dif rentes.

**Au Grand Inquisiteur** *($; rue du Châtea ☎04.93.35.05.37)* est un restaurant au cac particulier. Il est localisé dans une cave méd vale qui, à l'époque, servait de gîte pour l animaux. Ce restaurant est d'ailleurs cité da plusieurs guides gourmands.

Parmi les nombreux bons restaurants dans village médiéval, nous recommandons au **Les deux frères** *($$; fermé jeu et ven midi mi-nov à mi-déc)*. Il propose une «cuisine fr

neur» à base de produits locaux comme les
poissons grillés, de même que du foie gras
aison.

## Cap-Martin

côté de l'Hôtel Europe Village, il y a un joli
etit restaurant : **le Jardin du Cap** *($-$$; fer-
é mar; av. Virginie Hériot,
04.93.57.26.71)*. On peut y déguster des
ats traditionnels simples dans le cadre tran-
uille d'un jardin.

## Menton

ur l'apéro ou pour une petite collation, nous
us recommandons **Le Rétro** *($; 3 rue Saint-
ichel, ☎04.93.35.46.16)*. Dans ce bar ou
lon de thé, on s'arrête pour souffler un peu
r cette charmante rue piétonne où défilent
s gens. L'établissement est l'un des plus
ciens de Menton, et le personnel est très
ntil. Si vous aimez les cocktails, essayez
péritif maison constitué d'un mélange
oranges et citrons pressés ragaillardi de
andarine Napoléon. Rafraîchissant et savou-
ux!

tué aux limites ouest de la ville, en direction
e Roquebrune, **Le Virginia** *($;
04.93.35.22.40)* fait face à la mer, et sa
ande terrasse vous accueille pour vous ser-
 pizzas sur feu de bois, grillades et poissons
ais. Sans oublier la cuisine régionale. Endroit
mple et sympathique.

ur les poissons et la cuisine italienne : **Don
ccio** *($-$$; 11 rue Saint-Michel,
04.93.57.92.92)*. Vous ne serez pas déçu,
ais c'est devenu un peu cher.

calisé sur l'une des places les plus pittores-
es du Vieux-Menton, **Le Balico** *($-$$; fermé
ar; place aux Herbes, ☎04.93.41.66.99)*
rt une cuisine mentonnaise appréciée de
us, y compris les gens de la place. Le ser-
ce est sympathique et efficace. On mange
 la terrasse les uns contre les autres, et
est ce qui fait le charme de l'endroit. Très
n rapport qualité/prix qui rallie merveilleuse-
ent bien les saveurs et les ambiances men-
nnaises.

**Le Nautique** *($-$$; 27 quai de Monléon,
☎04.93.35.78.74)* est recommandé également aux amateurs de poissons.

Dans une gamme supérieure : **La Mamounia**
*($$; 51 Porte de France, ☎04.93.57.95.39)*
propose des spécialités régionales et marocai-
nes.

## Gorbio

Sur la place du Village, le **Restaurant Beau
Séjour** *($-$$; fermé mer; ☎04.93.41.46.15)*
propose une cuisine régionale dans un cadre
rustique champêtre. Naïl et Yvan affichent au
menu soupe de poisson et crème d'ail, raviolis
farcis aux blettes et lapin sauté à la marjo-
laine. Et ça reste raisonnable côté prix.

## Sainte-Agnès

Si vous désirez vous changer de la ville, allez
prendre une bouffée d'air frais à **La Vieille Auberge** *($; fermé mer; ☎04.93.35.92.02)*. Dans
une ambiance simple, cette auberge, tenue
par la famille Revel, vous propose une cusine
simple et typique de l'arrière-pays. Vous pouvez y passer la nuit dans un cadre simple. Le
site de ce village est magnifique.

  SORTIES

Renseignez-vous aux Offices de tourisme pour
les «Info-Animations» de chaque ville et de
chaque village. Voici quelques suggestions.

## Beaulieu-sur-Mer

### Casino

**Grand Casino de Jeux** *(19h à 4h lun-jeu,
ven-dim jusqu'à 18h, été jusqu'à 17h; av.
Blundell Maple, ☎04.93.76.48.00)*.

### Piano-Bar

**La Réserve de Beaulieu** : 5 bd Maréchal Leclerc, ☎04.93.01.00.01

## Menton

Menton organise chaque année un bon nombre de foires et festivals, parmi lesquels :

**La Grande Foire d'antiquités**; brocante-troc *(fin janvier)*

**La fête du Citron** *(février)*

**La Bourse numismatique et philatélique** *(un dimanche de mai)*

**Le Festival du cheval arabe** *(fin juin)*

**Le Festival de musique de chambre**; sur le parvis de l'église Saint-Michel *(août)*

**Journées méditerranéennes des jardins** *(1re fin de semaine de sept)*

**Le Festival des oiseaux** *(mi-novembre)*

**Le Salon de l'artisanat d'art** *(mi-décembre)*

**Casino**

**Casino de Menton** *(machines à sous 11h à 3h; salons de jeux, roulette, black jack, punto banco 20h à 3h, 17h à 4h fin de semaine; a Félix Faure, ☎04.92.10.16.16).*

**Parcs de loisirs**

**Parc de loisirs de la Madona - Koaland** *(10h 12h et 14h à 18h, été 10h à 1h; 5 av. de Madone).*

**Dancing**

**La Namouna**; quai Gordon, ☎04.93.28.28.0

**Discothèques**

Deux bars pour les jeunes :

**Le Brummell**; au Casino, ☎04.92.10.16.16, **La Case du Chef**, av. R. Schuman ☎04.93.35.91.43

**Le Queenie Club**; 1, av. Paste ☎04.93.57.58.46. On peut également manger.

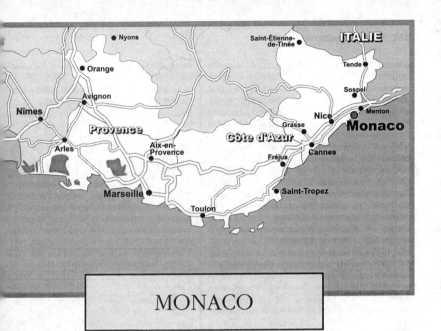

# MONACO

près le Vatican, la principauté de
Monaco ★★ est le plus petit État
souverain du monde. Il ne s'étend
que sur 195 ha, mais détient la den-
ité de population la plus grande par mètre
rré de la planète avec ses quelque
000 habitants.

naco possède un statut particulier dans le
onde en raison de sa taille, de sa grande
hesse et son histoire un peu rocambo-
que. D'ailleurs, le mariage du prince Rainier
avec la très belle et célèbre actrice améri-
ne Grace Kelly en 1956 en a été un point
lminant qui a fait rêver des millions de gens
travers le monde. Conte de fées moderne
s'est terminé abruptement en 1982,
sque la princesse Grace a trouvé la mort
ns un accident de voiture sur l'une des rou-
s tortueuses de la région. Depuis lors, la
mille princière semble connaître de multiples
boires, si l'on en croit les journaux à potins
i suivent de près les moindres faits et ges-
s de la famille.

vraie histoire de Monaco remonte quand
me à beaucoup plus loin. Elle débute à la
du XIIIe siècle, au moment où les nobles
nois divisés en deux camps, à savoir les
elfes, partisans de la papauté, et les gibe-
s, partisans de l'Empire allemand, se dispu-
ent le pouvoir. Ainsi, en 1297, le guelfe
nier Grimaldi s'est emparé du rocher de
naco. Par la suite, en 1342, cette dynastie
ille maintenant de plus de 700 ans a éten-

du son territoire en s'appropriant Roquebrune
et Menton.

Au XVIe siècle, Monaco est devenue un protectorat espagnol, et ce jusqu'en 1641, date
à laquelle la France prit la relève. En 1793,
pendant l'époque révolutionnaire, la principauté fut tout simplement annexée à la France et
n'a retrouvé un statut demi-souverain
qu'après le congrès de Vienne, en 1815.
Cette entente rétablissait toutes les monar-
chies européennes dans leur territoire tel qu'il
existait avant la Révolution. Monaco fut alors
placée sous le protectorat du roi de Sardaigne.

La période de 50 ans qui suivit fut plutôt pénible économiquement, surtout à cause de la
perte de Menton et de Roquebrune, qui furent
rattachées à la France. Ce n'est qu'à partir de
1863 que Monaco commença à connaître à
nouveau des heures de gloire, grâce à la création de la Société des Bains de Mer et de la
construction d'un casino. Par la suite, l'essor
de Monaco continua sa poussée lorsqu'elle fut
reliée à Nice par chemin de fer en 1869. Peu
de temps après, Charles Garnier, architecte de
l'Opéra de Paris, fut choisi pour ajouter un
théâtre au luxueux casino. Enfin, en 1910, le
prince Albert Ier, qui était océanographe, décida d'enrichir la ville d'un musée océanographique et d'un jardin exotique.

Un nouveau chapitre de son histoire commence en 1949 avec l'ascension au trône de

l'actuel prince régnant, Rainier III. C'est alors que commence une période d'une extrême floraison économique. L'adoption de lois très favorables attire dès lors de nombreux investisseurs et spéculateurs immobiliers qui ont doté la principauté d'immeubles luxueux à l'épreuve des séismes, et qui ont construit de nouveaux musées, des salles de théâtre ainsi qu'un stade sportif immense. Monaco est devenue le rêve d'une certaine société très privilégiée.

De nos jours, la principauté est l'hôte de plusieurs manifestations sportives et culturelles qui lui ont donné une renommée internationale, tels le Grand prix automobile de Monaco et le Festival du printemps des arts, sous l'égide du prince, qui accueille plusieurs grand noms du domaine de la musique et de la danse chaque année. De plus, Monaco possède son propre orchestre, l'Orchestre philharmonique de Monte-Carlo, ainsi qu'une troupe de danse, les Ballets de Monte-Carlo. La vie culturelle est privilégiée à Monaco. En effet, le mécénat est largement pratiqué, et Monaco verse 5 % de son budget à la culture. Enfin, le climat et le site exceptionnel de Monaco en font un choix idéal pour de nombreuses rencontres internationales et de multiples congrès (souvent d'ordre scientifique).

Ce sont surtout les statuts particuliers dont bénéficie Monaco qui la distinguent des autres États. En effet, le prince détient le pouvoir absolu, et ce, aussi bien au niveau législatif, exécutif ou judiciaire. L'union douanière avec la France existe depuis 1865, mais le prince de Monaco est tenu d'accorder ses droits de souveraineté en parfaite conformité avec les intérêts politiques, militaires, navals et économiques de la France, à la suite d'un traité survenu entre les deux États en 1919.

Mais c'est son statut de paradis fiscal qui demeure sa plus grande marque de commerce. À une certaine époque, la France voyait ce statut particulier d'un très mauvais œil et craignait une évasion importante de capitaux vers Monaco. Les deux États ont donc conclu un accord selon lequel les Français ne s'étant établis à Monaco qu'après 1957 seraient soumis au fisc français. Aujourd'hui, les lois fiscales font que les Monégasques, les résidents étrangers ainsi que les entreprises industrielles et financières réalisant moins de 25 % de leur chiffre d'affaires à l'extérieur de la principauté sont exonérés d'impôts.

Deux choses sont frappantes à Monaco : corps impressionnant des forces de sécurité la propreté. On voit des policiers partout, de nombreuses caméras surveillent et pro gent tous ces milliardaires, millionnaires «simples» touristes qui foulent son sol.

## POUR S'Y RETROUVER SANS MAL

Pendant l'été, pour faire une excursion d' jour à Monaco, il vaut mieux prendre le trai cause des importantes congestions routière Le train *Métrazur* assure d'ailleurs la liais Saint-Raphaël–Vintimille et s'arrête à Mona à toutes les demi-heures environ.

### En avion

La principauté se trouve à 22 km de l'aérop international Nice-Côte d'Azur. De l'aéropo on peut se rendre à Monaco en hélicopt *(Héli Air Monaco ☎00377- 92.05.00.50)*, autocar ou en taxi. De nombreuses liaiso quotidiennes sont proposés.

### En voiture

L'autoroute A8 dessert Monaco, qu'on arr de l'est ou de l'ouest. Si vous partez de Ni vous pouvez opter pour un itinéraire plus trayant en suivant une des trois routes dép tementales qui sillonnent la petite, la moyer et la grande Corniche. Il faut bien sûr comp plus de temps, surtout en été. À votre arri à Monaco, vous pourrez garer votre voit dans l'un des nombreux stationnements c verts qui disposent de 6 000 places payan

De plus, un service d'autocars assure une l son quotidienne entre l'aéroport de Nice Monaco à toutes les heures et demie entre et 19h30. Les autocars emprunt l'autoroute et prennent environ 45 min p effectuer le trajet. Une fois arrivés à Mona ils ont plusieurs points d'arrêt à travers ville.

### En bateau

Les propriétaires de bateaux de plaisance tous tonnages peuvent accoster dans les

# Monaco

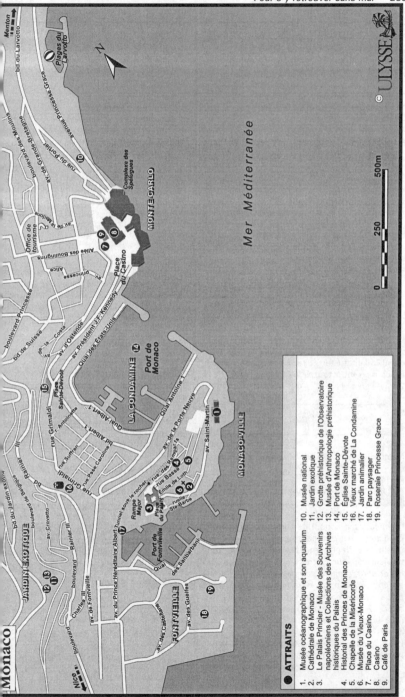

**Mer Méditerranée**

0    250    500m

© ULYSSE

## ● ATTRAITS

1. Musée océanographique et son aquarium
2. Cathédrale de Monaco
3. Le Palais Princier - Musée des Souvenirs napoléoniens et Collections des Archives historiques du Palais
4. Historial des Princes de Monaco
5. Chapelle de la Miséricorde
6. Musée du Vieux-Monaco
7. Place du Casino
8. Casino
9. Café de Paris
10. Musée national
11. Jardin exotique
12. Grotte préhistorique de l'Observatoire
13. Musée d'Anthropologie préhistorique
14. Port de Monaco
15. Église Sainte-Dévote
16. Vieux marché de La Condamine
17. Jardin animalier
18. Parc paysager
19. Roseraie Princesse Grace

vers ports aménagés à cet effet : le port de Monaco-Condamine, dans la baie d'Hercule, ou un des deux ports de Fontvieille, l'un étant situé au pied du rocher et l'autre sur le territoire de Cap-d'Ail en France.

Service de la Marine - Direction des ports
7, av. du Président J.-F. Kennedy
B.P. 468
MC 98012 Monaco cedex
☎(00377) 93.15.86.78

---

### En train

---

Tous les trains internationaux s'arrêtent à la gare de Monaco/Monte-Carlo, avenue Prince Pierre.

Information aux voyageurs :
☎(00377) 36.35.35.35

---

### Transports publics

---

La Compagnie des autobus de Monaco compte six lignes de bus urbains sur les principaux axes du territoire. En semaine, les autobus passent à toutes les 11 min entre 7h et 21h.

---

### Taxis

---

Numéro unique : ☎(00377) 93.50.56.28

 **RENSEIGNEMENTS PRATIQUES**

Monaco étant construite sur de petits rochers, il existe plusieurs ascenseurs publics qui faciliteront vos déplacements. De plus, un train touristique *Azur Express (20F; 20h30 à 24h juil et août, circuits commentés en français et en anglais; départs et arrivées : Stade nautique Rainier III, quai Albert Iᵉʳ, ☎00377-92.05.64.38)* propose deux circuits dans la principauté de jour ou de nuit.

Les seules plages de Monaco se trouvent à l'est de Monte-Carlo et sont accessibles par l'avenue Princesse Grace et sont desservies par des bus.

Direction du Tourisme et des Congrès de la principauté de Monaco
2a bd des Moulins
Monte-Carlo
MC 98030 Monaco cedex
Administration :
☎(00377) 92.16.61.16
⌐(00377) 92.16.60.00
Renseignements : ☎(00377) 92.16.61.66

Monaco Government Tourist and Convention Office
London (G.-B.)
☎(44-171) 352.99.62

Monaco Government Tourist and Convention Bureau
New York (U.S.A.)
☎(212) 286-3330

Police (Sûreté publique)
3, rue Louis Notari
☎(00377) 93.15.30.15
Police-secours : ☎17

Centre hospitalier Princesse Grace
Av. Pasteur
☎(00377) 93.25.99.00
Urgences : ☎(00377) 93.25.98.69

Compagnie des autobus de Monaco
3, av. du Président J.-F. Kennedy
☎(00377) 93.50.62.41

Fourrière (parking des Écoles)
Av. des Guelfes
☎(00377) 93.15.30.84

Automobile Club de Monaco
23 bd Albert Iᵉʳ
☎(00377) 93.15.26.00

---

### Location de voitures

---

Avis
9, av. d'Ostende
☎(00377) 93.30.17.53

Budget
9, av. du Président J.-F. Kennedy
☎(00377) 92.16.00.70

Hertz
27, bd Albert Iᵉʳ
☎(00377) 93.50.79.60

ATTRAITS TOURISTIQUES

ur faciliter sa découverte, la principauté
ut être divisée en quatre circuits : **Monaco-
lle ★★★** (qui regroupe la cathédrale, le pa-
s princier et plusieurs musées), **Monte-
rlo ★★** (avec le Casino et le Musée natio-
l), **le quartier du Jardin exotique ★★**, et les
artiers portuaires ★ (La Condamine et Font-
ille, qui sont situées de part et d'autre du
cher de Monaco-Ville).

## Monaco-Ville ★★★

y a seulement deux façons de découvrir le
cher de Monaco : à pied ou à bord du train
uristique *Azur Express (16F-32F; fév à oct
h30 à 12h et 14h à 18h; circuits commen-
s en français, anglais, italien et allemand,
parts et arrivées : Musée océanographique,
. Saint-Martin, ☎00377-92.05.64.38)*. Les
tures étrangères ne peuvent y circuler. Le
tit train propose une balade qui fait la
rnée des principaux monuments du Ro-
er. Cette balade peut vous aider à identifier
endroits qui méritent de s'y attarder.

ur accéder au Rocher, on peut utiliser la
mpe Major, un large escalier qui mène à la
ce du Palais, ou emprunter l'ascenseur –
mène au Musée océanographique – locali-
dans le stationnement couvert qui se
uve au bout de l'avenue de la Quarantaine.
est sur cette avenue que se dresse le fort
toine, forteresse construite au début du
IIIe siècle qui a été transformé en théâtre
té.

vous arrivez par l'ascenseur, vous pourrez
couvrir l'histoire des seigneurs et princes de
naco grâce au spectacle en multivision : *Le
nte-Carlo Story : L'Histoire d'une Dynastie
F, 18F enfant; mars à oct 11h à 17h, juil
août jusqu'à 18h, hiver 14h à 17h;
0377-93.25.32.33)*. L'ascenseur vous
ène au **Musée océanographique et son
arium** *(60F, 30F enfant; mars à oct 9h à
h, juin à août jusqu'à 20h, hiver 10h à
; av. Saint-Martin, ☎00377-93.15.36.00)*.
fallu 11 ans pour construire ce musée en
rre blanche de La Turbie dont la façade
posante domine la mer. Le prince Albert Ier,
anographe et amoureux de la mer, l'a inau-
é en 1910. Le musée renferme de
arquables collections de faune marine qui

sont présentées dans d'imposantes salles ouvertes sur deux étages. Au sous-sol, on
trouve l'aquarium, qui présente plusieurs espèces rares disséminées dans quelque 90 bassins d'eau puisée directement de la mer. De
plus, les films du commandant Yves Cousteau
sont projetés en permanence dans la salle de
conférences. Enfin, la terrasse vous offrira un
très beau panorama de la mer et la côte entre
l'Italie et l'Estérel.

*En sortant du musée, dirigez-vous vers les
jardins Saint-Martin, devant la mer.*

Voilà une belle occasion d'effectuer une jolie
promenade à travers ces jardins qui longent la
mer et qui mènent à la ruelle Sainte-Barbe, qui
elle-même débouche sur la place du Palais. Un
peu avant d'arriver à la ruelle, on aperçoit la
**cathédrale de Monaco**, construite en pierre
blanche de La Turbie. On y trouve les sépultures des princes défunts, et l'on peut y admirer
un retable de Bréa qui date de l'année 1500.

*Dirigez-vous vers la ruelle Sainte-Barbe.*

Au bout de la ruelle, on arrive à la place du
Palais, où tous les jours à 11h55, devant
l'entrée principale du Palais, a lieu la relève de
la garde des Carabiniers avec leurs costumes
noirs en hiver et blancs en été.

Le **Palais princier** *(30F, 15F enfant; juin à sept
9h30 à 18h30; ☎00377-93.25.18.31)* est
édifié sur l'emplacement d'une forteresse
établie par les Génois en 1215. On peut y
visiter les Grands Appartements, dont le salon
Louis XV tout en bleu et or, le salon Mazarin,
la salle du Trône, où fut célébré le mariage du
prince Rainier et de Grace Kelly, la Chapelle
palatine, construite au XVIIe siècle, et enfin la
tour Sainte-Marie, au sommet de laquelle
l'étendard princier flotte si le souverain est
dans le Palais.

Dans l'aile méridionale du Palais, vous pouvez
aussi visiter le **Musée des souvenirs napoléoniens et Collections des archives historiques
du Palais** *(20F, 10F enfant; été 9h30 à
18h30, oct 10h à 17h, déc à mai mar-dim
10h30 à 12h30 et 14h à 17h, fermé nov;
☎00377-93.25.18.31)*. Ce musée renferme
une collection d'objets et documents sur le
Premier Empire et sur son empereur Napoléon Ier, ainsi que des objets divers qui évo-
quent le passé de la principauté.

*Quittez la place en empruntant la rue Basse.*

Vous êtes maintenant en plein cœur du Vieux-Monaco médiéval sur l'une des rues les plus pittoresques du Rocher. Au numéro 27, l'**Historial des princes de Monaco** *(24F, 12F enfant; fév à oct 9h30 à 18h, nov à jan 11h à 16h; ☎00377-93.30.39.05)* retrace les scènes historiques de la dynastie des Grimaldi depuis la fin du XIIIe siècle à nos jours, à l'aide de personnages de cire grandeur nature. La rue débouche sur la place de la Mairie, sur laquelle se trouve la **chapelle de la Miséricorde**. Construite en 1639, elle était le siège de la confrérie des Pénitents noirs.

*Quittez cette place et dirigez-vous à nouveau vers le Palais en empruntant la rue Émile de Loth.*

Cette rue abrite le **Musée du Vieux-Monaco** *(entrée libre; lun mer et ven 14h30 à 17h30, hiver seulement mer; ☎00377-93.50.57.28)*, qui présente quantité de vieux souvenirs sur la vie au Rocher.

Enfin, vous pouvez terminer votre visite du Rocher par une promenade à travers les rues de la vieille ville.

## Monte-Carlo ★★

L'attrait principal de cette partie de Monaco est certes la **place du Casino**. Le **Casino** *(50F salons européens dès 12h, 100F salons privés dès 15h; interdit au moins de 21 ans; ☎00377-92.16.21.21)* attire beaucoup de personnes riches. On le constate rapidement quand on voit les nombreuses limousines et voitures de luxe qui défilent sur la place. D'ailleurs, tout respire la richesse : que ce soit l'Hôtel de Paris, qui borde la place à l'est, ou les façades des boutiques de luxe qu'on trouve dans les rues avoisinantes. Bien sûr, tout n'est pas toujours de très bon goût : on peut aussi voir du clinquant! La terrasse du **Café de Paris**, une brasserie de style Belle Époque qui borde la place à l'ouest, est certainement le meilleur endroit où observer toute cette parade.

Le Casino a été construit en 1878 par Charles Garnier, l'architecte de l'Opéra de Paris. On y trouve d'ailleurs une salle d'opéra, la salle Garnier, tout en rouge et or. Depuis plus d'un siècle, cette salle est le site de créations lyriques internationales, de concerts prestigieux et de ballets célèbres. Caruso, entre autres artistes, y a chanté!

Ce sont cependant les salons de jeux qui at[tì]rent les gens. On peut y jouer à tous les je[ux] américains et européens. De plus, moyenna[nt] un supplément au droit d'entrée, on peut a[c]céder à des salons privés.

En face du Casino s'étendent de magnifiqu[es] jardins qui grimpent en pente douce et q[ui] arborent une pelouse impeccable agrément[ée] de fleurs magnifiques, de pièces d'eau et [de] nombreuses sculptures d'artistes célèb[res] comme César ou Botéro. D'ailleurs, il exis[te] un circuit pédestre qui traverse Monaco à [la] découverte des sculptures (parmi lesquel[les] on peut admirer *Le Poing* de César et la *Ero[s]* *d'Arman*) qui garnissent les nombreux pa[rcs] et jardins : **la balade des soixante-seize scu[lp]tures**. L'itinéraire est décrit dans un dépli[ant] gratuit de l'Office de tourisme : *La découve[rte] de l'art à Monaco*. Enfin, derrière le Casi[no] on peut se promener sur de grandes terras[ses] baignées de soleil qui offrent une vue sple[n]dide sur la mer.

Avant de quitter cette place, vous devez fa[ire] une dernière incursion dans les décors luxue[ux] et flamboyants en visitant les aires commun[es] de l'Hôtel de Paris ou de l'Hôtel Hermita[ge] situé un peu en retrait de la place, derrière [le] premier.

Enfin, vous devez absolument voir cette pla[ce] la nuit, car elle s'illumine et s'affiche vraim[ent] sous un jour nouveau!

*Dirigez-vous vers l'est en direction de la me[r.]*

L'avenue Princesse Grace mène aux plages [de] Larvotto. Un peu avant d'y arriver, on pa[sse] devant le **Musée national** *(26F, 15F enfa[nt;] avr à oct 10h à 18h30, nov à mars 10[h à] 12h15 et 14h30 à 18h30; 17 av. Prince[sse] Grace, ☎00377-93.30.91.26)*. Ce musée p[ré]sente une collection de poupées [et] d'automates d'autrefois dans une magnifi[que] villa du XIX[e] siècle construite par Charles G[ar]nier.

## Le quartier du Jardin exotique ★★

Ce quartier domine Monaco. Le **Jardin e[xo]tique** *(38F, 18F enfant; 9h à 18h, mai à a[oût] jusqu'à 19h; bd du Jardin exotiq[ue;] ☎00377-93.30.33.65)* s'accroche à [la] moyenne Corniche et offre une vue pl[on]geante sur la mer. Inauguré en 1933, cet e[x]traordinaire labyrinthe à flanc de rocher [...]

Saint-Jean-Cap-Ferrat s'est développé sur un très beau cap qui s'avance dans la mer.
- *Tibor Bognar*

ué au bord
e la mer, le
village de
efranche a
é fondé au
I" siècle sur
ite du port
romain
Olivula, qui
néficiait de
franchises
mmerciales.
ossède un
tissu de
elles char-
mantes,
ntièrement
etonnières.
*or Bognar*

Le Casino de Monte-Carlo, construit en 1878 par Charles Garnier, l'architecte de l'Opéra de Paris. - *Tibor Bognar*

roupe quelque 7 000 variétés de cactées, u'on appelle aussi succulentes. Le microcliat exceptionnel dont bénéficie Monaco asure sa permanence et en fait la plus grande caille de ce genre au monde.

ur le site même du Jardin, à 60 m sous erre, on peut aussi visiter la **grotte préhistoque de l'Observatoire**, ornée de stalactites et e stalagmites. Il semble que les tout premiers onégasques y auraient vécu, et cela pourrait monter d'aussi loin que 300 000 ans.

out près du Jardin se dresse le bâtiment moerne du **Musée d'Anthropologie préhistoque**. On y trouve des sépultures provenant es alentours de la principauté, et l'on y reace les jalons les plus marquants de histoire de l'humanité.

---

### Les quartiers portuaires ★

y a deux quartiers portuaires : **La Condaine**, qui abrite le port de Monaco et qui séare le rocher de Monte-Carlo, et **Fontvieille**, tuée à l'ouest du Rocher.

e **port de Monaco**, ou port d'Hercule, reçoit s plus beaux yachts du monde. Au centre du ort se dresse le Stade nautique Rainier III, au de départ du train touristique *Azur Exress*, qui vous convie à un trajet nocturne ntre le port et le Rocher. Pendant la journée, fait la navette entre le port et les plages du arvotto.

n peut aussi découvrir le littoral en montant ur le **catamaran *Le Monte-Carlo*** *(70F, 55F nfant; promenade de 55 min; avr à août; uai des États-Unis, ☎00377-92.16.15.15)*.

nfin, quoique l'on puisse penser que le plus os navire appartiennent à la famille prinère, ce n'en est pas le cas. Il est la propriété un armateur grec, ce qui, on le sait, rime ec «richissime».

*uittez le port et dirigez-vous vers la place ainte-Dévote, à l'extrémité est.*

église **Sainte-Dévote**, du nom de la patronne e la principauté et de la famille princière, a é construite au XIᵉ siècle. Elle fut agrandie restaurée en 1870. Cette église revêt une portance particulière pour les Monégasques, ar, chaque année, le 27 janvier, on y soune la fête de sainte Dévote en participant à

une procession aux flambeaux, suivie d'une messe et d'une bénédiction. Le tout se termine par la mise à feu d'une barque dans le port.

À cette place commence la **rue Grimaldi**, qui mène à la gare. Sur cette rue, l'orangé prédomine. Cette couleur se retrouve aussi bien sur les façades que sur les nombreux fruits des arbres qui jalonnent la rue. Arrivé à la gare, vous pouvez vous arrêter au **vieux marché de La Condamine**, en face de la gare. Ce marché, dont l'ancienne halle remonte au début du siècle, a fait l'objet d'une restauration en 1993. C'est un lieu de rencontres pour les gens des plus anciennes familles de Monaco, qui habitent depuis toujours le quartier de La Condamine.

Un peu plus à l'ouest de la gare, en direction de Fontvieille, on arrive au **Jardin animalier** *(20F, 10F enfant; été 9h à 12h et 14h à 19h, oct à févr 10h à 12h et 14h à 17h; place du Canton, ☎00377-93.25.18.31)*. Fondé par le prince Rainier en 1954, ce parc favorise le développement de divers spécimens de la faune tropicale et africaine en raison de sa situation géographique. En effet, installé sur le flanc sud du Rocher, il est protégé des vents du large et bénéficie ainsi d'un climat particulièrement doux.

Vous en êtes maintenant à la dernière étape de votre visite de Monaco : **Fontvieille**. Cette partie de Monaco s'étend à l'ouest du Rocher. Son port fait face à la place du Palais sur le Rocher. On peut bien sûr flâner le long des quais, mais l'intérêt premier de Fontvieille réside dans son **parc paysager** et la **roseraie Princesse Grace**. On y accède par l'avenue des Papalins. Ce magnifique parc, où sont exposés de nombreux bronzes d'artistes connus, couvre près de 4 ha. Voilà un endroit charmant où se promener. Ce parc ombragé renferme aussi un petit bassin d'eau où canards et cygnes évoluent paisiblement. Enfin, la roseraie comporte pas moins de 3 500 rosiers qui répandent leurs effluves partout dans l'air.

 HÉBERGEMENT

Quoique nous recommandions quelques hôtels à Monaco, nous vous conseillons fortement de loger dans les environs. Autour de Monaco, il y a des villages merveilleux, logés plus haut sur les Corniches, ou près de la mer

MONACO

comme Cap-d'Ail ou Menton. La vie y est moins chère et moins artificielle qu'à Monaco.

Nous recommandons surtout le **Cosmopolite** *(290F-340F, pdj 35F; bp, dp, asc, ℛ; 19 bd Général Leclerc, 06240 Beausoleil, ☎00377-93.78.36.00, ⌐00377-93.41.84.22)*. Cet hôtel de style début du siècle a été entièrement restauré, et toutes les chambres sont munies de salles de bain modernes et sobres. L'hôtel se trouve à 300 m du Casino, un peu plus en hauteur, sur une rue moins passante. On sert aussi un petit déjeuner de style buffet américain à volonté pour 35F. En plus, l'accueil est très gentil.

Vous êtes nostalgique, vous rêvez encore des jours où les traditions étaient fortes et où chaque chose portait une «vraie» valeur, alors descendez au **Balmoral** *(550F-1000F, pdj 80F, 1 200F-1 500 F pour un app.; bp, ≈, tv, ℝ, ℛ; 12 av. de La Costa, Monte-Carlo, ☎00377-93.50.62.37, ⌐00377-93.15.08.69)*. Cet hôtel victorien, près de la mer et du Casino, bénéficie d'une très belle vue sur le port. L'intérieur très soigné regorge d'antiquités d'époques différentes. L'accueil est très bon : vous serez un client estimé! Le rapport qualité/prix est correct, mais on peut profiter de tarifs de groupe plus intéressants dans le cas d'un congrès tenu dans une salle de conférences de l'hôtel.

Vous voulez revivre le faste de la fin du siècle dernier, lorsque le prince Albert avait transformé Monaco en un îlot de luxe, alors descendez au très luxueux hôtel **Hermitage** *(1 850F-2 750F, suite 4 500F; square Beaumarchais, ☎00377-92.16.40.00, ⌐00377-92.16.38.52)*. Cet hôtel haut de gamme, aux salles de bain magnifiques, est tout près du Casino. Il est divisé en deux parties et offre une vue sur le port et La Condamine à l'une de ses extrémités. L'hôtel et son restaurant sont si grandioses que vous pourrez aisément y rêver que vous êtes l'invité particulier des Grimaldi. De plus, un centre de thalassothérapie est ouvert depuis peu. Bref, le luxe princier et un service parfait et discret. Vous serez vous-même la princesse ou le prince l'instant d'un soir!

 **RESTAURANTS**

Les restaurants, comme les hôtels, sont chers à Monaco. Bien sûr, vous payez pour le site!

Nous avons trouvé un petit resto dans la seul rue ancienne de Monte-Carlo : **Le Périgord** *($-$$; fermé sam midi et dim soir; 5 rue d Oliviers ☎00377-93.30.06.02)*. On y propo des spécialités du sud-ouest de la France magrets et confits de canard, foie gras, ca soulet, etc. Les sympathiques propriétair vous accueilleront dans un endroit qui semb à des lieues du strass de Monaco. Vous y rez un repas copieux et profiterez d'un servi affable et personnalisé. Voilà un restaurant c vous passerez une bonne soirée tout en bén ficiant d'un très bon rapport qualité/prix.

Il existe une multitude d'autres restaurants Monaco qu'on pourrait qualifier de pièges touristes. Certains ont un décor séduisar d'autres se veulent sophistiqués. **Le Café** **Paris** *($-$$; ☎00377-92.16.20.20)*, situé s la place du Casino, à Monte-Carlo, offre beau cadre élégant de La Belle Époque. vous voulez être aux premières loges l'action, allez prendre un apéritif ou mang un dessert sur leur grande terrasse. Cepe dant, nous exprimons des doutes sur le ra port qualité/prix, et le service laisse à désire

Si la chance vous sourit au Casino et si vo voulez flamber votre magot dans un cad très luxueux, alors offrez-vous une soirée **Louis XV** de l'Hôtel de Paris *($$; place Casino, ☎00377-92.16.36.36)*. Le décor royal et très ornementé. Le chef, Alain D casse, jouit d'une réputation internationa C'est l'un des restaurants les plus sélects la Riviera française.

    SORTIES

Casino

**Casino de Monte-Carlo**
Place du Casino
☎00377-92.16.21.21 ou 00377-92.16.24.
Roulette européenne, roulette anglaise, ch min de fer, black jack, craps à partir de 1. (salons européens) et 15h (salons privés).

Le Casino loge également l'**Opéra de Mon** **Carlo**. On y trouve aussi un cabaret qui p sente des revues musicales.

## Discothèques

**IMMY'Z**
Monte-Carlo Sporting Club
v. Princesse Grace
(00377) 93.16.22.77

**iano-bar The Living Room**
, av. des Spélugues
écor raffiné à l'ambiance feutrée. Pour pro-
nger la nuit...

## Festivals

Le **Festival du printemps des arts** débute en avril. On y présente une multitude d'événements musicaux qui attire autant les grandes vedettes que les jeunes artistes.

Le **Grand prix de Monaco** a aussi lieu en avril chaque année. Circuit des plus prestigieux comptant pour la Coupe du monde de voitures de formule 1.

# DE NICE À TENDE

**F**aisons maintenant une petite incursion du côté de la nature. Cette région est l'endroit rêvé pour l'amateur de randonnée pédestre. On peut y faire des petites promenades pour le seul plaisir de traverser les collines et les allées qui peuplent ce coin d'arrière-pays. Mais l'amateur sportif trouvera également de quoi assouvir ses envies grâce à la vallée des Merveilles. C'est un endroit magnifique! Vous pourrez même y passer plusieurs jours, si vous le désirez.

Sinon, cette région abrite de jolis petits villages dont le charme rivalise parfois avec ceux de l'arrière-pays provençal.

 **POUR S'Y RETROUVER SANS MAL**

Les Offices de tourisme vous donneront de l'information utile sur les différentes possibilités de se rendre d'un endroit à l'autre.

### En train

Le train dessert la plupart des villages de l'arrière-pays qui se trouvent dans le triangle Nice-Menton-Tende. En effet, en partant de Nice, on peut s'arrêter à Drap, Le Moulin, Peillon, L'Escarène, Sospel, Breil-sur-Roya, Sorge, Saint-Dalmas-de-Tende et Tende. À partir de Vintimille, en Italie, qui est juste de l'autre côté de Menton, on peut se rendre directement à Breil-sur-Roya et Tende. Une fois arrivé à Tende, vous pouvez même continuer jusqu'à Cuneo et Turin, situés toutes deux en Italie. Voyager en train dans cette région permet de profiter pleinement des paysages pittoresques que l'on traverse, car le voyage en automobile se fait par des routes étroites et tortueuses.

Voici les numéros de téléphone des gares SNCF de Nice, Monaco et Menton. Vous pourrez ainsi vous renseigner sur les horaires des trains qui en partent et qui desservent l'arrière-pays.

Gare SNCF de Nice
☎04.93.87.30.00

Gare SNCF de Monaco/Monte-Carlo
☎(00377) 36.35.35.35

Gare SNCF de Menton
☎04.92.10.49.00

### En bus

Il existe un réseau très important de bus qui partent des plus grandes villes de la Côte (Nice, Monaco ou Menton) et qui se rendent dans les petites villes ou les villages localisés dans un rayon de 30 km. Par exemple, la gare routière de Nice assure des liaisons quotidiennes tôt le matin et en début de soirée avec l'arrière-pays.

Pour se rendre dans la **vallée des Merveilles**, on peut prendre un bus à partir de la gare de Tende qui effectue le trajet Tende - Saint-Dalmas - Casterino en juillet et en août.

Gare routière de Nice
☎04.93.85.61.81

Gare routière de Menton
☎04.93.28.43.27

Gare routière de Tende
☎04.93.04.65.60

---

### En voiture

---

Pour bénéficier de toute la flexibilité voulue, mieux vaut louer une voiture. Équipez-vous d'une bonne carte routière car il existe souvent une multitude de petites routes pour vous rendre à un endroit précis. Cette carte vous permettra d'établir un itinéraire qui correspondra plus étroitement à vos goûts personnels.

En partant de Nice, la «célèbre» route des Cols constitue le circuit touristique le plus pittoresque et le plus intéressant : col de Nice, col de Braus, Sospel, col de Brouis, Breil-sur-Roya. Cet itinéraire plein de charme vous conduit à travers les petits villages du haut pays niçois. Le trajet entre Nice et Breil peut se faire en 1 heure 45 min, mais tout dépend du nombre d'arrêts effectués en chemin.

Si vous disposez de moins de temps, prenez alors l'autoroute A8 de Nice jusqu'à Menton, puis la D2566 pour vous rendre à Sospel. C'est le chemin le plus court, et les paysages restent quand même intéressants. Vous sauverez environ 30 min de trajet.

Pour aller dans la **vallée des Merveilles**, il faut se rendre à Saint-Dalmas-de-Tende, un peu avant Tende. De là, suivez les indications en direction de Casterino.

### ☐? RENSEIGNEMENTS PRATIQUES

Si vous désirez loger chez «l'habitant» à Breil Fontan ou Tende, adressez-vous au bureau des **Gîtes de France** à Nice :

Gîtes de France
55, promenade des Anglais
B.P. 602
06011 Nice
☎04.93.44.39.39

Le label «Gîtes de France» assure un standard de qualité. La location se fait à la semaine et s'entend du samedi à 16h au samedi suivant à 10h. Il faut compter entre 1 040F pour une personne et 1 800F pour six personnes.

---

### Sospel

---

Office de tourisme et d'animation de Sospel (OTAS)
Le Pont-Vieux
06380 Sospel
☎04.93.04.15.80

Gendarmerie
☎04.93.04.02.67

Cabinet médical
☎04.93.04.18.88

Hôpital
☎04.93.04.30.30

Pharmacie
☎04.93.04.01.48

Ambulance
☎04.93.04.15.20

Taxis
☎04.93.04.01.40 ou 04.93.04.01.24

Guichet automatique : avenue Jean Médecin

Bureau de poste
☎04.93.04.01.78

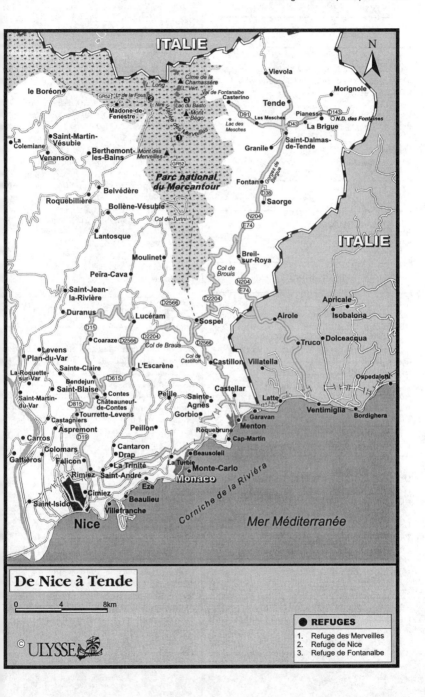

De Nice à Tende

0      4      8km

© ULYSSE

● **REFUGES**

1. Refuge des Merveilles
2. Refuge de Nice
3. Refuge de Fontanalbe

## Breil-sur-Roya

Syndicat d'initiative : ouvert l'après-midi seulement en dehors de la saison estivale
☎04.93.04.99.76

Gare SNCF
☎04.93.04.40.15

Hôpital
☎04.93.04.40.26

## Saorge

Mairie
☎04.93.04.51.23

## La Brigue

Syndicat d'initiative : ouvert en été seulement
☎04.93.04.61.01

Office de tourisme de la Haute-Roya :
hors-saison
☎04.93.04.73.71

Hôpital
☎04.93.04.60.29

## Tende

Office de tourisme de la Haute-Roya
(Tende - La Brigue)
☎04.93.04.73.71

Gare SNCF
☎04.93.04.65.60

Hôpital
☎04.93.04.60.50

## Vallée des Merveilles

Pour être bien documenté sur cette région, procurez-vous le guide *Le parc national de Mercantour* de Béatrice Charpentier, aux éditions Glenat.

### Refuges

Les refuges sont ouverts de juin à septembre

Un acompte (chèque) de 30 % est exigé s
toute réservation.

Refuge des Merveilles : *60 places; 86F, 18*
*½p; été : gardien du refuge des Merveille*
*06430 Saint-Dalmas-de-Tend*
☎*04.93.04.64.64; hiver : M. Ferrier, 40 r*
*Lascaris, Tende,* ☎*04.93.04.69.22.*

Refuge de la Valmasque : *62 places; 86*
*185F ½p; gardien du refuge de la Valmasqu*
*06430 Saint-Dalmas-de-Tende.*

Refuge de Fontanalbe : *30 places; 50F, 14*
*½p; M. Ferrier, 40 rue Lascaris, 064.*
*Tende,* ☎*04.93.04.69.22.*

Ambulance des Merveilles (Tende)
☎04.93.04.64.15

 ATTRAITS TOURISTIQUES

Une ou deux journées suffisent pour parcou
cette région. Toutefois, plus de jours so
nécessaires si vous désirez profiter pleineme
des nombreuses activités de plein air que
parc national du Mercantour propose. Voici
circuit complet qui vous fera découvrir l
principaux points d'intérêt entre Nice
Tende.

*Quittez Nice par la route départementale D*
*direction Contes.*

## Tourrette-Levens

Voilà un petit village qui a gardé une intimi
un peu sauvage. De la petite place à l'entr
du village, monte une rue bordée de maiso
ravissantes, parfois ruinées par l'abîme
temps. D'une ancienne chapelle, il ne res
que le clocher. En haut, l'ancien château d
mine. On peut y visiter un petit musée cons
cré aux affiches de La Belle Époque.

*Continuez sur la D19 et prenez la D815 ve*
*Contes.*

## Châteauneuf-de-Contes et Contes

À cause de l'insécurité qui régnait à la fin du Moyen Âge, les habitants de Contes ont construit Châteauneuf-de-Contes dans les hauteurs environnantes pour se protéger contre d'éventuelles dévastations. Il a fallu attendre jusqu'au XVIIIᵉ siècle avant un retour important des villageois vers Contes. Les ruines de l'ancien château et des remparts de Châteauneuf en témoignent. Ce village vaut le détour pour la vue magnifique qu'on y a sur les Alpes lorsqu'on se trouve au château (de 10 min à 15 min pour y aller). On peut aussi y visiter **église Madone-de-Villevieille**, qui porte la preuve de la percée de l'art roman en Provence, malgré les bandes verticales qu'on retrouve sur sa façade qui sont, elles, d'influence lombarde.

L'**église Sainte-Marie-Madeleine ★** de Contes, construite au XVIIᵉ siècle, comporte un portail datant de 1575 ainsi qu'un beau polyptique de l'école de Bréa à l'intérieur.

*En quittant Contes, vous pouvez vous rendre directement à L'Escarène en empruntant la D615 ou, si vous disposez de plus de temps, faire un grand détour vers Coaraze et Lucéram en prenant la D15.*

## Coaraze ★ et Lucéram ★★

Il ne faut pas rater la **chapelle Saint-Sébastien**, qui se trouve à 2 km avant le village de Coaraze. On peut y voir de belles fresques du début du XVIᵉ siècle montrant les martyres de saint Sébastien, de sainte Ursule et de sainte Lucie, qui eut les yeux arrachés.

À Coaraze, sur la place de l'Église, vous pouvez admirer plusieurs cadrans solaires en céramique réalisés par différents artistes. Il faut noter, en particulier, celui signé **Jean Cocteau**, qui orne la façade de la mairie.

Lucéram est un village fortifié du Moyen Âge qui renferme quelques maisons de style gothique ainsi qu'une tour d'angle assez impressionnante. Jusqu'au XIXᵉ siècle, ses habitants vivaient du commerce, de la production d'olives, de l'élevage et de la distillerie de lavandes sauvages.

L'**église Sainte-Marguerite ★★**, qui a été refaite dans le style rococo italien au XVIIIᵉ siècle, abrite cinq retables de bois de l'école niçoise qui datent des années 1500. On y trouve également une belle petite collection d'orfèvrerie, parmi laquelle la statuette reliquaire en argent *Sainte Marguerite issant du dragon* est d'une beauté sans pareille.

Grâce à la belle vue qu'on y a sur les collines, à ses maisons hautes accrochées au rocher et à sa place de l'Église, avec sa fontaine et son lavoir, Lucéram fait foi des beaux villages perchés de l'arrière-pays niçois.

## L'Escarène

Dès la fin du XVIᵉ siècle, ce village a occupé une position stratégique sur la Route du sel, qui reliait Nice à Tende. À cette époque, le sel était essentiel car il était utilisé pour la conservation des aliments.

Le village de L'Escarène est une merveille pour l'amateur du style baroque. L'**église Saint-Pierre-aux-Liens ★** en est un bel exemple. Sa construction a été achevée en 1656 et est l'œuvre de Guibert, ingénieur de la cathédrale Sainte-Réparate de Nice, œuvre baroque s'il en est une. Même si le corps de l'église Saint-Pierre revêt une architecture plutôt simple, le style baroque prend vraiment toute son ampleur dans ses chapelles latérales.

*Quittez L'Escarène par la D2204. Sospel est à 22 km.*

## Sospel ★

La route vers Sospel traverse le col de Braus, qui se trouve à 1 002 m. Sospel est une petite ville située dans un bassin verdoyant qui fut pendant longtemps une étape sur la route entre Nice et Turin. La vieille ville est charmante, et les environs invitent à de multiples promenades et randonnées.

### Visite de la ville

*Le circuit pédestre commence à la Mairie. Si vous avez une voiture, vous pouvez la garer à cet endroit ou derrière la place des Platanes.*

**DE NICE À TENDE**

Face à la **Mairie**, on peut voir quelques colonnes de chapiteaux, derniers vestiges de l'ancienne église Saint-Pierre, dont les fondations sont ensevelies sous la place des Platanes.

*Dirigez-vous maintenant vers la **rivière Bévéra**.*

En suivant le bord de la rivière, vous remarquerez des maisons peintes en trompe-l'œil qui sont assez frappantes. Vous arrivez ensuite au **Pont-Vieux**, emblème du vieux village et siège de l'Office de tourisme. Jusqu'au XVIᵉ siècle, ce pont était en bois. La tour centrale servait d'habitation, et l'on devait s'acquitter d'un droit de péage pour traverser le pont. Les deux arches ont été reconstruites en 1951 après avoir été démolies lors de la retraite allemande en 1944.

De l'autre côté du pont, on atteint la **place Saint-Nicolas**. À l'époque où la ville jouissait d'une administration libre, mais quand même d'une protection des comtes de Provence, la bâtisse centrale, appelée la «Loggia», était utilisée pour les réunions des syndics et du Parlement de Sospel. Le mouton sculpté sur sa façade représente la protection divine. La fontaine date du XVIIIᵉ siècle.

*Prenez la rue de la République.*

Au Moyen Âge, cette rue s'appelait «rue Longue» et fourmillait d'activités. Bordée d'échoppe, sous des arcades aujourd'hui comblées, elle était à l'abri des intempéries. Remarquez les armoiries des familles gravées au linteau des portes. Prenez ensuite la ruelle des Tisserands, la plus étroite du village, nommée ainsi pour rappeler la culture du chanvre et du mûrier pratiquée dans la vallée dans le but de faire l'élevage des vers à soie.

Sur la **place Sainte-Croix** s'élève la chapelle des Pénitents blancs, construite au XVIᵉ siècle et restaurée aux couleurs italiennes. Le clocher triangulaire date du XIXᵉ siècle.

*Revenez au Pont-Vieux pour le traverser à nouveau. Montez la rue Saint-Pierre.*

Cette rue avec ses vieilles façades abrite l'ancien **palais de la Gabelle**, où l'on percevait l'impôt sur le sel. Cette maison de pierre taillée comporte une fenêtre Renaissance et de très beaux cordons sculptés.

Au bout de cette rue, on arrive à l'endroit le plus beau de Sospel : la **place Saint-Michel**.

Pavée de galets et bordée de maisons à arcades du Moyen Âge et des chapelles des Pénitents gris et rouges, elle est dominée par l'imposante façade de la **cathédrale Saint-Michel**. Cette église, reconstruite entre 1641 et 1720 dans le style baroque, a cependant conservé son clocher lombard du XIIᵉ siècle. Ses dimensions imposantes en font la plus grande église des Alpes-Maritimes. L'intérieur recèle des orgues italiennes du XIXᵉ siècle ainsi que plusieurs œuvres d'art, parmi lesquelles il faut souligner le tryptique de la Pietà, qui date de la fin du XVᵉ siècle, et le retable de la Vierge Immaculée, attribué à François Bréa, neveu de l'illustre peintre niçois Ludovic Bréa.

*Quittez cette place en direction de la place du Château.*

D'étroites ruelles montent vers la **place du Château**, dont les vestiges des anciens remparts témoignent des besoins de protection qui existaient dans les villages au Moyen Âge. À remarquer, la très belle porte de l'enceinte sud près du lavoir et la tour d'angle avec ses archères. À l'ouest de cette tour, et située sur un promontoire, les ruines d'une abbaye de carmélites sont envahies par le lierre.

*Vous pouvez rejoindre le point de départ de l'itinéraire en dévalant l'une des ruelles qui conduisent à la rue Saint-Pierre et à la Mairie.*

Voulez-vous monter à bord d'anciens **wagons de L'Orient-Express**? *(lun-dim 12h à 18h; ☎04.93.04.00.43)* Rendez-vous alors à la gare de Sospel. Vous pourrez y visiter quatre wagons, dont un wagon-restaurant au style Art déco surprenant.

Ceux intéressés par les forteresses voudront visiter l'**ouvrage Saint-Roch** *(été mar-dim 14 à 18h; ☎04.93.04.00.70)*, situé un peu en dehors de la ville sur la route D2204. Cette forteresse souterraine, construite entre 1930 et 1934, pouvait en temps de guerre loger pendant trois mois plus de 200 hommes, chargés de surveiller l'arrivée possible des Italiens.

Enfin, il est possible de faire plusieurs randonnées intéressantes autour de Sospel (voir p 301).

*En quittant Sospel, vous pouvez continuer vers Breil-sur-Roya (à 23 km) en prenant la D2204, qui traverse le col de Brouis. Vous pouvez aussi retourner à Menton (à 15 km).*

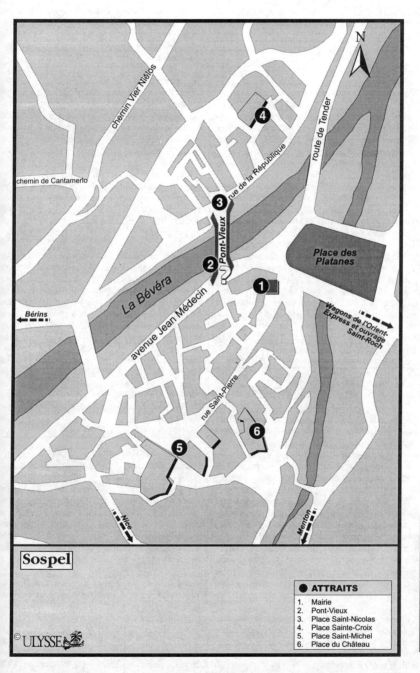

Sospel

© ULYSSE

● **ATTRAITS**

1. Mairie
2. Pont-Vieux
3. Place Saint-Nicolas
4. Place Sainte-Croix
5. Place Saint-Michel
6. Place du Château

DE NICE À TENDE

*via la D2566, qui passe par Castillon et traverse le col de Castillon (707 m).*

## Breil-sur-Roya

Breil-sur-Roya marque l'entrée de cette région sublime qu'est le **parc national du Mercantour**. Les ruelles pittoresques de sa vieille ville, bâties dans l'anse de la Roya, suivent les pentes de la montagne. On peut y admirer ses façades en trompe-l'œil et les vestiges de ses remparts. Le clocher Saint-Jean, qui se trouve derrière la gare, présente aussi un intérêt puisqu'il est le seul vestige d'une église romane du XIᵉ siècle. Mais il faut surtout visiter l'**église Santa Maria**, monument historique donnant sur la place de Brancion, en face d'un palais rose à arcades. Cette église baroque à l'architecture en croix grecque est prolongée latéralement par des chapelles. Parmi ses trésors artistiques, on note ses voûtes peintes qui illustrent l'Assomption de la Vierge, un triptyque consacré à saint Pierre qui date de 1400, de belles pièces d'orfèvrerie et, enfin, un magnifique buffet d'orgue.

*Quittez par la route E74 - N204, direction Saorge.*

## Saorge ★

Lorsqu'on est sur la route en provenance de Breil, on découvre cet étrange village perché dans les hauteurs, et l'on se demande comment on pourra y accéder. En effet, il faut faire une sorte de détour qui nous conduit enfin à la petite route D38, qui nous y mène.

Accroché à une montagne qui domine les gorges de la Roya, ce village, classé monument historique, a une allure de village tibétain. Mais il s'agit bien d'un village médiéval occidental, qui a connu de nombreux combats à cause de sa position géographique stratégique. Déjà à l'époque, les ducs de Savoie l'ont fortifié pour contrôler la route entre Nice et Turin.

Le village est un dédale de rues étroites au milieu desquelles se succèdent de nombreuses maisons des XVᵉ et XVIᵉ siècles. Il faut surtout visiter l'**église paroissiale Saint-Sauveur**, qui a été reconstruite en 1500 après qu'un incendie eut dévasté le village en 1465. La voûte a cependant été refaite au début du XVIIIᵉ siècle. L'expression du baroque y culmine avec ses peintures en trompe-l'œil. Les retables datent du XVIIᵉ siècle, et les orgues italiennes, du milieu du XIXᵉ siècle.

En contrebas du village, on aperçoit la **chapelle de la Madone del Poggio**, propriété privée qui date du XIᵉ siècle. De cette époque ne subsiste que le chevet à trois absides. Cette chapelle se remarque aussi pour son beau clocher roman de style lombard qui compte sept étages.

Enfin, au bout du village, on arrive au **couvent des Franciscains**, qui remonte au XVIIᵉ siècle. Sa façade baroque restaurée cache un retable en bois sculpté du XVIIᵉ siècle. Le cloître est décoré de fresques ayant saint François comme sujet.

Saorge a connu un fort déclin au XIXᵉ siècle qui s'est intensifié avec la construction de la route dans la vallée au XXᵉ siècle. Le village a alors subi un dépeuplement constant. Certains habitants ont même émigré au Canada. De nos jours cependant, grâce à sa vocation établie de site touristique, la situation s'est rétablie. Ainsi, dans un cas extrême, une maison achetée pour 2 000F dans les années soixante peut maintenant se négocier autour de 300 000F.

*La E74 - N204, direction nord nous conduit à Saint-Dalmas-de-Tende en longeant les gorges de Bergue.*

## Saint-Dalmas-de-Tende

En sol français que depuis 1947 à la suite d'un référendum, ce village revêtait une grande importance dans les années trente. En effet, à l'époque, il agissait en tant que gare frontalière entre la France et l'Italie. Sa gare impressionnante avec ses balustres en témoigne.

Saint-Dalmas est le point de départ de la route qui mène vers la vallée des Merveilles (voir p 302).

*On atteint la vallée des Merveilles par la route D91, qui conduit jusqu'à Les Mesches ou Casterino. Au nord se trouve Tende, but de notre circuit; à l'est, la D143 conduit à La Brigue.*

## Tende

Voilà à première vue, un village dont l'aspect frappe à cause de son étalement le long de la montagne. Au sommet subsistent les restes du château des comtes Lascaris, qui dominait le village jusqu'à la fin du XVII<sup>e</sup> siècle. Au Moyen Âge, Tende jouissait d'une importance capitale puisqu'elle permettait l'entrée au Piémont.

De nos jours, la ville est plutôt quelconque, et ses maisons hautes à toit de lauzes, qui paraissent posséder beaucoup de caractère au loin, se révèlent décevantes de plus près. Cela dit, nous n'avons même pas eu envie de vous y recommander un hôtel ni même un restaurant. Vaut mieux opter pour La Brigue.

## La Brigue ★★

Ce village, fortement imprégné d'un caractère médiéval, est situé dans le vallon de la Levense. La plupart des maisons du vieux village sont construites de schiste vert qui provient de la Roya. Il est riche d'une culture religieuse qui a laissé nombre d'édifices architecturaux importants ayant des styles différents.

Sur la place, à l'entrée du village, se dresse la **collégiale Saint-Martin**, construite autour de 1500 dans un style roman lombard avec de forts accents gothiques. À l'intérieur, le décor est enrichi de nombreuses peintures sur bois. Ces œuvres, dont il faut noter une Crucifixion, le triptyque sainte Marthe et surtout le retable de la Nativité, attribué à Ludovic Bréa, témoignent d'une valeur artistique considérable.

Il existe deux chapelles autour de la collégiale. La première, à gauche, la **chapelle de l'Annonciation**, présente une forme ellipsoïdale étonnante. On peut y voir une collection d'objets et de vêtements sacerdotaux. L'autre, la **chapelle de l'Assomption**, sur la grande place à droite, cache un décor Renaissance derrière une façade baroque.

On voit donc que cette place de La Brigue, petit village de quelques centaines d'âmes seulement, est devenue le point de rencontre de l'art roman, gothique, Renaissance et baroque.

Enfin, il ne faut surtout pas rater la visite de la **chapelle Notre-Dame-des-Fontaines**, perdue en pleine nature près d'un cours d'eau et au milieu des arbres.

*Elle est située à 4 km de La Brigue par la D43, puis la D143 à droite.*

Surnommée la «chapelle Sixtine des Alpes méridionales» à juste titre, cette chapelle regorge de fresques peintes pendant la deuxième moitié du XV<sup>e</sup> siècle. Peintes, pour la plupart, par le peintre piémontais Jean Canavesio, ces fresques imprégnées d'un réalisme lourd d'angoisse et de violence traduisent bien les troubles politiques de cette période.

# ACTIVITÉS DE PLEIN AIR

## Randonnée pédestre

La région permet de faire de magnifiques randonnées, dont le point culminant est sans aucun doute la vallée des Merveilles (voir ci-dessous). On peut d'ailleurs effectuer de très belles promenades un peu partout dans la région à partir de Levens, Coaraze, Lucéram, Sospel, Breil ou Saorge.

On vous recommande d'acheter le guide *Au pays d'Azur*, aux éditions Didier Richard, lequel décrit 150 randonnées pédestres s'effectuer sur le territoire situé entre le massif de l'Estérel et la Roya.

### Sospel

Sospel est le point de convergence d'une bonne demi-douzaine de circuits. On peut s'en procurer une description dans la publication *Itinéraires du bureau de recherche de sentiers touristiques du canton de Sospel*, en vente au Syndicat d'initiative du Pont-Vieux (☎04.93.04.00.09). En voici quelques indications sommaires :

La GR52, qui relie la Méditerranée à la Hollande, passe par Sospel, ainsi que la GR52A, aussi appelée la «Panoramique du Mercantour» et la «GR des huit vallées». On peut aussi effectuer des randonnées guidées en composant le ☎04.93.04.04.72.

**Saorge**

Une très belle promenade s'impose à partir de ce village perché. Ce circuit de deux heures qui débute derrière le couvent des Franciscains permet de découvrir le canyon de la Bendola et ses cascades ainsi que la chapelle Sainte-Croix.

**La Brigue**

Ce merveilleux village vous invite à faire de superbes balades dans la région. En plein été, vous serez un peu à l'écart du tourisme sportif de la vallée des Merveilles. La GR52A (voir ci-dessus) passe par là. En se dirigeant vers le nord, on peut grimper le mont Bertrand. Enfin, d'autres randonnées, plus longues, peuvent vous amener sur le territoire italien après avoir franchi des montagnes dont l'altitude varie entre 1 700 m et 2 200 m.

**La vallée des Merveilles ★ ★ ★**

Imaginez une vallée bordée de montagnes de 2 000 m d'altitude : un endroit où les derniers arbres peuvent pousser à cause de l'altitude, un endroit que les loups en provenance d'Italie recommencent à fréquenter. Ce site «merveilleux», comme son nom l'indique, se compose de roches polies par les glaciers et se trouve au pied de sommets imposants aux noms étranges. Dans ce décor exceptionnel, 4 000 ans de l'histoire de l'homme sont écrits sur des centaines de dalles de schiste. La vallée des Merveilles et le val de Fontanalbe, classés monuments historiques, sont des sites uniques au monde où l'on peut admirer près de 30 000 gravures rupestres.

Certains secteurs sensibles ne sont accessibles qu'avec un accompagnateur agréé par le parc national du Mercantour. D'ailleurs, ces visites guidées vous permettront de mieux découvrir et comprendre la faune, la flore et les gravures du parc. Il faut noter que, sur tout le territoire, les gravures rupestres sont des sites protégés. Graver, enduire de produits, détruire ou marcher sur les gravures est strictement interdit!

Endroit privilégié par tous les amateurs de randonnée pédestre, la vallée des Merveilles est surpeuplée pendant les mois de juillet et d'août. Il vaut mieux la découvrir en juin ou en septembre pour en apprécier toute sa

splendeur et pour jouir d'une plus grande communion avec la nature.

*Pour accéder au départ des randonnées, prenez la D91 à partir de Saint-Dalmas-de-Tende jusqu'au lac des Meshes ou jusqu'à Casterino. On peut aussi s'y rendre en bus au départ de la gare SNCF de Saint-Dalmas-de-Tende.*

**On vous conseille un séjour de deux à trois jours.**

Le premier jour, vous pourriez vous rendre au refuge de la Fontanalba. Les bons marcheurs s'y rendent en un après-midi. Il faut cependant obligatoirement réserver pour passer la nuit dans les salles communes du refuge. Les très sportifs peuvent terminer la journée avec une montée jusqu'à la cime de la Charnassère, qui passe par le lac Gelé.

Le deuxième jour, la marche vous conduira jusqu'au **mont Bégo**, situé à 2 921 m d'altitude en passant d'abord le long du lac Vert. Une fois à destination, deux choix s'offrent à vous : redescendre vers le point de départ ou passer une nuit supplémentaire dans un autre refuge.

Pour redescendre, vous pouvez effectuer une boucle qui vous conduira vers le lac du Basto et, ensuite, à travers la vallée des Merveilles proprement dite sur la GR52. Une fois la vallée traversée, vous aboutirez au refuge des Merveilles, entouré d'une multitude de petits lacs. Bien sûr, il vous sera possible d'y passer la nuit si vous avez réservé à l'avance. Si vous continuez, il faut compter de deux à trois heures de plus pour rejoindre le lac de Meshes.

Si vous désirez faire une plus longue excursion, vous pourrez, à partir du lac du Basto, prendre la direction nord-ouest jusqu'au refuge de Nice, où vous passerez la nuit. Ce refuge est entouré de trois lacs : le lac Nire, le lac Long et le lac de la Fous. Le troisième jour sera consacré au retour vers le point de départ via le mont des Merveilles et la multitude de lacs concentrés autour du refuge des Merveilles.

*Pour les adresses et numéros de téléphone, se référer à la section «Renseignements pratiques».*

Équitation

**Sospel**

Les amateurs de sport équestre peuvent faire des promenades et des stages ou visiter le village en charrette (☎04.93.04.09.09). De plus, l'Auberge du Col de Braus propose des explorations à cheval (☎04.93.79.61.33).

**La Brigue**

Équitation : Club équestre de la Brigue, Mme Vacarezza, ☎04.93.04.66.59

Tennis

**Sospel**

On peut aussi jouer au tennis sur trois courts dont deux sont éclairés (☎04.93.04.04.37).

**La vallée de la Roya**

Trois courts à Breil (réservations : ☎04.93.04.40.71).

**Saorge**

Deux courts (réservation à la Mairie : ☎04.93.04.51.23).

**La Brigue**

Deux courts (contactez M. Mazzuchi, ☎04.93.06.64.28).

Chasse et pêche

**Sospel**

Pour la chasse et la pêche, vous pouvez obtenir de l'information au Pont-Vieux.

Baignade

**Sospel**

Enfin, il existe une piscine municipale (à 500 m de la gare, sur la route du Col de Castillon) et un minigolf (La Guinguette du Gard, ☎04.93.04.10.90).

**La vallée de La Roya**

Une belle piscine vous accueille à Breil (juin à sept; ☎04.93.04.46.66).

Escalade et alpinisme

**La vallée de La Roya**

La Roya est flanquée de très nombreuses falaises en calcaire ou en gneiss, propices à la pratique de ces sports. On peut aussi effectuer des randonnées aquatiques ou des descentes sportives dans un des six canyons de la région (Roya-Escalade, ☎04.93.04.90.97).

Vélo tout-terrain

**La vallée de La Roya**

De nombreuses pistes en montagne aux itinéraires souvent très sportifs chevauchent la frontière franco-italienne. Elles sont plutôt réservées aux amateurs avertis.

Location V.T.T. Tende : Sport, loisir, détente, ☎04.93.04.78.40

Spéléologie

**La vallée de La Roya**

Les gouffres du massif du Marguareis sont très connus parmi les amateurs de spéléologie sportive. Ce massif est très sauvage et n'est pas recommandé aux débutants.

Eaux vives et
canoë-kayak

**La vallée de La Roya**

Avec ses parcours tranquilles vers Breil ou très difficiles vers Saorge, la vallée de la Roya est une vallée particulièrement renommée pour le canoë-kayak. Près de 9 km de rivières navigables, dont 6 km ouverts à tous, vous attendent...

Ligue Côte d'Azur de canoë-kayak, 49 bd Delfino, 06300 Nice, ou M. Faloci, ☎04.93.04.91.46

Initiation ou perfectionnement : Base U.S.T.P., L'aigara, 06540 Breil-sur-Roya, ☎04.93.04.46.66

 HÉBERGEMENT

---

## Tourrette-Levens

**Auberge Da Médicou** *(180F, ½p 220F; dp, dc, ℛ, ℭ; place de l'Église, ☎04.93.91.00.27).* Cette petite auberge, située à l'entrée de ce joli village médiéval, est gérée par la patronne elle-même. Il y a un nombre restreint de chambres, qui sont d'ailleurs plutôt mignonnes, car on trouve un peu partout du très beau mobilier ancien. Demandez l'une des chambres avec douche, car elles sont au même prix que celles avec w.-c. seulement. Excellent rapport qualité/prix.

Notez toutefois que l'établissement changera de propriétaire en 1998 : espérons qu'il saura préserver toutes les qualités et le très bon rapport qualité/prix de ce petit établissement.

---

## Sospel

Il n'y a pas d'adresses calmes qu'on puisse vous recommander à l'intérieur du village même. Par contre, si vous allez un peu à l'extérieur, vous trouvez deux excellentes adresses, mais très différentes dans leurs formules :

Surplombant le village, l'**Auberge Provençal** *(170F-350F, ½p 205F-245F; dp, bp; route d Col de Castillon, ☎04.93.04.00.31)* occup un site enchanteur. Soigneusement tenue pa l'accueillante patronne, voilà une halte q s'impose! Il y a un joli jardin ombragé sur le quel s'ouvre la salle à manger, lumineuse e pleine de charme avec son piano à queu Erard (malheureusement pas accordé...). Le chambres sont d'une propreté éclatante e procurent tout le confort nécessaire. Bre c'est un endroit qui garantit un très bon rap port qualité/prix. Enfin, un sentier pédestr vous mènera au village en 10 min. Attentio On n'accepte aucune carte de crédit!

À 9 km à l'ouest de Sospel, sur la rout D2204, on voit un panneau qui marqu l'entrée de la **«ferme-auberge»** La Lavin *(250F pour la chambre d'hôte, pdj, 90F/per pour le gîte, ☎04.93.04.04.72).* Les «fe mes-auberges» permettent aux touristes d loger chez l'habitant. Ceux qui aiment l «vraie» campagne, avec poules, coq et petit cochons, seront comblés par cette ferme plei de charme qui agit aussi en tant que gîte d montagne. Les propriétaires, grands amateur de la nature, sont accueillants et chaleureu» Ils sont d'ailleurs intéressés à partager leu amour de la nature avec leurs hôtes. On peu y dormir à très bon compte en y apportan son sac de couchage, mais on peut aussi op ter pour le service de literie incluant les se viettes. De plus, dans la journée, le patron e son fils organisent des randonnées dans l montagne selon les désirs des clients.

---

## Breil-sur-Roya

L'«hôtel-restaurant» **Castel-sur-Roy** *(390F-430F; dp, bp, ≈, ℛ; route de Tend ☎04.93.04.43.66, ≈04.93.04.91.83)* est trè bien situé : un peu à l'extérieur du village e près de la gare. Il donne sur la rivière et béné ficie d'un parc de 2 ha au milieu duquel s trouvent une terrasse et une belle piscine. O y entend le murmure constant de la rivière Les services hôteliers sont adéquats, mais nous a semblé que quelque chose d'étrang régnait dans l'atmosphère. Sinon, son sit avantageux permettra de s'y reposer ou d profiter des nombreuses activités de plein a disponibles à proximité.

## Saint-Dalmas-de-Tende

Aux portes de la vallée des Merveilles, **Le Prieuré** *(300F-350F, pdj 35F; bp, ℜ, tv; av. Jean Médecin, ☎04.93.04.75.70, ≈04.93.04.71.58)* est un hôtel magnifique situé un peu en contrebas du village. Il donne sur une petite rivière et procure le calme absolu. La particularité de cet hôtel tient dans le fait qu'il soit aussi un centre d'aide par le travail servant à la réadaptation des jeunes. Sous la surveillance et avec l'aide d'un personnel qualifié, les jeunes gens qui participent au programme assurent tous les services de l'hôtel. On ne peut que constater le succès du programme quand on voit l'état impeccable des lieux. Les chambres, dont certaines ont un plafond voûté, sont grandes et donnent toutes sur la rivière. L'accueil est hors-pair : du genre qu'on retrouve dans un établissement qui a l'assurance de l'excellence de son produit. On vous recommande vivement cet endroit!

## Casterino

Situé aux portes de toutes les activités sportives offertes dans la vVallée des Merveilles, l'«hôtel-restaurant» **Les Mélèzes** *(200F-320F; fermé déc, mar soir et mer hors saison; dp, tv, ℜ; ☎04.93.04.95.95, ≈04.93.04.95.96)* constitue une étape pittoresque avant d'entreprendre une randonnée à pied, en raquettes ou en skis. L'hôtel dispose de deux parties : la plus ancienne renferme des chambres mansardées simples mais dont la rusticité n'est pas dépourvue de charme, alors que la partie plus récente offre plus de confort mais toujours en gardant le charme. Enfin, la communauté gay y sera bien accueillie.

## La Brigue

 Situé de l'autre côté d'un charmant petit pont, l'**Hôtel-restaurant Mirval** *(260F-300F; fermé nov à mars; dp, bp, ℜ, tv; ☎04.93.04.63.71, ≈04.93.04.79.81)* jouit d'une excellente situation. La jolie terrasse, la salle à manger panoramique et les forfaits «randonnées» proposés par la maison constituent d'autres attraits. Les chambres sont tout à fait correctes. Étonnamment, les moins chères nous ont paru les plus intéressantes!

Situé en bordure d'une petite rivière, l'**Hôtel-restaurant Fleur des Alpes** *(185F-220F, 195F-210F ½p; lavabo, dp, ℜ; ☎04.93.04.61.05)* est simple, mais adéquat. Il est tenu par la patronne, et le patron s'occupe de la cuisine. À voir ce bon vivant, on a d'ailleurs tout de suite confiance! Qu'elles soient à l'avant ou à l'arrière, les chambres offrent une belle vue. L'établissement possède également un vivier à truites. Son restaurant est entouré de larges vitrines qui procurent une vue reposante sur la petite rivière sauvage. Très bon rapport qualité/prix offert par des gens sympathiques!

 | CAMPING

## Sospel

**Camping Le Domaine Sainte-Madeleine** *(route du Moulinet, ☎04.93.04.10.48)* : site calme aux terrains spacieux. Il se trouve un peu en dehors de la ville : il faut prendre la D2566 direction Turini-Moulinet et suivre les indications.

| RESTAURANTS

Sur ce circuit, il semble que les meilleurs restaurants soient localisés dans les hôtels ou auberges recommandés dans la section précédente. Cette combinaison permet d'établir un meilleur rapport avec les propriétaires, et ils peuvent en profiter pour vous faire partager l'amour de leur région. Quelques autres :

## Saorge

Dans ce très beau village, nos recherches avaient été vaines lors de notre premier passage. Mais voilà que le **Restaurant Bellevue** *($-$$; fermé mer; ☎04.93.04.51.37)* a été repris par un couple sympathique. L'endroit a fait peau neuve, et la vue reste toujours aussi spectaculaire. Ce couple n'en est pas à ses premières armes puisqu'ils ont eu un restaurant dans le Var pendant longtemps. Ils font une cuisine régionale adaptée aux produits du

DE NICE A TENDE

marché. Monsieur reçoit, madame cuisine. Petit détail intéressant : les lustres qui assurent l'éclairage apportent une charmante touche baroque dans la décoration.

## Sospel

Sospel n'est pas un endroit où satisfaire ses envies gourmandes. Par contre, vous pouvez aller manger à l'**Auberge Provençale** *($-$$; route du Col de Castillon,* ☎*04.93.04.00.31)*, qui se trouve à peu près à un kilomètre de la sortie de la petite ville en direction de Menton. Vous serez bien entouré par la propriétaire de l'établissement, qui propose des spécialités provençales telles que la tarte de blettes, le carré d'agneau aux herbes de Provence et la tarte aux fruits maison.

## Saint-Dalmas-de-Tende

**Le Prieuré** *($; av. Jean Médecin,* ☎*04.93.04.75.70)* est un restaurant qui s'impose quand on passe par cette région. Inondé de la lumière qui entre par les grandes vitrines, l'établissement propose des plats typiquement provençaux dont plusieurs pâtés différents ou de la confiture d'oignons. D'autres ont des noms plus éloquents : médaillons d'agneau à la crème de romarin ou escalope de truite aux cèpes. Vous ne sere. pas déçus!

## Casterino

L'«hôtel-restaurant» **Les Mélèzes** *($; ferm déc, mar soir et mer hors saison* ☎*04.93.04.95.95)* propose une cuisine pré parée par le propriétaire, un gars du pays Outre les spécialités régionales telles que le raviolis maison et le rôti de lapin farci au épinards, on sert des fondues et raclettes, c qui sied particulièrement bien au décor rus tique et montagnard de l'endroit.

 MAGASINAGE

## Coaraze

Vous trouverez dans ce village situé à 20 kr de Nice plusieurs artisans qui proposent de produits du cuir ou en étain, des gravures, d la sérigraphie et des pièces tissées.

Au début juin, la commune organise des jour nées médiévales et un grand march d'artisanat avec danse, musique, humour, etc

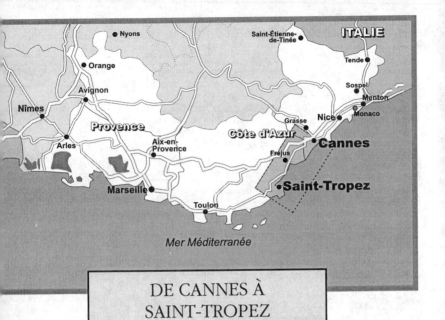

*Mer Méditerranée*

# DE CANNES À SAINT-TROPEZ

Vous êtes un fervent de la mer et des plages? Vous aimez les beaux paysages fortement vallonnés qui invitent aux randonnées? C'est ce que vous trouverez dans cette région magnifique qui s'étend entre Cannes et Saint-Tropez ★★★. De multiples stations balnéaires s'étalent le long de la Côte, tandis que, derrière, la région permet la promenade en voiture, à bicyclette ou à pied. On traverse d'abord le massif de l'Estérel, qui s'étend jusqu'à Fréjus, puis ensuite les Maures, vaste massif qui s'allonge jusqu'à Hyères et dont les plus hauts sommets s'élèvent entre 550 m et 750 m d'altitude.

Malheureusement, la Côte commence à être très construite. Le point culminant de cette région est certes Saint-Tropez et sa presqu'île. Saint-Tropez a un charme fou, charme que vous apprécierez d'autant plus en dehors de la grande période d'affluence de l'été. Il faut découvrir sa presqu'île, sur laquelle les plages sableuses se succèdent, ainsi que les deux villages ravissants qui s'y trouvent : Ramatuelle et Gassin.

Enfin, nous terminerons notre visite de la région en vous proposant un circuit charmant qui vous conduira à travers le massif des Maures.

 POUR S'Y RETROUVER SANS MAL

Si vous désirez concentrer vos vacances dans la région du massif des Maures ou aux environs des îles d'Hyères, il vaut mieux alors arriver par l'aéroport de Toulon-Hyères plutôt que par celui de Nice. Toutefois, l'aéroport de Nice assure également des liaisons en autocar vers Fréjus–Saint-Raphaël et Saint-Tropez.

---

En voiture

---

Il est plus facile de visiter ce très beau coin si l'on dispose d'une voiture. Mais n'oubliez pas d'éviter de circuler entre midi et 13h ou en début de soirée pendant la haute saison! Il faut particulièrement oublier les environs de Saint-Tropez entre 17h et 20h le soir. Sinon, vous êtes assuré de passer un moment très pénible!

Pour vous rendre à Fréjus au départ de Cannes, vous avez deux possibilités : la route N98, qui longe le bord de mer, ou la N7, qui traverse le magnifique massif de l'Estérel. Les deux routes sont très panoramiques et offrent des points de vue magnifiques. Bien sûr, vous pouvez aussi faire une boucle à partir de Cannes. Vous pourriez ainsi profiter de la montagne et de la mer dans une même journée. La traversée de l'Estérel en voiture permet de s'arrêter ici et là pour effectuer des promenades, petites ou grandes.

À partir de Fréjus, vous devez obligatoirement suivre la route du bord de mer (toujours la N98) pour vous rendre à Saint-Tropez via Sainte-Maxime et Port-Grimaud. En effet, la N7, à partir de Fréjus monte vers le nord et suit l'autoroute.

Si vous désirez effectuer le trajet Cannes - Saint-Tropez plus rapidement, empruntez l'autoroute A8 - E80 et sortez pour rejoindre la D25 (12 km après Fréjus), qui conduit à Sainte-Maxime et, donc, à Saint-Tropez.

## En train

Le train pourrait être un bon choix si vous limitez votre visite aux stations balnéaires entre Cannes et Fréjus, car le chemin de fer longe la mer comme la route nationale N98. Cependant, à partir de Fréjus, il monte tout au nord du massif des Maures pour suivre le trajet de l'autoroute et mener directement à Toulon. Ainsi, la section Fréjus - Saint-Tropez - Le Lavandou n'est pas accessible par train, malgré certains efforts qui ont été déployés à la fin du siècle dernier. Bien sûr, vous pourriez rejoindre ces villes en prenant le bus au départ de Fréjus.

## En autobus

Plusieurs autocars et autobus desservent les villages et les villes de cette région, mais ces voyages peuvent s'avérer longs. Par contre, il y a un bus chaque heure qui fait la navette entre Cannes, Saint-Raphaël et Fréjus. Informez-vous des horaires variables auprès des syndicats d'initiative, dont vous trouverez les numéros de téléphone dans la section suivante.

 RENSEIGNEMENTS PRATIQUES

## Mandelieu-La Napoule

**Office de tourisme et d'animation**
270, rue Jean Monnet
☎04.93.49.14.39

## Agay

**Office du tourisme**
Bd de la plage, B.P. 45
☎04.94.82.01.85

## Saint-Raphaël

**Office du tourisme**
Rue J. Barbier, B.P. 210
☎04.94.19.52.52

**Location de voitures**

Europcar
Place de la Gare
☎04.94.95.56.87

## Fréjus

**Office de tourisme, de la culture et de l'animation**
325, rue Jean-Jaurès
☎04.94.17.19.19

Gare SNCF
123, rue W.-Rousseau
☎04.94.82.16.88

Gare routière
Square Régis (à côté de la gare SNCF)
☎04.94.95.16.71

La Poste
Av. Aristide Briand
☎04.94.51.56.39
*(8h30 à 19h, sam 8h30 à 12h)*

Station de taxis
Av. de Verdun
☎04.94.51.51.12

Commissariat central
Place Mangin
☎04.94.17.66.00

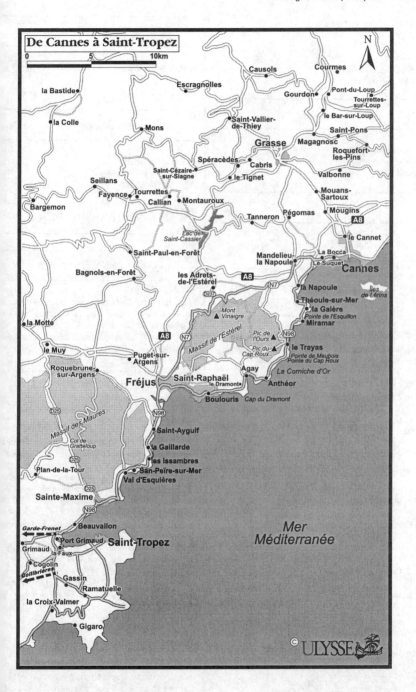

**Location de voitures**

Europcar
308, av. Saint-Rémy
☎04.94.51.53.88
⊷04.94.52.35.12

---

Sainte-Maxime

---

**Office de tourisme**
Promenade Simon Lorière, B.P. 107
☎04.94.96.19.24

Grimaud

---

Bureau municipal du tourisme
1, bd des Aliziers
☎04.94.43.26.98

---

Saint-Tropez

---

Information sur la liaison estivale en autocar
avec l'aéroport de Toulon-Hyères :
☎04.94.97.45.21

Location Deux Roues (vélos,
vélos de montagne, scooters)
3 et 5, rue Quaranta (près de
la place du XV$^e$ Corps)
☎04.94.97.00.60

Gendarmerie
☎04.94.97.26.25

Hôpital
☎04.94.97.47.30

Pharmacie de garde
☎04.94.07.08.08

**Offices de tourisme**

Quai Jean Jaurès
☎04.94.97.45.21

Gare routière
Av. Général Leclerc
☎04.94.65.21.00 ou 04.94.97.41.21

---

Ramatuelle

---

**Office de tourisme**
1, av. Clémenceau
☎04.94.79.26.04

---

Cogolin

---

**Office de tourisme**
Place de la République
☎04.94.54.63.18

---

 **ATTRAITS TOURISTIQUES**

---

De Cannes à Fréjus ★★

---

Au départ de Cannes, nous vous proposo
un **très beau circuit** qui s'effectue en u
journée et vous ramène à Cannes. Il s'ag
d'une boucle qui emprunte d'abord la route
bord de mer, la N98, jusqu'à Fréjus. On r
tourne à Cannes par la N7, qui traverse
massif de l'Estérel. Si vous aimez les couche
de soleil sur la mer, inversez le circuit.

**Mandelieu-La Napoule**

Lorsqu'on quitte Cannes, on atteint rapid
ment Mandelieu-La Napoule, reconnue pour
culture du mimosa. On y trouve un grand po
de plaisance ainsi qu'un imposant **châte.**
*(25F; visites guidées en après-midi; fév à n
mer-lun; bd Henry Clews, ☎04.93.49.95.0*
dont la construction originale date du XI
siècle. Au début du XX$^e$ siècle, le sculpte
américain Henry Clews en est devenu propri
taire et l'a aménagé. Sa femme s'est occup
des jardins qui entourent le château.

Enfin, du port de Mandelieu, on peut au
prendre un traversier pour se rendre aux î
de Lérins.

**Théoule-sur-Mer**

Théoule-sur-Mer est une petite station b
néaire sympathique et paisible tout à côté
Cannes. L'intérêt de ce village réside princip
lement dans sa proximité du parc forestier

a Pointe de l'Aiguille, dans le massif de Estérel. Ce parc est particulièrement pectaculaire, car il s'étend le long de la Côte t offre donc des vues magnifiques. On peut y aire de jolies promenades (voir p 321).

a route traverse ensuite des petits villages ui, toujours, permettent l'accès facile à Estérel grâce à des sentiers pédestres. Ainsi, e **Miramar**, on peut monter rapidement vers Esquillon et jouir d'une vue magnifique.

'lus loin à **Trayas**, vous pouvez effectuer 'autres promenades agréables qui vous of-rent plusieurs points de vue sur l'Estérel et la 1er. Trayas marque ce qu'on appelle le cœur e la **Corniche d'Or ★★**.

n peu après Trayas, près de la pointe de 1aubois, un autre sentier vous conduit vers le ic du **Cap-Roux**. La montée jusqu'au sommet eut s'avérer difficile pour certains, mais vaut raiment la peine.

n arrive ensuite à **Anthéor,** qui s'étend en as du cap Roux. Tout près, une route fores-ère permet l'accès en voiture vers le cap oux. À partir d'Anthéor, la roche devient ouge et présente de nombreux signes 'érosion causée par l'eau.

.gay

près la pointe de Baumette, on atteint Agay, ont l'origine est du grec *agathon* signifiant favorable» et qualifiant la protection enviée e la rade. Mais ce n'est qu'après l'arrivée du 1emin de fer en 1860 que le village s'est raiment développé grâce à la construction de llas au bord de la mer.

'est ici qu'en 1932 s'est marié l'écrivain aint-Exupéry. Il y séjourna jusqu'à sa mort, irvenue accidentellement lors d'une mission érienne en 1944.

a route se prolonge ensuite vers **Le Dra-ont** – endroit dont l'histoire remonte à 500 av. J.-C. Un menhir (monument classé istorique) de cette époque en témoigne. Il st possible de faire le tour du cap le long un sentier qui suit le littoral.

aint-Raphaël ★

?s débuts notables de ce village balnéaire atent du XIᵉ siècle, alors que son port acquit

une importance plus grande que celui de Fré-jus. Cependant, les débuts de sa civilisation remontent baucoup plus loin. À l'époque ro-maine déjà, Saint-Raphaël était une banlieue plus résidentielle de Fréjus, comme au-jourd'hui d'ailleurs.

L'**église Saint-Pierre-des-Templiers ★**, qui oc-cupait le cœur du village médiéval, est de style roman provençal. Elle servait alors de forteresse et de refuge pour la population en cas d'attaque. Près de l'église, on peut visiter le **musée archéologique ★** *(10h à 12h et 14h à 17h;* ☎*04.94.19.25.75)*, aménagé dans le presbytère du XVIIIᵉ siècle. Ce musée jouit d'une très grande renommée pour l'archéologie sous-marine grâce à sa riche col-lection d'amphores qui proviennent de navires échoués dans les environs.

La ville offre l'attrait des stations balnéaires avec, en plus, un casino et un port de plai-sance. La station s'est surtout développée au XIXᵉ siècle, comme en témoignent quelques villas qui subsistent de cette époque et qui at-tiraient artistes et célébrités mondaines. Ce passé de Belle Époque n'est pas sans lui avoir conféré un certain charme.

Fréjus ★★

La ville de Fréjus est très banale dans son en-semble, mais elle cache des trésors et des monuments historiques fabuleux dans sa partie la plus ancienne. Elle compte également quelques rues avec de vieilles maisons joli-ment restaurées. Le quartier du port, Port-Fré-jus, et le quartier balnéaire, Fréjus-Plage, ne méritent pas de détour : ils ont été remplis après la guerre avec des constructions de tou-tes sortes qui rivalisent en horreur.

Réservez donc tout votre temps à la visite de la vieille ville, dont les origines remontent à l'époque romaine, alors que le Forum Julii (marché de Jules), situé sur la voie Auré-lienne, reliant Rome à Arles, marquait une étape importante pour les Romains. Ensuite, à partir de 374, la ville est devenue une cité épiscopale qui fut fortifiée au début du XIVᵉ siècle.

Après ces périodes de gloire, Fréjus est restée une petite ville insignifiante jusqu'au début du XXᵉ siècle. Saint-Raphaël avait largement pris le dessus avec l'évolution du tourisme dès la fin du XIXᵉ siècle. Ce n'est que depuis la fin de la Deuxième Guerre mondiale que cette ville a pu reprendre une certaine importance grâce à un développement intensifié, quoique les conséquences en soient contestables.

*La visite commence au cœur de la vieille ville. Pour vous y rendre, suivez l'abondante signalisation pour le centre. Tout près, vous devriez trouver un stationnement pour garer votre voiture.*

La **place Formigé**, du nom de l'architecte qui a effectué d'importants travaux de restauration au baptistère et au cloître entre 1920 et 1930, abrite l'ensemble épiscopal.

La **Cathédrale ★★** *(8h à 12h et 16h à 19h; ☎04.94.51.26.30)*, construite sur l'emplacement d'un ancien temple romain, est de style gothique, mais présente quand même de nombreuses particularités romanes. Elle se compose de deux nefs : l'une qui date du XIe siècle, mais qui fut achevée au XIIe siècle, sur laquelle repose le clocher de cette époque; l'autre, la principale, date du XIIIe siècle. Il faut surtout admirer les superbes portes de style Renaissance en bois sculpté.

*Nous recommandons vivement la visite guidée du baptistère et du cloître. Vous y apprendrez une foule de détails historiques intéressants.*

Le **Baptistère ★★**, qui date du Ve siècle, présente un intérêt exceptionnel puisqu'il figure parmi les plus anciens monuments chrétiens de la Gaule. De forme octogonale, il a été édifié à l'aide de colonnes et de chapiteaux qui provenaient de sites antiques romains. Fait intéressant : la porte qui en donne l'accès aujourd'hui n'existait pas à l'origine. Il y avait alors deux portes de part et d'autre : une petite, par laquelle les futurs baptisés pénétraient, et une grande, par laquelle ils ressortaient puisqu'ils étaient dorénavant «grandis».

Le **Cloître ★★** *(hiver mer-lun 9h à 12h et 14h à 17h, été dim-sam 9h à 19h)* incorpore également plusieurs éléments qui provenaient d'anciens édifices romains. Il s'ouvre sur deux étages de galeries qui entourent un puits en leur centre. Les plafonds de bois sont peints de scènes inspirées de l'Apocalypse. Le petit musée archéologique, à l'étage, renferme une magnifique mosaïque qui provient d'un riche palais romain.

Enfin, sur cette place, se dresse aussi l'hôtel de ville, logé dans l'ancien palais épiscopal.

Les rues de la vieille ville recèlent plusieur autres bijoux d'architecture, notamment l **chapelle du couvent des Dominicaines ★**, su la rue Montgolfier, la **chapelle Saint-Fran**çois ★, de style gothique et qui date du débu du XVIe siècle, et l'**Hôtel des Quatre-Sai**sons ★, sur la rue du Général de Gaulle.

Pour faire un retour vers l'époque romaine, faut visiter l'**Amphithéâtre** *(entrée libre; me lun 9h30 à 12h et 14h à 18h30, hiver jusqu' 16h30; ☎04.94.17.19.19)*, qui se trouve u peu à l'ouest du centre et qui, en fait, repré sente une arène puisqu'il forme un cerc complet. Il date des débuts du premier millé naire, mais il a été ruiné au cours des siècles et ses matériaux furent recyclés dans d'autre constructions. De nos jours, le site est e cours de restauration et accueille des specta cles en plein air.

De l'autre côté, au nord-est, subsistent le restes du **Théâtre romain** *(mer-lun 9 18h30, hiver 9h30 à 17h)*. On y voit des ve tiges de la scène et des murs rayonnants q soutenaient une partie des gradins.

Tout près, on aperçoit les vestiges des rem parts qui datent du 1er siècle av. J.-C. et q entouraient complètement le centre. Ils s rendaient jusqu'à l'Amphithéâtre, constru hors les murs.

Toujours au même endroit, l'**Aqueduc**, q date du 1er siècle, approvisionnait Fréjus e eau de la Siagnole, un parcours d'enviro 40 km.

Au sud de la vieille ville se dressait à l'origin le **port romain**. Aujourd'hui disparu, le po était aménagé au bord d'un étang et non pa sur la mer. On peut encore voir la Lantern d'Auguste, qui annonçait l'entrée. Haute d plus de 10 m, elle a été restaurée au XI siècle.

Pour bien apprécier toute la valeur historiqu qui se cache à Fréjus, il est indispensable d vous procurer le plan de la ville à l'Office d tourisme. Ainsi, vous pourrez planifier v promenades dans la ville vers les endroits q présentent le plus d'intérêt pour vous.

Sur la N7, en direction de l'autoroute A vous trouverez des indications qui conduise à la **villa Aurélienne** *(☎04.94.53.11.30)*, r cemment restaurée. On y présente des exp sitions temporaires donnant la préférence à photographie.

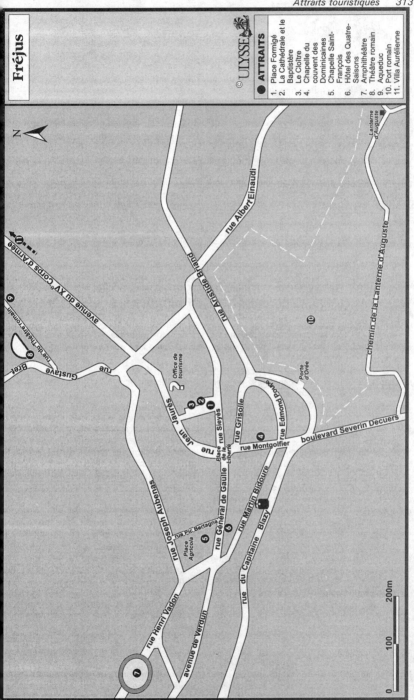

# Fréjus

© ULYSSE

**ATTRAITS**

1. Place Formigé
2. La Cathédrale et le Baptistère
3. Le Cloître
4. Chapelle du couvent des Dominicaines
5. Chapelle Saint-François
6. Hôtel des Quatre-Saisons
7. Amphithéâtre
8. Théâtre romain
9. Aqueduc
10. Port romain
11. Villa Aurélienne

N

rue Albert Einaudi

rue Aristide Briand

avenue du XV° Corps d'Armée

rue du Théâtre romain

Gustave Bret

rue Jean Jaurès

rue Joseph Aubenas

office de tourisme

Place de la Liberté

rue Sieyès

rue Grisolle

rue Edmond Poinc. 

Porte d'Orée

rue Montgolfier

boulevard Séverin Decuers

chemin de la Lanterne d'Auguste

Lanterne d'Auguste

rue Pic Bertagna

Place Agricola

rue Général de Gaulle

rue Martin Bidouré

rue du Capitaine Blazy

rue Henri Vadon

avenue de Verdun

0    100    200m

Enfin, à proximité de l'autoroute, vous pourrez rendre visite aux fauves et aux singes qui habitent le **Zoo-Safari de Fréjus**.

On revient à Cannes par l'autoroute A8 ou, si l'on dispose de plus de temps, par la N7, qui traverse les beaux paysages du massif de l'Estérel. Chemin faisant, vous pourrez vous arrêter dans le charmant petit village **Les Adrets-de-l'Estérel**, au cœur du massif et accessible par la route D237. Cet endroit pourrait constituer une étape intéressante pour le voyageur qui recherche le calme de l'arrière-pays provençal, car on y trouve quelques bons hôtels et restaurants.

## De Fréjus à Saint-Tropez ★

La partie de la route N98 qui longe la mer entre Fréjus et Saint-Tropez via Sainte-Maxime et Port-Grimaud offre moins d'attraits touristiques que celle qui relie Cannes à Fréjus.

En quittant Fréjus, **Les Issambres** présente un certain intérêt surtout à cause de la nature sauvage de ses calanques et de ses plages.

Un peu plus loin, à Val-d'Esquières, on peut voir un palace qui fut bâti en 1932 pour attirer la riche clientèle. On dit que c'est à cet endroit qu'en 1935 aurait débuté la pratique du ski nautique en France.

Si vous disposez de beaucoup de temps, quittez Fréjus en direction de **Roquebrune-sur-Argens**, dominé par son rocher. Ce petit village, à l'orée du massif des Maures (voir p 319), présente un tissu serré d'édifices qu'on appelle *castrum*. Sa composition : une église, un château et des maisons qui rappellent la période féodale.

*Quittez en direction du col de Gratteloup pour rejoindre la D25, qui mène à Sainte-Maxime. La route entre Roquebrune et Sainte-Maxime offre plusieurs beaux points de vue.*

### Sainte-Maxime

Station balnéaire située en face de Saint-Tropez, Sainte-Maxime s'étend derrière un assez beau front de mer où règne parfois une grande animation. Le site invite à des promenades agréables et à la pratique de tous les sports nautiques.

Son histoire s'intègre avec celle du golfe e Saint-Tropez à cause de sa position géogr phique. Au début, les Phocéens y installère un comptoir où transitaient du vin, de l'hui des olives ainsi que divers minerais. Apr avoir connu une période romaine, le villag devint possession des moines de Lérins à p tir du VIIe siècle. C'est vers l'an 1000 que l moines lui donnèrent son nom actuel e l'honneur d'une sainte de leur ordre religieu

Construite par les moines de Lérins au XV siècle, la **Tour seigneuriale** ou **Tour carr** était destinée à plusieurs usages : demeu seigneuriale, prison, etc. On y trouvait éga ment des canons dont les feux croisaient ce de la **tour du Portalet** à Saint-Tropez, assura ainsi la protection des eaux du golfe. A jourd'hui, on peut y visiter un petit mus local.

Au XVIIIe siècle, le petit port de Sain Maxime connut à nouveau une activité co merciale florissante : le bois, le liège, l'huile le vin qui provenaient des Maures étaie acheminés vers Marseille et l'Italie. Ce co merce fut toutefois supplanté à la fin du XI siècle par l'industrie du tourisme.

### Port-Grimaud ★

Cité «vénitienne» moderne du XXe siècl Port-Grimaud est le fruit de l'imagination l'architecte François Spoerry. Commerces propriétés sont accessibles par des cana que traversent des ponts. Aucune circulati automobile n'est permise : on laisse sa voitu dans les stationnements payants à l'entrée village.

La place du Marché et la place du Sud cons tuent deux pôles animés dans une cité a arbore un charme entièrement fabriqué. He reusement, le passage du temps réussit quelque sorte à authentifier tous ses pas ches et clins d'œil architecturaux d'un pas révolu.

Port-Grimaud n'en demeure pas moins u réussite financière pour les investisseurs et l spéculateurs qui s'y sont intéressés : le p du mètre carré a connu une appréciati considérable depuis la création du village.

On trouve un grand nombre de petits resta rants et de commerces divers dans le villag au bout, une grande plage se dessine sur mer.

fin, il existe un petit **train touristique** *(30F, F enfant; arrêts au camping Les Prairies-de-Mer, à l'entrée principale de Port-Grimaud sur la place de l'Église, à Grimaud; 04.94.56.30.60)* qui relie Port-Grimaud au ux village de Grimaud.

imaud ★★

aut prendre le temps de se promener dans village typiquement provençal dominé par s vestiges de son **château** ★. Construit au siècle, ce château était ceinturé de trois ceintes. Il fut démantelé en 1655 sur rdre du cardinal Mazarin.

majorité des ruelles sont piétonnes. La mulicité des plantes et des fleurs qui ornent maisons et les jardins font de ce village n des plus pittoresques de la région.

longeant la rue des Templiers, on aperçoit **maison des Templiers** ★, de style Renaisnce, et qu'on appelle aussi «maison aux cades». En face, on peut admirer l'**église int-Michel** ★★, bâtie au XIe siècle dans r style roman.

côté du cimetière, on découvre le **moulin Grimaud**, restauré, mais qui date du XIIe cle, ainsi qu'une chapelle du XIe siècle.

fin, Grimaud loge un restaurant, **Les San-ns**, qui constitue une étape gastronomique haute instance (voir p 327).

int-Tropez ★★★

algré tous les clichés, la position enviable de int-Tropez sur sa baie magnifique, uthenticité préservée de son vieux village – it de sages travaux de rénovation – en font rement le site le plus beau et le plus char-ant de toute la Côte!

t-ce étonnant que déjà les Ligures, les Cel-s, les Grecs et les Romains aient été attirés r la beauté naturelle de ce coin de terre pa-disiaque?

ville tient son nom d'un certain Torpès qui sait partie de l'armée romaine de Néron. et homme fut décapité à Pise lorsqu'il devint rétien. Sa dépouille, jetée dans une barque, riva jusqu'à l'emplacement du village. Ce est qu'après la Révolution française que int-Torpès deviendra Saint-Tropez.

À partir de 739, l'histoire de Saint-Torpès est jalonnée de guerres, de destructions et de pillages consécutifs qui se poursuivront pendant plusieurs siècles. La tour du château Suffren, à l'extrémité est du port, témoigne d'une défense du village, installée à la fin du Xe siècle.

En 1441, la ville s'établit définitivement grâce à l'arrivée de familles génoises et devint alors une petite république autonome. C'est Colbert, le centralisateur de la France, qui mettra fin à ce statut particulier en 1672.

Dans les siècles qui suivent, pêcheurs et commerçants font du village un centre florissant. Mais le XIXe siècle marque l'arrivée de l'ère industrielle et signifie le début du déclin de Saint-Tropez.

Heureusement, le développement du tourisme sauve la ville à partir de la fin du XIXe siècle. Plusieurs artistes s'y installent : Franz Liszt, le peintre Signac, puis Matisse et Picabia. Colette s'établit dans une maison superbe près de la place aux Herbes, puis Anaïs Nin, compagne de Henry Miller, y vient pour écrire l'épisode «tahitien» de sa vie.

Tous les étés à partir de 1950, Saint-Germain-des-Prés déménage à «Saint-Trop» : Gréco, Sagan, Vian, Prévert, etc.

Mais qui dit Saint-Tropez dit Brigitte Bardot! Depuis qu'elle s'y est installée dans les années soixante, la ville a certes connu une notoriété mondiale. La réputation qu'elle a réussi à se tailler ne semble, même aujourd'hui, laisser personne indifférent.

Malgré les bombardements allemands qui ont détruit le port en 1944, Saint-Tropez brille aujourd'hui de toute sa splendeur grâce à une reconstruction éclairée. L'énorme quantité de touristes qui sillonnent ses rues en juillet est la rançon de sa gloire. La ville déborde tout simplement! Le site perd alors de son charme et de son âme d'antan. Attendez plutôt l'hiver ou le printemps pour y venir, alors que la lumière irradie sa beauté intérieure... C'est merveilleux!

**Visite à pied de Saint-Tropez**
(voir le plan de ville)

*Laissez votre voiture dans l'un des stationnements à côté du nouveau port ou sur la place des Lices. N'essayez même pas de trouver une place pour vous garer à proximité de la*

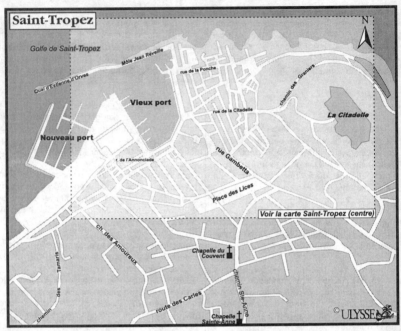

vieille ville. Vous n'y perdrez qu'en temps et en nerfs, surtout pendant la haute saison touristique.

*Le circuit commence à la pointe sud-ouest du Vieux-Port.*

L'ancienne chapelle Notre-Dame de l'Annonciade (1568) a été transformée en **Musée de l'Annonciade ★★** *(droit d'entrée; été mer-lun 10h à 12h et 15h à 19h, hors saisons 10h à 12h et 14h à 18h, fermé nov; place Gramont, ☎04.94.97.04.01)* en 1955. Les salles sont ravissantes. On y trouve, entre autres œuvres, la prestigieuse collection personnelle de Georges Grammont qu'il a léguée à la Ville en 1963.

Le Musée de l'Annonciade nous rappelle avec brio que Saint-Tropez constituait l'un des foyers les plus actifs de l'avant-garde picturale au début du XXᵉ siècle, surtout grâce à l'installation du peintre néo-impressionniste Paul Signac. Séduit par le site et sa lumière exceptionnelle, il y acheta une maison vers la fin du siècle dernier. Par la suite, d'autres peintres, tels Matisse, Derain et Marquet, ont été séduits. Les collections sont surprenantes, autant par leur qualité que par leur homogénéité. Les artistes dont les tableaux sont exposés se sont laissés inspirer par la lumière et les couleurs de Saint-Tropez po[ur] en donner une représentation personnelle to[ut] en restant fidèles à la figuration. On y [re]trouve des œuvres appartenant à plusieu[rs] grands mouvements de peinture qui ont ma[r]qué le début du siècle: pointillisme, fauvis[me] et nabisme.

*Prenez la rue des Charrons à partir de la pla[ce] Grammont, puis la première à gauche et e[n]suite la première droite.*

La **Maison des Papillons ★** *(même horaire q[ue] le Musée de l'Annonciade; 9 rue Étienne B[ri]ny, ☎04.94.97.63.45)* renferme plus [de] 4 500 spécimens, dont certaines espèc[es] sont très rares ou en voie d'extinction.

*Retournez vers le port et suivez les quais.*

Les quais alignent d'innombrables et parf[ois] superbes bateaux de plaisance. En face [du] quai Suffren se dresse la **statue de Bailli [de] Suffren**. Tout près, une arche perm[et] d'accéder au marché aux poissons.

En continuant votre promenade le long d[es] quais, vous verrez l'Office de tourisme, [qui] marque le début du quai Jean Jaurès. Derri[ère] ce quai se cache la très pittoresque **place a[ux] Herbes ★**, dont les marchés de fruits et

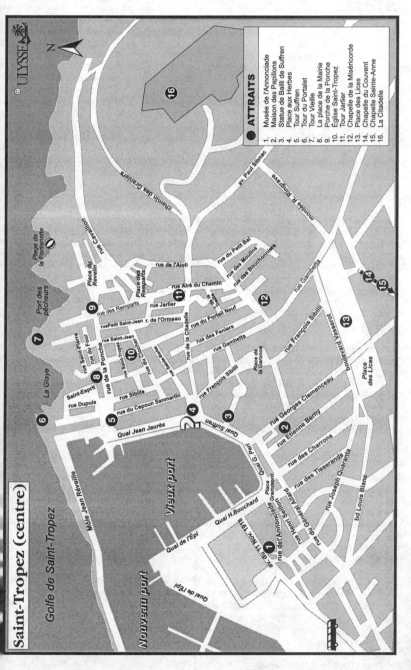

Saint-Tropez (centre)

Golfe de Saint-Tropez

Nouveau port

Vieux port

● ATTRAITS

1. Musée de l'Annonciade
2. Maison des Papillons
3. Statue de Bailli de Suffren
4. Place aux Herbes
5. Tour Suffren
6. Tour du Portalet
7. Tour Vieille
8. La place de la Mairie
9. Porche de la Ponche
10. Église Saint-Tropez
11. Tour Jarlier
12. Chapelle de la Miséricorde
13. Place des Lices
14. Chapelle du Couvent
15. Chapelle Sainte-Anne
16. La Citadelle

© ULYSSE

légumes viennent animer les matins tropéziens.

Au bout du quai, sur la droite, on découvre la **tour Suffren ★**, qui date du Xe siècle et qui a joué un rôle important dans l'histoire de la ville.

La petite rue Portalet mène à la **tour du Portalet ★**, qui a été construite au XVe siècle et qui faisait partie des fortifications. De cet endroit, la vue s'ouvre sur la **Tour vieille ★**, également du XVe siècle, et qui marque une extrémité du port des pêcheurs de La Ponche.

*Revenez vers la tour Suffren pour accéder au quartier de La Ponche.*

La **place de la Mairie ★** abrite une étonnante porte sculptée, dit-on, par des indigènes de Zanzibar. Elle donne accès à la ravissante rue de la Ponche, où se dresse une autre tour du XVe siècle, le **Porche de La Ponche ★**, derrière laquelle on trouve la place du Revelin. Cette place abrite le ravissant hôtel La Ponche, dont la terrasse du restaurant, à l'arrière, donne sur le port des pêcheurs de La Ponche (voir p 324).

Les fortifications ceinturaient la vieille ville. L'**église Saint-Tropez ★**, à l'intérieur des murs, a été construite au XVIIIe siècle. Elle recèle le buste de saint Torpès qui parcourt la ville lors des processions de **La Bravade**, cette fête patronale qui se déroule en mai depuis 1558 et qui commémore l'arrivée au village du corps de saint Torpès dans sa barque.

Plus au sud, on trouve enfin une quatrième tour construite au XVe siècle, la **tour Jarlier ★**, qui abritait la prison.

Plus encore au sud, vous pouvez visiter la **chapelle de la Miséricorde ★**, construite au XVIIe siècle. La rue de la Miséricorde passe sous les arcs-boutants de la chapelle. Cela lui confère un aspect tout à fait médiéval et un charme indéniable.

La **place des Lices**, haut lieu tropézien, accueille des marchés animés le mardi et le samedi matins. C'est un point de rencontre sympathique où les terrasses des cafés permettent une observation privilégiée sur les parties de pétanque.

Des deux chapelles – la **chapelle du Couvent** et la **chapelle Sainte-Anne ★** – situées complètement au sud du village, il faut plutôt visi-

ter la deuxième. Monument classé, elle a  construite en 1618 par les Tropéziens en  tion de grâces pour avoir été épargnés de peste. Située sur la colline Sainte-Anne,  profite d'une vue remarquable sur le golfe.

Enfin, terminez votre visite par la **Citadelle** Construite au XVIe siècle, elle domine la v et siège au milieu d'un grand parc natu Élément de défense le plus important en Antibes et Toulon durant des siècles, elle  meure l'un des seuls monuments de cette a pleur sur la côte varoise. Le donjon abrite **Musée naval** *(mer-lun 10h à 17h, été jusq 18h; fermé 15 nov au 15 d ☎04.94.97.06.53)*. On y évoque l'histoire Saint-Tropez.

En se promenant sur les hauteurs de la c line, on jouit d'une vue exceptionnelle su golfe et le Vieux-Saint-Tropez. On peut al constater que le site a su garder un cachet un charme malgré les afflux touristiques.  responsables de la Ville ont laissé suffisa ment d'espaces verts à caractère sauvage permettant de ne pas se sentir «prisonni d'un musée aménagé.

Du côté de la mer, on aperçoit le cimeti marin d'où part le **sentier des Douaniers**, longe le littoral de la presqu'île jusq Cavalaire-sur-Mer, d'où il est possible prendre un autobus pour revenir à Saint-T pez.

### Presqu'île de Saint-Tropez

Petit paradis perpétuel! Vous y trouvez plus belles plages de la Côte dominées des collines merveilleuses qui permettent vues magnifiques sur la mer et les Mau Même sans parler des deux charmants villa médiévaux de Ramatuelle et de Gassin, ajoutent indéniablement à la beauté l'endroit.

#### Circuit proposé (50 km) :

*Du carrefour de la Foux (entre Port-Grimau Saint-Tropez), empruntez la D559, puis D89 vers Gassin.*

### Gassin

Voilà un endroit où il fait bon s'arrêter p effectuer une pause hors de l'activité fou lante de Saint-Tropez. Ce village médiéval

obe un panorama de la Côte qui s'étend jus-
⊔'aux îles d'Hyères.

*n sortant de Gassin, prenez la direction de
⊇matuelle et dirigez-vous vers les moulins de
⊇illas. Continuez jusqu'à Ramatuelle.*

**⊇amatuelle**

est ici que repose le grand comédien Gérard
⊓ilippe. Et c'est à Ramatuelle qu'on retrouve
⊔ne des plus belles plages de la Côte, sinon
plus belle : la plage de Pampelonne. Enfin,
▪ village entouré de nombreux vignobles est
⊓ôte d'un festival de théâtre chaque été.

*⊔ittez le village en direction des plages.*

⊃us pouvez, si vous le désirez, vous rendre
squ'au phare du cap Camarat. La D93 per-
⊇et l'accès aux nombreuses plages qui se
⊇ccèdent jusqu'à Saint-Tropez. Les plus
⊇nnues sont la plage de Pampelonne, la
⊇age de Tahiti, la plage des Salins et, enfin,
▪ plage des Canebiers, qui abrite la Ma-
⊇ague, domaine de Brigitte Bardot.

**⊇assif des Maures ★★★**

▪ massif des Maures s'étend sur une lon-
⊇eur de 60 km et sur une largeur de 30 km
⊓tre Fréjus et Hyères. Ses sommets attei-
⊇ent près de 800 m. Le massif est jalonné
⊇r plusieurs routes et par de nombreux sen-
⊇rs de randonnée qui offrent des vues
⊇lendides sur un paysage resté
⊇rveilleusement sauvage.

**⊇us vous proposons un circuit de 85 km au
⊇part de Saint-Tropez qui permet de décou-
⊇r tous ses charmes...**

*⊇nez la direction de Cogolin.*

**▪golin ★**

▪golin est un nom d'origine celto-ligure qui
⊇nifie «petite colline». Le village a connu une
⊇toire mouvementée qui débuta par les raids
⊇s sarrasins au Moyen Âge et qui se pour-
▪vit par les conflits apportés par les guerres
⊇ Religion au XVIe siècle.

▪ village connut ensuite un répit jusqu'au
⊇but du XXe siècle, au moment où la tour-
⊇nte reprit lorsqu'une épidémie de phylloxé-

ra attaqua les vignes. Sans oublier les deux
guerres mondiales, et en particulier la première, qui toucha durement le village.

Il faut y visiter l'**église Saint-Sauveur ★**, dont
l'origine remonte au XIe siècle, mais qui fut
modifiée au XVIe siècle. On peut y découvrir
un tryptique en bois qui date de 1450 et qui
est classé monument historique.

Dans le village, on peut aussi visiter un petit
musée, **L'Espace Raimu** *(été 10h à 12h et
16h à 19h, hiver 10h à 12h et 15h à 18h; 18
av. G. Clemenceau, ☎04.94.54.18.00)*,
consacré au comédien français qui a immortalisé la Provence dans les années trente en
jouant, au théâtre et au cinéma, le personnage de César, créé par Marcel Pagnol.

La **Ville Haute ★** vaut un détour. Ses rues
rappellent l'époque médiévale et abritent quelques belles maisons dont le **château Sellier**,
sur la rue Nationale. Au sommet de la colline
se dresse la **tour de l'Horloge**, vestige du château détruit au XIVe siècle.

*Prenez la D48 jusqu'à la D14, qui mène à Col-
lobrières.*

Environ 5 km avant d'arriver au village, ne
ratez pas la visite de la **Chartreuse de la
Verne ★★** *(droit d'entrée; 10h à 18h, sauf
mar d'oct à juin; fermé nov;
☎04.94.96.04.33)*. Classée monument historique depuis 1921, la Chartreuse a une histoire qui remonte à 1170. Dans les siècles qui
ont suivi, elle a toutefois subi de multiples
destructions, principalement à cause
d'incendies de forêt. Après le dernier feu, en
1721, la Chartreuse a connu une période
importante de rénovation et fut considérablement agrandie, sans être vraiment tout à fait
achevée. Le monastère est devenu «bien
national» à la Révolution. Depuis 1982, la
Chartreuse est un monastère occupé par les
sœurs de Bethléem. Elle est actuellement en
cours de restauration.

**Collobrières**

Capitale des Maures, ce village est l'un des
plus pittoresques et des plus authentiques du
Var. Entouré d'immenses forêts, il est traversé
par une petite rivière à l'allure sauvage qui lui
confère un air champêtre. Vous pouvez vous
y arrêter brièvement, le temps d'aller acheter
quelques marrons glacés à la Confiserie Azu-

réenne. Dans ce petit village, la châtaigne est reine.

*Quittez le village en direction de Notre-Dame-des-Anges en empruntant la D39 (accessible à 2 km du village).*

**Notre-Dame-des-Anges** est une ancienne chapelle dont l'origine remonte à 517. Elle a été bâtie sur une colline qui domine Collobrières. La chapelle a été entièrement refaite au XIXᵉ siècle et est devenu un lieu de pèlerinage.

*Continuez vers Gonfaron et suivez les indications pour le Village des tortues (sur la D75).*

Le **Village des tortues** *(droit d'entrée; 9h à 19h, été jusqu'à 20 h; fermé déc à mars; ☎04.94.78.26.41)* a été créé pour assurer la continuation d'une espèce de tortue, la tortue d'Hermann, qui peuple le massif des Maures. Cette espèce souffre beaucoup des incendies qui ravagent les forêts du massif. La Corse est le seul autre endroit où l'on retrouve encore cette espèce vieille de plus de 50 millions d'années.

*Continuez sur la D75 en direction de la Garde-Freinet, puis rendez-vous sur la D558 en direction de Grimaud et de Cogolin pour revenir rapidement au point de départ du circuit.*

Si vous disposez de plus de temps et si vous désirez profiter du massif des Maures, alors rendez-vous au petit village **Les Mayons**, qui vit essentiellement des ressources des châtaigniers et des chênes-lièges (desquels on produit des bouchons) qui l'entourent. De cet endroit, vous pourrez rejoindre une petite route qui mène jusqu'au Cros-de-Mouton. Enfin, vous pourrez accéder à la Garde-Freinet par une magnifique petite route forestière qui parcourt les sommets du massif.

Si vous aimez les randonnées, alors chaussez vos souliers de marche, car le sentier GR9 passe par là et pourra aussi vous conduire à la Garde-Freinet.

 ACTIVITÉS DE PLEIN AIR

 Plages

Entre Cannes et Saint-Raphaël, la Côte est plutôt abrupte quoiqu'on trouve ici et là de petites baies avec du sable. À Saint-Rapha Fréjus et Saint-Aygulf, les plages sont agré bles et sablonneuses. La Côte, jusqu'à Sain Maxime, redevient ensuite très rocheuse, les quelques plages qu'on peut y trouver sont pas très recommandables car l'eau semble pas très propre. Entre Sainte-Maxir et Saint-Tropez, les plages deviennent de pl en plus sympathiques et atteignent le po culminant de la beauté et de la propreté lo qu'on dépasse Saint-Tropez.

**Saint-Tropez**

Nombreuses plages sableuses. Magnifiques!

 Golf

**Saint-Raphaël**

**Golf 9 trous de Cap Estérel** *(9 trous : 12 deux parties; 180F; B.P. 940, 83708 Sa Raphaël, ☎04.94.82.55.0 ⌐04.94.82.58.73).* On y jouit d'une vue perbe sur la mer.

**Golf Estérel Latitudes** *(18 trous : 250F, 28 fin de semaine; av. du Golf, 83700 Saint-phaël, ☎04.94.82.47.88, ⌐04.94.44.64.6*

**Sainte-Maxime**

**Golf de Beauvallon** *(9 trous : 150F, 18 trou 240F, 300F fin de semaine; bd des Collir Beauvallon, 83120 Sainte-Maxim ☎04.94.96.16.98, ⌐04.94.96.59.47).*

**Golf de Sainte-Maxime** *(9 trous : 15 18 trous : 250F; route du Débarqueme 83120 Sainte-Maxime, ☎04.94.49.26. ⌐04.94.49.00.39).* Parcours tracé dans montagne offrant de superbes panoramas.

**Roquebrune-sur-Argens**

**Golf de Roquebrune-sur-Angens** *(22 C.D. 7, 83520 Roquebrune-sur-Arge ☎04.94.82.92.91, ⌐04.94.82.94.74.)* pied du rocher de Roquebrune, en pleine ture.

Randonnée pédestre

**éjus - Saint-Raphaël**

n peut se prélasser sur les plages ou faire es randonnées pédestres dans le **massif de** **Estérel**, tout à côté. On vous propose ici uelques randonnées. Il est cependant préféble de se munir d'une bonne carte qui re utile. Si vous prévoyez faire de nombreues randonnées lors de votre séjour sur la ôte, nous vous recommandons l'achat d'un uide qui décrit le parcours de 150 randonées pédestres : *Au Pays d'Azur* de L. Trouaud.

**ttention** : il est interdit de camper, d'allumer n feu ou même de fumer dans le massif. Préyez d'apporter de l'eau potable. Enfin, la ueillette de toute espèce végétale est déndue.

Office national des forêts (ONF) exerce un ntrôle sur les forêts. On trouve donc des pères de différentes couleurs lorsqu'on s'y omène. Mais attention! Ces marques ne nt pas nécessairement des balises, et les uivre à l'aveuglette pourrait contribuer à vous arer dans la forêt.

fin, si vous laissez une voiture derrière, ne ntez pas les voleurs en y laissant des cho-s.

vous désirez voir le site de l'ancien barrage Malpasset, qui a tragiquement cédé en 959, entraînant la mort de plus de 400 pernnes, vous pouvez emprunter un sentier qui ommence à l'endroit où se termine ncienne route D37. La dénivellation n'est s trop importante, seulement de 300 m. Il ut au moins compter quatre heures pour fectuer cette randonnée.

**mont Vinaigre ★★** domine le massif avec s 614 m. Du sommet, la vue est éblouisnte. On peut y accéder à partir d'un sentier i commence au pont de l'Estérel sur la N7. omptez au moins quatre heures.

**pic de l'Ours** et le **pic d'Aurelle ★** permetnt des vues splendides sur la Côte. On y cède au départ de la gare de Trayas, qui se uve sur la Côte entre Cannes et Saint-Raaël. La dénivellation atteint presque 500 m.

Enfin, il existe beaucoup d'autres randonnées que vous pouvez effectuer au départ des aires de stationnement disséminées un peu partout sur la route forestière qui parcourt le massif. On peut même souvent apercevoir le tracé des sentiers à flanc de colline. Ces sentiers permettent de faire des randonnées dont la durée peut varier considérablement.

**Saint-Tropez**

Les amateurs de randonnée pédestre peuvent emprunter un sentier au départ du port de Saint-Tropez qui longe le littoral de la presqu'île et se rend jusqu'à Cavalaire-sur-Mer. Les paysages sont très jolis. La durée de la randonnée peut s'ajuster au temps dont vous disposez. Au départ de Saint-Tropez, on atteint la baie des Cannebiers en 50 min. Ensuite, on prend 1 heure 45 min pour rejoindre la plage des Salins, puis une heure de plus pour arriver à la plage de Tahiti.

Enfin, Cavalaire-sur-Mer se trouve à environ 25 km de la plage de Tahiti.

Vous pourrez revenir à Saint-Tropez par autocar si vous le désirez. Contactez l'Office de tourisme pour l'horaire.

 Équitation

**Fréjus**

Centre équestre de Fréjus **La Tourrache** (☎04.94.51.29.49).

**Sainte-Maxime**

Le **Centre hippique des Maures** (☎04.94.56.16.55) de Beauvallon, situé sur la route N98, à 5 km environ de la sortie de la ville en direction de Port-Grimaud, permet de faire des randonnées à cheval dans les Maures.

 Activités nautiques

**Saint-Tropez**

À Saint-Tropez, toutes les activités nautiques se trouvent à vos pieds.

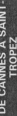

**Club des Loisirs des Jeunes**
(sports et animations pour les 6 à 16 ans)
Plage de la Fontanette, La Ponche
☎04.94.97.60.20 ou 04.94.97.00.13

**École de Voile**
Baie des Cannebiers (route des Salins, direction cap des Salins, à l'est de la vieille ville)

**Ramatuelle**

Club Water Sports (parachute ascensionnel, *jet ski*, ski nautique, planche à voile)
Route de l'Épi, plage Pampelone
☎04.94.79.82.41

 Plongée sous-marine

**Saint-Tropez**

☎04.94.56.05.76, 04.94.97.08.39 ou 04.94.79.27.77

 Tennis

**Saint-Tropez**

**Les Tennis de Saint-Tropez**
(terre battue, gazon synthétique, béton poreux)
Route des Salins
☎04.94.97.36.39

 Sports aéronautiques

**Saint-Tropez**

Aéro-club de Saint-Tropez
(hydravion, promenades, vols d'initiation)
Plage des Catamarans
☎04.94.97.10.80

 HÉBERGEMENT

Les Adrets-de-l'Estérel

Si vous préférez le calme et la beauté de la nature, l'intimité et la simplicité des petits villages, alors rendez-vous dans ce village du massif de l'Estérel, entre Cannes et Fréjus, proximité de la route N7 et du lac d Saint-Cassien.

**Les Philippons** *(d, ℛ, ≈; D237, quartier Le Philippons,* ☎04.94.40.90.67*).* C'est un b endroit, situé en pleine nature.

**L'Hôtel de la Verrerie** *(310F; dp, t* ☎04.94.40.93.51*)* est un petit hôtel de se chambres logé dans une grande villa de sty provençal. Il est un peu en retrait à flar d'une petite colline, mais le chemin est bie indiqué. Vous aimerez profiter du calme de nature pour prendre votre petit déjeuner da le jardin et admirer la vue magnifique s l'Estérel. Les chambres sont modernes et tr claires. Cet hôtel offre un rapport qualité/pr intéressant.

Anthéor-Cap-Roux

À mi-chemin entre Cannes et Saint-Rapha en bordure du massif de l'Estérel, vous déco vrirez l'**Auberge d'Anthéor** *(780F-1 070F pc fermé nov-déc; bp, tv, ℂ, ≈, △, ☎04.94.44.83.38,* ⊶*04.94.44.84.20).* Vo apprécierez le site remarquable, directement la mer. L'hôtel n'a pas de plage, mais bén ficie d'une petite plate-forme en béton de quelle on peut se jeter à la mer ou bien acco ter son bateau. Sinon, vous pouvez vous pr lasser au bord de la belle piscine. Cet hôtel style provençal moderne fait partie du grou des Châteaux et Demeures de Tradition. L chambres, très modernes et propres, donne sur la mer. Certaines possèdent même u grande terrasse privée. De plus, vous pouv profiter d'un sauna et d'une salle de sport.

Agay

À environ 5 km à l'est de Saint-Raphaël, l'entrée du village d'Agay, sur une petite c line surplombant la mer, l'organisme Pierre Vacances *(*☎04.94.82.51.00*)* a construit complexe de villégiature très moderne q comprend l'hôtel **Cap Estérel.** La vue est s perbe. On peut admirer autant le massif l'Estérel que la mer. Cet endroit est idéal po les familles et les personnes plutôt âgées q ne veulent pas trop bouger pendant leurs v cances, car on trouve tout sur le site : de m tiples restaurants (il y en a 11!), une tr grande piscine, des courts de tennis et etit terrain de golf. Enfin, il y a même un ervice de médecins et un salon de massage ur place.

---

## Saint-Raphaël

---

ménagé dans une villa des années vingt, ans le quartier des Plaines, l'**Hôtel du Soleil** *?60F-330F, fermé nov à fév; pdj 25F; bp ou ɔ, tv, C; 47 bd du Domaine du Soleil, ɔ4.94.83.10.00, ☞04.94.83.84.70)* est à écart de l'animation quelquefois indésirable ι centre. Et pourtant on n'est qu'à 15 min à ed des plages et du centre. Cet endroit de ιarme offre un bon confort et est calme; ɔus y profiterez de l'accueil chaleureux des ɔpriétaires. Enfin, on peut aussi y louer, à la ɜmaine *(1 000F-2 600F)*, des studios meu-és dotés d'une cuisinette et d'une terrasse ɾivée. Idéal pour les familles avec des en-ɜnts.

30 m de la plage, sur la Corniche d'Or, un ɜu avant d'arriver à Saint-Raphaël, on trouve 'Hôtel Beau Site *(260F-390F, studio 540F, dj 40F; bp, dp, tv, ℜ; Camp Long, RN98, ɔ4.04.82.00.45, ☞04.94.82.71.02)* . ɪmple mais propre, l'établissement propose ɜs chambres plutôt spacieuses dotées le plus ɔuvent d'un balcon. L'hôtel dispose égale-ɜnt d'une terrasse fleurie, attenante au res-ɹurant.

---

## Fréjus - Saint-Aygulf

---

aint-Aygulf se trouve à 5 km de Fréjus sur la ₹98 en direction de Sainte-Maxime. On y ɹouve **L'Escale au Soleil** *(260-310F; fermé ɔv à mars; dp; 75 av. Marius-Coulet, ɔ4.94.81.20.19)*. C'est un petit hôtel ɯmpathique au confort simple, mais très ɔpre et avec un bon rapport qualité/prix. Il ɜt situé dans un endroit calme à 50 m de la ɜr. De plus, une terrasse ombragée et un ₐtionnement sont à la disposition des ɜents. Demandez une chambre sur le toit! ₐfin, la patronne est très accueillante.

---

## Les Issambres

---

vous aimez le luxe princier, descendez à la lla Saint-Elme *(1 650F-1 950F, suites 600F-4 600F; fermé mi-jan à fin mars; dp;* bp, , ⊛, ≈, tv, ℝ, ≈, ℜ; ☎04.94.49.52.52, ☞04.94.49.63.18)*. Cet endroit, qui a forte-ment augmenté ses prix récemment, vous donnera presque l'impression de vivre sur un bâteau, tant il est près de la mer. Les cham-bres sont décorées avec un raffinement parti-culier, et les salles de bain sont équipées d'une baignoire ou d'une douche. Les chambres et suites les moins chères se trouvent dans une annexe de l'hôtel, de l'autre côté de la route – elles ne donnent donc pas sur la mer, mais sont aussi très belles. Enfin, vous profiterez d'une grande piscine remplie d'eau de mer et d'un bain sauna-bain turc (voir p 326).

---

## Sainte-Maxime

---

Nous avons trouvé un autre hôtel au calme dans le centre de ce grand village côtier. **L'Ensoleillée** *(190F-300F; fermé oct-mars; dp, bp, tv, ℜ; 29 av. Jean Jaurès; ☎04.94.96.02.27, ☞04.94.29.06.21)* est un petit hôtel sympathique de style provençal qui se trouve à 50 m de la plage. Cet endroit nous paraît idéal pour y passer une nuit, mais pas vraiment pour un long séjour, quoique les chambres de taille plutôt modeste soient sans faille.

Situé en plein cœur du village, un peu en hau-teur, l'hôtel **Royal Bon Repos** *(335F-520F, pdj 34F; fermé déc à Pâques; dp; 11 rue Jean Aicard, ☎04.94.96.08.74)* est au calme tout en étant à quelques pas des plages. Il ne faut pas se fier à la façade extérieure de l'hôtel, plutôt laide, car les chambres sont agréables et plutôt grandes, et assurent tout le confort. On y trouve également des studios avec cuisi-nette loués à la semaine *(2 300F-3 150F)*. Ces derniers ont soit une terrasse ou un balcon, et plusieurs offrent une vue sur la mer et sur le golfe de Saint-Tropez. Enfin, il faut surtout préciser qu'un accueil charmant vous y sera réservé.

---

## Pôrt-Grimaud

---

Dans ce village «fabriqué», il y a peu d'endroits où loger. **La Giraglia** *(950F-1 600F, suites 1 900F-2 100F; bp, tv, ℝ, ≈, ≈; ☎04.94.56.31.33, ☞04.94.56.33.77)* est un peu à l'écart des sites principaux du village et appartient à une chaîne américaine. Cela im-plique un très grand confort, mais aussi un service moins personnalisé : le décor est très moderne, mais l'endroit manque d'âme; l'accueil est correct mais froid. Par contre, on y profite d'une plage sableuse privée. Enfin, tout dépend de ce que l'on cherche. Il est possible d'accéder à l'hôtel avec sa voiture grâce à une carte émise par l'hôtel.

## Grimaud

À environ 3 km de Grimaud, sur la route qui conduit à La Garde-Freinet, vous pouvez loger très confortablement, voire luxueusement à l'**Athénopolis** *(490F-590F; db, bp, tv, ℝ, ≈; quartier Mouretti, ☎04.94.43.24.24, ⌐04.94.43.37.05)*. Les chambres, dotées d'un balcon ou d'une terrasse privée, s'ouvrent sur la piscine.

Si La Boulangerie (voir ci-dessous) est complète, essayez le **Verger** *(600F-850F; dp, bp, ≈; route de Collobrières, ☎04.94.43.25.93)*, sur la même route. Autre endroit champêtre au milieu d'un grand parc avec jardin et piscine, cet établissement saura vous séduire. On peut y manger à l'intérieur ou sur la jolie terrasse au décor pastoral. Une fois de plus, le calme est roi.

🏨 À environ 3 km à l'ouest du village sur la route vers Collobrières, **La Boulangerie** *(680F-760F, suite 1 420F; fermé mi-oct à Pâques; bp, ℝ, ≈, tennis; ☎04.94.43.23.16, ⌐04.94.43.38.27)* est un petit hôtel plein de charme niché dans un très beau jardin. À l'arrière, une piscine entourée d'une terrasse permet une vue champêtre sur les collines du massif des Maures. Vous pourrez y flâner toute la journée, si vous le désirez, ou seulement le temps du petit déjeuner. L'endroit vous assurera le calme et le repos. Vous aurez l'impression d'être l'invité dans une grande villa privée. Enfin, vous bénéficierez d'un grand confort et d'un accueil très chaleureux.

## Saint-Tropez

Au cœur du vieux Saint-Tropez, dans une ruelle au bout du port (tout près de la tour Suffren), vous pourrez descendre à **La Michau-dière** *(300F-480F; dc, bp, ℂ; 8 rue Portalet ☎04.94.97.18.67)*, petit hôtel modeste. Le patron, M. Thomas, se fera un plaisir de partager avec vous ses grandes connaissances du village : son histoire, ses coutumes, les

sorties à faire et les restaurants à fréquente Notez toutefois que la maison n'accepte chèques ni cartes de crédit.

🏨 Voulez-vous dormir dans un lieu myth que réminiscent de *Et Dieu créa la femme*, lieu où Romy Schneider séjournait souvent où Françoise Sagan venait pour écrire? Alor vous devez obligatoirement passer quelqu temps à **La Ponche** *(950F-1 680F, pdj 80 suites avec vue sur mer 2 300F; dp, bp, tvc, ℛ; 3 rue des Remparts, port des P cheurs, ☎04.94.97.02.53, ⌐04.94.97.78.61* L'hôtel se trouve au cœur du vieux village; est donc appréciable qu'un voiturier s'occup de votre voiture à votre arrivée. Les chambr sont splendides et sont équipées de salles bain en marbre très luxueuses. Les teint utilisées pour la décoration des chambres so douces et sobres. Si vous désirez vibrer a souvenirs les plus marquants de cet établiss ment, alors réservez la chambre qu'occupa Françoise Sagan lors de ses séjours. Toute bleu, elle possède aussi une magnifique te rasse. De plus, disséminées un peu parto dans l'établissement, plusieurs peintures so signées de la main de l'artiste local Jacqu Cordier. L'accueil personnalisé attei l'excellence, mais reste amical. Mᵐᵉ Duckste et sa charmante mère, les propriétaires, so deux livres d'histoire ambulants. Témoins d mille et une histoires qui ont marqué ce lie elles se feront un plaisir de vous les racont (voir p 326).

## Ramatuelle

À environ 5 min (en voiture) de Saint-Trope nous recommandons **La Ferme d'August** *(620F-1 100F, pdj 75F, 1 600F avec clima sation et terrasse avec vue sur jardin 1 800F suite avec terrasse-solarium et vue s la mer; fermé mi-oct à Pâques; bp ou dp, s lon, ℝ, tv, ≈, ℛ; plage de Tah ☎04.94.97.23.83, ⌐04.94.97.40.30)*. C hôtel du genre «ferme de luxe» est entou d'un jardin magnifique où l'on trouve une tr belle piscine et des courts de tennis. Il est quelques pas des belles plages Saint-Tropez. Bref, vous profitez d'un coin paradis à des prix raisonnables, compte ter du site. Le charme discret de cette ferm meublée d'antiquités provençales, nous a to de suite convaincu.

'hôtel **Les Bouis** *(1 080-1 180F; pdj 70F; ermé nov à mi-mars; bp, tv, ℝ; route des Plaes, Pampelone, ☎04.94.79.87.61, 04.94.79.85.20)* se trouve à environ 1 km e la mer et à 6 km de Saint-Tropez. Entouré 'une pinède de pins parasols, ce site calme énéficie d'une vue exceptionnelle. L'hôtel, onstruit il y a quelques années dans le style rovençal, dispose de tout ce dont on a beoin pour un séjour agréable, grande piscine y ompris.

## Gassin

ne adresse très sympathique, simple et peu oûteuse : **Le Petit Castel** *(250F-320F; dp; '04.94.56.14.17)*. «Un hôtel à votre image» aisse entendre la carte de visite! De toute açon, vous serez au calme, et vous rigolerez ertainement un peu lorsque vous rencontreez Véronique, car c'est tout un numéro! Pas u tout coincée, elle adore parler. C'est une raie raconteuse, comédienne au répertoire mmense. Enfin, elle pourra vous conseiller sur s bons restaurants de la région. Décidément ympathique!

## La Croix-Valmer

y a un très bel hôtel de style néo-provençal ui domine la mer du haut d'une colline : **Le ouleias** *(630F-1 470F; pdj 85F; fermé nov à âques; bp, tv, ≡, ≈, ℛ; plage de Gigaro, '04.94.55.10.55, ⌐04.94.54.36.23)*. On a impression d'être sur un îlot au milieu d'un ès beau parc avec une grande piscine. La lupart des chambres s'ouvrent sur le parc, inon elles bénéficient d'un balcon. Très onfortables, elles ont presque toutes une rientation plein sud, direction mer. On peut ccéder à la plage avec sa voiture (à cinq miutes) ou à pied par un sentier qu'il faut, bien ûr, remonter au retour...

 CAMPING

## Fréjus

ur la route de Bagnols, vous pouvez choisir ntre six campings différents. Ils sont tous ès bien équipés, avec restaurants, piscines,

installations pour enfants, etc. Le plus petit, **Le Dattier** *(☎04.94.40.88.93)*, compte 181 emplacements; le plus grand, le **Holiday Green** *(☎04.94.40.88.20)*, propose 590 emplacements.

## Grimaud

À Saint-Pons Les Mûres se trouvent deux campings agréables avec toutes les installations nécessaires : **Les Prairies de la Mer** *(☎04.94.56.25.29)* avec courts de tennis, et le **Domaine des Naïades** *(☎04.94.56.30.08)* avec piscine.

 RESTAURANTS

## Dans le massif de l'Estérel

Cosima et Alexis de Megvinet vous accueillent à l'**Auberge des Adrets** *($-$$; fermé nov; RN7, ☎04.94.40.36.24)*. Si vous faites une excursion dans le massif de l'Estérel, allez tester la cuisine de cette auberge située à 16 km de Cannes et à 18 km de Fréjus. En été, la très belle salle à manger, meublée d'antiquités d'un goût raffiné, se prolonge par une grande terrasse qui offre une vue superbe sur la baie de Cannes. Plats du terroir choisis minutieusement au menu.

## Théoule-Miramar

**L'Auberge du Père Pascal** *($$; fermé jeu sauf saison et de nov à fév; route du Bord de mer entre Cannes et Saint-Raphaël, ☎04.93.75.40.11)* est un endroit chic reconnu pour ses poissons et crustacés. On y mange sur une très grande terrasse de laquelle on jouit d'une belle vue sur la mer.

## Saint-Raphaël

Restaurant vivement recommandé par plusieurs personnes, **Le Sémillon** *($; fermé dim soir, lun et mar midi sauf juil et août; 21 place Carnot, ☎04.94.40.56.77)* mérite un détour. D'abord parce que le jeune propriétaire veillera sur vous avec affabilité et simplicité. Ensuite parce que le chef prendra en charge votre estomac en vous séduisant avec des spécialités régionales parmi lesquelles on trouve le loup (bar) poêlé aux tomates confites et olives picholines, le filet de bœuf rôti à la fleur de sel et jus de citron, le carpaccio de thon et aubergines et enfin, pour la touche sucrée, la croquette de chocolat au gingembre confit. N'avez-vous pas déjà l'eau à la bouche? À noter que le midi on y trouve un menu à 90F avec vin compris.

## Fréjus

Près de la cathédrale, sur une petite rue derrière la mairie, se cache le petit restaurant sympathique **Chez Vincent** *($; 19 rue Désaugiers, ☎04.94.53.89.89)*. Restaurant de fine cuisine très recommandé par les habitants de la ville. La salle à l'arrière révèle un cadre médiéval.

## Fréjus – Saint-Aygulf

**Le Jardin** *($; 583 av. de la Corniche d'Azur, ☎04.94.81.17.81)* vend de petits plats sympathiques et pas chers : grillades, pizzas et glaces maison. Ce petit restaurant se trouve tout près de l'hôtel l'Escale au Soleil (voir p 323).

## Les Issambres

Pour un repas agréable, essayez le petit restaurant **La Réserve** *($-$$)*, situé à 300 m de la villa Saint-Elme. Il y règne une bonne atmosphère, et l'accueil est chaleureux. On vous recommande spécialement le thon cru à l'huile d'olive et au genièvre frais!

Le restaurant de l'hôtel **Saint Elme** *($$)* profite d'une vue magnifique sur le golfe de Saint-Tropez et comporte deux salles à manger. Dans un cadre très chic, on vous sert des spécialités régionales à la menthe, au pistou et ou à la tapenade.

## Saint-Tropez

Le **Café des arts** *($-$$; place des Lices, ☎04.94.97.29.00)* est réputé pour sa bonne cuisine provençale. Ne pas confondre avec Brasserie des Arts!

Anciennement à Gassin, **La Dame de Cœur** *( 2 rue de la Miséricorde, ☎04.94.97.23.1* est une bonne adresse. Les menus changent tous les jours selon l'humeur «du gros» (e tendez le patron cuisinier).

Sur une petite rue débouchant sur la place d Lices se trouve un traiteur haut de gamme **La table du Marché** *($; 38 rue Georges Cl menceau, ☎04.94.97.85.20)*. Vous pourr vous y restaurer sur place ou emporter l plats préparés. On n'y vend que des tru vraiment délicieux et de haute qualité. Un se coup d'œil sur les étalages suffit pour cor prendre que leurs produits doivent être bon mais également chers. On peut aussi s'y pr curer quelques produits : pains, miels, confit res et plusieurs sortes d'huiles, notamment noix, d'amande et bien sûr d'olive. À l'éta loge un restaurant *($$$)* plus formel, chic cher, qui semble attirer tout le gratin trop zien...

🦞 Le restaurant de l'hôtel **La Ponche** *($-$ 3 rue des Remparts, port des Pêcheur ☎04.94.97.02.53)* vaut vraiment une visit que vous y dormiez ou non. Pendant la bel saison, les repas sont servis sur une très bel terrasse qui donne sur une placette animée vieux village, tout près de l'ancien port. L plats de viande ou de poisson sont d'un grande qualité culinaire, et les desserts, s blimes. De plus, les vins de la région sont tr bons. Vous n'avez donc pas à regarder pl loin. Le service est gentil et efficace. La p tronne, M^me Duckstein, prend la command et vous initie, si vous le désirez, à la mémoi grandiose de ce lieu «presque sacré». Vo savez : Picasso et bien d'autres sont ven boire un coup dans cet établissement, qui, l'origine, n'était qu'un lieu de rencontre po les pêcheurs du petit port voisin (voir p 324

Sur une ruelle derrière le port se cache un p tit resto très sympa et convivial : le **Resta rant du Port** *($-$$; fermé mi-nov à mi-déc; rue Allard, ☎04.94.97.60.18)*. Le service e décontracté et amical mais efficace. On y se des poissons évidemment et quelques via des, mais aussi quelques plats du jour. On sent bien, et la nourriture est bonne.

Lieu plutôt branché du centre-ville, **Ch Fuchs** *($$; 7 rue des Commerçan*

*04.94.97.01.25)* propose une cuisine provençale dans un décor de «cantine». Très recommandé par les connaisseurs locaux, mais cher.

**L'Auberge des Maures** *($$$-$$$$; 4 rue Dr Boutin, ☎04.94.97.01.51)* est un très bel endroit à l'écart dans un petit passage. Sa grande terrasse ombragée vous séduira : c'est l'endroit rêvé pour fuir la chaleur d'été et passer un moment de détente. Le cadre est rustique et très soigné. Les spécialités s'avèrent provençales.

Sur une rue derrière la place des Lices se niche **La Ramade** *($$$-$$$$; rue du Temple, ☎04.94.97.00.15)*. Ce restaurant jouit d'une grande renommée : le meilleur restaurant de poissons de la région. Son secret : le cuisinier-propriétaire, ancien pêcheur tropézien, fait griller ses poissons tout frais sur un feu de bois dans le jardin. D'ailleurs, en été, on y fait le service au jardin, du reste fort charmant et à l'écart du bruit. Outre les poissons, on peut également, en soirée, y déguster la «vraie» bouillabaisse. C'est un endroit à découvrir, ne serait-ce que pour rencontrer ce joyeux luron authentique dont la tronche rappelle celle de Picasso...

Finalement, on trouve au port un excellent glacier, **Barbarac**, qui, nous en sommes certains, saura vous séduire.

## Saint-Tropez (plages)

Au cap Camarat, à la plage de Tahiti, à 6 km de Saint-Tropez, **Chez Camille** *($$; fermé mar et oct à mars; ☎04.94.79.80.39)* sert la bouillabaisse *(280F pour deux pers.)* et d'autres plats de poisson. Les connaisseurs s'y donnent rendez-vous.

## Grimaud

Attention gourmands et gourmets! Un endroit s'impose : **Les Santons** *($$$$-$$$$$; fermé mer et nov à mi-mars, sauf pendant la période des fêtes de Noël, ☎04.94.43.21.02)*. Laissez-vous gâter pour un soir! À commencer par l'excellent accueil de M^me Girard, suivi de la cuisine exquise de M. Girard, le chef. Le tout dans un décor provençal haut de gamme où chaque élément de décoration relève de

beaucoup de goût. Le seul survol du menu vous annonce une soirée de délices. Et ce qui est encore mieux, vous ne serez pas déçu! En entrée, on vous propose, selon la saison, le risotto crémeux de homard, les ravioles de truffes ou le saumon d'Écosse Label Rouge. Comme plat principal, la selle d'agneau de Sisteron, rôtie à la fleur de thym, reste mémorable et demeure un incontournable du menu depuis plusieurs années. De plus, vous êtes assuré d'un bon vin, d'une part, à cause de la bonne cave, et d'autre part, grâce aux excellents conseils que pourra vous prodiguer le très aimable sommelier. Côté prix, ce n'est pas donné, c'est vrai! Mais c'est justifié, compte tenu de la qualité exceptionnelle de la cuisine et du service impeccable qu'on y reçoit. Bref, un événement inoubliable, fin et divin!

## Collobrières

La **Petite Fontaine** *($$-$$$; place de la République, ☎04.94.48.00.12)* est une excellente adresse où déjeuner. Vous pouvez manger dehors sur la terrasse calme qui donne sur une placette ombragée où, bien sûr, se trouve une fontaine! On y prépare des spécialités provençales. Les plats sont copieux, et le rapport qualité/prix est excellent. Attention! Le restaurant n'accepte pas les cartes de crédit.

  **SORTIES**

## Saint-Raphaël

**Compétition internationale de jazz de New Orleans**. Dans la rue, début juillet.

**Festival du cinéma européen** *(fin octobre)*

**Fête des pêcheurs**. Tradition, folklore, joutes, bal. Au port, une fin de semaine au début août.

**Fête du mimosa** *(fin février)*

**Grand Casino** *(machines à sous 11h à 4h; jeux traditionnels 20h à 4h, été jusqu'à 5h; square de Gand, ☎04.94.95.10.59)*.

## Fréjus

Sur le boulevard de la Libération, vous trouverez plusieurs discothèques.

**Fête des plantes** *(début avril)*.

**Salon de l'automobile.** Aux arènes; pendant quatre jours, fin septembre.

## Saint-Tropez

La discothèque **L'Esquinade** *(entrée plus consommation : 80F; tlj 23h à 4h; rue du Four, derrière la place de la Mairie, ☎04.94.97.00.04)*.

La discothèque **Le Papagayo** *(entrée et consommation : 100F; tlj 23h à l'aube; Résidence du Port, ☎04.94.97.07.56)*. Ambiance folle...

**Bars et discothèques gays**

La discothèque **Le Pigeonnier** *(consommation 70 F; tlj à partir de 23h; 13 rue de La Ponche, ☎04.94.97.36.85)*.

La discothèque **Stéréo Club** *(tlj à partir de 22h; 6 rue de Pullis, ☎04.94.97.06.69)*.

## Sainte-Maxime

**Festival des écoles de musique. Théâtre de la mer**; deuxième moitié du mois de juillet.

## Saint-Hilaire-de-la-Mer

**Night-Club discothèque** *(ven-sam 23h à l'aube; en bordure de mer, ☎04.94.96.19.20.)*

## Ramatuelle

**Jazz au Théâtre de Verdure**; mi-juillet.

**Temps musicaux : Festival de musique classique.** Théâtre de Verdure; deuxième moitié du mois de juillet.

**Festival de théâtre.** Théâtre de Verdure; première moitié du mois d'août.

## Cogolin

**Les soirs d'été à Cogolin.** Du Ier juillet au 3 août; renseignements au Centre culturel ☎04.94.54.54.90

## Hyères

La discothèque **The New Dream** *(juil et août 22h à 4h, hors saisons fin de semaine seulement; ☎04.94.58.00.07)*.

 **MAGASINAGE**

## Saint-Raphaël

**Le Salon des antiquaires.** Palais des Congrès Port-Santa-Lucia, ☎04.94.83.15.15; deuxième moitié de février.

**Le Salon des authentiques** *(fin mai; quartier des Plaines)* met en vedette les métiers et l'artisanat.

## Fréjus

**Art Tendance Sud - Salon des Métiers d'Art** Port-Fréjus; pendant trois jours au milieu du mois de mai.

**Marché artisanal.** À Port-Fréjus; tous les dimanches après-midi; renseignements ☎04.94.82.63.00.

## Sainte-Maxime

**Foire aux antiquaires.** Place Jean Mermoz deuxième moitié du mois de mai.

## Saint-Tropez

ous trouverez de très belles pièces
'antiquités et des bibelots d'une grande qua-
té au **château Suffren** *(place de la Mairie,*
*☎04.94.97.85.15).*

**alon des antiquaires**. Fin août à début sep-
embre.

## Cogolin

**Les quatre jours de l'antiquité et de la bro-
cante**. Centre culturel, ☎04.94.54.54.90; début avril.

**Les jours de la brocante et de l'antiquité**. Une
fin de semaine pendant la deuxième moitié du
mois de juin. Renseignements au Centre culturel : ☎04.94.54.54.90.

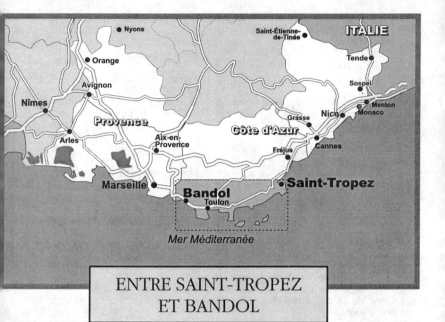

Mer Méditerranée

# ENTRE SAINT-TROPEZ
# ET BANDOL

**D**ès qu'on quitte la presqu'île de Saint-Tropez pour se diriger vers l'ouest, on laisse derrière soi la partie de la Côte d'Azur qui lui vaut la réputation internationale. La vie mondaine n'y est pas aussi importante; les plages s'y révèlent sûrement moins attrayantes; mais surtout, Toulon, la ville la plus importante, n'offre que peu d'intérêt. La ville a été fortement touchée par la Deuxième Guerre mondiale et a été reconstruite, semble-t-il, avec un maximum de constructions à l'esthétique discutable que le temps malheureusement n'embellit pas. C'est plutôt décevant, considérant le côté spectaculaire du site.

Cela ne veut pas dire pour autant que cette partie de la Côte soit dépourvue de beautés naturelles et d'attraits touristiques. Bien au contraire! Les îles d'Hyères forment un pôle d'attraction de premier plan; le massif des Maures étale ses magnifiques paysages jusqu'à Hyères; la région de Bandol, avec son île face au port (l'île de Bendor), et les ravissants villages qu'on trouve dans son arrière-pays (La Cadière-d'Azur et Le Castellet, par exemple) ont un charme particulier.

Enfin, la mer, omniprésente, invite à de nombreuses activités nautiques, et l'arrière-pays attend que vous fouliez son sol lors de promenades et de randonnées sublimes. Sans oublier les vignes et les caves à vins, abondantes dans cette région, qui promettent de joyeuses soirées bien arrosées... Et ne parlons pas tout de suite de bonne bouffe, car on vous réserve quelques belles surprises!

 **POUR S'Y RETROUVER SANS MAL**

### En avion

L'aéroport régional le plus important se trouve à Hyères, à 18 km à l'est de Toulon. Il est desservi par toutes les villes françaises d'importance. De plus, le quai d'embarquement pour les îles d'Hyères n'est qu'à 5 km de l'aéroport. Par contre, les vols internationaux n'arrivent que par les aéroports de Marseille (à 50 km de Bandol) ou de Nice (à 100 km de Toulon).

### En train

Le train dessert la Côte entre Marseille et Toulon. À partir de Toulon, la ligne de chemin de fer longe la bordure nord du massif des Maures et se rend directement à Fréjus. Ainsi, outre une petite liaison ferroviaire qui relie Toulon à l'aéroport de Hyères, le train ne dessert pas la Côte entre Hyères et Fréjus. Il est donc impossible d'accéder à Saint-Tropez par train.

---

## En voiture

---

À cause des lacunes du système ferroviaire dans cette région, il est probablement plus sage de louer une voiture à votre arrivée.

Le réseau routier est dense et très développé. L'autoroute A50 relie Marseille, La Ciotat, Bandol, Toulon et Hyères. La A57, au départ de Toulon, rejoint la A8-E80, qui mène à l'est vers Fréjus, Cannes et Nice.

Les routes nationales et départementales sont très bien entretenues et traversent des paysages souvent magnifiques. Les deux routes principales sont la D559, qui longe le bord de la mer, et la N98, qui passe un peu plus au nord. La traversée de Toulon en voiture est maintenant plus facile grâce à la construction d'une voie rapide qui, malheureusement, divise la ville en deux.

---

## En car

---

De nombreuses excursions en car sont possibles. Les départs peuvent se faire à partir de la majorité des villages qui longent la côte. Renseignez-vous auprès de l'Office de tourisme le plus près de votre lieu de séjour.

---

## En bateau

---

Le bateau joue un rôle important dans la région à cause de l'importance des îles qu'on y retrouve. Ce sont normalement des vedettes ou quelquefois de petits bateaux un peu vieillots qui assurent les liaisons de façon régulière.

### Îles d'Hyères

Les départs se font principalement à partir de l'extrémité de la presqu'île de Giens, située au sud de la ville d'Hyères et de l'aéroport Toulon-Hyères. On peut aussi accéder aux îles à partir de Toulon, du Port-de-Miramar (à 13 km à l'est de Hyères), du Lavandou et de Cavalaire-sur-Mer (à 18 km à l'ouest de Saint-Tropez).

### Île de Porquerolles

Départ du **port de la Tour-Fondue** (☎04.94.58.21.81), à la pointe extrême-sud de la presqu'île de Giens. On propose à peu près cinq aller-retour par jour en basse saison et une vingtaine par jour pendant juillet et août.

### Île du Levant et île de Port-Cros

Les départs se font du Lavandou (distance la plus courte, donc moins cher), du Port-de-Miramar, d'Hyères-Plage ou de la presqu'île de Giens. Si l'on choisit le dernier de ces endroits, on passe obligatoirement par l'île de Porquerolles.

### Circuit des trois îles ★★

En haute saison, deux ou trois fois par semaine, on peut effectuer un circuit qui permet de visiter les trois îles dans la même journée. Le départ se fait à 9h15 au port de la Tour-Fondue, le retour à 16h. C'est une bonne formule, idéale pour ceux qui sont plus sédentaires, car elle ne laisse que peu de temps pour découvrir les îles à pied. Comptez environ 150F par personne.

### Île des Embiez

La traversée dure 10 min. Il y a un départ toutes les 30 min environ. Comptez 25F par personne pour l'aller-retour. Renseignements ☎04.94.74.99.00.

### Île de Bendor

La traversée dure 7 min. Rotations toutes les demi-heures. Renseignements ☎04.94.29.44.34.

 **RENSEIGNEMENTS PRATIQUES**

---

## La Croix-Valmer

---

**Office de tourisme**
Les jardins de la Gare
☎04.94.79.66.44

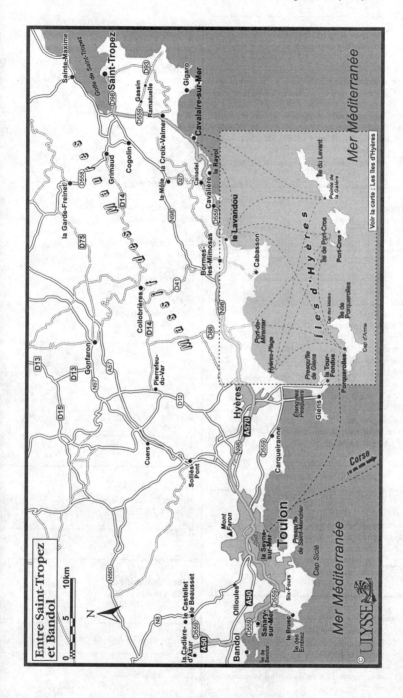

Entre Saint-Tropez et Bandol

## Le Lavandou

**Office de tourisme**
Quai Gabriel Péri
☎04.94.71.00.61

Vedettes Îles d'Or
Quai Gabriel Péri
☎04.94.71.01.02, ⌐04.94.71.78.95

## Bormes-les-Mimosas

**Office de tourisme**
1, place Gambetta
☎04.94.71.15.17

## Hyères

**Office de tourisme**
Av. de Belgique
☎04.94.65.18.55

Embarcadère du port de Hyères
Pour se rendre aux îles du Levant et Port-Cros
☎04.94.57.44.07

TLV (Transport Littoral Varois)
☎04.94.58.21.81
⌐ 04.94.58.91.73
Navette vers les îles. Le stationnement payant
est obligatoire (20F-25F/j.).

## Île de Porquerolles

**Bureau d'information**
Carré du Port
☎04.94.58.33.76
⌐04.94.58.36.39

## Toulon

**Offices de tourisme**

Place Raimu
☎04.94.18.53.00
Le mercredi matin à 9h30 (ou sur demande),
l'Office organise une **visite à pied commentée.**
Comptoir à la gare SNCF
☎04.94.62.73.87

Comptoir à l'aéroport Toulon-Hyères
☎04.94.22.81.60

Taxi (24 heures par jour)
☎04.94.93.51.51

Gare SNCF
Place Europe
Information et réservation :
☎08.36.35.35.35

Europcar
Rd-Pt Bir-Hakeim
☎04.94.41.09.07
⌐04.94.46.65.12

Téléphérique du mont Faron
☎04.94.92.68.25

Gare maritime
Port de Commerce
☎04.94.22.80.82
Départs vers les îles et la Corse

Poste
Rue Jean-Bartolini
☎04.94.46.00.22

## La Seyne-sur-Mer

**Office de tourisme**
Place Ledru-Rollin
☎04.94.94.73.09

## Sanary-sur-Mer

Maison du Tourisme
Les Jardins de la Ville
☎04.94.74.01.04

## Bandol

**Office de tourisme**
Allée Vivien
☎04.94.29.41.35

## La Cadière-d'Azur

**Office de tourisme**
Place Roger Salengro
☎04.94.90.12.56

## Le Beausset

**Office de tourisme**
Place Général de Gaulle
☎04.94.90.55.10

 ATTRAITS TOURISTIQUES

Nous commencerons la description avec la corniche des Maures, qui longe la mer entre Saint-Tropez et Hyères. Suivra la description des îles d'Hyères. La dernière section couvrira la partie entre Toulon et Bandol, y compris les villages qui se trouvent dans l'arrière-pays.

*Quittez Saint-Tropez par la D559 en direction de La Croix-Valmer.*

Au croisement de la D93 et de la D559 se trouve la croix qui donna un nom au village de **La Croix-Valmer**. Ce n'est qu'en 1935 qu'on ajouta Valmer afin d'éviter toute confusion avec d'autres villages.

**Cavalaire-sur-Mer** est une station balnéaire qui jouit d'une certaine renommée auprès des touristes, en particulier les familles. Depuis le début du siècle, sa longue plage de sable fin a attiré beaucoup de gens, dont Marie Curie.

Un peu après Cavalaire, on atteint le **Rayol**. Les amateurs de jardins doivent s'arrêter au **domaine du Rayol ★★** *(30F, 15F enfant; visite accompagnée obligatoire; toutes les demi-heures, juil et août mar-dim 10h à 11h et 16h à 18h, sinon mar-ven 15h, sam-dim 10h et 15h, hiver fermé; av. du Commandant Rigaud, ☎04.94.05.50.06).* Ce magnifique domaine de 20 ha abrite une somptueuse villa Art nouveau, avec un escalier qui descend jusqu'à la mer et d'immenses jardins qui comportent plus de 400 espèces exotiques. Depuis 1989, le site est entretenu et géré par le Conservatoire du Littoral, un organisme public.

Si vous voyagez en famille, les enfants seront ravis de faire une halte au **parc nautique Niagara ★** *(route du Canadel, La Môle, ☎04.94.49.58.87).* Ils y trouveront des glissoires géantes, une piscine, des bassins à remous et des murs d'escalade nautique. On y accède à partir de Canadel par la D27 en direction de La Môle. L'endroit est bien indiqué.

## Le Lavandou

Cette station balnéaire n'a que très peu de charme. La plage de sable fin est agréable mais sans plus. Pourtant, le site est populaire, si l'on en juge par la quantité de gens et de commerces qu'on y trouve. Cela s'explique peut-être par le fait que ce village constitue le point principal d'embarquement pour l'île du Levant et l'île de Port-Cros (voir p 334).

Par contre, on a la possibilité d'y louer des bateaux pour visiter les nombreuses baies et les caps magnifiques qui se multiplient au sud-ouest du village. Ces endroits sont aussi accessibles en vélo. D'ailleurs, Le Lavandou constitue un point de départ idéal pour faire des randonnées superbes à vélo dans l'arrière-pays.

*Quittez Le Lavandou par la D41 en direction de Bormes-les-Mimosas.*

## Bormes-les-Mimosas ★★

Ce village vous enchantera avec ses vieilles maisons de tuiles roses, étagées à flanc de colline, ses ruelles en pente, les vestiges de ses remparts et les imposantes ruines de son château.

Son histoire remonte à 400 av. J.-C., lorsqu'une tribu ligure venant d'Italie, les Bormani, s'installa au bord du littoral. Longtemps peuplé de pêcheurs, les Bormanis émigrèrent sur les collines au IX° siècle pour se défendre contre les attaques incessantes des sarrasins. Le village ne fut toutefois construit qu'au XII° siècle, et, malgré la construction de remparts, les habitants ont dû subir de nouvelles invasions.

En 1913, la commune a perdu une grande partie de son territoire et de ses habitants, lorsque le quartier du Lavandou, désireux de développer son activité maritime, s'est séparé.

En 1968, un décret rend officielle l'appellation de Bormes-les-Mimosas en raison de l'importante floraison de cet arbre de la famille des acacias. Le troisième dimanche de février, cet arbre, symbole de la commune, est l'objet d'une fête dont le clou du spectacle est un magnifique défilé de chars fleuris qui attire des milliers de spectateurs. Depuis 1970, Bormes-les-Mimosas a en outre le privilège d'arborer le label «quatre fleurs» en raison du classement de premier village fleuri qu'elle se mérite dans sa catégorie.

L'intérêt de Bormes se limite à l'ancien village et à Cabasson. Alors, prenez le temps de flâner dans les très jolies ruelles de l'ancien village. Vous y découvrirez de charmantes maisons fleuries.

Le haut du village est occupé par le **château de Bormes**, dont il ne reste que des vestiges. Construit entre les XIIIᵉ et XIVᵉ siècles, il fut incendié en 1589. Aujourd'hui propriété privée, il ne peut être visité. Mais vous pouvez quand même bénéficier du panorama qui s'ouvre sur la plaine et la mer.

La **chapelle Saint-François-de-Paule** ★ perpétue le souvenir de ce saint qui guérit Bormes de la peste en 1481. Depuis 1560, l'intérieur abrite un retable du XVIIᵉ siècle à la gloire du protecteur du village.

Située hors des remparts de la cité médiévale, l'**église Saint-Trophyme** ★, à trois nefs d'inspiration romane, date du XVIIIᵉ siècle. La devise en latin du cadran solaire sur la façade signifie «de l'heure du jour à l'heure de Dieu». À l'intérieur, les piliers portent des bustes reliquaires en bois doré, un chemin de croix comportant 14 peintures à l'huile d'Alain Noon (1980) et un majestueux tableau dominant la nef centrale et représentant saint Trophyme.

Sur la rue Carnot du vieux village se trouve le **Musée d'Arts et d'Histoire** ★ *(été mer-lun, sauf dim après-midi 10h à 12h et 16h à 18h, hiver mer 10h à 12h et 15h à 17h, dim 10h à 12h)*. Créé en 1926, il possède des collections qui retracent l'historique de Bormes, de Collobrières, de Brégançon et de la Chartreuse de la Verne. Peintures des XIXᵉ et XXᵉ siècles.

En descendant du vieux village vers Cabasson, vous atteindrez le **fort de Brégançon** ★. Érigé sur le cap du même nom qui sépare les rades d'Hyères et de Bormes, le fort est une résidence présidentielle depuis 1968. Il ne peut être visité qu'en septembre, lors de la journée «Portes ouvertes des Monuments historiques de France».

**Cabasson** est l'endroit idéal pour faire des balades à pied ou des randonnées à vélo. D'ailleurs, le village n'est pas toujours accessible en voiture. Vous y profiterez pleinement de la nature, car la forêt, les vignes et la mer bordent le village.

La corniche des Maures s'achève ici. Si vous désirez rentrer à Saint-Tropez, prenez la N98 en direction de **La Môle**. Si vous souhaitez manger, vous trouverez un très bon restaurant dans ce village (voir p 350).

*Si l'on continue vers l'ouest par la N98, on atteint Hyères.*

---

## Hyères

---

Cette station balnéaire a connu la gloire pendant la deuxième partie du XIXᵉ siècle. Elle était alors fréquentée par de nombreux artistes et des membres de la haute société – anglaise surtout – parmi lesquels figuraient la reine Victoria, la reine d'Espagne, Tolstoï et Victor Hugo.

Malheureusement, aujourd'hui, il ne reste plus beaucoup de traces de ce passé glorieux. Au XXᵉ siècle, Hyères a perdu son statut mondain au profit de Cannes et de Nice. Cependant, depuis plusieurs années, elle est redevenue une station balnéaire populaire, et l'on y a bâti un **casino** dans une ancienne villa qui intègre une construction contemporaine en verre. Cela en fait une œuvre architecturale assez spectaculaire.

Il y a peu de choses à voir à part la **vieille ville** ★. Lorsqu'on s'y promène, on découvre des passages couverts et des maisons médiévales qui lui confèrent un charme, et, un peu partout, on peut encore voir des traces des anciens remparts.

Il faut vous arrêter à la **collégiale Saint-Paul** *(14h30 à 17h; ☎04.94.65.34.94)* pour voir l'escalier monumental qui mène à l'entrée et les nombreux ex-voto qu'elle renferme.

Enfin, une fois de plus, le haut du village est occupé par les ruines d'un château détruit lors des guerres de Religion.

En contrebas des ruines, les amateurs d'architecture des années trente peuvent visiter la **villa Noailles** ★ *(été 8h à 19h, sinon 9h à 17h; château Saint-Bernard, montée de Noailles, ☎04.94.35.90.65)*. La maison fut construite par le célèbre architecte Mallet-Stevens. Ses propriétaires, mécènes fortunés, ont accueilli de  nombreux artistes, par

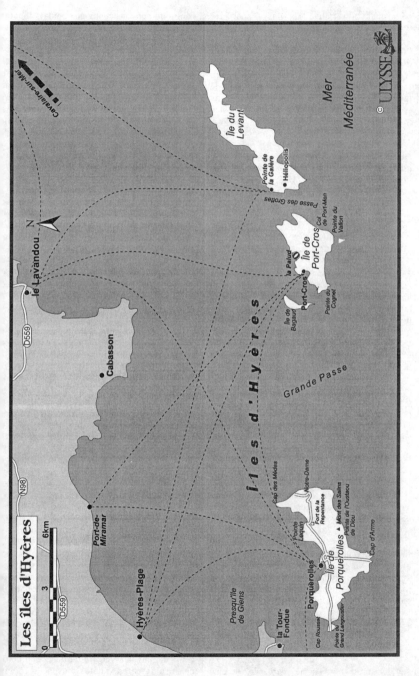

Les îles d'Hyères

© ULYSSE

mi lesquels on retrouve Man Ray, Giacometti, Buñuel et Cocteau.

Pour aller rejoindre l'embarcadère pour les îles d'Hyères, vous traverserez la presqu'île de Giens. En route, vous pourrez bifurquer vers l'une des plages pour faire saucette dans la mer! Il y a une route assez spectaculaire dans la partie extrême-ouest de la presqu'île. Cette route étroite est bordée par les salins des Pesquiers sur un côté et, de l'autre, par la mer.

*Le port de la Tour-Fondue, à l'extrémité de la presqu'île, assure la traversée directe pour Porquerolles uniquement. Mais on peut aussi, au départ de Hyères-Plage, accéder directement aux trois îles (voir p 332).*

## Îles d'Hyères ★★

Pendant la Renaissance, ces îles s'appelaient les «îles d'Or». Il existe toutefois une vieille légende beaucoup plus attrayante. Il y a bien longtemps vivait en cette contrée le roi Olbianus, père de quatre princesses aussi belles qu'intrépides. Leur passion de la nage les entraînait fort loin au large. Mais hélas un jour, elles furent prises en chasse par des navires pirates. Heureusement, les dieux sont intervenus : avant que les malfaiteurs parviennent à les attraper, les ondines se muèrent en îles d'Or! C'est d'ailleurs «sûrement» ce qui explique l'existence de la quatrième île. Très petite, l'île de Bagaud fait face à celle de Port-Cros.

Pour rester plus près de la réalité, disons que ces îles subirent des influences successives (ligure, étrusque, grecque et romaine), avant d'être régulièrement ravagées par les sarrasins. On pourrait dire que ces princesses ont continué de partager les mêmes fatalités...

**Conseil** : pour vraiment apprécier la flore et la faune de ces îles, il est préférable de venir au printemps ou en automne. L'été n'est pas la période la plus favorable car la végétation aura depuis longtemps achevé sa floraison, et la plupart des oiseaux seront partis en migration.

## Île de Porquerolles ★★★

Au début du XIXe siècle, cette île, la plus vaste des trois, n'avait pas encore trouvé sa vocation touristique. Elle servait plutôt de centre de convalescence aux soldats rapatrié des guerres coloniales. C'est à ce moment-que le Génie militaire décida de créer le v lage.

Au tournant du siècle dernier, un riche cor merçant a acheté l'île pour enchanter sa jeu épouse. Et cela n'est pas une légende! Apr la mort de l'acquéreur, l'État français a rach té le territoire – à l'exclusion de quelque propriétés qui sont restées entre les mains d descendants de cette famille. La patronne c chic hôtel Le Mas du Langoustier est la petit fille de ce monsieur.

Depuis 1988, l'île est devenue site classé. El réserve aux visiteurs de magnifiques promen des pédestres ou cyclables, d'attrayantes pl ges de sable et de superbes points de vue long des falaises du Sud, qui dominent ur mer aux couleurs chatoyantes.

Puisque l'île ne fait qu'environ 8 km de lor sur 2 km de large, on recommande la locatie d'un vélo *(environ 60F/j)*. On trouve plusieu boutiques qui en louent à l'entrée du port.

Il faut toujours se rappeler qu'il est interdit fumer ou même d'allumer un feu en dehors village. De plus, il faut respecter la nature.

Lorsqu'on débarque au port, on reconnaît to de suite l'atmosphère particulière qu'ont l lieux de vacances insulaires. On pourrait aus bien être dans une île des Caraïbes. La pla du village abrite même une petite église genre qu'on y trouve là-bas.

Avec une bicyclette, vous aurez le loisir parcourir l'île dans tous les sens. Il y a cepe dant quelques arrêts que vous devriez effe tuer.

Le **fort Sainte-Agathe** *(mai à oct 10h 17h30; ☎04.94.65.32.98)* a été construit XVIe siècle pour assurer la défense de l'île. C y présente une exposition sur le parc nation de Port-Cros ainsi que quelques pièc d'archéologie sous-marine. On peut aussi a céder à une tour qui offre un panorama l'île.

L'île renferme aussi le **Conservatoire bo nique national** *(mai à sept 9h30 à 12h et 1 à 18h; ☎04.94.58.31.16)*. On peut y visi les jardins et des vergers de collection qui r cèlent différentes variétés d'espèces comm nes de fruits.

## Île de Port-Cros ★★

Quand on arrive dans la rade de cette île, on a l'impression d'avoir effectué un voyage lointain et d'avoir atteint le petit port d'une ancienne colonie française... en Afrique! En effet, il n'y a que très peu de bâtiments, beaucoup de palmiers et une certaine indolence dans l'air...

Depuis 1963, cette île est un parc national dans son entièreté, autant terrestre que marin. Depuis une trentaine d'années, la végétation littorale connaît de sérieux ravages causés par la pollution des fonds marins. On dit que «La terre a le mal de mer». De nombreux efforts sont déployés pour remédier à la situation ou, du moins, l'améliorer. Beaucoup d'efforts, mais malheureusement des résultats modestes. Vous pourrez en savoir plus long une fois sur place, car le parc est doté d'un centre d'information au port où un personnel qualifié et aimable pourra répondre à toutes vos questions.

En raison de sa vocation de parc national, l'île est restée très sauvage. Vous pourrez y effectuer de jolies promenades et ainsi rejoindre le port de l'Estissac, qui propose des petites expositions en été. En contrebas commence le Sentier botanique ★★, qui mène à la plage de la Palud.

Cette plage est le site d'un sentier sousmarin ★★★ *(on a pu y emprunter un masque et des palmes gratuitement, renseignez-vous au centre d'information au port pour en savoir plus)*. Voici quelque chose qui sort de l'ordinaire: on a balisé un sentier dans une eau peu profonde. Des guides sont sur place pour vous faire découvrir les nombreux beaux poissons et espèces végétales. On peut même voir une espèce d'algue qui, calcifiée, ressemble au corail. Enfin, l'intimité avec les poissons est telle qu'une méduse a même insisté pour «prendre contact» avec nous...

## Île du Levant ★

Cette île est surtout reconnue pour abriter Héliopolis, un village naturiste. Mais le principal «occupant» de l'île est la Marine nationale! En effet, elle occupe 90 % du territoire de l'île.

**Héliopolis**, la «Cité du Soleil», a été fondée en 1931 par des médecins naturistes. C'est un tout petit paradis pour naturistes qui occupe la pointe méridionale de l'île. On y trouve une réserve naturelle, Le Domaine des Arbousiers, abritant des petits sentiers sauvages qui traversent des espaces boisés ou qui longent la mer du haut des falaises. On devient Adam et Ève, mais malheureusement les barbelés de la «Marine» nous ramènent à la réalité.

Ce n'est pas l'endroit rêvé pour les plages, car il n'y a qu'une seule petite plage sableuse. Sinon, on peut accéder à l'eau en sautant des rochers le long de la côte. Mais il faut alors faire attention aux oursins. Il y en a beaucoup.

*La description continue avec Toulon. À partir de Hyères, il faut prendre la N98 puis l'autoroute A570. Si vous venez de la Tour-Fondue, traversez la dune de l'Étang-des-Pesquiers, et suivez la D559.*

## Toulon

La ville occupe une position géographique exceptionnelle entre le mont Faron et une large rade qui se targue d'être la plus belle d'Europe. Elle fut occupée dès l'Antiquité par des pêcheurs celto-ligures. Au Ve siècle, la ville a intensifié son développement grâce à l'établissement d'un évêché. Les habitants vivaient alors de la pêche, de la tannerie, du commerce du vin, du sel et aussi... de la piraterie.

Ce n'est qu'à partir de 1481 que Toulon prend une position stratégique d'importance, lorsque le comte de Provence lègue la Provence au roi de France. En 1514, la tour Royale est édifiée pour défendre l'entrée de la Petite Rade. En 1595, Henri IV crée l'Arsenal maritime, qui est chargé principalement de la construction des galères royales. Dès lors, les chantiers navals se développent, et Toulon devient le premier établissement militaire de la France.

Dès son arrivée au pouvoir, Louis XIV demande à Vauban d'édifier des fortifications destinées à défendre l'approche de Toulon par terre et par mer.

Au XVIIIe siècle, Toulon est à l'apogée de sa puissance maritime et devient le premier port d'Europe. Après avoir été livrée aux Anglais et aux Espagnols en 1793, elle est reconquise par Bonaparte.

Après des années de déchéance, Toulon ne retrouve sa prospérité que sous le Second Empire. L'ouverture du canal de Suez, en 1869, renforce encore sa position stratégique.

Jusqu'à la Deuxième Guerre mondiale, la marine est omniprésente, mais, à l'issue de cette guerre, la ville est à moitié détruite.

Toulon porte les marques de son histoire et de sa destinée en tant que port militaire stratégique. «La plus belle rade d'Europe» est un bon exemple de beauté naturelle complètement sacrifiée aux mains de stratèges, de militaires et d'envahisseurs. Le quartier du port, par exemple, a dû être reconstruit massivement après la dernière guerre. Édifié dans un style «moderne» de la fin des années quarante, ce quartier est loin d'être une réussite architecturale. Et le temps, malheureusement, n'a pas arrangé les choses! Bref, la reconstruction de Toulon a été loupée sûrement à cause du manque d'argent et de la précipitation à l'accomplir.

En 1974, Toulon est redevenue le siège de la préfecture du Var après une interruption de 181 ans. Depuis les années quatre-vingt, la ville déploie beaucoup d'efforts pour revitaliser son image et est en train d'entreprendre d'importants changements d'infrastructure. Il semble que tout cela ait porté fruit, car la vieille ville est devenue un site agréable où se promener. On constate également que les efforts se perpétuent et que la restauration va bon train.

Politiquement, Toulon représente une spécificité douteuse : celle de la plus grande ville en France dont le maire fait partie de l'extrême-droite nationale. De ce fait, la gestion de la ville se montre dictatoriale et néfaste à certains égards, comme la création contemporaine.

## La visite de la ville

*Laissez votre voiture dans le stationnement public sur la place d'Armes. Dirigez-vous vers le port.*

On atteint rapidement la **porte de l'Arsenal** ★★, classée monument historique. Les quatre colonnes supportent les statues de Mars, dieu de la Guerre, et de Minerve,

déesse de l'Infanterie, des Arts et de l'Intelligence. Elles sont l'œuvre de Puget. L porte cache le **Musée de la Marine** ★ *(29 19F enfant; mer-lun 9h30 à 12h et 14h 18h; place Monsenergue, ☎04.94.02.02.01* On y évoque plus de deux siècles de l'histoir maritime de la France à l'aide de maquette plans, photos, peintures, etc.

Vous pouvez ensuite flâner le long des quai Le quai Stalingrad aligne de nombreux peti restos qui arborent des terrasses. Notez le **Atlantes de Puget**, qui datent de 1657 et q ornent la mairie d'honneur.

*Dirigez-vous vers la vieille ville et le cours L fayette.*

Le marché de Provence se tient sur le cou **Lafayette**, bordé de platanes. C'est là aus que loge le **Musée du Vieux-Toulon** *(entré libre; lun-sam 14h à 18h; ☎04.94.62.11.07* qui retrace l'histoire locale.

La vieille ville possède encore quelques coir charmants. Certaines vieilles rues abritent to jours quelques maisons médiévales. Sur place de la Cathédrale trône la **cathédra Sainte-Marie-Majeure** ★. Cette ancienr église romane du XIe siècle a été agrandie a XVIIe siècle. Derrière sa façade classique s cache un bel autel baroque en marbre et e stuc, réalisé par Veyrier (élève de Puget), de nombreux tableaux, dont un de Puget.

*Dirigez-vous vers l'Opéra, au nord-ouest.*

Vous atteindrez la place Puget et sa célèb fontaine des Trois-Dauphins. D'ailleurs, c peut effectuer un circuit qui vous fait déco vrir les fontaines de la ville. Pour de plus ar ples renseignements, adressez-vous à mairie d'honneur au port.

Dans les rues avoisinantes, vous trouver deux ou trois hôtels sympathiques (vc p 348).

Un peu à l'ouest, la place Victor Hugo cueille l'**Opéra-Théâtre** municipa *(☎04.94.93.03.76)*, un très beau bâtime édifié en 1862. Les statues, à l'extérieur, so l'œuvre d'artistes toulonnais et représenter pour la plupart, des muses du domaine art. Cet opéra est réputé pour son acoust que. L'intérieur est richement décoré de pei tures, de stucs et de bronzes de style Nap léon III. On y présente chaque année entre 1 et 15 opéras et opérettes.

**Toulon**
**Centre-ville**

*Darse Vauban*

*Darse Vieille*

| 0 | 250 | 500m |

© ULYSSE

| ● ATTRAITS | ◇ RESTAURANTS | ◯ HÉBERGEMENT |
|---|---|---|
| 1. Porte de l'Arsenal - Musée de la marine | 1. Au Sourd | 1. Hôtel du Dauphiné |
| 2. Marché de Provence - Musée du Vieux-Toulon | 2. Le Grand Café de la Rade | 2. Hôtel Molière |
| 3. Cathédrale Sainte-Marie-Majeure | 3. Herrero | 3. New Hôtel - La Tour Blanche |
| 4. Place Puget | 4. Le Petit Prince | |
| 5. Place Victor Hugo - Opéra-théâtre municipal | | |
| 6. Musée d'art - Musée d'histoire naturelle | | |
| 7. Tour Royale | | |
| 8. Fort Saint-Louis | | |

*renez la direction ouest via le boulevard de
*trasbourg, qui se trouve derrière l'Opéra.*

**Musée d'Art** *(entrée libre; 13h à 18h; 113
Maréchal Leclerc, ☎04.94.93.15.54)* est
édifice de style Renaissance construit en
887. Il abrite la bibliothèque, une collection
art contemporain et des peintures de l'école
ovençale qui couvrent la période entre les
/IIe et XXe siècles. L'édifice loge aussi le
**usée d'Histoire naturelle** *(entrée libre;
n-sam 9h30 à 12h et 14h à 18h;
04.94.93.15.54).*

*rigez-vous maintenant vers le sud en direc-
n de L'arsenal, près du point de départ.*

**L'arsenal** est le lieu de travail d'un nombre
considérable de Toulonnais. Il s'étend sur
10 km. La meilleure façon de le découvrir est
de monter sur l'une des vedettes qui sillonnent la rade *(visites gratuites; départs 9h30 et
14h30; ☎04.94.02.02.95).*

*Vous pouvez terminer votre visite de Toulon
par le quartier du Mourillon, à l'est.*

C'est là que se trouve la plage la plus populaire de Toulon. Par conséquent, on y trouvera
une grande animation. Au bout de cette
pointe, on découvre la **tour Royale**, qui date
de 1514 et qui a été construite afin de protéger le port. Cette tour était équipée de canons

et servait aussi de prison. Un peu plus à l'ouest se dresse le **fort Saint-Louis**, bâti en 1692 pour défendre l'entrée de la grande rade. Ni l'une ni l'autre de ces constructions stratégiques ne peut être visitée.

## Excursion sur le mont Faron ★★

Si vous disposez d'une voiture, suivez les indications vers le mont Faron au départ de la gare SNCF. On peut se rendre jusqu'en haut par une petite route tortueuse qui dévoile de très beaux points de vue. On peut également prendre un téléphérique *(été tlj 9h30 à 12h et 14h30 à 19h, hiver mar-dim; bd Amiral Vence, ☎04.94.92.68.25).* Attention : Le téléphérique n'est pas en service les jours de grand vent.

En haut, à une altitude de 500 m, vous profitez d'une très belle vue sur Toulon et sa rade. Un magnifique parc boisé invite au calme et à la détente. Vous y trouvez des sentiers aménagés, des tables à pique-nique et des aires de jeux pour les enfants.

On peut aussi y visiter un **Zoo** *(☎04.94.88.07.89),* qui s'occupe de l'élevage et de la reproduction de fauves, et un **Mémorial** du Débarquement en Provence *(droit d'entrée; mar-sam 9h30 à 11h30 et 14h30 à 19h; ☎04.94.88.08.09).*

La gare du téléphérique, au sommet, propose un service de restauration et possède de larges baies vitrées qui embrassent le splendide panorama. Dommage que l'atmosphère semble avoir été figée dans les années soixante!

*Quittez Toulon par la D559 en direction de La Seyne-sur-Mer.*

## La Seyne-sur-Mer

Le **fort de Balaguier** *(mer-dim 10h à 12h et 14h à 18h, juil à août 15h à 19h; bd Bonaparte, ☎04.94.94.84.72)* fut lui aussi construit pour défendre la petite rade. On peut d'ailleurs bénéficier d'une vue stratégique sur la rade. Enfin, il abrite un petit musée naval.

En longeant la côte, vous atteindrez Tamaris, un quartier de la Seyne où se trouve le **fort**

**Napoléon**. En été, on peut y voir des expositions temporaires d'art contemporain.

Si vous désirez passer un moment à la plage, continuez vers Les Sablettes, qui abritent une plage. Cet autre quartier marque aussi l'entrée de la presqu'île de Saint-Mandrier. Il vaut mieux, à notre avis, ne pas faire de détour pour la visiter.

*Dirigez-vous plutôt vers le sud-ouest, en direction de la chapelle Notre-Dame-de-Mai. Vous traverserez alors ce qu'on appelle «la corniche varoise». Le petit chemin est très ravissant et vous mènera à Le Brusc et à l'île des Embiez.*

## Île des Embiez ★

*Stationnez votre voiture dans le petit quartier de Le Brusc. Prenez le traversier (25F aller-retour, 18F enfant).*

C'est une charmante petite île qui invite à des promenades le long de ses sentiers fleuris ou sur sa côte sauvage qui cache des petites calanques, des rochers desquels on peut se glisser dans l'eau. Si vous préférez, un petit train touristique *(19F, 12F enfant)* vous guidera sur l'île.

Le fort Saint-Pierre abrite l'**Institut océanographique Paul Ricard ★** *(20F, 10F enfant; 10h à 12h30 et 13h30 à 17h45; ☎04.94.34.02.49),* qui renferme un aquarium méditerranéen et une bibliothèque. Dans le but de sensibilisation du grand public, on présente également des expositions temporaires, avec conférences et des projections de films.

Attraction touristique de premier ordre, l'**Aquascope** *(75F, 40F enfant; durée 35 min; embarquement aux 45 min)* vous invite à découvrir les fonds marins. Vous pourrez, entre autres choses, admirer de riches herbiers, véritables oasis de vie et refuges de nombreux poissons herbivores.

## Sanary-sur-Mer ★

C'est une station balnéaire non dépourvue de charme, surtout grâce à quelques édifices anciens qui se trouvent autour du port. Remarquez notamment la **chapelle Notre-Dame-de-Pitié**, qui domine le port et la **Tour**, construite n 1323 et qui abrite aujourd'hui le **Musée** **'histoire locale** *(été tlj 9h à 23h, hors saison am-dim 9h à 12h et 14h à 17h; quai de 'aulle).*

usieurs écrivains illustres ont séjourné dans village : Aldous Huxley, Joseph Kessel, ean Anouilh. Mais le village est surtout re-onnu pour avoir été le refuge de nombre 'écrivains allemands célèbres lors de avènement de Hitler, notamment Thomas **l**ann, Ernst Bloch, Arthur Koestler, Bertolt recht, Franz Werfel et Herbert Marcuse.

tes-vous amateur de voitures de sport? Alors isitez le **Musée de l'automobile sportive** *5F, 25F enfant; été 10h à 19h, hors saison eulement les fins de semaine et les jours fé-és;* ☎*04.94.29.63.63).* Pour vous y rendre, iivez les indications sur la route D559. Près e l'autoroute A50.

e l'autre côté de l'autoroute, les enfants oudront visiter le **Jardin exotique et Zoo de** **l**anary-Bandol *(tlj sauf dim matin 8h à 12h et 4h jusqu'au crépuscule;* ☎*04.94.29.40.38).* s y découvriront de nombreuses espèces oiseaux et de plantes exotiques.

## Bandol ★

'histoire de Bandol débute véritablement ous Henri IV, lorsqu'en 1594 il y fit cons-uire un fort en face de l'île de Bendor.

u XIX⁰ siècle, le village était surtout peuplé e tonneliers qui produisaient le fameux vin de andol. Le port servait alors de voie acheminement. Malheureusement, l'arrivée u train et les maladies de la vigne furent évastatrices pour ce port florissant.

ujourd'hui, Bandol est devenue la station alnéaire la plus importante sur cette partie de Côte. Sans l'être vraiment, elle voudrait en devenir une sorte de «petit Saint-Tro-ez». Cette image, recherchée par les respon-bles de la Ville, n'a pas forcément contribué l'attrait de cette ville. Des projets trop ambi-ux ont plutôt porté des coups contre-pro-ctifs. Est-ce là des raisons qui expliquent ccueil douteux qui nous est parfois réservé ns ce village?

village n'est tout de même pas démuni de arme : derrière le port se cachent de jolies elles. Sur une placette qui tient lieu de mar-

ché, on aperçoit la petite **église Saint-François-de-Sales**, construite au milieu du XVIII⁰ siècle.

L'intérêt principal de Bandol demeure quand même les jolies promenades qu'on peut y faire. En montant l'allée Alfred Vivien, vous bénéficierez d'une très belle vue sur l'**anse de Renecros**, petite baie avec plage qui se trouve de l'autre côté du port. Sur la colline, on trouve d'ailleurs un très bel hôtel qui offre une vue magnifique sur la baie mais aussi sur le port de Bandol.

Enfin, les promeneurs voudront emprunter le splendide **sentier ★** qui suit le littoral et qui aboutit aux plages de Les Lecques.

## Île de Bendor ★ ★

*Traversiers aux demi-heures (aux quarts d'heure en été); derniers départs vers minuit; transport des véhicules entre 8h30 et 11h30 la semaine; renseignements :* ☎*04.94.29.44.34).*

Les origines de Bendor remontent d'aussi loin que le XII⁰ siècle. Au XVII⁰ siècle, l'île devient la terre d'exil du comte Robert, voleur et pi-rate. Par la suite, ce petit bijou d'île a été dé-laissé et est devenu un rocher désertique.

Tout change en 1950, lorsque Paul Ricard l'achète. L'île devient alors un grand jardin, coiffé de maisons multicolores et de quelques hôtels superbes. Malheureusement, le temps a pâli l'auréole de ces bâtiments. De plus, l'île semble un peu trop construite. En revanche, on y trouve quelques belles plages, certaines sableuses, d'autres rocheuses, qui permettent la pratique de toutes les activités nautiques. On y trouve d'ailleurs un centre international de plongée.

## L'arrière-pays de Bandol

*Quittez Bandol par l'autoroute A50. Sortez à la Cadière. On peut aussi prendre la D559, plus pittoresque.*

L'arrière-pays de Bandol cache les nombreux vignobles de ce vin renommé. L'un de ces vignobles, le **domaine Tempier ★** *(*☎*04.94.98.70.21),* mérite une visite. Situé au Plan du Castellet, ce vignoble produit un

Bandol très fin qui a beaucoup de caractère. On dit d'ailleurs que les vins de Bandol doivent une partie de leur réputation à M. Peyraud, le propriétaire. Il a travaillé rigoureusement à créer un vin d'excellence qui puisse sortir les vins de Bandol de leur mauvaise réputation d'inconsistance.

Un peu plus au nord, on atteint **Le Castellet ★**, un petit village serré et charmant qui mérite une petite visite à travers ses jolies ruelles.

De l'autre côté de l'autoroute, on aperçoit sa sœur jumelle, La Cadière-d'Azur. Quel beau nom!

## La Cadière-d'Azur ★★

La construction de ce village situé sur le haut d'une colline (144 m) remonte au Moyen Âge, comme en témoigne le labyrinthe de ses ravissantes ruelles. Mais ce qui est fantastique encore aujourd'hui, c'est que le village ait pu garder tout son charme d'antan!

La vue autour du village est panoramique. Sous la lumière exceptionnelle de la Provence, son ciel d'azur permet de découvrir la campagne luxuriante de la plaine des Paluns et au loin le massif de la Sainte-Baume. Au sud, le ruisseau du Grand Vallat coule paresseusement dans la plaine et les vignobles jusqu'à la plage de Bandol. Sa luminosité, exempte de brouillard, a d'ailleurs été immortalisée par de nombreux peintres célèbres, tel Van Gogh.

Enfin, visiter La Cadière sans s'arrêter à l'**Hostellerie Bérard** (voir p 350, 352) relève du péché. Voilà un endroit exceptionnel qui allie art culinaire et beauté provençale.

*Quittez par la D559 en direction de Le Beausset.*

**Le Beausset** est un autre petit village provençal médiéval. Sur une petite butte, un peu à côté du village, se dresse une chapelle de style roman provençal, seul vestige du village original. On y profite d'un beau panorama sur les environs.

En redescendant vers le sud, on atteint le village d'Évenos, où loge une jolie église romane et duquel on peut effectuer d'agréables balades.

Plus au sud, on arrive à **Ollioules**. Renomm surtout pour ses **gorges**, qui déjà étaient peu plées pendant la préhistoire et qui se trouver tout près, le village a été fondé au Xᵉ siècle Encore une fois, il vous ouvre la possibilit d'effectuer de plaisantes balades.

# ACTIVITÉS DE PLEIN AIR

## Randonnée pédestre

**La Croix-Valmer**

*Stationnez votre voiture à la plage de Gigaro*

De cet endroit, vous pouvez effectuer un randonnée magnifique vers le **cap Lardier** et l **cap Cartaya** – deux caps qui se trouvent a sud-ouest de la presqu'île de Saint-Tropez. L sentier côtier vous fera découvrir des criqu et de petites plages sympathiques qui inviter à se saucer dans la mer. Comptez une dem journée.

**Bandol - île de Bendor**

L'Office de tourisme distribue des plans q indiquent différentes randonnées possibl dans les environs : le sentier du littoral ve Les Lecques, le Gros Cerveau, le massif de Sainte-Baume, les gorges d'Ollioules, po n'en nommer que quelques-unes.

Le club des **Randonneurs pédestres de Band** *(rue Pons, ☎04.94.29.74.55)* organise de excursions tous les vendredis de l'année, sa en juillet et en août. Elles sont ouvertes tous. Elles vous permettront de faire connai sance avec les charmants habitants de la r gion...

Il ne faut pas oublier non plus les chemins sentiers de «Grandes Randonnées» (GR 9, 9 98, 99, 51 et 49). Certains guides, dispor bles dans les librairies spécialisées, donne plus de détails.

Vélo

**e Lavandou**

es environs de cette station balnéaire invi-
ent à de nombreuses et belles balades à bicy-
ette ou à pied en direction du cap Bénat.
enseignez-vous à l'Office de tourisme. Loca-
on de vélos : Fun Bikes *(av. des Ilaires,
04.94.71.00.61)* et Holiday Bikes *(bd du
ront-de-Mer, La Favière, ☎04.94.15.06.51)*.

**e de Porquerolles**

ette île privilégie le vélo. On peut ainsi ga-
ner de belles plages et s'adonner à différents
ports nautiques, notamment la plongée. On
eut louer un vélo, au débarcadère de l'île :

ocavélo : ☎04.94.58.33.03
a Méduse : ☎04.94.58.33.03

**andol - île de Bendor**

micale des Baies de Bandol
tade A. Deferrari
04.94.29.42.61

ocation de vélos
oliday Bikes
27, route de Marseille
04.94.32.21.89

 Golf

**e Lavandou**

olf du Lavandou *(350F; route du Golf,
04.94.05.80.19)*.

**a Garde (entre Hyères et Toulon)**

olf de Valgarde
es Castelles, chemin de Rabasson
04.94.14.01.05

 Plongée sous-marine

**Île de Porquerolles**

Club de plongée du Langoustier
Carré du Port
☎04.94.58.34.94, ≈04.94.58.34.87

**Île des Embiez**

Centre international de plongée :
☎04.94.34.12.78

**Bandol - île de Bendor**

Centre International de plongée
Île de Bendor
☎04.94.29.55.12

La Toniccia Club
200, bd Graviers
☎04.94.29.76.59

Centre de Plongée
2, bd Victor Hugo
☎04.94.29.41.57

 Pêche en haute mer

**Bandol - île de Bendor**

Sport Fishing Club
Hookipa Sport et Pêche
3, rue Pierre Toesca
☎04.94.29.53.15 ou 04.94.29.66.96

Association Tuna Club
Renseignements à l'Office de tourisme

 Voile

**Bandol - île de Bendor**

Société nautique de Bandol
☎04.94.29.42.26

Club nautique de Bendor
Île de Bendor
☎04.94.29.52.91

Centre international de Funboard
Île de Bendor
☎04.94.32.46.56

 Tennis

**Bandol - île de Bendor**

Tennis Club de Bandol
Av. Albert Iᵉʳ
☎04.94.29.55.40

 Équitation

**Bandol - île de Bendor**

Pian Cavale
Quartier de La Plaine - route de Bandol
Saint-Cyr-sur-Mer

 Balade en mer

**Bandol - île de Bendor**

Nouveau Catamaran
Embarcadère de l'Atlandide
☎04.94.32.51.41

Vedettes
Embarcadère de la Bandolaise
☎04.94.29.65.91

 Sports aériens

**Le Castellet**

Aérobatic Club de la Méditerranée
R.N.8
☎04.94.90.78.80

## Circuit automobile

**Le Castellet**

Circuit Paul Ricard
R.N.8, Le Castellet
☎04.94.90.70.68

 HÉBERGEMENT

## Le Rayol-Canadel

En prenant la route vers La Môle, vous arriv
rapidement à l'hôtel **Les Mimos**
*(250F-290F, pdj 40F, ½p 360F; dp; route*
*La Môle, ☎04.94.05.61.06)*, petit, tr
sympathique et de style familial. Un peu vie
lot, ce qui fait son charme, il est néanmoi
très soigné et propre. Le bar et la salle à ma
ger, en particulier, sont réminiscent
d'images de la France, désormais perdues. (
ne s'étonne pas alors qu'y descendent aus
des artistes! Saveur d'arrière-pays, à l'abri
grand tourisme de la Côte, et ce, malgré
proximité de la mer. Attention : l'établiss
ment n'accepte pas les cartes de crédit.

### Aiguebelle – Le Lavandou

L'hôtel **Le Grand Pavois** *(470-550F, )*
*400F-450F; dp, bp, ℛ, ≈; Plage d'Aiguebe*
*☎04.94.05.81.38, ↝ 04.94.05.81.38)* a é
repris par un patron dynamique. Depuis, il
nove son hôtel (très bien d'ailleurs!) de faç
incessante. Les chambres sont décorées av
bon goût et sont très confortables sans c
blier les balcons. Malgré le fait que l'hôtel
donne pas directement sur la mer, il dispc
d'une passerelle souterraine qui le relie à u
plage sableuse. Cela représente un gra
avantage pour qui voyage avec des enfan
De toute façon, la petite rue devant l'hôtel
un cul-de-sac. Vous êtes donc plutôt au cal
lorsque vous êtes côté mer.

L'hôtel **Les Roches** *(2 300F-3 60(*
*3 900F-5 300F suite ou app.; fermé mi-oc*
*Pâques; bp, tv, ℝ, ≡, ℛ, ≈; 1 av. des Tr*
*Dauphins, ☎04.94.71.05.0*
*↝04.94.71.08.40)* fait partie des hôtels
grand luxe. Il donne directement sur la m
avec piscine et salle à manger super!
Chaque chambre dispose d'un balcon
d'une terrasse et de peignoirs blancs dans
salle de bain. Les très fortunés peuvent lo
une suite présidentielle *(6 000F-7 100F)*. I
clients peuvent accoster en bateau. En ha
saison, l'établissement privilégie la demi-p
sion.

## Le Lavandou

en que ce grand village côtier à la circulation ense ne nous enchante pas vraiment, nous vons localisé un endroit de grande qualité : **Auberge de la Calanque** *(600F-1 200F, ½p 30F-800F; fermé nov à mi-mars; bp, wc, ℝ, ℛ; 62 av. du Général de Gaulle, 04.94.71.05.96, ⬅04.94.71.20.12)*. C'est n hôtel grandiose, perché un peu plus haut, ù l'on trouve des salons vastes et aérés avec ue sur la mer. Les chambres sont belles, et n jardin fleuri renferme une grande piscine. n voit et l'on sent tout de suite que la main t le cœur des propriétaires y sont entière- ent. Puisque vous n'êtes qu'à quelques mi- utes de la mer, vous risquez toutefois d'en- endre le bruit d'une boîte de nuit, surtout endant la haute saison, lorsque l'on dort vec les fenêtres ouvertes. Notez toutefois ue l'hôtel est en période de restructuration ctuellement.

## Bormes-les-Mimosas

u nord du village, encore plus haut perché, n aperçoit **Le Grand Hôtel** *(250F-400F, pdj 2F; fermé nov; dp, C, ℛ; 167 route du Ba- uier, ⬅04.94.71.23.72, ⬅04.94.71.51.20)*. et établissement a été entièrement restauré offre une très belle vue sur la Côte. Vous y ouverez le calme et le repos dans une atmo- hère «vieux-rose» douillette à quelques mi- utes seulement du village. Le rapport quali- /prix et l'accueil sont excellents. Si vous es en groupe, demandez la grande chambre us le toit.

ocalisée sur la route N98, en plein cœur du assif des Maures, **La villa Naïs** *(320F, pdj 5F; bc, ≈; route N98, près de Bor- es-les-Mimosas, ⬅04.94.71.28.57, 04.94.71.64.39)* est une table d'hôte avec ambres. Dans cet établissement situé dans rrière-pays, près de Bormes-Les-Mimosas, us serez à courte distance de la mer tout en vant les collines du massif à vos pieds. M. et me Devos vous assurent un bon séjour dans tte jolie villa perdue dans la nature avec scine et tennis. Madame fait la cuisine, et onsieur, un pêcheur, peut sur demande vous nmener à la pêche au thon. Notez toutefois 'il n'y a pas de salle de bain privée : il y a e salle de bain pour trois chambres. À dé-

couvrir pour apprécier la beauté sauvage des Maures dans un cadre agréable.

## Hyères

Au cœur de la ville, sur une rue piétonne, vous pouvez loger à très bon prix à l'**Hôtel du Portalet** *(180F-270F; dp; 4 rue de Limans, ⬅04.94.65.39.40, ⬅04.94.35.86.33)*. Cet hôtel, au cœur de la cité médiévale, a été ré- nové par les nouveaux propriétaires qui s'y investissent à fond! Il n'y a pas de restaurant, mais le fils du propriétaire pourra vous guider vers les bons endroits car il s'y connaît.

L'**Hôtel du Soleil** *(300F-400F, 300F ½p; dp, bp; rue du Rempart, ⬅04.94.65.16.26, ⬅04.94.35.46.00)* se trouve très près du centre-ville, mais profite d'un plus grand calme grâce à sa situation un peu en retrait sur les hauteurs (on monte à partir de la place Clemenceau). C'est un endroit simple, mais très propre, qui offre un excellent rapport qualité/prix. On y trouve aussi des chambres pouvant accommoder jusqu'à six personnes *(80F-100F par pers.; dp, bp)*.

L'**hostellerie provençale la Québécoise** *(260F-390F, pdj 45F, juil et août 320F-385 ½p; dp, bp, ≈, ℛ; 20 av. de l'Amiral Coste- belle, ⬅04.94.57.69.24, ⬅04.94.38.78.27)* est, selon nous, l'adresse la plus évidente de Hyères. Cet hôtel se trouve à 3 km au sud du centre-ville, direction Almanarre, vers la D559. À mi-chemin entre le centre d'Hyères et la mer, vous verrez d'ailleurs un panneau qui indique la direction vers ce refuge très sympathique. L'accueil de la patronne, une Québécoise – vous l'aurez deviné – est très chaleureux. Les chambres sont belles et très propres. Les repas sont servis sur une grande terrasse qui surplombe un magnifique jardin – sorte de plantation exubérante inondée du chant des oiseaux –, au milieu duquel se trouve une piscine. C'est vraiment un endroit parfait pour se reposer quelques jours. De plus, vous êtes à proximité du point de départ de nombreuses excursions, notamment les îles d'Hyères. Excellent rapport qualité/prix.

## Îles d'Hyères

### Île de Porquerolles

L'**Auberge des Glycines** *(850F ½p; bp, =, tv, C, ℛ; place d'Armes,* ☎*04.94.58.30.36,* ⌐*04.94.58.35.22)* se trouve à côté de l'église. Elle nous a séduit à cause de ses très belles chambres équipées de salles de bain modernes. Les salons communs sont meublés d'un beau mobilier provençal. La terrasse est très mignonne et l'on peut y prendre ses repas. À l'abri du tourisme et de la chaleur.

Vous cherchez un confort luxueux, alors choisissez **Le Mas du Langoustier** *(1 190F-1 480F, hors saison 4 980F ½p pour cinq jours; dp, bp;* ☎*04.94.58.30.09,* ⌐*04.94.58.36.02).* Ce très bel établissement, entièrement restauré, se trouve à un bout de l'île, dans un endroit où la beauté de la forêt et de la mer se mêle au doux bruit du vent pour vous faire rêver. Au port, une voiture vous conduira jusqu'à destination. Une fois installé, vous pourrez découvrir le beau paysage à pied ou à vélo. L'établissement dispose aussi de courts de tennis et d'une plage. Mᵐᵉ Richard, la propriétaire, peut vous raconter l'histoire de Porquerolles, car c'est son grand-père qui l'avait achetée au tournant du siècle dernier. On peut prendre les repas, assis dans le parc, ou dans une grande véranda vitrée, en cas de mauvais temps.

**Location de studios et appartements**
**Le Clos des Galejades**
☎04.94.58.30.20, ⌐04.94.58.33.22

## Île de Port-Cros

Cette île, dont le port nous fait penser à un site colonial, abrite le très bel hôtel **Le Manoir** *(800F-990F ½p; dp, bp, C, ≈, ℛ;* ☎*04.94.05.90.52,* ⌐*04.94.05.90.89),* qui ne fait que confirmer notre impression. Cet endroit est recommandé pour les gens aisés qui veulent s'offrir un calme presque absolu pour se refaire une santé. La maison ne tolère ni animaux ni poste de télévision. Tout est fait pour protéger les clients contre les perturbations intérieures et extérieures. Vous serez dans votre propre îlot sur une île... Les salons communs et les chambres sont meublés d'antiquités provençales, quoique l'annexe de l'hôtel nous semble un peu trop austère. Il y

règne une ambiance de cloître de luxe. Le re taurant arbore un style et un décor vraime noble, et permet une vue agréable sur la m toute proche.

## Île du Levant

Le meilleur rapport qualité/prix se trou probablement à l'«hôtel-restaurant» **Chez V léry** *(350F ½p; fermé oct à pâques; c* ☎*04.94.05.90.83 ou 04.94.05.92.95).* Cet pension comprend huit chambres de tout cc fort, une grande terrasse et un jardin fleu Elle se trouve au cœur de l'île et vous ass le calme. L'obligation de la demi-pension e d'autant plus avantageuse que la qualité de cuisine est vraiment remarquable.

Au sommet de cette île magnifiqueme fleurie, vous pouvez aussi loger à **La Br Marine** *(475F ½p; fermé oct à fév; dp,* ☎*04.94.05.91.15).* Autant l'établissement simple et modeste, autant le site est super On y trouve un jardin magnifique et, sur toit, un immense patio avec une piscine s perbe qui donne sur un panorama grandios Le restaurant n'est ouvert qu'entre la mi-ju et la mi-septembre, et la demi-pension e alors obligatoire.

Dans une classe supérieure, l'**Héliotel** *(ac 900F-1 400F, sept à juil 700F-950F 1 900F forfait 5 nuits; dp, bp,* ☎*04.94.05.90.63,* ⌐*04.94.05.90.20)* vc séduira par son site superbe et son accu chaleureux. Encadrés par une forêt de pi les bâtiments entourent une très belle grande piscine sur trois côtés. De plus, l'hô possède une suite pour deux personnes *(ac 1 250F, sept à juil 750F),* un peu en retra dans un petit bâtiment séparé qui jouit l'usage exclusif de sa propre piscine.

## Toulon

Ce n'est peut-être pas la ville la plus intér sante pour passer la nuit, mais les prix sc sensiblement inférieurs à ceux des statio balnéaires.

L'**Hôtel Molière** *(150F-180F; dp, tv; 12 r Molière,* ☎*04.94.92.78.35)* est une excelle adresse, mais au confort modeste. Cet endr sympathique et accueillant est situé

ntre-ville, sur la place de l'Opéra, au cœur
ême de la zone piétonne. Très bien tenu, cet
tel renferme un salon agréable. De plus, ce
i n'est pas négligeable, vous pourrez garer
tre voiture tout près de l'hôtel pour un prix
ordable.

l'hôtel ci-dessus est complet, vous pouvez
er à l'**Hôtel du Dauphiné** *(225F-275F, pdj
F; dp, tv, ℛ; 10 rue Berthelot,
04.94.92.00.08, ⇢04.94.62.16.69)*. Il est
ué au centre-ville, sur une rue piétonne, à
ux pas de l'Opéra. Cet établissement est
bre, bien tenu et agréable. Le directeur de
péra y loue une chambre toute l'année.

ici un bel endroit : le **New Hôtel-La Tour
anche** *(390F-535F, pdj 50F, 270F ½p; bp,
c, ℛ, ≈; bd A. Vence, mont Faron,
04.94.24.41.57, ⇢04.94.22.42.25)*. L'hôtel
t situé à côté du téléphérique qui monte au
mmet du mont Faron. On y jouit d'une belle
e et d'un calme total. La très belle terrasse
toure une piscine de taille moyenne. De
mbreuses activités sont possibles, entre
tres le ping-pong et le billard. De plus, un
rain de golf se trouve à proximité.

## Île des Embiez

**berge de jeunesse**
4.94.74.93.90

## Sanary-sur-Mer

**Roc Amour** *(320F-420F, pdj 35F; dp, bp,
ℛ; route de Bandol, bd de la Falaise,
4.94.74.13.54, ⇢04.94.74.03.42)* est un
tit hôtel entouré de verdure, planté sur des
hers qui bordent la mer. Les trois chambres
plus chères sont dotées d'une terrasse
gnifique. Quelques chambres ont une terse privée qui donnent directement sur une
tite piscine. L'endroit rêvé pour les couples
les jeunes amoureux... Par contre, les pla-
s les plus proches sont rocailleuses, mais
mettent néanmoins la baignade.

## Bandol

us vous recommandons **Les Galets**
*7F-314F ½p; fermé nov à mars; dp, tv, ℛ;
ntée Voisin, ☎04.94.29.43.46,*

*⇢04.94.32.44.36)*. Situé dans un endroit su-
rélevé à l'entrée du village, il bénéficie d'une
vue magnifique sur la mer. Le cadre est provençal, et l'ambiance, sympathique. Les repas
sont servis sur une grande terrasse qui embrasse la mer. Enfin, les plages et le Casino se
trouvent à proximité.

Si vous préférez un hôtel qui donne directement sur la plage, choisissez le **Splendid**
*(300F-340F; 310F-330F ½p; fermé nov à
mars; dp, tv, ℛ; plage Rénecros,
☎04.94.29.41.61, ⇢04.94.32.50.87)*. Cet
hôtel propose des chambres correctes au bon
rapport qualité/prix. Un restaurant vitré donne
sur la mer. À 5 min du centre.

Voulez-vous loger dans une villa privée? Voici
le **Castel Myrto** *(mai à sept 2 600F/ sem; bp,
tv, ≈; 50 av. Général Leclerc,
☎04.94.32.43.36)*. Le propriétaire dispose de
trois studios ayant chacun une entrée indépendante. Ils peuvent loger deux adultes et
deux enfants. La villa, située sur une rue tranquille, date des années trente. Elle est entourée d'un grand jardin avec piscine. On peut
également y voir la mer. Vous n'êtes qu'à
5 min du centre et à 2 min des plages. Très
bon rapport qualité/prix.

Les voyageurs qui aiment le luxe voudront
s'arrêter à l'hôtel **l'Île Rousse** *(935F-1 450F,
1 185F-1 700F ½p; bp, tv, ℝ, ≈, ℛ; 17 bd
Louis Lumière, ☎04.94.29.46.86;
⇢04.94.29.33.00)*. À l'architecture moderne
des années soixante très bien conservée, cet
établissement est situé sur la presqu'île de
Bandol, à deux pas du centre-ville et du port.
On voit la mer de partout! Tout est spacieux
et lumineux. Les chambres sont luxueuses
(peignoirs fournis) et sont dotées d'une terrasse. Une plage privée se trouve en contrebas de la piscine remplie d'eau de mer (voir
p 352).

## Île de Bendor

Cette charmante petite île, au large de Bandol,
présente deux hôtels importants : le **Soukana**
*(400F-550F, 300F à 450F ½p; bp, tv, ≈;
☎04.94.25.06.06, ⇢04.94.25.04.89)* et le
**Delos** *(560F-1 000F pdj, 470F-660F ½p; bp,
tv, ℝ, ≈; ☎04.94.32.22.23)*, d'une catégorie
supérieure et donc plus luxueux. Mais de
toute façon, les deux hôtels sont très beaux
et soignés.

## L'arrière-pays de Bandol

À 3 km des plages, sur la route des vins de Bandol, vous pouvez loger à l'**Auberge des Pins** *(300F-350F; fermé jan; dp, tv, ℜ; 2249 route du Beausset, ☎04.94.29.59.10, ⊷04.94.32.43.46)*. Cet hôtel sympathique compte sept chambres dans un cadre champêtre. Tout a été rénové récemment. Si vous prenez la demi-pension (pas obligatoire), vous pouvez manger sur une grande terrasse ombragée.

## La Cadière-d'Azur

 Bijou précieux de la région, l'**Hostellerie Bérard** *(460F-890F; pdj 70F, 1 200F suite; fermé jan à mi-fév; bp, wc, tv, ℝ, ≡, ≈, ℜ, ○, ⊙; ☎04.94.90.11.43, ⊷04.94.90.01.94)* jouit d'un site magnifique au cœur même de ce beau village perché provençal. Les Bérard ont su transformer cet ancien couvent en un lieu presque magique. Grâce à la décoration provençale appuyée par les antiquités, la finesse des tissus et les carrelages qui donnent le ton et le nom aux différentes chambres, vous serez complètement séduit par l'ambiance de cet endroit. L'accueil est très chaleureux, et le cadre, impressionnant de calme. Le confort des chambres est douillet. Certaines des chambres sont vraiment spacieuses. D'autres donnent directement sur un petit jardin adorable où l'on trouve également une belle piscine. Venir ici, c'est vivre la Provence dans toute sa splendeur. M^me Bérard, la patronne, est une érudite de cette Provence qu'elle aime passionnément. Nous sommes certains qu'après l'avoir rencontrée vous subirez un coup de cœur encore plus spectaculaire pour la Provence. Elle connaît des tas d'histoires sur les vieilles traditions et coutumes provençales. Bref, c'est le genre d'endroit qui laisse des traces indélébiles dans le cœur, l'âme et le ventre (voir p 352).

 CAMPING

C'est peut-être étonnant, mais tous les campings de la région se retrouvent à Hyères et dans les environs. On en dénombre plus de 30 à cet endroit en comparaison d'un seul à Bandol!

## Hyères

Comme souvent, les plus grands campin offrent les meilleures installations. En vo quelqu'uns :

**Sur la presqu'île de Giens**

**La Presqu'île** *(☎04.94.58.22.86)* est un gra camping où on peut également pratiqu l'équitation.

Dans le registre plus petit (40 à 50 emplac ments), le camping **Clair de L** ne *(☎04.94.58.20.19)* comporte lui aussi bonnes installations.

**Plage des Salins**

Au grand camping **Port Pothuau** *(chemin d Ourlêdes, ☎04.94.66.41.17)*, on peut nag jouer au tennis et pratiquer de l'équitation.

Un peu plus petit, le camping **Rebout** *(C. Rose Marie, ☎04.94.66.41.21)* offre pisc et tennis.

🍴 RESTAURANTS

Veuillez aussi consulter la sect «Hébergement» car certains restaurants rat chés à des hôtels y sont décrits.

## La Môle

L'**Auberge de La Môle** *($-$$; fermé jan et midi; place de l'Église, ☎04.94.49.57.01)* néficie d'une très bonne réputation dans région. Vous y mangerez surtout des spéci tés du sud-ouest de la France (confits de nard, cassoulets, etc.). Attention : ce rest rant n'accepte pas les cartes de crédit.

## Hyères

Pour les crêpes et les glaces maison : **La E gerie** *(16 rue de Limans, ☎04.94.65.57.97*

## À l'intention des futurs cuisiniers!

Mme Bérard, la très adorable propriétaire de l'établissement Hostellerie Bérard, organise des stages de «cuisine provençale» *(séjour de cinq nuits avec quatre jours de cours entre la mi-octobre et la mi-décembre ou pendant le mois de mars)* sous la houlette de son chef de mari. Pour ce faire, ils ont acquis une jolie bastide provençale qu'ils ont refait avec grand discernement dans le style provençal ancien. C'est dorénavant là que sont offerts les cours de cuisine. Par ravissement! Vous irez à la pêche, ferez le marché ensemble, ramasserez des herbes et apprendrez à faire la cuisine du terroir. De plus, en janvier, la maison organise des stages pour approfondir la cuisine à base de truffes. Pour tout renseignement : Hostellerie Bérard, 83740 La Cadièred'Azur, ☎04.94.90.11.43, ⊕04.94.90.01.94.

ns le vieux Hyères, sur une jolie place, se uve un petit restaurant, **Le Bistrot de Ma-** *is (\$-\$\$; 1 place Massillon,* *04.94.35.88.38)*, simple et mignon, et qui érite une visite. Pourquoi? On y mange très en, et le rapport qualité/prix est excellent. particulier la queue de lotte rôtie à l'ail ec confit de légumes.

s **Jardins de Bacchus** *(\$-\$\$; 32 av. Gam-* *tta; fermé dim soir et lun;* *04.94.65.77.63)*. Dans un cadre contempo-n, on y sert une cuisine provençale où figu-at, entre autres plats, la galette de nt-Jacques embeurrée de poireaux et le ssini de pigeonneau rôti à la sauce aux truf-s.

ns le port, agréable endroit en saison, on uve un restaurant qui a été complètement ampé récemment : **La Brasserie des Îles** *\$; ☎04.94.57.49.75)*. Le restaurant est evenu une immense verrière qui s'ouvre sur nimation ambiante. Bien apprécié des gens la place, il pratique des prix raisonnables mpte tenu de la qualité de la bouffe, mais alement en raison de tous les frais encourus la rénovation. Cela dit, on y mange de ns plats de poisson comme le duo de loup filet de rougets au coulis de langoustines, lotte grillée en broche sauce aux trois her-s ou encore le pavé de turbot en bourride.

### Île du Levant

Le «restaurant-hôtel» **Chez Valéry** *(\$-\$\$;* mé oct à Pâques; ☎04.94.05.90.83 ou 94.05.92.95)* se veut «semi-gastronomi-» et propose des poissons et des spéciali-de la mer. Il nous a pleinement convaincus

grâce à l'accueil, au service et aux plats qu'on y a dégustés.

### Toulon

La vieille ville a subi plusieurs transformations et est devenue aussi plaisante que l'accueil que l'on reçoit dans les établissements. Deux nouvelles découvertes tout à côté du théâtre municipal (Opéra) :

*Primo*, le restaurant **Le Petit Prince** *(\$; fermé sam midi et dim; 10 rue de l'Humilité,* ☎04.94.93.03.45)* fait partie des nouveautés de Toulon. Dans un décor provençal aménagé d'une manière contemporaine, avec goût, la jeune et jolie propriétaire vous accueille avec un sourire irrésistible, tandis que son mari pré-pare ce qui apparaîtra plus tard dans vos as-siettes. C'est le genre d'endroit qui donne envie d'y entrer même quand on ne le connaît pas car il y règne un charme indéniable.

*Secundo*, le restaurant **Au Sourd** *(\$\$; fermé dim-lun; 10 rue Molière,* ☎04.94.92.28.52)* est une institution, quoique plus cher que le précédent établissement. D'ailleurs, il se targue d'être le plus ancien restaurant de Tou-lon. Son menu affiche principalement des plats de poisson frais provenant de la pêche locale. On peut ainsi y déguster du loup ou du Saint-Pierre, mais également une bouillabaisse toulonnaise.

Au port se trouve une bonne douzaine de res-taurants dont la qualité ne fait pas trop écho dans la région. Cela ne veut pas dire que vous y mangerez nécessairement mal, compte tenu des prix.

Nous avons essayé **Le Grand Café de la Rade** *(\$; 224 av. de la République, carré du Port,*

☎04.94.24.87.02). C'est le cadre branché qui nous a attirés. Essayez surtout la «Flammeküche», plat très copieux (une portion suffit pour deux!). Sinon, essayez la choucroute alsacienne. Le restaurant dispose d'une grande terrasse qui donne sur le port. Le service est efficace et courtois.

Si vous avez envie de manger du poisson, alors le restaurant **Herrero** *($-$$; 45 quai de la Sinse,* ☎04.94.41.00.16) s'impose. Pour 100F, vous aurez un repas complet incluant la *parillada,* une spécialité espagnole goûteuse qui est en fait un poisson grillé.

---

### Bandol

---

Découvert par hasard, au centre de la ville, sur une petite rue, à l'ouest de la place de l'église : l'**Oulivo** *($; 70F le menu à midi et 100F le soir; fermé dim; 19 rue des Tonneliers,* ☎04.94.29.81.79). L'ambiance de ce petit resto est très conviviale. La cuisine se trouve dans les mains de Véronique, la patronne. C'est un endroit vraiment très sympathique, à recommander à tous ceux qui veulent mieux connaître le charme des Provençaux du Var. Vous serez à l'abri du grand afflux touristique et bénéficierez d'un très bon rapport qualité/prix.

Pour savourer des poissons et des fruits de mer, nous recommandons **Au Fin Gourmet** *($; 16 rue de la République,* ☎04.94.29.41.80). À midi, vous y mangez deux plats pour 79F et des «moules-frites» à 45F. Le chef de cuisine peut même vous préparer une bouillabaisse sur commande.

Il y a également l'**Auberge du Port** *($$$)*, donnant sur le port. Endroit très recommandé par les habitants et les connaisseurs de la scène culinaire de Bandol. L'établissement est reconnu pour ses huîtres, ses paellas et, bien sûr, pour ses poissons. On y trouve même un menu complet pour 120F tout compris.

Le restaurant de l'hôtel l'**Île Rousse** *($$-$$$; 17 bd Louis Lumière,* ☎04.94.29.33.00) est un haut lieu. Tout y est élevé. D'abord, la magnifique terrasse qui surplombe la baie de Renécros; ensuite, la qualité de la nourriture; enfin, malheureusement, l'addition. Il faut dire toutefois que le site de cet établissement est tellement spectaculaire que les prix peuvent s'en trouver justifiés. D'autant plus qu'il est rare de trouver un restaurant de grand hôtel

dont la qualité gastronomique égale celle de installations hôtelières (voir p 349).

---

### La Cadière-d'Azur

---

 Si vous voyagez dans l'arrière-pays ent Toulon et Bandol, vous ne devez, en auc cas, vous priver d'un repas à l'**Hostellerie B rard** *($-$$$; été fermé lun midi, hiver ferr lun et dim soir;* ☎04.94.90.11.43). Vous po vez choisir un des quatre menus : «marché «saison», «gourmand» ou «dégustation Vous allez vous régaler grâce à la bague magique de M. Bérard, qui vous concocte une envolée de saveurs légère et de haut veau!! Parmi les spécialités de la maison, retrouve la Barigoule d'artichauts violets, Saint-Pierre rôti à la peau, parfumé à la b diane, les mille-feuilles de bœuf aux escalop de foie gras poêlé au jus de truffe et, enfin, râble de lapereau farci aux olives.

Au dessert, nous vous recommandons le g tin de fraises au champagne et au poivre Séchuan, le parfait glacé à l'orange comme calisson ou l'assiette gourmande. De pl l'ambiance plaisante du décor et les grand baies vitrées de la salle à manger vous assu ront une soirée merveilleuse! Pour y passer nuit, voir p 350.

### SORTIES

---

### Cavalaire-sur-Mer

---

Festival de **Théâtre et d'animation de Pardig** *(juil et août;* ☎04.94.64.00.96).

Festival de jazz *(mi-août; Théâtre de Verdu EMAC,* ☎04.94.64.00.96).

---

### Le Lavandou

---

**Festival Summer Jazz** *(mi-ao* ☎04.94.05.15.76).

**Le Flamenco** *(consommation 100F; tlj 23 5h; bd du Front-de-Mer).* Discothèque. plus, il y a souvent des spectacles vers 1 h

ENTRE SAINT-TROPEZ ET BANDOL

## Bormes-les-Mimosas

**oirées musicales de Bormes**
*uil;* ☎*04.94.71.15.08 ou 04.94.71.15.17).*

## Hyères

**azz Festival** *(fin juil; pinède de l'Hippodrome;* ☎*04.94.35.90.81).*

**ournées médiévales**
*lébut juil;* ☎*04.94.35.90.81).*

**a Grotte** *(entrée et consommation 70F; été i 23h à 4h, hors saison sam-dim; La Marague de Giens,* ☎*04.94.58.22.21).* Discothèque. Attention : parfois louée à des roupes, elle est alors fermée au public.

**he Night** *(tlj 21h à l'aube; 6 rue Général rosset,* ☎*04.94.65.54.21).* Discothèque; aais orchestre les mercredis et les samedis.

**he New Dream** *(été tlj 22h à 4h, hors saison en-dim; port de la Capte,* ☎*04.94.58.00.07).* iscothèque. On organise aussi des soirées vec un thème. Enfin, on peut y trouver de uoi grignoter.

## Toulon

**estival international de musique** *(juin).*

**afé des Artistes** *(dîner à 100F avec orhestre; fermé lun-mar; RN8, entrée des gores d'Ollioules,* ☎*04.94.63.04.33).* Mercredi : oirée avec thème autour d'un pays. Jeudi : oirée jazz. Vendredi et dimanche : orchestre.

**e Magot** *(tlj jusqu'à 5h, 3261 av. de la Résis- ance,* ☎*04.94.27.08.55).* Piano-bar. Écran déo géant.

**a Scala** *(50F mer-jeu, 80F ven-dim; mer-dim 3h à l'aube; 5 av. de l'Elisa,* ☎*04.94.23.03.23).* Discothèque-cabaret. Meredi : soirée à thème. Dimanche : grandes uits avec spectacle, défilés... Le rendez-vous es branchés dans un décor de théâtre.

**e Pussycat** *(entrée plus consommation 50F er-jeu-dim, 60F sam; fermé lun-mar, 23h à aube; 655 av. de Claret,* ☎*04.94.92.76.91).* Discothèque-cabaret. Rendez-vous gay. Animations.

## La Seyne-sur-Mer

**Festival de jazz** *(début août; fort Napoléon; s'adresser à l'Office de tourisme).*

**Le joker** *(entrée plus consommation 70F; tlj 23h à 5h; Les Sablettes,* ☎*04.94.87.25.70).* Discothèque. Animation tous les vendredis.

## Bandol

Le **Stars' Circus** *(lundi entrée libre; tlj 23h à 5h; casino de Bandol, quai Général de Gaulle,* ☎*04.94.32.45.44).* Discothèque qui rassemble les «jeunesses» dansantes de la région...

**Casino** *(16h à 4h;* ☎*04.94.32.45.44)* : on peut y jouer à la roulette, au black jack et au craps. Aussi, deux bars et un restaurant vous accueillent.

# MAGASINAGE

## Hyères

**Foire aux santons** *(mi-août; salle d'honneur du Park Hôtel).*

## Toulon

**Salon de l'habitat** *(fin sept-début oct; palais Neptune,* ☎*04.94.22.08.58).*

## Bandol

**Printemps des Potiers** *(deux premières semaines d'avril;* ☎*04.94.29.37.35).*

Plan du Castellet – Le Beausset

Les vins de Bandol sont reconnus mondialement. Dans cette région, les domaines vinicoles fourmillent. Il y en a un que nous apprécions particulièrement : **Le domaine Tempier** *(9h à 12h et 14h à 18h)*. Situé à quelques minutes de Bandol sur la route menant vers Castellet, ce domaine jouit d'une excellen[te] réputation et appartient à la même famille d[e]puis 1834, qui produit non seulement un tr[ès] bon vin rouge mais également du vin rosé. O[n] peut déguster et acheter au domaine. C'e[st] toujours un plaisir de s'y arrêter car on y pr[o]fite d'un service personnalisé et courtois.

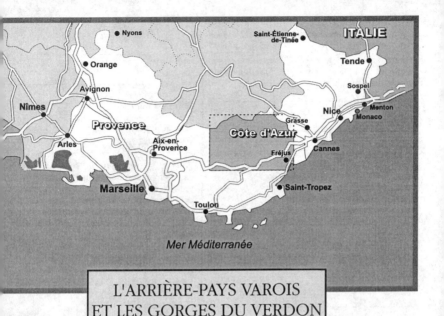

# L'ARRIÈRE-PAYS VAROIS
# ET LES GORGES DU VERDON

**L**e Var couvre une partie importante du territoire de la Côte d'Azur. Cependant, puisque l'autoroute A8 le traverse en plein cœur dans l'axe st-ouest et le divise en deux parties égales, arrière-pays varois constitue la partie située nord de l'autoroute.

arrière-pays varois, c'est l'arrière-pays proençal, ou Provence varoise, empreint de la rénité de ses hauts lieux de patrimoine culrel, dont l'abbaye du Thoronet est certaineent le point culminant.

ais l'arrière-pays varois, c'est aussi le Veron avec la beauté sauvage de ses gorges, de n grand canyon et de son impressionnante laise des Cavaliers. En bout de course, le erdon se jette dans un immense lac artificiel nt la couleur magnifique oscille entre le vert neraude et le turquoise. La création de ce c est née du besoin de l'établissement d'un servoir d'eau potable pour alimenter la réon; on a même dû y sacrifier un village.

 POUR S'Y RETROUVER
SANS MAL

région n'est pratiquement pas desservie r le train. Il n'y a que deux villes où le train sse : Draguignan et Brignoles. Il faut donc ligatoirement disposer d'une voiture si l'on ut apprécier la diversité et la grande beauté s paysages que le Var offre. Vous pourrez

facilement en louer une à partir d'une des grandes villes de la Côte (se référer aux sections «Renseignements pratiques» de ces villes).

Il existe bien sûr des services de bus qui relient les villages entre eux et dont la majorité sont assurés au départ de Draguignan ou Brignoles. Vous serez toutefois alors à la merci d'horaires contraignants et surtout restreint à certains circuits.

Nous vous proposons donc un circuit automobile qui traverse toute la région. Ce circuit en boucle commence à l'est, monte vers le nord, fait une incursion d'est en ouest dans les Alpes-de-Haute-Provence et redescend enfin vers le sud. Il faudra prévoir au moins trois journées complètes pour l'accomplir. Tout dépend du temps que vous voulez réserver aux activités de plein air, lorsque vous atteindrez les environs des gorges du Verdon et du lac de Sainte-Croix.

En voiture

Que vous soyez n'importe où en Provence ou sur la Côte d'Azur, l'accès au Var est très facile grâce à l'autoroute A8-E80. En effet, cette autoroute traverse tout le territoire et relie Menton à Aix-en-Provence. L'itinéraire proposé commence d'ailleurs dans le petit village Les Arcs, accessible par une sortie de l'autoroute. À partir de là, il existe une multitude de petites routes départementales qui desservent tout le territoire.

## En train

Seulement deux gares SNCF sur tout le territoire :

Gare SNCF de Draguignan
Av. du Maréchal Gallieni
☎08.36.35.35.35

Gare SNCF de Brignoles
Av. de la Gare
☎08.36.35.35.35

## En bus

Il existe deux points de liaison principaux : l'un à Draguignan et l'autre à Brignoles. De ces deux villes, on a accès à un réseau important de circuits effectués par un grand nombre de transporteurs. Or, l'ennui c'est que ces deux villes, malgré qu'elles soient les plus importantes du territoire, n'ont pas beaucoup à offrir. Il peut donc s'avérer un peu ennuyeux de devoir y passer pour accéder aux endroits qui valent une visite.

Mais, de toute façon, munissez-vous de *L'indicateur des lignes routières départementales du Var,* disponible à l'Office de tourisme des localités desservies. Vous y obtiendrez toute l'information nécessaire pour bien planifier vos déplacements.

Enfin, il existe des services de cars qui assurent une liaison directe entre Draguignan et les aéroports de Nice ou de Toulon *(renseignements à Draguignan : Comité départemental du tourisme, ☎04.94.50.55.50).*

 RENSEIGNEMENTS PRATIQUES

## Les Arcs-sur-Argens (83460)

**Office de tourisme**
21, bd Gambetta
☎04.94.73.37.30
⇌04.94.47.48.24

## Draguignan

**Office de tourisme**
9, bd Clemenceau
☎04.94.68.63.30
⇌04.94.47.10.76

Voilà où s'arrêter pour obtenir de l'informati complémentaire pour votre voyage (une mul tude de dépliants couvrent toute la région). personnel connaît très bien la ville et la régic En plus, il déploie tous les efforts pour vo aider, et cela avec une gentillesse sans p reille!

Service médical d'urgence dracénois
24 heures par jour
☎04.94.67.01.01

Police municipale
Mairie Annexe - rue Notre-Dame-du-Peuple
☎04.94.68.88.52

La Poste
Bd Maréchal Foch

Dépannage automobile (24 heures par jour)
Var Dépannages : ☎04.94.68.70.73

## Fayence

Syndicat d'initiative
☎04.94.76.20.08
⇌04.94.76.18.05

## Castellane

Office de tourisme
B.P. 8, route nationale
☎04.92.83.61.14

## Le Verdon

**Verdon Accueil**

83630 Aiguines
☎04.94.70.21.64
⇌04.94.84.23.59

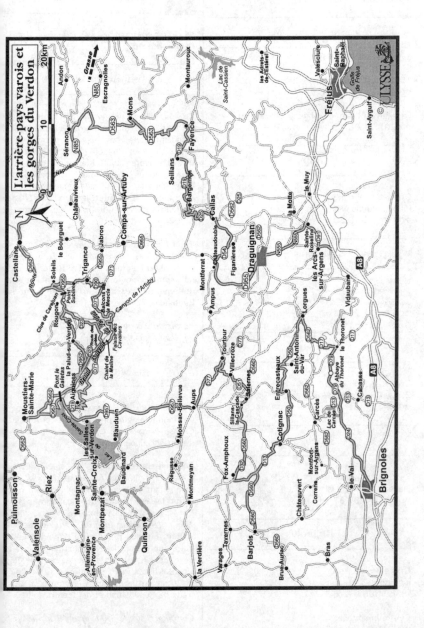

04120 Castellane
☎04.92.83.67.36

### Moustiers-Sainte-Marie

Syndicat d'initiative
15 juin au 15 sept (matin et soir)
☎04.92.74.67.84

Le reste de l'année : Mairie (14h à 16h)
☎04.92.74.66.19

### Aups

Office de tourisme
Place Frédéric Mistral
☎04.94.70.00.80

### Barjols

Syndicat d'initiative
Bd Grisolle
☎04.94.77.20.01

### Cotignac

Syndicat d'initiative
2, rue Bonaventure
☎04.94.04.61.87

### Lorgues

Syndicat d'initiative
Place d'Antrechaus
☎04.94.73.92.37

### Brignoles

Office de tourisme
Parking des Augustins
☎04.94.69.01.78

Centre hospitalier
☎04.94.69.20.17

## ATTRAITS TOURISTIQUES

*Le circuit commence à la sortie «Les Arcs» ⬤
l'autoroute A8.*

## Les Arcs-sur-Argens ★ (4 700 hab.)

Ce joli village provençal constitue un tra
d'union entre la Méditerranée et les Alpe
L'ancienne cité moyenâgeuse domine la vil
neuve du haut de son piton rocheux. On
trouve encore aujourd'hui des vestiges ⬤
cette époque, notamment l'enceinte et
vieux château du XIIᵉ siècle avec son impre
sionnante tour de guet. De nos jours, l'anci⬤
château abrite un hôtel plein de charme (v⬤
p 367).

Il fait bon parcourir les rues étroites et les e
caliers voûtés de ce vieux village qui rego⬤
de ravissantes maisons. Enfin, les amateu
du peintre Ludovic Bréa trouveront un retab
gothique de l'artiste dans l'**église Saint-Jea⬤
Baptiste**.

*Sortez du village par la route D91 en directi⬤
de Sainte-Roseline.*

### Sainte-Roseline

De nos jours, le **château Sainte-Roseline** e⬤
un vignoble qui produit des crus class
Côtes-de-Provence. On peut d'ailleurs les d⬤
guster sur place.

Son histoire remonte au XIIᵉ siècle, alors q⬤
c'était une abbaye. Au début du XIVᵉ sièc⬤
et pendant environ deux siècles, elle est d⬤
venue la seule chartreuse de femmes dans
Var. Il n'y a que la **chapelle** ★ *(été mar-d⬤
14h à 19h, hiver jusqu'à 17h)* qui peut ê⬤
visitée. En plus d'abriter la dépouille de ce⬤
qui a donné son nom au château et à la ch⬤
pelle, cet endroit renferme des œuvres de p⬤
sieurs artistes, dont une mosaïque de Chag⬤
un lutrin en bronze de Giacometti et des
traux de Raoul Ubac et de Jean Bazaine.

*Continuez sur la D91 jusqu'à la N555, ⬤
conduit à Draguignan.*

## Draguignan (30 000 hab.)

ette ville a des origines qui remonteraient 'aussi loin que le IIe siècle av. J.-C. En 843, Provence a été rattachée au Saint-Empire omain germanique, et Draguignan est alors evenue une cité comtale. Vers la fin du loyen Âge, elle a obtenu le statut de cité yale, après que la France eut pris posses- on de la Provence. Sous Napoléon, elle a cquis le titre de capitale administrative du ar. L'histoire de Draguignan démontre bien on importance dans le passé.

ujourd'hui, c'est une ville plutôt moche qui a eu à offrir aux visiteurs. La municipalité a 'ailleurs entrepris un vaste programme de éhabilitation destiné à redonner vie à cette ncienne cité comtale. En été, on propose onc de multiples activités : fêtes de toutes ortes, spectacles et animations diverses.

ar contre, la ville possède un beau musée : le **lusée des arts et traditions populaires** *(20F, F enfant; mar-dim 9h à 12h et 14h à 18h auf dim matin; 15 rue Roumanille, 04.94.47.05.72)*. Installé dans les anciens caux d'une congrégation religieuse, ce usée est consacré à la préservation du patri- oine provençal. C'est l'histoire du terroir qui éfile sous nos yeux grâce, entre autres cho- es, aux reconstitutions d'un moulin à huile et 'une cuisine provençale.

e **Musée municipal** *(lun-sam 9h à 12h et 14h 18h; 9 rue de la République, 04.94.47.28.80)* renferme, entre autres uvres, quelques toiles de Rembrandt et un eau marbre de Camille Claudel.

nfin, avant de quitter Draguignan, allez vous romener du côté de la **tour de l'Horloge**. Voi- l'un des plus importants vestiges du patri- oine dracénois. Elle a été construite sur un ateau duquel on a une vue intéressante sur s environs. De plus, au pied de la tour étend le **Théâtre de Verdure**, un «espace- rdin» qui respire le calme. Tout à côté élève la **chapelle Saint-Sauveur**, de style man provençal, qui, comme la tour, date du IIIe siècle.

*uittez Draguignan par la route D955 en di- ction de Châteaudouble.*

## Châteaudouble

Si vous disposez d'un peu de temps, vous pouvez faire un court arrêt dans ce village. De plus, la route pour s'y rendre est très agréable. Véritable nid d'aigle dont l'entrée est percée dans le roc, le village domine les **gorges de la Nartuby**, classées site historique. On peut se promener à loisir à travers les rues car aucune route ne traverse le village. Les maisons ont été récemment restaurées de façon à préserver le style médiéval du village.

Enfin, les amateurs de plein air peuvent profi- ter des dizaines de kilomètres de sentiers de randonnée qui sillonnent la contrée et qui s'étendent jusqu'aux gorges. Les gorges per- mettent aussi de faire de l'escalade, de se baigner et de pêcher la truite.

*Quittez Châteaudouble pour aller rejoindre la route qui mène à Callas.*

## Callas

Ce petit village typiquement provençal a été fondé au XIe siècle. Son terroir presque millé- naire est constitué de vignes et d'oliviers. Le charme provençal s'affiche partout grâce à ses hautes maisons très anciennes, à ses pla- cettes fleuries et aux collines recouvertes de pins, d'oliviers et de chênes qui entourent le village. On peut aussi y voir les **ruines de l'ancien château des seigneurs de Pontevès**, qui fut brûlé par les villageois en 1579 lors d'une révolte. Vous pouvez aussi jeter un coup d'œil sur l'**église romane Notre-Dame**, nouvellement restaurée.

*Prenez la jolie route D25, qui conduit à Barge- mon.*

## Bargemon (1 000 hab.)

On peut s'arrêter rapidement dans cet autre petit village provençal pour y voir les vestiges de son enceinte médiévale dont subsistent encore deux tours : la tour de l'Horloge et la tour du Clos. Il faut aussi découvrir la petite **église Notre-Dame-de-Montaigu**, au bel autel doré de style baroque.

*Prenez la D19 en direction de Seillans.*

## Seillans ★ (1 800 hab.)

La route entre Bargemon et Seillans est ravissante et conduit à l'un des plus beaux villages perchés du pays de Fayence. Le village a un air de mystère. Est-ce à cause de ses pittoresques ruelles aux hautes maisons étroites, de son église ou de son château? On a l'impression de faire un voyage dans le Moyen Âge. L'**église Saint-Léger** et le château datent du XIe siècle, époque de la construction des premières maisons autour du château.

**Notre-Dame-des-Ormeaux** est une chapelle construite au XIe siècle, mais rebâtie au XIIIe siècle dans un style roman très dépouillé. Elle se trouve à 1 km sur la route de Fayence. On croit que le village se serait d'abord établi autour de cette chapelle au XIe siècle avant de connaître son site actuel. La chapelle possède plusieurs œuvres qui intéresseront l'amateur d'art religieux. Si vous désirez la visiter, adressez-vous à l'Office de tourisme du village.

## Fayence ★ (3 500 hab.)

Fayence a servi de résidence aux évêques de Fréjus dès le XIIIe siècle, et ce jusqu'à la Révolution, alors qu'ils abandonnent leurs droits seigneuriaux sur le village. Le vieux village a conservé son labyrinthe de ruelles étroites qui montaient, à l'époque, vers le château des évêques, érigé au sommet de la colline. En bas du village subsiste aussi une porte fortifiée du XIIIe siècle, la **Porte Sarrasine**.

À cause de sa position géographique qui domine la plaine, Fayence est devenue un centre de vol à voile après la Deuxième Guerre mondiale. Ce centre jouit maintenant d'une réputation mondiale.

Si l'on veut faire une courte promenade, on peut se diriger vers **Tourettes**, village jumeau de Fayence, situé un peu en contrebas. Avant d'arriver à Tourettes, on atteindra l'**église Saint-Jean-Baptiste**, construite en 1750, et qui possède un beau maître-autel en marbre rose, gris et blanc. Une fois à Tourettes, on peut voir **Notre-Dame-des-Cyprès**, une jolie chapelle romane du XIIIe siècle.

*Quittez par la D563 en direction de Mons.*

## Mons ★

Village perché le plus au nord du pays de Fayence, Mons est aussi le village le plus haut du Var (800 m). Il a été complètement repeuplé par des Génois après que la peste de 134 eut décimé toute la population.

L'**église Notre-Dame** a été construite au XIIIe siècle à côté du château (détruit) des seigneurs de l'endroit. Elle vaut une visite surtout à cause de ses trois retables classés.

Enfin, vous pouvez admirer le panorama qu'on a à partir de la **place Saint-Sébastien**, située à l'une des extrémités du village, où se trouve aussi l'Office de tourisme.

*Reprenez la D563 en direction nord pour aller rejoindre la route Napoléon, ou N85, qui vous conduira à Castellane.*

## La route Napoléon

Cette route est celle que Napoléon et son armée ont parcouru à pied pour se rendre de Golfe-Juan, sur la Côte d'Azur, à Grenoble dans l'Isère. Elle ne présente que peu d'intérêt dans la section que nous empruntons.

## Castellane (1 300 hab.)

Nous voilà maintenant dans le département des Alpes-de-Haute-Provence, à mi-chemin entre la Méditerranée et les Alpes. Castellane, aux portes des gorges du Verdon, est un village typiquement provençal avec ses ruelles étroites, ses placettes, ses fontaines et sa place centrale aux platanes centenaires. Le village est dominé par un rocher gigantesque duquel la chapelle Notre-Dame semble assurer une garde bienveillante sur le village. C'est d'ailleurs assez frappant comme vue! C'est sûrement grâce à tout cela que Castellane fait partie des «Villages et Cités de Caractère».

L'**église Saint-Victor**, dont la façade étonne par sa simplicité et sa sobriété, a été construite au XIIe siècle. Elle présente une architecture intéressante qui laisse entrevoir la période de transition entre l'art roman et l'art gothique. Elle a été classée monument historique en 1944.

On accède au Roc par un sentier pédestre qui commence derrière l'église. Le sentier ne présente pas de difficultés réelles malgré ce que l'on pourrait penser. Il serpente le long des vestiges des anciens remparts qui cernaient Castellane au XIVᵉ siècle et mène à la **chapelle Notre-Dame-du-Roc**, lieu de pèlerinage depuis les temps anciens. D'ailleurs, chaque année, le soir du 14 août, se déroule la Veillée aux flambeaux, procession spectaculaire qui se rend jusqu'à la chapelle.

Castellane, c'est aussi la nature. Encore sauvage et protégée, loin de la pollution et du tacarme. Que de l'air pur, de l'espace, de la lumière et des parfums de la nature! On peut faire des randonnées pédestres ou équestres, de la pêche ou de la chasse; enfin, plein d'activités s'offrent à vous!

*Quittez par la D952 en direction des gorges du Verdon jusqu'au Point sublime, du côté nord des gorges du Verdon.*

## Le Point sublime ★★★

Le Point sublime offre une vue remarquable sur l'entrée du Grand Canyon du Verdon. C'est aussi le lieu le plus spécialement aménagé pour le touriste. On y trouve des stationnements, des télescopes, de la documentation et une auberge. De cet endroit, on peut accéder au **sentier Martel**, qui est considéré comme la «grande classique» des randonnées : 14 km en huit heures de marche pour se rendre au chalet de la Maline. Cependant, il est conseillé de la faire en sens inverse. Si vous disposez de moins de temps, vous pouvez emprunter le **sentier du couloir Samson**, qui descend au fond des gorges et se fait en deux heures aller-retour. Ce sentier donne un bon aperçu des gorges.

## Les gorges du Verdon ★★★

Les gorges et leur Grand Canyon font partie des sites naturels les plus importants d'Europe et se doivent d'être vus. Mais vous devrez décider quel côté emprunter pour les visiter. Toutefois, que vous suiviez l'une ou l'autre des rives du Verdon, le panorama sera spectaculaire, et vous aboutirez à Moustiers-Sainte-Marie en fin de course. Nous vous conseillons cependant le circuit de la rive gauche (sud). Il n'offre pas autant de points de vue spectaculaires que celui de la rive droite (nord), mais, par contre, il permet de visiter Trigance et Aiguines. Bien entendu, il est aussi possible de faire la boucle en parcourant les deux rives. Ce circuit d'environ 130 km nécessite toute une journée et peut même s'accomplir à partir de Nice ou Cannes à la limite, car les gorges ne s'y trouvent qu'à environ 1 heure 30 min en voiture.

*Pour le circuit de la rive droite, remontez vers la D952.*

Le **circuit de la rive droite** commence à l'Auberge du Point Sublime, sur la D952. Au début du circuit, vous pourrez prendre une route secondaire pour vous rendre à **Rougon**. Monter jusqu'à ce village garantit un panorama exceptionnel sur le Verdon. De retour sur la D952, vous arriverez à un carrefour un peu avant d'arriver à La Palud. Optez pour cette route, la D23 ou route des Crêtes. Par cette route, une succession de belvédères offrant des points de vue vertigineux forme une boucle qui se termine à La Palud, «village-étape» ancien qui renferme quelques commerces et hôtels (voir p 368). C'est aussi sur cette route que se trouve le refuge de la Maline, point de départ suggéré de la randonnée suivant le sentier Martel et menant jusqu'au Point Sublime.

Pour terminer ce circuit, il faut reprendre la D952, qui offre des vues panoramiques jusqu'à Moustiers.

*Fin du circuit de la rive droite.*

*Le circuit de la rive gauche commence par la visite du village de Trigance, auquel on accède en prenant la D955 à Pont-de-Soleils et la D90 par la suite.*

## Trigance ★ (120 hab.)

Bâti en nid d'aigle sur un éperon rocheux à 800 m d'altitude, ce vieux village est dominé par une forteresse qui date du XIᵉ siècle et qui abrite aujourd'hui un hôtel de la chaîne des Relais et Châteaux (voir p 368).

Au gré d'une promenade dans le village, vous découvrirez des passages voûtés, des linteaux de pierre sculptés et une église romane du XIIᵉ siècle.

ARRIÈRE-PAYS VAROIS
GORGES DU VERDON

L'ancienne forteresse n'est pas accessible à moins d'y loger. On peut cependant y prendre un verre à la terrasse. On embrasse du regard une vue magnifique sur les environs. Si vous préférez, vous pouvez aller prendre un repas dans la salle à manger du château, logée dans une belle salle voûtée médiévale. Bien sûr, ce n'est pas à la portée de toutes les bourses!

On peut loger à Trigance lorsqu'on visite les gorges du Verdon, car on peut facilement accéder aux deux rives des gorges.

*Prenez la D90 en direction sud pour accéder à la D71, qui mène à la rive gauche des gorges.*

Le **circuit de la rive gauche** suit la Corniche sublime. Il débute par les **Balcons de la Mescla**, point de rencontre du Verdon et de la rivière Artuby. On y jouit d'une vue spectaculaire. La route continue ensuite en une succession de points de vue magnifiques qui culmine lorsqu'on arrive à la **falaise des Cavaliers**. À cet endroit, l'à-pic de la falaise est très impressionnant. L'**Hôtel du Grand Canyon**, localisé en ce point, présente l'avantage d'offrir une vue saisissante sur les gorges, que l'on soit dans sa chambre ou dans le restaurant. De nombreux parcours de randonnée – qu'ils soient sur la rive gauche ou sur la rive droite – sont accessibles à partir de cet endroit, car une passerelle permet de traverser de l'autre côté. Une fois traversé, on se trouve près du refuge de la Maline et du départ du «fameux» sentier Martel.

*La route longe ensuite les gorges et rejoint Aiguines. Fin du circuit de la rive gauche.*

## Aiguines (200 hab.)

À plus de 800 m d'altitude, Aiguines permet une vue remarquable sur le lac de Sainte-Croix. L'intérêt de ce village, outre son château (privé) et son église tout à côté, réside dans son **Musée des tourneurs de bois**. Cette industrie a fait vivre les habitants du village depuis le Moyen Âge, et ce jusque vers 1939, date à laquelle la dernière usine ferma. Cette industrie était unique en Provence. Le musée la fait revivre en présentant divers objets, machines et matériaux qui étaient utilisés.

*Prenez la D19 vers le lac de Sainte-Croix, puis la D957, qui rejoint la D952, conduisant à Moustiers-Sainte-Marie.*

## Lac de Sainte-Croix ★

La route D19, qui descend vers le lac, offre de superbes panoramas. Au lac, cela devient de plus en plus féerique. Surtout lorsqu'on arrive à l'endroit où le Verdon se jette dans le lac. À ce moment-là, l'eau prend toutes les nuances, allant de l'émeraude au turquoise.

Le lac de Sainte-Croix est un grand lac artificiel de 3 000 ha qui alimente en eau potable Aix-en-Provence, Toulon et Marseille. Ses rives comportent quelques stations balnéaires qui permettent de pratiquer tous les sports nautiques.

## Moustiers-Sainte-Marie ★★ (500 hab.)

Moustiers-Sainte-Marie porte plusieurs noms: Cité de la faïence, perle de la Provence, porte des gorges du Verdon. Quoi qu'il en soit, l'endroit jouit d'un paysage d'une sereine et impressionnante grandeur.

Le village, divisé en deux par un torrent qui gronde, s'accroche à la montagne de chaque côté. Cela en fait un site intéressant pour se promener, car, en plus d'être confronté à la pierre de la montagne, on a toujours conscience du mouvement de l'eau à cause des ponts qu'on doit traverser. Les ruelles du village abritent des maisons qui datent pour la plupart du XVIIIe siècle. De plus, on y trouve de nombreux restaurants et boutiques qui proposent, entre autres choses, la spécialité du village: la **faïence de Moustiers**, célèbre dans le monde entier. Les amateurs d'objets de faïence voudront d'ailleurs visiter le **Musée de la Faïence** *(avr à oct mer-dim 9h à 12h et 14 à 18h; dans la crypte, près de l'église).*

Dans le village, il faut voir l'**église Notre-Dame**, qui date en majeure partie du XIIe siècle. Il faut surtout admirer son clocher roman de style lombard.

Ceux qui désirent faire une balade un peu plus exigeante voudront se rendre jusqu'à la **chapelle Notre-Dame-de-Beauvoir**, qui domine le village et permet une vue magnifique sur les toits du village. La chapelle comporte une partie romane à nef unique qui date du XIIe siècle, à laquelle deux travées gothiques ont été ajoutées au XVIe siècle.

la fin de semaine suivant la Pentecôte *(entre mi-mai et mi-juin, selon la date de Pâques)*, le village devient le carrefour international de la faïence pendant deux jours. C'est la fête de la cité de la Faïence! C'est alors l'occasion pour la population, en costume du XVIII° siècle, de gravir le sentier qui mène à la chapelle Notre-Dame-de-Beauvoir pour assister à une grand-messe. Pendant toute la fin de semaine, l'atmosphère est à la fête, et le village s'anime de jeux de toutes sortes pour amuser petits et grands.

## Les Salles-sur-Verdon

Ce village, le plus jeune de France, a été fondé en 1973 en remplacement du vieux village qui a été submergé lors de la création du lac. Les amateurs de plein air qui s'adonnent aux sports nautiques voudront s'y arrêter.

*Continuez vers le sud sur la D957. Avant d'atteindre Aups, vous pouvez faire un petit détour vers Bauduen, une autre station balnéaire du lac.*

## Bauduen (180 hab.)

Ce petit village jouit d'un ensoleillement plein sud. Avant la création du lac, le village se trouvait à 1 km du Verdon. Aujourd'hui, il est à son pied et a même failli être englouti lui aussi. À l'époque romaine, c'était une étape sur la voie romaine qui reliait Fréjus à Riez. Cette dernière se trouve maintenant «de l'autre côté du lac», depuis qu'il a été créé.

Les rues étroites grimpent jusqu'à l'église médiévale, ce qui en fait un village typiquement provençal. De l'église, on jouit d'ailleurs d'un panorama sur les Maures et le lac.

Les amateurs de baignade seront ravis d'apprendre que la température de l'eau du lac y est même plus élevée que celle de la Méditerranée.

*Revenez vers la D957 pour continuer vers Aups.*

## Aups ★ (1 800 hab.)

Malgré qu'il soit situé sur les premiers contreforts des Alpes, ce village ne se trouve qu'à 60 km de la mer. Vous pouvez y faire un bref arrêt pour vous y balader quelques moments à travers ses vieilles rues pittoresques. Vous y découvrirez le vieux lavoir, les fontaines, les platanes, les cadrans solaires, la tour de l'Horloge, autant de traits caractéristiques des villages provençaux.

Les amateurs d'art voudront aussi visiter la **collégiale gothique Saint-Pancrace** *(été 9h à 12h et 16h à 18h, hors saison 9h à 12h et 15h à 17h; rond-point du Général de Gaulle, ☎04.94.70.00.53)*, au portail Renaissance. Ils pourront aussi jeter un coup d'œil dans le **Musée Simon Segal** *(été; av. Albert I<sup>er</sup>, ☎04.94.70.01.95)*, installé dans l'ancienne chapelle des Ursulines, construite en 1629 et qui présente des œuvres de différents peintres de Toulon, de Paris et de Bourges.

Enfin, les amateurs de gastronomie ne peuvent manquer le **marché aux truffes noires**, qui se tient à Aups chaque jeudi matin entre novembre et février. Les truffes sont découvertes par des chiens spécialement dressés qui reniflent la terre.

*Quittez le village par la petite route D77 en direction de Tourtour.*

## Tourtour ★★ (470 hab.)

La route qui mène à Tourtour est splendide. Situé sur un piton rocheux, le village domine un étalement de collines. Au XII° siècle, on y trouvait un château – il n'en reste que des ruines – et une église, comme dans tous les villages médiévaux. Aujourd'hui, l'**église Saint-Denis** remplace l'église médiévale. Son site offre une vue superbe sur les environs et permet de voir jusqu'à la Côte.

Ce village n'offre pas d'attraits autres que la possibilité de s'y promener doucement. Vous pourrez y flâner et même vous y reposer un peu sur l'une des terrasses qui occupent la grande place au centre du village.

*Quittez par la D51 en direction de Villecroze.*

## Villecroze

Le village est adossé aux premiers contreforts des Alpes de Provence à 350 m d'altitude. Il conserve son caratère moyenâgeux grâce à ses ruelles étroites et ses arcades pittoresques.

Il faut surtout visiter les **grottes ★** qui surplombent un joli parc. Les habitants du village s'y réfugiaient lors des invasions. On peut même y voir un lac souterrain qui servait à les ravitailler en eau.

*Continuez sur la D51 vers Salernes.*

## Salernes

Ce village n'est pas très beau. Il est reconnu surtout pour son industrie du carrelage qui débuta avec la production des tomettes, ces carreaux hexagonaux rouges qui composaient le sol des maisons provençales entre le XVIIᵉ siècle et 1945. De nos jours, cette industrie existe toujours, mais on fabrique dorénavant des carreaux vraiment carrés!

*Quittez par la D560 vers Sillans-la-Cascade.*

La cascade intéressera les sportifs. On peut y faire du *canyoning*, variante du *rafting*, car c'est à l'aide d'une corde que vous descendez!

Continuez sur la D560 vers Fox-Amphoux, accessible par la D32.

## Fox-Amphoux ★

Voilà un charmant vieux village complètement à l'écart, mais qui a gardé toute son authenticité. Il est perché au haut d'une butte et n'est pas envahi par les commerces touristiques. La petite place ombragée est vraiment adorable. De plus, s'y trouve une très bonne adresse : une auberge qui pourrait constituer une halte des plus agréables. C'est le calme absolu, et l'on y mange bien (voir p 370).

Il est très plaisant de se promener à travers le village car il est resté presque à l'état sauvage.

*Retournez vers la D560 pour vous rendre à Barjols.*

## Barjols (2 100 hab.)

L'étymologie de son nom provient de «barre» (collines) et de «joulx» (jolies). On ne peut pas dire que ce soit un village particulièrement séduisant, mais il récèle tout de même quelques attraits qui méritent une visite!

La **collégiale Notre-Dame-de-l'Assomption** est un monument historique classé. De style gothique provençal, elle date du XIᵉ siècle. Derrière la collégiale se cache la demeure de Pontevès, dont l'entrée est marquée par un **porche en pierre** (autre monument historique) qui date de 1532. De plus, le village ne compte pas moins de 22 fontaines et 16 lavoirs.

Enfin, le village est reconnu pour sa foire du cuir qui se tient en août. Événement qui rappelle la grande prospérité qu'a connue le village au XIXᵉ siècle grâce à l'industrie du cuir car aujourd'hui il ne reste plus que des tanneries désaffectées.

*Quittez par la D560 en direction de Cotignac.*

## Cotignac ★ (1 800 hab.)

Construit au pied d'une falaise en tuf couronnée de deux tours, vestiges de l'ancien château du XVᵉ siècle, le village révèle de jolies ruelles, des fontaines et un magnifique cours central qui jouit de l'ombre de ses nombreux platanes.

On peut y faire une promenade agréable qui monte vers la falaise, le long d'une ruelle aux maisons en ruine. La falaise, percée de grottes, servait jadis d'abri.

*Quittez par la D50 en direction d'Entrecasteaux.*

## Entrecasteaux ★★

Entrecasteaux est un authentique village provençal dans un site verdoyant de collines peu élevées, entre lesquelles une petite rivière défraie un passage tortueux.

a masse imposante du **château** ★★ *(jeu-mar 1h à 12h30 et 14h30 à 18h; ☎04.94.04.43.95)* domine la vallée. Ses origines remontent au XIe siècle, quoiqu'il ait été objet de transformations successives au cours des siècles. En 1974, il fut acheté par un Britannique qui entreprit de le sauver, puisqu'il était devenu très délabré avec le temps. Aujourd'hui, il est magnifiquement restauré et enferme du mobilier de style. Enfin, on peut y visiter un jardin à la française, dessiné par Le Nôtre, auteur des jardins de Versailles. Le château loge aujourd'hui un restaurant, et l'on projette d'y offrir des services d'hôtellerie.

Le village, site classé, est un beau petit ensemble de maisons anciennes aux façades hautes et étroites, et abrite de jolis porches du XVIIe siècle et des passages voûtés. L'église fortifiée Saint-Sauveur date du XIIIe - siècle.

Enfin, on peut effectuer de saines promenades dans la campagne environnante en suivant des parcours fléchés.

*Quittez par la D50 vers Lorgues.*

## Lorgues (6 300 hab.)

Ce village offre tout le charme d'un vieux village pittoresque du Var – ses origines remonteraient au VIe siècle. Il reste encore 9 des 12 tours qui constituaient l'enceinte qui entourait le village. S'y trouve aussi la collégiale Saint-Martin, édifice classique de masse imposante qui cache un beau maître-autel en marbre polychrome décoré de *putti* attribués à Puget.

*Quittez par la D562 et rejoignez la D17, qui mène vers le Thoronet. À partir de là, la D79 vous conduit à l'abbaye du Thoronet. C'est bien indiqué.*

## Abbaye du Thoronet ★★★

Si vous avez décidé de ne visiter qu'un seul endroit religieux pendant toute la durée de votre séjour, vous êtes maintenant arrivé à destination. Cet endroit est magnifique. Cet abbaye *(été 9h à 19h, hors saison 9h à 12h et 14h à 17h; office religieux dim midi; ☎04.94.73.87.13)* est un des hauts lieux de Provence. Établie en 1160, dans l'arrière-pays

boisé du massif des Maures, elle constitue l'un des ensembles architecturaux les plus purs et les plus émouvants de l'époque romane en Provence. Cette abbaye cistercienne dégage une sérénité étonnante. Cela répond à l'esprit des moines fondateurs qui vivaient selon une application stricte de la règle de Saint-Benoît.

Pour profiter au maximum de votre visite de ces lieux, nous vous recommandons vivement de suivre l'un des guides des Monuments historiques. Ces personnes vous feront découvrir et partager leur amour des lieux. Les visites guidées ont cours plusieurs fois par jour entre avril et septembre.

L'**église** ★★★, d'un dépouillement suprême, nous envahit complètement et nous communique une paix intérieure sans pareille. Que dire de plus! Une émotion profonde nous transperce! La qualité de la lumière, à l'intérieur, est exceptionnelle. Céleste! Chaque année, on y accueille un festival de musique avec des chants grégoriens qui prennent des dimensions extraordinaires grâce à l'excellente acoustique dont bénéficient les lieux.

On peut aussi visiter la salle capitulaire, le cloître et le **pavillon de la fontaine**. Ce dernier renferme le lavabo avec ses 16 robinets, utilisés par les moines avant de passer au réfectoire qui s'ouvrait tout près, mais qui est aujourd'hui disparu.

*Quittez vers Brignoles par la D79 puis la D13 pour rejoindre la D24.*

## Brignoles (11 200 hab.)

Située sur l'antique voie Aurélienne, qui relie l'Espagne à l'Italie, Brignoles est fort ancienne. Ses débuts remontent au VIe siècle.

De la place Caramy, on peut emprunter le «Grand Escalier» pour rejoindre le Brignoles médiéval, où se dresse l'église Saint-Sauveur. Non loin, le **palais des comtes de Provence** *(mer-dim 10h à 12h et 14h30 à 17h, été jusqu'à 18h; ☎04.94.69.45.18)* servit de lieu de séjour pour les comtes de Provence et même de Parlement de Provence à quelques occasions.

Il y a une balade à pied qui peut s'avérer intéressante. Elle conduit de Brignoles à Le Val, situé de l'autre côté de l'autoroute. À destination, vous pourrez voir trois dolmens, témoins d'une présence humaine pendant la préhistoire qui pourrait remonter d'aussi loin qu'en 2500 av. J.-C.

 **ACTIVITÉS DE PLEIN AIR**

La région privilégie les amateurs de la nature et les sportifs. Ces derniers y découvriront de nombreuses possibilités pour satisfaire leurs envies, grâce surtout aux gorges du Verdon et au lac de Sainte-Croix. Le Verdon est un endroit prisé pour la pratique de la randonnée pédestre et du canoë-kayak, et le lac de Ste-Croix offre la possibilité d'y pratiquer les sports nautiques.

Pour profiter pleinement du Verdon, il existe quatre points de ralliement principaux : le Point sublime et le refuge de la Maline, du côté nord des gorges; la falaise des Cavaliers, du côté sud; le lac de Sainte-Croix, à l'endroit où débouche le Verdon.

Peu importe l'activité que vous choisirez de pratiquer dans les gorges du Verdon, vous serez complètement séduit par la beauté des paysages. Mais attention, il faut le répéter: **soyez très prudent!**

Pour terminer, voici les procédures à suivre en cas d'accident :

- indiquer avec exactitude : rive, lieu, type d'accident;
- protéger la victime sur place;
- faire alerter les pompiers des villages ou signaler le ☎18;
- contacter la Gendarmerie au ☎17.

 Randonnée pédestre

Dans le Verdon, la «grande classique» des randonnées pédestres consiste à emprunter le **sentier Martel**. Ce circuit de 14 km s'effectue généralement en huit heures; il part du refuge de la Maline et se rend au Point sublime - c'est le sens conseillé. Il faut cependant prévoir le retour au point de départ. Les gens qui sont en groupe s'organisent généralement pour laisser une voiture à chacune des extrémités.

Près du Point sublime, on peut atteindre le fond des gorges en empruntant le **sentier du**

**couloir Samson**. Il se fait en deux heures aller retour. Ce sentier donne un bon aperçu des gorges et ne pose aucune difficulté. Il est néanmoins conseillé de se munir d'une lampe de poche - à un endroit, le sentier traverse un tunnel.

À partir de la falaise des Cavaliers, on peut facilement accéder aux sentiers de randonnée qui parcourent l'une ou l'autre des rives des gorges. En effet, à cet endroit, au fond des gorges, une passerelle permet la traversée entre les deux rives. De l'autre côté, on se trouve près du refuge de la Maline et donc du départ du «fameux» sentier Martel. On peut aussi choisir de rester sur la rive sud des gorges et emprunter le sentier de l'Imbut. Ce sentier est toutefois considéré difficile et dangereux. On le qualifie de «sportif», vertigineux et abrupt; il est déconseillé aux enfants et aux chiens.

En général, il faut mentionner la qualité de l'aménagement des sentiers de randonnée. Ainsi, les parties difficiles des sentiers sont pourvues de câbles qui suivent les parois rocheuses. Cela procure une sécurité supplémentaire pour les randonneurs.

Toutefois, peu importe la randonnée qu'on choisit, il faut savoir faire preuve de prudence en tout temps afin d'éviter des contretemps ou des accidents. Ainsi, il faudrait avoir de bonnes chaussures, un chandail, une lampe de poche et surtout s'assurer d'avoir une quantité d'eau potable suffisante (les sources sont rares ou taries). De plus, il est avisé de ne pas quitter les sentiers balisés et de ne pas traverser le Verdon. Enfin, il vaut mieux se renseigner sur la météo avant le départ, car les orages prennent une tout autre ampleur au fond des gorges.

 Kayak

Les mordus de descente en kayak - mais attention, expérimentés! - voudront tenter la descente du Verdon depuis le pont de Carrejuan (plus à l'est du Point sublime) jusqu'au lac de Sainte-Croix, 24 km plus loin. Il faut compter deux jours pour l'effectuer, si tout va bien, dit-on! Cette expédition est qualifiée d'exploit sportif qui nécessite une telle manœuvre que la contemplation des sites n'est possible qu'en s'arrêtant souvent. De plus, le trajet comporte plusieurs portages pénibles. Il est fortement recommandé de se faire accompagner d'un guide ou d'un «ancien» du Ve lon. Il faut de plus prévoir suffisamment de avitaillement et des vêtements de rechange, car il n'est pas vraiment possible de quitter ce circuit avant le point d'arrivée au lac de Sainte-Croix.

Enfin, il existe un parcours plus commode – mais néanmoins sportif – qui part de Castellane et qui se rend jusqu'au Point sublime. Ce parcours se termine donc au début du Grand Canyon.

 HÉBERGEMENT

## Les Arcs-sur-Argens

Situé tout en haut du charmant village médiéval des Arcs, l'hôtel **Le Logis du Guetteur** *(été 380F ½p, hiver 480F; dp, bp, ℝ, tv, ≈; ☎04.94.99.51.10, ⌐04.94.99.51.29)* constitue une merveilleuse halte champêtre. Dans les lieux mêmes de l'ancien château fort, on embrasse d'un regard magnifique tous les environs. Les chambres sont très confortables et bénéficient grandement du charme ancien du site. De plus, la terrasse et la belle piscine vous assureront des moments de détente, avec une vue splendide sur la région. L'hôtel possède également un restaurant. Voir p 371.

## Draguignan

Il est un peu difficile de trouver un hôtel au calme à Draguignan. Pour cette raison, il vaut peut-être mieux se loger dans les villages environnants.

Quoi qu'il en soit, si vous désirez quand même passer une nuit à Draguignan, vous pouvez vous arrêter à l'**Hostellerie du Moulin de la Foux** *(250F-290F, pdj 40F, 260F ½p; p, dp, tv; quartier de la Foux, direction Trans-en-Provence, ☎04.94.68.55.33, ⌐04.94.68.70.10)*. Cet hôtel, complètement au calme, est un ancien moulin et se trouve au cœur d'un grand jardin champêtre. Les chambres procurent tout le confort nécessaire. Le restaurant de l'hôtel (voir p 372) propose des spécialités régionales.

## Callas

Sur un domaine de 32 ha, l'hostellerie **Les Gorges de Pennafort** *(700F-1 000F, 1 200F-1 460F ½p; fermé mi-jan à mi-mars; bp, tv, ≈; ☎04.94.76.66.51, ⌐04.94.76.67.23)* vous propose le Var dans toute sa splendeur. Vous y connaîtrez l'hospitalité méridionale dans un cadre calme et luxueux où la nature côtoie l'élégance. Les chambres sont bien décorées et équipées de salles de bain magnifiques. Vous êtes assuré d'un séjour des plus charmants et des plus reposants (voir p 372).

## Fayence

**Le Sousto** *(220F-240F; dp, ℂ sans ℝ; place du Paty, ☎04.94.76.02.16)* est un petit hôtel exceptionnel à cause du service et de l'accueil personnalisés. L'aimable patronne est comme une mère qui voit à tout. Elle désire que ses clients se sentent bien chez elle. Chaque chambre est pourvue d'une petite cuisinette. La chambre n° 5 est très demandée car c'est la seule avec une terrasse, et la vue y est très belle. Somme toute, cette charmante maison ancienne est un endroit sympathique où règne une ambiance familiale. Il faut la découvrir!

## Séranon (entre Castellane et Grasse)

Au milieu de nulle part, sur la route Napoléon, l'auberge **L'Aigle d'Argent** *(220F-240F, 480F-500F ½p; fermé jan; ℜ; La Clue, N85, ☎04.93.40.56.80, ⌐04.93.60.32.31)* vous dépannera pour une nuit. Les chambres sont correctes, et il y a un restaurant. Il n'y a cependant rien de plus à espérer.

Il faut ajouter qu'il y a beaucoup d'«aubergesrestaurants» sur la route Napoléon, mais qu'ils se trouvent tous exposés aux bruits de la circulation.

## Mons

Si vous aimez le calme, vous pouvez vous arrêter au **Petit Bonheur** *(140F-230F, ½p disponible; bp; place Frédéric Mistral, ☎04.94.76.38.09)*. Vous y bénéficierez d'un joli panorama sur la région, le tout dans une atmosphère provençale. Étape intéressante car le village est charmant, et les prix pratiqués par la maison sont très raisonnables.

## Trigance

À l'entrée du village se trouve **Le Vieil Amandier** *(260F-320F, pdj 40F, 540F-630F ½p; fermé nov à mar; dp, bp, tv, ℛ, ≈; montée de Saint-Roch, ☎04.94.76.92.92, ⊷04.94.47.58.65)*. Les propriétaires sont des gens dynamiques, sans cesse soucieux d'améliorer la qualité de leur établissement. Les chambres sont très belles, et certaines s'ouvrent sur une petite terrasse privée qui donne sur la piscine (voir p 373). Attention : la demi-pension est préférée car la restauration constitue l'intérêt principal des propriétaires.

Vous cherchez l'atmosphère d'un château à l'époque médiévale? Alors, il faut descendre (ou plutôt monter) au **Château de Trigance** *(600F-900F, ½p 1 200F-1 400F; fermé nov à mi-mars; bp, ℛ, tv, ℛ; ☎04.94.76.91.18, ⊷04.94.85.68.99)*. Tout en haut du village, dans une ancienne forteresse du IXe siècle, les propriétaires, M. et Mme Thomas, vous accueillent dans le château qu'ils ont entièrement reconstruit et aménagé il y a environ 30 ans. Toutes les chambres sont équipées d'un grand lit avec un ciel de lit médiéval. Très soignées et de très bon goût, elles sont décorées de meubles anciens. C'est un site calme et reposant qui s'ouvre sur un panorama grandiose. Membre de la chaîne des Relais et Châteaux (voir p 373).

## La Palud-sur-Verdon

Voilà un lieu d'étape agréable lorsqu'on visite les gorges du Verdon, car on s'y trouve en plein cœur de la nature tout en étant dans un endroit qui offre un peu d'animation si on le veut. D'autant plus qu'il s'y trouve une belle brochette d'établissements hôteliers.

L'**Auberge de jeunesse** *(66F pdj, draps 17F; d; route de la Maline, ☎ et ⊷ 04.92.77.38.72)* conviendra à ceux qui ont des besoins simples. Dotée de 65 lits disséminés dans plusieurs dortoirs à huit lits (moyennant un léger supplément, on peut réserver une des deux chambres avec chacune deux lits), l'auberge est tenue par des jeunes très sympa. Lavabo dans les chambres. De plus, on peut camper *(27F, pdj 19F)* sur un des 25 emplacements disponibles.

🛥 Véritable coup de cœur, **Le Provence** *(225F-265F, pdj buffet 40F, ½p 225F-270F fermé nov à Pâques; dp, tv, ℛ; route de la Maline, ☎04.92.77.38.88 ou 04.92.77.36.50, ⊷04.92.77.31.05)* est un petit hôtel familial tenu par des gens vraiment sympathiques. Simples, les chambres offrent un bon confort. Toutefois, notre cœur a été littéralement conquis par trois des chambres, la 18, la 19 et la 20. Récentes, petites et adorables avec leurs toits mansardées, elles ont également l'avantage d'être les moins chères. Cet hôtel est une adresse au rapport qualité/prix imbattable!

Si l'on désire encore plus de confort et être au «sommet» de la situation, alors il faut choisir l'**Hôtel des Gorges du Verdon** *(390F, juil et août ½p 870F; fermé nov à Pâques; bp, dp tv, terrasse privée, ≈; route de la Maline ☎04.92.77.38.26, ⊷04.92.77.35.00)*. Dominant les gorges et le village, cet hôtel tout confort, tenu par la même famille depuis 25 ans, a fait peau neuve pendant l'hiver 1997-1998. En effet, tous les 10 ans, par souci de préserver la qualité de leur hôtel, les propriétaires cassent tout et refont. Cet hôtel a de quoi nous détendre : piscine chauffée, tennis, ping-pong et terrasses où l'on peut flâner et admirer le paysage admirable qui nous entoure.

## Les gorges du Verdon

Les gorges du Verdon, site magnifique du Var sont bien mises à profit par l'**Hôtel-Restaurant du Grand Canyon** *(380F-460F, pdj 40F-65F ½p 700F-780F; dp, bp, tv; falaise des Cavaliers, D71, Aiguines, ☎04.94.76.91.31 ⊷04.94.76.92.29)*. À 800 m d'altitude, on bénéficie d'un panorama exceptionnel sur les gorges, que ce soit du restaurant ou de la terrasse de sa chambre. Le plus grand avantage demeure néanmoins la proximité des sentiers de randonnée qui commencent juste à côté de l'hôtel. De plus, les chambres sont correctes. Enfin, le propriétaire se fera un plaisir de vous conseiller sur les promenades à effectuer. Il ne faut jamais oublier qu'à cet endroit la nature est reine (voir p 373)!

## Moustiers-Sainte-Marie

En plein centre, à l'endroit où passe la cascade qui sectionne le village en deux, se trouve **Le Relais** *(260F-380F, ½p 250F-300F, dj 40F; fermé déc et jan; bp, dp, asc, tv, ℜ; place du Couvent, ☎04.92.74.66.10, ☎04.92.74.60.47)*. Vous y serez bien accueilli et bien servi. L'hôtel est propre et confortable (notamment les matelas), et l'ambiance, sans pareille à cause de sa situation. Par ailleurs, la vue qu'on a à partir de la chambre est admirable : attendez de vous y réveiller et d'y ouvrir les volets au matin, vous verrez! Enfin, l'hôtel dispose également d'un restaurant agréable où l'on sert une cuisine régionale (voir p 373).

À l'entrée de ce village superbe, vous tombez sur **La Bonne Auberge** *(280F-380F, ½p 390F; ½p, bp; route de Castellane, ☎04.92.74.66.18)*. Bon accueil sans prétention dans un cadre modeste, mais très correct. Il y a 16 chambres, mais il vaut mieux réserver car elles sont rapidement louées, même en dehors de la saison (voir p 373).

## Les Salles-sur-Verdon

Dans ce village de villégiature en bordure du lac de Sainte-Croix, la fille de M. et Mme Bouillard, de Tourtour, gère deux Gîtes de France *☎04.94.70.66.24, ☎04.94.70.79.84)* tout confort, avec terrasse privée et barbecue : un pour deux personnes sur 35 m² incluant même un lave-vaisselle et une machine à laver *(1 950F/sem.)*, et l'autre pouvant accommoder quatre personnes sur 55 m² *(2 270F/sem.)* avec le même confort en plus de la climatisation.

## Bauduen (83630)

Situé à quelques minutes du magnifique lac de Sainte-Croix, le **Domaine de Majastre** *(380F pdj; dp, ≈; ☎04.94.70.05.12)* est une chambre d'hôtes au charme provençal. Les chambres sont vraiment attrayantes. Au sol, on retrouve du carrelage provençal ou du parquet; les meubles sont de style.

## Aups

L'**Auberge de la Tour** *(250F-340F, ½p 300F-440F; fermé nov à fév; dp; ☎04.94.70.00.30)*, située dans une cour un peu en retrait, propose des chambres simples mais correctes. Les chambres plus chères sont toutefois préférables. L'hôtel, en plein cœur du village, se trouve à côté de nombreux restaurants, bars et boutiques. Cet hôtel nous a semblé celui qui pouvait offrir le plus de calme dans ce village (voir p 373).

## Tourtour

Véritable découverte que la chambre d'hôtes **Le Mas de l'Acacia** *(280F pdj; bp, dp, tv, ≈; ☎04.94.70.53.84, ☎04.94.70.79.84)!*. Dans cet établissement surplombant les plaines environnantes, vous pourrez vous prélasser sur la belle terrasse fleurie où trône la piscine. Mais parlons plutôt de l'accueil franchement sympathique de M. et Mme Bouillard. Ils feront tout pour rendre votre séjour agréable. Sans oublier la propreté étincelante des chambres, la qualité et le confort... C'est vraiment une aubaine, d'autant plus qu'elle se trouve à Tourtour! Ils proposent également une suite à deux chambres communicantes et un appartement avec terrasse privée (barbecue inclus) qui comprend une cuisine, un salon, une salle de bain et une chambre *(500F/j)* ou deux chambres *(650F/j.)*. À vous de jouer!

**La Petite Auberge** *(450F-900F, pdj 50F, ½p 475F-650F; bp, ℝ, tv, ℜ, ≈, ○; ☎04.94.70.57.16, ☎04.94.70.54.52)* fait partie de la chaîne des Relais du Silence. Située en bas du village, à flanc de colline, elle profite tout de même d'une belle vue sur la campagne avoisinante. Les chambres, refaites en 1996, sont bien équipées et vous réservent tout le calme souhaité. De plus, cet établissement a aménagé des chambres *(150F-300 F; dp, bp)* dans une dépendance au cœur du village, près de l'église (voir p 373).

L'**Auberge Saint-Pierre** *(460F-520F, ½p 435F-465F; bp, ≈; ☎04.94.70.57.17, ☎04.94.70.59.04)* se trouve à l'extérieur du village, en pleine campagne. C'est une demeure du XVIe siècle qui a été convertie en un hôtel tenu par la même famille depuis 35 ans. Les actuels jeunes propriétaires sont fiers de leurs racines provençales. Puisqu'ils sont soucieux du détail, l'hôtel présente un cadre provençal rustique authentique. Les chambres procurent tout le confort requis, et certaines ont des terrasses qui donnent sur la belle piscine. Vous pouvez aussi effectuer de jolies promenades autour de la propriété. L'endroit est très bucolique (voir p 373).

La chaîne des Châteaux et Hôtels Indépendants possède un établissement dans le village : **La Bastide de Tourtour** *(670F-1 400F, pdj 75F, ½p 660F-1 000F; fermé mi-nov à mi-déc; bp, ℝ, tv, ℛ, ≈; ☎04.94.70.57.30, ⌐04.94.70.54.90)*, qui se trouve à quelques minutes à pied de la petite église Saint-Denis. C'est une ancienne bastide soigneusement tenue. Vous y trouverez tranquillité et gastronomie dans un cadre luxueux. Les chambres sont bien aménagées, y compris les moins chères. Certaines ont même de très belles terrasses qui s'ouvrent sur un panorama qui respire le calme. Enfin, l'établissement est entouré d'un parc magnifique qui invite à de paisibles balades (voir p 374).

### Fox-Amphoux

De grande classe, l'**Auberge du Vieux Fox** *(½p 660F-800F; dp, bp, tv; ☎04.94.80.71.69, ⌐04.94.80.78.38)* est située à l'ombre des arbres d'une placette du vieux village qui ne compte que... 15 habitants! Installée dans l'ancien prieuré d'une église romane du XIIe siècle, elle constitue une étape formidable. Les chambres ont toutes une personnalité différente et sont agrémentées d'un mobilier original qui affiche la Provence dans toute sa chaleur et dans toute son hospitalité. Les salles de bain sont très modernes, mais gardent le cachet provençal grâce au carrelage. Les meubles des salons et des salles à manger sont également des antiquités provençales. Peut-être jouerez-vous quelques notes sur le beau piano à queue Pleyel (voir p 374). S'arrêter à cet hôtel, c'est s'assurer un séjour qu'on ne regrettera pas. Le rapport qualité/prix y est excellent. Ne risquez pas une déception, et faites votre réservation à l'avance, surtout en haute saison!

### Cotignac

L'entrée de l'**Hostellerie Lou Calen** *(315F-590F, ½p 660F-910F; fermé fév; dp,*

*bp, tv, ≈; ☎04.94.04.60.40 ⌐04.94.04.76.64)* cache un jardin d'une très grande beauté. Cet hôtel a un charme indéniable et assure un séjour des plus agréables. Vous pouvez flâner dans le jardin au bord de la piscine ou simplement profiter du confort (très grand dans les chambres les plus chères). Les chambres se distinguent par leurs meubles anciens, ce qui leur donne un caractère rustique très séduisant (voir p 374).

### Saint-Antonin

Localisée entre Lorgues et Entrecasteaux, une ancienne bastide qui a gardé ses écuries l'**Auberge de Mamie Thérèse** *(230F-270F; dp, route de Carcès, ☎04.94.73.84.00 ⌐04.94.60.11.17)*, vous accueille au sein d'un parc ombragé. C'est un endroit qui beaucoup de caractère. On est en pleine communion avec la pierre, les poutres de bois et le carrelage provençal. Les chambres, peu nombreuses, offrent tout le confort souhaité et sont agréablement décorées (voir p 374).

### Lorgues

Grâce à son parc ombragé et à sa cuisine régionale, l'**Hôtel du Parc** *(220F-350F, ½p 150F-210F; fermé oct ou nov; dp, tv; 25 b Georges Clemenceau, ☎04.94.73.70.01)* vous promet un séjour agréable. Y mettre le pied c'est se retrouver dans la France profonde des années cinquante ou soixante. Mais ce qui plaît, c'est le charme d'antan qu'on y respire. Cet hôtel propose des chambres décorées de meubles anciens. Demandez la n° 7 ou la n° 10 (au plafond mansardé). Elles offrent toutes les deux une vue très plaisante sur le parc (voir p 374).

 ## CAMPING

### Castellane

À Castellane et dans les environs, il y a au moins 16 terrains de campings. La région est privilégiée puisqu'elle se trouve à proximité les gorges du Verdon. Voici une sélection de ces campings.

**Castillon de Provence** (centre naturiste) *(100 emplacements, location de roulottes; d, ≈, ℛ; La Grande Terre, La Baume, ☎04.92.83.64.24)*. Cet endroit où le naturisme est pratiqué est situé à 11 km de Castellane, près du lac de Castillon. On peut y pratiquer la pêche et le canotage.

**Camping Le Frédéric Mistral** *(60 emplacements; d; bd Frédéric Mistral, ☎04.92.83.62.27)*. C'est le seul camping qui est ouvert pendant toute l'année. Il se trouve à 100 m seulement du centre-ville sur la route des gorges du Verdon. Par contre, les gens qui cherchent les activités sportives nombreuses doivent s'abstenir.

**Camping des Gorges du Verdon** *(235 emplacements, location de bungalows et de maisons mobiles; d, ℛ, tv, ≈; route des gorges du Verdon, ☎04.92.83.63.64)*. Ce camping se trouve à 9,5 km de Castellane. Il faut prendre la direction des gorges du Verdon. Site très agréable et sympathique qui offre de l'animation et beaucoup d'activités sportives.

**Camp du Verdon** *(500 emplacements, location de bungalows, roulottes, studios et maisons mobiles; d, commerces, ℛ, tv, ≈; ☎04.92.83.61.29)*. Ce camping est localisé à 1,2 km de Castellane en direction des gorges du Verdon. C'est le plus grand et le plus étendu des campings de la région. Il y a beaucoup d'animation sur place. On peut y pratiquer presque toutes les activités sportives d'été, y compris l'équitation, mais non le tennis. Très recommandé pour les familles.

**Camping International** *(199 emplacements, location de bungalows, roulottes et maisons mobiles; d, commerces, ℛ, tv, ≈; quartier de la Palud, ☎04.92.83.66.67)*. Pour y accéder, prenez la N85 en direction de Digne. Vous pouvez y pratiquer l'équitation, entre autres activités sportives. Très agréable pour les familles car on y propose de multiples jeux pour les enfants.

## Aups

À Aups, il y a trois campings. Cela peut constituer une étape intéressante car c'est très près des gorges du Verdon. On vous recom-

mande le **Camping International** *(150 emplacements; d, ravitaillement, ℛ, ≈; ☎04.94.70.06.80)*.

RESTAURANTS

Les hôtels de cette région renferment généralement de très bons restaurants.

## Roquebrune-sur-Argens

**La Cigogne** *($-$$; fermé lun et mar midi; ☎04.94.45.73.47)* est situé sur la route CD7, qui mène au village. Il s'agit d'un restaurant champêtre où l'on peut manger à l'extérieur, entouré de fleurs. Les spécialités sont provençales. On y trouve notamment un menu «tout poisson» à 125F. Le site se révèle très plaisant, et la cuisine s'avère très recommandée par les villageois.

## Les Arcs-sur-Argens

Le restaurant du **Logis Guetteur** *($$-$$$)* propose une cuisine pleine de saveurs. Saveurs de Provence par ici, petite touche exotique par là. Bref, c'est une réjouissance pour le palais. Les spécialités sont surtout les viandes : carré d'agneau, filet de bœuf, etc. Les légumes sont présentés avec soin. Comme entrées, nous avons grandement apprécié les fleurs de courgettes à la ricotta en beignets et l'excellent marbre de foie gras de canard à l'artichaut. Enfin, il faut absolument souligner le sorbet de fromage au romarin servi avec des pêches au vin rouge. Voilà un dessert sans pareil au goût fin et délicat qui termine bien un repas. Inoubliable!

Somme toute, il faut absolument s'arrêter à ce restaurant! En été, c'est d'autant plus agréable qu'on s'attable sur la terrasse (voir p 367).

## Trans-en-Provence

Dans ce village situé à quelques kilomètres de Draguignan se trouve un ancien moulin à huile reconverti en restaurant : **Le Moulin de la Gardiole** *($$; fermé dim soir et lun midi sauf en saison; 70 rue Nationale,*

☎04.94.70.84.48). Datant de l'époque de Louis XIII, l'endroit est rempli de charme grâce aux vieilles poutres apparentes et aux pierres qui parent la salle à manger. Monsieur reçoit, madame veille sur la cuisine. Elle nous propose une cuisine régionale composée de produits frais sélectionnés avec soin. C'est pourquoi la carte change avec les saisons. De plus, on peut manger à la terrasse en saison. Dans cet endroit sympathique, vous serez bien accueilli

## Draguignan

Le petit restaurant **La Mangeoire** *($-$$; fermé dim; 18 rue Pierre Clément,* ☎*04.94.68.08.05)*, près de l'Office de tourisme, apprête des spécialités italiennes dans un cadre rustique et sympathique. On y a placé quelques tables dans une petite enclave qui s'ouvre sur la rue. De plus, il propose le pichet de vin (750 ml) à 45F seulement. Voilà de quoi agrémenter un repas sans trop augmenter l'addition.

Le restaurant de l'**Hostellerie du Moulin de la Foux** *($-$$)* prépare, entre autres plats, du foie gras et du saumon fumé maison. Parmi les spécialités, on trouve la paillarde (volaille) au basilic, le gratin dracénois et des truites fraîches provenant du vivier. Alors, si vous êtes amateur... Voir description des chambres, p 367.

## Ampus

Voilà notre plus grande découverte à l'occasion de cette deuxième édition : le restaurant **La Fontaine** *($$; fermé fév, oct et lun-mar sauf juil et août; place de la Fontaine,* ☎*04.94.70.92.74)*. Quel endroit sympathique! D'emblée, Alexandra nous accueille avec simplicité et sans aucune prétention. On se sent à l'aise immédiatement. Marco, à la cuisine, n'a qu'une envie : s'occuper du bien-être de nos papilles gustatives. Et ça lui réussit, car il vient d'obtenir une étoile au Michelin. Et c'est nous qui en bénéficions, car ils n'ont pas hissé les prix au niveau de ceux pratiqués par les restaurateurs de cette catégorie. Et de surcroît, ils ont décroché cette étoile pour les bonnes raisons : bouffe intéressante, créative et savoureuse, service attentif et jovial (elle aime ce qu'elle fait, Alexandra!), mais surtout, sans le décorum lourd et pompeux qu'il faut

souvent subir dans ces restaurants. Marco et Alexandra sont jeunes et rafraîchissants, et c'est ce qu'ils nous livrent dans leur restaurant : une cuisine fraîche et raffinée servie amicalement pour mieux s'y concentrer et nous la faire apprécier. Aller dans cette région et ne pas s'y arrêter est un délit!

## Callas

Le restaurant des **Gorges de Pennafort** *($$$; fermé dim soir et lun, hors saison)* vous séduira grâce à la saveur provençale de ses plats (voir p 367).

## Fayence

Voici quelques restaurants qui nous ont été recommandés par les gens du village.

**Le patin couffin** *($; fermé lun; place de l'Olivier;* ☎*04.94.76.29.96)*, du nom d'une expression provençale qui signifie qu'on passe du coq à l'âne lorsque l'on parle... Une atmosphère très spéciale y règne, et c'est le lieu de rencontre de nombre de villageois qui mettent en pratique cette délicieuse expression. Il y un menu à 120F qui comporte quatre plats. Cela représente un rapport qualité/prix intéressant.

**L'Entracte** *($; place Léon Roux,* ☎*04.94.84.73.37)* est une crêperie parfaite pour les repas simples du midi ou les repas légers du soir. Petite terrasse sur la place.

**L'Auberge de la Fontaine** *($; sur la route de Fréjus,* ☎*04.94.76.07.59)* propose une cuisine régionale simple servie dans un jardin sympathique. Possibilité de louer une chambre calme à l'arrière de la maison.

**L'Auberge Fleurie** *($-$$; quartier Saint-Éloi,* ☎*04.94.84.76.64)* est située, comme son nom l'indique, dans un beau jardin fleuri et ombragé. Les spécialités sont les poissons et les fruits de mer. On y trouve d'excellentes moules (moules frites à 50F), mais surtout une délicieuse fricassée de fruits de mer. Au dessert, il est très facile de se laisser tenter par le gratin de fruits rouges.

## Trigance

La salle à manger du **Vieil Amandier**, au goût sobre et chic, vous séduira grâce à sa cuisine aux senteurs du midi *($-$$)*. On peut d'ailleurs y déguster un menu «truffes» *($$$)*, lesquelles proviennent de la région. Un arrêt dans cet hôtel vous assure un accueil sympathique et tout le calme dont vous avez besoin, et ce, à très bon compte (voir p 368).

Le restaurant du **Château de Trigance** *($-$$)* prépare une cuisine «gastronomique» raffinée dont l'une des spécialités est la trilogie de foie gras tiède. La salle à manger est spectaculaire. Parce qu'elle est nichée au creux d'une voûte de pierres, cela lui confère une atmosphère vraiment médiévale. Mais si vous préférez la grande lumière, alors optez pour la terrasse. La vue y est admirable (voir p 368).

## Les gorges du Verdon

L'**Hôtel-Restaurant du Grand Canyon** *($)* propose une cuisine simple qui peut être plus élaborée. On vous conseille d'essayer la soupe au pistou (voir p 368).

## Moustiers-Sainte-Marie

Restaurant offrant un intérêt particulier grâce à sa terrasse, **Le Bellevue** *($; fermé mar hors saison et nov-déc; ☎04.92.74.66.06)* semble flotter sur un îlot... Il faut y aller pour la terrasse surtout, car l'intérieur est plutôt triste. On y mange des spécialités provençales et du gibier en saison.

Le restaurant de **La Bonne Auberge** *($-$$)*, un peu vieillot, propose parmi ses spécialités : le civet de porcelet et les «pieds paquets» (tripes à la provençale). Voir p 369.

Le restaurant de l'hôtel **Le Relais** *($$; fermé déc et jan; place du Couvent, ☎04.92.74.66.10, ≠04.92.74.60.47)* sert une cuisine régionale appréciable. De plus, le service est gentil et efficace. Nous retenons plus particulièrement une entrée, soit le caviar d'aubergines et son coulis de tomate, et le plateau de fromages qui compte nombre de fromages frais de la région en plus des tradi-

tionnels. Enfin, le vin sélectionné par le patron est très agréable et reste des plus abordables.

Le restaurant **Les Santons** *($$$; fermé déc et jan, lun-mar hors saison; place de l'Église, ☎04.92.74.66.48)* domine le torrent qui passe par le village. Le cadre est très joli, et l'on y mange cher mais bien. Ce restaurant s'est taillé une réputation qui s'étend loin dans la région. Une cuisine du pays qui ne déborde pas dans la prétention.

## Aups

Le restaurant **Framboise** *($; ☎04.94.70.10.10)* nous semble être celui où il faut s'arrêter. Assis à une petite terrasse, vous pouvez y déguster des pâtes ou des plats traditionnels de la région. Ce restaurant a très bonne réputation.

De plus, les villageois nous ont recommandé **Chez Catherine** *($; fermé lun soir et mar; ☎04.94.70.12.11)*, situé à côté de la place Général Girard. Endroit très convivial, on y mange de petits plats sympathiques.

Enfin, le restaurant de l'**Auberge de la Tour** *($$; fermé oct à mars)* propose plusieurs menus à des prix intéressants. Et ce qui n'est pas à dédaigner, on y mange bien dans un jardin agréable, protégé du bruit du village (voir p 369).

## Tourtour

Pour un petit repas du midi simple et léger, un peu en retrait de l'animation de la grande place du village, arrêtez-vous à **L'Alechou** *($; fermé oct à mars; ☎04.94.70.54.76)*. C'est une «crêperie-saladerie» avec un intérieur intime. De plus, on a installé quelques tables sur une petite terrasse. Très bon choix de salades délicieuses. Seul inconvénient : le restaurant se trouve à côté de la route. Ça peut devenir bruyant en pleine saison estivale.

Le restaurant de l'hôtel **La Petite Auberge** *($$)* propose une cuisine familiale provençale faite seulement à base de produits frais. La salle à manger comporte une belle cheminée (voir p 369).

Le restaurant de l'**Auberge Saint-Pierre** *($-$$; fermé mer et mi-oct à mars)* se targue d'utiliser des produits de la ferme familiale qui contribuent au caractère sain et naturel de l'endroit. Les spécialités sont, bien sûr, du terroir provençal (voir p 369).

Le restaurant de **La Bastide de Tourtour** *($$)* propose un menu du midi avantageux *(lun-sam)*, compte tenu de la qualité de l'établissement. On y sert une cuisine régionale raffinée (voir p 370).

## Fox-Amphoux

Le restaurant de l'**Auberge du Vieux Fox** *($$)* vous séduira grâce à ses vieilles recettes simples aux parfums odorants. Il faut noter la Galette du berger, qui est une spécialité originale à base d'agneau. Les menus sont agrémentés de légumes présentés avec un soin particulier. La salle à manger s'ouvre sur le jardin, où l'on peut dîner tranquillement en saison. Par ailleurs, la salle à manger qui donne sur l'arrière offre une vue splendide sur la campagne environnante (voir p 370).

## Cotignac

Le magnifique «restaurant-jardin» de l'**Hostellerie Lou Calen** *($-$$)* propose une cuisine provençale parmi laquelle figure la lotte à la Raimu (voir p 370).

À côté de l'Hostellerie Lou Calen, vous découvrirez le restaurant **La Falaise** *($-$$)*. Le menu est simple et peu coûteux. Mais le cadre est enchanteur grâce à la terrasse qui domine une charmante place bordée de platanes.

## Entrecasteaux

À côté du château, tout en haut sur la petite colline, vous apercevrez **La Fourchette** *($; fermé lun et jan à mars;* ☎*04.94.04.42.78)*, un restaurant de type petite auberge qui respire le calme. Il propose un menu attrayant à 115F. De plus, on peut manger à la belle terrasse qui s'ouvre sur la campagne provençale. Parmi les spécialités, essayez la roulade aux deux saumons et chèvre du pays ou le filet de loup rôti à la meunière et confit de tomates.

La salle à manger de l'**Auberge de Mamie Thérèse** *($; sur la route vers Orgues)* cuisine des spécialités provençales qui sont servies sur la terrasse du jardin en saison. En hiver, la cheminée réchauffe l'atmosphère chaleureuse e rustique. Les prix sont très raisonnables compte tenu de la qualité de la cuisine de ma dame et de l'accueil bienveillant de monsieu (voir p 370).

## Lorgues

**Chez Doumè** *($; fermé lun en saison, dim-me hors saison et mi-nov à mi-déc; place Clemer ceau,* ☎*04.94.67.68.97)* est un petit restau rant simple qui donne sur une jolie place o l'on s'attable en saison. C'est un endroit fo sympathique où s'arrêter le midi.

Le restaurant de l'**Hôtel du Parc** *($$; ferm dim soir)*, doté d'une terrasse dans le jardin se spécialise dans la cuisine de gibier, notam ment le sanglier et le lapin, et dans les truffe en saison. Bref, cet hôtel constitue une étap agréable au cœur même du Var et garantit u très bon rapport qualité/prix (voir p 370).

**Chez Bruno** *($$$; fermé dim soir et lun; sur route entre Lorgues et Les Arc:* ☎*04.94.73.92.19)* est une institution. Dan ce mas complètement caché de la campagr varoise, on vient de partout pour les truffe de Bruno. On peut manger à l'extérieur à l'un des nombreuses tables joliment disposées s une terrasse fleurie. Le cadre et la nourritu sont bourgeois certes, mais semblent être tr appréciés de ces messieurs et dames.

## Bauduen

Situé à quelques minutes du magnifique l de Sainte-Croix, le restaurant du **Domaine** **Majastre** *($-$$;* ☎*04.94.70.05.12)* propose é été des tables d'hôte à 120F tout compri incluant l'apéro et le vin. La soupe au pisto est l'une des spécialités. Enfin, de décembre mars, sur demande, vous pourrez y dégust un «menu truffes» à 300F.

**SORTIES**

## Draguignan

**Draguifolies** : variété, jazz, rock, classique, folklore *(entrée libre; mi-juil à fin août; mer, ven et sam à partir de 21h; ☎04.94.68.63.30).*

**L'Été contemporain** : spectacles, expositions, animations en 14 lieux différents dans la ville. Mi-juil à fin août; ☎04.94.68.63.30.

## Entrecasteaux

**Festival international de musique de chambre** *(70F-90F)*, en août; réservations : ☎04.94.04.44.83.

## Lorgues

**À l'écoute des jeunes artistes** – cinq concerts en cinq jours. Début août; ☎04.94.67.67.62.

## Brignoles

**Festival de piano du Var**. Pendant une fin de semaine dans la deuxième partie du mois de juillet; ☎04.94.69.08.25.

 **MAGASINAGE**

## Draguignan

**Marché de Noël** : artisanat de produits régionaux. Place du Marché; avant Noël au 31 décembre; ☎04.94.47.07.47.

## Fayence

**Salon des antiquaires**. Fin juillet à début août.

## Moustiers-Sainte-Marie

Vous ne pouvez quitter ce magnifique village sans fouiner dans les nombreux magasins qui proposent la **faïence** produite localement.

## Aups

Au très beau magasin **Atmosphère**, vous pouvez acheter une gamme de produits provençaux : vin, fleurs séchées, cosmétiques, tissus, vaisselle, savons,...

## Salernes

**Festival des jeunes créateurs d'objets en céramique**. Salle Sandro; première moitié du mois d'août; ☎04.94.04.78.07.

## Barjols

Ce petit village qui offre peu d'intérêt touristique est surtout reconnu pour la fabrication de divers **produits du cuir**.

## Lorgues

À l'endroit même où se trouve le restaurant Chez Bruno, loge **La truffe et le vin** *(sur la route entre Lorgues et les Arcs)*, une boutique de produits fins qui vend foie gras, huile, carafes, etc.

# INDEX

INDEX

INDEX

INDEX

INDEX

INDEX

INDEX

INDEX

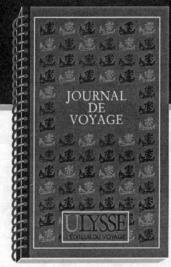

# BON DE COMMANDE

■ **GUIDE DE VOYAGE ULYSSE**

| | |
|---|---|
| ☐ Abitibi-Témiscamingue et Grand Nord | 22,95 $ |
| ☐ Acapulco | 14,95 $ |
| ☐ Arizona et Grand Canyon | 24,95 $ |
| ☐ Bahamas | 24,95 $ |
| ☐ Boston | 17,95 $ |
| ☐ Calgary | 16,95 $ |
| ☐ Californie | 29,95 $ |
| ☐ Canada | 29,95 $ |
| ☐ Charlevoix Saguenay – Lac-Saint-Jean | 22,95 $ |
| ☐ Chicago | 19,95 $ |
| ☐ Chili | 27,95 $ |
| ☐ Costa Rica | 27,95 $ |
| ☐ Côte-Nord – Duplessis – Manicouagan | 22,95 $ |
| ☐ Cuba | 24,95 $ |
| ☐ Disney World | 19,95 $ |
| ☐ El Salvador | 22,95 $ |
| ☐ Équateur – Îles Galápagos | 24,95 $ |
| ☐ Floride | 29,95 $ |
| ☐ Gaspésie – Bas-Saint-Laurent – Îles-de-la-Madeleine | 22,95 $ |
| ☐ Gîtes du Passant au Québec | 12,95 $ |
| ☐ Guadeloupe | 24,95 $ |
| ☐ Guatemala – Belize | 24,95 $ |
| ☐ Honduras | 24,95 $ |
| ☐ Jamaïque | 24,95 $ |
| ☐ La Nouvelle-Orléans | 17,95 $ |
| ☐ Lisbonne | 18,95 $ |
| ☐ Louisiane | 29,95 $ |
| ☐ Martinique | 24,95 $ |
| ☐ Montréal | 19,95 $ |
| ☐ New York | 19,95 $ |
| ☐ Nicaragua | 24,95 $ |
| ☐ Nouvelle-Angleterre | 29,95 $ |
| ☐ Ontario | 24,95 $ |
| ☐ Ottawa | 16,95 $ |
| ☐ Ouest canadien | 29,95 $ |
| ☐ Panamá | 24,95 $ |
| ☐ Plages du Maine | 12,95 $ |
| ☐ Portugal | 24,95 $ |
| ☐ Provence – Côte-d'Azur | 29,95 $ |
| ☐ Provinces Atlantiques du Canada | 24,95 $ |
| ☐ Le Québec | 29,95 $ |
| ☐ Québec Gourmand | 16,95 $ |
| ☐ Le Québec et l'Ontario de VIA | 9,95 $ |
| ☐ République dominicaine | 24,95 $ |
| ☐ San Francisco | 17,95 $ |
| ☐ Toronto | 18,95 $ |
| ☐ Vancouver | 17,95 $ |
| ☐ Venezuela | 29,95 $ |
| ☐ Ville de Québec | 17,95 $ |
| ☐ Washington D.C. | 18,95 $ |

■ **ULYSSE PLEIN SUD**

| | |
|---|---|
| ☐ Acapulco | 14,95 $ |
| ☐ Cancún – Cozumel | 17,95 $ |
| ☐ Cape Cod – Nantucket | 17,95 $ |
| ☐ Carthagène (Colombie) | 12,95 $ |
| ☐ Puerto Vallarta | 14,95 $ |
| ☐ Saint-Martin – Saint-Barthélemy | 16,95 $ |

■ **ESPACES VERTS ULYSSE**

| | |
|---|---|
| ☐ Cyclotourisme en France | 22,95 $ |
| ☐ Motoneige au Québec | 19,95 $ |
| ☐ Randonnée pédestre Montréal et environs | 19,95 $ |
| ☐ Randonnée pédestre Nord-est des États-Unis | 19,95 $ |
| ☐ Randonnée pédestre au Québec | 22,95 $ |
| ☐ Ski de fond au Québec | 19,95 $ |

■ **GUIDE DE CONVERSATION**

| | |
|---|---|
| ☐ Anglais pour mieux voyager en Amérique | 9,95 $ |
| ☐ Espagnol pour mieux voyager en Amérique Latine | 9,95 $ |

■ **JOURNAUX DE VOYAGE ULYSSE**     ■ •**zone petit budget**

☐ Journal de voyage Ulysse (spirale)
   bleu – vert – rouge
   ou jaune         11,95 $
☐ Journal de voyage Ulysse (format
   de poche) bleu – vert –
   rouge – jaune ou sextant   9,95 $

☐ .zone Amérique centrale   14,95 $
☐ .zone le Québec   14,95 $

| QUANTITÉ | | PRIX | TOTAL |
|---|---|---|---|
| | | | |
| | | | |
| | | | |
| | | | |

| NOM | Total partiel | |
|---|---|---|
| ADRESSE: | Poste-Canada* | 4,00 $ |
| | Total partiel | |
| | T.P.S. 7% | |
| | TOTAL | |

Paiement : ☐ Comptant  ☐ Visa  ☐ MasterCard
Numéro de carte : _____
Signature : _____

ULYSSE L'ÉDITEUR DU VOYAGE
4176, rue Saint-Denis, Montréal (Québec)
☎ (514) 843-9447, fax (514) 843-9448
Pour l'Europe, s'adresser aux distributeurs, voir liste p 2.
* Pour l'étranger, compter 15 $ de frais d'envoi.